Storz/Kiderlen
Praxis der Teilungsversteigerung

W0236494

Praxis der Teilungsversteigerung

Leitfaden für Beteiligte,
deren Rechtsanwälte und Rechtspfleger

von

Dr. Karl-Alfred Storz

und

Bernd Kiderlen

5. Auflage

Verlag C.H. Beck München 2011

Verlag C. H. Beck im Internet:
beck.de

ISBN 978 3 406 61434 7

© 2011 Verlag C.H. Beck oHG
Wilhelmstraße 9, 80801 München
Druck: Nomos Verlagsgesellschaft
In den Lissen 12, 76547 Sinzheim

Satz: Druckerei C.H.Beck Nördlingen

Gedruckt auf säurefreiem, alterungsbeständigem Papier
(hergestellt aus chlorfrei gebleichtem Zellstoff)

Vorwort

Der vorliegende Leitfaden zur Teilungsversteigerung befaßt sich mit einem Gebiet, das einerseits noch abgelegener und rechtlich noch schwieriger ist als die Forderungszwangsversteigerung, und das andererseits dadurch gekennzeichnet ist, daß Streit und Sprachlosigkeit zwischen den Beteiligten allzu oft einvernehmliche Lösungen verhindern. Alles wird noch viel komplizierter, wenn Gläubiger von Teilhabern deren Auseinandersetzungsansprüche pfänden und über die Teilungsversteigerung direkt eine Vollstreckung ihrer Geldforderungen versuchen. Gleichzeitig nehmen Teilungsversteigerungen unabhängig vom Konjunkturzyklus schon deshalb stetig zu, weil immer häufiger Ehen geschieden und Erbfälle abgewickelt werden, ohne daß sich die bisherigen Miteigentümer bzw. Miterben über die Verwertung ihres gemeinsamen Grundvermögens einigen können.

Für diese Auseinandersetzung bietet dieser Leitfaden rechtliche und faktische Unterstützung, indem er einerseits wie ein Rechtsfachbuch die einschlägige Literatur und Rechtsprechung anhand der gesetzlichen Bestimmungen sorgfältig analysiert und aufbereitet, und indem er sich andererseits wie ein Praktikerhandbuch um eine verständliche Darstellung bemüht. Abgesehen von einem übersichtlich gegliederten Aufbau und einer klaren Diktion erschließen vor allem zahlreiche Beispiele, Muster, Abbildungen und Übersichten das Verständnis auch für den Nichtfachmann.

Dabei kann nicht nur auf vielfältige Versteigerungspraxis und Lehrtätigkeit der Autoren zurückgegriffen werden, sondern auch auf den großen Erfolg des Leitfadens „Praxis des Zwangsversteigerungsverfahrens", der 1979 im gleichen Verlag herausgegeben wurde und 2008 bereits in 11. Auflage erschienen ist. Beide Bücher sind gleichartig aufgebaut, ergänzen sich gegenseitig, sind durch zahlreiche Querverweise miteinander verknüpft und behandeln doch jedes für sich selbständig die jeweilige Versteigerungsart.

Beide Bücher sind durchsetzt mit zahlreichen „Taktischen Hinweisen" (TH), damit alle Verfahrensbeteiligten und Außenstehenden nicht nur wissen, welche Verfahrensweisen und Anträge rechtlich möglich und uU nötig sind, sondern damit sie auch beurteilen können, warum sie wann welchen Antrag stellen (oder auch nicht stellen) sollten, was sie uU mit einem Antrag auch mittelbar erreichen können, und vor welchen evtl Folgen fremder Anträge sie auf der Hut sein müssen. Gleichzeitig erfahren die Rechtspflegerinnen und Rechtspfleger, was hinter den „offiziellen Kulissen" vorgeht, Gläubiger erhalten nützliche Hinweise, und auch Bietinteressenten verstehen den Ablauf einer Versteigerung besser und können ihre Interessen wahrnehmen.

Trotz aller Schwierigkeiten im Verhältnis zwischen den Beteiligten regt der Leitfaden immer wieder zu gezielter und bewußter Zusammenarbeit an, untereinander und insbesondere auch mit der Rechtspflegerin beziehungsweise mit dem Rechtspfleger. Gerade in der Teilungsversteigerung bieten sich in jedem Stadium des Verfahrens immer wieder Gelegenheiten, über eine Eini-

Vorwort

gung wirtschaftlich sinnvollere Lösungen zu erreichen; dabei kann die Einbindung der Rechtspflegerin/des Rechtspflegers eine unschätzbare Hilfe sein!

Zahlreiche Anregungen insbesondere von Rechtspflegern (teils aus Veröffentlichungen, teils aus persönlichen Gesprächen) haben auch in dieser neuen Auflage den Leitfaden bereichert; dafür und für Verbesserungsvorschläge bedanke ich mich sehr. Schön wäre es, wenn mich weitere Hinweise, Anregungen, Verbesserungsvorschläge oder auch kritische Anmerkungen erreichen würden, damit dieser Leitfaden allen mit einer Teilungsversteigerung befaßten Menschen eine echte Hilfe sein kann.

In der nun fünften Auflage waren wiederum zahlreiche neue Entscheidungen (insbesondere des Bundesgerichtshofs) und Veröffentlichungen einzuarbeiten; von besonderer Bedeutung war die Sichtung und Einarbeitung neuer Auflagen einschlägiger Kommentare zum Zwangsversteigerungsgesetz. Kleinere Gesetzesänderungen (insbes. § 10 und § 68 ZVG) waren zu berücksichtigen.

Ab dieser Auflage hat der Begründer dieses Leitfadens für das Teilungsversteigerungsrecht, Dr. Karl-Alfred Storz, dessen Bearbeitung mir alleine übertragen. Für das hierdurch entgegengebrachte Vertrauen möchte ich mich sehr bedanken. Es ist mir eine große Ehre und zugleich ein großes Anliegen dieses Werk in der bisherigen gewohnt hohen Qualität weiterzuführen. Möge ihm ein so großer Erfolg wie bisher beschieden sein!

Stuttgart, Herbst 2010   Bernd Kiderlen

Gewidmet allen Rechtspflegerinnen und Rechtspflegern,
die in praktischer, schriftstellerischer und lehrender Arbeit
das Zwangsversteigerungsrecht
zu hoher rechtlicher Qualität und wirtschaftlicher Effizienz
entwickelt haben.

Inhaltsübersicht

A. Einführung

B. Besonderheiten der Teilungsversteigerung

C. Verlauf des Versteigerungs-Verfahrens

Inhaltsverzeichnis

Inhaltsverzeichnis

Inhaltsvereichnis

Inhaltsverzeichnis

Inhaltsvereichnis

Inhaltsverzeichnis

Inhaltsvereichnis

Inhaltsverzeichnis

Abkürzungsverzeichnis

a. A. .... anderer Ansicht
a. a. O. .... am angegebenen Ort
Abs. .... Absatz
AcP .... Archiv für die civilistische Praxis
a. E. .... am Ende
a. F. .... alte Fassung
AG .... Amtsgericht
AGBGB .... Ausführungsgesetz zum Bürgerlichen Gesetzbuch
AGZVG .... Ausführungsgesetz zum Zwangsversteigerungsgesetz
Anm. .... Anmerkung oder Randnummer
AO .... Abgabenordnung
Art. .... Artikel
AVO .... Ausführungsverordnung
Abt. .... Abteilung
AT .... Aktenteil

BadNotZ .... Badische Notariatszeitung
BAG .... Bundesarbeitsgericht
BankA .... Bankarchiv, Zeitschrift für Bank- und Börsenwesen
BauGB .... Baugesetzbuch vom 8. 12. 1986 (BGBl. I S 2191)
BayNotZ .... Zeitschrift für das Notariat und für die freiwillige Rechtspflege
                        in Bayern/Bayerische Notarzeitschrift
BayObLG .... Bayerisches Oberstes Landgericht
BB .... Betriebs-Berater
BBauG .... Bundesbaugesetz
Betrieb .... Der Betrieb
BeurkG .... Beurkundungsgesetz
BFH .... Bundesfinanzhof
BGB .... Bürgerliches Gesetzbuch
BGBl. .... Bundesgesetzblatt
BGHZ .... Entscheidungen des Bundesgerichtshofes in Zivilsachen
BRAGO .... Bundesgebührenordnung für Rechtsanwälte
BRAK-Mitt .... Mitteilungen der Bundesrechtsanwaltskammer
BStBl. .... Bundessteuerblatt
BT-Drucks. .... Bundestagsdrucksache
BVerfG .... Bundesverfassungsgericht
BVerfGE .... Entscheidungen des Bundesverfassungsgerichts
BVerfGG .... Bundesverfassungsgerichtsgesetz
BVG .... Bundesversorgungsgesetz
BWNotZ .... Mitteilungen aus der Praxis, Zeitschrift für das Notariat in
                        Baden-Württemberg
BGH .... Bundesgerichtshof

Diss. .... Dissertation
DNotZ .... Deutsche Notarzeitschrift
DRiZ .... Deutsche Richterzeitung
DRpflZ .... Deutsche Rechtspfleger Zeitschrift
DVO .... Durchführungsverordnung

XVII

Abkürzungen

Abkürzungen

NdsRpfl	Niedersächsische Rechtspflege
n. F.	neue Fassung
NJW	Neue Juristische Wochenschrift
NZA	Neue Zeitschrift für Arbeits- und Sozialrecht
öL	öffentliche Lasten
OLG	Oberlandesgericht
OLGRep	OLG-Report (Schnelldienst zur Zivilrechtsprechung)
OLGZ	Entscheidungen der Oberlandesgerichte in Zivilsachen, insbesondere der Freiwilligen Gerichtsbarkeit
PKH	Prozesskostenhilfe
Recht	Das Recht, Rundschau für den deutschen Juristenstand
RG	Reichsgericht
RGZ	Entscheidungen des Reichsgerichts in Zivilsachen
RpflBl	Rechtspflegerblatt
Rpfleger	Der Deutsche Rechtspfleger
RpflJB	Rechtspflegerjahrbuch
RpflStud	Rechtspfleger-Studienhefte
RVG	Rechtsanwaltsvergütungsgesetz
RVO	Reichsversicherungsordnung
RZ	Randziffer
S.	Seite
s. o.	siehe oben
StGB	Strafgesetzbuch
StPO	Strafprozeßordnung
str.	streitig
TH	Taktischer Hinweis
TV	Teilungsversteigerung
unstr.	unstreitig
Verfko	Verfahrenskosten
VerglO	Vergleichsordnung
VermG	Gesetz zur Regelung offener Vermögensfragen
VG	Vollstreckungsgericht
vgl.	vergleiche
VO	Verordnung
VV	Vergütungsverzeichnis (Anlage zum Rechtsanwaltsvergütungsgesetz)
WoBindG	Wohnungsbindungsgesetz 1965
WürttNotV	Mitteilungen aus der Praxis (württembergischer Notarverein)
z. B.	zum Beispiel
ZIP	Zeitschrift für Wirtschaftsrecht und Insolvenzpraxis
ZPO	Zivilprozeßordnung
z. T.	zum Teil
ZVG	Gesetz über die Zwangsversteigerung und Zwangsverwaltung
ZV-Praxis	Storz, Praxis des Zwangsversteigerungsverfahrens 9. Auflage 2004 (zitiert: Storz/Kiderlein ZV-Praxis . . .)

XIX

Literaturverzeichnis

1. BGB und ZPO

Baumbach/Lauterbach/Albers/Hartmann, Kurzkommentar zur ZPO, 69. Auflage 2011
Gaberdiehl, Kreditsicherung durch Grundschulden, 6. Auflage 2000
Palandt, Bürgerliches Gesetzbuch, 70. Auflage 2011
Thomas/Putzo, Zivilprozessordnung, 32. Auflage 2011
Wieczorek, Großkommentar zur ZPO, 3. Auflage 1999–2004
Zöller, Kommentar zur ZPO, 28. Auflage 2010

2. Zwangsversteigerung allgemein

Böttcher, Zwangsversteigerungsgesetz, 5. Auflage 2010
Brox/Walker, Zwangsvollstreckungsrecht, 8. Auflage 2008
Büchmann, Schutz des Schuldners vor Verschleuderung im Zwangsversteigerungsverfahren, 1997
Dassler/Schiffhauer/Hintzen/Engels/Rellermeyer, Zwangsversteigerungsgesetz, 13. Auflage 2008
Drischler, Zwangsversteigerungsgesetz, 4. Auflage 1986
Hintzen, Entwicklung des Zwangsversteigerungs- und Zwangsverwaltungsrechts seit 2001, Rpfleger 2004, 69. – Derselbe, … seit 2008, Rpfleger 2009, 659
Hintzen, Handbuch der Immobiliarvollstreckung, 3. Auflage 1999
Jäckel/Güthe, Zwangsversteigerungsgesetz, 7. Auflage 1937
Jonas/Pohle, Zwangsvollstreckungsrecht, 16. Auflage 1954
Matschke, Immobilienversteigerung, 4. Auflage 2010
Korintenberg/Wenz, Zwangsversteigerungsgesetz, 6. Auflage 1935
Mohrbutter, Handbuch des Vollstreckungsrechts, 1974
Mohrbutter/Drischler/Radtke/Tiedemann, Zwangsversteigerungs- und Zwangsverwaltungspraxis, 7. Auflage 1986 (zitiert: Mohrbutter/Drischler)
Muth, Zwangsversteigerungspraxis 1989
Reinhard/Müller, Zwangsversteigerungsgesetz, 3./4. Auflage 1931/32
Steiner/Bearbeiter, Zwangsversteigerungsgesetz, 9. Auflage 1984/86
Stöber, Zwangsversteigerungsgesetz (früher: Zeller/Stöber) 19. Auflage 2009
Stöber, Zwangsvollstreckung in das unbewegliche Vermögen, 9. Auflage 2010 (zitiert: Stöber, ZVG-Handbuch Rz …)
Storz/Kiderlen, Praxis des Zwangsversteigerungsverfahrens, 11. Auflage 2008 (zitiert: Storz/Kiderlen ZV-Praxis)
Storz/Kiderlen, Der Gesetzgeber, der BGH und die Zwangsversteigerung, NJW 2007, 1846
Wolff/Hennings, Zwangsversteigerungsrecht, 3. Auflage 1990

3. Teilungsversteigerung allgemein

Alff, Geringstes Gebot und Zuschlagsprobleme in der Teilungsversteigerung bei mehreren Antragstellern, Rpfleger 2004, 673
Andreae, Zwangsvollstreckung in Miteigentumsanteile an Grundstücken, Diss. Freiburg 1973
Böttcher, Streitfragen bei der Teilungsversteigerung, Rpfleger 1993, 389
Brudermüller, Familienheim in der Teilungsversteigerung, FamRZ 1996, 1516
Behn, Die Gemeinschaft nach Bruchteilen nach dem BGB, Diss. Rostock 1900

Literatur

Dossmann, Das Recht des Miteigentümers, Diss. Halle 1908

Drescher, Die Teilungsversteigerung, Diss. Leipzig 1908

Drischler, Aufhebung der ungeteilten Erbengemeinschaft, JurBüro 1963, 241 und 501

Drischler, Teilungsversteigerung RpflJB 1966, 325 und JurBüro 1971, 1441, 1601, 1765

Eickmann, Teilungsversteigerung, RWS-Skript 206, 5. Auflage 2001

Esser, Rechtsprobleme der Gemeinschaftsabteilung, 1951

Gottwald, Zustimmung des Ehegatten zum Antrag auf Teilungsversteigerung, FamRZ 2006, 1075

Gramentz, Aufhebung der Bruchteilsgemeinschaft durch den Gläubiger eines Teilhabers, Diss. 1989

Haegele, Fragen der Zwangsvollstreckung im Erbrecht BWNotZ 1975, 129

Hamme, Die Teilungsversteigerung, 4. Auflage 2010

Josef, Pfändung des Anteils eines Miterben, eines Miteigentümers und eines Gesellschafters sowie ihre Eintragbarkeit im Grundbuch, Bad. Rechtspraxis 1914, 40

Krauter, Vereinbarungen über Ausschluß der Aufhebung einer Gemeinschaft und sonstige Vereinbarungen zwischen den Miteigentümern, BWNotZ 1985, 60

Kretzschmar, Teilungsversteigerung eines Nachlaßgrundstücks auf Antrag eines Miterben oder seines Pfändungsgläubigers, DNotZ 1915, 143

Liermann, Zweifelsfragen bei der Verwertung eines gepfändeten Miterbenanteils, NJW 1962, 2189

Münch, Aufhebung der Gemeinschaft nach Bruchteilen, Diss. Göttingen, 1913

Rellermayer, Zwangsversteigerung zur Aufhebung der ehelichen Eigentums- und Vermögensgemeinschaft des DDR-FGB? Rpfleger 1993, 169

Riedel, Teilungsversteigerung, JurBüro 1961, 425

Saenger, Gemeinschaft und Rechtsteilung, Diss. Marburg 1913

Schiffhauer, Besonderheiten in der Teilungsversteigerung, ZiP 1982, 526 und 660

Schiffhauer, Soziale Aspekte im Zwangsversteigerungsverfahren, Rpfleger 1978, 397

Schneider, Verfassungswidrige Teilungsversteigerung, JurBüro 1979, 1279

Siegelmann, Gesetzliches Güterrecht und Teilungsversteigerung DWW 1962, 15

Siegelmann, Teilungsversteigerung und Zugewinngemeinschaft, ZMR 1968, 33

Stöber, Verteilungsverfahren und Auseinandersetzung unter den Grundstückseigentümern, Rpfleger 1958, 73

4. Teilungsversteigerung, Einzelfragen

Vgl. hierzu die Literaturangaben vor den einzelnen Abschnitten!

Gesetz über die Zwangsversteigerung und die Zwangsverwaltung

Vom 24. März 1897 (RGBl. S. 97),
in der Fassung der Bekanntmachung vom 20. Mai 1898 (RGBl. S. 713),
zuletzt geändert durch Gesetz vom 29. 7. 2009 (BGBl. I S. 2258)

Erster Abschnitt
Zwangsversteigerung und Zwangsverwaltung von Grundstücken im Wege der Zwangsvollstreckung

Erster Titel. Allgemeine Vorschriften

§ 1 [Zuständiges Amtsgericht] (1) Für die Zwangsversteigerung und die Zwangsverwaltung eines Grundstücks ist als Vollstreckungsgericht das Amtsgericht zuständig, in dessen Bezirke das Grundstück belegen ist.

(2) [1] Die Landesregierungen werden ermächtigt, durch Rechtsverordnung die Zwangsversteigerungs- und Zwangsverwaltungssachen einem Amtsgericht für die Bezirke mehrerer Amtsgerichte zuzuweisen, sofern die Zusammenfassung für eine sachdienliche Förderung und schnellere Erledigung der Verfahren erforderlich ist. [2] Die Landesregierungen können die Ermächtigung auf die Landesjustizverwaltungen übertragen.

§ 2 [Bestellung durch das höhere Gericht] (1) Ist das Grundstück in den Bezirken verschiedener Amtsgerichte belegen oder ist es mit Rücksicht auf die Grenzen der Bezirke ungewiß, welches Gericht zuständig ist, so hat das zunächst höhere Gericht eines der Amtsgerichte zum Vollstreckungsgerichte zu bestellen; § 36 Abs. 2 und 3 und § 37 der Zivilprozeßordnung finden entsprechende Anwendung.

(2) [1] Die gleiche Anordnung kann getroffen werden, wenn die Zwangsversteigerung oder die Zwangsverwaltung mehrerer Grundstücke in demselben Verfahren zulässig ist und die Grundstücke in den Bezirken verschiedener Amtsgerichte belegen sind. [2] Von der Anordnung soll das zum Vollstreckungsgerichte bestellte Gericht die übrigen Gerichte in Kenntnis setzen.

§ 3 [Zustellungen] [1] Die Zustellungen erfolgen von Amts wegen. [2] Sie können durch Einschreiben mit Rückschein erfolgen. [3] Zum Nachweis der Zustellung genügt der Rückschein.

§ 4 [Zustellung durch Aufgabe zur Post] [1] Wohnt derjenige, welchem zugestellt werden soll, weder am Orte noch im Bezirke des Vollstreckungsgerichts, so kann die Zustellung durch Aufgabe zur Post erfolgen, solange nicht die Bestellung eines daselbst wohnhaften Prozeßbevollmächtigten oder Zustellungsbevollmächtigten dem Gericht angezeigt ist. [2]Die Postsendung muß mit der Bezeichnung „Einschreiben" versehen werden.

§ 5 [Zustellungsbevollmächtigter] Die Bestellung eines Zustellungsbevollmächtigten bei dem Grundbuchamte gilt auch für das Verfahren des Vollstreckungsgerichts, sofern sie diesem bekannt geworden ist.

§ 6 [Bestellung eines Zustellungsvertreters] (1) Ist der Aufenthalt desjenigen, welchem zugestellt werden soll, und der Aufenthalt seines Zustellungsbevollmächtigten dem Vollstreckungsgericht nicht bekannt oder sind die Voraussetzungen für eine öffentliche Zustellung aus sonstigen Gründen (§ 185 der Zivilprozeßordnung) gegeben, so hat das Gericht für denjenigen, welchem zugestellt werden soll, einen Zustellungsvertreter zu bestellen.

(2) [1]Das gleiche gilt, wenn im Falle der Zustellung durch Aufgabe zur Post die Postsendung als unbestellbar zurückkommt. [2]Die zurückgekommene Sendung soll dem Zustellungsvertreter ausgehändigt werden.

(3) Statt der Bestellung eines Vertreters genügt es, wenn die Zustellung für nicht prozeßfähige Personen an die Vormundschaftsbehörde, für juristische Personen oder für Vereine, die als solche klagen und verklagt werden können, an die Aufsichtsbehörde angeordnet wird.

§ 7 [Zustellung an Zustellungsvertreter] (1) An den Zustellungsvertreter erfolgen die Zustellungen, solange derjenige, welchem zugestellt werden soll, nicht ermittelt ist.

(2) [1]Der Zustellungsvertreter ist zur Ermittlung und Benachrichtigung des Vertretenen verpflichtet. [2]Er kann von diesem eine Vergütung für seine Tätigkeit und Ersatz seiner Auslagen fordern. [3]Über die Vergütung und die Erstattung der Auslagen entscheidet das Vollstreckungsgericht.

(3) Für die Erstattung der Auslagen haftet der Gläubiger, soweit der Zustellungsvertreter von dem Vertretenen Ersatz nicht zu erlangen vermag; die dem Gläubiger zur Last fallenden Auslagen gehören zu den Kosten der die Befriedigung aus dem Grundstücke bezweckenden Rechtsverfolgung.

§ 8 [Zustellung des Anordnungs- und Beitrittsbeschlusses] Die Vorschriften der §§ 4 bis 7 finden auf die an den Schuldnern zu bewirkende Zustellung des Beschlusses, durch welchen die Zwangsvollstreckung angeordnet oder der Beitritt eines Gläubigers zugelassen wird, keine Anwendung.

§ 9 [Beteiligte] In dem Verfahren gelten als Beteiligte, außer dem Gläubiger und dem Schuldner:

1. diejenigen, für welche zur Zeit der Eintragung des Vollstreckungsvermerkes ein Recht im Grundbuch eingetragen oder durch Eintragung gesichert ist;
2. diejenigen, welche ein der Zwangsvollstreckung entgegenstehendes Recht, ein Recht an dem Grundstück oder an einem das Grundstück belastenden Rechte, einen Anspruch mit dem Rechte auf Befriedigung aus dem Grundstück oder ein Miet- oder Pachtrecht, auf Grund dessen ihnen das

Grundstück überlassen ist, bei dem Vollstreckungsgericht anmelden und auf Verlangen des Gerichts oder eines Beteiligten glaubhaft machen.

§ 10 [Rangordnung der Rechte] (1) Ein Recht auf Befriedigung aus dem Grundstücke gewähren nach folgender Rangordnung, bei gleichem Range nach dem Verhältnis ihrer Beträge:

1. der Anspruch eines die Zwangsverwaltung betreibenden Gläubigers auf Ersatz seiner Ausgaben zur Erhaltung oder nötigen Verbesserung des Grundstücks, im Falle der Zwangsversteigerung jedoch nur, wenn die Verwaltung bis zum Zuschlage fortdauert und die Ausgaben nicht aus den Nutzungen des Grundstücks erstattet werden können;

1a. im Falle einer Zwangsversteigerung bei der das Insolvenzverfahren über das Vermögen des Schuldners eröffnet ist, die zur Insolvenzmasse gehörenden Ansprüche auf Ersatz der Kosten der Feststellung der beweglichen Gegenstände, auf die sich die Versteigerung erstreckt; diese Kosten sind nur zu erheben, wenn ein Insolvenzverwalter bestellt ist, und pauschal mit vier vom Hundert des Wertes anzusetzen, der nach § 74a Abs. 5 Satz 3 festgesetzt worden ist;

2. bei Vollstreckung in ein Wohnungseigentum die daraus fälligen Ansprüche auf Zahlung der Beiträge zu den Lasten und Kosten des gemeinschaftlichen Eigentums oder des Sondereigentums, die nach § 16 Abs. 2, § 28 Abs. 2 und 5 des Wohnungseigentumsgesetzes geschuldet werden, einschließlich der Vorschüsse und Rückstellungen sowie der Rückgriffsansprüche einzelner Wohnungseigentümer. Das Vorrecht erfasst die laufenden und die rückständigen Beträge aus dem Jahr der Beschlagnahme und den letzten zwei Jahren. Das Vorrecht einschließlich aller Nebenleistungen ist begrenzt auf Beträge in Höhe von nicht mehr als 5 vom Hundert des nach § 74a Abs. 5 festgesetzten Wertes. Die Anmeldung erfolgt durch die Gemeinschaft der Wohnungseigentümer. Rückgriffsansprüche einzelner Wohnungseigentümer werden von diesen angemeldet;

3. die Ansprüche auf Entrichtung der öffentlichen Lasten des Grundstücks wegen der aus den letzten vier Jahren rückständigen Beträge; wiederkehrende Leistungen, insbesondere Grundsteuern, Zinsen, Zuschläge oder Rentenleistungen, sowie Beträge, die zur allmählichen Tilgung einer Schuld als Zuschlag zu den Zinsen zu entrichten sind, genießen dieses Vorrecht nur für die laufenden Beträge und für die Rückstände aus den letzten zwei Jahren. Untereinander stehen öffentliche Grundstückslasten, gleichviel ob sie auf Bundes- oder Landesrecht beruhen, im Range gleich. Die Vorschriften des § 112 Abs. 1 und der §§ 113 und 116 des Gesetzes über den Lastenausgleich *vom 14. August 1952 (Bundesgesetzbl. I S. 446)* bleiben unberührt;

4. die Ansprüche aus Rechten aus dem Grundstück, soweit sie nicht infolge der Beschlagnahme dem Gläubiger gegenüber unwirksam sind, einschließlich der Ansprüche auf Beträge], die zur allmählichen Tilgung einer Schuld als Zuschlag zu den Zinsen zu entrichten sind; Ansprüche auf wiederkehrende Leistungen, insbesondere Zinsen, Zuschläge, Verwaltungskosten oder Rentenleistungen, genießen das Vorrecht dieser Klasse nur wegen der laufenden und der aus den letzten zwei Jahren rückständigen Beträge;

5. der Anspruch des Gläubigers, soweit er nicht in einer der vorhergehenden Klassen zu befriedigen ist;
6. die Ansprüche der vierten Klasse, soweit sie infolge der Beschlagnahme dem Gläubiger gegenüber unwirksam sind;
7. die Ansprüche der dritten Klasse wegen der älteren Rückstände;
8. die Ansprüche der vierten Klasse wegen der älteren Rückstände.

(2) Das Recht auf Befriedigung aus dem Grundstücke besteht auch für die Kosten der Kündigung und der die Befriedigung aus dem Grundstücke bezweckenden Rechtsverfolgung.

(3) [1]Zur Vollstreckung mit dem Range nach Absatz 1 Nr. 2 müssen die dort genannten Beträge die Höhe des Verzugsbetrages nach § 18 Abs. 2 Nr. 2 des Wohnungseigentumsgesetzes übersteigen; liegt ein vollstreckbarer Titel vor, so steht § 30 der Abgabenordnung einer Mitteilung des Einheitswerts an die in Absatz 1 Nr. 2 genannten Gläubiger nicht entgegen. [2]Für die Vollstreckung genügt ein Titel, aus dem die Verpflichtung des Schuldners zur Zahlung, die Art und der Bezugszeitraum des Anspruchs sowie seine Fälligkeit zu erkenn sind. [3]Soweit die Art und der Bezugszeitraum des Anspruchs sowie seine Fälligkeit nicht aus dem Titel zu erkennen sind, sind sie in sonst geeigneter Weise glaubhaft zu machen.

§ 11 [Rangordnung verschiedener Rechte in derselben Klasse]

(1) Sind Ansprüche aus verschiedenen Rechten nach § 10 Nr. 4, 6 oder 8 in derselben Klasse zu befriedigen, so ist für sie das Rangverhältnis maßgebend, welches unter den Rechten besteht.

(2) In der fünften Klasse geht unter mehreren Ansprüchen derjenige vor, für welchen die Beschlagnahme früher erfolgt ist.

§ 12 [Rangordnung gleicher Rechte untereinander]

Die Ansprüche aus einem und demselben Rechte haben untereinander folgende Rangordnung:
1. die Ansprüche auf Ersatz der im § 10 Abs. 2 bezeichneten Kosten;
2. die Ansprüche auf wiederkehrende Leistungen und andere Nebenleistungen;
3. der Hauptanspruch.

§ 13 [Wiederkehrende Leistungen]

(1) [1]Laufende Beträge wiederkehrender Leistungen sind der letzte vor der Beschlagnahme fällig gewordene Betrag sowie die später fällig werdenden Beträge. [2]Die älteren Beträge sind Rückstände.

(2) Absatz 1 ist anzuwenden, gleichviel ob die Ansprüche auf wiederkehrende Leistungen auf öffentlichem oder privatem Recht oder ob sie auf Bundes- oder Landesrecht beruhen oder ob die gesetzlichen Vorschriften andere als die in § 10 Abs. 1 Nr. 3 und 4 bestimmten Fristen festsetzen; kürzere Fristen als die in § 10 Abs. 1 Nr. 3 und 4 bestimmten werden stets vom letzten Fälligkeitstag vor der Beschlagnahme zurückgerechnet.

(3) Fehlt es innerhalb der letzten zwei Jahre an einem Fälligkeitstermin, so entscheidet der Zeitpunkt der Beschlagnahme.

(4) [1]Liegen mehrere Beschlagnahmen vor, so ist die erste maßgebend. [2]Bei der Zwangsversteigerung gilt, wenn bis zur Beschlagnahme eine Zwangsverwaltung fortgedauert hat, die für diese bewirkte Beschlagnahme als die erste.

§ 14 [Ansprüche unbestimmten Betrages] Ansprüche von unbestimmtem Betrage gelten als aufschiebend bedingt durch die Feststellung des Betrags.

Zweiter Titel. Zwangsversteigerung

I. Anordnung der Versteigerung

§ 15 [Antrag] Die Zwangsversteigerung eines Grundstücks wird von dem Vollstreckungsgericht auf Antrag angeordnet.

§ 16 [Inhalt des Antrages] (1) Der Antrag soll das Grundstück, den Eigentümer, den Anspruch und den vollstreckbaren Titel bezeichnen.

(2) Die für den Beginn der Zwangsvollstreckung erforderlichen Urkunden sind dem Antrage beizufügen.

§ 17 [Eintragung des Schuldners; Glaubhaftmachung der Erbfolge]
(1) Die Zwangsversteigerung darf nur angeordnet werden, wenn der Schuldner als Eigentümer des Grundstücks eingetragen oder wenn er Erbe des eingetragenen Eigentümers ist.

(2) [1]Die Eintragung ist durch ein Zeugnis des Grundbuchamts nachzuweisen. [2]Gehören Vollstreckungsgericht und Grundbuchamt demselben Amtsgericht an, so genügt statt des Zeugnisses die Bezugnahme auf das Grundbuch.

(3) Die Erbfolge ist durch Urkunden glaubhaft zu machen, sofern sie nicht bei dem Gericht offenkundig ist.

§ 18 [Versteigerung mehrerer Grundstücke] Die Zwangsversteigerung mehrerer Grundstücke kann in demselben Verfahren erfolgen, wenn sie entweder wegen einer Forderung gegen denselben Schuldner oder wegen eines an jedem der Grundstücke bestehenden Rechtes oder wegen einer Forderung, für welche die Eigentümer gesamtschuldnerisch haften, betrieben wird.

§ 19 [Eintragung der Anordnung in das Grundbuch] (1) Ordnet das Gericht die Zwangsversteigerung an, so hat es zugleich das Grundbuchamt um Eintragung dieser Anordnung in das Grundbuch zu ersuchen.

(2) [1]Das Grundbuchamt hat nach der Eintragung des Versteigerungsvermerkes dem Gericht eine beglaubigte Abschrift des Grundbuchblatts und der Urkunden, auf welche im Grundbuche Bezug genommen wird, zu erteilen, die bei ihm bestellten Zustellungsbevollmächtigten zu bezeichnen und Nachricht zu geben, was ihm über Wohnort und Wohnung der eingetragenen Beteiligten und deren Vertreter bekannt ist. [2]Statt der Erteilung einer beglaubig-

ten Abschrift der Urkunden genügt die Beifügung der Grundakten oder der Urkunden.

(3) Eintragungen im Grundbuch, die nach der Eintragung des Vermerks über die Anordnung der Zwangsversteigerung erfolgen, soll das Grundbuchamt dem Gericht mitteilen.

§ 20 [Beschlagnahme des Grundstücks; Umfang] (1) Der Beschluß, durch welchen die Zwangsversteigerung angeordnet wird, gilt zugunsten des Gläubigers als Beschlagnahme des Grundstücks.

(2) Die Beschlagnahme umfaßt auch diejenigen Gegenstände, auf welche sich bei einem Grundstücke die Hypothek erstreckt.

§ 21 [Umfang der Beschlagnahme] (1) Die Beschlagnahme umfaßt land- und forstwirtschaftliche Erzeugnisse des Grundstücks sowie die Forderung aus einer Versicherung solcher Erzeugnisse nur, soweit die Erzeugnisse noch mit dem Boden verbunden oder soweit sie Zubehör des Grundstücks sind.

(2) Die Beschlagnahme umfaßt nicht die Miet- und Pachtforderungen sowie die Ansprüche aus einem mit dem Eigentum an dem Grundstücke verbundenen Rechte auf wiederkehrende Leistungen.

(3) Das Recht eines Pächters auf den Fruchtgenuß wird von der Beschlagnahme nicht berührt.

§ 22 [Wirksamwerden der Beschlagnahme] (1) [1]Die Beschlagnahme des Grundstücks wird mit dem Zeitpunkte wirksam, in welchem der Beschluß, durch den die Zwangsversteigerung angeordnet ist, dem Schuldner zugestellt wird. [2]Sie wird auch wirksam mit dem Zeitpunkt, in welchem das Ersuchen um Eintragung des Versteigerungsvermerkes dem Grundbuchamte zugeht, sofern auf das Ersuchen die Eintragung demnächst erfolgt.

(2) [1]Erstreckt sich die Beschlagnahme auf eine Forderung, so hat das Gericht auf Antrag des Gläubigers dem Drittschuldner zu verbieten, an den Schuldner zu zahlen. [2]Die Beschlagnahme wird dem Drittschuldner gegenüber erst mit dem Zeitpunkte wirksam, in welchem sie ihm bekannt oder das Zahlungsverbot ihm zugestellt wird. [3]Die Vorschriften des § 845 der Zivilprozeßordnung finden entsprechende Anwendung.

§ 23 [Wirkung der Beschlagnahme] (1) [1]Die Beschlagnahme hat die Wirkung eines Veräußerungsverbots. [2]Der Schuldner kann jedoch, wenn sich die Beschlagnahme auf bewegliche Sachen erstreckt, über einzelne Stücke innerhalb der Grenzen einer ordnungsmäßigen Wirtschaft auch dem Gläubiger gegenüber wirksam verfügen.

(2) [1]Kommt es bei einer gegen die Beschlagnahme verstoßenden Verfügung nach § 135 Abs. 2 des Bürgerlichen Gesetzbuchs darauf an, ob derjenige, zu dessen Gunsten verfügt wurde, die Beschlagnahme kannte, so steht die Kenntnis des Versteigerungsantrags einer Kenntnis der Beschlagnahme gleich. [2]Die Beschlagnahme gilt auch in Ansehung der mithaftenden beweglichen Sachen als bekannt, sobald der Versteigerungsvermerk eingetragen ist.

§ 24 [Verwaltung und Benutzung durch den Schuldner] Die Verwaltung und Benutzung des Grundstücks verbleibt dem Schuldner nur innerhalb der Grenzen einer ordnungsmäßigen Wirtschaft.

§ 25 [Sicherung der ordnungsmäßigen Bewirtschaftung] [1]Ist zu besorgen, daß durch das Verhalten des Schuldners die ordnungsmäßige Wirtschaft gefährdet wird, so hat das Vollstreckungsgericht auf Antrag des Gläubigers die zur Abwendung der Gefährdung erforderlichen Maßregeln anzuordnen. [2]Das Gericht kann die Maßregeln aufheben, wenn der zu deren Fortsetzung erforderliche Geldbetrag nicht vorgeschossen wird.

§ 26 [Veräußerung nach Beschlagnahme] Ist die Zwangsversteigerung wegen des Anspruchs aus einem eingetragenen Rechte angeordnet, so hat eine nach der Beschlagnahme bewirkte Veräußerung des Grundstücks auf den Fortgang des Verfahrens gegen den Schuldner keinen Einfluß.

§ 27 [Beitritt zum Versteigerungsverfahren] (1) [1]Wird nach der Anordnung der Zwangsversteigerung ein weiterer Antrag auf Zwangsversteigerung des Grundstücks gestellt, so erfolgt statt des Versteigerungsbeschlusses die Anordnung, daß der Beitritt des Antragstellers zu dem Verfahren zugelassen wird. [2]Eine Eintragung dieser Anordnung in das Grundbuch findet nicht statt.

(2) Der Gläubiger, dessen Beitritt zugelassen ist, hat dieselben Rechte, wie wenn auf seinen Antrag die Versteigerung angeordnet wäre.

II. Aufhebung und einstweilige Einstellung des Verfahrens

§ 28 [Entgegenstehende grundbuchmäßige Rechte] (1) [1]Wird dem Vollstreckungsgericht ein aus dem Grundbuch ersichtliches Recht bekannt, welches der Zwangsversteigerung oder der Fortsetzung des Verfahrens entgegensteht, so hat das Gericht das Verfahren entweder sofort aufzuheben oder unter Bestimmung einer Frist, binnen welcher der Gläubiger die Hebung des Hindernisses nachzuweisen hat, einstweilen einzustellen. [2]Im letzteren Falle ist das Verfahren nach dem Ablaufe der Frist aufzuheben, wenn nicht inzwischen der Nachweis erbracht ist.

(2) Wird dem Vollstreckungsgericht eine Verfügungsbeschränkung oder ein Vollstreckungsmangel bekannt, ist Absatz 1 entsprechend anzuwenden.

§ 29 [Zurücknahme des Antrages] Das Verfahren ist aufzuheben, wenn der Versteigerungsantrag von dem Gläubiger zurückgenommen wird.

§ 30 [Einstweilige Einstellung auf Bewilligung des Gläubigers] (1) [1]Das Verfahren ist einstweilen einzustellen, wenn der Gläubiger die Einstellung bewilligt. [2]Die Einstellung kann wiederholt bewilligt werden. [3]Ist das Verfahren auf Grund einer Bewilligung des Gläubigers bereits zweimal eingestellt, so gilt eine erneute Einstellungsbewilligung als Rücknahme des Versteigerungsantrags.

(2) Der Bewilligung der Einstellung steht es gleich, wenn der Gläubiger die Aufhebung des Versteigerungstermins bewilligt.

§ 30 a [Einstweilige Einstellung auf Antrag des Schuldners] (1) Das Verfahren ist auf Antrag des Schuldners einstweilen auf die Dauer von höchstens sechs Monaten einzustellen, wenn Aussicht besteht, daß durch die Einstellung die Versteigerung vermieden wird, und wenn die Einstellung nach den persönlichen und wirtschaftlichen Verhältnissen des Schuldners sowie nach der Art der Schuld der Billigkeit entspricht.

(2) Der Antrag ist abzulehnen, wenn die einstweilige Einstellung dem betreibenden Gläubiger unter Berücksichtigung seiner wirtschaftlichen Verhältnisse nicht zuzumuten ist, insbesondere ihm einen unverhältnismäßigen Nachteil bringen würde, oder wenn mit Rücksicht auf die Beschaffenheit oder die sonstigen Verhältnisse des Grundstücks anzunehmen ist, daß die Versteigerung zu einem späteren Zeitpunkt einen wesentlich geringeren Erlös bringen würde.

(3) [1]Die einstweilige Einstellung kann auch mit der Maßgabe angeordnet werden, daß sie außer Kraft tritt, wenn der Schuldner die während der Einstellung fällig werdenden wiederkehrenden Leistungen nicht binnen zwei Wochen nach Eintritt der Fälligkeit bewirkt. [2]Wird die Zwangsversteigerung von einem Gläubiger betrieben, dessen Hypothek oder Grundschuld innerhalb der ersten sieben Zehnteile des Grundstückswertes steht, so darf das Gericht von einer solchen Anordnung nur insoweit absehen, als dies nach den besonderen Umständen des Falles zur Wiederherstellung einer geordneten wirtschaftlichen Lage des Schuldners geboten und dem Gläubiger unter Berücksichtigung seiner gesamten wirtschaftlichen Verhältnisse, insbesondere seiner eigenen Zinsverpflichtungen, zuzumuten ist.

(4) Das Gericht kann ferner anordnen, daß der Schuldner Zahlungen auf Rückstände wiederkehrender Leistungen zu bestimmten Terminen zu bewirken hat.

(5) Das Gericht kann schließlich die einstweilige Einstellung von sonstigen Auflagen mit der Maßgabe abhängig machen, daß die einstweilige Einstellung des Verfahrens bei Nichterfüllung dieser Auflagen außer Kraft tritt.

§ 30 b [Antrag auf einstweilige Einstellung; Entscheidung] (1) [1]Die einstweilige Einstellung ist binnen einer Notfrist von zwei Wochen zu beantragen. [2]Die Frist beginnt mit der Zustellung der Verfügung, in welcher der Schuldner auf das Recht zur Stellung des Einstellungsantrages, den Fristbeginn und die Rechtsfolgen eines fruchtlosen Fristablaufs hingewiesen wird. [3]Der Hinweis ist möglichst zugleich mit dem Beschluß, durch den die Zwangsversteigerung angeordnet wird, zuzustellen.

(2) [1]Die Entscheidung über den Antrag auf einstweilige Einstellung des Verfahrens ergeht durch Beschluß. [2]Vor der Entscheidung sind der Schuldner und der betreibende Gläubiger zu hören; in geeigneten Fällen kann das Gericht mündliche Verhandlung anberaumen. [3]Der Schuldner und der betreibende Gläubiger haben ihre Angaben auf Verlangen des Gerichts glaubhaft zu machen.

(3) ¹Gegen die Entscheidung ist die sofortige Beschwerde zulässig; vor der Entscheidung ist der Gegner zu hören. ²Eine weitere Beschwerde findet nicht statt.

(4) Der Versteigerungstermin soll erst nach Rechtskraft des die einstweilige Einstellung ablehnenden Beschlusses bekanntgegeben werden.

§ 30 c [Erneute Einstellung] ¹War das Verfahren gemäß § 30 a einstweilen eingestellt, so kann es auf Grund des § 30 a einmal erneut eingestellt werden, es sei denn, daß die Einstellung dem Gläubiger unter Berücksichtigung seiner gesamten wirtschaftlichen Verhältnisse nicht zuzumuten ist. ²§ 30 b gilt entsprechend.

§ 30 d [Einstweilige Einstellung auf Antrag des Insolvenzverwalters]
(1) Ist über das Vermögen des Schuldners ein Insolvenzverfahren eröffnet, so ist auf Antrag des Insolvenzverwalters die Zwangsversteigerung einstweilen einzustellen, wenn

1. im Insolvenzverfahren der Berichtstermin nach § 29 Abs 1 Nr. 1 der Insolvenzordnung noch bevorsteht,
2. das Grundstück nach dem Ergebnis des Berichtstermins nach § 29 Abs 1 Nr. 1 der Insolvenzordnung im Insolvenzverfahren für eine Fortführung des Unternehmens oder für die Vorbereitung der Veräußerung eines Betriebs oder einer anderen Gesamtheit von Gegenständen benötigt wird,
3. durch die Versteigerung die Durchführung eines vorgelegten Insolvenzplans gefährdet würde oder
4. in sonstiger Weise durch die Versteigerung die angemessene Verwertung der Insolvenzmasse wesentlich erschwert würde.

Der Antrag ist abzulehnen, wenn die einstweilige Einstellung dem Gläubiger unter Berücksichtigung seiner wirtschaftlichen Verhältnisse nicht zuzumuten ist.

(2) Hat der Schuldner einen Insolvenzplan vorgelegt und ist dieser nicht nach § 231 in der Insolvenzordnung zurückgewiesen worden, so ist die Zwangsversteigerung auf Antrag des Schuldners unter den Voraussetzungen des Absatzes 1 Satz 1 Nr 3, Satz 2 einstweilen einzustellen.

(3) § 30 b Abs 2 bis 4 gilt entsprechend mit der Maßgabe, daß an die Stelle des Schuldners der Insolvenzverwalter tritt, wenn dieser den Antrag gestellt hat, und daß die Zwangsversteigerung eingestellt wird, wenn die Voraussetzungen für die Einstellung glaubhaft gemacht sind.

(4) Ist vor der Eröffnung des Insolvenzverfahrens ein vorläufiger Verwalter bestellt, so ist auf dessen Antrag die Zwangsversteigerung einstweilen einzustellen, wenn glaubhaft gemacht wird, daß die einstweilige Einstellung zur Verhütung nachteiliger Veränderungen in der Vermögenslage des Schuldners erforderlich ist.

§ 30 e [Anordnung von Auflagen] (1) ¹Die einstweilige Einstellung ist mit der Auflage anzuordnen, daß dem betreibenden Gläubiger für die Zeit nach dem Berichtstermin nach § 29 Abs 1 Nr 1 der Insolvenzordnung laufend die geschuldeten Zinsen binnen zwei Wochen nach Eintritt der Fälligkeit aus der

Insolvenzmasse gezahlt werden. [2]Ist das Versteigerungsverfahren schon vor der Eröffnung des Insolvenzverfahrens nach § 30 d Abs 4 einstweilen eingestellt worden, so ist die Zahlung von Zinsen spätestens von dem Zeitpunkt an anzuordnen, der drei Monate nach der ersten einstweiligen Einstellung liegt.

(2) Wird das Grundstück für die Insolvenzmasse genutzt, so ordnet das Gericht auf Antrag des betreibenden Gläubigers weiter die Auflage an, daß der entstehende Wertverlust von der Einstellung des Versteigerungsverfahrens an durch laufende Zahlungen aus der Insolvenzmasse an den Gläubiger auszugleichen ist.

(3) Die Absätze 1 und 2 gelten nicht, soweit nach der Höhe der Forderung sowie dem Wert und der sonstigen Belastung des Grundstücks nicht mit einer Befriedigung des Gläubigers aus dem Versteigerungserlös zu rechnen ist.

§ 30 f [Aufhebung der einstweiligen Einstellung] (1) [1]Im Falle des § 30 d Abs. 1 bis 3 ist die einstweilige Einstellung auf Antrag des Gläubigers aufzuheben, wenn die Voraussetzungen nach § 30 e nicht beachtet werden oder wenn der Insolvenzverwalter, im Falle des § 30 d Abs. 2 der Schuldner, der Aufhebung zustimmt. [2]Auf Antrag des Gläubigers ist weiter die einstweilige Einstellung aufzuheben, wenn das Insolvenzverfahren beendet ist.

(2) [1]Die einstweilige Einstellung nach § 30 d Abs. 4 ist auf Antrag des Gläubigers aufzuheben, wenn der Antrag auf Eröffnung des Insolvenzverfahrens zurückgenommen oder abgewiesen wird. [2]Im übrigen gilt Absatz 1 Satz 1 entsprechend.

(3) [1]Vor der Entscheidung des Gerichts ist der Insolvenzverwalter, im Falle des § 30 d Abs 2 der Schuldner, zu hören. [2]§ 30 b Abs. 3 gilt entsprechend.

§ 31 [Fortsetzung auf Antrag des Gläubigers] (1) [1]Im Falle einer einstweiligen Einstellung darf das Verfahren, soweit sich nicht aus dem Gesetz etwas anderes ergibt, nur auf Antrag des Gläubigers fortgesetzt werden. [2]Wird der Antrag nicht binnen sechs Monaten gestellt, so ist das Verfahren aufzuheben.

(2) Die Frist nach Absatz 1 Satz 2 beginnt

a) im Falle des § 30 mit der Einstellung des Verfahrens,

b) im Falle des § 30 a mit dem Zeitpunkt, bis zu dem die Einstellung angeordnet war,

c) im Falle des § 30 f Abs. 1 mit dem Ende des Insolvenzverfahrens, im Falle des § 30 f Abs. 2 mit der Rücknahme oder der Abweisung des Antrags auf Eröffnung des Insolvenzverfahrens,

d) wenn die Einstellung vom Prozeßgericht angeordnet war, mit der Wiederaufhebung der Anordnung oder mit einer sonstigen Erledigung der Einstellung.

(3) Das Vollstreckungsgericht soll den Gläubiger auf den Fristbeginn unter Bekanntgabe der Rechtsfolgen eines fruchtlosen Fristablaufs hinweisen; die Frist beginnt erst zu laufen, nachdem der Hinweis auf die Rechtsfolgen eines fruchtlosen Fristablaufs dem Gläubiger zugestellt worden ist.

§ 32 [Zustellung des Aufhebungs- oder Einstellungsbeschlusses] Der Beschluß, durch welchen das Verfahren aufgehoben oder einstweilen eingestellt wird, ist dem Schuldner, dem Gläubiger und, wenn die Anordnung von einem Dritten beantragt war, auch diesem zuzustellen.

§ 33 [Entscheidung durch Versagung des Zuschlags] Nach dem Schlusse der Versteigerung darf, wenn ein Grund zur Aufhebung oder zur einstweiligen Einstellung des Verfahrens oder zur Aufhebung des Termins vorliegt, die Entscheidung nur durch Versagung des Zuschlags gegeben werden.

§ 34 [Löschung des Versteigerungsvermerkes] Im Falle der Aufhebung des Verfahrens ist das Grundbuchamt um Löschung des Versteigerungsvermerkes zu ersuchen.

III. Bestimmung des Versteigerungstermins

§ 35 [Ausführung durch Vollstreckungsgericht] Die Versteigerung wird durch das Vollstreckungsgericht ausgeführt.

§ 36 [Terminsbestimmung] (1) Der Versteigerungstermin soll erst nach der Beschlagnahme des Grundstücks und nach dem Eingange der Mitteilungen des Grundbuchamts bestimmt werden.

(2) [1]Der Zeitraum zwischen der Anberaumung des Termins und dem Termin soll, wenn nicht besondere Gründe vorliegen, nicht mehr als sechs Monate betragen. [2]War das Verfahren einstweilen eingestellt, so soll diese Frist nicht mehr als zwei Monate, muß aber mindestens einen Monat betragen.

(3) Der Termin kann nach dem Ermessen des Gerichts an der Gerichtsstelle oder an einem anderen Orte im Gerichtsbezirk abgehalten werden.

§ 37 [Wesentlicher Inhalt der Terminsbestimmung] Die Terminsbestimmung muß enthalten:
1. die Bezeichnung des Grundstücks;
2. Zeit und Ort des Versteigerungstermins;
3. die Angabe, daß die Versteigerung im Wege der Zwangsvollstreckung erfolgt;
4. die Aufforderung, Rechte, soweit sie zur Zeit der Eintragung des Versteigerungsvermerkes aus dem Grundbuche nicht ersichtlich waren, spätestens im Versteigerungstermine vor der Aufforderung zur Abgabe von Geboten anzumelden und, wenn der Gläubiger widerspricht, glaubhaft zu machen, widrigenfalls die Rechte bei der Feststellung des geringsten Gebots nicht berücksichtigt und bei der Verteilung des Versteigerungserlöses dem Anspruche des Gläubigers und den übrigen Rechten nachgesetzt werden würden;
5. die Aufforderung an diejenigen, welche ein der Versteigerung entgegenstehendes Recht haben, vor der Erteilung des Zuschlags die Aufhebung oder einstweilige Einstellung des Verfahrens herbeizuführen, widrigenfalls

für das Recht der Versteigerungserlös an die Stelle des versteigerten Gegenstandes treten würde.

§ 38 [Weitere Angaben in der Terminsbestimmung] (1) [1]Die Terminsbestimmung soll die Angabe des Grundbuchsblattes, der Größe und des Verkehrwertes des Grundstücks enthalten. [2]Ist in einem früheren Versteigerungstermin der Zuschlag aus den Gründen des § 74a Abs. 1 oder des § 85a Abs. 1 versagt worden, so soll auch diese Tatsache in der Terminsbestimmung angegeben werden.

(2) Das Gericht kann Wertgutachten und Abschätzungen in einem für das Gericht bestimmten elektronischen Informations- und Kommunikationssystem öffentlich bekannt machen.

§ 39 [Bekanntmachung der Terminsbestimmung] (1) Die Terminsbestimmung muß durch einmalige Einrückung in das für Bekanntmachungen des Gerichts bestimmte Blatt oder in einem für das Gericht bestimmten elektronischen Informations- und Kommunikationssystem öffentlich bekanntgemacht werden.

(2) Hat das Grundstück nur einen geringen Wert, so kann das Gericht anordnen, daß die Einrückung oder Veröffentlichung nach Absatz 1 unterbleibt; in diesem Falle muß die Bekanntmachung dadurch erfolgen, daß die Terminsbestimmung in der Gemeinde, in deren Bezirke das Grundstück belegen ist, an die für amtliche Bekanntmachungen bestimmte Stelle angeheftet wird.

§ 40 [Anheftung an die Gerichtstafel] (1) [1]Die Terminsbestimmung soll an die Gerichtstafel angeheftet werden. [2]Ist das Gericht nach § 2 Abs. 2 zum Vollstreckungsgerichte bestellt, so soll die Anheftung auch bei den übrigen Gerichten bewirkt werden. [3]Wird der Termin nach § 39 Abs. 1 durch Veröffentlichung in einem für das Gericht bestimmten elektronischen Informations- und Kommunikationssystem öffentlich bekannt gemacht, so kann die Anheftung an die Gerichtstafel unterbleiben.

(2) Das Gericht ist befugt, noch andere und wiederholte Veröffentlichungen zu veranlassen; bei der Ausübung dieser Befugnis ist insbesondere auf den Ortsgebrauch Rücksicht zu nehmen.

§ 41 [Zustellung an die Beteiligten] (1) Die Terminsbestimmung ist den Beteiligten zuzustellen.

(2) Im Laufe der vierten Woche vor dem Termin soll den Beteiligten mitgeteilt werden, auf wessen Antrag und wegen welcher Ansprüche die Versteigerung erfolgt.

(3) Als Beteiligte gelten auch diejenigen, welche das angemeldete Recht noch glaubhaft zu machen haben.

§ 42 [Akteneinsicht] (1) Die Einsicht der Mitteilung des Grundbuchamts sowie der erfolgten Anmeldungen ist jedem gestattet.

(2) Das gleiche gilt von anderen das Grundstück betreffenden Nachweisungen, welche ein Beteiligter einreicht, insbesondere von Abschätzungen.

§ 43 [Terminsaufhebung] (1) [1]Der Versteigerungstermin ist aufzuheben und von neuem zu bestimmen, wenn die Terminsbestimmung nicht sechs Wochen vor dem Termin bekanntgemacht ist. [2]War das Verfahren einstweilen eingestellt, so reicht es aus, daß die Bekanntmachung der Terminsbestimmung zwei Wochen vor dem Termin bewirkt ist.

(2) Das gleiche gilt, wenn nicht vier Wochen vor dem Termin dem Schuldner ein Beschluß, auf Grund dessen die Versteigerung erfolgen kann, und allen Beteiligten, die schon zur Zeit der Anberaumung des Termins dem Gericht bekannt waren, die Terminsbestimmung zugestellt ist, es sei denn, daß derjenige, in Ansehung dessen die Frist nicht eingehalten ist, das Verfahren genehmigt.

IV. Geringstes Gebot. Versteigerungsbedingungen

§ 44 [Begriff des geringsten Gebots] (1) Bei der Versteigerung wird nur ein solches Gebot zugelassen, durch welches die dem Anspruche des Gläubigers vorgehenden Rechte sowie die aus dem Versteigerungserlöse zu entnehmenden Kosten des Verfahrens gedeckt werden (geringstes Gebot).

(2) Wird das Verfahren wegen mehrerer Ansprüche von verschiedenem Range betrieben, so darf der vorgehende Anspruch der Feststellung des geringsten Gebotes nur dann zugrunde gelegt werden, wenn der wegen dieses Anspruchs ergangene Beschluß dem Schuldner vier Wochen vor dem Versteigerungstermin zugestellt ist.

§ 45 [Feststellung des geringsten Gebots] (1) Ein Recht ist bei der Feststellung des geringsten Gebots insoweit, als es zur Zeit der Eintragung des Versteigerungsvermerkes aus dem Grundbuch ersichtlich war, nach dem Inhalte des Grundbuchs, im übrigen nur dann zu berücksichtigen, wenn es rechtzeitig angemeldet und, falls der Gläubiger widerspricht, glaubhaft gemacht wird.

(2) Von wiederkehrenden Leistungen, die nach dem Inhalt des Grundbuchs zu entrichten sind, brauchen die laufenden Beträge nicht angemeldet, die rückständigen nicht glaubhaft gemacht zu werden.

(3) [1]Ansprüche der Wohnungseigentümer nach § 10 Abs. 1 Nr. 2 sind bei der Anmeldung durch einen entsprechenden Titel oder durch die Niederschrift der Beschlüsse der Wohnungseigentümer einschließlich ihrer Anlagen oder in sonst geeigneter Weise glaubhaft zu machen. [2]Aus dem Vorbringen müssen sich die Zahlungspflicht, die Art und der Bezugzeitraum des Anspruchs sowie seine Fälligkeit ergeben.

§ 46 [Wiederkehrende Naturalleistungen] Für wiederkehrende Leistungen, die nicht in Geld bestehen, hat das Gericht einen Geldbetrag festzusetzen, auch wenn ein solcher nicht angemeldet ist.

§ 47 [Wiederkehrende Geldleistungen] [1] Laufende Beträge regelmäßig wiederkehrender Leistungen sind für die Zeit bis zum Ablaufe von zwei Wochen nach dem Versteigerungstermin zu decken. [2] Nicht regelmäßig wiederkehrende Leistungen werden mit den Beträgen berücksichtigt, welche vor dem Ablaufe dieser Frist zu entrichten sind.

§ 48 [Bedingte Rechte; Vormerkung und Widerspruch] Bedingte Rechte sind wie unbedingte, Rechte, die durch Eintragung eines Widerspruchs oder einer Vormerkung gesichert sind, wie eingetragene Rechte zu berücksichtigen.

§ 49 [Bargebot] (1) Der Teil des geringsten Gebots, welcher zur Deckung der Kosten sowie der im § 10 Nr. 1 bis 3 und im § 12 Nr. 1, 2 bezeichneten Ansprüche bestimmt ist, desgleichen der das geringste Gebot übersteigende Betrag des Meistgebots ist von dem Ersteher vor dem Verteilungstermin zu berichtigen (Bargebot).

(2) Das Bargebot ist von dem Zuschlag an zu verzinsen.

(3) Das Bargebot ist so rechtzeitig durch Überweisung oder Einzahlung auf ein Konto der Gerichtskasse zu entrichten, dass der Betrag der Gerichtskasse vor dem Verteilungstermin gutgeschrieben ist und ein Nachweis hierüber im Termin vorliegt.

(4) Der Ersteher wird durch Hinterlegung von seiner Verbindlichkeit befreit, wenn die Hinterlegung und die Ausschließung der Rücknahme im Verteilungstermine nachgewiesen werden.

§ 50 [Zuzahlungsbetrag für Rechte der Abt. III] (1) [1] Soweit eine bei der Feststellung des geringsten Gebots berücksichtigte Hypothek, Grundschuld oder Rentenschuld nicht besteht, hat der Ersteher außer dem Bargebot auch den Betrag des berücksichtigten Kapitals zu zahlen. [2] In Ansehung der Verzinslichkeit, des Zinssatzes, der Zahlungszeit, der Kündigung und des Zahlungsorts bleiben die für das berücksichtigte Recht getroffenen Bestimmungen maßgebend.

(2) Das gleiche gilt:
1. wenn das Recht bedingt ist und die aufschiebende Bedingung ausfällt oder die auflösende Bedingung eintritt;
2. wenn das Recht noch an einem anderen Grundstück besteht und an dem versteigerten Grundstücke nach den besonderen Vorschriften über die Gesamthypothek erlischt.

(3) Haftet der Ersteher im Falle des Absatzes 2 Nr. 2 zugleich persönlich, so ist die Erhöhung des zu zahlenden Betrags ausgeschlossen, soweit der Ersteher nicht bereichert ist.

§ 51 [Zuzahlungsbetrag für Rechte der Abt. II] (1) [1] Ist das berücksichtigte Recht nicht eine Hypothek, Grundschuld oder Rentenschuld, so finden die Vorschriften des § 50 entsprechende Anwendung. [2] Der Ersteher hat statt des Kapitals den Betrag, um welchen sich der Wert des Grundstücks erhöht, drei Monate nach erfolgter Kündigung zu zahlen und von dem Zuschlag an zu verzinsen.

(2) Der Betrag soll von dem Gerichte bei der Feststellung des geringsten Gebots bestimmt werden.

§ 52 [Bestehenbleibende Rechte] (1) [1]Ein Recht bleibt insoweit bestehen, als es bei der Feststellung des geringsten Gebots berücksichtigt und nicht durch Zahlung zu decken ist. [2]Im übrigen erlöschen die Rechte.

(2) [1]Das Recht auf eine der in den §§ 912 bis 917 des Bürgerlichen Gesetzbuchs bezeichneten Renten bleibt auch dann bestehen, wenn es bei der Feststellung des geringsten Gebots nicht berücksichtigt ist. [2]Satz 1 ist entsprechend anzuwenden auf

a) den Erbbauzins, wenn nach § 9 Abs. 3 des Erbbaurechtsgesetzes das Bestehenbleiben des Erbbauzinses als Inhalt der Reallast vereinbart worden ist;

b) Grunddienstbarkeiten und beschränkte persönliche Dienstbarkeiten, die auf dem Grundstück als Ganzem lasten, wenn in ein Wohnungseigentum mit dem Rang nach § 10 Abs. 1 Nr. 2 vollstreckt wird und diesen kein anderes Recht der Rangklasse 4 vorgeht, aus dem die Versteigerung betrieben werden kann.

§ 53 [Schuldübernahme] (1) Haftet bei einer Hypothek, die bestehenbleibt, der Schuldner zugleich persönlich, so übernimmt der Ersteher die Schuld in Höhe der Hypothek; die Vorschriften des § 416 des Bürgerlichen Gesetzbuchs finden mit der Maßgabe entsprechende Anwendung, daß als Veräußerer im Sinne dieser Vorschriften der Schuldner anzusehen ist.

(2) Das gleiche gilt, wenn bei einer Grundschuld oder Rentenschuld, die bestehenbleibt, der Schuldner zugleich persönlich haftet, sofern er spätestens im Versteigerungstermine vor der Aufforderung zur Abgabe von Geboten die gegen ihn bestehende Forderung unter Angabe ihres Betrags und Grundes angemeldet und auf Verlangen des Gerichts oder eines Beteiligten glaubhaft gemacht hat.

§ 54 [Kündigung von Grundpfandrechten] (1) Die von dem Gläubiger dem Eigentümer oder von diesem dem Gläubiger erklärte Kündigung einer Hypothek, einer Grundschuld oder einer Rentenschuld ist dem Ersteher gegenüber nur wirksam, wenn sie spätestens in dem Versteigerungstermine vor der Aufforderung zur Abgabe von Geboten erfolgt und bei dem Gericht angemeldet worden ist.

(2) Das gleiche gilt von einer aus dem Grundbuche nicht ersichtlichen Tatsache, infolge deren der Anspruch vor der Zeit geltend gemacht werden kann.

§ 55 [Gegenstand der Versteigerung] (1) Die Versteigerung des Grundstücks erstreckt sich auf alle Gegenstände, deren Beschlagnahme noch wirksam ist.

(2) Auf Zubehörstücke, die sich im Besitze des Schuldners oder eines neu eingetretenen Eigentümers befinden, erstreckt sich die Versteigerung auch dann, wenn sie einem Dritten gehören, es sei denn, daß dieser sein Recht nach Maßgabe des § 37 Nr. 5 geltend gemacht hat.

§ 56 [Gefahrübergang] [1]Die Gefahr des zufälligen Unterganges geht in Ansehung des Grundstücks mit dem Zuschlag, in Ansehung der übrigen Gegenstände mit dem Schlusse der Versteigerung auf den Ersteher über. [2]Von dem Zuschlag an gebühren dem Ersteher die Nutzungen und trägt er die Lasten. [3]Ein Anspruch auf Gewährleistung findet nicht statt.

§ 57 [Mieter, Pächter] Ist das Grundstück einem Mieter oder Pächter überlassen, so finden die Vorschriften der §§ 566, 566a, 566b Abs. 1, §§ 566c und 566d des Bürgerlichen Gesetzbuchs nach Maßgabe der §§ 57a und 57b entsprechende Anwendung.

§ 57a [Kündigungsrecht des Erstehers] [1]Der Ersteher ist berechtigt, das Miet- oder Pachtverhältnis unter Einhaltung der gesetzlichen Frist zu kündigen. [2]Die Kündigung ist ausgeschlossen, wenn sie nicht für den ersten Termin erfolgt, für den sie zulässig ist.

§ 57b [Vorausverfügungen über Miet- oder Pachtzins] (1) [1]Soweit nach den Vorschriften des § 566b Abs. 1 und der §§ 566c, 566d des Bürgerlichen Gesetzbuchs für die Wirkung von Verfügungen und Rechtsgeschäften über den Miet- oder Pachtzins der Übergang des Eigentums in Betracht kommt, ist an dessen Stelle die Beschlagnahme des Grundstücks maßgebend. [2]Ist dem Mieter oder Pächter der Beschluß, durch den die Zwangsversteigerung angeordnet wird, zugestellt, so gilt mit der Zustellung die Beschlagnahme als dem Mieter oder Pächter bekannt; die Zustellung erfolgt auf Antrag des Gläubigers an die von ihm bezeichneten Personen. [3]Dem Beschlusse soll eine Belehrung über die Bedeutung der Beschlagnahme für den Mieter oder Pächter beigefügt werden. [4]Das Gericht hat auf Antrag des Gläubigers zur Feststellung der Mieter und Pächter eines Grundstücks Ermittlungen zu veranlassen; es kann damit einen Gerichtsvollzieher oder einen sonstigen Beamten beauftragen, auch die zuständige örtliche Behörde um Mitteilung der ihr bekannten Mieter und Pächter ersuchen.

(2) [1]Der Beschlagnahme zum Zwecke der Zwangsversteigerung steht die Beschlagnahme zum Zwecke der Zwangsverwaltung gleich, wenn sie bis zum Zuschlag fortgedauert hat. [2]Ist dem Mieter oder Pächter der Beschluß, durch den ihm verboten wird, an den Schuldner zu zahlen, zugestellt, so gilt mit der Zustellung die Beschlagnahme als dem Mieter oder Pächter bekannt.

(3) Auf Verfügungen und Rechtsgeschäfte des Zwangsverwalters finden diese Vorschriften keine Anwendung.

§§ 57c, 57d *(aufgehoben durch das Zweite Gesetz zur Modernisierung der Justiz (BGBl. 2006 I S. 3416))*

§ 58 [Kosten des Zuschlagsbeschlusses] Die Kosten des Beschlusses, durch welchen der Zuschlag erteilt wird, fallen dem Ersteher zur Last.

§ 59 [Abweichende Feststellung des geringsten Gebots] (1) [1]Jeder Beteiligte kann spätestens im Versteigerungstermin vor der Aufforderung zur Abgabe von Geboten eine von den gesetzlichen Vorschriften abweichende Feststellung des geringsten Gebots und der Versteigerungsbedingungen verlangen. [2]Der Antrag kann spätestens zu dem in Satz 1 genannten Zeitpunkt zurückgenommen werden. [3]Wird durch die Abweichung das Recht eines anderen Beteiligten beeinträchtigt, so ist dessen Zustimmung erforderlich.

(2) Sofern nicht feststeht, ob das Recht durch die Abweichung beeinträchtigt wird, ist das Grundstück mit der verlangten Abweichung und ohne sie auszubieten.

(3) Soll das Fortbestehen eines Rechtes bestimmt werden, das nach § 52 erlöschen würde, so bedarf es nicht der Zustimmung eines nachstehenden Beteiligten.

§§ 60, 61 *(aufgehoben)*

§ 62 [Erörterungen über das geringste Gebot] Das Gericht kann schon vor dem Versteigerungstermin Erörterungen der Beteiligten über das geringste Gebot und die Versteigerungsbedingungen veranlassen, zu diesem Zwecke auch einen besonderen Termin bestimmen.

§ 63 [Einzel- und Gesamtausgebot mehrerer Grundstücke] (1) [1]Mehrere in demselben Verfahren zu versteigernde Grundstücke sind einzeln auszubieten. [2]Grundstücke, die mit einem einheitlichen Bauwerk überbaut sind, können auch gemeinsam ausgeboten werden.

(2) [1]Jeder Beteiligte kann spätestens im Versteigerungstermin verlangen, daß neben dem Einzelausgebot alle Grundstücke zusammen ausgeboten werden (Gesamtausgebot). [2]Sofern einige Grundstücke mit einem und demselben Recht belastet sind, kann jeder Beteiligte auch verlangen, daß diese Grundstücke gemeinsam ausgeboten werden (Gruppenausgebot). [3]Auf Antrag kann das Gericht auch in anderen Fällen das Gesamtausgebot einiger der Grundstücke anordnen (Gruppenausgebot).

(3) [1] Wird bei dem Einzelausgebot auf eines der Grundstücke ein Meistgebot abgegeben, das mehr beträgt als das geringste Gebot für dieses Grundstück, so erhöht sich bei dem Gesamtausgebote das geringste Gebot um den Mehrbetrag. [2] Der Zuschlag wird auf Grund des Gesamtausgebots nur erteilt, wenn das Meistgebot höher ist als das Gesamtergebnis der Einzelausgebote.

(4) [1]Das Einzelausgebot unterbleibt, wenn die anwesenden Beteiligten, deren Rechte bei der Feststellung des geringsten Gebots nicht zu berücksichtigen sind, hierauf verzichtet haben. [2]Dieser Verzicht ist bis spätestens vor der Aufforderung zur Abgabe von Geboten zu erklären.

§ 64 [Gesamthypothek] (1) [1]Werden mehrere Grundstücke, die mit einer dem Anspruche des Gläubigers vorgehenden Gesamthypothek belastet sind, in demselben Verfahren versteigert, so ist auf Antrag die Gesamthypothek bei der Feststellung des geringsten Gebots für das einzelne Grundstück nur zu dem Teilbetrage zu berücksichtigen, der dem Verhältnisse des Wertes des Grundstücks zu dem Werte der sämtlichen Grundstücke entspricht; der Wert wird unter Abzug der Belastungen berechnet, die der Gesamthypothek im Range vorgehen und bestehen bleiben. [2]Antragsberechtigt sind die Gläubiger, der Eigentümer und jeder dem Hypothekengläubiger gleich- oder nachstehende Beteiligte.

(2) [1]Wird der im Absatz 1 bezeichnete Antrag gestellt, so kann der Hypothekengläubiger bis zum Schlusse der Verhandlung im Versteigerungstermine verlangen, daß bei der Feststellung des geringsten Gebots für die Grundstücke nur die seinem Anspruche vorgehenden Rechte berücksichtigt werden; in diesem Falle sind die Grundstücke auch mit der verlangten Abweichung auszubieten. [2]Erklärt sich nach erfolgtem Ausgebote der Hypothekengläubiger der Aufforderung des Gerichts ungeachtet nicht darüber, welches Ausgebot für die Erteilung des Zuschlags maßgebend sein soll, so verbleibt es bei der auf Grund des Absatzes 1 erfolgten Feststellung des geringsten Gebots.

(3) Diese Vorschriften finden entsprechende Anwendung, wenn die Grundstücke mit einer und derselben Grundschuld oder Rentenschuld belastet sind.

§ 65 [Besondere Versteigerung; anderweitige Verwertung] (1) [1]Das Gericht kann auf Antrag anordnen, daß eine Forderung oder eine bewegliche Sache von der Versteigerung des Grundstücks ausgeschlossen und besonders versteigert werden soll. [2]Auf Antrag kann auch eine andere Art der Verwertung angeordnet, insbesondere zur Einziehung einer Forderung ein Vertreter bestellt oder die Forderung einem Beteiligten mit dessen Zustimmung an Zahlungs Statt überwiesen werden. [3]Die Vorschriften der §§ 817, *820*,[*] 835 der Zivilprozeßordnung finden entsprechende Anwendung. [4]Der Erlös ist zu hinterlegen.

(2) Die besondere Versteigerung oder die anderweitige Verwertung ist nur zulässig, wenn das geringste Gebot erreicht ist.

V. Versteigerung

§ 66 [Bekanntmachungsteil] (1) In dem Versteigerungstermine werden nach dem Aufrufe der Sache die das Grundstück betreffenden Nachweisungen, die das Verfahren betreibenden Gläubiger, deren Ansprüche, die Zeit der Beschlagnahme, der vom Gericht festgesetzte Wert des Grundstücks und die erfolgten Anmeldungen bekanntgemacht, hierauf das geringste Gebot und die Versteigerungsbedingungen nach Anhörung der anwesenden Beteiligten, nötigenfalls mit Hilfe eines Rechnungsverständigen, unter Bezeichnung der einzelnen Rechte festgestellt und die erfolgten Feststellungen verlesen.

(2) Nachdem dies geschehen, hat das Gericht auf die bevorstehende Ausschließung weiterer Anmeldungen hinzuweisen und sodann zur Abgabe von Geboten aufzufordern.

---

[*] § 820 ZPO aufgehoben durch Gesetz vom 20. 8. 1953 (BGBl. I S. 952); die Vorschrift steht nunmehr in § 817a Abs. 3 ZPO.

§ 67 [Verlangen einer Sicherheitsleistung] (1) [1]Ein Beteiligter, dessen Recht durch Nichterfüllung des Gebots beeinträchtigt werden würde, kann Sicherheitsleistung verlangen, jedoch nur sofort nach Abgabe des Gebots. [2]Das Verlangen gilt auch für weitere Gebote desselben Bieters.

(2) [1]Steht dem Bieter eine durch das Gebot ganz oder teilweise gedeckte Hypothek, Grundschuld oder Rentenschuld zu, so braucht er Sicherheit nur auf Verlangen des Gläubigers zu leisten. [2]Auf Gebote des Schuldners oder eines neu eingetretenen Eigentümers findet diese Vorschrift keine Anwendung.

(3) Für ein Gebot des Bundes, der Deutschen Bundesbank, der Deutschen Genossenschaftsbank, der Deutschen Girozentrale (Deutsche Kommunalbank) oder eines Landes kann Sicherheitsleistung nicht verlangt werden.

§ 68 [Höhe der Sicherheit] (1) [1]Die Sicherheit ist für ein Zehntel des in der Terminsbestimmung genannten, anderenfalls des festgesetzten Verkehrswerts zu leisten. [2]Übersteigt die Sicherheit nach Satz 1 das Bargebot, ist der überschießende Betrag freizugeben. [3]Ist die Sicherheitsleistung durch Überweisung auf das Konto der Gerichtskasse bewirkt, ordnet das Gericht die Auszahlung des überschießenden Betrags an.

(2) Ein Beteiligter, dessen Recht nach § 52 bestehenbleibt, kann darüber hinausgehende Sicherheitsleistung bis zur Höhe des Betrages verlangen, welcher zur Deckung der seinem Rechte vorgehenden Ansprüche durch Zahlung zu berichtigen ist.

(3) Bietet der Schuldner oder ein neu eingetretener Eigentümer des Grundstücks, so kann der Gläubiger darüber hinausgehende Sicherheitsleistung bis zur Höhe des Betrags verlangen, welcher zur Deckung seines Anspruchs durch Zahlung zu berichtigen ist.

(4) Die erhöhte Sicherheitsleistung nach den Absätzen 2 und 3 ist spätestens bis zur Entscheidung über den Zuschlag zu erbringen.

§ 69 [Art der Sicherheitsleistung] (1) Eine Sicherheitsleistung durch Barzahlung ist ausgeschlossen.

(2) [1]Zur Sicherheitsleistung sind Bundesbankschecks und Verrechnungsschecks geeignet, die frühestens am dritten Werktag vor dem Versteigerungstermin hausgestellt worden sind. [2]Dies gilt nur, wenn sie von einem im Geltungsbereich dieses Gesetzes zum Betreiben von Bankgeschäften berechtigten Kreditinstitut oder der Bundesbank ausgestellt und im Inland zahlbar sind. [3]Als berechtigt im Sinne dieser Vorschrift gelten Kreditinstitute, die in der Liste der zugelassenen Kreditinstitute gem. Artikel 3 Abs. 7 und Artikel 10 Abs. 2 der Richtlinie 77/780/EWG des Rates vom 12. Dezember 1977 zur Koordinierung der Rechts- und Verwaltungsvorschriften über die Aufnahme und Ausübung der Tätigkeit der Kreditinstitute (ABl. EG Nr. L 322 S. 30) aufgeführt sind.

(3) [1]Als Sicherheitsleistung ist eine unbefristete, unbedingte und selbstschuldnerische Bürgschaft eines Kreditinstituts im Sinne des Absatzes 2 zuzulassen, wenn die Verpflichtung aus der Bürgschaft im Inland zu erfüllen

ist. [2]Dies gilt nicht für Gebote des Schuldners oder des neu eingetretenen Eigentümers.

(4) Die Sicherheitsleistung kann durch Überweisung auf ein Konto der Gerichtskasse bewirkt werden, wenn der Betrag der Gerichtskasse vor dem Versteigerungstermin gutgeschrieben ist und ein Nachweis hierüber im Termin vorliegt.

§ 70 [Sofortige Entscheidung; sofortige Leistung] (1) Das Gericht hat über die Sicherheitsleistung sofort zu entscheiden.

(2) [1]Erklärt das Gericht die Sicherheit für erforderlich, so ist sie sofort zu leisten. [2]Die Sicherheitsleistung durch Überweisung auf ein Konto der Gerichtskasse muss bereits vor dem Versteigerungstermin erfolgen. [3]Unterbleibt die Leistung, so ist das Gebot zurückzuweisen.

(3) Wird das Gebot ohne Sicherheitsleistung zugelassen und von dem Beteiligten, welcher die Sicherheit verlangt hat, nicht sofort Widerspruch erhoben, so gilt das Verlangen als zurückgenommen.

§ 71 [Zurückweisung eines unwirksamen Gebots] (1) Ein unwirksames Gebot ist zurückzuweisen.

(2) Ist die Wirksamkeit eines Gebots von der Vertretungsmacht desjenigen, welcher das Gebot für den Bieter abgegeben hat, oder von der Zustimmung eines anderen oder einer Behörde abhängig, so erfolgt die Zurückweisung, sofern nicht die Vertretungsmacht oder die Zustimmung bei dem Gericht offenkundig ist oder durch eine öffentlich beglaubigte Urkunde sofort nachgewiesen wird.

§ 72 [Erlöschen eines Gebots] (1) [1]Ein Gebot erlischt, wenn ein Übergebot zugelassen wird und ein Beteiligter der Zulassung nicht sofort widerspricht. [2]Das Übergebot gilt als zugelassen, wenn es nicht sofort zurückgewiesen wird.

(2) Ein Gebot erlischt auch dann, wenn es zurückgewiesen wird und der Bieter oder ein Beteiligter der Zurückweisung nicht sofort widerspricht.

(3) Das gleiche gilt, wenn das Verfahren einstweilen eingestellt oder der Termin aufgehoben wird.

(4) Ein Gebot erlischt nicht, wenn für ein zugelassenes Übergebot die nach § 68 Abs. 2 und 3 zu erbringende Sicherheitsleistung nicht bis zur Entscheidung über den Zuschlag geleistet worden ist.

§ 73 [Bietstunde] (1) [1]Zwischen der Aufforderung zur Abgabe von Geboten und dem Zeitpunkt, in welchem bezüglich sämtlicher zu versteigernder Grundstücke die Versteigerung geschlossen wird, müssen 30 Minuten liegen. [2]Die Versteigerung muß so lange fortgesetzt werden, bis der Aufforderung des Gerichts ungeachtet ein Gebot nicht mehr abgegeben wird.

(2) [1]Das Gericht hat das letzte Gebot und den Schluß der Versteigerung zu verkünden. [2]Die Verkündung des letzten Gebots soll mittels dreimaligen Aufrufs erfolgen.

§ 74 [Anhörung über den Zuschlag] Nach dem Schlusse der Versteigerung sind die anwesenden Beteiligten über den Zuschlag zu hören.

§ 74 a [Antrag auf Versagung des Zuschlags] (1) [1]Bleibt das abgegebene Meistgebot einschließlich des Kapitalwertes der nach den Versteigerungsbedingungen bestehenbleibenden Rechte unter sieben Zehnteilen des Grundstückswertes, so kann ein Berechtigter, dessen Anspruch ganz oder teilweise durch das Meistgebot nicht gedeckt ist, aber bei einem Gebot in der genannten Höhe voraussichtlich gedeckt sein würde, die Versagung des Zuschlags beantragen. [2]Der Antrag ist abzulehnen, wenn der betreibende Gläubiger widerspricht und glaubhaft macht, daß ihm durch die Versagung des Zuschlags ein unverhältnismäßiger Nachteil erwachsen würde.

(2) Der Antrag auf Versagung des Zuschlags kann nur bis zum Schluß der Verhandlung über den Zuschlag gestellt werden; das gleiche gilt von der Erklärung des Widerspruchs.

(3) [1]Wird der Zuschlag gemäß Absatz 1 versagt, so ist von Amts wegen ein neuer Versteigerungstermin zu bestimmen. [2]Der Zeitraum zwischen den beiden Terminen soll, sofern nicht nach den besonderen Verhältnissen des Einzelfalles etwas anderes geboten ist, mindestens drei Monate betragen, darf aber sechs Monate nicht übersteigen.

(4) In dem neuen Versteigerungstermin darf der Zuschlag weder aus den Gründen des Absatzes 1 noch aus denen des § 85 a Abs. 1 versagt werden.

(5) [1]Der Grundstückswert (Verkehrswert) wird vom Vollstreckungsgericht, nötigenfalls nach Anhörung von Sachverständigen, festgesetzt. [2]Der Wert der beweglichen Gegenstände, auf die sich die Versteigerung erstreckt, ist unter Würdigung aller Verhältnisse frei zu schätzen. [3]Der Beschluß über die Festsetzung des Grundstückswertes ist mit der sofortigen Beschwerde anfechtbar. [4]Der Zuschlag oder die Versagung des Zuschlags können mit der Begründung, daß der Grundstückswert unrichtig festgesetzt sei, nicht angefochten werden.

§ 74 b Ist das Meistgebot von einem zur Befriedigung aus dem Grundstück Berechtigten abgegeben worden, so findet § 74 a keine Anwendung, wenn das Gebot einschließlich des Kapitalwertes der nach den Versteigerungsbedingungen bestehenbleibenden Rechte zusammen mit dem Betrage, mit dem der Meistbietende bei der Verteilung des Erlöses ausfallen würde, sieben Zehnteile des Grundstückswertes erreicht und dieser Betrag im Range unmittelbar hinter dem letzten Betrage steht, der durch das Gebot noch gedeckt ist.

§ 75 [Einstellung wegen Vorlage eines Überweisungsnachweises im Termin] Das Verfahren wird eingestellt, wenn der Schuldner im Versteigerungstermin einen Einzahlungs- oder Überweisungsnachweis einer Bank oder Sparkasse oder eine öffentliche Urkunde vorlegt, aus der sich ergibt, dass der Schuldner oder ein Dritter, der berechtigt ist, den Gläubiger zu befriedigen, den zur Befriedigung und zur Deckung der Kosten erforderlichen Betrag an die Gerichtskasse gezahlt hat.

**§ 76 [Einstellung wegen Deckung des Gläubigers aus einem Einzel-
ausgebot]** (1) Wird bei der Versteigerung mehrerer Grundstücke auf eines
oder einige so viel geboten, daß der Anspruch des Gläubigers gedeckt ist, so
wird das Verfahren in Ansehung der übrigen Grundstücke einstweilen eingestellt; die Einstellung unterbleibt, wenn sie dem berechtigten Interesse des
Gläubigers widerspricht.

(2) [1] Ist die einstweilige Einstellung erfolgt, so kann der Gläubiger die Fortsetzung des Verfahrens verlangen, wenn er ein berechtigtes Interesse daran
hat, insbesondere wenn er im Verteilungstermine nicht befriedigt worden ist.
[2] Beantragt der Gläubiger die Fortsetzung nicht vor dem Ablaufe von drei
Monaten nach dem Verteilungstermine, so gilt der Versteigerungsantrag als
zurückgenommen.

§ 77 [Einstellung wegen Mangels an Geboten] (1) Ist ein Gebot nicht
abgegeben oder sind sämtliche Gebote erloschen, so wird das Verfahren
einstweilen eingestellt.

(2) [1] Bleibt die Versteigerung in einem zweiten Termine gleichfalls ergebnislos, so wird das Verfahren aufgehoben. [2] Liegen die Voraussetzungen für die
Anordnung der Zwangsverwaltung vor, so kann auf Antrag des Gläubigers das
Gericht anordnen, daß das Verfahren als Zwangsverwaltung fortgesetzt wird.
[3] In einem solchen Falle bleiben die Wirkungen der für die Zwangsversteigerung erfolgten Beschlagnahme bestehen; die Vorschrift des § 155 Abs. 1 findet
jedoch auf die Kosten der Zwangsversteigerung keine Anwendung.

§ 78 [Protokoll] Vorgänge in dem Termine, die für die Entscheidung über
den Zuschlag oder für das Recht eines Beteiligten in Betracht kommen, sind
durch das Protokoll festzustellen; bleibt streitig, ob oder für welches Gebot
der Zuschlag zu erteilen ist, so ist das Sachverhältnis mit den gestellten Anträgen in das Protokoll aufzunehmen.

VI. Entscheidung über den Zuschlag

§ 79 [Keine Bindung an Vorentscheidungen] Bei der Beschlußfassung
über den Zuschlag ist das Gericht an eine Entscheidung, die es vorher getroffen hat, nicht gebunden.

§ 80 [Nicht protokollierte Vorgänge] Vorgänge in dem Versteigerungstermine, die nicht aus dem Protokoll ersichtlich sind, werden bei der Entscheidung über den Zuschlag nicht berücksichtigt.

§ 81 [Zuschlagsberechtigte] (1) Der Zuschlag ist dem Meistbietenden zu
erteilen.

(2) Hat der Meistbietende das Recht aus dem Meistgebot an einen anderen
abgetreten und dieser die Verpflichtung aus dem Meistgebot übernommen,
so ist, wenn die Erklärungen im Versteigerungstermin abgegeben oder nachträglich durch öffentlich beglaubigte Urkunden nachgewiesen werden, der
Zuschlag nicht dem Meistbietenden, sondern dem anderen zu erteilen.

(3) Erklärt der Meistbietende im Termin oder nachträglich in einer öffentlich beglaubigten Urkunde, daß er für einen anderen geboten habe, so ist diesem der Zuschlag zu erteilen, wenn die Vertretungsmacht des Meistbietenden oder die Zustimmung des anderen entweder bei dem Gericht offenkundig ist oder durch eine öffentlich beglaubigte Urkunde nachgewiesen wird.

(4) Wird der Zuschlag erteilt, so haften der Meistbietende und der Ersteher als Gesamtschuldner.

§ 82 [Inhalt des Zuschlagbeschlusses] In dem Beschlusse, durch welchen der Zuschlag erteilt wird, sind das Grundstück, der Ersteher, das Gebot und die Versteigerungsbedingungen zu bezeichnen; auch sind im Falle des § 69 Abs. 3 der Bürge unter Angabe der Höhe seiner Schuld und im Falle des § 81 Abs. 4 der Meistbietende für mithaftend zu erklären.

§ 83 [Versagung des Zuschlags] Der Zuschlag ist zu versagen:

1. wenn die Vorschrift des § 43 Abs. 2 oder eine der Vorschriften über die Feststellung des geringsten Gebots oder der Versteigerungsbedingungen verletzt ist;
2. wenn bei der Versteigerung mehrerer Grundstücke das Einzelausgebot oder das Gesamtausgebot den Vorschriften des § 63 Abs. 1, Abs. 2 Satz 1, Abs. 4 zuwider unterblieben ist;
3. wenn in den Fällen des § 64 Abs. 2 Satz 1, Abs. 3 die Hypothek, Grundschuld oder Rentenschuld oder das Recht eines gleich- oder nachstehenden Beteiligten, der dem Gläubiger vorgeht, durch das Gesamtergebnis der Einzelausgebote nicht gedeckt werden;
4. wenn die nach der Aufforderung zur Abgabe von Geboten erfolgte Anmeldung oder Glaubhaftmachung eines Rechtes ohne Beachtung der Vorschrift des § 66 Abs. 2 zurückgewiesen ist;
5. wenn der Zwangsversteigerung oder der Fortsetzung des Verfahrens das Recht eines Beteiligten entgegensteht;
6. wenn die Zwangsversteigerung oder die Fortsetzung des Verfahrens aus einem sonstigen Grunde unzulässig ist;
7. wenn eine der Vorschriften des § 43 Abs. 1 oder des § 73 Abs. 1 verletzt ist;
8. wenn die nach § 68 Abs. 2 und 3 verlangte Sicherheitsleistung nicht bis zur Entscheidung über den Zuschlag geleistet worden ist.

§ 84 [Heilung von Verfahrensmängeln] (1) Die im § 83 Nr. 1 bis 5 bezeichneten Versagungsgründe stehen der Erteilung des Zuschlags nicht entgegen, wenn das Recht des Beteiligten durch den Zuschlag nicht beeinträchtigt wird oder wenn der Beteiligte das Verfahren genehmigt.

(2) Die Genehmigung ist durch eine öffentlich beglaubigte Urkunde nachzuweisen.

§ 85 [Antrag auf Zuschlagsversagung als neues Gebot] (1) [1]Der Zuschlag ist zu versagen, wenn vor dem Schlusse der Verhandlung ein Beteiligter, dessen Recht durch den Zuschlag beeinträchtigt werden würde und der nicht zu den Berechtigten des § 74 a Abs. 1 gehört, die Bestimmung eines neuen Versteigerungstermins beantragt und sich zugleich zum Ersatze des durch die Versagung des Zuschlages entstehenden Schadens verpflichtet, auch auf Verlangen eines anderen Beteiligten Sicherheit leistet. ²Die Vorschriften des § 67 Abs. 3 und des § 69 sind entsprechend anzuwenden. ³Die Sicherheit ist in Höhe des bis zum Verteilungstermin zu berichtigenden Teils des bisherigen Meistgebots zu leisten.

(2) Die neue Terminsbestimmung ist auch dem Meistbietenden zuzustellen.

(3) Für die weitere Versteigerung gilt das bisherige Meistgebot mit Zinsen von dem durch Zahlung zu berichtigenden Teile des Meistgebots unter Hinzurechnung derjenigen Mehrkosten, welche aus dem Versteigerungserlöse zu entnehmen sind, als ein von dem Beteiligten abgegebenes Gebot.

(4) In dem fortgesetzten Verfahren findet die Vorschrift des Absatzes 1 keine Anwendung.

§ 85 a [Versagung bei zu geringem Meistgebot] (1) Der Zuschlag ist ferner zu versagen, wenn das abgegebene Meistgebot einschließlich des Kapitalwertes der nach den Versteigerungsbedingungen bestehenbleibenden Rechte die Hälfte des Grundstückswertes nicht erreicht.

(2) ¹ § 74 a Abs. 3, 5 ist entsprechend anzuwenden. ²In dem neuen Versteigerungstermin darf der Zuschlag weder aus den Gründen des Absatzes 1 noch aus denen des § 74 a Abs. 1 versagt werden.

(3) Ist das Meistgebot von einem zur Befriedigung aus dem Grundstück Berechtigten abgegeben worden, so ist Absatz 1 nicht anzuwenden, wenn das Gebot einschließlich des Kapitalwertes der nach den Versteigerungsbedingungen bestehenbleibenden Rechte zusammen mit dem Betrage, mit dem der Meistbietende bei der Verteilung des Erlöses ausfallen würde, die Hälfte des Grundstückswertes erreicht.

§ 86 [Wirkung der Versagung] Die rechtskräftige Versagung des Zuschlags wirkt, wenn die Fortsetzung des Verfahrens zulässig ist, wie eine einstweilige Einstellung, anderenfalls wie die Aufhebung des Verfahrens.

§ 87 [Verkündungstermin] (1) Der Beschluß, durch welchen der Zuschlag erteilt oder versagt wird, ist in dem Versteigerungstermin oder in einem sofort zu bestimmenden Termine zu verkünden.

(2) ¹Der Verkündungstermin soll nicht über eine Woche hinaus bestimmt werden. ²Die Bestimmung des Termins ist zu verkünden und durch Anheftung an die Gerichtstafel bekanntzumachen.

(3) Sind nachträglich Tatsachen oder Beweismittel vorgebracht, so sollen in dem Verkündungstermine die anwesenden Beteiligten hierüber gehört werden.

§ 88 [Zustellung des Beschlusses] ¹Der Beschluß, durch welchen der Zuschlag erteilt wird, ist den Beteiligten, soweit sie weder im Versteigerungstermine noch im Verkündungstermin erschienen sind, und dem Ersteher sowie im Falle des § 69 Abs. 3 dem für mithaftend erklärten Bürgen und im Falle des § 81 Abs. 4 dem Meistbietenden zuzustellen. [2]Als Beteiligte gelten auch diejenigen, welche das angemeldete Recht noch glaubhaft zu machen haben.

§ 89 [Wirksamwerden des Zuschlags] Der Zuschlag wird mit der Verkündung wirksam.

§ 90 [Eigentumserwerb durch Zuschlag] (1) Durch den Zuschlag wird der Ersteher Eigentümer des Grundstücks, sofern nicht im Beschwerdewege der Beschluß rechtskräftig aufgehoben wird.

(2) Mit dem Grundstück erwirbt er zugleich die Gegenstände, auf welche sich die Versteigerung erstreckt hat.

§ 91 [Erlöschen von Rechten] (1) Durch den Zuschlag erlöschen unter der im § 90 Abs. 1 bestimmten Voraussetzung die Rechte, welche nicht nach den Versteigerungsbedingungen bestehen bleiben sollen.

(2) Ein Recht an dem Grundstücke bleibt jedoch bestehen, wenn dies zwischen dem Berechtigten und dem Ersteher vereinbart ist und die Erklärungen entweder im Verteilungstermin abgegeben oder, bevor das Grundbuchamt um Berichtigung des Grundbuchs ersucht ist, durch eine öffentlich beglaubigte Urkunde nachgewiesen werden.

(3) [1]Im Falle des Absatzes 2 vermindert sich der durch Zahlung zu berichtende Teil des Meistgebots um den Betrag, welcher sonst dem Berechtigten gebühren würde. [2]Im übrigen wirkt die Vereinbarung wie die Befriedigung des Berechtigten aus dem Grundstücke.

(4) [1]Das Erlöschen eines Rechts, dessen Inhaber zur Zeit des Erlöschens nach § 1179 a des Bürgerlichen Gesetzbuchs die Löschung einer bestehenbleibenden Hypothek, Grundschuld oder Rentenschuld verlangen kann, hat nicht das Erlöschen dieses Anspruchs zur Folge. [2]Der Anspruch erlischt, wenn der Berechtigte aus dem Grundstück befriedigt wird.

§ 92 [Anspruch auf Ersatz des Wertes] (1) Erlischt durch den Zuschlag ein Recht, das nicht auf Zahlung eines Kapitals gerichtet ist, so tritt an die Stelle des Rechtes der Anspruch auf Ersatz des Wertes aus dem Versteigerungserlöse.

(2) [1]Der Ersatz für einen Nießbrauch, für eine beschränkte persönliche Dienstbarkeit sowie für eine Reallast von unbestimmter Dauer ist durch Zahlung einer Geldrente zu leisten, die dem Jahreswerte des Rechtes gleichkommt. [2]Der Betrag ist für drei Monate vorauszuzahlen. [3]Der Anspruch auf eine fällig gewordene Zahlung verbleibt dem Berechtigten auch dann, wenn das Recht auf die Rente vor dem Ablaufe der drei Monate erlischt.

(3) Bei ablösbaren Rechten bestimmt sich der Betrag der Ersatzleistung durch die Ablösungssumme.

§ 93 [Zuschlagsbeschluß als Vollstreckungstitel] (1) [1] Aus dem Beschlusse, durch welchen der Zuschlag erteilt wird, findet gegen den Besitzer des Grundstücks oder einer mitversteigerten Sache die Zwangsvollstreckung auf Räumung und Herausgabe statt. [2] Die Zwangsvollstreckung soll nicht erfolgen, wenn der Besitzer auf Grund eines Rechtes besitzt, das durch den Zuschlag nicht erloschen ist. [3] Erfolgt gleichwohl die Zwangsvollstreckung, so kann der Besitzer nach Maßgabe des § 771 der Zivilprozeßordnung Widerspruch erheben.

(2) Zum Ersatze von Verwendungen, die vor dem Zuschlage gemacht sind, ist der Ersteher nicht verpflichtet.

§ 94 [Gerichtliche Verwaltung] (1) [1] Auf Antrag eines Beteiligten, der Befriedigung aus dem Bargebote zu erwarten hat, ist das Grundstück für Rechnung des Erstehers in gerichtliche Verwaltung zu nehmen, solange nicht die Zahlung oder Hinterlegung erfolgt ist. [2] Der Antrag kann schon im Versteigerungstermine gestellt werden.

(2) Auf die Bestellung des Verwalters sowie auf dessen Rechte und Pflichten finden die Vorschriften über die Zwangsverwaltung entsprechende Anwendung.

VII. Beschwerde

§ 95 [Zulässigkeit] Gegen eine Entscheidung, die vor der Beschlußfassung über den Zuschlag erfolgt, kann die sofortige Beschwerde nur eingelegt werden, soweit die Entscheidung die Anordnung, Aufhebung, einstweilige Einstellung oder Fortsetzung des Verfahrens betrifft.

§ 96 [Sofortige Beschwerde gegen die Entscheidung über den Zuschlag] Auf die Beschwerde gegen die Entscheidung über den Zuschlag finden die Vorschriften der Zivilprozeßordnung über die Beschwerde nur insoweit Anwendung, als nicht in den §§ 97 bis 104 ein anderes vorgeschrieben ist.

§ 97 [Beschwerdeberechtigte] (1) Die Beschwerde steht im Falle der Erteilung des Zuschlags jedem Beteiligten sowie dem Ersteher und dem für zahlungspflichtig erklärten Dritten, im Falle der Versagung dem Gläubiger zu, in beiden Fällen auch dem Bieter, dessen Gebot nicht erloschen ist, sowie demjenigen, welcher nach § 81 an die Stelle des Bieters treten soll.

(2) Im Falle des § 9 Nr. 2 genügt es, wenn die Anmeldung und Glaubhaftmachung des Rechtes bei dem Beschwerdegericht erfolgt.

§ 98 [Beginn der Beschwerdefrist] [1] Die Frist für die Beschwerde gegen einen Beschluß des Vollstreckungsgerichts, durch welchen der Zuschlag versagt wird, beginnt mit der Verkündung des Beschlusses. [2] Das gleiche gilt im Falle der Erteilung des Zuschlags für die Beteiligten, welche im Versteigerungstermin oder im Verkündungstermin erschienen waren.

§ 99 [Gegner des Beschwerdeführers] (1) Erachtet das Beschwerdegericht eine Gegenerklärung für erforderlich, so hat es zu bestimmen, wer als Gegner des Beschwerdeführers zuzuziehen ist.

(2) Mehrere Beschwerden sind miteinander zu verbinden.

§ 100 [Beschwerdegründe] (1) Die Beschwerde kann nur darauf gestützt werden, daß eine der Vorschriften der §§ 81, 83 bis 85 a verletzt oder daß der Zuschlag unter anderen als den der Versteigerung zugrunde gelegten Bedingungen erteilt ist.

(2) Auf einen Grund, der nur das Recht eines anderen betrifft, kann weder die Beschwerde noch ein Antrag auf deren Zurückweisung gestützt werden.

(3) Die im § 83 Nr. 6, 7 bezeichneten Versagungsgründe hat das Beschwerdegericht von Amts wegen zu berücksichtigen.

§ 101 [Zuschlagsentscheidung im Beschwerdeverfahren] (1) Wird die Beschwerde für begründet erachtet, so hat das Beschwerdegericht unter Aufhebung des angefochtenen Beschlusses in der Sache selbst zu entscheiden.

(2) Wird ein Beschluß, durch welchen der Zuschlag erteilt ist, aufgehoben, auf Rechtsbeschwerde aber für begründet erachtet, so ist unter Aufhebung des Beschlusses des Beschwerdegerichts die gegen die Erteilung des Zuschlags erhobene Beschwerde zurückzuweisen.

§ 102 [Rechtsbeschwerde nach Erlösverteilung] Hat das Beschwerdegericht den Beschluß, durch welchen der Zuschlag erteilt war, nach der Verteilung des Versteigerungserlöses aufgehoben, so steht die Rechtsbeschwerde auch denjenigen zu, welchen der Erlös zugeteilt ist.

§ 103 [Zustellung der Beschwerdeentscheidung] [1] Der Beschluß des Beschwerdegerichts ist, wenn der angefochtene Beschluß aufgehoben oder abgeändert wird, allen Beteiligten und demjenigen Bieter, welchem der Zuschlag verweigert oder erteilt wird, sowie im Falle des § 69 Abs. 3 dem für mithaftend erklärten Bürgen und in den Fällen des § 81 Abs. 2, 3 dem Meistbietenden zuzustellen. [2] Wird die Beschwerde zurückgewiesen, so erfolgt die Zustellung des Beschlusses nur an den Beschwerdeführer und den zugezogenen Gegner.

§ 104 [Wirksamwerden des Zuschlags durch Beschwerdegericht] Der Beschluß, durch welchen das Beschwerdegericht den Zuschlag erteilt, wird erst mit der Zustellung an den Ersteher wirksam.

VIII. Verteilung des Erlöses

§ 105 [Bestimmung des Verteilungstermins] (1) Nach der Erteilung des Zuschlags hat das Gericht einen Termin zur Verteilung des Versteigerungserlöses zu bestimmen.

(2) [1] Die Terminsbestimmung ist den Beteiligten und dem Ersteher sowie im Falle des § 69 Abs. 3 dem für mithaftend erklärten Bürgen und in den

Fällen des § 81 Abs. 2, 3 dem Meistbietenden zuzustellen. [2]Als Beteiligte gelten auch diejenigen, welche das angemeldete Recht noch glaubhaft zu machen haben.

(3) Die Terminsbestimmung soll an die Gerichtstafel angeheftet werden.

(4) Ist die Terminsbestimmung dem Ersteher und im Falle des § 69 Abs. 3 auch dem für mithaftend erklärten Bürgen sowie in den Fällen des § 81 Abs. 2, 3 auch dem Meistbietenden nicht zwei Wochen vor dem Termin zugestellt, so ist der Termin aufzuheben und von neuem zu bestimmen, sofern nicht das Verfahren genehmigt wird.

§ 106 [Vorläufiger Teilungsplan] [1]Zur Vorbereitung des Verteilungsverfahrens kann das Gericht in der Terminsbestimmung die Beteiligten auffordern, binnen zwei Wochen eine Berechnung ihrer Ansprüche einzureichen. [2]In diesem Falle hat das Gericht nach dem Ablaufe der Frist den Teilungsplan anzufertigen und ihn spätestens drei Tage vor dem Termin auf der Geschäftsstelle zur Einsicht der Beteiligten niederzulegen.

§ 107 [Teilungsmasse] (1) [1]In dem Verteilungstermin ist festzustellen, wieviel die zu verteilende Masse beträgt. [2]Zu der Masse gehört auch der Erlös aus denjenigen Gegenständen, welche im Falle des § 65 besonders versteigert oder anderweit verwertet sind.

(2) [1]Die von dem Ersteher im Termine zu leistende Zahlung erfolgt an das Gericht. [2]§ 49 Abs. 3 gilt entsprechend.

(3) Ein Geldbetrag, der zur Sicherheit für das Gebot des Erstehers bei der Gerichtskasse einbezahlt ist, wird auf die Zahlung nach Absatz 2 Satz 1 angerechnet.

§ 108 *(aufgehoben)*

§ 109 [Kosten des Verfahrens; Überschuß] (1) Aus dem Versteigerungserlöse sind die Kosten des Verfahrens vorweg zu entnehmen, mit Ausnahme der durch die Anordnung des Verfahrens oder den Beitritt eines Gläubigers, durch den Zuschlag oder durch nachträgliche Verteilungsverhandlungen entstehenden Kosten.

(2) Der Überschuß wird auf die Rechte, welche durch Zahlung zu decken sind, verteilt.

§ 110 [Rangverlust wegen verspäteter Anmeldung] Rechte, die ungeachtet der im § 37 Nr. 4 bestimmten Aufforderung nicht rechtzeitig angemeldet oder glaubhaft gemacht worden sind, stehen bei der Verteilung den übrigen Rechten nach.

§ 111 [Betagter Anspruch] [1]Ein betagter Anspruch gilt als fällig. [2]Ist der Anspruch unverzinslich, so gebührt dem Berechtigten nur die Summe, welche mit Hinzurechnung der gesetzlichen Zinsen für die Zeit von der Zahlung bis zur Fälligkeit dem Betrage des Anspruchs gleichkommt; solange die Zeit der Fälligkeit ungewiß ist, gilt der Anspruch als aufschiebend bedingt.

§ 112 [Gesamtausgebot] (1) Ist bei der Versteigerung mehrerer Grundstücke der Zuschlag auf Grund eines Gesamtausgebots erteilt und wird eine Verteilung des Erlöses auf die einzelnen Grundstücke notwendig, so wird aus dem Erlöse zunächst der Betrag entnommen, welcher zur Deckung der Kosten sowie zur Befriedigung derjenigen bei der Feststellung des geringsten Gebots berücksichtigten und durch Zahlung zu deckenden Rechte erforderlich ist, für welche die Grundstücke ungeteilt haften.

(2) [1]Der Überschuß wird auf die einzelnen Grundstücke nach dem Verhältnisse des Wertes der Grundstücke verteilt. [2]Dem Überschusse wird der Betrag der Rechte, welche nach § 91 nicht erlöschen, hinzugerechnet. [3]Auf den einem Grundstücke zufallenden Anteile am Erlöse wird der Betrag der Rechte, welche an diesem Grundstücke bestehen bleiben, angerechnet. [4]Besteht ein solches Recht an mehreren der versteigerten Grundstücke, so ist bei jedem von ihnen nur ein dem Verhältnisse des Wertes der Grundstücke entsprechender Teilbetrag in Anrechnung zu bringen.

(3) Reicht der nach Absatz 2 auf das einzelne Grundstück entfallende Anteil am Erlöse nicht zur Befriedigung derjenigen Ansprüche aus, welche nach Maßgabe des geringsten Gebots durch Zahlung zu berichtigen sind oder welche durch das bei dem Einzelausgebote für das Grundstück erzielte Meistgebot gedeckt werden, so erhöht sich der Anteil um den Fehlbetrag.

§ 113 [Aufstellung des Teilungsplans] (1) In dem Verteilungstermine wird nach Anhörung der anwesenden Beteiligten von dem Gerichte, nötigenfalls mit Hilfe eines Rechnungsverständigen, der Teilungsplan aufgestellt.

(2) In dem Plane sind auch die nach § 91 nicht erlöschenden Rechte anzugeben.

§ 114 [Aufzunehmende Ansprüche] (1) [1]In den Teilungsplan sind Ansprüche, soweit ihr Betrag oder ihr Höchstbetrag zur Zeit der Eintragung des Versteigerungsvermerkes aus dem Grundbuch ersichtlich war, nach dem Inhalte des Buches, im übrigen nur dann aufzunehmen, wenn sie spätestens in dem Termin angemeldet sind. [2]Die Ansprüche des Gläubigers gelten als angemeldet, soweit sie sich aus dem Versteigerungsantrag ergeben.

(2) Laufende Beträge wiederkehrender Leistungen, die nach dem Inhalte des Grundbuchs zu entrichten sind, brauchen nicht angemeldet zu werden.

§ 114a [Befriedigungsfiktion bei Rettungserwerb] [1]Ist der Zuschlag einem zur Befriedigung aus dem Grundstück Berechtigten zu einem Gebot erteilt, das einschließlich des Kapitalwertes der nach den Versteigerungsbedingungen bestehenbleibenden Rechte hinter sieben Zehnteilen des Grundstückswertes zurückbleibt, so gilt der Ersteher auch insoweit als aus dem Grundstück befriedigt, als sein Anspruch durch das abgegebene Meistgebot nicht gedeckt ist, aber bei einem Gebot zum Betrage der Sieben-Zehnteile-Grenze gedeckt sein würde. [2]Hierbei sind dem Anspruch des Erstehers vorgehende oder gleichstehende Rechte, die erlöschen, nicht zu berücksichtigen.

§ 115 [Widerspruch gegen den Teilungsplan] (1) [1]Über den Teilungsplan wird sofort verhandelt. [2]Auf die Verhandlung sowie auf die Erledigung erhobener Widersprüche und die Ausführung des Planes finden die §§ 876 bis 882 der Zivilprozeßordnung entsprechende Anwendung.

(2) Ist ein vor dem Termin angemeldeter Anspruch nicht nach dem Antrag in den Plan aufgenommen, so gilt die Anmeldung als Widerspruch gegen den Plan.

(3) Der Widerspruch des Schuldners gegen einen vollstreckbaren Anspruch wird nach den §§ 767, 769, 770 der Zivilprozeßordnung erledigt.

(4) Soweit der Schuldner durch Sicherheitsleistung oder Hinterlegung die Befriedigung eines solchen Anspruchs abwenden darf, unterbleibt die Ausführung des Planes, wenn die Sicherheit geleistet oder die Hinterlegung erfolgt ist.

§ 116 [Aussetzung der Ausführung] Die Ausführung des Teilungsplans soll bis zur Rechtskraft des Zuschlags ausgesetzt werden, wenn der Ersteher oder im Falle des § 69 Abs. 3 der für mithaftend erklärte Bürge sowie in den Fällen des § 81 Abs. 2, 3 der Meistbietende die Aussetzung beantragt.

§ 117 [Ausführung bei Zahlung des Bargebots] (1) [1]Soweit der Versteigerungserlös in Geld vorhanden ist, wird der Teilungsplan durch Zahlung an die Berechtigten ausgeführt. [2]Die Zahlung ist unbar zu leisten.

(2) [1]Die Auszahlung an einen im Termine nicht erschienenen Berechtigten ist von Amts wegen anzuordnen. [2]Die Art der Auszahlung bestimmt sich nach den Landesgesetzen. [3]Kann die Auszahlung nicht erfolgen, so ist der Betrag für den Berechtigten zu hinterlegen.

(3) Im Falle der Hinterlegung des Erlöses kann statt der Zahlung eine Anweisung auf den hinterlegten Betrag erteilt werden.

§ 118 [Ausführung bei Nichtzahlung des Versteigerungserlöses]
(1) Soweit das Bargebot nicht berichtigt wird, ist der Teilungsplan dadurch auszuführen, daß die Forderung gegen den Ersteher auf die Berechtigten übertragen und im Falle des § 69 Abs. 3 gegen den für mithaftend erklärten Bürgen auf die Berechtigten mitübertragen wird; Übertragung und Mitübertragung erfolgen durch Anordnung des Gerichts.

(2) [1]Die Übertragung wirkt wie die Befriedigung aus dem Grundstücke. [2]Diese Wirkung tritt jedoch im Falle des Absatzes 1 nicht ein, wenn vor dem Ablaufe von drei Monaten der Berechtigte dem Gerichte gegenüber den Verzicht auf die Rechte aus der Übertragung erklärt oder die Zwangsversteigerung beantragt. [3]Wird der Antrag auf Zwangsversteigerung zurückgenommen oder das Verfahren nach § 31 Abs. 2 aufgehoben, so gilt er als nicht gestellt. [4]Im Falle des Verzichts soll das Gericht die Erklärung dem Ersteher sowie demjenigen mitteilen, auf welchen die Forderung infolge des Verzichts übergeht.

§ 119 [Aufstellung des Teilungsplans bei bedingtem Anspruch] Wird auf einen bedingten Anspruch ein Betrag zugeteilt, so ist durch den Teilungsplan festzustellen, wie der Betrag anderweit verteilt werden soll, wenn der Anspruch wegfällt.

§ 120 [Ausführung des Teilungsplans bei aufschiebender Bedingung] (1) ¹Ist der Anspruch aufschiebend bedingt, so ist der Betrag für die Berechtigten zu hinterlegen. ²Soweit der Betrag nicht gezahlt ist, wird die Forderung gegen den Ersteher auf die Berechtigten übertragen. ³Die Hinterlegung sowie die Übertragung erfolgt für jeden unter der entsprechenden Bedingung.

(2) Während der Schwebezeit gelten für die Anlegung des hinterlegten Geldes, für die Kündigung und Einziehung der übertragenen Forderung sowie für die Anlegung des eingezogenen Geldes die Vorschriften der §§ 1077 bis 1079 des Bürgerlichen Gesetzbuchs; die Art der Anlegung bestimmt derjenige, welchem der Betrag gebührt, wenn die Bedingung ausfällt.

§ 121 [Zuteilung auf Ersatzansprüche] (1) In den Fällen des § 92 Abs. 2 ist für den Ersatzanspruch in den Teilungsplan ein Betrag aufzunehmen, welcher der Summe aller künftigen Leistungen gleichkommt, den fünfundzwanzigfachen Betrag einer Jahresleistung jedoch nicht übersteigt; zugleich ist zu bestimmen, daß aus den Zinsen und dem Betrage selbst die einzelnen Leistungen zur Zeit der Fälligkeit zu entnehmen sind.

(2) Die Vorschriften der §§ 119, 120 finden entsprechende Anwendung; die Art der Anlegung des Geldes bestimmt der zunächst Berechtigte.

§ 122 [Verteilung bei Gesamthypothek] (1) ¹Sind mehrere für den Anspruch eines Beteiligten haftende Grundstücke in demselben Verfahren versteigert worden, so ist, unbeschadet der Vorschrift des § 1132 Abs. 1 Satz 2 des Bürgerlichen Gesetzbuchs, bei jedem einzelnen Grundstücke nur ein nach dem Verhältnisse der Erlöse zu bestimmender Betrag in den Teilungsplan aufzunehmen. ²Der Erlös wird unter Abzug des Betrags der Ansprüche berechnet, welche dem Anspruche des Beteiligten vorgehen.

(2) Unterbleibt die Zahlung eines auf den Anspruch des Beteiligten zugeteilten Betrags, so ist der Anspruch bei jedem Grundstück in Höhe dieses Betrags in den Plan aufzunehmen.

§ 123 [Hilfsübertragung bei Gesamthypothek] (1) Soweit auf einen Anspruch, für den auch ein anderes Grundstück haftet, der zugeteilte Betrag nicht gezahlt wird, ist durch den Teilungsplan festzustellen, wie der Betrag anderweit verteilt werden soll, wenn das Recht auf Befriedigung aus dem zugeteilten Betrage nach Maßgabe der besonderen Vorschriften über die Gesamthypothek erlischt.

(2) Die Zuteilung ist dadurch auszuführen, daß die Forderung gegen den Ersteher unter der entsprechenden Bedingung übertragen wird.

§ 124 [Verteilung bei Widerspruch gegen den Teilungsplan] (1) Im Falle eines Widerspruchs gegen den Teilungsplan ist durch den Plan festzustellen, wie der streitige Betrag verteilt werden soll, wenn der Widerspruch für begründet erklärt wird.

(2) Die Vorschriften des § 120 finden entsprechende Anwendung; die Art der Anlegung bestimmt derjenige, welcher den Anspruch geltend macht.

(3) Das gleiche gilt, soweit nach § 115 Abs. 4 die Ausführung des Planes unterbleibt.

§ 125 [Zuteilung des erhöhten Betrages] (1) [1]Hat der Ersteher außer dem durch Zahlung zu berichtigenden Teile des Meistgebots einen weiteren Betrag nach den §§ 50, 51 zu zahlen, so ist durch den Teilungsplan festzustellen, wem dieser Betrag zugeteilt werden soll. [2]Die Zuteilung ist dadurch auszuführen, daß die Forderung gegen den Ersteher übertragen wird.

(2) [1]Ist ungewiß oder streitig, ob der weitere Betrag zu zahlen ist, so erfolgt die Zuteilung und Übertragung unter der entsprechenden Bedingung. [2]Die §§ 878 bis 882 der Zivilprozeßordnung finden keine Anwendung.

(3) Die Übertragung hat nicht die Wirkung der Befriedigung aus dem Grundstücke.

§ 126 [Hilfszuteilung bei unbekannten Berechtigten] (1) Ist für einen zugeteilten Betrag die Person des Berechtigten unbekannt, insbesondere bei einer Hypothek, Grundschuld oder Rentenschuld der Brief nicht vorgelegt, so ist durch den Teilungsplan festzustellen, wie der Betrag verteilt werden soll, wenn der Berechtigte nicht ermittelt wird.

(2) [1]Der Betrag ist für den unbekannten Berechtigten zu hinterlegen. [2]Soweit der Betrag nicht gezahlt wird, ist die Forderung gegen den Ersteher auf den Berechtigten zu übertragen.

§ 127 [Vermerke auf Hypothekenbriefen und vollstreckbaren Titeln] (1) [1]Wird der Brief über eine infolge der Versteigerung erloschene Hypothek, Grundschuld oder Rentenschuld vorgelegt, so hat das Gericht ihn unbrauchbar zu machen. [2]Ist das Recht nur zum Teil erloschen, so ist dies auf dem Briefe zu vermerken. [3]Wird der Brief nicht vorgelegt, so kann das Gericht ihn von dem Berechtigten einfordern.

(2) Im Falle der Vorlegung eines vollstreckbaren Titels über einen Anspruch, auf welchen ein Betrag zugeteilt wird, hat das Gericht auf dem Titel zu vermerken, in welchem Umfange der Betrag durch Zahlung, Hinterlegung oder Übertragung gedeckt worden ist.

(3) Der Wortlaut der Vermerke ist durch das Protokoll festzustellen.

§ 128 [Eintragung einer Sicherungshypothek] (1) [1]Soweit für einen Anspruch die Forderung gegen den Ersteher übertragen wird, ist für die Forderung eine Sicherungshypothek an dem Grundstücke mit dem Range des Anspruchs einzutragen. [2]War das Recht, aus welchem der Anspruch herrührt, nach dem Inhalte des Grundbuchs mit dem Rechte eines Dritten belastet, so wird dieses Recht als Recht an der Forderung miteingetragen.

(2) Soweit die Forderung gegen den Ersteher unverteilt bleibt, wird eine Sicherungshypothek für denjenigen eingetragen, welcher zur Zeit des Zuschlags Eigentümer des Grundstücks war.

(3) [1] Mit der Eintragung entsteht die Hypothek. [2] Vereinigt sich die Hypothek mit dem Eigentum in einer Person, so kann sie nicht zum Nachteil eines Rechtes, das bestehen geblieben ist, oder einer nach Absätzen 1, 2 eingetragenen Sicherungshypothek geltend gemacht werden.

(4) Wird das Grundstück von neuem versteigert, ist der zur Deckung der Hypothek erforderliche Betrag als Teil des Bargebots zu berücksichtigen.

§ 129 [Spätere Rangverschiebung der Sicherungshypotheken] [1] Die Sicherungshypothek für die im § 10 Nr. 1 bis 3 bezeichneten Ansprüche, für die im § 10 Nr. 4 bezeichneten Ansprüche auf wiederkehrende Leistungen und für die im § 10 Abs. 2 bezeichneten Kosten kann nicht zum Nachteile der Rechte, welche bestehen geblieben sind, und der übrigen nach § 128 Abs. 1, 2 eingetragenen Sicherungshypotheken geltend gemacht werden, es sei denn, daß vor dem Ablaufe von sechs Monaten nach der Eintragung derjenige, welchem die Hypothek zusteht, die Zwangsversteigerung des Grundstücks beantragt. [2] Wird der Antrag auf Zwangsversteigerung zurückgenommen oder das Verfahren nach § 31 Abs. 2 aufgehoben, so gilt er als nicht gestellt.

§ 130 [Eintragungen in das Grundbuch] (1) [1] Ist der Teilungsplan ausgeführt und der Zuschlag rechtskräftig, so ist das Grundbuchamt zu ersuchen, den Ersteher als Eigentümer einzutragen, den Versteigerungsvermerk sowie die durch den Zuschlag erloschenen Rechte zu löschen und die Eintragung der Sicherungshypotheken für die Forderung gegen den Ersteher zu bewirken. [2] Bei der Eintragung der Hypotheken soll im Grundbuch ersichtlich gemacht werden, daß sie auf Grund eines Zwangsversteigerungsverfahrens erfolgt ist.

(2) Ergibt sich, daß ein bei der Feststellung des geringsten Gebots berücksichtigtes Recht nicht zur Entstehung gelangt ist oder daß es erloschen ist, so ist das Ersuchen auch auf die Löschung dieses Rechtes zu richten.

(3) Hat der Ersteher, bevor er als Eigentümer eingetragen worden ist, die Eintragung eines Rechtes an dem versteigerten Grundstück bewilligt, so darf die Eintragung nicht von der Erledigung des im Absatz 1 bezeichneten Ersuchens erfolgen.

§ 130 a [Vormerkung] (1) Soweit für den Gläubiger eines erloschenen Rechts gegenüber einer bestehenbleibenden Hypothek, Grundschuld oder Rentenschuld nach § 1179 a des Bürgerlichen Gesetzbuchs die Wirkungen einer Vormerkung bestanden, fallen diese mit der Ausführung des Ersuchens nach § 130 weg.

(2) [1] Ist bei einem solchen Recht der Löschungsanspruch nach § 1179 a des Bürgerlichen Gesetzbuchs gegenüber einem bestehenbleibenden Recht nicht nach § 91 Abs. 4 Satz 2 erloschen, so ist das Ersuchen nach § 130 auf einen spätestens im Verteilungstermin zu stellenden Antrag des Anspruchsberechtig-

ten jedoch auch darauf zu richten, daß für ihn bei dem bestehenbleibenden Recht eine Vormerkung zur Sicherung des sich aus der erloschenen Hypothek, Grundschuld oder Rentenschuld ergebenden Anspruchs auf Löschung einzutragen ist. [2]Die Vormerkung sichert den Löschungsanspruch vom gleichen Zeitpunkt an, von dem ab die Wirkungen des § 1179 a Abs. 1 Satz 3 des Bürgerlichen Gesetzbuchs bestanden. [3]Wer durch die Eintragung der Vormerkung beeinträchtigt wird, kann von dem Berechtigten die Zustimmung zu deren Löschung verlangen, wenn diesem zur Zeit des Erlöschens seines Rechts ein Anspruch auf Löschung des bestehenbleibenden Rechts nicht zustand oder er auch bei Verwirklichung dieses Anspruchs eine weitere Befriedigung nicht erlangen würde; die Kosten der Löschung der Vormerkung und der dazu erforderlichen Erklärungen hat derjenige zu tragen, für den die Vormerkung eingetragen war.

§ 131 [Löschung einer Hypothek, Grundschuld oder Rentenschuld]
[1]In den Fällen des § 130 Abs. 1 ist zur Löschung einer Hypothek, einer Grundschuld oder einer Rentenschuld, im Falle des § 128 zur Eintragung des Vorranges einer Sicherungshypothek die Vorlegung des über das Recht erteilten Briefes nicht erforderlich. [2]Das gleiche gilt für die Eintragung der Vormerkung nach § 130 a Abs. 2 Satz 1.

§ 132 [Vollstreckbarkeit; Vollstreckungsklausel] (1) [1]Nach der Ausführung des Teilungsplans ist die Forderung gegen den Ersteher, im Falle des § 69 Abs. 3 auch gegen den für mithaftend erklärten Bürgen und im Falle des § 81 Abs. 4 auch gegen den für mithaftend erklärten Meistbietenden, der Anspruch aus der Sicherungshypothek gegen den Ersteher und jeden späteren Eigentümer vollstreckbar. [2]Diese Vorschrift findet keine Anwendung, soweit der Ersteher einen weiteren Betrag nach den §§ 50, 51 zu zahlen hat.

(2) [1]Die Zwangsvollstreckung erfolgt auf Grund einer vollstreckbaren Ausfertigung des Beschlusses, durch welchen der Zuschlag erteilt ist. [2]In der Vollstreckungsklausel ist der Berechtigte sowie der Betrag der Forderung anzugeben; der Zustellung einer Urkunde über die Übertragung der Forderung bedarf es nicht.

§ 133 [Vollstreckung ohne Zustellung des Vollstreckungstitels] [1]Die Zwangsvollstreckung in das Grundstück ist gegen den Ersteher ohne Zustellung des vollstreckbaren Titels oder der nach § 132 erteilten Vollstreckungsklausel zulässig; sie kann erfolgen, auch wenn der Ersteher noch nicht als Eigentümer eingetragen ist. [2]Der Vorlegung des im § 17 Abs. 2 bezeichneten Zeugnisses bedarf es nicht, solange das Grundbuchamt noch nicht um die Eintragung ersucht ist.

§ 134 *(aufgehoben)*

§ 135 [Vertreter für unbekannten Berechtigten] [1]Ist für einen zugeteilten Betrag die Person des Berechtigten unbekannt, so hat das Vollstreckungsgericht zur Ermittlung des Berechtigten einen Vertreter zu bestellen. [2]Die

Vorschriften des § 7 Abs. 2 finden entsprechende Anwendung. [3] Die Auslagen und Gebühren des Vertreters sind aus dem zugeteilten Betrage vorweg zu entnehmen.

§ 136 [Kraftloserklärung von Grundpfandbriefen] Ist der Nachweis des Berechtigten von der Beibringung des Briefes über eine Hypothek, Grundschuld oder Rentenschuld abhängig, so kann der Brief im Wege des Aufgebotsverfahrens auch dann für kraftlos erklärt werden, wenn das Recht bereits gelöscht ist.

§ 137 [Nachträgliche Ermittlung des Berechtigten] (1) Wird der Berechtigte nachträglich ermittelt, so ist der Teilungsplan weiter auszuführen.

(2) [1] Liegt ein Widerspruch gegen den Anspruch vor, so ist derjenige, welcher den Widerspruch erhoben hat, von der Ermittlung des Berechtigten zu benachrichtigen. [2] Die im § 878 der Zivilprozeßordnung bestimmte Frist zur Erhebung der Klage beginnt mit der Zustellung der Benachrichtigung.

§ 138 [Ermächtigung zum Aufgebot] (1) Wird der Berechtigte nicht vor dem Ablaufe von drei Monaten seit dem Verteilungstermin ermittelt, so hat auf Antrag das Gericht den Beteiligten, welchem der Betrag anderweit zugeteilt ist, zu ermächtigen, das Aufgebotsverfahren zum Zwecke der Ausschließung des unbekannten Berechtigten von der Befriedigung aus dem zugeteilten Beitrage zu beantragen.

(2) [1] Wird nach der Erteilung der Ermächtigung der Berechtigte ermittelt, so hat das Gericht den Ermächtigten hiervon zu benachrichtigen. [2] Mit der Benachrichtigung erlischt die Ermächtigung.

§ 139 [Terminsbestimmung bei nachträglicher Ermittlung] (1) [1] Das Gericht kann im Falle der nachträglichen Ermittlung des Berechtigten zur weiteren Ausführung des Teilungsplans einen Termin bestimmen. [2] Die Terminsbestimmung ist dem Berechtigten und dessen Vertreter, dem Beteiligten, welchem der Betrag anderweit zugeteilt ist, und demjenigen zuzustellen, welcher zur Zeit des Zuschlags Eigentümer des Grundstücks war.

(2) [1] Liegt ein Widerspruch gegen den Anspruch vor, so erfolgt die Zustellung der Terminsbestimmung auch an denjenigen, welcher den Widerspruch erhoben hat. [2] Die im § 878 der Zivilprozeßordnung bestimmte Frist zur Erhebung der Klage beginnt mit dem Termine.

§ 140 [Aufgebotsverfahren] (1) Für das Aufgebotsverfahren ist das Vollstreckungsgericht zuständig.

(2) Der Antragsteller hat zur Begründung des Antrags die ihm bekannten Rechtsnachfolge desjenigen anzugeben, welcher als letzter Berechtigter ermittelt ist.

(3) In dem Aufgebot ist der unbekannte Berechtigte aufzufordern, sein Recht innerhalb der Aufgebotsfrist anzumelden, widrigenfalls seine Ausschließung von der Befriedigung aus dem zugeteilten Betrag erfolgen werde.

(4) Das Aufgebot ist demjenigen, welcher als letzter Berechtigter ermittelt ist, den angezeigten Rechtsnachfolgern sowie dem Vertreter des unbekannten Berechtigten zuzustellen.

(5) Eine im Vollstreckungsverfahren erfolgte Anmeldung gilt auch für das Aufgebotsverfahren.

(6) Der Antragsteller kann die Erstattung der Kosten des Verfahrens aus dem zugeteilten Betrage verlangen.

§ 141 [Ausführung des Teilungsplans nach Ausschlußurteil] [1]Nach der Erlassung des Ausschließungsbeschlusses hat das Gericht einen Termin zur weiteren Ausführung des Teilungsplans zu bestimmen. [2]Die Terminsbestimmung ist dem Antragsteller und den Personen, welchen Rechte in dem Urteile vorbehalten sind, dem Vertreter des unbekannten Berechtigten sowie demjenigen zuzustellen, welcher zur Zeit des Zuschlags Eigentümer des Grundstücks war.

§ 142 [Dreißigjährige Frist für hinterlegten Betrag] [1]In den Fällen des § 117 Abs. 2 und der §§ 120, 121, 124, 126 erlöschen die Rechte auf den hinterlegten Betrag mit dem Ablaufe von dreißig Jahren, wenn nicht der Empfangsberechtigte sich vorher bei der Hinterlegungsstelle meldet; derjenige, welcher zur Zeit des Zuschlags Eigentümer des Grundstücks war, ist zur Erhebung berechtigt. [2]Die dreißigjährige Frist beginnt mit der Hinterlegung, in den Fällen der §§ 120, 121 mit dem Eintritt der Bedingung, unter welcher die Hinterlegung erfolgt ist.

§ 143 [Außergerichtliche Einigung über Erlösverteilung] Die Verteilung des Versteigerungserlöses durch das Gericht findet nicht statt, wenn dem Gerichte durch öffentliche oder öffentlich beglaubigte Urkunden nachgewiesen wird, daß sich die Beteiligten über die Verteilung des Erlöses geeinigt haben.

§ 144 [Außergerichtliche Befriedigung der Berechtigten] (1) [1]Weist der Ersteher oder im Falle des § 69 Abs. 3 der für mithaftend erklärte Bürge dem Gerichte durch öffentliche oder öffentlich beglaubigte Urkunden nach, daß er diejenigen Berechtigten, deren Ansprüche durch das Gebot gedeckt sind, befriedigt hat oder daß er von ihnen als alleiniger Schuldner angenommen ist, so sind auf Anordnung des Gerichts die Urkunden nebst der Erklärung des Erstehers oder des Bürgen zur Einsicht der Beteiligten auf der Geschäftsstelle niederzulegen. [2]Die Beteiligten sind von der Niederlegung zu benachrichtigen und aufzufordern, Erinnerungen binnen zwei Wochen geltend zu machen.

(2) Werden Erinnerungen nicht innerhalb der zweiwöchigen Frist erhoben, so beschränkt sich das Verteilungsverfahren auf die Verteilung des Erlöses aus denjenigen Gegenständen, welche im Falle des § 65 besonders versteigert oder anderweit verwertet worden sind.

§ 145 [Anzuwendende Vorschriften] Die Vorschriften des § 105 Abs. 2 Satz 2 und der §§ 127, 130 bis 133 finden in den Fällen der §§ 143, 144 entsprechende Anwendung.

§ 145 a [Ausländische Währung bei Zwangsversteigerung] Für die Zwangsversteigerung eines Grundstücks, das mit einer Hypothek, Grundschuld oder Rentenschuld in einer nach § 28 Satz 2 der Grundbuchordnung zugelassenen Währung belastet ist, gelten folgende Sonderbestimmungen:

1. Die Terminbestimmung muß die Angabe, daß das Grundstück mit einer Hypothek, Grundschuld oder Rentenschuld in einer nach § 28 Satz 2 der Grundbuchordnung zugelassenen Währung belastet ist, und die Bezeichnung dieser Währung enthalten.
2. In dem Zwangsversteigerungstermin wird vor der Aufforderung zur Abgabe von Geboten festgestellt und bekannt gemacht, welchen Wert die in der nach § 28 Satz 2 der Grundbuchordnung zugelassene Fremdwährung eingetragene Hypothek, Grundschuld oder Rentenschuld nach dem amtlich ermittelten letzten Kurs in Euro hat. Dieser Kurswert bleibt für das weitere Verfahren maßgebend.
3. Die Höhe des Barangebots wird in Euro festgestellt. Die Gebote sind in Euro abzugeben.
4. Der Teilungsplan wird in Euro aufgestellt.
5. Wird ein Gläubiger einer in nach § 28 Satz 2 der Grundbuchordnung zulässigen Fremdwährung eingetragenen Hypothek, Grundschuld oder Rentenschuld nicht vollständig befriedigt, so ist der verbleibende Teil seiner Forderung in der Fremdwährung festzustellen. Die Feststellung ist für die Haftung mitbelasteter Gegenstände, für die Verbindlichkeit des persönlichen Schuldners und für die Geltendmachung des Ausfalls im Insolvenzverfahren maßgebend.

Dritter Titel. Zwangsverwaltung

§ 146 [Anordnung] (1) Auf die Anordnung der Zwangsverwaltung finden die Vorschriften über die Anordnung der Zwangsversteigerung entsprechende Anwendung, soweit sich nicht aus den §§ 147 bis 151 ein anderes ergibt.

(2) Von der Anordnung sind nach dem Eingange der im § 19 Abs. 2 bezeichneten Mitteilungen des Grundbuchamts die Beteiligten zu benachrichtigen.

§ 147 [Eigenbesitz des Schuldners] (1) Wegen des Anspruchs aus einem eingetragenen Rechte findet die Zwangsverwaltung auch dann statt, wenn die Voraussetzungen des § 17 Abs. 1 nicht vorliegen, der Schuldner aber das Grundstück im Eigenbesitze hat.

(2) Der Besitz ist durch Urkunden glaubhaft zu machen, sofern er nicht bei dem Gericht offenkundig ist.

§ 148 [Beschlagnahme des Grundstücks; Umfang] (1) ¹Die Beschlagnahme des Grundstücks umfaßt auch die im § 21 Abs. 1, 2 bezeichneten Gegenstände. ²Die Vorschrift des § 23 Abs. 1 Satz 2 findet keine Anwendung.

(2) Durch die Beschlagnahme wird dem Schuldner die Verwaltung und Benutzung des Grundstücks entzogen.

§ 149 [Wohnräume und Unterhalt des Schuldners] (1) Wohnt der Schuldner zur Zeit der Beschlagnahme auf dem Grundstücke, so sind ihm die für seinen Hausstand unentbehrlichen Räume zu belassen.

(2) Gefährdet der Schuldner oder ein Mitglied seines Hausstandes das Grundstück oder die Verwaltung, so hat auf Antrag das Gericht dem Schuldner die Räumung des Grundstücks aufzugeben.

(3) ¹Bei der Zwangsverwaltung eines landwirtschaftlichen, forstwirtschaftlichen oder gärtnerischen Grundstücks hat der Zwangsverwalter aus den Erträgnissen des Grundstücks oder aus deren Erlös dem Schuldner die Mittel zur Verfügung zu stellen, die zur Befriedigung seiner und seiner Familie notwendigen Bedürfnisse erforderlich sind. ²Im Streitfall entscheidet das Vollstreckungsgericht nach Anhörung des Gläubigers, des Schuldners und des Zwangsverwalters. ³Der Beschluß unterliegt der sofortigen Beschwerde.

§ 150 [Bestellung des Verwalters; Übergabe des Grundstücks] (1) Der Verwalter wird von dem Gerichte bestellt.

(2) Das Gericht hat dem Verwalter durch einen Gerichtsvollzieher oder durch einen sonstigen Beamten das Grundstück zu übergeben oder ihm die Ermächtigung zu erteilen, sich selbst den Besitz zu verschaffen.

§ 150 a [Institutsverwalter] (1) Gehört bei der Zwangsverwaltung eines Grundstücks zu den Beteiligten eine öffentliche Körperschaft, ein unter staatlicher Aufsicht stehendes Institut, eine Hypothekenbank oder ein Siedlungsunternehmen im Sinne des Reichssiedlungsgesetzes, so kann dieser Beteiligte innerhalb einer ihm vom Vollstreckungsgericht zu bestimmenden Frist eine in seinen Diensten stehende Person als Verwalter vorschlagen.

(2) ¹Das Gericht hat den Vorgeschlagenen zum Verwalter zu bestellen, wenn der Beteiligte die dem Verwalter nach § 154 Satz 1 obliegende Haftung übernimmt und gegen den Vorgeschlagenen mit Rücksicht auf seine Person oder die Art der Verwaltung Bedenken nicht bestehen. ²Der vorgeschlagene Verwalter erhält für seine Tätigkeit keine Vergütung.

§ 150 b [Schuldner als Verwalter] (1) ¹Bei der Zwangsverwaltung eines landwirtschaftlichen, forstwirtschaftlichen oder gärtnerischen Grundstücks ist der Schuldner zum Verwalter zu bestellen. ²Von seiner Bestellung ist nur abzusehen, wenn er nicht dazu bereit ist oder wenn nach Lage der Verhältnisse eine ordnungsmäßige Führung der Verwaltung durch ihn nicht zu erwarten ist.

(2) Vor der Bestellung sollen der betreibende Gläubiger und etwaige Beteiligte der in § 150 a bezeichneten Art sowie die untere Verwaltungsbehörde gehört werden.

(3) Ein gemäß § 150a gemachter Vorschlag ist nur für den Fall zu berücksichtigen, daß der Schuldner nicht zum Verwalter bestellt wird.

§ 150 c [Aufsichtsperson für Schuldner als Verwalter] (1) [1]Wird der Schuldner zum Zwangsverwalter bestellt, so hat das Gericht eine Aufsichtsperson zu bestellen. [2]Aufsichtsperson kann auch eine Behörde oder juristische Person sein.

(2) [1]Für die Aufsichtsperson gelten die Vorschriften des § 153 Abs. 2 und des § 154 Satz 1 entsprechend. [2]Gerichtliche Anordnungen, die dem Verwalter zugestellt werden, sind auch der Aufsichtsperson zuzustellen. [3]Vor der Erteilung von Anweisungen im Sinne des § 153 ist auch die Aufsichtsperson zu hören.

(3) Die Aufsichtsperson hat dem Gericht unverzüglich Anzeige zu erstatten, wenn der Schuldner gegen seine Pflichten als Verwalter verstößt.

(4) [1]Der Schuldner führt die Verwaltung unter Aufsicht der Aufsichtsperson. [2]Er ist verpflichtet, der Aufsichtsperson jederzeit Auskunft über das Grundstück, den Betrieb und die mit der Bewirtschaftung zusammenhängenden Rechtsverhältnisse zu geben und Einsicht in vorhandene Aufzeichnungen zu gewähren. [3]Er hat, soweit es sich um Geschäfte handelt, die über den Rahmen der laufenden Wirtschaftsführung hinausgehen, rechtzeitig die Entschließung der Aufsichtsperson einzuholen.

§ 150 d [Befugnisse des Schuldners als Verwalter] [1]Der Schuldner darf als Verwalter über die Nutzungen des Grundstücks und deren Erlös, unbeschadet der Vorschriften der §§ 155 bis 158, nur mit Zustimmung der Aufsichtsperson verfügen. [2]Zur Einziehung von Ansprüchen, auf die sich die Beschlagnahme erstreckt, ist er ohne diese Zustimmung befugt; er ist jedoch verpflichtet, die Beträge, die zu notwendigen Zahlungen zur Zeit nicht erforderlich sind, nach näherer Anordnung des Gerichts unverzüglich anzulegen.

§ 150 e [Keine Vergütung für Schuldner als Verwalter] [1]Der Schuldner erhält als Verwalter keine Vergütung. [2]Erforderlichenfalls bestimmt das Gericht nach Anhörung der Aufsichtsperson, in welchem Umfange der Schuldner Erträgnisse des Grundstücks oder deren Erlös zur Befriedigung seiner und seiner Familie notwendigen Bedürfnisse verwenden darf.

§ 151 [Wirksamwerden der Beschlagnahme] (1) Die Beschlagnahme wird auch dadurch wirksam, daß der Verwalter nach § 150 den Besitz des Grundstücks erlangt.

(2) Der Beschluß, durch welchen der Beitritt eines Gläubigers zugelassen wird, soll dem Verwalter zugestellt werden; die Beschlagnahme wird zugunsten des Gläubigers auch mit dieser Zustellung wirksam, wenn der Verwalter sich bereits im Besitze des Grundstücks befindet.

(3) Das Zahlungsverbot an den Drittschuldner ist auch auf Antrag des Verwalters zu erlassen.

§ 152 [Aufgaben des Verwalters] (1) Der Verwalter hat das Recht und die Pflicht, alle Handlungen vorzunehmen, die erforderlich sind, um das Grundstück in seinem wirtschaftlichen Bestande zu erhalten und ordnungsgemäß zu benutzen; er hat die Ansprüche, auf welche sich die Beschlagnahme erstreckt, geltend zu machen und die für die Verwaltung entbehrlichen Nutzungen in Geld umzusetzen.

(2) Ist das Grundstück vor der Beschlagnahme einem Mieter oder Pächter überlassen, so ist der Miet- oder Pachtvertrag auch dem Verwalter gegenüber wirksam.

§ 152 a [Erlaß von Rechtsverordnung über Zwangsverwalter] [1]Der Bundesminister der Justiz wird ermächtigt, Stellung, Aufgaben und Geschäftsführung des Zwangsverwalters sowie seine Vergütung (Gebühren und Auslagen) durch Rechtsverordnung mit Zustimmung des Bundesrates näher zu regeln. [2]Die Höhe der Vergütung ist an der Art und dem Umfang der Aufgabe sowie an der Leistung des Zwangsverwalters auszurichten. Es sind Mindest- und Höchstsätze vorzusehen.[*]

§ 153 [Anordnungen und Aufsicht des Gerichts] (1) Das Gericht hat den Verwalter nach Anhörung des Gläubigers und des Schuldners mit der erforderlichen Anweisung für die Verwaltung zu versehen, die dem Verwalter zu gewährende Vergütung festzusetzen und die Geschäftsführung zu beaufsichtigen; in geeigneten Fällen ist ein Sachverständiger zuzuziehen.

(2) [1]Das Gericht kann dem Verwalter die Leistung einer Sicherheit auferlegen, gegen ihn Zwangsgeld festsetzen und ihn entlassen. [2]Das Zwangsgeld ist vorher anzudrohen.

§ 153 a [Anordnungen über Entgelt für Viehfutter] Ist in einem Gebiet das zu dem landwirtschaftlichen Betriebe gehörende Vieh nach der Verkehrssitte nicht Zubehör des Grundstücks, so hat, wenn der Schuldner zum Zwangsverwalter bestellt wird, das Vollstreckungsgericht gemäß § 153 Anordnungen darüber zu erlassen, welche Beträge der Schuldner als Entgelt dafür, daß das Vieh aus den Erträgnissen des Grundstücks ernährt wird, der Teilungsmasse zuzuführen hat und wie die Erfüllung dieser Verpflichtung sicherzustellen ist.

§ 153 b [Einstweilige Einstellung der Zwangsverwaltung] (1) Ist über das Vermögen des Schuldners das Insolvenzverfahren eröffnet, so ist auf Antrag des Insolvenzverwalters die vollständige oder teilweise Einstellung der Zwangsverwaltung anzuordnen, wenn der Insolvenzverwalter glaubhaft macht, daß durch die Fortsetzung der Zwangsverwaltung eine wirtschaftlich sinnvolle Nutzung der Insolvenzmasse wesentlich erschwert wird.

(2) Die Einstellung ist mit der Auflage anzuordnen, daß die Nachteile, die dem betreibenden Gläubiger aus der Einstellung erwachsen, durch laufende Zahlungen aus der Insolvenzmasse ausgeglichen werden.

---

[*] Vgl. die Zwangsverwalterverordnung (ZwVwV) vom 19. 12. 2003 (BGBl I 2003, 2804), abgedruckt u. a. bei Storz, ZV-Praxis A.1.3.1.

(3) Vor der Entscheidung des Gerichts sind der Zwangsverwalter und der betreibende Gläubiger zu hören.

§ 153 c [Aufhebung der einstweiligen Einstellung] (1) Auf Antrag des betreibenden Gläubigers hebt das Gericht die Anordnung der einstweiligen Einstellung auf, wenn die Voraussetzungen für die Einstellung fortgefallen sind, wenn die Auflagen nach § 153 b Abs 2 nicht beachtet werden oder wenn der Insolvenzverwalter der Aufhebung zustimmt.

(2) Vor der Entscheidung des Gerichts ist der Insolvenzverwalter zu hören. Wenn keine Aufhebung erfolgt, enden die Wirkungen der Anordnung mit der Beendigung des Insolvenzverfahrens.

§ 154 [Haftung; Rechnungslegung] [1]Der Verwalter ist für die Erfüllung der ihm obliegenden Verpflichtungen allen Beteiligten gegenüber verantwortlich. [2] Er hat dem Gläubiger und dem Schuldner jährlich und nach der Beendigung der Verwaltung Rechnung zu legen. [3]Die Rechnung ist dem Gericht einzureichen und von diesem dem Gläubiger und dem Schuldner vorzulegen.

§ 155 [Verteilung der Nutzungen] (1) Aus den Nutzungen des Grundstücks sind die Ausgaben der Verwaltung sowie die Kosten des Verfahrens mit Ausnahme derjenigen, welche durch die Anordnung des Verfahrens oder den Beitritt eines Gläubigers entstehen, vorweg zu bestreiten.

(2) [1]Die Überschüsse werden auf die in § 10 Abs. 1 Nr. 1 bis 5 bezeichneten Ansprüche verteilt. [2]Hierbei werden in der zweiten, dritten und vierten Rangklasse jedoch nur Ansprüche auf laufende wiederkehrende Leistungen, einschließlich der Rentenleistungen, sowie auf diejenigen Beträge berücksichtigt, die zur allmählichen Tilgung einer Schuld als Zuschlag zu den Zinsen zu entrichten sind. [3]Abzahlungsbeträge auf eine unverzinsliche Schuld sind wie laufende wiederkehrende Leistungen zu berücksichtigen, soweit sie fünf vom Hundert des ursprünglichen Schuldbetrages nicht übersteigen.

(3) [1]Hat der eine Zwangsverwaltung betreibende Gläubiger für Instandsetzungs-, Ergänzungs- oder Umbauarbeiten an Gebäuden Vorschüsse gewährt, so sind diese zum Satze von einhalb vom Hundert über dem Zinssatz der Spitzenfinanzierungsfazilität der Europäischen Zentralbank (SFR-Zinssatz) zu verzinsen. [2]Die Zinsen genießen bei der Zwangsverwaltung und der Zwangsversteigerung dasselbe Vorrecht wie die Vorschüsse selbst.

(4) [1]Hat der Zwangsverwalter oder, wenn der Schuldner zum Verwalter bestellt ist, der Schuldner mit Zustimmung der Aufsichtsperson Düngemittel, Saatgut oder Futtermittel angeschafft, die im Rahmen der bisherigen Wirtschaftsweise zur ordnungsmäßigen Aufrechterhaltung des Betriebs benötigt werden, so haben Ansprüche aus diesen Lieferungen den in § 10 Abs. 1 Nr. 1 bezeichneten Rang. [2]Das gleiche gilt von Krediten, die zur Bezahlung dieser Lieferungen in der für derartige Geschäfte üblichen Weise aufgenommen sind.

§ 156 [Öffentliche Lasten; Verteilungstermin] (1) [1]Die laufenden Beträge der öffentlichen Lasten sind von dem Verwalter ohne weiteres Verfahren zu berichtigen. ²Dies gilt auch bei der Vollstreckung in ein Wohnungseigentum für die laufenden Beträge der daraus fälligen Ansprüche auf Zahlung der Beiträge zu den Lasten und Kosten des gemeinschaftlichen Eigentums oder des Sondereigentums, die nach § 16 Abs. 2, § 28 Abs. 2 und 5 des Wohnungseigentumsgesetzes geschuldet werden, einschließlich der Vorschüsse und Rückstellungen sowie der Rückgriffsansprüche einzelner Wohnungseigentümer. ³Die Vorschrift des § 10 Abs. 1 Nr. 2 Satz 3 findet keine Anwendung.

(2) ¹Ist zu erwarten, daß auch auf andere Ansprüche Zahlungen geleistet werden können, so wird nach dem Eingange der im § 19 Abs. 2 bezeichneten Mitteilungen des Grundbuchamts der Verteilungstermin bestimmt. ²In dem Termine wird der Teilungsplan für die ganze Dauer des Verfahrens aufgestellt. ³Die Terminsbestimmung ist den Beteiligten sowie dem Verwalter zuzustellen. ⁴Die Vorschriften des § 105 Abs. 2 Satz 2, des § 113 Abs. 1 und der §§ 114, 115, 124, 126 finden entsprechende Anwendung.

§ 157 [Ausführung des Teilungsplans] (1) ¹Nach der Feststellung des Teilungsplans hat das Gericht die planmäßige Zahlung der Beträge an die Berechtigten anzuordnen; die Anordnung ist zu ergänzen, wenn nachträglich der Beitritt eines Gläubigers zugelassen wird. ²Die Auszahlungen erfolgen zur Zeit ihrer Fälligkeit durch den Verwalter, soweit die Bestände hinreichen.

(2) ¹Im Falle der Hinterlegung eines zugeteilten Betrags für den unbekannten Berechtigten ist nach den Vorschriften der §§ 135 bis 141 zu verfahren. ²Die Vorschriften des § 142 finden Anwendung.

§ 158 [Kapital von Grundpfandrechten] (1) ¹Zur Leistung von Zahlungen auf das Kapital einer Hypothek oder Grundschuld oder auf die Ablösungssumme einer Rentenschuld hat das Gericht einen Termin zu bestimmen. ²Die Terminsbestimmung ist von dem Verwalter zu beantragen.

(2) ¹Soweit der Berechtigte Befriedigung erlangt hat, ist das Grundbuchamt von dem Gericht um die Löschung des Rechtes zu ersuchen. ²Eine Ausfertigung des Protokolls ist beizufügen; die Vorlegung des über das Recht erteilten Briefs ist zur Löschung nicht erforderlich.

(3) Im übrigen finden die Vorschriften der §§ 117, 127 entsprechende Anwendung.

§ 158a [Ausländische Währung bei Zwangsverwaltung] Für die Zwangsverwaltung eines Grundstücks, das mit einer Hypothek, Grundschuld oder Rentenschuld in einer nach § 28 Satz 2 der Grundbuchordnung zugelassenen Währung belastet ist, gelten folgende Sonderbestimmungen:

1. Die Beträge, die auf ein in der Fremdwährung eingetragenes Recht entfallen, sind im Teilungsplan in der eingetragenen Währung festzustellen.

2. Die Auszahlung erfolgt in Euro.

3. Der Verwalter zahlt wiederkehrende Leistungen nach dem Kurswert des Fälligkeitstages aus. Zahlungen auf das Kapital setzt das Gericht in dem zur Leistung bestimmten Termin nach dem amtlich ermittelten letzten Kurswert fest.

§ 159 [Klage auf Änderung des Teilungsplans] (1) Jeder Beteiligte kann eine Änderung des Teilungsplans im Wege der Klage erwirken, auch wenn er Widerspruch gegen den Plan nicht erhoben hat.

(2) Eine planmäßig geleistete Zahlung kann auf Grund einer späteren Änderung des Planes nicht zurückgefordert werden.

§ 160 [Außergerichtliche Verteilung] Die Vorschriften der §§ 143 bis 145 über die außergerichtliche Verteilung finden entsprechende Anwendung.

§ 161 [Aufhebung des Verfahrens] (1) Die Aufhebung des Verfahrens erfolgt durch Beschluß des Gerichts.

(2) Das Verfahren ist aufzuheben, wenn der Gläubiger befriedigt ist.

(3) Das Gericht kann die Aufhebung anordnen, wenn die Fortsetzung des Verfahrens besondere Aufwendungen erfordert und der Gläubiger den nötigen Geldbetrag nicht vorschießt.

(4) Im übrigen finden auf die Aufhebung des Verfahrens die Vorschriften der §§ 28, 29, 32, 34 entsprechende Anwendung.

Zweiter Abschnitt.
Zwangsversteigerung von Schiffen, Schiffsbauwerken und Luftfahrzeugen im Wege der Zwangsvollstreckung

Erster Titel. Zwangsversteigerung von Schiffen und Schiffsbauwerken

§ 162 [Anzuwendende Vorschriften] Auf die Zwangsversteigerung eines im Schiffsregister eingetragenen Schiffs oder eines Schiffsbauwerks, das im Schiffsbauregister eingetragen ist oder in dieses Register eingetragen werden kann, sind die Vorschriften des Ersten Abschnitts entsprechend anzuwenden, soweit sich nicht aus den §§ 163 bis 170a etwas anderes ergibt.

§ 163 [Zuständiges Amtsgericht; Beteiligte] (1) Für die Zwangsversteigerung eines eingetragenen Schiffs ist als Vollstreckungsgericht das Amtsgericht zuständig, in dessen Bezirk sich das Schiff befindet; § 1 Abs. 2 gilt entsprechend.

(2) Für das Verfahren tritt an die Stelle des Grundbuchs das Schiffsregister.

(3) [1]Die Träger der Sozialversicherung einschließlich der Arbeitslosenversicherung gelten als Beteiligte, auch wenn sie eine Forderung nicht angemeldet haben. [2]Bei der Zwangsversteigerung eines Seeschiffes vertritt die Deutsche Rentenversicherung Knappschaft-Bahn-See, bei der Zwangsversteigerung eines Binnenschiffes die Binnenschiffahrts-Berufsgenossenschaft die übrigen Versicherungsträger gegenüber dem Vollstreckungsgericht.

§ 164 [Voraussetzungen des Antrags] Die Beschränkung des § 17 gilt für die Zwangsversteigerung eines eingetragenen Schiffs nicht, soweit sich aus den Vorschriften des Handelsgesetzbuchs oder des Gesetzes, betreffend die privatrechtlichen Verhältnisse der Binnenschiffahrt, etwas anderes ergibt; die hiernach zur Begründung des Antrags auf Zwangsversteigerung erforderlichen Tatsachen sind durch Urkunden glaubhaft zu machen, soweit sie nicht dem Gericht offenkundig sind; dem Antrag auf Zwangsversteigerung ist ein Zeugnis der Registerbehörde über die Eintragung des Schiffs im Schiffsregister beizufügen.

§ 165 [Bewachung und Verwahrung des Schiffes] (1) [1]Bei der Anordnung der Zwangsversteigerung hat das Gericht zugleich die Bewachung und Verwahrung des Schiffes anzuordnen. [2]Die Beschlagnahme wird auch mit der Vollziehung dieser Anordnung wirksam.

(2) [1]Das Gericht kann zugleich mit der einstweiligen Einstellung des Verfahrens im Einverständnis mit dem betreibenden Gläubiger anordnen, daß die Bewachung und Verwahrung einem Treuhänder übertragen wird, den das Gericht auswählt. [2]Der Treuhänder untersteht der Aufsicht des Gerichts und ist an die ihm erteilten Weisungen des Gerichts gebunden. [3]Das Gericht kann ihn im Einverständnis des Gläubigers auch ermächtigen, das Schiff für Rechnung und im Namen des Schuldners zu nutzen. [4]Über die Verwendung des Reinertrages entscheidet das Gericht. [5]In der Regel soll er nach den Grundsätzen des § 155 verteilt werden.

§ 166 [Wirkung gegen den Schiffseigner] (1) Ist gegen den Schiffer auf Grund eines vollstreckbaren Titels, der auch gegenüber dem Eigentümer wirksam ist, das Verfahren angeordnet, so wirkt die Beschlagnahme zugleich gegen den Eigentümer.

(2) Der Schiffer gilt in diesem Falle als Beteiligter nur so lange, als er das Schiff führt; ein neuer Schiffer gilt als Beteiligter, wenn er sich bei dem Gerichte meldet und seine Angabe auf Verlangen des Gerichts oder eines Beteiligten glaubhaft macht.

§ 167 [Bezeichnung der Terminsbestimmung] (1) Die Bezeichnung des Schiffes in der Bestimmung des Versteigerungstermins soll nach dem Schiffsregister erfolgen.

(2) Die im § 37 Nr. 4 bestimmte Aufforderung muß ausdrücklich auch auf die Rechte der Schiffsgläubiger hinweisen.

§ 168 [Bekanntmachung]

Fassung des Abs. 1 bis 23. 4. 2008:

(1) Die Terminsbestimmung soll auch durch ein geeignetes Schiffahrtsfachblatt bekanntgemacht werden; der *Reichminister der Justiz* kann hierüber nähere Bestimmungen erlassen.

Fassung des Abs. 1 ab 24. 4. 2008:

(1) [1]Die Terminbestimmung soll auch durch ein geeignetes Schifffahrtsfachblatt bekannt gemacht werden. [2]Die Landesregierungen werden ermächtigt, durch Rechtsverordnung nähere Bestimmungen hierüber zu erlassen. [3]Die Landesregierungen können die Ermächtigung auf die Landesjustizverwaltungen übertragen.

(2) Befindet sich der Heimatshafen oder Heimatsort des Schiffes in dem Bezirk eines anderen Gerichts, so soll die Terminsbestimmung auch durch das für Bekanntmachungen dieses Gerichts bestimmte Blatt bekanntgemacht werden.
(3) Die im § 39 Abs. 2 vorgesehene Anordnung ist unzulässig.

§ 168 a *(aufgehoben)*

§ 168 b [Anmeldung beim Registergericht vor Terminsbestimmung]
[1]Hat ein Schiffsgläubiger sein Recht innerhalb der letzten sechs Monate vor der Bekanntmachung der Terminsbestimmung bei dem Registergericht angemeldet, so gilt die Anmeldung als bei dem Versteigerungsgericht bewirkt. [2]Das Registergericht hat bei der Übersendung der im § 19 Abs. 2 bezeichneten Urkunden und Mitteilungen die innerhalb der letzten sechs Monate bei ihm eingegangenen Anmeldungen an das Versteigerungsgericht weiterzugeben.

§ 168 c [Schiffshypothek in ausländischer Währung] Für die Zwangsversteigerung eines Schiffes, das mit einer Schiffshypothek in ausländischer Währung belastet ist, gelten folgende Sonderbestimmungen:

1. Die Terminsbestimmung muß die Angabe, daß das Schiff mit einer Schiffshypothek in ausländischer Währung belastet ist. Und die Bezeichnung dieser Währung enthalten.
2. [1]In dem Zwangsversteigerungstermin wird vor der Aufforderung zur Abgabe von Geboten festgestellt und bekanntgemacht, welchen Wert die in ausländischer Währung eingetragene Schiffshypothek nach dem amtlich ermittelten letzten Kurs in Euro hat. [2]Dieser Kurswert bleibt für das weitere Verfahren maßgebend.
3. [1]Die Höhe des Bargebots wird in Euro festgestellt. [2]Die Gebote sind in Euro abzugeben.
4. Der Teilungsplan wird in Euro aufgestellt.
5. [1]Wird ein Gläubiger einer in ausländischer Währung eingetragenen Schiffshypothek nicht vollständig befriedigt, so ist der verbleibende Teil seiner Forderung in der ausländischen Währung festzustellen. [2]Die Feststellung ist für die Haftung mitbelasteter Gegenstände, für die Verbindlichkeit des persönlichen Schuldners und für die Geltendmachung des Ausfalls im Insolvenzverfahren maßgebend.

§ 169 [Vorausverfügungen über Miet- oder Pachtzins; Schiffshypothek gegen Ersteher] (1) [1]Ist das Schiff einem Mieter oder Pächter überlassen, so gelten die Vorschriften des § 578 a des Bürgerlichen Gesetzbuchs entsprechend. [2]Soweit nach § 578 a Abs. 2 für die Wirkung von Verfügungen und Rechtsgeschäften über den Miet- oder Pachtzins der Übergang des Eigentums in Betracht kommt, ist an dessen Stelle die Beschlagnahme des Schiffs maßgebend; ist der Beschluß, durch den die Zwangsversteigerung angeordnet wird, auf Antrag des Gläubigers dem Mieter oder Pächter zugestellt, so gilt mit der Zustellung die Beschlagnahme als dem Mieter oder Pächter bekannt.

(2) [1]Soweit das Bargebot bis zum Verteilungstermin nicht berichtigt wird, ist für die Forderung gegen den Ersteher eine Schiffshypothek an dem Schiff in das Schiffsregister einzutragen. [2]Die Schiffshypothek entsteht mit der Eintragung, auch wenn der Ersteher das Schiff inzwischen veräußert hat. [3]Im übrigen gelten die Vorschriften des Gesetzes über Rechte an eingetragenen Schiffen und Schiffsbauwerken vom 15. November 1940 (Reichsgesetzbl. I S. 1499) über die durch Rechtsgeschäft bestellte Schiffshypothek.

§ 169 a [Kein Antrag auf Versagung des Zuschlags bei Seeschiffen]
(1) Auf die Zwangsversteigerung eines Seeschiffes sind die Vorschriften der §§ 74 a, 74 b und 85 a nicht anzuwenden; § 38 Satz 1 findet hinsichtlich der Angabe des Verkehrswertes keine Anwendung.

(2) § 68 findet mit der Maßgabe Anwendung, daß Sicherheit für ein Zehntel des Bargebots zu leisten ist.

§ 170 [Bewachung und Verwahrung des versteigerten Schiffes] (1) An die Stelle der nach § 94 Abs. 1 zulässigen Verwaltung tritt die gerichtliche Bewachung und Verwahrung des versteigerten Schiffes.

(2) Das Gericht hat die getroffenen Maßregeln aufzuheben, wenn der zu ihrer Fortsetzung erforderliche Geldbetrag nicht vorgeschossen wird.

§ 170 a [Zwangsversteigerung eines Schiffsbauwerks] (1) [1]Die Zwangsversteigerung eines Schiffsbauwerks darf erst angeordnet werden, nachdem es in das Schiffsbauregister eingetragen ist. [2]Der Antrag auf Anordnung der Zwangsversteigerung kann jedoch schon vor Eintragung gestellt werden.

(2) [1]§ 163 Abs. 1, §§ 165, 167 Abs. 1, §§ 168 c, 169 Abs. 2, § 170 gelten sinngemäß. [2]An die Stelle des Grundbuchs tritt das Schiffsbauregister. [3]Wird das Schiffsbauregister von einem anderen Gericht als dem Vollstreckungsgericht geführt, so soll die Terminsbestimmung auch durch das für Bekanntmachungen dieses Gerichts bestimmte Blatt bekanntgemacht werden. [4]An Stelle der im § 43 Abs. 1 bestimmten Frist tritt eine Frist von zwei Wochen, an Stelle der im § 43 Abs. 2 bestimmten Frist eine solche von einer Woche.

§ 171 [Ausländische Schiffe] (1) Auf die Zwangsversteigerung eines ausländischen Schiffs, das, wenn es ein deutsches Schiff wäre, in das Schiffsregister eingetragen werden müßte, sind die Vorschriften des Ersten Abschnitts entsprechend anzuwenden, soweit sie nicht die Eintragung im Schiffsregister voraussetzen und sich nicht aus den folgenden Vorschriften etwas anderes ergibt.

(2) [1]Als Vollstreckungsgericht ist das Amtsgericht zuständig, in dessen Bezirk sich das Schiff befindet; § 1 Abs. 2 gilt entsprechend. [2]Die Zwangsversteigerung darf, soweit sich nicht aus den Vorschriften des Handelsgesetzbuchs oder des Gesetzes, betreffend die privatrechtlichen Verhältnisse der Binnenschiffahrt, etwas anderes ergibt, nur angeordnet werden, wenn der Schuldner das Schiff im Eigenbesitz hat; die hiernach zur Begründung des Antrags auf Zwangsversteigerung erforderlichen Tatsachen sind durch Urkunden glaubhaft zu machen, soweit sie nicht beim Gericht offenkundig sind.

(3) [1]Die Terminsbestimmung muß die Aufforderung an alle Berechtigten, insbesondere an die Schiffsgläubiger, enthalten, ihre Rechte spätestens im Versteigerungstermin vor der Aufforderung zur Abgabe von Geboten anzumelden und, wenn der Gläubiger widerspricht, glaubhaft zu machen, widrigenfalls die Rechte bei der Verteilung des Versteigerungserlöses dem Anspruch des Gläubigers und den übrigen Rechten nachgesetzt werden würden. [2]Die Terminsbestimmung soll, soweit es ohne erhebliche Verzögerung des Verfahrens tunlich ist, auch den aus den Schiffspapieren ersichtlichen Schiffsgläubigern und sonstigen Beteiligten zugestellt und, wenn das Schiff im Schiffsregister eines fremden Staates eingetragen ist, der Registerbehörde mitgeteilt werden.

(4) [1]Die Vorschriften über das geringste Gebot sind nicht anzuwenden. [2]Das Meistgebot ist in seinem ganzen Betrag durch Zahlung zu berichtigen.

(5) [1]Die Vorschriften der §§ 165, 166, 168 Abs. 1 und 3, §§ 169 a, 170 Abs. 1 sind anzuwenden. [2]Die vom Gericht angeordnete Überwachung und Verwahrung des Schiffs darf erst aufgehoben und das Schiff dem Ersteher erst übergeben werden, wenn die Berichtigung des Meistgebots oder die Einwilligung der Beteiligten nachgewiesen wird.

Zweiter Titel.
Zwangsversteigerung von Luftfahrzeugen

§ 171 a [Anzuwendende Vorschriften] [1]Auf die Zwangsversteigerung eines in der Luftfahrzeugrolle eingetragenen Luftfahrzeugs sind die Vorschriften des Ersten Abschnitts entsprechend anzuwenden, soweit sich nicht aus den §§ 171 b bis 171 g etwas anderes ergibt. [2]Das gleiche gilt für die Zwangsversteigerung eines in dem Register für Pfandrechte an Luftfahrzeugen eingetragenen Luftfahrzeugs, dessen Eintragung in der Luftfahrzeugrolle gelöscht ist.

§ 171 b [Zuständiges Amtsgericht] (1) Für die Zwangsversteigerung des Luftfahrzeugs ist als Vollstreckungsgericht das Amtsgericht zuständig, in dessen Bezirk das Luftfahrt-Bundesamt seinen Sitz hat.

(2) Für das Verfahren tritt an die Stelle des Grundbuchs das Register für Pfandrechte an Luftfahrzeugen.

§ 171 c [Voraussetzungen des Antrags; Bewachung und Verwahrung des Luftfahrzeugs] (1) [1]Die Zwangsversteigerung darf erst angeordnet werden, nachdem das Luftfahrzeug in das Register für Pfandrechte an Luftfahrzeugen eingetragen ist. [2]Der Antrag auf Anordnung der Zwangsversteigerung kann jedoch schon vor der Eintragung gestellt werden.

(2) [1]Bei der Anordnung der Zwangsversteigerung hat das Gericht zugleich die Bewachung und Verwahrung des Luftfahrzeugs anzuordnen. [2]Die Beschlagnahme wird auch mit der Vollziehung dieser Anordnung wirksam.

(3) [1]Das Gericht kann zugleich mit der einstweiligen Einstellung des Verfahrens im Einverständnis mit dem betreibenden Gläubiger anordnen, daß die Bewachung und Verwahrung einem Treuhänder übertragen wird, den das Gericht auswählt. [2]Der Treuhänder untersteht der Aufsicht des Gerichts und

ist an die ihm erteilten Weisungen des Gerichts gebunden. [3]Das Gericht kann ihn im Einverständnis mit dem Gläubiger auch ermächtigen, das Luftfahrzeug für Rechnung und im Namen des Schuldners zu nutzen. [4]Über die Verwendung des Reinertrages entscheidet das Gericht. [5]In der Regel soll er nach den Grundsätzen des § 155 verteilt werden.

§ 171 d [Bezeichnung bei Terminsbestimmung] (1) In der Bestimmung des Versteigerungstermins soll das Luftfahrzeug nach dem Register für Pfandrechte an Luftfahrzeugen bezeichnet werden.

(2) Die in § 39 Abs. 2 vorgesehene Anordnung ist unzulässig.

§ 171 e [Registerpfandrechte in ausländischer Währung] Für die Zwangsversteigerung eines Luftfahrzeugs, das mit einem Registerpfandrecht in ausländischer Währung belastet ist, gelten folgende Sonderbestimmungen:

1. Die Terminbestimmung muß die Angabe, daß das Luftfahrzeug mit einem Registerpfandrecht in ausländischer Währung belastet ist und die Bezeichnung dieser Währung enthalten.
2. [1]In dem Zwangsversteigerungstermin wird vor der Aufforderung zur Abgabe von Geboten festgestellt und bekanntgemacht, welchen Wert das in ausländischer Währung eingetragene Registerpfandrecht nach dem amtlich ermittelten letzten Kurs in Euro hat. [2]Dieser Kurswert bleibt für das weitere Verfahren maßgebend.
3. [1]Die Höhe des Bargebots wird in Euro festgestellt. [2]Die Gebote sind in Euro abzugeben.
4. Der Verteilungsplan wird in Euro aufgestellt.
5. [1]Wird ein Gläubiger eines in ausländischer Währung eingetragenen Registerpfandrechts nicht vollständig befriedigt, so ist der verbleibende Teil seiner Forderung in der ausländischen Währung festzustellen. [2]Die Feststellung ist für die Haftung mitbelasteter Gegenstände, für die Verbindlichkeit des persönlichen Schuldners und für die Geltendmachung des Ausfalls im Insolvenzverfahren maßgebend.

§ 171 f [Miet- oder Pachtzins; Hypothek] § 169 gilt für das Luftfahrzeug entsprechend.

§ 171 g [Bewachung und Verwahrung des versteigerten Luftfahrzeugs] (1) An die Stelle der nach § 94 Abs. 1 zulässigen Verwaltung tritt die gerichtliche Bewachung und Verwahrung des versteigerten Luftfahrzeugs.

(2) Das Gericht hat die getroffenen Maßregeln aufzuheben, wenn der zu ihrer Fortsetzung erforderliche Geldbetrag nicht vorgeschossen wird.

§ 171 h [Sondervorschriften für ausländische Luftfahrzeuge] Auf die Zwangsversteigerung eines ausländischen Luftfahrzeugs sind die Vorschriften in §§ 171 a bis 171 g entsprechend anzuwenden, soweit sich nicht aus den §§ 171 i bis 171 n anderes ergibt.

§ 171i [Rangordnung der Rechte] (1) In der dritten Klasse (§ 10 Abs. 1 Nr. 3) werden nur befriedigt Gebühren, Zölle, Bußen und Geldstrafen auf Grund von Vorschriften über Luftfahrt, Zölle und Einwanderung. (2) In der vierten Klasse (§ 10 Abs. 1 Nr. 4) genießen Ansprüche auf Zinsen aus Rechten nach § 103 des Gesetzes über Rechte an Luftfahrzeugen vom 26. Februar 1959 (Bundesgesetzbl. I S. 57) das Vorrecht dieser Klasse wegen der laufenden und der aus den letzten drei Geschäftsjahren rückständigen Beträge.

§ 171k [Verfügungen nach Beschlagnahme] Wird das Luftfahrzeug nach der Beschlagnahme veräußert oder mit einem Recht nach § 103 des Gesetzes über Rechte an Luftfahrzeugen belastet und ist die Veräußerung oder Belastung nach Artikel VI des Genfer Abkommens vom 19. Juni 1948 (Bundesgesetzbl. 1959 II S. 129) anzuerkennen, so ist die Verfügung dem Gläubiger gegenüber wirksam, es sei denn, daß der Schuldner im Zeitpunkt der Verfügung Kenntnis von der Beschlagnahme hatte.

§ 171l [Benachrichtigungspflichten] (1) Das Vollstreckungsgericht teilt die Anordnung der Zwangsversteigerung tunlichst durch Luftpost der Behörde mit, die das Register führt, in dem die Rechte an dem Luftfahrzeug eingetragen sind.

(2) [1]Der Zeitraum zwischen der Anberaumung des Termins und dem Termin muß mindestens sechs Wochen betragen. [2]Die Zustellung der Terminsbestimmung an Beteiligte, die im Ausland wohnen, wird durch Aufgabe zur Post bewirkt. [3]Die Postsendung muß mit der Bezeichnung „Einschreiben" versehen werden. [4]Sie soll tunlichst durch Luftpost befördert werden. [5]Der betreffende Gläubiger hat die bevorstehende Versteigerung mindestens einen Monat vor dem Termin an dem Ort, an dem das Luftfahrzeug eingetragen ist, nach den dort geltenden Bestimmungen öffentlich bekanntzumachen.

§ 171m [Beschwerde] [1]Die Beschwerde gegen die Erteilung des Zuschlags ist binnen sechs Monaten einzulegen. [2]Sie kann auf die Gründe des § 100 nur binnen einer Notfrist von zwei Wochen, danach nur noch darauf gestützt werden, daß die Vorschriften des § 171l Abs. 2 verletzt sind.

§ 171n [Bewertung ausländischer Mietrechte] Erlischt durch den Zuschlag das Recht zum Besitz eines Luftfahrzeugs auf Grund eines für einen Zeitraum von sechs oder mehr Monaten abgeschlossenen Mietvertrages, so gelten die Vorschriften über den Ersatz für einen Nießbrauch entsprechend.

Dritter Abschnitt. Zwangsversteigerung und Zwangsverwaltung in besonderen Fällen

§ 172 [Zwangsversteigerung in Insolvenzverfahren] Wird die Zwangsversteigerung oder die Zwangsverwaltung von dem Insolvenzverwalter beantragt, so finden die Vorschriften des ersten und zweiten Abschnitts entsprechende Anwendung, soweit sich nicht aus den §§ 173, 174 ein anderes ergibt.

§ 173 [Beschluß ist keine Beschlagnahme] ¹Der Beschluß, durch welchen das Verfahren angeordnet wird, gilt nicht als Beschlagnahme. ²Im Sinne der §§ 13, 55 ist jedoch die Zustellung des Beschlusses an den Insolvenzverwalter als Beschlagnahme anzusehen.

§ 174 [Berücksichtigung der Insolvenzgläubiger] Hat ein Gläubiger für seine Forderung gegen den Schuldner des Insolvenzverfahrens ein von dem Insolvenzverwalter anerkanntes Recht auf Befriedigung aus dem Grundstücke, so kann er bis zum Schlusse der Verhandlung im Versteigerungstermine verlangen, daß bei der Feststellung des geringsten Gebots nur die seinem Anspruche vorgehenden Rechte berücksichtigt werden; in diesem Falle ist das Grundstück auch mit der verlangten Abweichung auszubieten.

§ 174 a [Antragsrecht des Insolvenzverwalters] Der Insolvenzverwalter kann bis zum Schluß der Verhandlung im Versteigerungstermin verlangen, daß bei der Feststellung des geringsten Gebots nur die den Ansprüchen aus Abs. 1 Nr. 1a vorgehenden Rechte berücksichtigt werden; in diesem Fall ist das Grundstück auch mit der verlangten Abweichung auszubieten.

§ 175 [Antragsrecht des Erben] (1) ¹Hat ein Nachlaßgläubiger für seine Forderung ein Recht auf Befriedigung aus einem zum Nachlasse gehörenden Grundstücke, so kann der Erbe nach der Annahme der Erbschaft die Zwangsversteigerung des Grundstücks beantragen. ²Zu dem Antrag ist auch jeder andere berechtigt, welcher das Aufgebot der Nachlaßgläubiger beantragen kann.

(2) Diese Vorschriften finden keine Anwendung, wenn der Erbe für die Nachlaßverbindlichkeiten unbeschränkt haftet oder wenn der Nachlaßgläubiger im Aufgebotsverfahren ausgeschlossen ist oder nach den §§ 1974, 1989 des Bürgerlichen Gesetzbuchs einem ausgeschlossenen Gläubiger gleichsteht.

§ 176 [Anzuwendende Vorschriften] Wird die Zwangsversteigerung nach § 175 beantragt, so finden die Vorschriften des ersten und zweiten Abschnitts sowie der §§ 173, 174 entsprechende Anwendung, soweit sich nicht aus den §§ 177, 178 ein anderes ergibt.

§ 177 [Glaubhaftmachung durch Urkunden] Der Antragsteller hat die Tatsachen, welche sein Recht zur Stellung des Antrags begründen, durch Urkunden glaubhaft zu machen, soweit sie nicht bei dem Gericht offenkundig sind.

§ 178 [Nachlaßinsolvenz] (1) Die Zwangsversteigerung soll nicht angeordnet werden, wenn die Eröffnung des Nachlaßinsolvenzverfahrens beantragt ist.

(2) Durch die Eröffnung des Nachlaßinsolvenzverfahrens wird die Zwangsversteigerung nicht beendigt; für das weitere Verfahren gilt der Insolvenzverwalter als Antragsteller.

§ 179 [Berücksichtigter Nachlaßgläubiger] Ist ein Nachlaßgläubiger, der verlangen konnte, daß das geringste Gebot nach Maßgabe des § 174 ohne Berücksichtigung seines Anspruchs festgestellt werde, bei der Feststellung des geringsten Gebots berücksichtigt, so kann ihm die Befriedigung aus dem übrigen Nachlasse verweigert werden.

§ 180 [Aufhebung einer Gemeinschaft] (1) Soll die Zwangsversteigerung zum Zwecke der Aufhebung einer Gemeinschaft erfolgen, so finden die Vorschriften des Ersten und Zweiten Abschnitts entsprechende Anwendung, soweit sich nicht aus den §§ 181 bis 185 ein anderes ergibt.

(2) [1]Die einstweilige Einstellung des Verfahrens ist auf Antrag eines Miteigentümers auf die Dauer von längstens sechs Monaten anzuordnen, wenn dies bei Abwägung der widerstreitenden Interessen der mehreren Miteigentümer angemessen erscheint. [2]Die einmalige Wiederholung der Einstellung ist zulässig. [3]§ 30b gilt entsprechend.

(3) [1]Betreibt ein Miteigentümer die Zwangsversteigerung zur Aufhebung einer Gemeinschaft, der außer ihm nur sein Ehegatte oder sein früherer Ehegatte angehört, so ist auf Antrag dieses Ehegatten oder früheren Ehegatten die einstweilige Einstellung des Verfahrens anzuordnen, wenn dies zur Abwendung einer ernsthaften Gefährdung des Wohls eines gemeinschaftlichen Kindes erforderlich ist. [2]Die mehrfache Wiederholung der Einstellung ist zulässig. [3]§ 30b gilt entsprechend. [4]Das Gericht hebt seinen Beschluß auf Antrag auf oder ändert ihn, wenn dies mit Rücksicht auf eine Änderung der Sachlage geboten ist.

(4) Durch Anordnungen nach Absatz 2, 3 darf das Verfahren nicht auf mehr als fünf Jahre insgesamt einstweilen eingestellt werden.

§ 181 [Voraussetzungen der Anordnung] (1) Ein vollstreckbarer Titel ist nicht erforderlich.

(2) [1]Die Zwangsversteigerung eines Grundstücks, Schiffes, Schiffsbauwerks oder Luftfahrzeugs darf nur angeordnet werden, wenn der Antragsteller als Eigentümer im Grundbuch, im Schiffsregister, im Schiffsbauregister oder im Register für Pfandrechte an Luftfahrzeugen eingetragen oder Erbe eines eingetragenen Eigentümers ist oder wenn er das Recht des Eigentümers oder des Erben auf Aufhebung der Gemeinschaft ausübt. [2]Von dem Vormund eines Miteigentümers kann der Antrag nur mit Genehmigung des Familiengerichts, von dem Betreuer eines Miteigentümers nur mit Genehmigung des Betreuungsgerichts gestellt werden.

(3) Die Vorschrift des § 17 Abs. 3 findet auch auf die Erbfolge des Antragstellers Anwendung.

§ 182 [Feststellung des geringsten Gebots] (1) Bei der Feststellung des geringsten Gebots sind die den Anteil des Antragstellers belastenden oder mitbelastenden Rechte an dem Grundstücke sowie alle Rechte zu berücksichtigen, die einem dieser Rechte vorgehen oder gleichstehen.

(2) Ist hiernach bei einem Anteil ein größerer Betrag zu berücksichtigen als bei einem anderen Anteile, so erhöht sich das geringste Gebot um den zur Ausgleichung unter den Miteigentümern erforderlichen Betrag.

§ 183 [Vermietung oder Verpachtung] Im Falle der Vermietung oder Verpachtung des Grundstücks finden die in den §§ 57 a und 57 b vorgesehenen Maßgaben keine Anwendung.

§ 184 [Keine Sicherheitsleistung] Ein Miteigentümer braucht für sein Gebot keine Sicherheit zu leisten, wenn ihm eine durch das Gebot ganz oder teilweise gedeckte Hypothek, Grundschuld oder Rentenschuld zusteht.

§ 185 [Anhängiges Verfahren über Zuweisung eines landwirtschaftlichen Betriebes] (1) Ist ein Verfahren über einen Antrag auf Zuweisung eines landwirtschaftlichen Betriebes nach § 13 Abs. 1 des Grundstückverkehrsgesetzes vom 28. Juli 1961 (Bundesgesetzbl. I S. 1091) anhängig und erstreckt sich der Antrag auf ein Grundstück, dessen Zwangsversteigerung nach § 180 angeordnet ist, so ist das Zwangsversteigerungsverfahren wegen dieses Grundstücks auf Antrag so lange einzustellen, bis über den Antrag auf Zuweisung rechtskräftig entschieden ist.

(2) Ist die Zwangsversteigerung mehrerer Grundstücke angeordnet und bezieht sich der Zuweisungsantrag nur auf eines oder einzelne dieser Grundstücke, so kann das Vollstreckungsgericht anordnen, daß das Zwangsversteigerungsverfahren auch wegen der nicht vom Zuweisungsverfahren erfaßten Grundstücke eingestellt wird.

(3) Wird dem Zuweisungsantrag stattgegeben, so ist das Zwangsversteigerungsverfahren, soweit es die zugewiesenen Grundstücke betrifft, aufzuheben und im übrigen fortzusetzen.

(4) Die Voraussetzungen für die Einstellung und die Aufhebung des Zwangsversteigerungsverfahrens sind vom Antragsteller nachzuweisen.

§ 186 [Übergangsvorschrift zum 2. Justizmodernisierungsgesetz] Die §§ 3, 30 c, 38, 49, 68, 69, 70, 72, 82, 83, 85, 88, 103, 105, 107, 116, 117, 118, 128, 132, 144, und 169 sind in der Fassung des Artikels 11 des Gesetzes vom 22. Dezember 2006 auf die am 1. Februar 2007 anhängigen Verfahren nur anzuwenden, soweit Zahlungen später als zwei Wochen nach diesem Tag zu bewirken sind.

A. Einführung

1. Aufgabe, Wesen und Bedeutung

Literatur:[1] *Drischler,* Aufhebung der ungeteilten Erbengemeinschaft JurBüro 1963, 241 und 501; *Grimm,* Juristische Natur des Miteigentums Diss. Heidelberg 1909; *Haegele,* Grundstücksrechte zugunsten mehrerer Personen BWNotZ 1969, 117; *Hennecke,* Sondervermögen der Gesamthand, Berlin 1976; *Hochschild,* Die Hypothek am Anteil eines Miteigentümers, Diss. Freiburg 1905; *Jansen,* Zwei Fragen zur Teilungsversteigerung, Rpfleger 1954, 435; *Kattausch,* Anteile des Miteigentümers und der Gesamthänder, Diss. Gießen 1911; *Levy,* Hypothek und Bruchteilseigentum, Gruch 1915, 87, 301, 876; *Rellermeyer,* Zwangsversteigerung der ehelichen Eigentums- und Vermögensgemeinschaft des DDR-FGB, Rpfleger 1993, 469; *Riedel,* Miteigentum am Wohnungseigentum JZ 1951, 625; *Ropeter,* Beteiligung als Bruchteilsgemeinschaft, Diss. Göttingen 1980; *Saenger,* Gemeinschaft und Rechtsteilung, Diss. Marburg 1913; *Schmid,* Vorkaufsrecht des Miteigentümers bei Teilungsversteigerung, MDR 1975, 191; *Schüler,* Miteigentum an Grundstücken, Diss. Leipzig 1909; *Schultz,* Gemeinschaft und Miteigentum, Diss. Breslau 1924; *Schultze-Osterloh,* Prinzip der gesamthänderischen Bindung, Diss. München 1972; *Walter,* Der gebundene Miteigentümer DNotZ 1975, 518.

1.1. Allgemeines

Wenn sich z. B. nach einer Scheidung die Eheleute oder nach einem Erbfall die Erbengemeinschaft nicht über die Verwertung eines gemeinsamen Grundstücks[2] einigen können, bietet das Gesetz jedem der Beteiligten die Möglichkeit, das Grundstück auch gegen den Willen der anderen Beteiligten durch eine Versteigerung zu verwerten. Durch diese sog Teilungsversteigerung wird die Gemeinschaft zwar am (unteilbaren) Grundstück aufgehoben, aber sie setzt sich jetzt am (teilbaren) Erlös fort. Die Versteigerung dient also gem. § 180 Abs. 1[3] der Aufhebung der Gemeinschaft am Grundstück,[4] nicht dagegen der Aufhebung der Gemeinschaft als solcher[5] oder gar der Verteilung des (nach der Befriedigung evtl. Gläubiger verbleibenden) Übererlöses. Deshalb wäre anerkanntermaßen der Begriff „Aufhebungsversteigerung" verständlicher;[6] aber der Begriff „Teilungsversteigerung" hat sich durchgesetzt (vgl. jetzt auch § 36 Abs. 3 S. 1 des Vermögesgesetzes).

Die Teilungsversteigerung ist im Zwangsversteigerungsgesetz (ZVG) geregelt, wobei gem. §§ 180–185[7] die Regeln über die Forderungszwangsverstei-

---

[1] Aufsatztitel teilweise sinnwahrend gekürzt.

[2] Oder grundstücksgleichen Rechts (z. B. Wohnungseigentum, Erbbaurecht), Schiff, Schiffsbauwerk, Luftfahrzeug.

[3] §§ ohne Gesetzesangabe beziehen sich immer auf das ZVG.

[4] Vgl. hierzu BGH NJW 1952, 263; BGH NJW 2008, 1807.

[5] Vgl. auch Schiffhauer ZIP 1982, 526.

[6] Drischler Rpfleger 1989, 85; Eickmann 1; Steiner/Teufel § 180 Rz. 3; Stöber § 180 Anm. 6.3.

[7] Die §§ 180–185 wurden mehrfach geändert: §§ 181, 182 geändert 1944 (RGBl. I S. 47); § 180 II eingefügt 1953 (BGBl. I S. 952); § 181 erneut geändert 1959 (BGBl. I 57); § 180 I geändert und § 185 neu eingefügt 1961 (BGBl. I S. 1091); § 180 III und IV eingefügt 1986 (BGBl. I S. 301).

gerung entsprechend anzuwenden sind. Besonderheiten gibt es insbesondere bei den Einstellungsmöglichkeiten (§ 180 II–IV), Antragsvoraussetzungen (§ 181), Regeln für das geringste Gebot (§ 182), Mietern und Pächtern (§ 183), Fragen der Sicherheitsleistung (§ 184) und der Zuweisung eines landwirtschaftlichen Betriebes (§ 185).

1.2. Interessengegensätze in der Teilungsversteigerung

Das ZVG orientiert sich an der Erkenntnis, daß Zwangsversteigerungsverfahren häufig von Interessengegensätzen geprägt sind, und daß der Gesetzgeber für deren Auseinandersetzung eine angemessene Regelung anbieten muß.

In der Vollstreckungsversteigerung sind dies Interessengegensätze zwischen den Gläubigern und dem Schuldner, oder zwischen den Beteiligten (Gläubiger, Schuldner, Mieter) und den Bietinteressenten, oder auch zwischen den verschiedenen Gläubigern.[8]

Auch in der Teilungsversteigerung gibt es derartige Interessengegensätze:
– Zwischen den verschiedenen Miteigentümern, z. B.:
– weil die einen versteigern wollen, die anderen vielleicht (noch) nicht,
– weil die einen durch eine hohe Belastung ihres Miteigentumsanteils u. U. die Interessen der anderen beeinträchtigen können,
– weil bei der Erlösverteilung u. U. auch noch „andere Rechnungen beglichen" werden sollen;
– Zwischen den bisherigen Grundstückseigentümern (die die nicht mehr funktionsfähige Gemeinschaft am Grundstück durch dessen Versteigerung beenden möchten) und den Grundpfandgläubigern (die Wert darauf legen, daß ihre Grundpfandrechte trotz der Versteigerung bestehen bleiben);
– Zwischen den bisherigen Grundstückseigentümern (die einen möglichst hohen Versteigerungserlös erzielen wollen) und den Bietinteressenten (die das Grundstück möglichst billig ersteigern wollen).

Gemeinschaften an einem Grundstück sind entweder Bruchteilsgemeinschaften[9] (in der Praxis meist von (Ex-)Eheleuten) oder Gesamthandsgemeinschaften[10] (in der Praxis meist entweder Erbengemeinschaften oder – im Wirtschaftsleben – Gesellschaften des bürgerlichen Rechts). Wenn solche Gemeinschaften nicht mehr funktionsfähig sind, so daß keine gemeinsamen Entscheidungen über die Behandlung, Nutzung, Verwaltung und Verwertung des Grundbesitzes mehr getroffen werden können, hat jeder Beteiligte den relativ einfach durchsetzbaren Anspruch, aus eigener Kraft den ganzen Grundbesitz (also nicht etwa nur die ihm (nicht) gehörenden Anteile!) durch eine Zwangsversteigerung zu verwerten.

Mit diesem sehr hoch angesiedelten Rechtsanspruch, gegen den sich die anderen Beteiligten kaum oder nur ausnahmsweise wehren können, regelt der Gesetzgeber den einen Teil des Interessengegensatzes zwischen den Beteiligten.

---

[8] Vgl. Storz/Kiderlen, ZV-Praxis A 1.1.; B 1.2.1.; B 3.2.1.; **TH** B 1.2.2., **TH** B 1.2.2.2.; **TH** B 1.2.2.3.
[9] Vgl. unten B 1.3.1.
[10] Vgl. unten B 1.3.2.

Beispiel: Zwei Eheleute waren bisher je zur Hälfte Miteigentümer einer Wohnung. Nach der Scheidung können sie sich nicht mehr einigen, wer die Wohnung zu welchen Bedingungen nutzen oder zu Miteigentum erwerben darf, ob und unter welchen Bedingungen ein Fremdverkauf versucht werden soll, ob und welche Reparaturen zu wessen Lasten ausgeführt werden sollen usw. – Jeder Ex-Ehepartner kann dann auch gegen den evtl. Widerstand des Anderen die Eigentumswohnung zur Versteigerung bringen.

Gerade wegen dieses Interessengegensatzes ist das Teilungsversteigerungsverfahren aber „schon" damit beendet, daß anstelle des Grundbesitzes jetzt der Versteigerungserlös tritt: die bisherige Gemeinschaft am Grundstück verwandelt sich also in eine (gleichartige) Gemeinschaft am Versteigerungserlös. Der Versteigerungserlös wird – nach Befriedigung der Gläubiger – also vom Gericht nicht an die bisherigen Miteigentümer verteilt,[11] sondern diese müssen sich selbst auf irgendeine Erlösverteilung einigen. Wenn ihnen das nicht spätestens im Verteilungstermin gelingt, wird der Erlös vom Gericht hinterlegt, und die Beteiligten müssen sich über ihn in einem gesonderten Prozeß (i. d. R. vor dem Landgericht) streiten.

Mit dieser Regelung löst der Gesetzgeber einen weiteren Interessengegensatz zwischen den Beteiligten, indem er berücksichtigt, daß oft auch noch andere Geldansprüche zwischen den Beteiligten ausgeglichen werden müssen, und daß dies angesichts eines zur Verteilung anstehenden Geldbetrages leichter zu machen ist, als nach der Verteilung und evtl. dem Verbrauch des Versteigerungserlöses.

Beispiel: Die Versteigerung der den beiden Ex-Eheleuten je zur Hälfte gehörenden Eigentumswohnung hat einen Erlös von z. B. 500 000,– erbracht. Nach Abzug der Verfahrenskosten verbleibt für die Ex-Eheleute ein Übererlös von 488 000,–. Das Versteigerungsgericht zahlt also nicht etwa jedem von ihnen 244 000,– aus, sondern verlangt eine einheitliche Erklärung über die Erlösverteilung. Diese könnte ganz anders aussehen, weil z. B. ein Partner alleine die gesamten Darlehensverpflichtungen erfüllt oder Versicherungsprämien, Steuern, Wohngelder oder Reparaturkosten bezahlt oder den Kaufpreis alleine aufgebracht hat; vielleicht sollen auch Unterhalts-, Versorgungs- oder ganz andere Ansprüche bei dieser Gelegenheit ausgeglichen werden.

Der Gesetzgeber mußte aber auch die Interessen der (i. d. R. Grundpfand-) Gläubiger berücksichtigen. Deren Rechte sollten in größtmöglichem Umfang vor den Uneinigkeiten bzw. Streitereien der Grundstückseigentümer geschützt werden. Sonst könnten diese durch einen fingierten Streit ihr Grundstück über eine Teilungsversteigerung lastenfrei machen. Das darf nicht sein!

Beispiel: Die den beiden Eheleuten je zur Hälfte gehörende Eigentumswohnung hat einen Wert von z. B. 500 000,–, sie ist aber mit Grundschulden über zusammen z. B. 850 000,– überbelastet. Es wäre nicht zu vertreten, wenn die Eheleute über eine Teilungsversteigerung, in der z. B. ihr Sohn die Wohnung für 500 000,– ersteigert, die Grundpfandrechte der Gläubiger zum Erlöschen bringen könnten.

---

[11] Vgl. unten C 9.

Diesen Interessengegensatz löst der Gesetzgeber über das geringste Gebot[12] dadurch, daß gemäß § 182 I alle Grundpfandrechte, die das gesamte Grundstück belasten, trotz der Teilungsversteigerung bestehen bleiben und vom Ersteher als Belastung übernommen werden müssen. Jeder Miteigentümer kann zwar theoretisch trotz dieser Belastungen die Teilungsversteigerung betreiben; aber praktisch führt die Teilungsversteigerung zu keinem Ergebnis, wenn die bestehenbleibenden Grundschulden den Wert des Grundstücks übersteigen.

Beispiel: Die den Eheleuten je zur Hälfte gehörende Eigentumswohnung im Wert von z. B. 500 000,– ist mit Grundschulden über zusammen z. B. 850 000,– belastet. Ein Ersteher müßte also (außer seinem an das Gericht zu zahlenden Bargebot) 850 000,– an die Grundschuld-Gläubiger bezahlen, um sein Grundstück lastenfrei zu stellen. Das wird kein wirtschaftlich denkender Mensch tun, so daß die Teilungsversteigerung in diesem Fall scheitern würde.

Der Gesetzgeber löst diesen Interessenkonflikt zwischen den Miteigentümern und den Grundpfandgläubigern nach der Formel, daß die Beteiligten selbst ihren (eigentlich sehr hoch angesiedelten) Anspruch auf Durchführung einer Teilungsversteigerung umso mehr einschränken, je höher sie ihren Grundbesitz belasten.

Das gilt auch dann, wenn ein Bruchteilseigentümer seinen eigenen Miteigentumsanteil belastet (was bei einer Gesamthandsgemeinschaft nicht möglich ist). Hier gilt die Formel, daß durch die Belastung des eigenen Anteils der eigene Anspruch auf Teilungsversteigerung beschränkt oder gar ganz undurchsetzbar gemacht wird, während dadurch die Teilungsversteigerungsmöglichkeiten des anderen Miteigentümers nicht beeinträchtigt werden sollen.

Beispiel: Die Eigentumswohnung im Wert von z. B. 500 000,– gehört je zur Hälfte den beiden Ex-Eheleuten. Während der Mann seinen Anteil mit 700 000,– belastet hat, ist der Anteil der Frau unbelastet. Nach dem Willen des Gesetzgebers hat der Mann durch die überhohe Belastung seines Anteils seinen eigenen Anspruch auf Teilungsversteigerung praktisch undurchführbar gemacht (weil dann ein Ersteher diese Belastungen übernehmen müßte).[13] Dagegen kann die Frau jederzeit die Teilungsversteigerung betreiben, weil dann das Grundstück lastenfrei versteigert werden könnte;[14] hier wird also der Grundpfandgläubiger, der sich auf die Belastung nur des Mann-Anteils eingelassen hat, nur eingeschränkt geschützt (er verliert zwar seine Grundschuld, erhält aber als Entschädigung dafür die Hälfte des Versteigerungserlöses).

In diesem Zusammenhang mußte ein weiterer Interessengegensatz zwischen den Miteigentümern gelöst werden: § 182 II[15] verhindert, daß ein schuldenfreier Miteigentumsanteil von vornherein gegenüber einem überschuldeten Anteil benachteiligt wird.

---

[12] Vgl. unten B 5.
[13] Vgl. unten B 5.
[14] Vgl. unten B 5.
[15] Vgl. unten B 5.5.

Beispiel: Die Eigentumswohnung im Wert von z.B. 500000,– gehört je zur Hälfte den beiden Ex-Eheleuten. Während die Frau ihren Anteil mit z.B. 450000,– belastet hat, ist der Anteil des Mannes lastenfrei. Wenn die Frau die Teilungsversteigerung betreibt, bleibt ihre Grundschuld gemäß § 182 I bestehen und erfaßt damit praktisch bereits den Wert der ganzen Wohnung. Bliebe es bei dieser Regelung, könnte einerseits die Tilgungsversteigerung durchgeführt werden, andererseits würde die Frau von ihren ganzen Schulden befreit, während der Mann seine Miteigentumshälfte ohne (angemessenen) Erlös verlieren würde.

Zur Lösung dieses Interessengegensatzes schreibt § 182 II vor, daß ein Ausgleichsbetrag in den Barteil des geringsten Gebots[16] aufgenommen werden muß, der diesen „Von-Vorneherein-Nachteil" verhindert.

Beispiel: Im vorgenannten Beispiel bleibt, wenn die Frau die Teilungsversteigerung betreibt, die Grundschuld über 450000,– bestehen; außerdem ist ein Ausgleichsbetrag in Höhe von 450000,– bar zu zahlen (Grundschuldzinsen bleiben im Beispiel unberücksichtigt). Da kein wirtschaftlich vernünftiger Mensch unter diesen Umständen erwirbt, bleibt die Teilungsversteigerung erfolglos; § 182 II hat den Mann gerettet!

Wenn der Anteil der Frau nur mit 240000,– belastet ist, muß zwar auch ein Ausgleichsbetrag in Höhe von 240000,– im Barteil des geringsten Gebots berücksichtigt werden; bei angenommenen Verfahrenskosten von 10000,– beträgt der wirtschaftliche Wert des geringsten Gebots also 490000,–, so daß die Wohnung vielleicht versteigert werden kann. Der Ausgleichsbetrag wird zwar nicht vom Gericht „automatisch" an den Mann ausbezahlt,[17] aber § 182 II verhindert doch, daß der Mann seinen Miteigentumsanteil von vornherein entschädigungslos verliert.

Diese Interessengegensätze hat der Gesetzgeber über das sogenannte geringste Gebot gelöst,[18] das deshalb nicht nur Auskunft darüber gibt, wieviel mindestens für das Versteigerungsobjekt geboten werden muß, sondern auch erkennen läßt, ob das Objekt in dieser Versteigerung lastenfrei oder mit irgendwelchen bestehenbleibenden Belastungen ausgeboten wird. Und aus diesem Grund wird das geringste Gebot zur wichtigsten Grundlage der Versteigerung, an der nichts mehr geändert werden darf von Beginn der Bietstunde an bis zur Verkündung der Entscheidung über den Zuschlag.

Diese Regelung ist für sich gesehen schon recht kompliziert und wirft wegen der Vielgestaltigkeit des Lebens zahlreiche Einzelfragen auf. Sie führt aber leider auch zu einer erheblichen Mißbrauchsgefahr, wenn verschiedene Miteigentümer die Teilungsversteigerung betreiben. Denn nach dem Gesetz (§ 182) braucht ein Miteigentümer, der die Teilungsversteigerung verhindern will, lediglich seinen Anteil überhöht zu belasten und dann die Teilungsversteigerung zu betreiben bzw. ihr beizutreten!

(Erst) in den letzten Jahrzehnten wurde dieser Mißbrauch tatsächlich immer häufiger und immer systematischer betrieben, so daß dadurch die

---

[16] Vgl. unten B 5.5.
[17] Siehe FN 11.
[18] Siehe FN 13.

Teilungsversteigerung von Bruchteilseigentum ernsthaft gefährdet wurde. Diesem Mißbrauch versucht die Praxis mit einer Formel zu begegnen („Niedrigstgebotstheorie"),[19] die zwar gut zu praktizieren und auch plausibel zu erklären ist, die aber eindeutig mit dem Gesetz nicht zu vereinbaren ist. Es ist deshalb sehr zu bedauern, daß der Gesetzgeber auch bei den letzten größeren Änderungen des ZVG in den Jahren 1998 und 2007 die dadurch entstandene Rechtsunsicherheit nicht beseitigt hat; dies wäre durch eine einfache Ergänzung des § 182 möglich gewesen!

1.3. Ablauf des Verfahrens

Das Versteigerungsverfahren läuft etwa wie folgt ab: Wenn sich z. B. nach einer Ehescheidung die Eheleute nicht über die Verwertung der gemeinsamen Eigentumswohnung einigen können, kann einer von ihnen auch gegen den Willen des anderen die Teilungsversteigerung beantragen. Der andere Ehepartner kann unter gewissen Voraussetzungen (über die er vom Gericht belehrt wird) die einstweilige Einstellung der Versteigerung beantragen. Wenn das Verfahren fortgesetzt wird, setzt das Gericht mit Hilfe von Sachverständigen den Wert des Grundstücks fest (wenn die Beteiligten mit dem Ergebnis nicht einverstanden sind, können sie dagegen Rechtsmittel einlegen). Anschließend wird der Versteigerungstermin anberaumt und durchgeführt; sowohl die Beteiligten selbst als auch Dritte können die Wohnung ersteigern; bezahlt werden muß erst in einem späteren Verteilungstermin, zunächst muß allenfalls Sicherheitsleistung in Höhe von 10 % des festgesetzten Grundstückswertes erbracht werden.

Aus dem Erlös werden vom Gericht zunächst evtl. Gläubiger befriedigt. Die Verteilung des Übererlöses an die Eheleute als frühere Miteigentümer ist dagegen nicht mehr Aufgabe des Gerichts,[20] sondern Sache der Miteigentümer selbst. Wenn diese sich nicht einigen können, wird der Erlös vom Versteigerungsgericht gem. § 117 II 3 hinterlegt[21] und der prozessualen Auseinandersetzung der Beteiligten überlassen. Wenn sie sich aber einigen können, hilft ihnen das Versteigerungsgericht bei der Erlösverteilung z. B. durch Protokollierung und Vollzug der Einigung.[22]

Das ZVG seinerseits ist gem. § 869 ZPO ein Bestandteil der ZPO,[23] sodaß auch deren allgemeine Vorschriften z. B. über Prozeß- und Parteifähigkeit, Vertretung, Zustellungen, Fristen und Rechtsbehelfe gelten. Auf diese Vorschriften wird zwar in § 180 I nicht ausdrücklich verwiesen, ihre entsprechende Anwendung ist aber unbestritten,[24] wenn man von dem Streit über die Einordnung der Teilungsversteigerung als Maßnahme der Zwangsvollstreckung mit den sich daran anschließenden Fragen absieht.[25]

---

[19] Vgl. unten B 5.4.2.
[20] BVerfG Rpfleger 1976, 389; BGH NJW 1952, 263 und Rpfleger 1984, 109; Eickmann 84; Steiner/Teufel § 180 Rz. 191; Stöber § 180 Anm. 18.1.
[21] Vgl. dazu unten C 9.5.
[22] Eickmann S. 84; Steiner/Teufel § 180 Rz. 191; Stöber § 180 Anm. 18.3.
[23] RGZ 73, 194; Steiner/Hagemann Einl Rz. 6, 8.
[24] Korintenberg/Wenz § 180 Rz. 1; Steiner/Teufel § 180 Rz. 7.
[25] Vgl. dazu unten A 2.

1.4. Bedeutung für Gemeinschaft und Gläubiger

Die praktische Bedeutung der Teilungsversteigerung besteht darin, daß sie eine einseitig durchsetzbare[26] Möglichkeit zur Vermögensauseinandersetzung dort schafft, wo eine Teilung in Natur gem. § 752 BGB ausgeschlossen[27] und eine einvernehmliche Auseinandersetzung nicht erreichbar ist. In den letzten Jahren hat die Bedeutung der Teilungsversteigerungen als Folge der gesellschaftlichen Entwicklung[28] trotz guter Konjunkturlage in Deutschland stark zugenommen.

Je mehr sich die Deutschen zu einem „Volk der Erben" entwickeln,[29] und vor allem je mehr Ehepaare einerseits Grundstücke gemeinsam erwerben, aber andererseits sich immer häufiger scheiden lassen und sich über die Auseinandersetzung nicht einigen können, desto häufiger werden Teilungsversteigerungen auch dann nötig, wenn keine besondere Verschuldung gegeben ist. Indirekt kann auch die Verschuldung einer Person zur Teilungsversteigerung führen, wenn nämlich der Gläubiger eines Teilhabers aus der Pfändung/Verpfändung des Anteils vollstreckt.[30] Aus diesen Gründen wird die praktische Bedeutung der Teilungsversteigerung auch in der Zukunft weiter zunehmen.

Aber auch für Banken, Sparkassen, Bausparkassen, Versicherungen und andere Gläubiger gewinnt die Teilungsversteigerung eine immer größere Bedeutung, insbesondere aus folgenden Gründen:
- durch eine Teilungsversteigerung sind Grundpfandrechte in ihrem Bestand dann gefährdet, wenn sie nur einzelne Miteigentumsanteile belasten;[31]
- bleiben nach einer Teilungsversteigerung Grundschulden bestehen, die nicht mehr (voll) valutiert sind, kann sich der Gläubiger sehr leicht schadensersatzpflichtig machen, wenn er bei der Verfügung über diese Grundschuld nicht die Interessen aller bisheriger Grundstücksmiteigentümer (als Gläubiger der Rückgewähransprüche) berücksichtigt;[32]
- wenn ein Schuldner seinen Zahlungsverpflichtungen nicht mehr nachkommt, aber an einer Grundstücksgemeinschaft beteiligt ist, kann der Gläubiger nach einer erst in den letzten Jahren entwickelten und anerkannten Praxis relativ schnell nach bestimmten Pfändungen die Teilungsversteigerung des ganzen Grundstücks betreiben;[33]
- die Teilungsversteigerung ist ein noch abgelegeneres Rechtsgebiet als die Vollstreckungsversteigerung, so daß sich hier außer den Rechtspflegern bei den Amtsgerichten nur sehr wenige Personen wirklich auskennen; das gilt ausdrücklich auch für Rechtsanwälte, die nur ausnahmsweise mit solchen

---

[26] So auch BVerfG Rpfleger 1976, 389; ähnlich BGH NJW 1954, 1025.
[27] Vgl. dazu unten B 1.1.
[28] Ähnlich schon Schäfer im Handelsblatt v. 3/4. 7. 1981.
[29] Die für deutsche Verhältnisse relativ lange Friedenszeit hat zu einem erheblichen Vermögensaufbau geführt; andererseits führt der immer ungünstiger werdende Aufbau der „Alterspyramide" dazu, daß relativ viele Menschen in jeweils relativ hohem Alter relativ viel erben!
[30] Dazu unten B 1.6.
[31] Vgl. dazu unten B 5.3. und B 5.4.
[32] Vgl. dazu unten C 8.3.2. und C 9.4.3.
[33] Vgl. dazu unten B 1.6.2.

Verfahren in Berührung kommen. Am ehesten kann sich der Betroffene daher in den Zwangsvollstreckungsabteilungen von Banken, Sparkassen usw. wenigstens dem Grunde nach vorinformieren (eine eigentliche Rechtsberatung ist aber allen Nicht-Rechtsanwälten untersagt);

– wenn ein Grundpfandgläubiger ein eigenes Zwangsvollstreckungsinteresse hat, aber bereits eine Teilungsversteigerung anhängig ist, kann er zwar dieser Teilungsversteigerung nicht im Sinne einer Forderungszwangsvollstreckung beitreten,[34] aber er kann zur Vermeidung der mit zwei parallel betriebenen Zwangsversteigerungs-Verfahren verbundenen Probleme[35] bzw. zur Vermeidung von Zeitverlusten und Kostennachteilen nach einer Pfändung der genannten Ansprüche[36] u. U. der Teilungsversteigerung beitreten;

– wenn einer der bisherigen Miteigentümer/Teilhaber das Grundstück ersteigern will, muß sich das finanzierende Kreditinstitut in der Teilungsversteigerung und insbesondere in den Besonderheiten der Erlösverteilung auskennen und bei der Freigabe bestehengebliebener Grundpfandrechte besondere Vorsicht walten lassen.

1.5. Kann eine Teilungsversteigerung verhindert werden?

Sehr häufig würde einer der Miteigentümer die Teilungsversteigerung am liebsten ganz verhindern! Das ist aber grundsätzlich nicht möglich, weil der Gesetzgeber dem Auseinandersetzungsverlangen (= Anspruch auf Teilungsversteigerung) eine sehr hohe Priorität beigemessen hat.

Die Überbelastung des eigenen Anteils bei einer Bruchteilsgemeinschaft kombiniert mit dem Beitritt zur (bekämpften!) Teilungsversteigerung ist so häufig zur Verhinderung einer Teilungsversteigerung erfolgreich mißbraucht worden, daß dieser Weg heute über die sogenannte „Niedrigstgebotstheorie"[37] versperrt worden ist.[38]

Von Ausnahmefällen abgesehen, in denen noch eine Realteilung möglich und auch zumutbar ist,[39] oder in denen die Aufhebbarkeit der Grundstücksgemeinschaft auf Dauer oder auf Zeit ausgeschlossen worden ist,[40] oder in denen die Teilungsversteigerung wegen Verstoßes gegen Treu und Glauben (§ 242 BGB)[41] oder wegen unzumutbarer Härten (§ 765a ZPO)[42] unzulässig ist, kann die Teilungsversteigerung also nicht verhindert werden.

Lediglich eine Verzögerung des Verfahrens ist möglich, insbesondere über entsprechende einstweilige Einstellungen z. B. gemäß § 180 II,[43] § 180 III,[44] § 765a ZPO;[45] gelegentlich werden auch die „normalen" Rechtsbehelfe z. B.

---

[34] Vgl. dazu unten A 3.1.
[35] Siehe FN 34.
[36] Siehe FN 33.
[37] Vgl. dazu unten B 5.4.2.
[38] Siehe FN 37.
[39] Vgl. dazu unten B 1.1.
[40] Vgl. dazu unten B 1.7.
[41] Vgl. dazu unten B 1.7.
[42] Vgl. dazu unten A 2.3. und B 1.7.
[43] Vgl. dazu unten B 3.2.
[44] Vgl. dazu unten B 3.3.
[45] Vgl. dazu unten B 3.4.2.

gegen Einstellungs- bzw. Einstellungs-Ablehnungs-Beschlüsse, den Verkehrs-wertfestsetzungs-Beschluß und den Zuschlagsbeschluß[46] und andere provozierte Beschlüsse zu Verzögerungszwecken genutzt, manchmal mißbraucht.

Schließlich kann eine Teilungsversteigerung dann praktisch unmöglich sein, wenn die Miteigentümer das Grundstück früher schon mit zu hohen Gesamtrechten belastet hatten.[47]

1.6. Wie kann man sich in einer Teilungsversteigerung schützen?

Wenn die Teilungsversteigerung schon (in der Regel) nicht verhindert werden sondern allenfalls verzögert werden kann, stellt sich um so dringlicher die Frage nach dem Schutz des sogenannten Antragsgegners.[48]

Beispiel: Die Eheleute können sich nicht über das künftige Schicksal der gemeinsamen Wohnung einigen. Jeder von ihnen möchte sie entweder (möglichst billig) selbst allein haben oder seinen Anteil (möglichst teuer) verkaufen. Deshalb betreibt der (u. U. wirtschaftlich stärkere) Mann die Teilungsversteigerung; wie kann die (u. U. wirtschaftlich schwächere) Frau verhindern, daß sie ihren Anteil zu billig verliert?

Die wichtigsten Schutzmaßnahmen in der Teilungsversteigerung sind:

– evtl. nicht aus dem Grundbuch ersichtliche „entgegenstehende Rechte"[49] mit der sogenannten Vollstreckungsabwehrklage (in der Regel vor einem Landgericht mit Anwaltszwang) geltend machen;

– erfolgt die Teilungsversteigerung zur Unzeit, also gerade jetzt in einem besonders ungünstigen Zeitpunkt, kann die einstweilige Einstellung auf höchstens 6 Monate (mit einmaliger Wiederholungsmöglichkeit) beantragt werden,[50] und zum Schutz gemeinsamer Kinder kann die Teilungsversteigerung gemäß § 180 III u. U. sogar für mehrere Jahre eingestellt werden.[51] Diese Einstellungsanträge müssen aber unbedingt schon innerhalb von 14 Tagen nach Zugang des Anordnungsbeschlusses gestellt werden, sonst ist diese Möglichkeit für immer vorbei!

– meist ist ausgerechnet ein Beitritt[52] zu der bekämpften Teilungsversteigerung die wichtigste Verteidigungsmaßnahme, weil nur so (wenn überhaupt!) eine vollständige Abhängigkeit vom Antragsteller in der alles entscheidenden Zuschlagsfrage verhindert werden kann: ohne Beitritt kann der Antragsteller nämlich alleine und ohne jede Begründungspflicht jeden Zuschlag (z. B. an den Ex-Ehepartner) verhindern, und er kann durch diese Möglichkeit andere evtl. Interessenten vom Bieten abhalten und deshalb selbst billig einsteigen!

– wenn nicht mindestens 50 % des gerichtlich festgesetzten Grundstückswertes geboten werden, muß der Zuschlag gemäß § 85 a von Amts wegen ver-

[46] Vgl. dazu unten C 2.3.
[47] Vgl. dazu die verschiedenen Beispiele bei A 1.2.
[48] Vgl. dazu unten A 4.5.
[49] Vgl. dazu unten B 1.7.
[50] Siehe FN 42.
[51] Siehe FN 43.
[52] Vgl. dazu unten C 3.4.

sagt werden.[53] Dieser Schutz besteht aber nur einmal, also in späteren Versteigerungsterminen nicht mehr;

– wenn nicht mindestens 70 % des gerichtlich festgesetzten Grundstückwertes geboten werden können zwar bestimmte Gläubiger gemäß § 74 a die Versagung des Zuschlages beantragen; diesen Schutz können aber die bisherigen Miteigentümer in der Regel nicht in Anspruch nehmen;[54]

– gegen eine Verschleuderung des Grundstücks durch den Zuschlag kann sich ein Miteigentümer über einen Versagungsantrag nach § 765 a ZPO schützen; nach dem BGH reicht dazu nicht schon ein evtl. krasses Missverhältnis zwischen Meistgebot und Zuschlag, sondern es müssen immer „Umstände vorliegen, die ein wesentlich höheres Gebot in einem neuen Termin erwarten lassen";[55] trotzdem ist oft schwierig zu beurteilen, wann im Einzelfall eine Verschleuderung anzunehmen ist;

– u. U. kann sich ein Miteigentümer auch dadurch schützen, daß er noch rechtzeitig vor der Versteigerung seinen Anteil z. B. bis zu 70 % des Anteilswertes belastet; dann kann nämlich die Versagung des Zuschlags bei Nichterreichen der sogenannten 7/10-Grenze beantragt werden;[56] außerdem wird dadurch für ihn die Erlösverteilung erleichtert,[57] diese Belastung führt dann in der Regel aber zum Verlust der Vorteile aus einem Beitritt (siehe oben), so daß die Zweckmäßigkeit gerade dieser Maßnahme in jedem Einzelfall sorgfältig geprüft werden muß!

– Auch wenn dies besonders schwerfällt, sollte sich der die Teilungsversteigerung bekämpfende Miteigentümer spätestens nach der Verkehrswertfestsetzung überlegen, ob er nicht auf die ohnehin kaum noch realisierbare Verhinderung und auf die ebenso schwierig zu realisierende Möglichkeit eines Billigerwerbes verzichten und stattdessen z. B. durch zusätzlich eigene Werbemaßnahmen versuchen sollte, möglichst viele Interessenten zu finden und dadurch einen besseren Versteigerungserlös zu erzielen;

– wenn der Verkehrswert zu niedrig festgesetzt werden sollte, kann der Miteigentümer dem Gericht konkrete Verbesserungsvorschläge machen; gegen den Festsetzungsbeschluß sind Rechtsmittel möglich (innerhalb von 2 Wochen;[58]

– wenn die Teilungsversteigerung als solche oder einzelne Maßnahmen innerhalb des Verfahrens im Einzelfall zu ganz außergewöhnlichen und vermeidbaren Schäden führen würden, kann u. U. ein Vollstreckungsschutz-Antrag nach § 765 a ZPO Abhilfe schaffen;[59]

– gegen den Zuschlag kann (innerhalb von 14 Tagen) Beschwerde eingelegt werden, wenn dem Gericht Verfahrensfehler unterlaufen sein sollten, oder wenn das Gericht trotz eines § 765 a ZPO-Antrags den Zuschlag erteilt haben sollte.[60]

---

[53] Vgl. dazu unten C 8.2.2.
[54] Siehe FN 52.
[55] BGH FamRZ 2006, 697; NJW-RR 2003, 1648, 1649 m. w. N.
[56] Siehe FN 52.
[57] Vgl. dazu unten C 9.5.
[58] Vgl. dazu unten C 5.
[59] Vgl. dazu unten B 3.4.2.
[60] Vgl. dazu unten C 8.1.5.

1.7. Taktische Hinweise

TH 1.7.1: Schon der kurze Überblick im ersten Kapitel macht deutlich, daß die Teilungsversteigerung ein rechtlich kompliziertes Gebiet ist, bei dem die Qualität des eigenen und des „gegnerischen" Verhaltens sehr schnell über Haben oder Nichthaben des Grundstücks oder erheblicher Geldsummen entscheidet. Deshalb sollte jeder Miteigentümer im Zweifel einen Fachmann zu Rate ziehen; allerdings nur einen Fachmann, der sich in diesem abgelegenen Gebiet auch wirklich und nachweisbar auskennt. Da es sich zweifellos um Rechtsberatung handelt, kommen in aller Regel nur Rechtsanwälte in Frage; andere Berater verstoßen bei gewerbsmäßiger Tätigkeit gegen das Rechtsberatungsgesetz und riskieren, daß sie vom Gericht nicht gehört werden. Aber auch nur wenige Rechtsanwälte kennen sich mit Zwangsversteigerungen wirklich aus; dafür sollten einerseits die Mandanten Verständnis haben, anderseits sollte ein Rechtsanwalt offen zugeben, wenn er selbst nicht über ausreichende Kenntnisse verfügt, und die Zuziehung eines Spezialisten empfehlen.

TH 1.7.2: Für Banken, Sparkassen, Bausparkassen werden Kenntnisse über die Teilungsversteigerung aus den im Kapitel A 1.4. genannten Gründen immer wichtiger. Gerade die Behandlung von in der Teilungsversteigerung bestehengebliebenen, aber nicht mehr voll valutierten Grundschulden ist für die Gläubiger viel gefährlicher als z.B. in der Vollstreckungsversteigerung, weil in der Teilungsversteigerung viel häufiger Grundschulden bestehenbleiben und nicht mehr (voll) valutiert sind, und weil in der Teilungsversteigerung fast immer Streit herrscht zwischen den bisherigen Miteigentümern, also den Gläubigern der Rückgewähransprüche. Und schließlich sind bei einer Teilungsversteigerung in der Regel die „normalen" Kreditabteilungen zuständig und nicht, wie bei der Vollstreckungsversteigerung, die Spezialabteilungen, die das erforderliche Know-How haben.

TH 1.7.3: Der Gläubiger eines Miteigentümers kann über bestimmte Pfändungen[61] die Teilungsversteigerung betreiben. Er wird damit aber nicht zu einem Gläubiger im Sinne des § 10 I 5 mit einem Erlösanspruch an bestimmter Rangstelle, sondern tritt „nur" an die Stelle des Miteigentümers und hat Zugriff auf dessen Erlösanspruch. Deshalb kann ein anderer Gläubiger (oder auch der Schuldner mit einem „mitspielenden" Dritten) noch eine Zwangshypothek auf dem Miteigentumsanteil (oder eine Grundschuld) eintragen lassen, und dadurch nicht nur das geringste Gebot erhöhen, sondern auch den Erlös (vor dem Pfändungsgläubiger!) beanspruchen. Deshalb sollte der Pfändungsgläubiger bei Bruchteilseigentum außerdem eine Zwangshypothek (ggf Grundschuld) eintragen lassen und eventuell kurz vor dem Termin wieder löschen lassen, um das geringste Gebot zu ermäßigen, bzw. den Miteinfluß auf den Zuschlag zurückzugewinnen. Die Zwangshypothek (evtl. Grundschuld) hat also vorwiegend der Rangsicherung (durch Abschreckung der anderen Gläubiger) gedient.

---

[61] Vgl. dazu unten B 1.6.2.

2. Maßnahme der Zwangsvollstreckung?

Literatur (Titel zum Teil sinnwahrend gekürzt!): *Behr*, Generalklausel für Vollstreckungsschutz (§ 765 a ZPO) Rpfleger 1989, 13; *Büchmann*, Schutz vor Verschleuderung im Zwangsversteigerungsverfahren, 1997; *Drischler*, Neuerungen zum Vollstreckungsschutz in der Teilungsversteigerung; *Drischler*, Teilungsversteigerung und Gerichtsferien, JVBl 1965, 153; *Drischler*, Keine Gerichtsferien in der Teilungsversteigerung? Rpfleger 1989, 85; *Haentjens*, Grenzen staatlicher Pflichten zum Schutze der Gesundheit in der Zwangsvollstreckung? NJW 2004, 3609; *Hintzen*, § 765 a ZPO in der Mobiliar- und Immobilienvollstreckung, ZAP 1996, 565; *Mümmler*, Maßnahmen zur Verhütung der Verschleuderung im Zwangsversteigerungsverfahren JurBüro 1973, 689; *Riedel*, § 765 a ZPO und das Zwangsversteigerungsverfahren, NJW 1955, 1705; *Schalhorn*, Gibt es in der Teilungsversteigerung Kostenerstattung? JurBüro 1970, 137; *Schneider*, Zur Kostenerstattung bei der Teilungsversteigerung JurBüro 1966, 730; *Schuschke*, Lebensschutz contra Eigentumsgarantie ... NJW 2006, 874; *Stöber*, Ist § 765 a ZPO bei Teilungsversteigerung anwendbar? Rpfleger 1960, 237; *Teufel*, § 765 a ZPO in der Teilungsversteigerung, Rpfleger 1976, 86.

2.1. Meinungsstreit

Im Gegensatz zur früher allgemeinen Ansicht[1] wird die Teilungsversteigerung heute zunehmend nicht mehr als eine besondere Art des freihändigen Verkaufs, sondern als eine Maßnahme der Zwangsvollstreckung angesehen,[2] weil § 869 ZPO die §§ 180–185 mit einschließt, weil gem. §§ 180–185 der schuldrechtliche Auseinandersetzungsanspruch mit Hilfe staatlichen Zwangs durchgesetzt wird, und weil z.B. der Zuschlag u.a. auch den Eigentumsverlust Dritter am Zubehör bewirkt. Demgegenüber treten die mehr formalen Argumente der noch herrsch Ansicht zurück, gem. § 181 I sei kein Vollstreckungstitel erforderlich, und in der Teilungsversteigerung werde nicht von Gläubiger/Schuldner sondern von Antragsteller/-gegner gesprochen.

Auch mE gehört die Teilungsversteigerung in den Bereich der Zwangsvollstreckung, wenn auch deren Voraussetzungen und Durchführung situationsbedingt und sachgerecht vereinfacht sind und es auch nicht, jedenfalls nicht unmittelbar, um die Durchsetzung einer Geldforderung geht. Die unterschiedliche Bezeichnung der Beteiligten ist richtig, weil im gleichen Verfahren ein Beteiligter beide Positionen einnehmen kann. Entscheidend ist m.E. allein, daß ein Teilhaber dem anderen gegen dessen Willen sein Miteigentum mit staatlicher Hilfe wegnehmen kann; genau das ist das Merkmal einer Zwangsvollstreckung.

Die Zuordnung dient nicht nur der dogmatischen Klärung, sondern entscheidet auch weitgehend insbesondere zwei Fragen: Anwendbarkeit des

---

[1] BGH NJW 1954, 1025; OLG Koblenz NJW 1961, 131; OLG Hamm KTS 1964, 119; Steiner/Teufel § 180 Rz. 6 und 91; Dassler/Hintzen § 180 Rz. 2; Brox/Walker S. 987; Schiffhauer ZIP 1982, 526; Drischler Rpfleger 1989, 85.

[2] OLG Köln Rpfleger 1991, 197; AG Göttingen NdsRpfl 1995, 41; Keller Rpfleger 1993, 131; Maurer FamRZ 1991, 1141; Böttcher § 180 Rz. 3 und Rpfleger 1993, 389; Stöber § 172 Anm. 1.3; Stöber MDR 1989, 12; Eickmann I.1.2.

§ 765 a ZPO in der Teilungsversteigerung und deren Verhältnis zur Vollstreckungsversteigerung.

2.2. Bis Ende 1996 waren die damals noch geltenden **Gerichtsferien** nach der herrsch Ans zu beachten,[3] weil die Teilungsversteigerung keine gem. § 202 GVG ferienlose Zwangsvollstreckung sei. Durch Gesetz vom 28. 10. 1996 sind die Gerichtsferien generell beseitigt worden (BGBl. I S. 1546).

2.3. Die Anwendbarkeit von § 765 a ZPO in der Teilungsversteigerung wird vor allem in der ZPO-Literatur teilweise mit der Begründung abgelehnt, es handele sich hier nicht um eine Maßnahme der Zwangsvollstreckung,[4] oder noch enger, § 765 a ZPO gelte nur zum Schutz vor Geldvollstreckungen,[5] oder noch anders, § 765 a ZPO werde durch § 180 II–IV spezialgesetzlich ausgeschlossen.[6]

Die Anwendbarkeit des § 765 a ZPO wird aber in neuerer Zeit zu Recht überwiegend bejaht, und zwar nicht nur von denen, die richtigerweise auch die Teilungsversteigerung als eine Art von Zwangsvollstreckung ansehen,[7] sondern auch von denen, die anerkennen, daß es auch in der Teilungsversteigerung zu Härten kommen kann, die mit den guten Sitten nicht vereinbar sind, und die nicht allein mit der Klage nach § 771 ZPO bekämpft werden können; mindestens wird § 765 a ZPO also entsprechend angewandt, um den Schutz der Grundrechte auch hier zu gewährleisten.[8] Der Gesetzgeber sollte die in der Teilungsversteigerung dringend notwendige Anwendbarkeit des § 765 a ZPO gesetzlich festlegen.

Zu beachten ist aber auch hier, daß § 765 a ZPO eine eindeutige Ausnahmevorschrift ist, die nur ganz besondere Härten mildern bzw. verhindern soll, die über die mit jeder Zwangsvollstreckung verbundenen Folgen (z. B. Verlust

---

[3] OLG Karlsruhe, Rpfleger 1991, 263; OLG Hamm KTS 1964, 119; OLG Koblenz NJW 1961, 131; Drischler Rpfleger 1989, 85; Schiffhauer ZIP 1982, 526; Steiner/Teufel § 180 Rz. 91.

[4] OLG Hamm Rpfleger 1960, 253; 1964, 341 und KTS 1973, 143; OLG Karlsruhe ZMR 73, 89; OLG München NJW 1961, 787; OLG Oldenburg NJW 1955, 150; OLG Koblenz NJW 1960, 828; LG Berlin Rpfleger 1993, 297 NJW-RR 1988, 253; LG Bielefeld Rpfleger 1983, 168; LG Frankenthal Rpfleger 1985, 315; Schiffhauer ZIP 1982, 526 und BlGrBW 1973, 89; 1966, 93; 1961, 65; Schneider MDR 1980, 617; Baumbach/Lauterbach/Albers/Hartmann § 765 a ZPO Rz. 5; MK-Heßler § 765 a ZPO Rz. 18; Stein/Jonas/Münzberg § 765 a ZPO Rz. 3.

[5] OLG Hamm Rpfleger 1964, 341; 1960, 253 und KTS 1973, 143; OLG Koblenz NJW 1960, 828; OLG München NJW 1961, 787; OLG Oldenburg NJW 1955, 150; a. A.: Wieczorek/Schütze § 765 a ZPO Anm. A I a.

[6] OLG Hamm OLGZ 1972, 316; LG Berlin NJW-RR 1988, 244.

[7] Eickmann Rz. 152; Stöber Rpfleger 1960, 237; Stöber Einl Anm. 52.6;

[8] BGH Rpfleger 2007, 408 mit ausführlicher Begründung und zahlreichen Nachweisungen; OLG Köln FamRZ 2007, 1343; KG Rpfleger 1998, 298; OLG Karlsruhe Rpfleger 1994, 223; 1993, 413; OLG Köln Rpfleger 1992, 197; OLG Bremen Rpfleger 1979, 72; OLG Hamburg MDR 1954, 369; OLG Braunschweig NJW 1961, 789; SchlHOLG SchlHA 1964, 263; OLG Nürnberg NJW 1954, 722; LG Düsseldorf FamRZ 1996, 1441; LG Stuttgart Rpfleger 1992, 491, 1961, 51 und BWNotZ 1973, 44 und JMBl BW 1975, 74 und 272; AG Meppen Rpfleger 1992, 266; Steiner/Teufel § 180 Rz. 146–149; Böttcher § 180 Rz. 84 und Rpfleger 1993, 389; Wolff/Hennings Rz. 486; Stöber Einl 52.6; Dassler/Hintzen § 180 Rz. 103; Brudermüller FamRZ 1996, 1519; Musielak/Lackmann § 765 a ZPO Rz. 2; Zöller/Stöber § 765 a ZPO Rz. 2; Thomas/Putzo § 765 a ZPO Rz. 4; Hintzen ZAP 1996, 565 (575).

des Eigentums, Familienheims, gewohnten Umfelds) weit hinausgehen.[9] Außerdem setzt der Schutz des § 765a ZPO heute unstreitig voraus, daß konkrete Umstände mit Wahrscheinlichkeit ein besseres Ergebnis erwarten lassen.[10] Andererseits kann der Schutz des § 765a ZPO nicht nur für den Miteigentümer/Teilhaber selbst, sondern auch für nahe Angehörige und Pflegekinder in Anspruch genommen werden.[11]

In der Teilungsversteigerung kommt dem § 765a ZPO besondere Bedeutung bei der Frage zu, ob ein bestimmtes Versteigerungsergebnis als sittenwidrige Verschleuderung anzusehen ist oder nicht.[12] Zu diesen Fragen und zu anderen praktischen Anwendungsfällen vgl. unten B 3.4.1. und B 3.4.2.!

Aber auch in viel früheren Verfahrensabschnitten und mit anderen Zielen kann § 765a ZPO in der Teilungsversteigerung angewandt werden, zum Beispiel

– mit dem Ziel der Aufhebung, wenn die Teilungsversteigerung erkennbar nur als Druckmittel zur Erlangung von Zugeständnissen im Scheidungsverfahren betrieben wird,[13]

– oder wenn der Antragsgegner alt und behindert und auf das Verbleiben in den behindertengerecht ausgebauten Räumen angewiesen ist und ein Arzt schwere körperliche/seelische Schäden für den Fall der Räumung bestätigt;[14] (in beiden Fällen kann evtl. auch mit § 242 BGB geholfen werden);

– mit dem Ziel der einstweiligen Einstellung, wenn nachweisbar Suizidgefahr besteht[15] oder bei akuter schwerer Erkrankung bzw. schwerem Unfall, oder auch bei fortgeschrittener Schwangerschaft[16] oder bei bevorstehenden schweren schulischen oder beruflichen Prüfungen des Antragsgegners oder gemeinschaftlicher Kinder und die Fristen des § 180 II/III bereits abgelaufen sind.

2.4. Zwangsverwaltung zur Aufhebung einer Gemeinschaft ist schon begrifflich nicht möglich und daher nach allgemeiner Ansicht in der Teilungsversteigerung nicht möglich,[17] obwohl die Überschrift zu den §§ 172–185 von „Zwangsversteigerung und Zwangsverwaltung in besonderen Fällen" spricht. Die Miteigentümer sind auf die in § 744 I BGB geregelte gemeinschaftliche Verwaltung beschränkt. Die Miteigentümer müssen gegebenenfalls versuchen,

---

[9] BGH Rpfleger 2004, 302; BGH NJW 1965, 2107; OLG Düsseldorf Rpfleger 1989, 36; Dassler/Hintzen § 180 Rz. 104; Henkel Prozeßrecht 1970, 369; Steiner/Storz § 30a Rz. 68 und Storz/Kiderlen, ZV-Praxis B 3.2.1. m. w. N.

[10] BGH FamRZ 2006, 697; NJW-RR 2003, 1648 m. w. N.; OLG Düsseldorf Rpfleger 1989, 36; OLG Hamm NJW 1976, 1754; OLG Frankfurt Rpfleger 1976, 25 und 1979, 391; OLG Bremen OLGZ 1969, 60; Eickmann S. 51; Storz/Kiderlen, ZV-Praxis B 3.1.2.

[11] Vgl. BGH Rpfleger 2007, 408; FamRZ 2005, 1170.

[12] OLG Schleswig Rpfleger 1975, 372; LG Stuttgart JMBl Bw 1975, 272; OLG Hamm NJW 1976, 1754; OLG Koblenz JurBüro 1986, 1587 und NJW-RR 1988, 690; Schiffhauer ZIP 1982, 526 und 660.

[13] Eickmann Rz. 213.

[14] Eickmann Rz. 211.

[15] Storz/Kiderlen, ZV-Praxis B 1.1.1.

[16] Eickmann Rz. 213.

[17] Schiffhauer ZIP 1982, 526; Drischler JurBüro 1963, 241; Steiner/Teufel § 180 Rz. 5; Stöber § 180 Anm. 2.10.

über § 25 die ordnungsgemäße Bewirtschaftung des Grundstücks sicherzustellen, z. B. Durchführung notwendiger Reparaturen, sinnvolle Vermietung u. a.[18]

2.5. Taktische Hinweise

TH 2.5.1: Von der Teilungsversteigerung werden gemäß § 21 Abs. 2 von der Beschlagnahme keine Miet- und Pachtforderungen erfaßt. Will der Miteigentümer/Teilhaber (oder sein Gläubiger) auch hierauf zugreifen, muß er parallel zur Teilungsversteigerung auch die Zwangsverwaltung betreiben (§§ 148, 21 Abs. 2), wozu allerdings ein Vollstreckungstitel erforderlich ist. Eine Zwangsverwaltung ist auch dann zu erwägen, wenn wegen Uneinigkeit keine neuen Mietverträge oder Kündigungen oder Reparaturen möglich sind; vielleicht hilft hier auch eine Maßnahme nach § 25, der auch in der Teilungsversteigerung anwendbar ist.[19]

TH 2.5.2: Finanzdienstleistungsunternehmen haben bisher Teilungsversteigerungen oft nicht besonders ernst genommen, weil der Grund für die Versteigerung nur selten unmittelbar in der Überschuldung lag (sonst wäre ja auch die für die Banken, Versicherungen und Bausparkassen leichter überschaubare Forderungszwangsversteigerung betrieben worden); außerdem sind die für diese Gläubiger eingetragenen Rechte meist bestehen geblieben.

In Zukunft müssen Finanzdienstleistungsunternehmen m. E. aber aus verschiedenen Gründen sehr viel sorgfältiger aufpassen:
– die Anzahl der Teilungsversteigerungen wird unabhängig von der konjunkturellen Entwicklung ansteigen;
– der härtere Konkurrenzkampf zwischen den Instituten verleitet immer häufiger dazu, (notgedrungen) auch nur einzelne Anteile zu belasten. Solche Grundpfandrechte sind dann sehr gefährdet, wenn sie auf dem Anteil des Antragsgegners eingetragen sind.
– In Rechtsprechung und Literatur wird zunehmend nach Lösungen gesucht, bei unterschiedlichen Belastungen der einzelnen Anteile den Auseinandersetzungsanspruch der einzelnen Miteigentümer noch mehr zu schützen als die eingetragenen Rechte.

TH 2.5.3: (nach Schiffhauer):[20] Die Tatsache, daß eine weit verbreitete Ansicht den § 765 a ZPO in der Teilungsversteigerung für nicht anwendbar hält,[21] sollte jedem Antragsgegner und seinem Rechtsanwalt Veranlassung sein, besonders sorgfältig zu prüfen, ob eine Einstellung nach § 180 Abs. 2 beantragt werden soll/kann, denn immerhin ist dieser Antrag nur innerhalb der zweiwöchigen Notfrist des § 30b zulässig.

---

[18] Vgl. Stöber § 25 Anm. 1.2; Steiner/Teufel § 25 Rz. 4.
[19] Steiner/Teufel § 25 Rz. 4; Stöber § 25 Anm. 1.2; Mohrbutter/Drischler Muster 48 Anm. 2.
[20] Schiffhauer ZIP 1982, 535.
[21] Dazu oben A 2.3.

3. Verhältnis zu anderen Versteigerungen

Literatur (Titel zum Teil sinnwahrend gekürzt!): *Balser*, Rückständige Hypotheken-
zinsen, NJW 1958, 698; *Baum*, Zwangsversteigerungsvermerk und unerledigte Anträge, Rpfleger 1990, 141; *Drischler*, Voreintragung der Erben, MDR 1960, 466; *Drischler*,
Zweifelsfragen zur Rangordnung, Rpfleger 1957, 212; *Ebeling*, Teilungs- und Vollstreckungsversteigerung, Rpfleger 1991, 349; *Eickmann*, Rang der Grundstücksrechte,
RpflStudH 1982, 85; *Eickmann*, Rechtliches Gehör im Verfahren vor dem Rechtspfleger, Rpfleger 1982, 449; *Fuchs*, Gegenseitiges Rangverhältnis mehrerer Grundbuch-
posten, JherJB 1951, 469; *Goerlich*, Eigentum als Verfahrensgarantie, DVBl 1978, 362;
Grundky, Rangfragen bei dinglichen Rechten, Diss. Tübingen 1963; *Hamme*, Zusammentreffen von Teilungs- und Forderungsversteigerung, Rpfleger 2002, 248; *Jansen*,
Rangvorbehalt und Zwangsvollstreckung, AcP 152, 508; *Knees*, Gerichtliche Aufklärungspflicht bei § 85 a Abs. 3, Sparkasse 1986, 465; *Maier*, Aufnahme des Deckungs-
und Übernahmeprinzips in das ZVG, Diss. Tübingen 1984; *Mayer*, Gläubigermehrheit
im Zwangsversteigerungsverfahren, Rpfleger 1983, 265; *Metzger*, Rechtliches Gehör
bei Teilungsversteigerung? NJW 1966, 2000; *Mohrbutter*, Folgen von BVerfG vom
24.3.1976, DRiZ 1977, 39; *Münchmeyer*, Prüfung der Hauptgrundsätze des ZVG,
Hannover/Berlin 1901; *Muth*, Hinweispflicht bei § 85 a? Rpfleger 1986, 417; *Quack*,
Verfahrensrecht und Grundrechtsordnung, Rpfleger 1978, 197; *Reichel*, Behandlung
des Rangvorbehalts, JW 1926, 779; *Reinhard*, Rangvorbehalt und Zwangsversteigerung
JW 1923, 262; *Schalhorn*, Rang der Zinsen im geringsten Gebot, JurBüro 1971, 121;
Schalhorn, Gibt es in der Teilungsversteigerung Kostenerstattung? JurBüro 1970, 137;
Schiffhauer, Aussichtslose Zwangsversteigerung, Rpfleger 1983, 236; *Schiffhauer*, Gel-
tendmachung von Bagatellforderungen ZIP 1981, 832; *Schiffhauer*, Soziale Aspekte im
Zwangsversteigerungsverfahren Rpfleger 1978, 397; *Schiffhauer*, Wirkung des Rang-
vorbehalts, BlGrBW 1962, 17; *Schneider*, Belehrungspflicht in der Teilungsversteigerung, MDR 1977, 353; *Schneider*, Kostenerstattung in der Teilungsversteigerung,
JurBüro 1966, 730; *Schreiber*, Öffentliche Grundstückslasten und ihre Rangverhältnisse,
Rpfleger 1951, 117; *Stöber*, Anmerkung zu BVerfG vom 24.3.1976, Rpfleger 1976,
392; *Stöber*, Nebenleistungen einer Grundschuld, ZIP 1980, 833; *Vollkommer*, Anmerkung zu BVerfG vom 24.3.1976, Rpfleger 1976, 393; *Vollkommer*, Verfassungsmäßigkeit des Vollstreckungszugriffs, Rpfleger 1982, 1; *Weitzel*, Grundrechtswidriger Zuschlag, JuS 1976, 722; *Wieser*, Zwecklose Zwangsversteigerung, Rpfleger 1985, 96.

3.1. Forderungszwangsversteigerung

Das Verhältnis zwischen Teilungsversteigerung und Forderungszwangsversteigerung[1] ist mangels gesetzlicher Regelung in Literatur und Rechtsprechung seit jeher stark umstritten.

Früher herrschte die Auffassung vor, daß ein Forderungsgläubiger auch einer Teilungsversteigerung beitreten kann bzw. daß auch umgekehrt ein Tei-
lungsversteigerungsbeitritt zur Forderungsversteigerung möglich ist.[2]

---

[1] Meist „Vollstreckungsversteigerung" genannt. Da aber nach heute verbreiteter Ansicht
auch die Teilungsversteigerung eine Vollstreckungsmaßnahme ist, sollte zur Unterscheidung
m. E. besser von „Forderungszwangsversteigerung" oder mindestens von „Forderungsversteigerung" gesprochen werden.

Eine andere Ansicht fordert die Einstellung bzw. das Ruhen des einen bis zum Abschluß des anderen Verfahrens.[3] Nach heute herrschender Ansicht dienen beide Versteigerungsarten unterschiedlichen Zielen und unterliegen teilweise unterschiedlichen Regeln. Deshalb können sie nicht nach § 18 verbunden werden, lassen keinen wechselseitigen Beitritt gem. § 27 zu, aber behindern sich auch nicht gegenseitig, sondern laufen unabhängig voneinander. (Forderungsgläubiger können allerdings die Ansprüche ihres Schuldners/ Miteigentümers gemäß §§ 749, 753 BGB auf Aufhebung der Gemeinschaft am Grundstück, Mitwirkung bei der Erlösverteilung und anteilsmäßige Auszahlung des Versteigerungserlöses gemäß §§ 857, 829, 835 ZPO pfänden, sich zur Einziehung überweisen lassen und dann der Teilungsversteigerung beitreten – vgl. dazu unten B 1.6.2.). Das bedeutet aber einerseits, daß zwei verschiedene Versteigerungsvermerke eingetragen[4] und zwei unterschiedliche Beschlagnahmen in Kauf genommen werden müssen, und daß andererseits nicht beide Verfahren durch eine gemeinsame Versteigerung abgeschlossen werden sollten/können.[5]

Das allerdings erfordert eine Entscheidung, für welches Verfahren die Versteigerung vorrangig durchgeführt werden soll. Die Antwort ist schwierig und kann nach heute herrsch Ansicht nicht generell gegeben werden, wenn man einmal davon absieht, daß eine (m. E. wesentlich) frühere Terminsreife eine gewisse Vorentscheidung darstellt,[6] bzw. daß eine auf das ganze Grundstück (nicht nur einen Bruchteil) bezogene Forderungsversteigerung i. d. R. dann vorzuziehen ist (vgl. auch § 772 ZPO), wenn durch sie die Teilungsversteigerung gegenstandslos wird,[7] z. B. weil es sich um eine Gesamthandsgemeinschaft handelt.[8]

Abgesehen aber von diesen Leitlinien kann im Einzelfall nur anhand der konkret vorliegenden Fakten sachgerecht entschieden werden, wie die folgenden Variationen eines Beispielfalles[9] deutlich machen.

Beispielsfall: A und B sind je zur Hälfte Bruchteilseigentümer. Für C ist eine Gesamtgrundschuld über 50 000,– eingetragen; der Anteil des A ist danach noch mit 30 000,– für D belastet.

Variation 1: A betreibt die TV; D betreibt die FV in den Anteil des A.[10] Wird die TV vorgezogen, fallen die Grundschulden C und D gem. § 182 insgeringste

---

[2] OLG Schleswig SchlHA 1963, 280; 26 Berlin MDR 1959, 47; LG Hamburg KTS 1970, 235; Schiffhauer ZIP 1982, 526; Pfaff JR 1961, 209; Mohrbutter/Drischler Muster 179 Anm. 18; Korintenberg/Wenz § 180 Anm. 3; Jäckel/Güthe § 180 Anm. 13 m. w. N.

[3] LG Mannheim JW 1925, 2279; Wolff § 180 Anm. 6.

[4] Drischler JurBüro 1963, 501; Eickmann S. 28; Stöber § 180 Anm. 14.2; Steiner/Teufel § 180 Rz. 95 und 95.

[5] Jäckel/Güthe § 180 Anm. 6; Stöber § 180 Anm. 14.3: Stöber berichtet von einem entgegengesetzten Versuch in München, von dessen Wiederholung abgeraten wird; ebenso schon Jäckel/Güthe § 180 Anm. 17; Schiffhauer ZIP 1982, 526.

[6] Ebeling Rpfleger 1991, 349; Stöber § 180 Anm. 14.4 a.

[7] Ähnlich Ebeling, Rpfleger 1991, 349; Böttcher § 180 Rz. 28; Stöber § 180 Anm. 14.4 b.

[8] So oder ähnlich OLG Schleswig SchlHA 1963, 280; LG Berlin MDR 1959, 47; Ebeling Rpfleger 1991, 349; Schiffhauer ZIP 1982, 526; Siegelmann GrundE 1962, 153; Steiner/Teufel § 180 Rz. 95. – Vorsicht aber mit zu allgemeinen Regeln!

[9] Vgl. Eickmann S. 32.

[10] Nach Eickmann S. 30–33; ähnlich teilweise Schiffhauer ZIP 1982, 526; Stöber § 180 Anm. 14.5.

Gebot und bleiben ebenso wie der FV-Vermerk bestehen.[11] Wird aufgrund der TV zugeschlagen, so geht die FV gegen den Ersteher weiter. Wird die FV in den Anteil des A vorgezogen, tritt der Ersteher an die Stelle des A und kann die TV als Antragsteller entweder fortführen oder aufheben lassen.

Variation 2:   A betreibt die TV; C betreibt die FV des ganzen Grundstücks.[12] Wird die TV vorgezogen, gilt das gleiche wie bei Variation 1.

Variation 3:   Wird die FV vorgezogen und kommt es zum Zuschlag, ist für die TV kein Raum mehr, weil die zu teilende Gemeinschaft an dem Grundstück nicht mehr besteht (selbst wenn sie theoretisch das Grundstück wieder einsteigern sollte).[13]

Variation 4:   B betreibt die TV; D betreibt die FV in den Anteil des A.[14] Wird die TV vorgezogen, bleibt zwar die Gesamtgrundschuld des C als Teil des geringsten Gebots gem. § 182 bestehen, nicht aber die Grundschuld des D samt dem für sie eingetragenen FV-Vermerk. Nach dem Zuschlag in der TV ist die FV daher gem. § 28 aufzuheben.[15] Wird die FV in den Anteil des A vorgezogen, muß der Ersteher die TV gem. § 26 gegen sich dulden, weil er die Stelle des Antraggegners in der TV übernommen hat. (Dies gilt nicht, wenn B den Anteil des A erworben hat!).

Variation 5:   B betreibt die TV; C betreibt die FV in das ganze Grundstück.[16] Wird die TV vorgezogen, muß auch bei einem Zuschlag die FV fortgesetzt werden.[17] Wird die FV vorgezogen, ist für die TV kein Raum mehr (vgl. Variation 2).

Variation 6:   A und B betreiben die TV; E betreibt persönlich die FV gegen A und B[18] Wird die TV vorgezogen, bleiben nach dem Gesetz beide Grundschulden und das Befriedigungsrecht des persönlichen Gläubigers[19] samt FV-Vermerk bestehen; auch nach einem evtl. Zuschlag in der TV geht die FV weiter. Wird die (FV in das ganze Grundstück) vorgezogen, und muß das Verfahren nicht wegen Überbelastung des Grundstücks gem. § 77 eingestellt bzw. aufgehoben werden, ist für die TV kein Raum mehr (vgl. Variationen 2 und 4).

Bei einer Auswertung dieser Variationen liegt es nahe, bei Nr. 2, 4 und 5 die Forderungsversteigerung vorzuziehen, weil sie im Falle eines erfolgreichen Abschlusses die Teilungsversteigerung gegenstandslos macht, während

---

[11] TV = Teilungsversteigerung; FV = Forderungszwangsversteigerung.

[12] Siegelmann GrundE 1962, 153; Drischler Rpfleger 1960, 347; Jäckel/Güthe § 180 Anm. 16/17; Stöber § 180 Anm. 14.5.

[13] So auch Stöber § 180 Anm. 14.4b.

[14] Eickmann S. 30; Zeller/Stöber § 180 Anm. 14.5.

[15] Nach der heute vorherrschenden Niedriggebotstheorie (vgl. unten B 5.4.2.) erlischt die Grundschuld des D.

[16] Würde der Persönliche Gläubiger nur gegen A betreiben, so würde sein Befriedigungsrecht samt FV-Vermerk bei der Variation 3 erlöschen, weil er nicht bessergestellt werden dürfte als die Grundschuld D vor ihm; beide können sich nur an den entsprechenden Erlösanteil halten, der als Surrogat an die Stelle des belasteten Bruchteils tritt. – So auch Stöber § 180 Anm. 14.5b.

[17] So auch Eickmann S. 31.

[18] Vgl. Stöber § 180 Anm. 14.5; Steiner/Teufel § 180 Rz. 95, 96; Ebeling Rpfleger 1991, 349; Eickmann S. 30.

[19] Vgl. Schiffhauer ZIP 1982, 526.

bei einer Bevorzugung der Teilungsversteigerung zusätzlich die Forderungs-
versteigerung durchgeführt werden müßte.[20] Entsprechendes gilt umgekehrt bei Variation 3, weil nach erfolgreicher TV
die FV wegfällt. A hat ein großes Interesse am Vorziehen der TV, weil er
dann auf einen viel höheren Erlös für seinen Miteigentums-Anteil hoffen und
daraus seinen Gläubiger D bezahlen kann, als bei einer isolierten TV seiner
Miteigentumshälfte. Für D ist die Bevorzugung der TV zumutbar, weil auch
er in den Genuß des besseren Erlöses kommt. Allerdings muß D aufpassen,
weil bei der TV seine Grundschuld erlischt, anders als bei den Variationen 1
und 2.

Nicht so klar ist die Lösung bei Variation 1, weil u. U. unabhängig von der
Reihenfolge sowohl TV als auch FV durchgeführt werden müssen. IdR ist
auch hier A an einer vorgezogenen TV interessiert (wie bei Variation 3).
Wenn aber sein Anteil (z. B. im gewerblichen Geschäft) auch bei isolierter FV
einen guten Erlös erzielen kann, könnte auch die FV Vorteile bieten, weil B
dann seinen Anteil behalten und u. U. im Ersteher einen passenden Partner
finden oder den Anteil A selbst ersteigern kann.[21]

Vorsicht ist aber besonders dann geboten, wenn B und D identisch sind.

Beispiel:[22] Eine Eigentumswohnung mit festgesetztem Wert von 500 000,– gehört
je zur Hälfte den Ex-Eheleuten A und B. A hat wegen eines titulierten
Zugewinnausgleichsanspruchs eine Zwangshypothek auf dem Anteil
von B eintragen lassen und betreibt daraus die FV in diese Hälfte. B betreibt die TV. – Wenn sich A mit der FV schneller durchsetzt, kann er
den Anteil von B billig ersteigern, weil eine Miteigentumshälfte an einer Eigentumswohnung für jeden Außenstehenden ohnehin uninteressant ist, erst recht aber bei einer bevorstehenden TV! Dann hat A (auf
Kosten von B!) nicht nur den eigenen Anteil gerettet, sondern auch
den Anteil von B billig hinzuerworben und die TV unnötig gemacht. –
B muß deshalb notfalls über Einstellungsanträge nach § 765 a ZPO unbedingt versuchen, eine vorgezogene FV seines Anteils zu verhindern.

Bei derartigen Konstellationen stellt sich die angeblich humane These (die
Forderungsversteigerung vorzuziehen, weil sie die Teilungsversteigerung entbehrlich mache bzw. nur ein kleineren Grundstücksteil betreffe)[23] als besonders fatal und einseitig schädigend heraus! Deshalb bedarf es immer einer
sorgfältigen Prüfung und Interessenabwägung im Einzelfall!

Abweichend von der heute herrschenden Ansicht[24] schlägt Schiffhauer vor,
beide Verfahren gem. § 18 zu verbinden bzw. den wechselseitigen Beitritt
gem. § 27 zuzulassen, in der Terminsbestimmung und öffentlichen Bekanntmachung gem. §§ 37–40 deutlich zu sagen, daß für beide Verfahrensarten
versteigert wird, aber dann für die Bietstunde selbst die Forderungsversteigerung vorrangig durchzuführen. Bei einem Zuschlag hätte sich die Teilungsversteigerung erledigt, aber bei Antragsrücknahme, Einstellung z. B. gem.

---

[20] U. U. müßte in der Terminsbestimmung „Forderungs- und/oder Teilungsversteigerung" angekündigt werden!
[21] Siehe FN 17.
[22] Ähnlich jetzt auch Hamme Rpfleger 2002, 248.
[23] So z. B. LG Frankenthal Rpfleger 2002, 219; Stöber § 180 Anm. 14.4.
[24] So auch Schiffhauer ZIP 1982, 526; Eickmann S. 29; Steiner/Teufel § 180 Rz. 95.

§ 77 oder Zuschlagsversagung könnte die Teilungsversteigerung mit neuem geringsten Gebot und neuer vollständiger Bietstunde durchgeführt werden.[25] Dieses Verfahren ist rechtlich nach der hier vertretenen Auffassung gar nicht zulässig, bietet aber auch praktisch nur auf den ersten Blick Vorteile und läßt wichtige Fragen offen: z. B. schließen sich i. d. R. nicht Verbindung nach § 18 und Beitritt nach § 27 aus? Werden die Interessenten durch diese Art und Bekanntmachung nicht irregeführt?[26] Was gilt in den immer häufigeren Fällen, in denen bei der Forderungsversteigerung ein besonderer Verkündungstermin gem. § 87 zweckmäßig ist? Diese Überlegungen zu dem Beispielsfall zeigen die Schwierigkeiten einer sachgerechten Entscheidung auf. Da das Vollstreckungsgericht außerdem u. U. die maßgebenden Fakten überhaupt nicht kennt, empfiehlt sich beim Aufeinandertreffen beider Versteigerungsarten wohl immer die Durchführung eines gerichtlichen Vortermins gem. § 62.[27]

3.2. Insolvenz- und Nachlaßverwalterversteigerung

Beide Verfahren unterscheiden sich von der Teilungsversteigerung, sind andersartige Verfahren mit anders festgestelltem geringsten Gebot. Die Verfahren können unabhängig voneinander laufen; es gibt weder einen wechselseitigen Beitritt noch eine Verbindung nach § 18.

Gehört das ganze Grundstück zu einer Insolvenzmasse, muß es vom Insolvenzverwalter entweder aus der Masse freigegeben und kann dann teilungsversteigert werden; oder der Insolvenzverwalter betreibt die Insolvenzverwalterversteigerung gem. §§ 172–174 a. Gehört dagegen nur ein Grundstücksanteil zur Insolvenzmasse, so erfolgt die Auseinandersetzung mit den anderen Teilhabern außerhalb des Insolvenzverfahrens, und der Insolvenzverwalter tritt ab Insolvenzeröffnung als Antragsteller oder -gegner an die Stelle des Gemeinschuldners. War die Teilungsversteigerung bei Insolvenzeröffnung noch nicht anhängig, kann der Insolvenzverwalter entweder die Insolvenzverwalterversteigerung gem. §§ 172–174 a in den zur Insolvenzmasse gehörenden Bruchteil, oder aus diesem die Teilungsversteigerung des ganzen Grundstücks betreiben (vgl. § 84 InsO).[28]

Die Insolvenzverwalterversteigerung gem. §§ 172–174 a und die Nachlaßverwalterversteigerung gem. §§ 175–179 haben im Gegensatz zur Teilungsversteigerung in der Praxis keine besondere Bedeutung erlangen können.

3.3. Zuweisungsverfahren gemäß §§ 13 ff. GrdstVG

Dieses Verfahren[29] hat gegenüber der Teilungsversteigerung den Vorrang, weil es auch die Auseinandersetzung unter den Miterben regelt und daher umfassender ist.[30] § 185 regelt das Verhältnis zu diesem Verfahren, das keine

---

[25] Steiner/Teufel § 180 Rz. 96; Stöber § 180 Anm. 14.5.
[26] Mohrbutter KTS 1958, 81; Jäckel/Güthe § 180 Anm. 14.
[27] Warm KTS 1961, 119; Mohrbutter KTS 1958, 81; Stöber § 180 Anm. 14.3.
[28] Schiffhauer ZIP 1982, 660.
[29] BGH Rpfleger 1963, 344; OLG Köln AgrarR 1976, 266; Stöber NJW 2000, 3601; Schiffhauer ZIP 1982, 660.
[30] Zum Zuweisungsverfahren vgl. unten B 8. und Bruns Rd L 1962, 171; Fritzen Rd L 1963, 5; Haegele Rpfleger 1961, 276; Rötelmann DNotZ 1964, 82; Schulte Rd L 1961, 279 und 1962, 139.

große praktische Bedeutung hat, weil es Zuweisungsverfahren nur bei Kraft gesetzlicher Erbfolge entstandenen Erbengemeinschaften an landwirtschaftlichen Grundstücken gibt.

3.4. Taktische Hinweise

TH 3.4.1: Teilungsversteigerung und Forderungszwangsversteigerung sind nach ganz herrsch Ansicht getrennt zu behandeln. Das gilt auch hinsichtlich der Beschlagnahme und ihrer Auswirkung auf die Berechnung der dinglichen Zinsen sowie auf die Enthaftung von Zubehör. Außerdem muß der Gläubiger beachten, daß die Teilungsversteigerung jederzeit ohne sein Zutun einstweilen eingestellt oder gar aufgehoben werden kann. Daran sollte ein Gläubiger denken, wenn das von ihm belastete Grundstück in eine Teilungsversteigerung gerät. Wenn überhaupt eine Forderungszwangsversteigerung nötig werden sollte und der Gläubiger ein wichtiges Interesse an vielen dinglichen Zinsen hat, sollte er u. U. sehr schnell seinerseits die Zwangsversteigerung beantragen.

TH 3.4.2: Beim Zusammentreffen von Teilungs- und Forderungszwangsversteigerung sollte immer ein gerichtlicher Vortermin anberaumt werden, damit alle Beteiligten die unterschiedlichen Konsequenzen für ihren konkreten Fall durchsprechen und sich möglichst darauf einigen können, ob im Versteigerungstermin forderungs- oder teilungsversteigert wird. Dann können auch die Interessenten entsprechend konkret informiert werden. Für alle Versteigerungsverfahren gilt: je höher das Meistgebot ausfallen soll, desto klarer muß der Termin abgewickelt werden. Oder anders herum: je chaotischer und verwirrender ein Versteigerungstermin abläuft, desto schlechtere Ergebnisse sind zu befürchten.

TH 3.4.3: Aus der Terminsbestimmung (§ 37) und ihrer öffentlichen Bekanntmachung (§§ 39, 40) muß sich eindeutig ergeben, ob es sich um eine Teilungs- oder eine Forderungszwangsversteigerung handelt/oder – wenn es sich wirklich nicht vermeiden läßt, bzw. der Rechtspfleger das so will und sich das Verfahren auch zutraut – um beides gleichzeitig). Für Bietinteressenten ist dieser Punkt meist sehr wichtig, denn:

– in der Teilungsversteigerung ist durch § 183 das Ausnahmekündigungsrecht der §§ 57a–57b ausgeschlossen,
– in der Teilungsversteigerung ist das geringste Gebot oft höher
– in der Teilungsversteigerung ist meist nicht mit so billigen Erwerbsmöglichkeiten zu rechnen, weil sie kein Ergebnis einer finanziellen Notlage ist und oft ein Teil der bisherigen Miteigentümer selbst am Erwerb interessiert ist.
Auch für den Gläubiger ist die Unterscheidung wichtig, weil u. U. davon abhängt, ob sein Recht bestehen bleibt oder nicht.

TH 3.4.4: Hat bei einer Bruchteilsgemeinschaft der eine Miteigentümer eine titulierte Forderung gegen den/die andere(n) Miteigentümer, empfiehlt es sich sehr, entsprechende Zwangshypothek(en) einzutragen: Dann hat dieser Miteigentümer nämlich zusätzliche Vorteile bei der Durchführung der Erlösverteilung, er kann u. U. den $^7/_{10}$-Antrag bei Nichterreichen der 70%-Grenze (vom Grundstückswert) stellen, und er wird i. d. R. zum maßgeblichen Antragsteller und kann daher alleine über den Zuschlag entscheiden!

4. Grundsätze der Teilungsversteigerung

4.1. Übersicht

Ranggrundsatz (§§ 10–13)

Kein Rangverhältnis zwischen Miteigentümern/Anteilen, wohl aber für Belastungen des ganzen Grundstückes oder innerhalb einzelner Anteile.

Deckungsgrundsatz (§ 44)

Die den Anteil des Antragstellers allein- oder mitbelastenden Rechte bleiben bestehen und müssen durch das geringste Gebot gedeckt sein.

Übernahmegrundsatz (§ 52)

Die den Anteil des Antragstellers allein- oder mitbelastenden Rechte müssen vom Ersteher als Belastung übernommen werden.

Eintragungsgrundsatz (§§ 181, 180, 17)

Antragsteller und Antragsgegner müssen als Miteigentümer eingetragen oder Erben eines Eingetragenen sein.

Selbständigkeit des Einzelverfahrens

Jeder Miteigentümer kann Antragsteller oder Antragsgegner sein oder beides.

Betreiben mehrere Miteigentümer die Versteigerung, sind diese Einzelverfahren voneinander unabhängig.

Amtsprinzip

Nach dem Versteigerungsantrag kann das Gericht alleine das Verfahren bis zum Zuschlag durchführen.

Aber der Antragsteller bleibt der Herr seines Verfahrens.

Rechtliches Gehör (Art. 103 GG)

Die Antragsgegner sind vor der Anordnung der Versteigerung (streitig), nicht aber vor einem Beitritt anzuhören (streitig).

Prozessleitungspflicht (§ 139 ZPO)

Das Gericht muß auf sachdienliche Anträge hinwirken und muß überraschende Entscheidungen vermeiden.

Alle wichtigen Grundsätze der Zwangsversteigerung, wie Rang-, Deckungs- und Übernahmegrundsatz sowie die Grundsätze der Grundbucheintragung und der Selbständigkeit des Einzelverfahrens innerhalb der Gesamtversteigerung gelten gleichermaßen auch in der Teilungsversteigerung; allerdings haben sie dort zum Teil andere Bedeutungen und Auswirkungen. Entsprechendes gilt vom Amtsprinzip und von den Grundsätzen der richterlichen Prozessleitungspflicht gemäß § 139 ZPO.[1]

Wenn hier trotzdem eine kurze Darstellung ihrer Bedeutung und Auswirkungen auf die Teilungsversteigerung erfolgt, so geschieht dies auch im Interesse einer in diesem Buch abgerundeten Darstellung von Recht und Praxis der Teilungsversteigerung. Andererseits sei erlaubt, wegen aller Einzelheiten auf die entsprechenden Ausführungen in der „Praxis des Zwangsversteigerungsverfahrens" zu verweisen.[2]

---

[1] Storz/Kiderlen ZV-Praxis B 1.6.1.
[2] Siehe FN 1.

4.2. Ranggrundsatz

Der für die Forderungszwangsversteigerung besonders wichtige Ranggrundsatz[3] gilt grundsätzlich auch in der Teilungsversteigerung, hat aber hier nur eine eingeschränkte Bedeutung, weil die Teilungsversteigerung ja nicht (mindestens nicht primär) der Befriedigung von Gläubigern, sondern der Aufhebung der Gemeinschaft am Grundstück dient. Ein Rangverhältnis zwischen den einzelnen Miteigentümern oder auch u. U. zwischen den Belastungen an verschiedenen Miteigentumsanteilen gibt es nicht; Rangfragen treten in der Teilungsversteigerung lediglich auf für das Verhältnis von Belastungen, die auf dem gleichen Grundstück oder dem gleichen Grundstücksbruchteil eingetragen sind. Dort aber sind sie von großer Bedeutung für das geringste Gebot, insbesondere bei unterschiedlicher Einzelbelastung von Bruchteilseigentum.

Auch der Anspruch des Miteigentümers/Teilhaber auf Aufhebung der Gemeinschaft steht zu den Grundstücks- bzw. Anteilsbelastungen nicht in einem bestimmten Rangverhältnis im Sinne der §§ 10–13 bzw. § 879 BGB. Aber zwischen diesem Aufhebungsinteresse der Miteigentümer einerseits und dem Sicherungsinteresse der Grundstücksgläubiger andererseits kann es zu einem Interessengegensatz kommen, der durch die konkrete Ausgestaltung des geringsten Gebots gelöst werden muß.[4]

Wie § 44 entsprechend dem Ranggrundsatz für die Forderungszwangsversteigerung bestimmt, daß die dem bestrangig betreibenden Gläubiger vorgehenden Rechte geschützt werden müssen und deshalb durch Aufnahme in das geringste Gebot bestehen bleiben, so bestimmt § 182 für die Teilungsversteigerung, daß die den Anteil des Antragstellers belastenden oder mitbelastenden Rechte bei der Feststellung des geringsten Gebots zu berücksichtigen sind.

Dieser Grundsatz ist aber nicht immer durchzuhalten, insbesondere dann nicht, wenn z.B. der Antragsgegner seinen Anteil bereits hoch belastet hat (oder sogar zum Zwecke der Verhinderung der Teilungsversteigerung erst hoch belastet) und dann dem Verfahren beitritt, wodurch er ja ebenfalls zum Antragsteller wird. Würde man dem Interesse der (wirklichen oder u. U. auch „vorgeschobenen") Grundstücksgläubiger am Bestehenbleiben ihrer Rechte durch eine wortgetreue und uneingeschränkte Anwendung des § 182 immer entsprechen, könnte dadurch das Interesse der Miteigentümer/Teilhaber an der Aufhebung der Gemeinschaft – auch böswillig – auf Dauer blockiert werden. Das kann nicht sein; deshalb bemühen sich Rechtsprechung und Literatur seit langem. intensiv um eine angemessene Lösung dieses Konflikts.[5]

Der Ranggrundsatz hat seine materielle Ausgestaltung im Sachenrecht des BGB (vgl. z.B. § 879 BGB) und seine zwangsversteigerungsrechtliche Ausgestaltung in den §§ 10–13 ZVG gefunden. Wichtig ist der Ranggrundsatz nicht nur für die Erlösverteilung, sondern auch für die Feststellung des geringsten Gebots.

---

[3] Storz/Kiderlen ZV-Praxis B 4.4.
[4] Vgl. dazu unten B 5.
[5] Siehe FN 4.

Der Ranggrundsatz besagt allgemein, daß auch in der Teilungsversteigerung die verschiedenen Ansprüche in einer festgelegten Reihenfolge zu berücksichtigen sind. Die Miteigentümer selbst, die ja in der Teilungsversteigerung die Hauptakteure sind, stehen untereinander nicht in einem Rangverhältnis. Sie haben nur insofern unter Umständen unterschiedliche Verfahrensrechte, als sie entweder Antragsteller sind (wenn sie die Anordnung der Teilungsversteigerung oder die Zulassung ihres Beitritts beantragt haben) oder Antragsgegner (wenn andere Miteigentümer dies getan haben), oder sie sind in einer Person Antragsteller und Antragsgegner (wenn beide Voraussetzungen für ihre Person gegeben sind).

Beispiel: A und B sind Miteigentümer je zu $^1/_2$. A beantragt die Teilungsversteigerung, B tritt später bei.

Zuerst war A nur Antragsteller, B nur Antragsgegner. Durch den Beitritt ist A zusätzlich Antragsgegner, und B ist zusätzlich Antragsteller geworden.

Wenn der gleiche Miteigentümer sowohl Antragsteller als auch Antragsgegner ist, stehen ihm (für die jeweils getrennt zu sehenden Einzelverfahren) die Rechte eines Antragstellers (z.B. gemäß §§ 180, 30) und die Rechte eines Antragsgegners (z.B. gemäß § 180 Abs. 2 oder § 180 Abs. 3) zu. Allerdings wird von ihm ein gleichartiges Verhalten in beiden Positionen und beiden Einzelverfahren erwartet, so daß er z.B. als Antragsgegner nur dann auf Erfolg für einen Einstellungsantrag gemäß § 180 Abs. 2 hoffen kann, wenn er gleichzeitig als Antragsteller die einstweilige Einstellung des von ihm betriebenen Verfahrens gemäß §§ 180, 30 bewilligt.[6]

Der Ranggrundsatz betrifft also die übrigen Ansprüche. Für diese regelt – wie in der Forderungszwangsversteigerung – zunächst § 10 Abs. 1 die einzelnen Rangklassen, und § 10 Abs. 2 erlaubt die Geltendmachung der notwendigen Kosten der dinglichen Rechtsverfolgung in der für den Hauptanspruch maßgebenden Rangklasse.

Auch in der Teilungsversteigerung ist aber zu beachten, daß gemäß § 109 die Verfahrenskosten dem Erlös vorweg zu entnehmen, also noch vor den Rangklassen des § 10 zu bedienen sind, und daß gemäß § 110 zu spät angemeldete Ansprüche erst nach den in § 10 genannten Rangklassen (aber immer noch vor den Miteigentümern) berücksichtigt werden.

In der Teilungsversteigerung sind einzelne Rangklassen des § 10 **nicht** relevant:

– § 10 Abs. 1 Nr. 1, weil es im Zusammenhang mit der Teilungsversteigerung keine Zwangsverwaltung gibt;

– § 10 Abs. 1 Nr. 1a, weil nur äußerst selten eine Teilungsversteigerung mit einem Insolvenzverfahren zusammentreffen dürfte;

– § 10 Abs. 1 Nr. 5, weil persönliche Gläubiger nicht unmittelbar die Teilungsversteigerung betreiben können, (sondern über die Pfändung/Verpfändung von Miteigentumsanteilen vorgehen müssen);

– § 10 Abs. 1 Nr. 6, weil sie ohne § 10 Abs. 1 Nr. 5 keine praktische Bedeutung hat.

---

[6] Vgl. unten B 3.1.

Relevant auch für die Teilungsversteigerung sind dagegen die Rangklassen 2, 3, 4, 7, 8 des § 10 Abs. 1, so daß sich folgende Rangfolge ergibt:
- **§ 109,** Verfahrenskosten, dem Versteigerungserlös vorweg zu entnehmen;
- **§ 10 Abs. 1 Nr. 2** bevorzugt bei Eigentumswohnungen Hausgeldrückstände bis maximal 5% des festgesetzten Verkehrswertes;
- **§ 10 Abs. 1 Nr. 3** faßt die öffentlich-rechtlichen Ansprüche zusammen, für die auch das Grundstück unmittelbar haftet; wichtigste Anwendungsfälle sind Grundsteuern, öffentlich-rechtliche Gebäudebrandversicherungsbeiträge, Erschließungskosten,[7] Flurbereinigungsgebühren, und u.U. Kirchen-, Schul- oder Deichlasten; von wiederkehrenden Leistungen werden hier nur die laufenden und für 2 Jahre rückständigen berücksichtigt;
- **§ 10 Abs. 1 Nr. 4** betrifft die sog beschränkten dinglichen Rechte wie Hypotheken, Grundschulden, Rentenschulden, Reallasten, Erbbaurechte, Dienstbarkeiten, Nießbrauch, dingliche Vorkaufsrechte, Altenteile usw. Innerhalb dieser Rangklasse können auch die laufenden und für 2 Jahre rückständigen wiederkehrenden Leistungen geltend gemacht werden;
- **§ 10 Abs. 1 Nr. 7** erfaßt die älteren Rückstände aus Rangklasse 3, soweit diese noch nicht verjährt sind;
- **§ 10 Abs. 1 Nr. 8** erfaßt die älteren Rückstände aus Rangklasse 4, soweit diese noch nicht verjährt sind[8] (die evtl. Verjährung ist aber für die Rangeinordnung nicht maßgebend);
- **§ 110:** hinter alle Rangklassen des § 10 zurückgestellt sind die Rechte, die trotz Anmeldepflicht nicht vor Beginn der Bietstunde, sondern erst später angemeldet worden sind (vgl. § 37 Nr. 5).

§ 11 bestimmt dann das Verhältnis verschiedener Ansprüche innerhalb der einzelnen Rangklassen:
Bei Nr. 2, 3 und 7 des § 10 herrscht Gleichrang; nur die Hypothekengewinnabgabe geht den anderen Rechten in Rangklasse 3 nach. Die einzelnen Ansprüche werden also im Verhältnis ihrer Gesamtbeträge (Kosten, Zinsen und Hauptanspruch) mit der gleichen Quote befriedigt.
Bei Nr. 4 und 8 des § 10 richtet sich die Rangfolge der einzelnen Ansprüche nach den §§ 879 ff. BGB, also nach ihrem grundbuchmäßigen Rang.

§ 12 legt für die einzelnen Ansprüche fest, daß zuerst die Kosten, dann die wiederkehrenden Leistungen und zuletzt der Hauptanspruch zu beachten sind. Bei der Feststellung des geringsten Gebots ist diese Reihenfolge allerdings nicht von Bedeutung, da dort immer auf den gesamten Anspruch abgestellt wird.

§ 13 schließlich gibt die Definition für die „laufenden wiederkehrenden Leistungen": die letzten vor der Beschlagnahme fällig gewordenen und alle später fällig werdenden Beträge. Diese Definition ist für die Abgrenzung der Rangklassen 3 und 4 von 7 und 8 des § 10 Abs. 1 notwendig, weil in den begünstigten Rangklassen 3 und 4 ja nur die „laufenden und für 2 Jahre rück-

---

[7] Siehe dazu Taktischen Hinweis unten **TH** A 4.9.2.
[8] Auch dingliche Zinsen verjähren grundsätzlich in 3 Jahren (vgl. dazu ausführlich Storz/Kiderlen ZV-Praxis B 5.3.1); der BGH hat in NJW 1999, 2590 ausdrücklich seine zwischenzeitliche „Hemmungs-Rechtsprechung" (vgl. z. B. NJW 1996, 253; ZIP 1993, 257) aufgegeben.

ständigen" wiederkehrenden Leistungen geltend gemacht werden können. Gemäß § 13 Abs. 4 gilt dabei die erste Beschlagnahme für alle Gläubiger, solange nur überhaupt die Teilungssteigerung noch betrieben wird oder wenigstens nur einstweilen eingestellt ist.[9]

Da seit vielen Jahren die meisten Grundpfandrechte mit kalenderjährlich nachträglichen Zinsfälligkeiten ausgestattet sind und die dinglichen Zinsen i. d. R. zwischen 12% und 20% liegen, kommt der Frage, für welchen Zeitraum z. B. ein Grundschuldgläubiger dingliche Zinsen geltend machen kann, auch in der Teilungsversteigerung eine erhebliche Bedeutung zu.

Ranggrundsatz in der Teilungsversteigerung – Übersicht:

§ 10 Abs. 1 (einzelne Rangklassen):

§ 109	Verfahrenskosten vorweg zu entnehmen
§ 10 Abs. 1 Nr. 2	Hausgeldrückstände
Nr. 3	öffentliche Grundstückslasten
Nr. 4	Grundstücksrechte
Nr. 7	ältere Zinsrückstände aus öffentlichen Lasten
Nr. 8	ältere Zinsrückstände aus Grundstücksrechten
§ 110	zu spät angemeldete Rechte

§ 11 (innerhalb der Rangklassen):[10]

Nr. 2, 3, 7: Gleichrang

Nr. 4, 8: Rangfolge gemäß § 879 BGB

§ 12 (innerhalb der Ansprüche):

Kosten

Wiederkehrende Leistungen (Zinsen)

Hauptanspruch

Berechnung der Zinsen für die Rangklassen 4 des § 10 Abs. 1 – Übersicht:

§ 13 Grundsatz: Die Letzten vor der Beschlagnahme fällig gewordenen und alle später werdenden Zinsen.

Beispiel bei kalenderjährlich nachträglicher Zinsfälligkeits-Vereinbarung:

Beschlagnahmedatum:	31. 12. 2003		2. 1. 2004	
Laufende Zinsen ab:	1. 1. 2002	= 2	1. 1. 2003	= 1
2 Jahre rückständig ab:	1. 1. 2000	= 2	1. 1. 2001	= 2
Verteilung am 30. 12. 2004:		= 1		= 1
Zinsen in Rangklasse Nr. 4 des § 10	5 Jahre[11]		4 Jahre[12]	

---

[9] Storz/Kiderlen, ZV-Praxis B 5.4.1. – vgl. zu den älteren Zinsrückständen die Taktischen Hinweise unten **TH** A 4.9.3.–**TH** A 4.9.5.

[10] Beispiele bei Storz/Kiderlen ZV-Praxis B 4.4.3.

[11] Wegen dieser langen Zeiten und der hohen Zinssätze spielen die dinglichen Zinsen eine große Rolle. Für die Gläubiger dieser Rechte gibt es daher zahlreiche Taktische Hinweise bei Storz/Kiderlen ZV-Praxis B 4.4.4.

[12] Siehe FN 11.

4.3. Deckungs- und Übernahmegrundsatz

Die Teilungsversteigerung wird wie die Forderungszwangsversteigerung vom Deckungsgrundsatz des § 44 beherrscht und darf daher nur bei Deckung der Verfahrenskosten (§ 109) und bei Wahrung der dem Auseinandersetzungsanspruch des Antragstellers vorgehenden Rechte erfolgen. Dementsprechend besteht das geringste Gebot auch bei der Teilungsversteigerung aus den bestehenbleibenden Rechten (§ 52) und einem bar zu zahlenden Teil (§ 49), wobei die Besonderheiten der Teilungsversteigerung in § 182 zum Ausdruck kommen. Das ist nicht zwingend und war auch nicht immer so. Im sog. Gemeinen Recht und in vielen Partikularrechten des 19. Jahrhunderts wurde das Grundstück immer lastenfrei versteigert, weil alle Grundstücksbelastungen grundsätzlich mit dem Zuschlag erloschen. Diese Regelung erwies sich aber in der Praxis besonders bei Notzeiten als wirtschaftlich und sozial bedenklich, so daß in den letzten 3 Jahrzehnten des 19. Jahrhunderts auf verschiedenen Wegen nach neuen Lösungen gesucht wurde.[13]

Zum einen sollte verhindert werden, daß ein nachrangiger Gläubiger rangbessere Gläubiger beeinträchtigen und so den Realkredit ganz allgemein behindern kann. Denn auch ein erstrangig gesicherter Gläubiger konnte so gezwungen werden, schon vor dem Ende der Kreditlaufzeit das Kapital zurück zu nehmen oder gar bei unzureichendem Bietinteresse das Grundstück selbst einzusteigern. Außerdem erhoffte man sich ein verstärktes Bietinteresse, wenn nicht mehr immer das gesamte Meistgebot bar bezahlt werden muß.

Zum anderen sollte der Grundbesitz besser geschützt werden: „Vor Überschuldung durch gefährliche Nachhypotheken und vor Überspekulation soll der Grundbesitzerstand bewahrt werden, vor sinnloser Vertreibung ohne angemessenes Versteigerungsergebnis der einzelne Grundbesitzer. In der Versteigerung soll auch dem soliden Landwirt Grunderwerb ermöglicht werden, um der Konzentration des Grundbesitzes in der Hand weniger Kapitalisten vorzubeugen."[14]

So entstand unter maßgeblichem Einfluß der 10.–12. Deutschen Juristentage (1872–1875) über erste Gesetze in Württemberg (1879) und Oldenburg (1879) der Deckungs- und Übernahmegrundsatz auch in unserem heutigen Zwangsversteigerungsgesetz vom 24. 3. 1897/20. 5. 1898. Gelöscht werden jetzt in der Vollstreckungsversteigerung mit dem Zuschlag nur noch das Recht des bestrangig betreibenden Gläubigers selbst sowie alle gleich- und nachrangigen Rechte.

In der Forderungszwangsversteigerung dürfen die dem bestrangig betreibenden Gläubiger vorgehenden Rechte also nicht beeinträchtigt werden; sie erlöschen nicht, sondern bleiben durch Berücksichtigung im geringsten Gebot bestehen und werden vom Ersteher übernommen. Ein Gläubiger kann sein Pfandrecht am Grundstück durch Zwangsversteigerung verwerten; aber er kann das Grundstück nur in der Weise zur Versteigerung bringen, wie er es vor Bestellung seines Pfandrechts vorgefunden hat.

---

[13] Taktische Hinweise zu diesem Punkt speziell für die Teilungsversteigerung siehe unten **TH** A 4.9.3.–**TH** A 4.9.5.

[14] Vgl. dazu die interessante Dissertation von Maier.

A. Einführung

Beispiel: Der Grundstückseigentümer A will von einer Volksbank ein Darlehen und bietet als Sicherheit sein Grundstück an, das bisher schon mit einer Grundschuld für die Sparkasse belastet ist. Wenn die Volksbank sich eine Grundschuld eintragen läßt und hieraus die Zwangsversteigerung betreiben will, bleibt die Grundschuld der Sparkasse bestehen und muß vom Ersteher als Belastung übernommen werden. Wenn dagegen (auch) die Sparkasse betreibt, kommt das Grundstück lastenfrei zur Versteigerung; es war ja auch vor Bestellung der Sparkassen-Grundschuld lastenfrei.

So werden die dem (bestrangig) betreibenden Gläubiger vorgehenden Rechte geschützt, während keine Rücksicht genommen zu werden braucht auf die gleich – und nachrangigen Rechte: sie erlöschen mit dem Zuschlag, weil andernfalls jede Versteigerung blockiert werden könnte. Aus all diesen Gründen bildet das geringste Gebot nicht nur den „Startschuß" für die Versteigerung, sondern bestimmt die Identität des Versteigerungsobjekts und ist daher die wichtigste Grundlage der Zwangsversteigerung.[15]

In der Teilungsversteigerung entscheidet sich die Frage, welche Rechte durch das geringste Gebot gedeckt werden müssen, nach anderen Gesichtspunkten als in der Forderungszwangsversteigerung. In der Teilungsversteigerung kommt es nämlich darauf an, wie sich der Auseinandersetzungsanspruch der Teilhaber zum Schutzinteresse der Gläubiger verhält. Dies kann im Einzelfall sehr schwierig zu beantworten sein; vgl. dazu die Ausführungen zum geringsten Gebot (§ 182).

Der Deckungsgrundsatz und der Übernahmegrundsatz gelten auch in der Teilungsversteigerung:[16] § 182 bestimmt, welche Rechte als bestehenbleibend in das geringste Gebot aufgenommen werden. Ergänzend dazu sagt § 52, daß diese Rechte vom Ersteher zu übernehmen sind, und zwar zu den bei der ursprünglichen Bestellung dieser Rechte vereinbarten Bedingungen. Der Ersteher soll aber nicht nur die dinglichen Belastungen übernehmen, sondern gemäß § 53 auch in die durch sie gesicherten persönlichen Schulden eintreten, wozu bei Grundschulden allerdings eine rechtzeitige Anmeldung durch die bisherigen Miteigentümer/Teilhaber erforderlich ist.[17]

Auch in der Teilungsversteigerung müssen also die bestehenbleibenden Rechte sowie im Rahmen des § 53 auch die entsprechenden persönlichen Schulden vom Ersteher übernommen werden (Übernahmegrundsatz).[18]

4.4. Eintragungsgrundsatz

Die Teilungsversteigerung darf nur angeordnet werden, wenn der Antragsteller (§ 181 Abs. 2) und alle Antragsgegner (vgl. §§ 180 Abs. 1, 17 Abs. 1) im Grundbuch bzw. Schiffs-Schiffbauregister oder im Register für Pfandrechte an Luftfahrzeugen eingetragen oder wenn sie Erben eines einge-

---

[15] Maier S. 161.
[16] Vgl. Storz, Anmerkung zu OLG Köln Rpfleger 1990, 176 und ZV-Praxis B 6.1.
[17] BGH ZIP 1996, 1268; Eickmann Rz. 217 ff.
[18] Zur Schuldübernahme nach § 53 vgl. Storz/Kiderlen ZV-Praxis B 4.3. und D 2.7.1. sowie Taktische Hinweise **TH** B 4.3.2.1.–**TH** B 4.3.2.3

tragenen Eigentümers sind, oder wenn der Antragsteller das Recht des Eigentümers oder des Erben auf Aufhebung der Gemeinschaft ausübt. Die Eintragungen des Antragstellers (vgl. § 181 Abs. 4) und der Antragsgegner (vgl. §§ 180, 17 Abs. 3) sind durch Urkunden glaubhaft zu machen, wenn sie nicht beim Gericht offenkundig sind.[19] Der Eintragungsnachweis wird wie in der Forderungszwangsversteigerung gemäß § 17 Abs. 2 durch Bezugnahme auf das Grundbuch (wo Versteigerungsgericht und Grundbuchamt dem gleichen Amtsgericht angehören) oder durch ein Zeugnis des Grundbuchamtes geführt. Das Versteigerungsgericht ist an die formelle Grundbuchlage gebunden und prüft daher nicht die Richtigkeit des Grundbuchs.[20] Wenn der Antragsgegner zwar als Miteigentümer eingetragen, aber in Wahrheit nicht Miteigentümer ist, kann der wirkliche Eigentümer Drittwiderspruchsklage erheben (§§ 769, 771 ZPO).[21]

Wird nach Anordnung des Verfahrens an Stelle eines eingetragenen Antragstellers oder Antragsgegners eine andere Person als Miteigentümer im Grundbuch eingetragen, oder veräußert ein nicht eingetragener Antragsteller/Antragsgegner seinen Erbanteil, so wird die Teilungsversteigerung trotzdem weitergeführt, weil der Auseinandersetzungsanspruch unverändert fortbesteht. Ab Grundbucheintragung bzw. ab Wirksamkeit der Erbteilsveräußerung tritt der neue Miteigentümer/Miterbe an Stelle des bisherigen und übernimmt dessen Verfahrensstellung. Ein besonderer Beschluß ist dazu nicht erforderlich, genausowenig z. B. ist ein neuer Einstellungsantrag gemäß § 180 Abs. 2 oder 3 möglich.[22]

4.5. Selbständigkeit der Einzelverfahren

Wenn die Forderungszwangsversteigerung von mehreren Gläubigern betrieben wird, gibt es zwar eine einheitliche Festsetzung des Grundstückswertes, einen oder mehrere („gemeinsame") Versteigerungstermine, einen Zuschlag und eine Erlösverteilung. Aber trotzdem laufen die jeweiligen Einzelverfahren der einzelnen betreibenden Gläubiger selbständig nebeneinander her:[23] einstweilige Einstellungen, Fortsetzungen, Antragsrücknahmen, Verfahrensaufhebungen und viele Fristen betreffen jeweils nur das von einem bestimmten Gläubiger betriebene Einzelverfahren. Kein Gläubiger muß mit einem anderen Gläubiger abstimmen, ob überhaupt, warum, wann und mit welchem Nachdruck er die Zwangsvollstreckung durch Versteigerung betreiben will.

Diese Selbständigkeit der Einzelverfahren besteht entsprechend auch in der Teilungsversteigerung und zwar in dem Sinn, daß dort jedes von einem bestimmten Antragsteller (durch Versteigerungs- oder Beitrittsantrag) betriebene Verfahren selbständig neben dem oder den anderen evtl. noch betriebenen

---

[19] Zur Glaubhaftmachung der Erbfolge kann ein Miteigentümer sogar den Erbschein nach einem anderen Miteigentümer verlangen: BayObLG Rpfleger 1995, 103; LG Essen Rpfleger 1986, 387; Stöber § 181 Anm. 4.3.

[20] Siehe dazu auch unten B 4.3.1 und B 4.3.2.

[21] Stöber § 180 Anm. 9.8.

[22] Stöber § 180 Anm. 6.9.

[23] Näher dazu Storz/Kiderlen, ZV-Praxis B 1.2.1.

Verfahren anderer Miteigentümer steht.[24] Dabei ergibt sich allerdings die Besonderheit, daß die gleiche Person sowohl Antragsteller als auch Antragsgegner sein kann, und das u. U. sogar jeweils mehrfach!

Beispiel: A B C D sind Miteigentümer je zu ¹/₄. A beantragt die Teilungsversteigerung, B tritt später bei.
Zuerst war A nur Antragsteller, und B C D waren nur Antragsgegner. Durch den Beitritt B sind A nun zusätzlich Antragsgegner und B Antragsteller geworden, während C D nun Antragsgegner sowohl gegenüber A als auch gegenüber B sind.

Beispiel 1: ABC sind Miteigentümer je zu ¹/₃. A beantragt die Teilungsversteigerung, also ist A Antragsteller; B und C sind Antragsgegner."

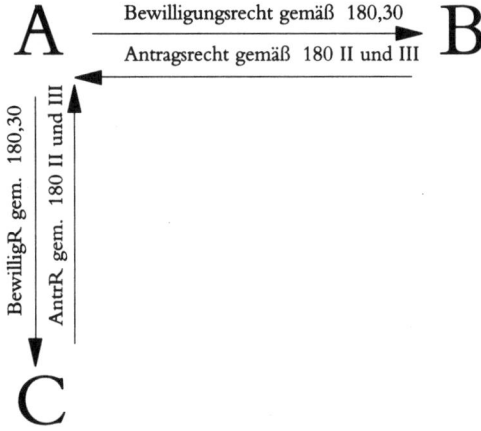

Wenn der gleiche Miteigentümer sowohl Antragsteller als auch Antragsgegner ist, stehen ihm sowohl die Rechte eines Antragstellers (z. B. auf Einstellungsbewilligung gemäß §§ 180, 30) als auch diejenigen eines Antragsgegners zu (z. B. auf Einstellungsantrag gemäß § 180 Abs. 2), jeweils aber nur für das konkrete Einzelverfahren.

Theoretisch kann sich A als Antragsteller gegenüber B C anders verhalten (z. B. durch hartnäckiges Betreiben der Versteigerung) als als Antragsgegner von B (z. B. indem er dort die Einstellung beantragt). Aber sein Einstellungsantrag wird nur Erfolg haben, wenn er als Antragsteller die Versteigerung gegenüber B C gemäß §§ 180, 30 einstellt.[25]

Beispiel 2: A B C sind Miteigentümer je zu ¹/₃. A beantragt die Teilungsversteigerung; B tritt bei. A und B sind sowohl Antragsteller als auch Antragsgegner. C ist nur Antragsgegner (von A und B).

---

[24] Vgl. Grafik bei Storz/Kiderlen ZV-Praxis Thesen-Seite 11 (A 2.1.) – Vgl. dort auch B 1.2.1.
[25] Vgl. dazu unten B 3.5.2. und B 5.7.2.2. und C 3.4.1.

Wenn mehrere Antragsteller die Teilungsversteigerung betreiben, führt jeder von ihnen ein selbständiges Einzelverfahren innerhalb der Gesamtversteigerung. Falls sich an seinem Einzelverfahren (z. B. wegen einer einstweiligen Einstellung)[26] etwas ändert, sind die Auswirkungen auf das Gesamtverfahren sehr unterschiedlich, je nachdem, ob es sich um das Einzelverfahren des „maßgeblichen Antragstellers" handelt oder nicht.[27] Der maßgebliche Antragsteller hat nämlich in der Teilungsversteigerung eine ganz ähnliche Rolle und Bedeutung wie der bestrangig betreibende Gläubiger in der Forderungszwangsversteigerung."

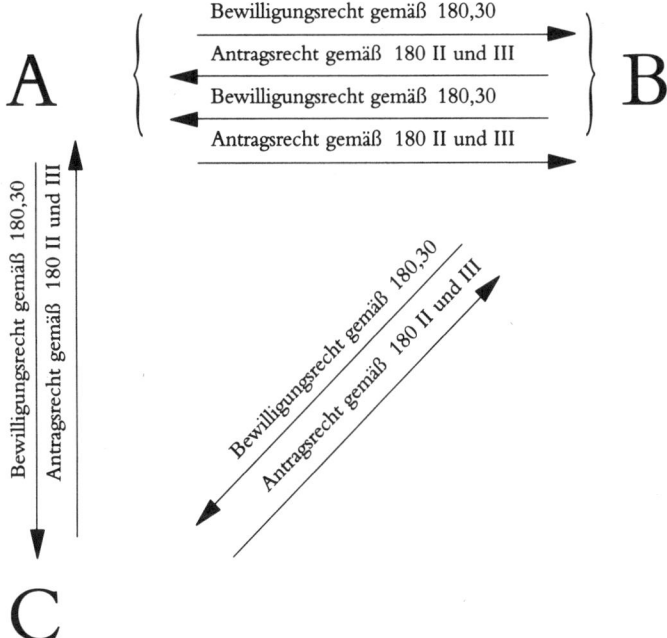

4.6. Amtsprinzip

Auch in der Teilungsversteigerung gilt das Amtsprinzip insofern, als gemäß § 35 die Versteigerung vom Gericht (Rechtspfleger) durchgeführt wird und als gemäß § 3 die innerhalb des Verfahrens erforderlichen Zustellungen im wesentlichen von Amts wegen erfolgen. Außerdem kann die auf Antrag angeordnete (vgl. §§ 15, 27) oder fortgesetzte (vgl. § 31) Teilungsversteigerung im Prinzip bis zum Zuschlag ohne weiteres Eingreifen des Antragstellers von Amts wegen zu Ende geführt werden; Anträge sind nur zur Wahrung bestimmter Einzelrechte nötig, z. B. hinsichtlich Versteigerungsbedingungen, Sicherheitsleistung, besondere Termine, Erlösverteilung, Rechtsmittel.

---

[26] Zur einstweiligen Einstellung vgl. unten B 3.
[27] Siehe FN 25.

Andererseits bleibt der Antragsteller immer Herr seines (Einzel-)Verfahrens,[28] das er insbesondere dadurch steuern kann, daß er jederzeit und völlig selbständig die Anordnung, den Beitritt oder die Fortsetzung beantragen, aber auch – ohne an irgendwelche Form-, Frist-, Begründungs- oder Zustimmungserfordernisse gebunden zu sein – die einstweilige Einstellung bewilligen (vgl. §§ 180, 30) oder seinen Versteigerungs- bzw. Beitrittsantrag zurücknehmen kann (vgl. §§ 180, 29). Das Amtsprinzip ist auch insofern eingeschränkt, als z. B. im Einstellungsverfahren gemäß § 180 Abs. 2 oder Abs. 3 der Beibringungsgrundsatz mit Darlegungs- und Beweislast gilt mit der Folge, daß der Antragsgegner seinen Einstellungsantrag rechtfertigen und die relevanten Angaben u. U. sogar glaubhaft machen muß, während der Antragsteller (der Versteigerung) darzulegen und evtl. glaubhaft zu machen hat, was gegen die Einstellung spricht.

Der Rechtspfleger führt die Teilungsversteigerung durch nach den Vorschriften des ZVG und unter weitgehender Bindung an die Wünsche der Verfahrens-Beteiligten insbesondere zu evtl. abweichenden Versteigerungsbedingungen, zu Fragen der Sicherheitsleistung und zu Einstellungsbewilligungen/Antragsrücknahmen oder Ablösungen gemäß § 75. Aber sein Ermessens-Spielraum und seine indirekten Einflußmöglichkeiten sind doch sehr groß: er beeinflußt wesentlich die Verfahrensdauer zwischen Versteigerungsantrag und Versteigerungstermin, und von seiner Fachkenntnis, Geduld und Beweglichkeit im Termin wird auch der Versteigerungserfolg maßgeblich mitbeeinflußt.[29]

4.7. Rechtliches Gehör (Art. 103 GG)

Gemäß Art. 103 Abs. 1 GG hat vor Gericht jedermann Anspruch auf rechtliches Gehör. In der Literatur ist die Frage umstritten, ob der Antragsgegner schon vor der Anordnung der Teilungsversteigerung zu hören ist oder nicht. Die ablehnende Auffassung[30] wird insbesondere damit begründet, der Antragsgegner habe ohnehin kaum Möglichkeiten, auf den Verfahrensbeginn Einfluß zu nehmen, weil die Teilungsversteigerung die Folge des gesetzlichen Auseinandersetzungsanspruchs sei und formelle Einwendungen gemäß § 766 ZPO auch noch nach der Anordnung durch Vollstreckungserinnerung geltend gemacht werden könnten.

Eine andere Ansicht[31] in der Literatur verlangt dagegen die gerichtliche Anhörung des Antragsgegners schon vor der Anordnung der Teilungsversteigerung und vor der Zulassung jedes Beitritts,[32] weil das Grundrecht[33] auf

---

[28] Storz/Kiderlen ZV-Praxis B 1.2.1.; Stöber Einl. 21.2.; Steiner/Storz § 30 Rz. 23.

[29] Storz/Kiderlen ZV-Praxis B 1.6.1. mit taktischen Hinweisen zur für alle Beteiligten wichtigen Zusammenarbeit mit dem Rechtspfleger. – Vgl. auch die taktischen Hinweise unten **TH** A 4.9.6. und **TH** A 4.9.7.

[30] OLG Hamm Rpfleger 1979, 20; LG Frankenthal Rpfleger 1985, 250; Drischler JurBüro 1981, 1441; Stöber § 180 Anm. 5.8; so nun auch Dassler/Hintzen § 180 Rz. 37.

[31] Schiffhauer ZIP 1982, 529; Eickmann Rpfleger 1982, 449; Metzger NJW 1966, 2000; Steiner/Hagemann Einl Rz. 54; Steiner/Teufel § 180 Rz. 87. Böttcher § 180 Rz. 23; Mohrbutter/Drischler/Radtke/Tiedemann Muster 179 Anm. 3.

[32] Vgl. BVerfG E 1, 347 und 429.

[33] BVerfG Rpfleger 1976, 389.

rechtliches Gehör zentrale Bedeutung in jedem rechtsstaatlichen Verfahren hat, denn die Beteiligten sollen nicht bloße Objekte des Verfahrens sein, sondern als aktiv handelnde Personen teilnehmen und ihre Rechte durchsetzen können.[34] Das setzt i. d. R. die vorherige Anhörung voraus; trotzdem ist diese Anhörung in der Versteigerungspraxis eher die Ausnahme.

Übereinstimmung herrscht wohl darin, daß einerseits eine vorherige Anhörung des Antragsgegners mindestens zulässig ist,[35] und daß die Anhörung andererseits nicht zu ungerechtfertigten Verzögerungen führen darf. Deshalb kann und sollte meines Erachtens bei der Anordnung der Teilungsversteigerung in der Regel auf eine vorherige Anhörung des Antragsgegners verzichtet werden. Wenn aber der Rechtspfleger bereits aus dem Versteigerungsantrag erkennen kann, dass die Teilungsversteigerung unzulässig sein könnte (weil z. B. eine BGB-Gesellschaft noch nicht gekündigt ist), sollte dem Antragsgegner vor der Anordnung unter Fristsetzung Gelegenheit zur Äußerung gegeben werden. Dagegen kann und sollte im Beitrittsfall immer auf eine vorherige Anhörung verzichtet werden; insbesondere bei nur zwei Miteigentümern/Teilhabern, denn der Beitrittsgegner ist ja schon der Antragsteller (der Teilungsversteigerung) und damit schon voll informiert und außerdem offenkundig an der Teilungsversteigerung interessiert! Zwar gelten für den Beitritt in der Regel die gleichen Voraussetzungen wie für die Anordnung; aber in der Vollstreckungsversteigerung tritt dem Schuldner mit dem Beitritt immerhin ein neuer Gläubiger gegenüber, während sich in einer Teilungsversteigerung (insbes. bei zwei Partnern) genau die gleichen Partner/Gegner gegenüberstehen, so daß evtl. Hindernisse nur einmal geprüft zu werden brauchen.

Ein Verstoß gegen den Anspruch auf rechtliches Gehör gemäß Art. 103 I GG ist seit 1. 1. 2005 nicht mehr mit der Verfassungsbeschwerde zum Bundesverfassungsgericht, sondern mit der „Anhörungsrüge" gemäß § 321a ZPO zu dem endentscheidenden Gericht (in Zwangsversteigerungsverfahren also nach einer Rechtsbeschwerde zum Bundesgerichtshof und bei Nichtzulassung der Rechtsbeschwerde zum Beschwerdegericht = Landgericht) zu bekämpfen.[36]

4.8. Prozessleitungspflicht (§ 139 ZPO)

Die nach § 139 ZPO bestehende Amtspflicht des Gerichts auf sachdienliche Anträge der Parteien, auf Ergänzung ungenügender Angaben, auf klare Bezeichnung der Beweismittel usw. hinzuwirken (früher: Hinweis- und Aufklärungspflicht, jetzt nach einer Änderung von § 139 ZPO: Prozessleitungspflicht genannt),[37] gilt auch in der Teilungsversteigerung.[38] Sie ist in der Teilungsversteigerung sogar besonders wichtig, weil sich die Beteiligten in

[34] So auch Stöber § 180 Anm. 5.8.
[35] LG Bielefeld FamRZ 2006, 1047; Schneider MDR 1977, 969; Storz/Kiderlen ZV-Praxis B 1.6.1.; Steiner/Hagemann Einl 55; Stöber § 180 Anm. 5.8.
[36] Zur Anhörungsrüge vgl. unten C 2.3. und Storz/Kiderlen ZV-Praxis B 8.2.1.8.
[37] Zur Prozessleitungspflicht ausführlich vgl. Storz/Kiderlen ZV-Praxis B 1.6.1; auch: Hintzen RpflStud 2003, 161; Mielke ZRP 2003, 442.
[38] Vgl. dazu BVerfG Rpfleger 1993, 32 (Hintzen); 1978, 206; 1976, 389; BGH Rpfleger 1977, 359; OLG Düsseldorf EWiR 1994, 831 (Muth).

diesem abgelegenen Rechtsgebiet häufig nicht auskennen und z. B. oft nicht wissen, wie sie sich gegen wirtschaftlich ungünstige/schädliche Ergebnisse/ Folgen wehren können.

Beispiel: Bei der Teilungsversteigerung einer Eigentumswohnung bleibt einer der bisherigen Miteigentümer (der fremden Interessenten u. U. die Besichtigung der Wohnung verweigert hatte) knapp oberhalb der 50 %-Grenze Meistbietender. Der andere Miteigentümer ist entweder zum Termin gar nicht erschienen oder erkennbar hilflos. Hier muß der Rechtspfleger m. E. von einer Verschleuderungsgefahr ausgehen, gemäß § 139 ZPO auf § 765 a ZPO hinweisen und in aller Regel einen besonderen Verkündungstermin gemäß § 87 bestimmen,[39] wenn er nicht sogar antragsgemäß den Zuschlag versagt.

Das Bundesverfassungsgericht[40] sieht die richterliche Unabhängigkeit nicht als wertfreies Prinzip, sondern am Gebot sachgerechter Entscheidung orientiert. Deshalb wird § 139 ZPO heute als Pflicht zur Belehrung und allgemeiner prozessualer Fürsorge verstanden.[41]

Mangelnde Aufklärung durch den Rechtspfleger kann ein wesentlicher Verfahrensmangel sein,[42] der gemäß § 83 Nr. 6 als unheilbarer Fehler zur Versagung oder Aufhebung des Zuschlags führt bzw. vom Beschwerdegericht von Amts wegen zu berücksichtigen ist[43] und u. U. sogar Amtshaftung auslösen kann. Ausdrücklich weist der Bundesgerichtshof die Auffassung zurück,[44] „gegenüber dem Erkenntnisverfahren, in dem die Berechtigung streitiger Ansprüche im Mittelpunkt stehe, gebe es im Zwangsvollstreckungsverfahren, in dem es um die Realisierung titulierter Ansprüche gehe, deutlich eingeschränkte Prüfungspflichten des Rechtspflegers; deshalb seien jedenfalls keine strengeren, sondern tendenziell eher geringere Anforderungen an die Unparteilichkeit des Rechtspflegers und die Vermeidung des Scheins seiner Parteilichkeit zu stellen."

Der Rechtspfleger darf daher (wie ein Richter) über das Ablehnungsgesuch selbst entscheiden, wenn es als rechtsmissbräuchlich zu verwerfen ist,[45] bzw. lediglich der Verschleppung dient und dies – z. B. weil es nicht einmal begründet wird – offensichtlich ist.[46]

Wie in der Forderungszwangsversteigerung ist aber auch in der Teilungsversteigerung davor zu warnen, die richterliche Aufklärungs- und Hinweis-

---

[39] BVerfG Rpfleger 1976, 389.
[40] Vollkommer Rpfleger 1976, 394; Schneider MDR 1977, 353; Steiner/Teufel § 180 Rz. 88.
[41] Schneider MDR 1977, 969; Storz/Kiderlen ZV-Praxis B 1.6.1.
[42] Steiner/Storz § 100 Rz. 20.
[43] Näher zu § 139 ZPO in der Zwangsversteigerung: Storz/Kiderlen ZV-Praxis B 1.6.1.
[44] BGH Rpfleger 2003, 453.
[45] BVerfG NJW 1992, 983; BGH Rpfleger 2005, 415; BayObLGZ 1993, 939.
[46] BGH Rpfleger 2005, 415; KG MDR 1992, 997; OLG Koblenz Rpfleger 1985, 368; zurückhaltend auch LG Krefeld Rpfleger 1988, 34; Muth Rpfleger 1986, 417; Storz/ Kiderlen ZV-Praxis B 1.6.1. – Der BGH hat aber auch klargestellt, daß die offenkundig missbräuchliche Ablehnung des Rechtspflegers selbst dann kein Zuschlagsversagungsgrund i. S. d. § 83 Nr. 6 ist, wenn der Rechtspfleger davon abgesehen hat, das Ablehnungsgesuch vor der Entscheidung über den Zuschlag selbst als unzulässig zu verwerfen: Rpfleger 2007, 619.

pflicht aus § 139 ZPO zu weitgehend zu beanspruchen.[47] Letzten Endes ist jeder Beteiligte zunächst selbst dafür verantwortlich, sich aufzuklären und seine Rechte in angemessener Form zu wahren.[48]

Zur Prozessleitungspflicht gemäß § 139 ZPO gehört es auch, daß das Gericht die Beteiligten nicht mit Entscheidungen überrascht, mit denen diese nach dem Verfahrensverlauf und bisherigen Kundgebungen des Gerichts nicht rechnen konnten.[49]

4.9. Taktische Hinweise:

TH 4.9.1: Auch in der Teilungsversteigerung sind grundbuchersichtliche Rechte mit den laufenden Zinsen von Amts wegen zu berücksichtigen; außerdem können die Grundpfandgläubiger für 2 Jahre rückständige Zinsen anmelden, und zwar auch dann, wenn die Grundpfandrechte gar nicht mehr in diesem Umfang valutiert sind. Dadurch kann das geringste Gebot u. U. so hoch werden, daß es den Grundstückswert übersteigt und den Versteigerungserfolg gefährdet. Gerade in der Teilungsversteigerung sind die Grundschulden aber oft nur noch teilweise valutiert; deshalb empfiehlt es sich insbesondere für den Antragsteller sehr, die Grundschuldgläubiger um einen Verzicht bzw. um Bewilligung der Löschung der nicht mehr benötigten Teile zu bitten, wobei allerdings zumindest bei Löschung von Gesamtrechten die Mitwirkung/Zustimmung der anderen Miteigentümer benötigt wird. Dieser Bitte wird in aller Regel entsprochen, aber der Grundpfandgläubiger hat von sich aus keinen Anlaß zu einem entsprechenden Verhalten ohne einen Antrag der Sicherungsgeber. Auf diese Weise kann die Erfolgsaussicht der Versteigerung erhöht werden.

TH 4.9.2: Erschließungskosten können auch in der Teilungsversteigerung für den Ersteher dann gefährlich werden, wenn die Erschließungsmaßnahme schon einige Jahre zurückliegt, aber noch nicht abgerechnet ist. Dann sind die Kosten dafür u. U. zum Versteigerungstermin noch nicht fällig, werden deshalb nicht angemeldet und auch nicht aus dem Versteigerungserlös bezahlt, sondern müssen später vom Ersteher neben dem Meistgebot getragen werden. Ein Interessent tut deshalb gut daran, sich in entsprechenden Fällen schon vor dem Versteigerungstermin bei der Kommune selbst ausdrücklich zu erkundigen. – Abgesehen davon sollte eine Kommune in diesen Fällen das Gericht von sich aus darauf hinweisen, daß der Ersteher noch mit Erschließungskosten zu rechnen hat.

TH 4.9.3.: Gerade in der Teilungsversteigerung sollten Grundpfandgläubiger auch ältere Zinsrückstände für die Rangklasse 8 anmelden, wenn sie wegen der Höhe der persönlichen Forderungen mit der Rangklasse 4 nicht auskommen. Denn häufig führt nicht Überschuldung sondern mangelnde Einigungsfähigkeit zur Teilungsversteigerung, so daß hier besonders große Aussichten bestehen, daß auch die Rangklasse 8 noch eine Zuteilung erhält.

---

[47] Vgl. Taktischen Hinweis unten **TH A 4.9.7.**
[48] LG Bonn Rpfleger 1989, 211. – Vgl. auch OLG Hamm Rpfleger 1986, 44; OLG Oldenburg Rpfleger 1988, 277.
[49] Vgl. Stöber Einl 33.8.

TH 4.9.4.: Mit Wirkung vom 1. 1. 2002 sind die Verjährungsregelungen im BGB geändert worden. Nach den neuen §§ 197 II, 195, 902 I 2 BGB verjähren auch dingliche Zinsen (unabhängig von der Teilungsversteigerung!) nach 3 Jahren. Die Verjährung ist auch nicht etwa gehemmt, solange nicht die Rückgewähr der ganzen Grundschuld verlangt werden kann.[50] Bei einer Teilungsversteigerung sind oft noch alte Grundschulden eingetragen, deren dingliche Zinsen bei langjährigen Verfahren evtl. sogar als laufende Zinsen im Sinne des § 13 von Amts wegen berücksichtigt werden müssen und eventuell das geringste Gebot unnötig erhöhen. Hier müssen die Beteiligten die Verjährungsfrage besonders sorgfältig prüfen und sich gegebenenfalls ausdrücklich auf die Verjährung berufen.

TH 4.9.5.: Auch in der Teilungsversteigerung ist die erste Beschlagnahme gemäß § 13 maßgebend für die Berechnung der öffentlichen Lasten, der Hausgeldrückstände und auch der laufenden Zinsen von Grundpfandrechten. Da die meisten Rechte heute mit einer kalenderjährlich nachträglichen Zinsfälligkeit ausgestattet sind, sollte der Antragsteller überlegen, ob er noch vor oder kurz nach dem Jahreswechsel die Teilungsversteigerung beantragt; je nachdem können die Grundpfandgläubiger größere oder kleinere dingliche Rechte geltend machen! Allerdings haften die Miteigentümer i. d. R. auch persönlich für die Forderungen der Grundpfandgläubiger; trotzdem kann diese Frage in Einzelfällen für die Miteigentümer von großer Bedeutung sein.

TH 4.9.6.: Amtsbetrieb bedeutet zwar, daß der Rechtspfleger das Verfahren durchführt, solange es weder eingestellt noch aufgehoben ist. Trotzdem spielt es in der Praxis für den Fortgang des Verfahrens eine große Rolle, in wieweit sich der Antragsteller selbst bemüht, wie sorgfältig und rechtzeitig er seine Anträge stellt und wie kooperativ er sich dem Rechtspfleger gegenüber verhält. Gerade in der Teilungsversteigerung kommt es auch sehr darauf an, wie sich der Antragsgegner gegenüber dem Rechtspfleger verhält oder wie sehr die Beteiligten auch vor dem Rechtspfleger streiten bzw. ihn in ihre Streitereien einbeziehen. Deshalb sei allen Beteiligten dringend geraten, wenigstens vor Gericht sich auf sachdienliche Äußerungen und Anträge zu beschränken.

TH 4.9.7.: So sehr die umfassende prozessuale Fürsorgepflicht des § 139 ZPO gerade auch in der Teilungsversteigerung das Verfahren erleichtern und transparenter machen kann, so gefährlich kann es sein, wenn die Grenzen der Aufklärungs- und Hinweispflicht nicht genau gezogen werden. Denn einerseits kann der Rechtspfleger gerade in der oft besonders streitigen Teilungsversteigerung schnell in den Verdacht der Befangenheit geraten und dann abgelehnt werden,[51] andererseits ist die Gefahr groß, daß bei einer zu großen Ausdehnung der Hinweispflicht jeder in irgendeiner Weise unzufriedene Beteiligte den Aufhänger für ein Rechtsmittel in einem Verstoß gegen § 139 ZPO sucht.

TH 4.9.8.: Es ist (in **TH** A 3.4.4.) schon darauf hingewiesen worden, daß und warum es sich für einen Miteigentümer, der eine titulierte Forderung gegen den anderen Miteigentümer hat, sehr lohnen kann, die andere Mitei-

---

[50] BGH NJW 1999, 2590 **gegen** BGH NJW 1996, 253; ZIP 1993, 257.
[51] Vgl. dazu unten C 7.1.2.

gentumshälfte (z. B. durch eine Zwangshypothek) zu belasten, auch bzw. gerade wenn auch die Teilungsversteigerung betrieben wird.

Ebenso ist (**TH A** 1.7.3.) bereits darauf hingewiesen worden, daß es sich für den Gläubiger eines Miteigentümers lohnen kann, nicht nur über bestimmte Pfändungen[52] die Teilungsversteigerung zu betreiben, sondern zusätzlich den Anteil des Schuldners (z. B. durch eine Zwangshypothek) zu belasten.

TH 4.9.9.: Wegen der Selbständigkeit der Einzelverfahren in der Teilungsversteigerung ist jeder Miteigentümer in der Regel sowohl Antragsteller (der von ihm selbst betriebenen Teilungsversteigerung) als auch Antragsgegner (der von den anderen Miteigentümern betriebenen Versteigerung). Außerdem können in dem Versteigerungsverfahren auch andere Anträge gestellt werden (z. B. auf einstweilige Einstellung oder auf abweichende Versteigerungsbedingungen). Deshalb entstehen leicht Begriffsverwirrungen und Missverständnisse bezüglich der Frage, wer konkret und für was „Antragsteller" ist. Es bietet sich deshalb an, immer nur denjenigen, für den die Teilungsversteigerung selbst angeordnet wurde, als Antragsteller zu bezeichnen und die anderen Miteigentümer immer als Antragsgegner, unabhängig von der konkreten Verfahrenssituation. Ganz ausgeschlossen sind Missverständnisse, wenn man diese Begriffe ganz vermeidet und immer den Namen des betreffenden Miteigentümers verwendet.

---

[52] Vgl. dazu unten B 1.6.2.

B. Besonderheiten der Teilungsversteigerung

1. Sachliche Voraussetzungen der Teilungsversteigerung

Literatur (Titel zum Teil sinnwahrend gekürzt!): *Andreae*, Zwangsvollstreckung in Miteigentumsanteile an Grundstücken, Diss. Freiburg 1973; *Bauer*, Zwangsvollstreckung in Nachlaßanteil, JurBüro 1958, 95; *Bengsohn/Ostheimer*, Grenzen elterlicher Selbstvertretung, Rpfleger 1990, 189; *Brudermüller*, Familienheim in der Teilungsversteigerung, FamRZ 1996, 1516; *Clasen*, Vollstreckungs- und Kündigungsrecht des Gläubigers einer OHG gegen Gesellschaft und Gesellschafter, NJW 1965, 2141; *Drischler*, Einfluß familienrechtlicher .Bestimmungen, RpflJB 1987, 359; *Furtner*, Zwangsvollstreckung in Bruchteilseigentum, NJW 1969, 871; *Furtner*, Pfändung der Mitgliedsrechte bei Personengesellschaften MDR 1965, 613; *Furtner*, Zwangsvollstreckung in Grundstücksmiteigentum, NJW 1957, 1620; *Gottwald* Zustimmung des Ehegatten zum Antrag auf Anordnung der Teilungsversteigerung? FamRZ 2006, 1075; *Hill*, Kann ein Miterbe auch nach Pfändung seines Anteils Einstellung gemäß § 180 Abs. 2 beantragen? MDR 1959, 92; *Hörstel*, Auseinandersetzungsanspruch bei Ausscheiden einzelner Gesellschafter sowie der Liquidation, NJW 1994, 2268; *Hoffmann*, Zwangsvollstreckung in Miteigentumsanteile an Grundstücken, JuS 1971, 20; *Kanzleiter*, Aufgabe des Miteigentumsanteils an einem Grundstück nach § 928 BGB, NJW 1996, 905; *Klawikowski*, Grundstücksversteigerung bei Vor- und Nacherbschaft Rpfleger 1998, 100; *Lehmann*, Konkurrenz zwischen Vertragspfandrecht und nachrangigem Pfändungspfandrecht am Anteil eines Miterben, NJW 1971, 1545; *Liermann*, Zweifelsfragen bei der Verwertung eines gepfändeten Miterbenanteils, NJW 1962, 2189; *Löscher*, Grundbuchberichtigung und Erbteilspfändung; *Luke*, Inhalt des Pfändungspfandrechts, JZ 1955, 484; *Luke*, Rechtsnatur des Pfändungspfandrechts, JZ 1957, 239; *Marotzke*, Zwangsvollstreckung in Gesellschaftsanteile nach Abspaltung der Vermögensansprüche, ZIP 1988, 1509; *Martinek*, Erbengemeinschaft und Vorkaufsrecht in der Teilungsversteigerung, BB 1993, 519; *Meikel*, Wie verhält sich ein Gläubiger, dessen Schuldner seinen Miteigentumsanteil in anfechtbarer Weise veräußert hat? LZ 1912, 380; *Mümmler*, Pfändung eines Miterbenanteils, JurBüro 1983, 817; *Mümmler*, Zwangsvollstreckung in das Gesellschaftsvermögen der GbR und der OHG, JurBüro 1982, 1607; *Noack*, Die GbR in der Zwangsvollstreckung, MDR 1974, 811; *Noack*, Die KG in Prozeß und Vollstreckung, DB 1973, 1157; *Noack*, Pfändbarkeit des Anspruchs auf Aufhebung einer Bruchteilsgemeinschaft, KKZ 1981, 25; *Paschke*, Zwangsvollstreckung in den Anteil eines Gesellschafters einer Personengesellschaft, Diss. Berlin 1981; *Quardt*, Kann ein Schuldner trotz Pfändung Teilungsversteigerung betreiben? JurBüro 1963, 262; *Rellermeyer*, DDR-Güterstand und Teilungsversteigerung Rpfleger 1993, 469 und 1995, 321; *Rellermeyer*, Anordnung der Zwangsversteigerung bei Auslandsberührung, Rpfleger 1997, 509; *Ripfel*, Pfändungspfandrecht am Erbteil, NJW 1958, 692; *Roth*, Wie verhält sich der Gläubiger, dessen Schuldner seinen Miteigentums-Anteil in anfechtbarer Weise veräußert hat? LZ 1910, 135; *Rupp/Fleischmann*, Probleme bei der Pfändung von Gesellschaftsanteilen, Rpfleger 1984, 223; *Schiffhauer*, § 1365 BGB auf Teilungsversteigerungs-Antrag anwendbar? FamRZ 1960, 185; *Schmid*, Vorkaufsrecht des Miteigentümers bei Teilungsversteigerung MDR 1975, 191; *Schneider*, Teilungsversteigerung auf Antrag eines Miterben ohne Testamentsvollstrecker, Rpfleger 1976, 384; *K. Schmidt*, Prozeß- und Vollstreckungsprobleme der Gemeinschaftsteilung, JR 1979, 317; *K. Schmidt*, Zwangsvollstreckung in anfechtbar veräußerte Gegenstände, JZ 1987, 889; *Smid*, Probleme der Pfändung von Anteilen an Personengesellschaften, JuS 1988, 613; *Stöber*, Antrag auf Teilungsversteigerung nach Pfändung eines Miterbenanteils und Einstellungsantrag nach § 180 Abs. 2 des Pfändungsschuldners, Rpfleger

91

1963, 337; *Stöber*, Grundbucheintragung der Erben nach Pfändung des Erbanteils, Rpfleger 1976, 197; *Sudhof*, Dogmatische Einordnung des § 1365 BGB in Teilungsversteigerungsverfahren FamRZ 1994, 1152 *Wüst*, Gemeinschaftsteilung als methodisches Problem, Karlsruhe 1956; *Zimmer/Pieper*, Anwendung des § 1365 BGB in der Teilungsversteigerung, NJW 2007, 3104.

1.1. In Natur nicht teilbare Grundstücke

Eine Teilungsversteigerung ist nach dem Gesetz (§§ 752, 753 BGB) nur zulässig bei in Natur nicht teilbaren Grundstücken, grundstücksgleichen Rechten wie Erbbaurechten sowie deutschen[1] Schiffen, Schiffsbauwerken und Luftfahrzeugen. Auch Teileigentum kann teilungsversteigert werden, soweit daran eine Gemeinschaft besteht.[2] Auch eine Eigentumswohnung kann der Teilungsversteigerung zugeführt werden, wenn sie z. B. den Eheleuten je zur Hälfte oder einer Erbengemeinschaft gehört. Dagegen kann gem. § 11 I WEG die Aufhebung der Wohnungseigentümergemeinschaft als solche nicht verlangt werden, nicht einmal aus wichtigem Grund. Dieser gesetzliche Ausschluß kann nicht abbedungen werden[3] und macht damit auch eine Teilungsversteigerung bzgl. der Gemeinschaft unzulässig, und zwar auch für einen Pfändungsgläubiger oder Insolvenzverwalter, die bei normalen Grundstücken gem. § 751 BGB selbst bei Ausschluß der Auseinandersetzung versteigern können.

Bei der Versteigerung eines Erbbaurechts muß der Grundstückseigentümer gem. § 5 ErbbauRVO erst zum Zuschlag zustimmen. Für die Teilungsversteigerung gelten keine Besonderheiten.[4]

Das Reichsheimstättengesetz ist durch Gesetz vom 17. 6. 1993 (BGBl. I S. 912) mit Wirkung ab 1. 10. 1993 aufgehoben worden, so daß bis 31. 12. 1998 nur noch einige Übergangsregelungen für Grundpfandrechte und den Vollstreckungsschutz des Heimstätters bestanden. Vorher galt kurz zusammengefaßt: Eine Reichsheimstätte war durch § 20 RHeimstG weitgehend vor Zwangsversteigerungen geschützt.[5] Dieser Schutz galt jedoch nach allgemeiner Ansicht nicht für die Teilungsversteigerung.[6] Die Zustimmung des Heimstätten-Ausgebers war zur Teilungsversteigerung nicht erforderlich; wohl aber waren sein Vorkaufsrecht und sein Heimfallanspruch zu berücksichtigen.[7] Dagegen stand § 20 RHeimstG der Pfändung des Auseinandersetzungsanspruchs eines Miteigentümers durch seinen Gläubiger entgegen.[8] Für die Erbfolge bei einer Heimstätte gab es eine Sonderregelung, die eine Teilungs-

---

[1] Bei ausländischen ist mangels Eintragung eine Teilungsversteigerung nicht möglich; Stöber § 181 Anm. 4.4.

[2] Steiner/Teufel § 180 Rz. 79; Stöber § 180 Anm. 2.2.

[3] Ausnahme: § 11 Abs. 1 S. 3 WEG.

[4] Zur Versteigerung eines Erbbaurechts vgl. Storz/Kiderlen ZV-Praxis B 2.3.1./B 2.3.2.

[5] Vgl. dazu BVerfG MDR 1977, 289.

[6] OLG Köln Rpfleger 1957, 253; OLG Celle NdsRpfl 1958, 90; LG Lübeck SchHA 1965, 66; Schiffhauer ZIP 1982, 526; Stöber § 180 Anm. 7.21; Steiner/Teufel § 180 Rz. 128; LG Aachen Rpfleger 1967, 219 (zust. Anm. Hannig).

[7] Wormit/Ehrenforth RHeimStG, 4. Auflage 1967, § 12 Anm. 3 d.

[8] OLG Köln Rpfleger 1957, 253; OLG Frankfurt DNotZ 1959, 474; LG Aachen Rpfleger 1967, 219 (Anm. Hannig); LG Lüneburg DNotZ 1971, 188; Riggers JurBüro 1971, 665; Schiffhauer ZIP 1982, 526; Stöber § 180 Anm. 7.21.

versteigerung zwar nicht ausschließt, diese aber gem. § 26 der RHeimst-AVO vom 19.7.1940 erst dann zuließ, wenn feststand, daß eine Heimstättenfolge nicht möglich ist.

Stockwerkseigentum kommt nur noch selten vor, weil zwar alt begründetes Recht gem. Art. 182 EGBGB bestehenbleibt, aber seit 1.1.1900 kein neues Stockwerkseigentum mehr begründet werden darf. Stockwerkseigentum kommt in Bayern und Baden-Württemberg vor und gibt i.d.R. jedem Miteigentümer das Nutzungsrecht und die Unterhaltungspflicht bzgl. des ihm zugeordneten Gebäudeteils. Die Teilungsversteigerung ist i.d.R. ausgeschlossen, in Bayern aber gem. Art. 42, 43 ÜbergangsG für gemeinschaftliche Hofräume, Einfahrten usw. zulässig, wenn diese eigene Flurstücke bilden. In Baden-Württemberg ist sie nur zulässig,[9] wenn das Gebäude zerstört und nicht wieder aufgebaut wird.[10]

Die Teilungsversteigerung erstreckt sich wie die Forderungsversteigerung gem. § 55 I auf alle Gegenstände, deren „Beschlagnahme"[11] noch wirksam ist, und auf das in § 55 II genannte Zubehör (vgl. § 20 II i.V.m. §§ 1120ff. BGB). Gemäß § 97 BGB ist eine bewegliche Sache grundsätzlich dann Zubehör, wenn sie – ohne wesentlich Bestandteil zu sein – nicht nur vorübergehend dem wirtschaftlichen Zweck der Hauptsache zu dienen bestimmt ist und zu ihr in einem dieser Bestimmung entsprechenden räumlichen Verhältnis steht. § 98 BGB enthält für gewerbliches und landwirtschaftliches Inventar Beispiele für eine solche wirtschaftliche Zweckbestimmung. Über § 98 Nr. 1 BGB hinaus kann aber ein Gebäude nicht nur durch seine Gliederung, Einteilung, Eigenart oder Bauart, sondern auch aufgrund seiner Ausstattung mit betriebsdienlichen Maschinen und sonstigen Gerätschaften als für einen gewerblichen Betrieb dauernd eingerichtet angesehen werden.[12] Die Enthaftungsmöglichkeiten der §§ 1121ff. BGB spielen hier aber nur selten eine Rolle, weil über die betreffenden Gegenstände wegen der noch bestehenden Gemeinschaft ohnehin nicht ohne den Antragsteller verfügt werden kann.

Die Teilungsversteigerung erfasst gemäß §§ 55 I, 20 II auch Versicherungs- und Entschädigungsforderungen, soweit diese der Hypothekenhaftung unterliegen und soweit der Versicherer im Zeitpunkt des Zuschlags dem Eigentümer gegenüber bereits leistungspflichtig war; dann geht dieser Anspruch auf den Ersteher über. Dagegen fallen Schadensersatzansprüche (z.B. aus Verschulden bei Vertragsschluss) gegen den Versicherer nicht unter die Beschlagnahme.[13]

Die Teilungsversteigerung ist nur nötig, wenn eine Aufhebung der Gemeinschaft und eine Auseinandersetzung hinsichtlich des Grundstücks nicht durch Einigung und Grundbucheintragung erfolgen kann. Und sie ist

---

[9] Dazu ausführlich OLG Karlsruhe KTS 1984, 159.

[10] OLG Karlsruhe BWNotZ 1957, 334. – Wird wieder völlig neu gebaut, wandelt sich das Stockwerkseigentum gemäß Art. 229 EGBGB in normales Miteigentum; vgl. OLG Stuttgart BWNotZ 1955, 165.

[11] Die „Beschlagnahme" führt bei der Teilungsversteigerung nicht zu einer zusätzlichen Verfügungsbeschränkung des Antragsgegners; vgl. dazu unten C 3.3.

[12] BGH Rpfleger 2006, 213.

[13] BGH NJW 2006, 771 = LMK 2006 Nr. 166328, Anm. Storz/Kiderlen. – Zu der Auswirkung von Schadensfällen auf die Zwangsversteigerung vgl. auch Klawikowski Rpfleger 2006, 341.

gem. §§ 752, 753 BGB nur zulässig, wenn eine Teilung in Natur, also ohne Wertminderung in gleichartige entsprechende reale Teile (vgl. § 752 S. 1 BGB), nicht möglich ist. Gleichartigkeit bedeutet dabei Gleichwertigkeit, und die Summe aller Einzelwerte muß den Gesamtwert erreichen.[14] An die Realteilungs-Möglichkeit werden in der Praxis also sehr hohe Anforderungen gestellt, z. B. wird (meines Erachtens zu Unrecht) Teilung in Natur sogar dann abgelehnt, wenn sich der die Teilung Verlangende mit dem geringerwertigen Teil zufrieden geben würde, der Andere aber nicht zustimmt.[15] Die Teilungsversteigerung ist daher bei Grundstücken entgegen der Annahme des § 752 BGB nur selten zu vermeiden, wenn eine Einigung nicht möglich ist.[16]

Beispiele   aus Rechtsprechung und Literatur: Die Realteilung wurde bejaht bei einem Vorschlag, der auch den Interessen des Antragstellers gerecht wurde und ihm daher zumutbar war,[17] oder bei Bauland mit jeweiligem Verkehrsanschluß[18] bzw. verneint i. d. R. bei Hausgrundstücken;[19] abgelehnt wurde auch der Versuch, die unbebauten Grundstücke abzutrennen und real zu teilen bei Teilungsversteigerung der bebauten Grundstücke.[20]

Das Versteigerungsgericht prüft diese Fragen jedoch nicht, auch nicht auf Vollstreckungserinnerung gem. § 766 ZPO; vielmehr muß der sich aus einer doch möglichen Teilung in Natur ergebende materiell-rechtliche Einwand nach heute herrschender Ansicht in entsprechender Anwendung des § 771 ZPO im Klagewege geltend gemacht werden.[21] Anordnung und Durchführung der Teilungsversteigerung sind also trotz möglicher Teilung in Natur nicht unzulässig, weil sich dieses der Versteigerung entgegenstehende Recht nicht aus dem Grundbuch ergibt.[22]

In besonderen Härtefällen kann nach dem Rechtsgrundsatz von Treu und Glauben auch die Teilungsversteigerung als unzulässige Rechtsausübung zu bewerten sein mit der Folge, daß sich der Antragsteller auf eine vom Antragsgegner vorgeschlagene und vom Richter gebilligte Realteilung verweisen lassen muß, selbst wenn diese den engen Voraussetzungen des § 752 BGB nicht entspricht.[23]

---

[14] OLG Stuttgart BWNotZ 1984, 172; OLG Nürnberg Rd L 1960, 22; Stöber § 180 Anm. 2.6; Steiner/Teufel § 180 Rz. 31; Eickmann I.2.1., MK-Karsten Schmidt § 752 BGB Rz. 21; Staudinger/Huber § 752 BGB Rz. 18.

[15] Stöber § 180 Anm. 2.6.

[16] So auch OLG Hamm Rpfleger 1964, 341 (zust. Anm. Haegele); OLG Stuttgart BWNotZ 1984, 172; OLG Oldenburg FamRZ 1996, 1437; Stöber § 180 Anm. 2.6. – Etwas positiver BGH Rpfleger 1972, 212.

[17] OLG Köln Rpfleger 1998, 168; OLG Karlsruhe Rpfleger 1992, 266.

[18] OLG Hamm NJW-RR 1992, 665; MK-Karsten Schmidt § 752 BGB Rz. 21; Eickmann Rz. 10.

[19] Eickmann Rz. 11; MK-Karsten Schmidt § 752 BGB Rz. 21.

[20] OLG München NJW-RR 1991, 1097.

[21] OLG Hamm Rpfleger 1964, 341; OLG Schleswig Rpfleger 1979, 471; OLG Stuttgart BWNotZ 1984, 172; Eickmann I.2.1.; Steiner/Teufel § 180 Rz. 127; Stöber § 180 Anm. 9,15; Kröning MDR 1951, 602.

[22] OLG Hamm Rpfleger 1964, 341; OLG Nürnberg Rd L 1960, 22; Stöber § 180 Anm. 9.15.

[23] BGH Rpfleger 1972, 212; vgl. auch BGH Rpfleger 1975, 710; Steiner/Teufel § 180 Rz. 31.

Deshalb kann ausnahmsweise auch einmal nach Scheidung einer Ehe (Zugewinngemeinschaft) die Zwangsversteigerung zur Aufhebung der Bruchteilsgemeinschaft am Grundstück unzulässig und einer der Ehegatten berechtigt sein, die Übertragung der anderen Grundstückshälfte auf sich zu verlangen.[24]

Unter Umständen kann die Teilungsversteigerung auch dadurch vermieden werden, daß ein Miteigentümer auf seinen Anteil nach § 928 BGB verzichtet, weil er das (Nutzungs-)Interesse an einem (i. d. R. wertlosen) Grundstück einerseits verloren hat, andererseits die anderen Miteigentümer diesen Anteil nicht übernehmen wollen/sollen.[25]

Beispiele   aus der Rechtsprechung: Ein Privatweg wird nicht mehr benötigt;[26] oder Garagen- bzw. Stellplätze;[27] oder das Schwimmbad einer Wohnungseigentümergesellschaft.[28]

1.2. Gemeinschaft am Grundstück

Eine Rechtsgemeinschaft am Grundstück,[29] die durch die Teilungsversteigerung aufgehoben werden soll, kann eine Bruchteilsgemeinschaft oder eine Gesamthandsgemeinschaft sein.

Bei einer Bruchteilsgemeinschaft (§§ 741 ff., 1008 ff. BGB) besteht Miteigentum zu gleichen oder ungleichen (aber jeweils genau bezeichneten) Anteilen an einem Gegenstand. Wichtigster Anwendungsfall ist das Miteigentum von nicht in Gütergemeinschaft lebenden Ehegatten an einem Grundstück.

Bei einer Gesamthandsgemeinschaft können die Teilhaber nicht einzeln, sondern nur gemeinsam („mit gesamter Hand"), über einzelne Gegenstände verfügen (§ 719 I BGB). Jedem Teilhaber steht ein Anteil am Gesamtvermögen zu; inwieweit er über diesen verfügen kann, ist bei den verschiedenen Gesamthandsgemeinschaften unterschiedlich geregelt. Wichtigste Anwendungsfälle sind die Erbengemeinschaft (§§ 2032–2063 BGB) und die eheliche Gütergemeinschaft (§§ 1415–1482 BGB), aber auch die fortgesetzte Gütergemeinschaft (§§ 1483–1518 BGB), die BGB-Gesellschaft (§§ 705–740 BGB), die OHG (§§ 105–160 HGB) und die KG (§§ 161–177 HGB) sowie evtl. die eingetragene Lebenspartnerschaft (LPartG, BGBl. I, 2001, 266; dazu unten B 1.3.12).

Die Teilungsversteigerung setzt immer eine bestehende Rechtsgemeinschaft an einem Grundstück[30] voraus. Besteht diese nicht oder nicht mehr, ist eine Teilungsversteigerung unzulässig.[31] Die Gemeinschaft besteht z. B. nicht mehr, wenn sie bereits auseinandergesetzt wurde. War allerdings ein Anteil ver- oder gepfändet und hat der Pfand-/Pfändungsgläubiger der Aufhebung der Gemeinschaft nicht zugestimmt, dann war diese ihm gegenüber relativ unwirksam,[32] so

---

[24] BGH Rpfleger 1977, 245; Steiner/Teufel § 180 Rz. 32.
[25] Näheres zur Aufgabe des Miteigentumsanteils zur Vermeidung einer Teilungsversteigerung, Kanzleiter, NJW 1996, 905.
[26] BGH NJW 1991, 2488.
[27] BayObLG NJW 1991 1962; OLG Hamm NJWE-MietR 1996, Heft 3.
[28] LG Konstanz NJW-RR 1989, 1424.
[29] Oder grundstücksgleiches Recht (z. B. Wohnungseigentum, Erbbaurecht), Schiff, Schiffbauwerk, Luftfahrzeug.
[30] Siehe oben B 1.1.
[31] Schiffhauer ZIP 1982, 526.
[32] OLG Saarbrücken RuStZ 1962, 138; Schiffhauer ZIP 1982, 526.

daß eine Teilungsversteigerung noch zulässig ist. Sie wurde auch in einem Fall zugelassen, in dem nach Anordnung der Teilungsversteigerung der Gemeinschuldner den anderen nicht zur Konkursmasse gehörenden Anteil erworben hatte.[33]

Zulässig ist die Teilungsversteigerung schließlich dann, wenn der eine Bruchteilseigentümer den Anteil des anderen als nicht befreiter Vorerbe erwirbt.[34]

Eine Rechtsgemeinschaft ist auch dann nicht gegeben, wenn mehrere selbständige Grundstücke unterschiedlichen Personenkreisen gehören.

Einen Sonderfall bildet die Reederei, also eine Mehrheit von Personen, die im Rahmen des § 489 HGB ein Schiff zum Erwerb durch die Seefahrt für gemeinschaftliche Rechnung verwenden, wobei sie nicht unbedingt die Eigentümer sein müssen (vgl. § 510 HGB). Bei einer Reederei sind gem. § 505 III HGB Kündigung und Teilungsversteigerung ausgeschlossen, weil die Reederei nur durch Mehrheitsbeschluß aufgelöst werden kann und das Schiff dann öffentlich zu verkaufen ist (§ 506 HGB).

1.3. Das Recht zur Auseinandersetzung

Für die Auseinandersetzung gelten bei den einzelnen Gemeinschaften unterschiedliche Regeln:

1.3.1. Bei der Bruchteilsgemeinschaft kann gem. § 749 I BGB jeder Teilhaber ohne Rücksicht auf die Größe seines Anteils[35] jederzeit die Aufhebung der Gemeinschaft verlangen, falls dies nicht durch Vereinbarung ausgeschlossen ist. Aber auch dann, wenn eine solche Vereinbarung vorliegt und sogar als Belastung im Grundbuch eingetragen ist, kann die Aufhebung gem. § 749 II 1 BGB aus wichtigem Grund verlangt werden.[36]

1.3.2. Bei der Gesamthandsgemeinschaft kann der Aufhebungswunsch weder auf eine bestimmte Person,[37] noch auf einzelne Grundstücke der Gemeinschaft beschränkt werden. Im Zweifel enthält aber der Versteigerungsantrag bzgl. eines Grundstücks auch den Willen zur Auseinandersetzung des ganzen Vermögens,[38] und eindeutig müssen nicht gleichzeitig alle Grundstücke der Erbengemeinschaft versteigert werden.[39]

Alle diese Fragen werden aber nicht vom Versteigerungsgericht geprüft, sondern müssen in entsprechender Anwendung des § 771 ZPO[40] durch Klage geklärt werden.[41]

---

[33] LG Bayreuth KTS 1977, 188; Steiner/Teufel § 180 Rz. 12.

[34] BGH NJW-RR 2004, 1513; ebenso: Stöber § 180 Anm. 2.5; Steiner/Teufel § 180 Rz. 12 **gegen** Schiffhauer ZIP 1982, 526; Klawikowski Rpfleger 1998, 100. – Vgl. auch unten B 1.5.3.

[35] OLG Schleswig MDR 1959, 46.

[36] BayObLGZ 1981, 846. Vgl. dazu unten B 1.7.1.2. und B 1.7.1.16.

[37] BGH NJW 1985, 51.

[38] Drischler JurBüro 1963, 241; Jäckel/Güthe § 180 Rz. 2; Stöber § 180 Anm. 2.7.

[39] Steiner/Teufel § 180 Rz. 52.

[40] „Entsprechend", weil kein eigentlicher Drittschuldner vorhanden ist.

[41] OLG Schleswig Rpfleger 1979, 471; Steiner/Teufel § 180 Rz. 50; Stöber § 180 Anm. 2.7.

1.3.3. Bei einer Erbengemeinschaft (§§ 2032–2063 BGB) kann jeder Miterbe gemäß § 2042 I BGB jederzeit die Auseinandersetzung verlangen,[42] wenn diese nicht durch letztwillige Verfügung oder Vereinbarung der Miterben ausgeschlossen oder beschränkt ist, oder die Erbteile noch unbestimmt sind (vgl. §§ 2043–2045 BGB).[43]

Oder wenn durch letztwillige Verfügung bestimmt wurde, daß nur eine Erbenmehrheit die Auseinandersetzung eines Nachlaßgrundstücks verlangen darf;[44] haben im letzteren Fall die Erben die Bildung einer Bruchteilsgemeinschaft am Grundstück vereinbart, so steht diese letztwillige Verfügung einer Teilungsversteigerung auf Verlangen eines Miterben nicht entgegen.[45]

Ist die Veräußerung des Grundstücks an einen Dritten durch Vereinbarung oder Testament ausgeschlossen, so darf das Grundstück nur unter den Miterben versteigert werden (§ 753 I 2 BGB), was gegebenenfalls durch besondere Versteigerungsbedingungen gem. § 59 sichergestellt werden kann; ein Verstoß berechtigt zur Zuschlagsanfechtung.[46]

Alle diese Beschränkungen sind im Klagewege geltend zu machen (analog § 771 ZPO).[47]

Hat der Erblasser die Auseinandersetzung gem. § 2044 BGB auf immer oder auf Zeit ausgeschlossen oder von einer Bedingung abhängig gemacht, kann trotzdem aus wichtigem Grund schon vorher auseinandergesetzt werden (§ 2044 BGB i.V.m. § 749 II BGB).[48] Im übrigen werden die §§ 750–758 BGB entsprechend angewandt (§ 2042 II BGB).

Wenn ein Testamentsvollstrecker ernannt ist, kann nur er die Teilungsversteigerung als Antragsteller gegen die Erben betreiben. Die Erben können dies nicht, bzw. nur mit Zustimmung des Testamentsvollstreckers;[49] tun sie es dennoch, kann der Testamentsvollstrecker gem. § 766 ZPO gegen die Anordnung vorgehen und anschließend sofortige Beschwerde einlegen oder Drittwiderspruchsklage gem. § 771 ZPO erheben.[50] Gleiches gilt bei Antragstellung durch einen Gläubiger, der den Anspruch eines Erben auf Aufhebung der Gemeinschaft am Grundstück gepfändet hat.[51] Da die Testamentsvollstreckung aber wegen § 52 GBO regelmäßig aus dem Grundbuch ersichtlich ist, muß das Gericht diesen Umstand gem. § 28 von Amts wegen beachten.[52] Mehrere Testamentsvollstrecker können die Teilungsversteigerung nur gemeinsam beantragen.[53]

---

[42] OLG Frankfurt Rpfleger 1993, 505. – Zum kleinen oder großen Antragsrecht vgl. unten B 1.4.3.

[43] Steiner/Teufel § 180 Rz. 46.

[44] RGZ 110, 271; Schiffhauer ZIP 1982, 526; Steiner/Teufel § 180 Rz. 35.

[45] OLG Hamm RdL 1953, 52 (LS); Schiffhauer ZIP 1982, 526; Steiner/Teufel § 180 Rz. 46.

[46] RGZ 52, 174; Steiner/Teufel § 180 Rz. 51; vgl. auch OLG Hamm RdL 1953, 52.

[47] Eickmann II.2.4; Steiner/Teufel § 180 Rz. 46.

[48] Schiffhauer ZIP 1982, 526; – vgl. auch B 1.7.1.2. und B 1.7.1.16.

[49] Vgl. dazu LG Lübeck SchlHA 1970, 231; Schiffhauer ZIP 1982, 526; Stöber § 180 Anm. 3.16.

[50] Schneider Rpfleger 1976, 384; Haegele/Winkler, Testamentsvollstrecker 9. Auflage 1987 Anm. 8 zu Rz. 512.

[51] BGH ZEV 2009, 391 (Anm. Kiderlen).

[52] Eickmann II 2.4.

[53] Mohrbutter/Drischler Muster 179, 3.

1.3.4. Bei einer Gesellschaft bürgerlichen Rechts (§§ 705–740 BGB) kann gem. § 719 BGB erst nach ihrer Auflösung Teilung verlangt werden. Soweit keine besonderen Vereinbarungen getroffen sind und §§ 732, 733 BGB nicht entgegenstehen, gelten gem. § 731 S. 2 BGB die §§ 741–758 BGB entsprechend.

1.3.5. Dies gilt auch für den **nicht rechtsfähigen Verein** (§§ 54 BGB) und die **Stille Gesellschaft** (§§ 335–342 HGB).[54]

1.3.6. Eine OHG (§§ 105–160 HGB) oder **eine KG** (§§ 161–177 HGB) wird nach ihrer Auflösung in aller Regel gem. § 145 I HGB bzw. § 161 II HGB liquidiert. Eine Teilungsversteigerung findet daher nur statt, wenn dies von den Gesellschaftern als andere Art der Auseinandersetzung vereinbart worden ist. Die Teilungsversteigerung kann auch von den Liquidatoren (nur gemeinschaftlich) beantragt werden.[55]

1.3.7. Bei der ehelichen Gütergemeinschaft (§§ 1415–1482 BGB) kann Teilung gem. § 1419 BGB erst verlangt werden, wenn die Gemeinschaft beendet ist, z.B. durch Scheidung, Aufhebung, Nichtigkeitserklärung oder Tod (wenn nicht Fortsetzung gem. § 1483 BGB vereinbart ist) oder durch Aufhebungsvertrag bzw. Aufhebungsurteil (vgl. §§ 1447 BGB); nicht dagegen durch Konkurs, Todeserklärung oder Entmündigung.[56] Bei der ehelichen Gütergemeinschaft konkurriert unter Umständen das Versteigerungsverlangen gem. § 753 BGB mit dem Übernahmeverlangen gem. § 1477 II BGB. Wenn das vorhandene Barvermögen zu Bezahlung der Gesamtgutsverbindlichkeiten ausreicht (vgl. § 1475 BGB), setzt sich ein evtl. Übernahmeverlangen gegenüber der Versteigerung durch. Reicht das Barvermögen dagegen nicht zur Schuldendeckung, setzt sich das Übernahmeverlangen nur durch, wenn der Verlangende mit Zustimmung der Gläubiger auch alle Verbindlichkeiten als Alleinschuldner übernimmt. In allen anderen Fällen kommt es zur Teilungsversteigerung, wenn keine Einigung auf eine andere Verwertungsart möglich ist.

Das Übernahmerecht des § 1477 II BGB muß ebenso im Klageweg geltend gemacht werden (analog § 771 ZPO) wie der Einwand, die Gütergemeinschaft sei noch beendet, oder eine andere Verwertungsart sei vereinbart.

Übertragen geschiedene Eheleute das ihnen bisher in Gütergemeinschaft gehörende Hausgrundstück auf den Ehemann zu Alleineigentum und vereinbaren sie hierbei, dass im Falle der Anordnung der Zwangsversteigerung das Eigentum an die gemeinsamen Kinder weiter zu übertragen ist, diese einen Anspruch hierauf jedoch erst nach Ableben der Muter erwerben sollen, so steht eine zur Sicherung dieses künftigen Anspruchs eingetragene Vormerkung dem Anspruch eines Gläubigers des Vaters auf Duldung der Zwangsvollstreckung aus einer später eingetragenen Zwangshypothek nicht entgegen, wenn die Mutter bei Entstehung des Duldungsanspruch noch gelebt hat.[57]

---

[54] Steiner/Teufel § 180 Rz. 38.
[55] LG Kaiserslautern Rpfleger 1985, 121; Eickmann II 2.2.
[56] Steiner/Teufel § 180 Rz. 41.
[57] BGH Rpfleger 2007, 490.

1.3.8. Bei der fortgesetzten Gütergemeinschaft (§§ 1483–1518 BGB) kann Teilung ebenfalls erst nach Beendigung der Gemeinschaft erfolgen (§§ 1477 I, 1498 BGB).[58]

1.3.9. Bei der Gütertrennung unterliegt der Ehegatte an sich keinen Beschränkungen, so daß er jederzeit die Teilungsversteigerung betreiben kann.[59] Die Rechtsprechung hat aber sogar hier gewisse Rücksichtnahmen auf den Ehepartner verlangt.[60]

1.3.10. Zur Zugewinngemeinschaft vgl. ausführlich unten B 1.4.2.

1.3.11. Eigentums- und Vermögensgemeinschaft nach DDR-FGB

In der DDR lebten die meisten Ehegatten im gesetzlichen Güterstand der Eigentums- und Vermögensgemeinschaft (vgl. §§ 13–16 DDR-FGB, § 4 DDR-EGFGB), meist als „eheliche Vermögensgemeinschaft" bezeichnet. Danach waren 3 verschiedene Vermögensmassen zu unterscheiden, die beiden Vermögen der einzelnen Ehegatten und deren gemeinschaftliches Vermögen. Grundstücke gehörten, selbst wenn sie von einem einzelnen Ehegatten erworben wurden, gemäß § 13 DDR-FGB, 299 DDR-ZGB grundsätzlich zum gemeinsamen Vermögen; nur beide Eheleute gemeinsam konnten gemäß § 15 DDR-FGB darüber verfügen.

Seit dem Beitritt der DDR zur BRD am 3. 10. 1990 gelten zwar für diejenigen Ehegatten, die bis dahin im gesetzlichen Güterstand der ehelichen Vermögensgemeinschaft gelebt haben, gemäß Art. 234 § 4 I EGBGB von verschiedenen Ausnahmen abgesehen, die Regeln über die Zugewinngemeinschaft; und gemäß Art. 234 § 4 a EGBGB sind sie dann in einer Bruchteilsgemeinschaft Miteigentümer zu je 1/2, so daß für die Teilungsversteigerung dann die allgemeinen Regeln gelten.[61] Aber wenn ausnahmsweise (i. d. R. aufgrund einer Option gemäß Art. 234 § 4 I EGBGB) die eheliche Vermögensgemeinschaft fortbesteht, kann ein (zum gemeinschaftlichen Vermögen gehörendes) Grundstück nur dann teilungsversteigert werden,
– wenn sich die (Ex-)Eheleute auf eine Teilungsversteigerung einigen, bzw. wenn sie von beiden (Ex-)Eheleuten beantragt wird;[62]
– oder wenn sich die (Ex-)Eheleute wenigstens auf die Bildung von Bruchteilseigentum einigen und erst danach nach allgemeinen Regeln die Teilungsversteigerung erfolgt.[63]

Dagegen gibt es nicht einmal die Möglichkeit, über § 39 DDR-FGB im Vermögensteilungsverfahren durch das Familiengericht dies Teilungsversteigerung einseitig durchzusetzen.[64] Eine Teilungsversteigerung ist auch dann aus-

---

[58] Stöber § 180 Anm. 3.10.
[59] Ebenso Stöber § 180 Anm. 3.12.
[60] Vgl. BGH NJW 1962, 1244; vgl. auch unten B 1.7.
[61] Rellermeyer Rpfleger 1993, 469; Eickmann Rz. 25.
[62] OLG Brandenburg Rpfleger 1995, 373; LG Halle DtZ 1994, 414; Rellermeyer Rpfleger 1995, 321 und 1993, 469; Eickmann Rz. 26; **str. a. A.**: Stöber § 180 Anm. 2.12: grundsätzlich unzulässig, ebenso Böttcher § 180 Rz. 12 a.
[63] BGH NJW 1992, 821; AG Charlottenburg DtZ 1992, 60.
[64] Rellermeyer Rpfleger 1993, 469.

geschlossen, wenn die Ehe schon vor dem DDR-Beitritt geschieden worden ist.[65]

1.3.12. Eingetragene Lebenspartnerschaft

Nach dem Gesetz über eingetragene Lebenspartnerschaften (LPartG) vom 16. 2. 2001 (BGBl. I S. 266)[66] kann seit dem 1. 8. 2001 ein Lebenspartnerschaftsvertrag oder der Vermögensstand der Ausgleichsgemeinschaft vereinbart werden (§ 6 I LPartG). Bei Letzterem verwaltet jeder Partner sein Vermögen selbst. Gemäß § 7 LPartG kann aber auch ein anderer Vermögensstand vereinbart werden, so dass z. B. ein gemeinsames Hausgrundstück Gesamtgut werden kann.

Auf die Liquidation einer Lebenspartnerschaft nach deren Beendigung sind die Vorschriften für die OHG entsprechend anzuwenden (§ 10 LPartG). Das bedeutet, dass eine Teilungsversteigerung nur zulässig ist, wenn sie entweder ausdrücklich vereinbart wurde (§§ 145, 161 HGB), oder wenn sie von beiden Ex-Partnern beantragt wird.[67]

Gemäß § 8 II LPartG gilt auch hier § 1365 BGB (dazu oben B 1.4.2.), sodass die Zustimmung des Ex-Partners schon zum Versteigerungsantrag nötig ist, wenn die Beteiligung am gemeinsamen Grundstück das wesentliche Vermögen des Antragstellers darstellt. Aber gemäß § 7 LPartG kann § 1365 BGB abbedungen werden.

Für die Teilungsversteigerung ist wichtig, dass die gemäß § 3 Nr. 4 GrEStG geltende Befreiung von der Grunderwerbsteuer zwischen Partnern einer nicht ehelichen Lebensgemeinschaft nicht gilt, und dass die Vereinbarung, das Recht zur Aufhebung der Gemeinschaft am Grundstück auf Dauer auszuschließen, auch nach dem Scheitern der Lebensgemeinschaft fortgilt, wenn die Expartner die Immobilie als Altersruhesitz gemeinsam erworben haben.[68]

Wenn die Lebenspartner ein Haus zur gemeinsamen Wohnung auf dem Grundstück eines von ihnen errichtet und die Eltern des anderen (auch durch Arbeitsleistungen) in erheblichem Umfang zur Errichtung beigetragen haben, kann diesen Eltern beim Scheitern der Lebensgemeinschaft nach den Grundsätzen über den Wegfall der Geschäftsgrundlage ein Ausgleichsanspruch gegen den Hauseigentümer zustehen.[69]

1.4. Antragsberechtigung der Teilhaber

Der materiell-rechtliche Anspruch auf Auseinandersetzung der Gemeinschaft[70] ergibt sich aus § 753 BGB. Die Teilungsversteigerung setzt gemäß §§ 180 Abs. 1, 15 einen Antrag voraus, dagegen gemäß § 181 Abs. 1 keinen

---

[65] OLG Brandenburg Rpfleger 1995, 373; LG Erfurt Rpfleger 2000, 174; Stöber § 180 Anm. 2.12; **str. a. A.:** LG Halle DtZ 1994, 414.

[66] Näher hierzu: BVerfG NJW 2001, 2457; BayObLG NJWE-FER 2001, 181; BFH NZG 2001, 623; Dethloff NJW 2001, 2598; Beck NJW 2001, 1894; Scholz/Ohle NJW 2001, 393.

[67] Für die OHG: LG Kaiserslautern Rpfleger 1985, 121.

[68] BGH NJW 2004, 58.

[69] OLG Koblenz NJW 2001, 2480.

[70] Siehe dazu oben B 1.3!

Vollstreckungstitel. Das Auseinandersetzungsverlangen kann zwar durch Vereinbarung ausgeschlossen sein (vgl. §§ 749 Abs. 2, 1010 BGB), oder ihm können Rechte entgegenstehen bzw. sind u. U. Beschränkungen aus dem ehelichen Güterrecht zu beachten (insbesondere § 1365 BGB), und schließlich kann es ausnahmsweise wegen Verstoßes gegen Treu und Glauben bzw. wegen mißbräuchlicher Rechtsausübung unzulässig sein.[71] Aber die Versteigerungspraxis hat die Annahme des Gesetzes bestätigt, daß die Vorschaltung des Prozeßweges zur Titelbeschaffung tatsächlich vermeidbar ist,[72] evtl. Einwendungen können über § 771 ZPO geltend gemacht werden.

Der Antragsteller wird in der Teilungsversteigerung wie ein betreibender Gläubiger in der Forderungsversteigerung behandelt, die übrigen Teilhaber folgerichtig praktisch wie der Schuldner.[73] Wenn aber einer von ihnen der Teilungsversteigerung beitritt, erhält er neben seiner bisherigen Rolle als Antragsgegner/Schuldner auch diejenige des Antragstellers/Gläubigers; und der bisherige Antragsteller/Gläubiger wird nun zusätzlich Antragsgegner/Schuldner.

Der in der Vollstreckungsversteigerung geltende Grundsatz, daß für einen Beitritt die gleichen Voraussetzungen erfüllt sein müssen wie für eine Anordnung der Versteigerung, kann in der Teilungsversteigerung nur eingeschränkt gelten. Denn in der Vollstreckungsversteigerung handelt es sich bei Anordnung/Beitritt um verschiedene Vollstreckungsverfahren verschiedener Gläubiger gegen den Schuldner, während sich in der Teilungsversteigerung immer dieselben Antragsteller und Antragsgegner gegenüberstehen, nur in verschiedenen Rollen, so daß hier lediglich „der gleiche Spieß herumgedreht" wird.

Weil sich der Antragsgegner nur durch einen Beitritt zur (i. d. R. ungeliebten) Teilungsversteigerung aus der völligen Abhängigkeit vom Antragsteller – z. B. hinsichtlich der Zuschlagsentscheidung – befreien kann,[74] so daß der Beitritt die wichtigste Schutzmaßnahme in der Teilungsversteigerung überhaupt ist,[75] muß der Beitritt eines Miteigentümers zur Teilungsversteigerung auch immer dann schon vom Vollstreckungsgericht selbst (nicht erst auf Klage entsprechend § 771 ZPO über das Prozeßgericht) zugelassen werden, wenn dieser Miteigentümer die Anordnung der Teilungsversteigerung selbst nicht beantragen könnte.

Beispiel 1: Die Aufhebbarkeit der Gemeinschaft am Grundstück ist durch Anordnung oder Vereinbarung ausgeschlossen, und das ist auch aus dem Grundbuch ersichtlich. Trotzdem wird die Teilungsversteigerung betrieben, und zwar von dem Gläubiger eines Miteigentümers, der dessen Auseinandersetzungsanspruch gepfändet hat;[76] der Pfändungsgläubiger ist ja durch den Ausschluß nicht gehindert.

---

[71] Vgl. z. B. BGH NJW 1977, 134 f. und Rpfleger 1975, 170; 1972, 212; LG Essen FamRZ 1981, 457. – Vgl. dazu die Beispiele in B 1.7.1!

[72] So auch Schiffhauer ZIP 1982, 528.

[73] BGH Rpfleger 1981, 187 und NJW 1969, 929; Eickmann III 1.

[74] Vgl. OLG Karlsruhe EWiR 1992, 519 (Storz); Ebeling Rpfleger 1991, 349; Eickmann Rz. 119; Stöber § 180 Anm. 8.1; vgl. auch Dassler/Hintzen § 180 Rz. 48 ff.

[75] Vgl. oben A 1.6. und unten C 3.4.

[76] Vgl. unten B 1.6.

Beispiel 2: Die Aufhebung einer Gemeinschaft am Grundstück darf aufgrund Anordnung oder Vereinbarung nur mit einer bestimmten Anteilsmehrheit beantragt werden; diese Beschränkung ist im Grundbuch eingetragen. Die erforderliche Mehrheit betreibt die Teilungsversteigerung.

In beiden Fällen muß ein Beitritt zur Teilungsversteigerung ohne weiteres vom Vollstreckungsgericht zugelassen werden! Der Prozeßweg über § 771 ZPO ist unzumutbar und unnötig, weil der Antragsgegner diese wichtige Schutzmaßnahme braucht und der Antragsteller bzw. „sein Pfändungsgläubiger" kein Rechtsschutzbedürfnis an der Verweigerung des Beitritts haben. Man kann in diesen Fällen allenfalls erwägen, die beigetretenen Antragsgegner (ggf. über § 771 ZPO) zur Rücknahme ihres Antrags zu zwingen, wenn vorher der Versteigerungsantrag zurückgenommen oder (z. B. über § 771 ZPO) zurückgewiesen worden ist.

Weil also der Antragsteller gegenüber einem Beitrittsantrag seines Antragsgegners nicht besonders schutzwürdig ist, müssen im Gegensatz zur Vollstreckungsversteigerung für einen Beitritt in der Teilungsversteigerung nicht die gleichen Voraussetzungen erfüllt sein wie für eine Anordnung. In der Teilungsversteigerung reicht es also aus, wenn (einer) der Antragsgegner schlicht die Zulassung seines Beitritts zu der bereits angeordneten Teilungsversteigerung beantragt. Im Beitrittsantrag müssen daher meines Erachtens nicht (noch einmal) genau bezeichnet werden:
– das zu versteigernde Grundstück,
– die anderen Miteigentümer mit ihren vollständigen ladungsfähigen Adressen,
– das aufzuhebende Gemeinschaftsverhältnis,
– der Eigentumsnachweis gem. § 17 II.

Es brauchen auch nicht die in § 16 II genannten Urkunden (noch einmal) vorgelegt werden und die Voraussetzungen des § 1365 BGB erfüllt sein (wenn sich in der Teilungsversteigerung nur die beiden Exeheleute gegenüberstehen). Wichtig ist nur, daß es keinerlei Mißverständnisse geben darf, zu was ganz konkret der Beitritt erfolgen soll, und daß evtl. zwischenzeitliche Änderungen selbstverständlich aus dem Beitrittsantrag hervorgehen müssen. Außerdem muß die konkrete Antragsberechtigung nachgewiesen werden, wenn sie sich nicht zweifelsfrei bereits aus dem angeordneten Verfahren ergibt. Trotz der hier von mir vertretenen Erleichterungen empfiehlt es sich – insbesondere wenn der Beitritt erst relativ kurz vor dem Versteigerungstermin beantragt wird und die Fristwahrung gemäß § 44 II gefährdet ist, den Antrag vollständig zu formulieren (z. B. nach dem **Muster** C 3.4.2.1).

Antragsberechtigt sind, allgemein gesagt:
– die Beteiligten einer Bruchteils-, Erben-, aufgelösten Gütergemeinschaft oder Gesellschaft
– Eltern, Pfleger, Vormund; Testamentsvollstrecker, Nachlaß- und Konkursverwalter sowie Liquidatoren einer OHG oder KG
– Erbteilserwerber, Nießbraucher
– nach herrschender Ansicht auch Pfand- und Pfändungsgläubiger.

Von mehreren Teilhabern ist jeder für sich und ohne Rücksicht auf die Größe seines Anteils antragsberechtigt.

Das Recht zur Aufhebung der Gemeinschaft am Grundstück kann bei allen Gemeinschaftsformen ausgeschlossen oder beschränkt sein.[77] Ausschluß oder Beschränkung des Antragsrechts können bei den einzelnen Gemeinschaftsformen unterschiedliche Gründe, Ausmaße und Folgen haben:

1.4.1. Bruchteilsgemeinschaft

Die Auseinandersetzung kann durch Vereinbarung ausgeschlossen sein (§§ 749 Abs. 2, 1010 BGB). Ist diese Vereinbarung im Grundbuch eingetragen, steht sie jeder Teilungsversteigerung entgegen. Soll aus wichtigem Grund trotzdem versteigert werden (vgl. § 2044 Abs. 1 BGB), muß ein Duldungstitel erstritten werden.[78]

Ist der dauernde oder zeitweilige Ausschluß dagegen nicht im Grundbuch eingetragen, wird er vom Versteigerungsgericht nicht von Amts wegen beachtet, sondern muß mit der Drittwiderspruchsklage gem. § 771 ZPO geltend gemacht werden,[79] obwohl die Teilungsversteigerung keine Geldvollstreckung und der widersprechende Miteigentümer kein Dritter ist. Die Teilungsversteigerung ist auch hier nur aus wichtigem Grund zulässig.

Als wichtiger Grund wurde z.B. angesehen die Zerstörung des Vertrauensverhältnisses in einem Ausmaß, daß auch durch Zwischenschalten eines Dritten kein gemeinschaftlicher Gebrauch des Grundstücks mehr möglich ist,[80] dagegen wurde der Finanzbedarf eines Miteigentümers oder seines Gläubigers nur ausnahmsweise als wichtiger Grund anerkannt.[81]

Bei der Bruchteilsgemeinschaft von Ehegatten kommt hinzu, daß das Aufhebungsverlangen bzgl. der Ehewohnung i.d.R. wegen der Pflicht zur ehelichen Lebensgemeinschaft nicht durchsetzbar ist.[82] Etwas anderes gilt, wenn der Antragsteller ein Recht zum Getrenntleben hat[83] oder die Ehe bereits geschieden ist. Aber auch nach Scheidung kann die Teilungsversteigerung ganz ausnahmsweise wegen besonderer Unzumutbarkeit unzulässig sein.[84]

1.4.2. Zugewinngemeinschaft

Wenn Eheleute im gesetzlichen Güterstand der Zugewinngemeinschaft leben und Miteigentümer z.B. einer Wohnung sind, handelt es sich in aller Regel um eine Bruchteilsgemeinschaft, so daß das dort Gesagte auch hier gilt. Danach kann i.d.R. jeder Ehegatte aus seinem Bruchteil die Teilungsversteigerung der gemeinsamen Wohnung betreiben.

---

[77] Näher dazu unten B 1.7.1.
[78] Eickmann II 2.1; Stöber § 180 Anm. 9.10.
[79] BGH Rpfleger 1985, 360 und FamRZ 1985, 278; 1984, 563; 1972, 363; BayObLG Rpfleger 1971, 430; OLG Schleswig Rpfleger 1971, 471. – Vgl. dazu auch B 1.7.1.
[80] BGH WM 1984, 873.
[81] Vgl. OLG Hamburg NJW 1961, 610; Staudinger/Huber § 749 BGB Rz. 79; Stöber § 180 Anm. 9.10.
[82] BGH NJW 1962, 1244; MK-Wacke § 1353 BGB Rz. 27; Stöber § 180 Anm. 3.13.
[83] Staudinger/Huber § 749 BGB Rz. 70ff.
[84] BGH ZIP 1995, 114 und NJW 1982, 1093, 1977, 1235; 1975, 688; 1972, 819; OLG Köln Rpfleger 1998, 168; OLG München FamRZ 1989, 980; Stöber § 180 Anm. 3.13 l; Steiner/Teufel § 180 Rz. 18. – Vgl. auch B 1.4.2 am Ende!

Trotzdem soll auf die Zugewinngemeinschaft ausführlicher eingegangen werden, weil sie einerseits der mit großem Abstand häufigste eheliche Güterstand ist, und weil andererseits Teilungsversteigerungen als Begleiterscheinungen von Ehescheidungen immer häufiger werden. Außerdem gibt es einige rechtliche und praktische Besonderheiten gegenüber der Bruchteilsgemeinschaft, die sich aus der Ehegemeinschaft ergeben.

Gemäß § 1365 BGB ist bekanntlich die Zustimmung des anderen Ehegatten zu Verfügungen über dessen Vermögen im ganzen erforderlich. Nach der heute gültigen „Einzeltheorie" bezieht sich dieses Erfordernis nicht nur auf Geschäfte bezüglich des gesamten Vermögens, sondern auch auf einzelne Vermögensgegenstände, sofern diese wertmäßig das wesentliche Vermögen darstellen.[85]

Nach jahrzehntelangem Streit verlangt heute die ganz herrschende Ansicht die Zustimmung zur Teilungsversteigerung, wenn der Anteil des Antragstellers wertmäßig dessen wesentliches Vermögen darstellt.[86]

Diese Zustimmung ist nach heute ebenfalls ganz herrschender Ansicht nicht erst zur Zuschlagserteilung, sondern bereits zum Antrag auf Teilungsversteigerung erforderlich[87] weil sonst der Schutz der wirtschaftlichen Grundlage für die Familie gegenüber den Einzelinteressen eines Ehegatten nicht ausreichend und früh genug gewährleistet werden könnte: der Antrag auf Teilungsversteigerung ist ja nicht nur ein verfahrensrechtlicher Akt, sondern er ist außerdem die einzige für den späteren Zuschlag nötige Rechtshandlung des Ehegatten und daher einer vertraglichen Verpflichtungserklärung durchaus vergleichbar.[88]

Das Zustimmungserfordernis des § 1365 BGB besteht auch dann, wenn die Eheleute getrennt leben, oder wenn auch/nur dritte Personen Miteigentümer sind, und es ist unerheblich, wie das Versteigerungsergebnis bzgl. Höhe und Person des Erstehers aussieht.[89]

Zu § 1365 BGB sind im Zusammenhang mit der Scheidung noch einige Fragen streitig; deshalb sollen die einzelnen Konstellationen kurz gesondert angesprochen werden:

[85] Vgl. insbesondere BGHZ 77, 293 und 35, 135; OLG Köln, OLG-Report 2004, 341.
[86] BGH NJW 2007, 3124 (Anm. Zimmer/Pieper NJW 2007, 3104); BGH NJW 2000, 1947; 1984, 609; OLG Frankfurt Rpfleger 1997, 490; OLG Düsseldorf Rpfleger 1991, 215; OLG Bremen FamRZ 1983, 591; OLG Stuttgart NJW 1983, 643; OLG Hamm FamRZ 1979, 128; OLG Frankfurt FamRZ 1976, 152; Schiffhauer ZIP 1982, 528; Stöber § 180 Anm. 3.13; Steiner/Teufel § 180 Rz. 20; Eickmann Rz. 92; Staudinger/Thiele § 1365 BGB Rz. 46; RGRK-Finke § 1365 BGB Rz. 20; **anders** MK-Gernhuber § 1365 BGB Rz. 55; KG früher NJW 1971, 711.
[87] BGH NJW 2007, 3124 und BGH NJW Rpfleger 1996, 361 und 1961, 233 (Anm. Haegele); BayObLG FamRZ 1996, 1014; 1985, 1040 und Rpfleger 1980, 470 und 1979, 135; OLG Köln NJW-RR 2005, 4; OLG Frankfurt FamRZ 1999, 524 (20. ZS); OLG Düsseldorf FamRZ 1995, 309 und Rpfleger 1991, 215; 1981, 408; OLG Bremen Rpfleger 1984, 156 (Anm. Meyer/Stolte); OLG Celle Rpfleger 1981, 69; 408; OLG Hamburg MDR 1982, 330 LS; LG Lüneburg FamRZ 1996, 1489; LG Köln FamRZ 1995, 1144; LG Bielefeld Rpfleger 1986, 271 (Anm. Böttcher); LG Krefeld Rpfleger 1987, 472; AG Freiburg FamRZ 1988, 950; Schiffhauer ZIP 1982, 529; Eickmann Rz. 94 Steiner/Teufel § 180 Rz. 20; Stöber § 180 Anm. 3.13. – **str. a. A.**: z. B. OLG Frankfurt Rpfleger 1997, 490 (26. ZS); Hamburg MDR 1965, 748; KG NJW 1971, 711; Mohrbutter/Drischler Muster 179 Anm. 4 a m. w. N.; Sudhoff FamRZ 1994, 1152; **offengelassen** von OLG Köln Rpfleger 1998, 168.
[88] Ähnlich LG Bielefeld Rpfleger 1989, 518; Stöber § 180 Anm. 3.13.
[89] Zu letzterem ebenso Stöber § 180 Anm. 3.13 d.

– Wenn die Ehe im Zeitpunkt der Antragstellung bereits rechtskräftig geschieden oder der Güterstand auf andere Weise beendet war und der Zugewinnausgleich geregelt ist, besteht naturgemäß keine Zustimmungspflicht
mehr nach § 1365 BGB; das gleiche gilt ja auch nach dem Tod der Zu-
stimmungsberechtigten.[90] Erinnert sei aber daran, daß die Teilungsversteigerung als solche auch nach rechtskräftiger Scheidung in besonderen Ausnahmen unzulässig sein kann.[91]

– Wenn die Ehe im Zeitpunkt der Antragstellung bereits rechtskräftig geschieden ist, aber der Zugewinnanspruch als Folgesache gem. § 621 Abs. 1
Nr. 8 ZPO noch rechtshängig oder überhaupt noch nicht geregelt ist, dann
bleibt das Zustimmungserfordernis bestehen[92] und zwar aus ähnlichen
Gründen, wie sie der BGH für Rechtsgeschäfte erarbeitet hat.[93]

– Wenn die Ehe erst nach Antragstellung geschieden wird, die ursprünglich
erforderliche Zustimmung aber noch fehlt, dann muß sie trotz Scheidung
noch erteilt werden.[94] Auch hier werden die Erwägungen das BGH entsprechend herangezogen,[95] die von Stöber zwar ausführlich, aber m. E.
nicht überzeugend als hier nicht verwendbar bezeichnet werden;[96] immerhin kann es trotz der z. T. langen Versteigerungsdauer zu Problemen kommen, und für den Antragsgegner ist es oft sehr wohl ein großer Unterschied, ob er die Teilungsversteigerung verhindern, also die z. B. Wohnung
behalten kann, oder ob er sich mit dem Antragsteller über die Erlösverteilung auseinandersetzen muß.

Streitig ist schließlich, ob das Zustimmungserfordernis auch dann gilt,
wenn die Ehegatten eine BGB-Gesellschaft bilden. Diese Frage ist m. E. zu
bejahen,[97] weil der Antrag auf Teilungsversteigerung gleichzubehandeln ist
wie die Kündigung einer GbR und die Verfügung über den Ausgleichsanspruch.

– Ein Gläubiger, der den Anspruch eines Ehegatten auf Aufhebung der Gemeinschaft gepfändet hat, bedarf für die von ihm betriebene Teilungsversteigerung nicht der Zustimmung des anderen Ehegatten nach § 1365
BGB.[98]

– Schwierig ist die Frage zu beantworten, wann von „nahezu dem ganzen
Vermögen" zu sprechen ist: Die Rechtsprechung tendiert von ca 80% bei

---

[90] BGH Rpfleger 1982, 144; Stöber § 180 Anm. 3.13 k.

[91] BGH NJW 1982, 1093 und Rpfleger 1977, 245; Stöber § 180 Anm. 3.13l; Steiner/
Teufel § 180 Rz. 18. – Vgl. auch B 1.4.2. am Ende.

[92] OLG Celle FamRZ 2004, 625; OLG Köln FamRZ 2001, 176; OLG Hamm FamRZ
1984, 53; MK-Koch § 1365 Rz. 6; Palandt-Brudermüller § 1365 Rz. 2; **str. a. A.:** Stöber
§ 180 Anm. 3.13 i; Janke FamRZ 2004, 627.

[93] BGH Rpfleger 1978, 207.

[94] BayObLG Rpfleger 1980, 470; OLG Hamm Rpfleger 1984, 15; Schiffhauer ZIP 1982,
528; Eickmann Rz. 100; Steiner/Teufel § 180 Rz. 21; **str. a. A.:** OLG Celle FamRZ 1983,
591; LG Braunschweig Rpfleger 1985, 76; Böttcher Rpfleger 1986, 271; Reinicke NJW
1973, 305; Stöber § 180 Anm. 3.13 i; RGRK-Finke § 1365 BGB Rz. 21.

[95] Siehe FN 93.

[96] Stöber § 180 Anm. 3.13 i.

[97] So auch Eickmann II 5.4; Steiner/Teufel § 180 Rz. 22; **str. a. A.:** OLG Hamburg MDR
1965, 748.

[98] BGH FamRZ 2006, 856; OLG Karlsruhe Rpfleger 2004, 235; OLG Düsseldorf NJW
1991, 851. **str. a. A.:** Stöber § 180 Anm. 3.13; Steiner/Teufel § 180 Rz. 25.

kleineren bis 90% bei großen und noch höheren Prozentsätzen bei „ganz großen" Vermögen.[99]

Aus allem Vorgetragenen ergibt sich, daß jeder Ehegatte aus seinem Bruchteil die Teilungsversteigerung des gemeinsamen Objekts beantragen kann, daß aber der andere Ehegatte gem. § 1365 BGB zustimmen muß, wenn der Anteil des Antragstellers dessen wesentliches Vermögen darstellt. Beides zusammen bedeutet, daß eigentlich eine Einigung zwischen den Eheleuten nötig wäre, aber gerade diese ist im Umfeld einer Scheidung sehr häufig nicht mehr zu erreichen, sonst wäre ja oft die Teilungsversteigerung nicht nötig. Es ist bekannt, daß im Falle einer Einigung nicht nur viel Leid erspart, sondern meist für alle Beteiligten ein wesentlich besseres wirtschaftliches Ergebnis erreicht werden könnte. Deshalb muß die Rechtsprechung gelegentlich korrigieren, um den Mißbrauch von Rechtspositionen zu verhindern.

Da die gemeinsam benutzte Wohnung eine besonders wichtige Rolle für die eheliche Lebensgemeinschaft spielt, kann das Recht zur Teilungsversteigerung dieser Wohnung u. U. eingeschränkt sein. Hier kann zwar oft durch eine einstweilige Einstellung gem. § 180 Abs. 2 geholfen werden, in besonders krassen Fällen kann die Teilungsversteigerung aber unzulässig sein.

Beispiele: – wenn der Antragsgegner berechtigt ist, die Übereignung des anderen Anteils auf sich zu verlangen;[100]
  – oder wenn der Antragsgegner alle Zahlungen und Arbeiten für das Haus geleistet und als Altersvorsorge eingesetzt hat;[101]
  – oder wenn anläßlich der Ehescheidung vereinbart wurde, daß der gemeinsame Grundbesitz den Kindern übereignet werden soll, um ihnen den häuslichen Mittelpunkt zu erhalten;[102]
  – oder wenn die Teilungsversteigerung dem Antragsgegner aus anderen Gründen schlechthin unzumutbar ist; das kann die Teilungsversteigerung u. U. sogar noch nach der Scheidung verhindern.[103]

Dagegen ist die Teilungsversteigerung nicht allein schon deshalb (wegen Rechtsmißbrauch) unzulässig, weil der Antragsgegner zwar sein Wohnungsrecht durch den Eigentumsverlust verliert, aber weiterhin die durch den Versteigerungserlös nicht gedeckten Schulden (mit-)tilgen muß,[104] oder weil durch die Teilungsversteigerung das mit der Erbeinsetzung verbundene Ziel einer materiellen Absicherung des Antragsgegners vereitelt würde.[105] Die Veräußerung des Miteigentumsanteils während des Scheidungsverfahrens an den neuen Partner zur Umgehung von § 1365 BGB kann sittenwidrig sein.[106]

---

[99] Vgl. BGH FamRZ 1991, 669; OLG München FamRZ 2005, 272; OLG Köln FamRZ 2005, 1 (Anm. Kogel); vgl. auch Koch FamRZ 2005, 845 f.
[100] BGH NJW 1982, 1093 und Rpfleger 1977, 245; Stöber § 180 Anm. 3.13 l.
[101] BGH Rpfleger 1977, 245.
[102] BGH Rpfleger 1984, 563.
[103] BGH NJW 1982, 1093.
[104] BGH ZIP 1995, 115; WM 1984, 873.
[105] OLG Köln Rpfleger 1998, 168.
[106] OLG Schleswig FamRZ 1995, 735.

Wichtigster Verweigerungsgrund für die eigentlich erforderliche Zustimmung gem. § 1365 BGB ist sicher die Verpflichtung zur ehelichen Lebensgemeinschaft. Weitere Versagungsgründe sind die oben für die Unzulässigkeit der Versteigerung genannten Gründe. Aber das Mittel der Verweigerung steht dem Antragsgegner ja nur zu, wenn der Anteil des Antragstellers dessen wesentliches Vermögen ausmacht; in allen anderen Fällen ist der Antragsgegner auf den Kampf gegen die Teilungsversteigerung als solche angewiesen (über § 771 ZPO).

Aber der Antragsgegner darf auch nicht uneingeschränkt seine nach § 1365 Abs. 1 BGB erforderliche Zustimmung verweigern. Sonst kann diese gem. § 1365 Abs. 2 BGB durch das Familiengericht (bis 1. 9. 2009 Vormundschaftsgericht) ersetzt werden, wenn die Teilungsversteigerung den Grundsätzen einer ordnungsgemäßen Vermögensverwaltung entspricht, [107] und wenn der Antragsgegner die Zustimmung grundlos verweigert. Alleine das Interesse am weiteren Besitz der Ehewohnung ist kein ausreichender Verweigerungsgrund,[108] wohl aber evtl. ein noch anhängender Zugewinnprozeß, wenn bei Zustimmung die Anwartschaft auf Zugewinn gepfändet wäre.[109]

Das Problem einer eigentlich erforderlichen Einigung wiederholt sich am Ende der Teilungsversteigerung, wenn es um die Erlösverteilung geht.

Die Zustimmung kann schriftlich oder zu Protokoll des Gerichts erklärt werden.

Das Zustimmungserfordernis des § 1365 BGB wird i.d.R. nicht von Amts wegen geprüft;[110] es ergibt sich ja weder aus dem Grundbuch noch aus allgemeinen Erfahrungssätzen.[111] Eine Prüfungspflicht für das Versteigerungsgericht im Rahmen seiner verfahrensrechtlichen Möglichkeiten (insbesondere gemäß § 139 ZPO) ist aber dann – insbesondere seit dem im Jahr 1998 neu eingefügten § 28 II – zu bejahen, wenn konkrete Anhaltspunkte bzw. begründete Bedenken auftreten; eine Zurückweisung des Antrags von Amts wegen ist trotzdem nur statthaft, wenn die Voraussetzungen des § 1365 BGB nach positiver Kenntnis des Gerichts oder offenkundig oder unter den Beteiligten unstreitig gegeben sind.[112]

---

[107] BGH FamRZ 1972, 363; BayObLG FamRZ 1985, 1040 und Rpfleger 1996, 361 und 1979, 135; OLG Stuttgart NJW 1983 634; OLG Köln NJW 1971, 2312; OLG Hamm FamRZ 1967, 752; ausführlich dazu Steiner/Teufel § 180 Rz. 24.
[108] OLG Stuttgart NJW 1983, 634; Stöber § 180 Anm. 3.13 h.
[109] OLG Köln NJW-RR 2005, 4.
[110] Heute allg Ansicht: OLG Köln FamRZ 2000, 1167; OLG Stuttgart FamRZ 1982, 401; OLG Celle Rpfleger 1981, 69; OLG Hamm FamRZ 1979, 128; OLG Schleswig Rpfleger 1979, 471; LG Hannover Rpfleger 1989, 3β9; LG Kassel Rpfleger 1995, 473; LG Köln FamRZ 1995, 1144; AG Nordhorn Rpfleger 1995, 224; LG Krefeld Rpfleger 1990, 523; Böttcher, Rpfleger 1986, 272; Eickmann Rz. 96; Steiner/Teufel § 180 Rz. 25; Stöber § 180 Anm. 3.13.
[111] OLG Hamm Rpfleger 1979, 20; OLG Karlsruhe FamRZ 1970, 194; Steiner/Teufel § 180 Rz. 25.
[112] OLG Frankfurt FamRZ 1999, 524 und 1997, 1490; OLG Bremen Rpfleger 1984, 156; OLG Hamburg MDR 1982, 330 (L 5); OLG Koblenz Rpfleger 1979, 203; OLG Karlsruhe FamRZ 1970, 194; LG Bielefeld Rpfleger 2006, 1047; LG Krefeld Rpfleger 1990, 523; Sudhoff FamRZ 1994, 1152; Eickmann Rz. 98; ähnlich auch OLG Düsseldorf Rpfleger 1981, 408 (LS); **str. a. A.** (auch dann § 771 ZPO); OLG Celle Rpfleger 1981, 69; OLG Hamm FamRZ 1979 128; LG Hannover Rpfleger 1995, 308; Steiner/Teufel § 180 Rz. 25.

In Zweifelsfällen muß das Gericht dem Antrag stattgeben, denn das Fehlen der erforderlichen Zustimmung kann nur mit der Drittwiderspruchsklage gem. § 771 ZPO geltend gemacht werden.[113] Nur wenn das Versteigerungsgericht das Fehlen hätte ausnahmsweise von Amts wegen beachten müssen, liegt auch ein Verfahrensfehler vor, der mit Erinnerung gemäß § 766 ZPO gerügt werden kann.[114] Für das Widerspruchsverfahren sind in der Regel die Familiengerichte zuständig, weil das der Teilungsversteigerung entgegenstehende Recht im ehelichen Güterrecht begründet ist (vgl. § 621 Abs. 1 Nr. 8 ZPO).[115] Keine Familiensache aber dann, wenn das entgegenstehende Recht nicht (mehr) im ehelichen Güterrecht wurzelt, z. B. wenn im Zusammenhang mit der Scheidung vereinbart wurde, daß die Teilungsversteigerung auf eine gewisse Zeit ausgeschlossen sein soll.[116]

1.4.3. Erbengemeinschaft

Jedes Mitglied hat gemäß § 2042 Abs. 1 BGB einen jederzeitigen Anspruch auf Auseinandersetzung, die gemäß § 2042 Abs. 2 BGB nach den Vorschriften über die Bruchteilsgemeinschaft (insbesondere §§ 752, 753 BGB) durchzuführen ist;[117] ein vorgeschaltetes Verfahren nach §§ 86 ff. FGG ist nicht nötig.[118]

Gehört das Grundstück einer Erbengemeinschaft, muß die Versteigerung die Teilung des Nachlasses im ganzen bezwecken, was allerdings vom Versteigerungsgericht nicht von Amts wegen geprüft, sondern bis zum Beweis des Gegenteils vermutet wird.[119] Die Teilungsversteigerung ist (natürlich) auch dann möglich, wenn die Erbengemeinschaft schon auseinandergesetzt ist und Bruchteilseigentum vereinbart bzw. durch Grundbuch-Eintragung bereits entstanden ist.[120] Wird aus einer Erbengemeinschaft ein Erbanteil an mehrere Erwerber übertragen, so erwerben diese im Zweifel Bruchteilseigentum an diesem Erbanteil gemäß §§ 741 ff. BGB.[121]

---

[113] OLG Köln FamRZ 2000, 1167; OLG Naumburg OLG-Report 1999, 369; OLG München FamRZ 2000, 365; LG Hannover Rpfleger 1995, 308; Sudhoff FamRZ 1994, 1152; OLG Hamburg MDR 1982, 330 (LS); OLG Celle Rpfleger 1981, 169; OLG Hamm Rpfleger 1979, 20; OLG Koblenz Rpfleger 1979, 202 und 203; LG Krefeld Rpfleger 1990, 523; LG Braunschweig Rpfleger 1985, 76; Eickmann II 5.2; OLG Frankfurt FamRZ 1997, 1490 und 1999, 524; OLG Bremen Rpfleger 1984, 156; LG § 180 Anm. 3.13i **gegen** Stöber Bielefeld Rpfleger 1986, 271.

[114] OLG Hamm Rpfleger 1979, 20; OLG Koblenz Rpfleger 1979, 203; vgl. dazu auch Sudhoff FamRZ 1994, 1152.

[115] BGH NJW 1985, 3066; OLG Bamberg FamRZ 2000, 1167; OLG Hamburg FamRZ 2000, 1290; OLG München FamRZ 2000, 365; OL Naumburg OLGRep 1999, 369; KG Berlin OLGRep 1997, 161; Stöber § 180 Anm. 3.13g; OLG München FamRZ 1979, 721; 1978, 603; Steiner/Teufel § 180 Rz. 25; **str. a. A.** OLG Zweibrücken FamRZ 1979, 839.

[116] BayObLG MDR 1981, 506.

[117] Auch bei Erbengemeinschaften kommt es oft zu Teilungsversteigerungen. Die dafür wichtigen Fragen betreffen aber nicht so sehr die Antragsberechtigung, sondern den Auseinandersetzungsanspruch; vgl. dazu ausführlich B 1.3.3.

[118] OLG Frankfurt Rpfleger 1993, 505.

[119] RG HRR 1935 Nr. 279 und JW 1919, 42; Schiffhauer ZIP 1982, 530.

[120] Vgl. Stöber § 180 Anm. 3.8.

[121] OLG Köln Rpfleger 1974, 109; OLG Düsseldorf Rpfleger 1968, 188; LG Berlin Rpfleger 1996, 472; **str a. A.:** Verjakob Rpfleger 1993, 4.

Lange Zeit war umstritten, ob dem Antragsteller das sog „kleine oder große" Antragsrecht zusteht.[122]

Beispiel:[123]

Lfd. Nr. der Eintragung	Eigentümer	Lfd. Nr. der Grundstücke im BV	Grundlage der Eintragung
1	2	3	4
1a	Franz Maier, geb. 19. 7. 1939 in Berlin	1	Aufgelassen am 3. 2. 1972 und eingetragen am 6. 3. 1972.
b	Irmgard Maier, geb. 6. 3. 1950 in Stuttgart		
a	I Daniel Maier, geb. 13. 9. 1973 in Botnang II Stefan Maier, geb. 5. 3. 1975 in Botnang		Erbfolge nach Franz Maier gemäß Erbschein des AG Botnang vom 8. 8. 1988 (VIII 354/88) eingetragen am 7. 9. 1988

Nach heute allgemeiner Ansicht kann jeder Miterbe unmittelbar die Teilungsversteigerung des ganzen Grundstücks verlangen (großes Antragsrecht)[124] und muß nicht erst die Teilungsversteigerung des von ihm mitgeerbten Bruchteils betreiben (kleines Antragsrecht) mit der wahrscheinlichen Folge einer weiteren Versteigerung zur Aufhebung der Bruchteilsgemeinschaft. Das große Antragsrecht vermeidet nicht nur einen langwierigen, teuren und unangenehmen Versteigerungsmarathon, sondern erhöht auch wesentlich die Erlöschancen.

1.5. Antragsberechtigung – Sonderfälle

1.5.1. Eltern, Vormund, Betreuer

Eltern benötigen im Gegensatz zu Vormund/Betreuer (vgl. § 181 Abs. 2 S. 1), Vermögenspfleger, Beistand gem. § 1690 BGB, Nachlaßpfleger, Nachlaßverwalter keiner Genehmigung des Familien- bzw. Nachlaßgerichts, um die Teilungsversteigerung für ihre Kinder zu betreiben.[125] Wenn die Eltern an der gesetzlichen Vertretung gehindert sind, muß gemäß § 1909 BGB für die Kinder ein Pfleger bestellt werden.

Sind Eltern und Kinder Miterben, kann die ganze Teilungsversteigerung ohne Pfleger und ohne familiengerichtliche Genehmigung abgewickelt werden (§§ 1643 Abs. 1, 1821 Abs. 1 Nr. 1 BGB greifen nicht), es sei denn, daß der Erlös nicht eindeutig nach der gesetzlichen Erbfolge verteilt wird oder

---

[122] Vgl. dazu Janssen Rpfleger 1954, 435.
[123] Aus Eickmann Rz. 57.
[124] OLG Hamm Rpfleger 1964, 351; 1958, 269; OLG Schleswig MDR 1959, 46; LG Berlin Rpfleger 1996, 472; LG Aachen DNotZ 1952, 36; Schiffhauer ZIP 1982, 529; Eickmann II 2.2.1; Steiner/Teufel § 180 Rz. 63; Stöber § 180 Anm. 3.7; Eickmann Rz. 57; Mohrbutter-Drischler Muster 179 Anm. 5; **früher a. A.:** OLG Hamburg MDR 1958, 45; LG Darmstadt NJW 1955, 1558 (**abl.** Anm. Bartholomeyczik); Jäckel/Güthe § 181 Rz. 6.
[125] Schiffhauer ZIP 1982, 529; Klüsener Rpfleger 1981, 461; Stöber § 180 Anm. 3.15.

sonstige Interessenkollisionen auftreten.[126] Wird dagegen nach Pfändung des elterlichen Erbanteils die Teilungsversteigerung vom Gläubiger betrieben, muß zur Erlösverteilung ein Pfleger für die Kinder bestellt werden.[127]

Die gerichtliche Genehmigung zum Antrag des Vormunds (usw.) auf Teilungsversteigerung darf nicht mit der Begründung versagt werden, daß ein geschiedener Ehegatte unter Hinweis auf seine Erklärung nach § 1477 Abs. 2 BGB der Teilungsversteigerung widerspricht.[128] Die Genehmigung kann bis zur Zuschlagserteilung zurückgenommen werden.[129]

1.5.2. Testamentsvollstrecker

Der Testamentsvollstrecker hat die Pflicht, ein zum Nachlaß gehörendes Grundstück bestmöglich zu verwerten. Es ist allein seine Entscheidung (auch gegen einen evtl. Widerspruch der Erben), ob er dies über den freihändigen Verkauf oder eine Teilungsversteigerung versucht,[130] er allein kann auch die Teilungsversteigerung beantragen.[131] Aber er verletzt seine Pflicht, wenn er es zu einem schlechten Verwertungsergebnis kommen lässt, ohne sich vorher um eine bessere freihändige Verwertung zu bemühen.[132]

Der bessere Erlös kann auch einmal über eine Teilungsversteigerung zu erzielen sein, z. B. bei besonders großer Nachfrage nach dem Grundstück, so daß sich die Interessenten gegenseitig „hochbieten", oder bei land- oder forstwirtschaftlichen Grundstücken, bei denen durch den Wegfall der bei einem freihändigen Verkauf nach dem Grundstücksverkehrsgesetz erforderlichen Genehmigung durch die Landwirtschaftsbehörde zusätzliche Interessentengruppen erschlossen und damit u. U. bessere Preise erzielt werden können,[133] wenn auch u. U. zum Nachteil des öffentlichen Interesses!

1.5.3. Nacherbschaft

Wenn das Grundstück zum Nachlaß einer Vor- und Nacherbschaft gehört, kann auch ein nicht befreiter Mitvorerbe die Versteigerung zur Aufhebung der Gemeinschaft betreiben. Da §§ 2113, 2115 BGB hier nicht greifen, weil weder vom Vorerben verfügt wird, noch Verbindlichkeiten geltend gemacht werden, muß der Nacherbe die Teilungsversteigerung gegen sich gelten lassen[134] und die Nichtberücksichtigung des Nacherbenvermerks im geringsten Gebot sowie dessen Löschung nach dem Zuschlag hinnehmen.[135] Auch ein Gläubiger des Vorerben kann nach Pfändung und Überweisung des Erbanteils

---

[126] Ähnlich Stöber § 180 Anm. 3.15.

[127] Stöber § 180 Anm. 3.15.

[128] BayObLG Rpfleger 1971, 430; Schiffhauer ZIP 1982, 529.

[129] KG 30, 18; Schiffhauer ZIP 1982, 529.

[130] RGZ 108, 289; Schiffhauer ZIP 1982, 530; Stöber § 180 Anm. 3.16.

[131] Vgl. dazu B 1.3.3.

[132] BGH FamRZ 2001, 1299; Stöber § 180 Anm. 3.16.

[133] Schiffhauer ZIP 1982, 530 und Rd L 1967, 88; 1965, 228; Klingenstein BWNotZ 1965, 25; Stöber § 180 Anm. 3.16.

[134] OLG Celle NJW 1968, 801; OLG Hamm Rpfleger 1968, 403; BayObLG MDR 1965, 749; Eickmann II 2.2.2; Schiffhauer ZIP 1982, 528; Stöber § 180 Anm. 7.16; Steiner/Teufel § 180 Rz. 47; Hamme Rz. 72; **kritisch:** Streuer Rpfleger 2002, 284.

[135] OLG Hamm Rpfleger 1968, 403; Schiffhauer ZIP 1982, 528; Jäckel/Güthe § 44 Rz. 5; Stöber § 180 Anm. 7.16.

die Teilungsversteigerung beantragen.[136] Das gilt nur dann nicht, wenn der andere Miterbe gleichzeitig der Nacherbe ist.[137] Streitig ist, ob in diesem Fall der Vorerbe selbst die Teilungsversteigerung betreiben kann; der BGH bejaht diese Frage, obwohl es keine Personenmehrheit gibt, wenn alle Miteigentumsanteile in einer Hand vereinigt sind, aber ein Anteil mit einer Nacherbschaft „belastet" ist, die dem nichtbefreiten Vorerben keine uneingeschränkte Verfügungsgewalt gibt.[138]

Allerdings wird der Versteigerungserlös von der Nacherbschaft erfaßt, und der Vorerbe haftet dem Nacherben gemäß §§ 2130 ff. BGB.[139] Eine Eigentümergrundschuld, die durch Tilgung einer hypothekarisch gesicherten Forderung aus Mitteln der Erbschaft entstanden ist, fällt in den Nachlaß,[140] während sie in das freie Vermögen des Vorerben fällt, wenn dieser die Forderung mit seinen freien Mitteln getilgt hat.[141] – Die Auseinandersetzung über den Versteigerungserlös geschieht durch die Mitglieder der Erbengemeinschaft, ist also nicht Sache des Versteigerungsgerichts.

1.5.4. Erbschaftskauf

Da der Erbschaftskäufer gemäß § 2033 Abs. 1 BGB schon mit der Erbteilsübertragung in alle Rechte des Miterben eintritt und damit das Recht des Miterben auch auf Aufhebung der Gemeinschaft ausüben kann (§ 181 Abs. 2 S. 1), kann er ohne weiteres die Teilungsversteigerung betreiben.[142]

1.5.5. Nießbrauch

Ist ein Miteigentumsanteil mit einem Nießbrauch belastet, können die anderen Miteigentümer ohne besondere Rücksichten die Teilungsversteigerung betreiben;[143] der Nießbrauch erlischt dann zwar gemäß § 182, aber der Nießbraucher hat dafür Anspruch auf einen entsprechenden Erlösanteil (der ihm allerdings nicht in einem Einmalbetrag, sondern nur in Quartalsraten ausbezahlt wird).

Aus dem belasteten Anteil kann dagegen die Teilungsversteigerung gemäß § 1066 Abs. 2 BGB zum Schutz des Nießbrauchers nur in Zusammenwirken zwischen ihm und dem Miteigentümer beantragt werden. Zu diesem Zusammenwirken ist der Nießbraucher verpflichtet, wenn die Aufhebung

---

[136] Klawikowski Rpfleger 1998, 100.

[137] Klawikowski Rpfleger 1998, 100; Schiffhauer ZIP 1982, 528; Steiner/Teufel § 180 Rz. 48; OLG Celle NJW 1968, 801.

[138] BGH NJW-Spezial 2004, 290; ebenso Stöber § 180 Anm. 2.5; Steiner/Teufel § 180 Rz. 12; **Dagegen**: Klawikowski Rpfleger 1998, 100; Schiffhauer ZIP 1982, 526.

[139] Steiner/Teufel § 180 Rz. 47.

[140] BGH NJW 1993, 3198; OLG Celle NJW 1953, 1265. Staudinger/Behrends § 2111 BGB Rz. 25; MK-Grunsky § 2111 BGB Rz. 8; **a. A.**: RGRK-Johannsen § 2111 BGB Rz. 5.

[141] Siehe FN 140.

[142] Schiffhauer ZIP 1982, 530; Stöber § 180 Anm. 3.6; **zweifelnd** Steiner/Teufel § 180 Rz. 110.

[143] Eickmann Rz. 90; Stöber § 180 Anm. 7.17. – **Streitig** ist, ob der „belastete" Miteigentümer und der Nießbraucher hier Beteiligte und Antragsgegner sind (so Eickmann und Stöber), oder ob der Nießbraucher nur Beteiligter und nicht auch Antragsgegner ist (so Steiner/Teufel § 180 Rz. 112 mit guten Gründen).

der Gemeinschaft einer ordnungsgemäßen Wirtschaft entspricht.[144] Beantragen nun beide gemeinsam die Teilungsversteigerung, so bleibt an sich der Nießbrauch bestehen, aber der belastete Bruchteil verliert seine Selbständigkeit und geht unter. Die herrschende Ansicht gibt dem Nießbraucher daher auch hier einen Anspruch auf einen entsprechenden Erlösanteil, weil der Nießbrauch an dem gesamten Grundstück nicht fortbestehen kann.[145]

Besteht der Nießbrauch am ganzen Grundstück, wird er durch die Teilungsversteigerung nicht berührt und bleibt gemäß § 182 bestehen. Hier bedarf es keiner Mitwirkung des Nießbrauchers;[146] dieser ist natürlich Verfahrensbeteiligter mit allen sich daraus ergebenden Rechten.[147]

1.5.6. Ausschluß der Teilungsversteigerung

Das Recht zur Auseinandersetzung der Gemeinschaft am Grundstück durch Teilungsversteigerung kann aus verschiedenen Gründen begrenzt oder zeitweise oder sogar auf Dauer ausgeschlossen sein. Vgl dazu das Kapitel „Entgegenstehende Rechte" unten B 1.7.

1.6. Antragsberechtigung der Gläubiger

1.6.1. Grundpfandrechte

Die Aufgabe der Teilungsversteigerung besteht darin, die Aufhebung der Gemeinschaft an einem Grundstück auch gegen den Willen einzelner Teilhaber zu ermöglichen. Das hat mit einer Überschuldung der Gemeinschaft oder einzelner ihrer Teilhaber nichts zu tun, und in der Tat werden viele Teilungsversteigerungen abgewickelt, ohne daß irgendwelche Gläubiger besonders in Erscheinung treten. Die Teilungsversteigerung ist eben keine Zwangsvollstreckung zur Durchsetzung von Geldforderungen und führt daher – im Gegensatz zu § 10 Abs. 1 Ziffer 5 bei der Forderungszwangsversteigerung – auch nicht zur Entstehung fremder Befriedigungsansprüche.

Trotzdem kommt es natürlich vor, daß die Gemeinschaft selbst bzw. alle oder einzelne ihrer Mitglieder Zahlungsverpflichtungen haben, die durch Verpfändung oder Pfändung abgesichert werden sollen. Und daraus können sich dann Forderungszwangsversteigerungen oder auch Teilungsversteigerungen entwickeln. Zu unterscheiden ist aber, ob sich das Pfandrecht auf das Grundstück bzw. einen Grundstücksanteil bezieht oder auf einen Anteil an der Gemeinschaft. Zunächst soll auf die erste Alternative eingegangen werden.[148]

Wenn sich das Pfandrecht auf das gesamte Grundstück bzw. alle Anteile an ihm bezieht, entstehen keine Probleme und Besonderheiten: Der Gläubiger kann aus diesen Grundpfandrechten die normale Forderungszwangsversteige-

---

[144] Eickmann Rz. 89; RGRK-Rothe § 1066 BGB Rz. 3; MK-Petzoldt § 1066 BGB Rz. 4; Stöber § 180 Anm. 7.17.

[145] Eickmann Rz. 87; Haegele DNotZ 1976, 5; wohl auch Stöber § 180 Anm. 7.17; Hamme Rz. 71. **str. a. A.:** Steiner/Teufel § 180 Rz. 112, der unter Berufung auf die Motive zum BGB Band III S. 498 den Nießbrauch auch nach dem Zuschlag am (ganzen) Grundstück bestehen läßt und daher die Mitwirkung des Nießbrauchers für unnötig hält.

[146] Stöber § 180 Anm. 7.17; Steiner/Teufel § 180 Rz. 112.

[147] Dazu Storz/Kiderlen ZV-Praxis B 1. – Zum Nießbrauch vgl. auch unten B 5.1.3.

[148] Zur zweiten Alternative vgl. B 1.6.2.

rung des ganzen Grundstücks betreiben oder auch sonstige Vollstreckungsmaßnahmen ergreifen (z. B. Zwangsverwaltung, Mietpfändung, Eintragung einer Zwangshypothek).[149]

Falls es (ohne sein Zutun) zu einer Teilungsversteigerung kommen sollte, hat er nichts zu befürchten, weil seine Grundpfandrechte gemäß § 182 Abs. 1 im geringsten Gebot zu berücksichtigen und vom Ersteher zu übernehmen sind (vgl. §§ 44, 52: Deckungs- und Übernahmegrundsatz).[150] Die auf dem Grundstück lastenden Rechte gehen also dem Auseinandersetzungsanspruch des jeweiligen Antragstellers vor – bei unterschiedlicher Belastung der einzelnen Anteile kann es trotzdem zu Konflikten kommen.[151]

Allerdings muß der Gläubiger bestehenbleibender Grundschulden beachten, daß eventuelle Rückgewährsansprüche im Zweifel allen früheren Grundstücksmiteigentümern zustehen, so daß er sich leicht schadensersatzpflichtig macht, wenn er bei einer Verfügung über diese bestehengebliebenen Grundschulden nur die Interessen des Erstehers berücksichtigt.[152]

Beispiel: Die Eheleute waren je zur Hälfte Miteigentümer der Ehewohnung. In der Teilungsversteigerung hat der Ex-Ehemann die Wohnung erworben unter Übernahme einer Grundschuld der Sparkasse über 200 000,– zuzüglich 18 % Zinsen. Im Zeitpunkt des Zuschlags betrug die gesicherte Forderung nur noch 88 000,–. Ein halbes Jahr nach Zuschlag erteilte die Sparkasse auf den Wunsch des Erstehers Löschungsbewilligung gegen Zahlung von 88 000,–. Die Exehefrau verlangt jetzt eine Entschädigung sowohl von ihrem Exmann als auch von der Sparkasse in Höhe der Hälfte des Differenzbetrages zwischen der Darlehensvaluta im Zeitpunkt des Zuschlags einerseits und Grundschuld-Hauptsumme zuzüglich 18 % Zinsen zwischen Zuschlag und Auszahlung. Schwierig und streitig ist die Frage, ob die Exfrau Bereicherungsansprüche gegen den Exmann geltend machen kann und ggf. unter welchen Voraussetzungen.[153] Unstreitig sind aber wohl Schadensersatzansprüche gegen die Sparkasse wegen Vereitelung ihres Rückgewähranspruchs.[154]

Schwieriger wird es für den Gläubiger, wenn sein Schuldner lediglich Miteigentümer eines Grundstücks oder Teilhaber einer Gemeinschaft ist. Bei Bruchteilsgemeinschaften kann der Gläubiger auf den Miteigentumsanteil seines Schuldners direkt zugreifen, und zwar
– durch rechtsgeschäftliche Bestellung eines Grundpfandrechts oder
– durch Eintragung einer Zwangshypothek oder
– durch vertraglichen oder Pfändungszugriff auf die Rückgewähransprüche aus vorrangig eingetragenen Grundschulden.[155]

---

[149] Vgl. dazu Storz/Kiderlen ZV-Praxis A 1.1.

[150] Vgl. dazu Storz/Kiderlen ZV-Praxis B 4.3.

[151] Dazu unten B 5.

[152] Vgl. BGH ZIP 1996, 1981 und 1268; 1993, 887. LG Itzehoe EWiR 1998, 169 (Hintzen); Köndgen EWiR 1993, 973. – Vgl. dazu auch A 1.4.; C 8.3.2.; C 9.4.3. und BGH NJW 1989, 1349, 1974, 2279 sowie ZIP 1986, 900.

[153] Vgl. BGH ZIP 1996, 1981 = EWiR 1996, 1127 (Gaberdiel); EWiR 1993, 973 (Köndgen); LG Itzehoe EWiR 1998, 169 (Hintzen).

[154] Köndgen EWiR 1993, 973.

[155] Auch der Anteil an den Früchten = Mieten des Grundstückes wäre möglich, führt aber (im Erfolgsfall) zur direkten Befriedigung des Gläubigers und nicht zu einer dinglichen Absicherung.

Damit hat er seinen persönlichen (Geld-)Anspruch dinglich gesichert und (in den ersten beiden Fällen) auch den gesetzlichen Löschungsanspruch des § 1179 a BGB erworben. Die tatsächlichen Befriedigungsaussichten bei einer Forderungszwangsversteigerung aus diesen Rechten oder direkt aus einer titulierten persönlichen Forderung[156] sind aber erstens stark vom Rang seines dinglichen Rechtes abhängig: Falls es nachrangig ist und er alleine die Zwangsversteigerung betreibt, wird u. U. das geringste Gebot so hoch, daß niemand mehr zu bieten bereit ist,[157] und wenn auch vorrangige Gläubiger betreiben, so daß das geringste Gebot für Interessenten attraktiv genug ist, hat er u. U. nur geringe Einflußmöglichkeiten auf das Verfahren,[158] und er verliert sein Grundpfandrecht ersatzlos, wenn der Versteigerungserlös zu seiner Befriedigung nicht ausreicht.

Hinzu kommt aber zweitens, daß die Befriedigungsaussichten generell dadurch stark beeinträchtigt sind, daß der Gläubiger alleine nur den belasteten Bruchteil zur Versteigerung bringen kann, und daß der isolierte Erwerb eines Bruchteils in aller Regel für außenstehende Dritte uninteressant ist, so daß schon deshalb wenig oder nichts geboten wird. Derartige Versteigerungen enden dann häufig gemäß § 77: „Außer Kosten nichts gewesen."[159]

Eine weitere Gefahr für diesen Gläubiger besteht dann, wenn die anderen Miteigentümer (oder deren Gläubiger) die Teilungsversteigerung betreiben. Denn gemäß § 182 Abs. 1 werden Grundstücksrechte, die nur den Anteil des Antragsgegners belasten, bei der Feststellung des geringsten Gebots nicht berücksichtigt, weil der Auseinandersetzungsanspruch der anderen Miteigentümer schon bei Gründung der Bruchteilsgemeinschaft entstanden ist und nicht durch (spätere) Belastungen des Bruchteils beeinträchtigt werden soll.[160] Zwar könnte ein Beitritt zu dieser Teilungsversteigerung aus dem belasteten Bruchteil erfolgen, und dann wäre formal der Schutz des § 182 Abs. 1 erreicht, aber erstens ist die Berücksichtigung im geringsten Gebot in diesen Fällen nicht immer gewährleistet,[161] und zweitens bedeutet das alleine ja auch noch keine Befriedigung durch Zahlung!

Der Gläubiger kommt also über die direkte Forderungszwangsversteigerung allein des Miteigentumsanteils seines Schuldners nur selten zu einer Befriedigung seiner Geldforderung. Deshalb wird häufig versucht, aus dem Vollstreckungstitel gegen den Schuldner dessen Auseinandersetzungsanspruch (§ 749 Abs. 1 BGB) in die Hand zu bekommen und diesen dann durchzusetzen, damit das ganze Grundstück versteigert wird.

Die ganz überwiegende Ansicht in Literatur und Rechtsprechung hält die Pfändung des Miteigentümer − Bruchteils selbst aber dazu für ungeeignet, weil gemäß § 864 Abs. 2 ZPO die Zwangsvollstreckung in den Bruchteil nur durch Eintragung einer Zwangshypothek, durch Zwangsversteigerung oder Zwangsverwaltung zulässig ist.[162] Neuerdings wird aber auch die Auffassung

---

[156] Vgl. dazu Storz/Kiderlen ZV-Praxis C 1.1.1.
[157] Vgl. dazu Storz/Kiderlen ZV-Praxis B 6.2.5.
[158] Vgl. dazu Storz/Kiderlen ZV-Praxis B 6.4.
[159] Vgl. dazu Storz/Kiderlen ZV-Praxis D 4.2.
[160] So: Denkschrift zum ZVG, 1897 S. 69.
[161] Dazu unten B 5.
[162] Dazu unten B 1.6.2.

vertreten, der Gläubiger einer den Miteigentumsanteil belastenden Zwangshypothek könne gemäß § 751 ZPO ohne Pfändung und Überweisung des Auseinandersetzungsanspruchs und des Anspruchs auf Mitwirkung der anderen Miteigentümer an der Teilung und Auszahlung des Erlöses die Teilungsversteigerung direkt betreiben.[163]

Aber selbst wenn man dieser Einzelmeinung bis dahin folgt, bleibt die Frage nach der tatsächlichen Befriedigungsaussicht offen, denn die Zwangshypothek bliebe ja gem. § 182 Abs. 1 dann bestehen und würde zusammen mit dem Ausgleichsbetrag des § 182 Abs. 2 das geringste Gebot (i. d. R. zu stark!) erhöhen. Ob das Problem dann über § 59[164] geregelt werden kann, indem das Erlöschen der Zwangshypothek vereinbart wird, muß bezweifelt werden. Insbesondere ist m. E. die Annahme unzutreffend, diese Abweichung beeinträchtige niemanden und sei deshalb sogar ohne Doppelausgebote durchführbar;[165] immerhin sind die anderen Miteigentümer schon wegen des Schicksals des Ausgleichsbetrages auf alle Fälle beeinträchtigt und müssen daher der Abweichung zustimmen.[166]

1.6.2. (Ver-)Pfändung des Auseinandersetzungsanspruchs

1.6.2.1. Bruchteilsgemeinschaft

Die Verpfändung ist bei einer Bruchteilsgemeinschaft nur in der Weise möglich, daß ein Grundpfandrecht an dem Bruchteil des Schuldners bestellt und aus diesem die Zwangsversteigerung betrieben wird, allerdings eben nur des Bruchteils, nicht die Teilungsversteigerung.[167]

Die Zwangsvollstreckung in den Miteigentumsanteil an einem Grundstück erfolgt gemäß § 864 Abs. 2 ZPO im Wege der Immobiliarzwangsvollstreckung, also durch Zwangsversteigerung, Zwangsverwaltung oder Eintragung einer Zwangshypothek. Der Miteigentümer kann gemäß § 749 Abs. 1 BGB die Aufhebung der Gemeinschaft verlangen, was gemäß § 753 Abs. 1 BGB durch Teilungsversteigerung und Teilung des Erlöses geschieht.[168] Diese Ansprüche auf

- Aufhebung der Gemeinschaft und
- Mitwirkung bei der Teilung und anteilmäßigen Auszahlung des Versteigerungserlöses außerhalb des Teilungsversteigerungs-Verfahrens sowie
- Auszahlung des auf den Pfändungsschuldner entfallenden Erlösanteils

kann der Gläubiger gemäß §§ 857, 829, 835 ZPO pfänden und sich zur Einziehung überweisen lassen[169] und dann die Teilungsversteigerung des ganzen

---

[163] Gramentz S. 357 ff.

[164] Vgl. dazu ausführlich Storz/Kiderlen ZV-Praxis D 2.1.1. und Schiffhauer Rpfleger 1986, 326.

[165] **So aber** Gramentz S. 367.

[166] Im Ergebnis ebenso: Schiffhauer Rpfleger 1990, 317.

[167] Eickmann II 3.2.1; Stöber § 180 Anm. 11.9 a.

[168] BGH NJW 1983, 2449.

[169] BGH Rpfleger 1985. 205; 1984, 283 mwN; OLG Hamm NJW-RR 1992, 665; OLG Köln OLGZ 1969, 338; LG Stendal Rpfleger Rpfleger 1998, 122; LG Aurich Rpfleger 1962, 412 (zust Anm. Berner); LG Bremen Rpfleger 1955, 107 (**krit.** Anm. Berner); LG Hamburg MDR 1977, 1019; AG Schwäbisch Hall Rpfleger 1991, 520; Stöber Forderungspfändung Rz. 1544 f; Böttcher § 180 Rz. 55; Dassler/Hintzen § 181 Rz. 50; Soergel-Baur

Grundstücks betreiben und anteilmäßige Auskehrung des Versteigerungserlöses an sich verlangen.

Beispiel:[170] S ist Miteigentümer eines Grundstücks. Sein Gläubiger beantragt die Pfändung und Überweisung des Miteigentums-Anteils, hilfsweise der Ansprüche auf Aufhebung der Gemeinschaft sowie auf Teilung und Auszahlung des Erlöses.

Der Hauptantrag ist wegen § 864 Abs. 2 ZPO abzuweisen, aber der Hilfsantrag ermöglicht dem Gläubiger die Teilungsversteigerung.

Ein evtl. gemäß § 749 Abs. 2 BGB vereinbarter Ausschluß der Teilung schließt selbst bei Eintragung im Grundbuch gemäß § 751 S. 2 BGB die Pfändung nicht aus; der Vollstreckungstitel muß aber rechtskräftig sein, bevor die Teilungsversteigerung betrieben werden kann.[171]

Streitig ist, ob der die Teilungsversteigerung betreibende Pfändungsgläubiger den Beschränkungen des § 1365 BGB unterliegt, also die Zustimmung des Ehegatten benötigt, wenn bei einer Zugewinngemeinschaft der Anteil seines Schuldners/Ehegatten dessen wesentliches Vermögen darstellt. Diese Frage ist mit der herrschenden Ansicht zu verneinen, dh er benötigt keine Zustimmung.[172]

Der Pfändungsgläubiger übernimmt in der Teilungsversteigerung die Rolle des Antragstellers/Gläubigers und übt die Rechte des Miteigentümers aus.[173] Er wird damit auch Beteiligter i. S. d. § 9 Nr. 1; aber auch der Miteigentümer/Schuldner bleibt Verfahrensbeteiligter mit allen verfahrensrechtlichen Konsequenzen. Nur muß er sich gemäß §§ 859 Abs. 2, 857, 829 ZPO jeder Verfügung über den gepfändeten Anteil enthalten und darf daher keine Erklärungen abgeben oder sonstigen Maßnahmen ergreifen, die das Pfändungspfandrecht beeinträchtigen oder die Einziehungsbefugnis verletzen.[174] Deshalb

---

§ 1008 BGB Rz. 9; Baur/Stürner § 864 ZPO Rz. 572; Stein/Jonas/Münzberg § 864 ZPO Rz. 14; Furtner NJW 1969, 871; 2957, 1620; Schiffhauer ZIP 1982, 530; Brox/Walker Rz. 804; Stöber § 180 Anm. 11.2/3; Steiner/Teufel § 180 Rz. 26. **str. a. A.:** KG NJW 1953, 1832; Staudinger/Huber § 749 BGB Rz. 58 f; MK-Schmidt § 749 BGB Rz. 23; MK-Eickmann § 864 ZPO Rz. 28; Hoffmann JuS 1971, 20. Diese Frage ist deshalb etwas „heikel", weil der Aufhebungsanspruch nach allgemeiner Ansicht nicht als solcher übertragbar und damit gemäß § 851 Abs. 1 ZPO auch nicht pfändbar ist. Aber er kann dem Zessionar des künftigen Erlösteilungs- und -Auszahlungsanspruchs zur Ausübung überlassen werden (§ 857 Abs. 3 ZPO).

[170] Nach Brox/Walker Rz. 801–804.

[171] LG Braunschweig NJW 1969, 165; LG Wuppertal NJW 1961, 785; OLG Hamm Rpfleger 1961, 201 (Anm. Haegele); Furtner NJW 1969, 871; Eickmann II 3.1.1; Stöber Forderungspfändung Rz. 1545; Steiner/Teufel § 180 Rz. 26; Stöber § 180 Anm. 11.4.

[172] Ebenso BGH FamRZ 2006, 856; OLG Karlsruhe Rpfleger 2004, 235; KG EWiR 1992, 623 (zust Anm. Wolff); OLG Karlsruhe Rpfleger 2004, 235; OLG Düsseldorf EWiR 1991, 55 (Storz); OLG Köln NJW-RR 1989, 325; Hamburg MDR 1982, 330 (LS) und NJW 1970, 952; LG Bielefeld NJW 1989, 518; LG Braunschweig NJW 1969, 1675; Schiffhauer ZIP 1982, 530; Erman/Heckelmann § 1365 BGB Rz. 14; Soergel/Lange § 1365 Rz. 42; MK-Gernhuber § 1365 BGB Rz. 45; Palandt-Brudermüller § 1365 BGB, Rz. 8; Staudinger-Thiele § 1365 BGB Rz. 16; **str. a. A.:** Steiner/Teufel § 180 Rz. 22, Stöber § 180 Anm. 3.13 n; Böttcher Rpfleger 1993, 392.

[173] OLG Hamburg MDR 1958, 45; LG Braunschweig NJW 1969, 1675; Stöber Rpfleger 1963, 337; Schiffhauer ZIP 1982, 530; Stöber § 180 Anm. 11.10.

[174] OLG Hamm Rpfleger 1958, 269 (Anm. Haegele); OLG Köln JR 1955, 225; LG Wuppertal NJW 1961, 785; Hill MDR 1959, 92.

ist streitig, ob er ohne Zustimmung des Pfändungsgläubigers die Teilungsversteigerung beantragen kann[175] und ob er unabhängig von diesem die einstweilige Einstellung gem. § 180 Abs. 2 beantragen kann. Beide Fragen sind zu bejahen, letztere deshalb, weil § 180 Abs. 2 gerade ihn schützen will.[176] Deshalb muß er auch gemäß §§ 180 Abs. 2, 30b belehrt werden, selbst wenn „sein" Pfändungsgläubiger die Teilungsversteigerung beantragt.[177] Außerdem steht dem Miteigentümer/Schuldner der Vollstreckungsschutz des § 765a ZPO zu, wobei die Entscheidung hierüber die eigentliche Vollstreckung des Pfändungsgläubigers betrifft und nur mittelbar die Teilungsversteigerung. Deshalb muß die Frage außerhalb des eigentlichen Versteigerungsverfahrens entschieden werden.[178]

Dagegen ist wohl unstreitig, daß der Pfändungsgläubiger den Versteigerungsantrag des Miteigentümers/Schuldners nicht zurücknehmen darf,[179] und daß dieser auch selbständig Erinnerung/sofortige Beschwerde gegen den Zuschlag einlegen kann.[180]

Die Pfändung des Aufhebungs- und Mitwirkungsanspruchs schützt den Gläubiger nicht vor einer Vollstreckung anderer Gläubiger gem. § 864 Abs. 2 ZPO in den Grundstücksanteil seines Schuldners. Deshalb wird empfohlen, u. U. neben der Teilungsversteigerung auch die Forderungszwangsversteigerung in den Anteil zu betreiben, oder eine Zwangshypothek auf dem Anteil einzutragen, wobei die Auswirkungen auf das geringste Gebot bedacht werden müssen, weil sich dieses durch Zwangshypothek und Ausgleichsbetrag gem. § 182 stark erhöhen kann.[181]

Gegen die durch den Pfändungsgläubiger betriebene Teilungsversteigerung können sich der Miteigentümer/Schuldner und auch die anderen Miteigentümer durch Gläubiger-Ablösung nach §§ 268 ff. BGB[182] oder durch Zahlung gem. § 75 schützen.[183] Unter anderem auch wegen dieser Möglichkeit kann

---

[175] Bejahend: Thür. OLG Rpfleger 2001, 445; Stein/Jonas/Brehm § 859 ZPO, Rz. 31; Böttcher Rpfleger 1993, 391; OLG Hamm Rpfleger 1958, 269; LG Osnabrück Rpfleger 1956, 103 (für Erbengemeinschaft); LG Wuppertal NJW 1961, 785; Hill MDR 1959, 92; Schiffhauer ZIP 1982, 531; Steiner/Teufel § 180 Rz. 28; **str. a. A.:** OLG Hamburg MDR 1958, 45; Stöber § 180 Anm. 11.10 und Rpfleger 1963, 337; LG Frankenthal Rpfleger 1985, 500.

[176] OLG Hamm Rpfleger 1958, 269 (zust Anm. Haegele); LG Kempten NJW 1976, 299; LG Stendal Rpfleger 1998, 122; LG Braunschweig Nds Rpfl 1956, 74; Schiffhauer ZIP 1982, 531; Stöber Rpfleger 1963, 337; Stöber § 180 Anm. 11.12; Steiner/Teufel § 180 Rz. 29 und 135; Eickmann IV 2.1; Hintzen D 101; Böttcher § 180 Rz. 66; **str. a. A.:** RGZ 65, 414; OLG Hamburg MDR 1958, 45; LG Berlin Rpfleger 1991, 107; LG Aschaffenburg MDR 1959, 135; LG Osnabrück Rpfleger 1960, 409 (zust Anm. Mohrbutter); Hill MDR 1959, 92; Drischler JurBüro 1964, 471.

[177] Schiffhauer ZIP 1982, 531.

[178] Stöber § 180 Anm. 11.12 c.

[179] LG Wuppertal NJW 1961, 785; Schiffhauer ZIP 1982, 531; Stöber § 180 Anm. 11.10 i; Steiner/Teufel § 180 Rz. 28.

[180] LG Osnabrück Rpfleger 1956, 102; Schiffhauer ZIP 1982, 531.

[181] Steiner/Teufel § 180 Rz. 30. – ME sind beide Alternativen nur in ganz bestimmten Einzelfällen sinnvoll; aber dann hat es sich eben gelohnt!

[182] Ebenso Eickmann Rz. 64; Palandt/Sprau § 751 BGB Rz. 2; **abweichend** Stöber § 180 Anm. 11.101 und MK-Schmidt § 751 Rz. 6: das Ablösungsrecht bestehe nur, wenn ein Pfändungsgläubiger trotz des sonst geltenden Aufhebungsverbotes die Teilungsversteigerung betreibe.

[183] Zur Ablösung und zu § 75 ausführlich Storz/Kiderlen ZV-Praxis B 7. und D 3.5.3.

der Gläubiger eines Miteigentümers u. U. auch in sonst aussichtslosen Fällen über eine Teilungsversteigerung doch noch zu einer Befriedigung seiner Ansprüche kommen.[184]

1.6.2.2. Erbengemeinschaft

Der Anteil eines Miterben am ungeteilten Nachlaß kann gemäß § 2033 Abs. 1 BGB verpfändet werden; dies bedarf gemäß §§ 1274, 2371 BGB der öffentlichen Beurkundung. Vor der Pfandreife (§ 1228 Abs. 2 BGB) können aber nur Pfandgläubiger und Miterbe/Schuldner gemeinsam die Teilungsversteigerung beantragen.[185]

Wenn der Erblasser gemäß § 2044 Abs. 1 BGB die Auseinandersetzung ausgeschlossen hat, wirkt dies gemäß § 751 BGB auch gegen den Pfandgläubiger; dagegen ist ein von den Miterben vereinbarter Ausschluß ihm gegenüber gemäß §§ 1273 Abs. 2, 1258 Abs. 2 S. 1 BGB unwirksam.[186]

Der Anteil eines Miterben am ungeteilten Nachlaß (nicht am Grundstück selbst, auch wenn dieses den ganzen Nachlaß darstellt) kann auch gepfändet werden (§ 859 Abs. 2 ZPO). Die Eintragung eines Pfändungsvermerks im Grundbuch ist zwar zulässig[187] und zum Schutz gegen unberechtigte Verfügungen des Erben u. U. auch sinnvoll, zum Betreiben der Teilungsversteigerung aber dann nicht nötig, wenn der Pfändungsgläubiger sich den gepfändeten Anteil hat zur Einziehung überweisen lassen.[188] Drittschuldner sind die übrigen Miterben, der Testamentsvollstrecker oder Nachlaßverwalter.[189] Nach Pfändung und Überweisung kann der Pfändungsgläubiger die Teilungsversteigerung direkt betreiben, eine besondere Vollstreckung in den Auseinandersetzungsanspruch ist also nicht erforderlich.[190]

Die Erbteilspfändung verschafft dem Gläubiger noch kein Recht an den einzelnen Nachlaßgegenständen;[191] der Erlös aus der Teilungsversteigerung eines Nachlaßgrundstücks steht also der Erbengemeinschaft zu,[192] wobei die Pfändung fortbesteht. Der Gläubiger kann gemäß § 2042 BGB auf Auseinandersetzung klagen und sein Pfändungspfandrecht an der dem Miterben/Schuldner zugeteilten Forderung geltend machen.[193]

Der Pfändungsgläubiger muß zwar die Auseinandersetzung des ganzen Nachlasses betreiben,[194] aber er braucht nicht alle Nachlaßgrundstücke gleichzeitig zu versteigern; u. U. würde er damit sogar gegen Treu und Glauben verstoßen, wenn begründete Aussicht besteht, daß er schon durch Versteigerung eines Grundstücks volle Befriedigung erhält. Ein Verstoß gegen Treu

---

[184] Schiffhauer ZIP 1982, 530.

[185] Nach der Pfandreife der Pfandgläubiger allein; Jäckel/Güthe § 181 Rz. 8; Stöber Rpfleger 1963, 337; Eickmann II 3.2.4.; Stöber § 180 Anm. 11.9 c.

[186] Eickmann II 3.2.4; MK-Damrau § 1274 Rz. 26 e; Jansen § 86 FGG Rz. 18; Stöber § 180 Anm. 11.9 c.

[187] RGZ 90, 232; Schiffhauer ZIP 1982, 530.

[188] Ex §§ 2044 Abs. 1, 751 S. 2 BGB: Schiffhauer ZIP 1982, 530; Stöber § 180 Anm. 11.5 b.

[189] RGZ 86, 294; Stöber § 180 Anm. 11.5 c; Steiner/Teufel § 180 Rz. 53.

[190] KG NJW 1953, 1832; Stöber § 180 Anm. 11.5 b; Steiner/Teufel § 180 Rz. 53.

[191] BGH NJW 1967, 200; Steiner/Teufel § 180 Rz. 62.

[192] BGH Rpfleger 1967, 171.

[193] BGH Rpfleger 1969, 750; Steiner/Teufel § 180 Rz. 62.

[194] AG Nürtingen MDR 1961, 606; Stöber § 180 Anm. 11.5 a.

und Glauben wird auch dann bejaht, wenn der Miterbe/Schuldner nur Vorerbe und der andere Miterbe insoweit Nacherbe ist.[195] Die Antragsberechtigung des Pfändungsgläubigers wird gemäß §§ 2042 Abs. 2, 2044 Abs. 1 S. 2, 751 S. 2 BGB weder durch eine vom Erblasser angeordnete noch durch eine von den Miterben vereinbarte Beschränkung der Auseinandersetzung behindert, wenn sein Vollstreckungstitel rechtskräftig ist.[196] Streitig ist ob die anderen Miterben ein Ablösungsrecht gegenüber dem Pfändungsgläubiger haben,[197] was mindestens dann zu bejahen ist, wenn die Auseinandersetzung durch Anordnung oder Vereinbarung eigentlich ausgeschlossen ist.[198]

Der Miterbe/Schuldner kann nach herrsch Ansicht trotz der Pfändung die Teilungsversteigerung[199] und auch die einstweilige Einstellung gemäß § 180 II beantragen,[200] Ist die Erbteilspfändung oder -verpfändung im Grundbuch eingetragen, braucht ein Dritter für eine Vollstreckung in das Grundstück einen Duldungstitel auch gegen den Pfändungsgläubiger oder dessen Zustimmung. Das gilt aber weder für die übrigen Miterben noch für deren Gläubiger; hier ist nur die Zustimmung des Gläubigers zur Auseinandersetzung über den Erlös nötig.[201]

Wenn bei einem Erbteil ein früheres Vertragspfandrecht mit einer späteren Pfändung zusammentrifft, geht ersteres nach heute allg Ansicht vor.[202]

Ist eine Erbengemeinschaft an einer Bruchteilsgemeinschaft beteiligt, so kann der Miterbe und sein Gläubiger sofort die Teilungsversteigerung des gesamten Grundstücks betreiben (sog „großes Antragsrecht").[203]

1.6.2.3. Gütergemeinschaft

Eine Anteilsverpfändung ist nicht möglich, weil gem. § 1419 Abs. 1 BGB keiner der Ehegatten über seinen Anteil oder über einzelne Gegenstände verfügen darf.

Eine Anteilspfändung ist dagegen gemäß § 860 Abs. 2 ZPO nach Beendigung der Gütergemeinschaft, aber vor ihrer Auseinandersetzung möglich.[204] Der Gläubiger kann nach Pfändung und Überweisung den Auseinandersetzungsanspruch seines Schuldners (vgl. § 1471 Abs. 2 BGB) geltend machen.[205]

---

[195] OLG Celle NJW 1968, 801; Steiner/Teufel § 180 Rz. 56; nach Schiffhauer ZIP 1982, 528 kann der Gläubiger des Vorerben die TV nie betreiben.

[196] Eickmann Rz. 78; Steiner/Teufel § 180 Rz. 60.

[197] Ganz ablehnend: RGZ 167, 298.

[198] So OLG Karlsruhe NJW-RR 1992, 713.

[199] OLG Hamm Rpfleger 1958, 269; LG Wuppertal NJW 1961, 785; AG Bad Kreuznach Rpfleger 1966, 42; Schiffhauer ZIP 1982, 526; Steiner/Teufel § 180 Rz. 61; **str. a. A.:** OLG Hamburg MDR 1958, 45; Stöber Rpfleger 1963, 337.

[200] OLG Hamm Rpfleger 1958. 269; LG Stendal Rpfleger 1998, 122; LG Kempten NJW 1976, 299; Dassler/Hintzen § 180 Rz. 84; Stöber § 180 Anm. 11.12; Steiner/Teufel § 180 Rz. 142; **str. a. A.:** LG Berlin, Rpfleger 1991, 107; LG Osnabrück Rpfleger 1960, 409; LG Aschaffenburg Rpfleger 1959, 135; Hill MDR 1959, 54.

[201] BayObLG Rpfleger 1960, 157; AG Bad Kreuznach RpflJBl 1966, 42; Stöber § 180 Anm. 11.11.

[202] BGH Rpfleger 1969, 290; Wellmann NJW 1969, 1903; Steiner/Teufel § 180 Rz. 57; Stöber § 180 Anm. 11.6; **früher a. A.:** RGZ 84, 395.

[203] Vgl. dazu ausführlich B 1.4.3.

[204] Eickmann II 3.1.3; Stöber § 180 Anm. 11.8.

[205] Stöber, Forderungspfändung Rz. 1643; Eickmann Rz. 76.

1.6.2.4. Gesellschaft

Ein Gesellschaftsanteil kann verpfändet werden, wenn die anderen Gesellschafter zustimmen. Die Verwertung dieses Pfandrechts geschieht gemäß § 1277 S. 1 BGB durch Pfändung nach § 857 Abs. 1 ZPO, die ihrerseits die Versteigerung des Anteils gemäß §§ 857 Abs. 5, 844 ZPO zur Folge hat. Der Gesellschaftsanteil oder auch der Vermögenswert der Beteiligung kann auch gemäß §§ 857 Abs. 1, 829 ZPO gepfändet werden. Damit tritt der Pfändungsgläubiger aber nicht an die Stelle des Gesellschafters/Schuldners; ihm stehen gemäß § 725 Abs. 2 BGB auch nicht die Gesellschaftsrechte zu, damit den übrigen Gesellschaftern nicht ein neuer Gesellschafter aufgedrängt wird. Die übrigen Gesellschafter können daher weiter über die einzelnen zum Gesellschaftsvermögen gehörenden Gegenstände verfügen. Der Pfändungsgläubiger kann gemäß § 725 Abs. 1 BGB aber die Gesellschaft (fristlos) kündigen, wenn er einen rechtskräftigen Vollstreckungstitel hat. Dann muß die Gesellschaft entweder gemäß § 730 Abs. 1 S. 2 BGB liquidiert und unter den Gesellschaftern auseinandergesetzt werden. Oder die übrigen Gesellschafter führen die Gesellschaft auf Grund einer vertraglichen Fortsetzungsklausel gemäß § 736 BGB fort; dann findet die Auseinandersetzung gemäß § 738 BGB zwischen ihnen und dem ausscheidenden Gesellschafter/Schuldner statt. Das Pfändungspfandrecht setzt sich gemäß § 738 Abs. 1 S. 2 BGB an dem Auszahlungsanspruch fort. Die übrigen Gesellschafter können sich gegen die Teilungsversteigerung u. U. durch Ablösung des Pfändungsgläubigers wehren.[206]

Streitig ist, ob der Pfändungsgläubiger nur das Recht zur Kündigung der Gesellschaft (§ 725 Abs. 1 BGB) und damit z. B. weder ein Mitwirkungsrecht bei der Liquidation noch gar eine Antragsberechtigung für die Teilungsversteigerung erhält (so die früher herrschende Ansicht),[207] oder ob mit der Anteilspfändung unmittelbar auch die weitergehenden Rechte verbunden sind.[208] Nach der früher herrschenden Ansicht muß der Pfändungsgläubiger den Schuldner und seine Mitgesellschafter auf dem Klagewege zum Betreiben der Auseinandersetzung zwingen.

Drittschuldner der Pfändung sind alle übrigen Gesellschafter; deshalb reicht eine Zustellung des Pfändungsbeschlusses an die geschäftsführenden Gesellschafter nicht aus.[209]

Gepfändet werden können auch lediglich die Ansprüche des Gesellschafters auf seinen Gewinnanteil und sein (künftiges) Auseinandersetzungsguthaben, denn diese Ansprüche sind gemäß § 717 S. 2 BGB selbständig übertragbar.

---

[206] Clasen NJW 1965, 2142; Furtner MDR 1965, 613.

[207] RGZ 95, 231; LG Hamburg Rpfleger 1989, 519; 1983, 35 (aufgegeben durch LG Hamburg Rpfleger 2002, 532); MK-Ulmer § 725 Rz. 14 m. w. N.; Staudinger/Kessler § 725 Rz. 9.

[208] BGH Rpfleger 1992, 260 (zust Anm. Hintzen); LG Hamburg Rpfleger 2002, 532; LG Konstanz Rpfleger 1987, 427; Behr Rpfleger 1983, 36; Eickmann II 3.1.2; Steiner/Teufel § 180 Rz. 37; Dassler/Hintzen § 181 Rz. 65; Hintzen A 55; Böttcher § 180 Rz. 58; Stöber § 180 Anm. 11.7.

[209] Brox/Walker Rz. 775 **gegen** BGHZ 95, 392; Stöber Forderungspfändung Rz. 1557, wonach Drittschuldner die Gesamthand ist, so daß Zustellung an die Geschäftsführer reicht; **offengelassen** von BFH NJW 1987, 2703.

Der Schuldner kann einer derartigen Pfändung aber leicht dadurch ausweichen, daß er mit Zustimmung der übrigen Gesellschafter über seinen Gesellschaftsanteil als solchen verfügt, bevor die gepfändeten Ansprüche entstehen.[210] Trotz Pfändung kann auch der Schuldner (ohne Zustimmungspflicht durch den Gläubiger) selbst die Teilungsversteigerung beantragen.[211]

1.6.3. Vorgehen gegen Anfechtungsgegner

Wenn ein Schuldner seinen Miteigentumsanteil an einem Grundstück in einer nach § 3 Anfechtungsgesetz anfechtbaren Weise auf einen Dritten übertragen hat,[212] der jetzt Alleineigentümer des ganzen Grundstücks ist, kann der Gläubiger auch ohne vorherige Pfändung und Überweisung der Ansprüche auf Aufhebung der Gemeinschaft sowie auf Teilung und Auskehrung des Erlöses[213] die Duldung der Zwangsversteigerung des ganzen Grundstücks verlangen.[214] Entsprechendes gilt, wenn ein Miterbe seinen Anteil an den einzigen Miterben übertragen hat und der Nachlaß nur aus dem betr. Grundstück besteht.[215] Die Anfechtung nach dem Anfechtungsgesetz muß durch Klage erfolgen; deshalb muß der Alleineigentümer auf Duldung verklagt werden, es liegt ja kein Fall des § 181 Abs. 1 vor.

Dem Anfechtungsgegner steht bei der Erlösverteilung ein Ersatz seiner werterhöhenden Aufwendungen zu,[216] und der Gläubiger des (früheren) Miteigentümers/Schuldners kann auch nur auf denjenigen Teil des Versteigerungserlöses zugreifen, der dem Miteigentümer/Schuldner ohne die angefochtene Rechtshandlung zugestanden hätte.

1.7. Entgegenstehende Rechte

Die Teilungsversteigerung bezweckt gemäß § 180 Abs. 1 die Aufhebung einer Gemeinschaft. Deshalb ist sie nur zulässig, wenn der Aufhebung der Gemeinschaft selbst kein Recht (insbesondere kraft Gesetz oder Vereinbarung) dauernd oder auf Zeit entgegensteht. Die materiell-rechtlichen Voraussetzungen der Teilungsversteigerung ergeben sich daher insbesondere aus den für die aufzuhebende Gemeinschaft geltenden Regelungen, weitgehend auch aus dem Familien- und Erbrecht.

Für die Frage, ob der Teilungsversteigerung oder ihrer Fortsetzung Rechte entgegenstehen (§ 28), ist dann aber auch das Verfahrensrecht von ZPO und ZVG maßgebend. Wichtig ist, daß in der Teilungsversteigerung (im weitgehenden Gegensatz zur Forderungszwangsversteigerung) die meisten entgegenstehenden Rechte i. d. R. nur berücksichtigt werden, wenn sie vom Antragsgegner geltend gemacht werden.

---

[210] Brox/Walker Rz. 774.

[211] Thür. OLG Rpfleger 2001, 445; OLG Hamm NJOZ 2002, 928; Hintzen Rpfleger 2004, 81.

[212] Entsprechendes muß m. E. für andere Anfechtungsfälle z. B. nach BGB oder InsO gelten, wenn wegen der Anfechtung geklagt werden muß.

[213] Vgl. dazu oben B 1.6.2.1.

[214] BGH Rpfleger 1985, 205; 1984, 283; Gerhardt ZIP 1984, 397; Stöber § 180 Anm. 2.11; Steiner/Teufel § 180 Rz. 27 und 108.

[215] BGH Rpfleger 1992, 361.

[216] BGH KTS 1984, 469; Stöber § 180 Anm. 2.11.

Die materiell-rechtlichen Voraussetzungen der Teilungsversteigerung sind in den Kapiteln B 1.1–B 1.6. ausführlich behandelt. Auf sie wird verwiesen. Im Folgenden sollen nur noch einige entweder übergeordnete oder in der Literatur besonders häufig behandelte Punkte kurz und – der besseren Übersicht wegen – alphabetisch gereiht angesprochen werden (B 1.7.1.). Anschließend geht es um die Frage, in welcher Weise das entgegenstehende Recht geltend zu machen ist (B 1.7.2.).

Zu beachten ist, daß der Gesetzgeber im Jahr 1998 durch den neuen § 28 II das Vollstreckungsgericht berechtigt/verpflichtet hat, Verfügungsbeschränkungen des Antragstellers auch schon dann zu beachten, wenn sie dem Vollstreckungsgericht bekannt sind. Grundbuch-Ersichtlichkeit ist also nicht mehr erforderlich. § 28 II wird zwar hauptsächlich für Insolvenzverfahren und die damit gemäß §§ 21 II, 22 I, 24 I, 81, 82 InsO verbundenen Verfügungsverbote von Bedeutung werden; aber auch in der Teilungsversteigerung wird er sich auswirken.

1.7.1. Materielles Recht

1.7.1.1. Antragsberechtigung

In zahlreichen Konstellationen sind Besonderheiten zu beachten, z. B. bei Verpfändung, Pfändung, Nießbrauch, Testamentsvollstreckung, Insolvenz.[217]

1.7.1.2. Ausschluß-Vereinbarung

Sowohl bei der Bruchteils-[218] als auch bei der Erbengemeinschaft[219] kann das Auseinandersetzungsrecht gemäß §§ 751 bzw. 2044 BGB durch Vereinbarung dauernd oder auf Zeit ausgeschlossen, von einer Kündigungsfrist abhängig gemacht oder auf sonstige Weise beschränkt werden; für die Erbengemeinschaft kann auch der Erblasser eine entsprechende Beschränkung anordnen. Die Partner einer eingetragenen Lebenspartnerschaft nach dem LPartG[220] können (in irgendeiner Rechtsform) gemeinsames Eigentum an einem Grundstück vereinbaren; wenn sie dabei das Recht zur Aufhebung der Gemeinschaft an diesem gemeinsamen Grundstück auf Dauer ausschließen, dann bleibt dieses Verbot auch bei Scheitern der Lebensgemeinschaft bestehen, wenn die Ex-Partner die Immobilie als Alterwohnsitz gemeinsam erworben haben.[221]

Die Beschränkung wirkt – wenn sie im Grundbuch eingetragen ist – auch gegenüber einem Sonderrechtsnachfolger, nicht aber gegenüber einem Pfändungsgläubiger.[222] Ausgeschlossen ist die Aufhebung der Gemeinschaft auch durch die Vereinbarung einer anderen Art der Auseinandersetzung.[223]

Soweit die Beschränkungen reichen, ist die Teilungsversteigerung unzulässig, es sei denn, ein wichtiger Grund wird geltend gemacht.[224] Derartige Be-

---

[217] Dazu B 1.4.–B 1.6.
[218] Dazu B 1.3.1. und B 1.4.1. und B 1.6.2.1.
[219] Dazu B 1.3.3. und B 1.4.3. und B 1.6.2.2.
[220] Dazu oben B 1. 3. 12.
[221] BGH NJW 2004, 58.
[222] Dazu B 1.6.2.
[223] Stöber § 180 Anm. 9.6.
[224] Siehe unten B 1.7.1.16!

schränkungen sind eigentlich (und nach den gleichen Regeln) auch im Falle eines Beitritts zu beachten. Hier ist es aber unzumutbar, die anderen Miteigentümer/Miterben auf ein Verfahren nach § 771 ZPO und die Geltendmachung eines wichtigen Grundes für die Zulassung des Beitritts zu verweisen, wenn die Teilungsversteigerung von einem Pfändungsgläubiger bereits betrieben wird; denn der Beitritt zur Teilungsversteigerung ist die wichtigste Schutzmaßnahme für die Antragsgegner.

Beispiel: A B C D sind Miteigentümer eines Grundstücks. Die Auseinandersetzung der Gemeinschaft ist gemäß § 751 BGB ausgeschlossen; ein entsprechender Vermerk ist im Grundbuch eingetragen. Ein Pfändungsgläubiger des A betreibt die Teilungsversteigerung. BCD beantragen die Zulassung ihres Beitritts.

Zwar können A B C D nicht selbst die Teilungsversteigerung betreiben, weil ihnen die Ausschlußvereinbarung entgegensteht (§ 28). Pfändungsgläubiger sind dagegen nicht gehindert (s. o.!); wenn diese allerdings die Teilungsversteigerung betreiben, muß der Beitritt vom Vollstreckungsgericht selbst und unmittelbar zugelassen werden können. Mindestens ist ein wichtiger Grund gegeben, der gemäß § 771 ZPO über das Prozeßgericht zur Zulassung des Beitritts führt.

Das gleiche (unmittelbare Zulassung des Beitritts durch das Vollstreckungsgericht) muß gelten, wenn die Aufhebung der Grundstücksgemeinschaft durch Anordnung oder Vereinbarung nur mit bestimmten Anteilsmehrheiten beantragt werden kann; hier müssen auch Minderheiten unmittelbar beitreten können, wenn die Teilungsversteigerung von der Mehrheit betrieben wird.[225]
Es gibt aber auch Beschränkungen, die die Versteigerung nicht unzulässig machen, sondern nur abweichende Versteigerungsbedingungen gemäß § 59 erfordern. Zum Beispiel eine Vereinbarung, die die Veräußerung an Außenstehende verbietet: hier dürfen nur Gebote von bisherigen Miteigentümern zugelassen werden.[226] Oder eine Vereinbarung, nach der die Aufhebung der Gemeinschaft nur bei Erreichen eines bestimmten Meistgebotes zulässig sein soll: dies muß bei der Zuschlagsentscheidung beachtet werden.[227]

1.7.1.3. Bundesversorgungsgesetz § 75

Die Teilungsversteigerung ist dann gem. § 75 BVG von einer behördlichen Genehmigung abhängig, wenn ein Sperrvermerk zu Lasten des gesamten Grundstücks eingetragen ist.[228]

1.7.1.4. Ehegatten-Zustimmung gemäß § 1365 BGB

Nach heute ganz herrschender Ansicht kann der in Zugewinngemeinschaft lebende Ehegatte die Teilungsversteigerung nicht ohne Zustimmung seines Ehegatten betreiben, wenn sein Anteil sein wesentliches Vermögen darstellt. Sehr streitig ist aber die Frage bei einer vom Pfändungsgläubiger betriebenen Versteigerung; hier ist die Zustimmung nach herrschender Ansicht nicht nötig.[229]

---

[225] Vgl. zu diesem Problem oben B 1.4.
[226] Stöber § 180 Anm. 9.2.
[227] Schiffhauer ZIP 1982, 531.
[228] Steiner/Teufel § 180 Rz. 128 e; Stöber § 180 Anm. 7.8.
[229] Dazu B 1.6.2.1. und B 1.4.2.

1.7.1.5. Erbengemeinschaft

Die Auseinandersetzung kann gemäß § 2044 BGB durch Vereinbarung der Miterben oder testamentarische Anordnung des Erblassers ausgeschlossen oder beschränkt sein. Auch hier wirkt die Beschränkung, auch wenn sie im Grundbuch eingetragen ist, nicht gegenüber Pfändungsgläubigern. Betreibt ein Pfändungsgläubiger die Teilungsversteigerung, so können die anderen Miterben ohne weiteres trotz Ausschlußvereinbarung beitreten; sie sind nicht auf die Geltendmachung eines wichtigen Grundes gemäß § 771 ZPO beschränkt.[230] Wo die Ausschlußvereinbarung wirkt, kann aus wichtigem Grund trotzdem die Teilungsversteigerung oder ein Beitritt zu ihr beantragt werden.[231] Weitere Ausschließungsgründe sind: § 2043 BGB, wenn die Erbanteile wegen familienrechtlicher Ereignisse noch unbestimmt sind, und § 2045 BGB, solange ein Aufgebotsverfahren zur Ermittlung von Gläubigern läuft.

Die Auseinandersetzung der Erbengemeinschaft muß sich auf den ungeteilten Nachlaß beziehen und darf sich nicht auf einzelne Gegenstände beschränken.[232] Wenn ein Testamentsvollstrecker ernannt ist, können die Miterben die Versteigerung nicht mehr beantragen.

1.7.1.6. Gesamtgut-Grundstück

Hier steht der Teilungsversteigerung das Übernahmerecht des Ehegatten entgegen.

1.7.1.7. Nacherbenvermerk

Auch der im Grundbuch eingetragene Vermerk hindert die Teilungsversteigerung nicht und muß nach Zuschlag gelöscht werden.[233] Unter Umständen verstößt die Teilungsversteigerung durch den Gläubiger des Vorerben/Miterben gegen Treu und Glauben, wenn der Nacherbe der andere Miterbe ist.[234]

1.7.1.8. Pfändung, Verpfändung

Pfändung und Verpfändung führen oft zu Änderungen der Antragsberechtigung.[235] Ausschlußvereinbarungen wirken nicht gegenüber Pfändungsgläubigern.

1.7.1.9. Realteilung

Nach §§ 752, 753 BGB ist eine Teilungsversteigerung zwar nur zulässig, wenn das Grundstück nicht in Natur teilbar ist. In der Praxis wird die Realteilung aber in aller Regel für nicht möglich bzw. nicht zumutbar gehalten,[236] so daß die gesetzliche Ausnahme zur Regel geworden ist und die Realteilung nur sehr selten eine Teilungsversteigerung verhindern kann.

---

[230] Vgl. zu diesem Problem B 1.4 und B 1.7.1.2!
[231] Dazu B 1.7.1.2. und B 1.7.1.16.
[232] Dazu B 1.1. und B 1.6.2.2.
[233] Dazu B 1.5.3.
[234] OLG Celle NJW 1968, 801; Steiner/Teufel § 180 Rz. 128 f. Nach Schiffhauer ZIP 1982, 528 kann der Gläubiger eines Vorerben die Teilungsversteigerung nie betreiben.
[235] Dazu oben B 1.6.2.
[236] Dazu B 1.1.

1.7.1.10. Restitutionsanspruch nach dem VermG

Der Restitutions- (oder Rückübertragungs-)Anspruch nach dem Gesetz zur Regelung offener Vermögensfragen (VermG) ist kein der Anordnung und Durchführung einer Teilungsversteigerung entgegenstehendes Recht im Sinne des § 28.[237] Zwar verbietet § 3 III VermG auch die pflichtwidrige (d. h. ohne Zustimmung des Alteigentümers vorgenommene) Veräußerung durch Teilungsversteigerung; aber der Alteigentümer wird dadurch geschützt, daß

– er die einstweilige Einstellung der Teilungsversteigerung gemäß § 36 III VermG bis zum Eintritt der Bestandskraft der Entscheidung über den Rückübertragungsantrag beantragen kann, und daß

– der Rückübertragungsantrag trotz (seit 1. 1. 2001 erfolgter) Zuschlagserteilung bestehenbleibt, wenn er rechtzeitig vor Beginn der Bietstunde angemeldet worden ist.

Damit aber ist im praktischen Ergebnis ein mit einem Rückübertragungsanspruch behaftetes Grundstück nicht versteigerbar, wenn der Alteigentümer einer entsprechenden Veräußerung nicht zustimmt. Dies gilt auch dann, wenn die Teilungsversteigerung von einem Gläubiger eines Miteigentümers/Verfügungsberechtigten betrieben wird.

1.7.1.11. Sonderrechtsnachfolger

Gegen ihn wirkt eine Ausschlußvereinbarung,[238] wenn sie im Grundbuch eingetragen ist.[239]

1.7.1.12. Teilbarkeit des Grundstücks

Die Teilungsversteigerung ist nur bei einem Grundstück zulässig, das in Natur nicht in gleichartige, den Anteilen der Teilhaber entsprechende Teile ohne Wertminderung geteilt werden kann (§ 752 S. 1 BGB).[240] Die Teilbarkeit in Natur ist aber sicher die Ausnahme.[241]

1.7.1.13. Testamentsvollstrecker

Nur der Testamentsvollstrecker darf die Teilungsversteigerung beantragen.[242] Ein dennoch auf Miterben-Antrag angeordnetes Verfahren ist fehlerhaft; trotzdem kann nach Rechtskraft des Zuschlags auch mit der Beschwerde nach §§ 577 II 3, 579 I Nr. 4 ZPO nichts mehr geändert werden.[243]

1.7.1.14. Treu und Glauben

Unter besonderen Umständen kann es nach Treu und Glauben geboten sein, auf die Teilungsversteigerung zu verzichten. Diese ist nämlich rechtsmißbräuchlich, wenn sie dem Miteigentümer bewußt Nachteile zufügt, die in keinem angemessenen Verhältnis zu den vom Antragsteller bezweckten

---

[237] Limmer ViZ 1994, 516; Grund ZIP 1999, 1625; Stöber § 9 a EGZVG Anm. 6.1; Böttcher §§ 15, 16 Rz. 98.
[238] Dazu B 1.7.1.2.
[239] Stöber § 180 Anm. 9.2.
[240] Dazu B 1.1.
[241] Stöber § 180 Anm. 2.6.
[242] So auch OLG Hamm Rpfleger 1964, 341; Schiffhauer ZIP 1982, 531.
[243] Dazu B 1.5.2.

Vorteilen stehen,[244] oder wenn sie für den widersprechenden Teilhaber ausnahmsweise schlechthin unzumutbar ist.[245] Ein Verstoß gegen Treu und Glauben erfordert, daß durch die Teilungsversteigerung dem Miteigentümer bewußt Nachteile zugefügt werden sollen, ohne daß der Antragsteller daraus einen rechtlichen oder wirtschaftlichen Vorteil erlangen könnte; die Teilungsversteigerung muß dem Antragsgegner daher schlicht unzumutbar sein.[246] Aus bloßen Billigkeitserwägungen kann die Teilungsversteigerung also nicht verboten werden.[247] Aber die Abgrenzung ist schwierig und kann nicht allgemein theoretisch, sondern nur nach den Besonderheiten des Einzelfalles entschieden werden; entsprechendes gilt für die Folgen eines Verstoßes gegen § 242 BGB: Denkbar sind Aufhebung oder einstweilige Einstellung des Verfahrens, evtl. sind sogar Schadensersatzansprüche gegeben.[248]

Im Einzelfall kann das Begehren auf Aufhebung der Gemeinschaft selbst dann eine unzulässige Rechtsausübung darstellen, wenn die sonstigen rechtlichen Voraussetzungen vorliegen, die Aufhebung der Gemeinschaft für den ihr widersprechenden Teilhaber/Miteigentümer aber eine besondere Härte bedeuten würde.[249] Wenn zum Beispiel das Miteigentum der gemeinschaftlichen Berufsausübung dienen sollte und der Miteigentümer diese aufkündigt, kann er verpflichtet sein, statt der Teilungsversteigerung seinen Anteil gegen Zahlung des Marktwertes auf die die Zusammenarbeit fortsetzenden Teilhaber zu übertragen.[250]

Beispiele für einen derartigen Vorstoß:

- wenn der Antragsteller bereits auf Rückgewähr des geschenkten Bruchteils verklagt ist, aus dem er jetzt betreibt[251]
- wenn der Antragsteller nicht mit einem auch seinen Interessen gerecht werdenden und zumutbaren Realteilungsvorschlag des anderen Teilhabers zufrieden ist[252]
- wenn der Antragsgegner alle Zahlungen und Arbeiten für das Haus geleistet und dieses als Altersvorsorge betrachtet und deshalb die Übernahme des anderen Miteigentumsanteils verlangt hat[253]
- wenn anläßlich der Ehescheidung vereinbart wurde, daß der gemeinsame Grundbesitz den Kindern übereignet werden soll, um diesen den häuslichen Mittelpunkt zu erhalten[254]

---

[244] Schneider Rpfleger 1964, 341; Steiner/Teufel § 180 Rz. 128 a.

[245] In ganz krassen Fällen kann sich der Antragsteller darüber hinaus gemäß § 826 BGB schadensersatzpflichtig machen. – Nach KG Rpfleger 1998, 298 kommt auch eine einstweilige Einstellung gemäß § 765 a ZPO in Betracht.

[246] OLG Köln Rpfleger 1998, 168; OLG München FamRZ 1989, 980; OLG Hamm Rpfleger 1995, 34; Stöber § 180 Anm. 9.5; Böttcher § 180 Rz. 17; vgl. auch OLG Brandenburg vom 12. 11. 2002, 9 W 17/02.

[247] OLG Karlsruhe Rpfleger 1992, 266; OLG München FamRZ 1989, 980.

[248] OLG Brandenburg v. 12. 11. 2002, 9 W 17/02.

[249] BGH BRAK-Mitt 2005, 90; NJW-RR 1995, 334 f.; WM 1984, 873 f.

[250] BGH BRAK-Mitt 2005, 90; BGHZ 58, 146 ff. – Vgl. dazu auch unten C 6.2.1. und **TH** C 6.4.13.

[251] Vgl. BGH Rpfleger 1977, 245; ZIP 195, 114; OLG Köln Rpfleger 1998, 168; OLG München FamRZ 1989, 980.

[252] BGH Rpfleger 1972, 212; OLG Köln Rpfleger 1998, 168; OLG Karlsruhe Rpfleger 1992, 266; Böttcher § 180 Rz. 17; Schiffhauer ZIP 1982, 531; Stöber § 180 Anm. 9.5 b.

[253] BGH Rpfleger 1977, 245; Schiffhauer ZIP 1982, 531.

[254] BGH FamRZ 1984, 563; Stöber § 180 Anm. 9.5 c.

– wenn bei einem Erbbaurecht, das der Antragsteller wegen des Heimfallanspruchs nicht selbst erwerben konnte, ohnehin die Forderungszwangsversteigerung des Anteils des Antragstellers anstand[255]
– wenn der Gläubiger des Vorerben/Miterben die Teilungsversteigerung betreibt und der Nacherbe der andere Miterbe ist.[256]
– wenn der Antragsteller die Teilungsversteigerung gegen seinen 83jährigen kranken und gefährdeten Vater betreibt.[257]
– wenn gegen die im ehemaligen Familienheim lebende, querschnittsgelähmte Ex-Ehefrau betrieben werden soll;[258]
– wenn die Teilungsversteigerung erkennbar nur als Druckmittel zur Erlangung von Zugeständnissen im Scheidungsverfahren betrieben wird;[259]
– wenn das Bruchteilseigentum an einem Gewerbegrundstück aufgehoben werden soll, auf dem die gleichen Gesellschafter in ungekündigter BGB-Gesellschaft das Gewerbe betreiben;[260]
– wenn der Gläubiger eines Miteigentümers (Vorerben) gegen den anderen Miteigentümer (Nacherbe) betreibt;[261]
– (mit dem Ziel einer einstweiligen Einstellung), bei nachgewiesener Suizidgefahr[262] oder bei akuter schwerer Erkrankung bzw. schwerem Unfall oder auch bei fortgeschrittener Schwangerschaft, [263] oder bei bevorstehenden schweren Prüfungen/ Examen des Antragsgegners oder gemeinsamer Kinder, wenn diese Ereignisse in die Nähe des Versteigerungstermins fallen und die Fristen für Einstellungsanträge nach § 180 II oder III schon abgelaufen sind.

Gegenbeispiele (Teilungsversteigerung zulässig):

– wenn der Antragsgegner einerseits das Recht verliert, das früher gemeinsame Haus weiter bewohnen zu können, andererseits weiter verpflichtet bleibt, die durch den Versteigerungserlös evtl. nicht getilgten Lasten abzutragen;[264]
– allein die Begründung, bei dem Versteigerungsobjekt handele es sich um ein seit langem im gemeinschaftlichen Familienbesitz befindliches Haus, die Teilungsversteigerung mache evtl. den Umzug in einen anderen Ort notwendig, und später seien Wertsteigerungen möglich;[265]
– kein Hinderungsgrund ist bloßes Interesse des Vaters des Antragsgegners an der Nichtversteigerung;[266]
– kein Hinderungsgrund ist in der Regel das Angebot einer Realteilung;[267]
– es soll weder unfair oder arglistig noch sittenwidrig sein, wenn der Antragsteller keine Innenbesichtigungen durch den Sachverständigen und Bietinteressenten zulässt und im Versteigerungstermin überraschend zweideutige Mietverträge behauptet sowie damit droht, das Grundstück keineswegs freiwillig zu räumen.[268] Das kann

---

[255] LG Essen FamRZ 1981, 457; Schiffhauer ZIP 1982, 531; Stöber § 180 Anm. 9.5 a.
[256] OLG Celle NJW 1968, 801; Steiner/Teufel § 180 Rz. 18 f. Nach Schiffhauer ZIP 1982, 528 kann der Gläubiger des Vorerben die Teilungsversteigerung nie betreiben.
[257] AG Meppen Rpfleger 1992, 266; vgl. auch KG Rpfleger 1998, 298.
[258] OLG Frankfurt FamRZ 1998, 641.
[259] Eickmann Rz. 213.
[260] OLG Karlsruhe NZG 1999, 249.
[261] OLG Celle NJW 1968, 801.
[262] Vgl. dazu ausführlich Storz/Kiderlen, ZV-Praxis B 1.1.1.
[263] Eickmann Rz. 213.
[264] BGH ZIP 1995, 115; WM 1984, 873; OLG Köln Rpfleger 1998, 168.
[265] OLG Karlsruhe EWiR 1992, 519 (Storz).
[266] OLG Köln Rpfleger 1998, 168.
[267] OLG Oldenburg FamRZ 1996, 1437; OLG Hamm Rpfleger 1992, 665; zur Realteilung ausführlich oben B 1.1.
[268] LG Münster Rpfleger 2002, 639.

man durchaus anders sehen! Auf alle Fälle müssen sich die Beteiligten auch einer Teilungsversteigerung darauf einstellen, daß einer von ihnen sich entsprechend verhält und daß sie sich rechtzeitig um geeignete Gegenmaßnahmen kümmern müssen.

1.7.1.15. Veräußerungsverbot

Dieses hindert die Teilungsversteigerung nur, wenn es den Anteil des Antragstellers belastet.[269]

1.7.1.16. Wichtiger Grund

Trotz Ausschlußvereinbarung kann eine Teilungsversteigerung durchgeführt werden, wenn ein wichtiger Grund vorliegt.[270] Ein wichtiger Grund ist z. b. gegeben, wenn wegen Überschuldung eines Miteigentümers die Teilungsversteigerung dieses gemeinsamen Grundstücks droht oder eines anderen gemeinsamen Grundstücks wegen bereits betrieben wird (z. B. von dessen Pfändungsgläubigern). Hier müssen sich die anderen Miteigentümer durch eine „präventive" Teilungsversteigerung Einfluß für die Zukunft verschaffen dürfen. Erst recht gilt dies für die Zulässigkeit eines Beitritts: wird z. B. die Teilungsversteigerung von einem Pfändungsgläubiger betrieben, haben die anderen Miteigentümer immer ein Recht zum unmittelbaren Beitritt, weil sie damit viel besser Einfluß auf das Verfahren ausüben können.[271]

Die Aufhebung einer Gemeinschaft bei Vorliegen eines wichtigen Grundes kann zwar grundsätzlich auch dann verlangt werden, wenn das Recht, die Aufhebung zur verlangen, durch Vereinbarung der Teilhaber/Miteigentümer dauerhaft ausgeschlossen ist. Die Aufhebung der Gemeinschaft durch Teilungsversteigerung stellt aber dann eine unzulässige Rechtsausübung dar, wenn diese für die ihr widersprechenden Teilhaber/Miteigentümer eine besondere Härte bedeutet.[272]

1.7.1.17. Wohnungseigentum

§ 11 Abs. 1 WEG enthält ein unabdingbares Auseinandersetzungsverbot des den Wohnungseigentümern gemeinsam gehörenden Grundstücks. Dem steht die Teilungsversteigerung einer in Miteigentum stehenden Eigentumswohnung nicht entgegen. Eine Gemeinschaft am Grundstück kann nicht zwangsweise in Wohnungseigentum umgewandelt werden.[273]

1.7.1.18. Zurückbehaltungsrecht gemäß § 273 BGB

Die Berufung auf ein Zurückbehaltungsrecht hindert die Teilungsversteigerung nicht.[274]

1.7.2. Formelle Behandlung

Wenn sich das der Teilungsversteigerung entgegenstehende Recht aus dem Grundbuch ergibt, oder wenn dem Vollstreckungsgericht eine Verfügungsbe-

---

[269] Steiner/Teufel § 180 Rz. 128 e.
[270] Dazu B 1.4.1.
[271] Zu diesem Problem näher B 1.4 und B 1.7.1.2!
[272] BGH BRAK-Mitt 2005, 90; Vgl. auch BGH NJW-RR 1995, 334; WM 1984, 873 f.
[273] OLG München NJW 1952, 1297; Schiffhauer ZIP 1982, 531.
[274] BGH Rpfleger 1975, 170; Schiffhauer ZIP 1982, 531; Stöber § 180 Anm. 9.13; **anders** noch RGZ 109, 167.

schränkung oder ein Vollstreckungsmangel bekannt wird, muß dies gemäß § 28 von Amts wegen berücksichtigt werden. Das Vollstreckungsgericht muß ggf. eine angemessene Frist einräumen, binnen der der Antragsteller ein die Teilungsversteigerung zulassendes rechtskräftiges Urteil oder die Zustimmung des Antragsgegners in beweisender Form beizubringen hat.[275] Geschieht dies nicht, ist Vollstreckungs-Erinnerung gemäß § 766 ZPO möglich.[276]

Das Fehlen einer offenkundig erforderlichen Zustimmung nach § 1365 BGB ergibt sich zwar nicht aus dem Grundbuch, muß aber nach allg Ansicht von Amts wegen beachtet werden; auch hier ist ggf. Erinnerung gemäß § 766 ZPO geboten.[277]

Wenn sich das der Teilungsversteigerung entgegenstehende Recht nicht aus dem Grundbuch ergibt, wenn dem Gericht auch keine Verfügungsbeschränkung und kein Vollstreckungsmangel bekannt ist, und wenn auch nicht der Sonderfall des § 1365 BGB vorliegt, besteht für das Gericht kein Verfahrenshindernis. Deshalb muß der Antragsgegner, der den Ausschluß oder die Beschränkung des Auseinandersetzungsanspruchs aus materiell-rechtlichen Gründen geltend machen und die Teilungsversteigerung abwenden möchte, die Drittwiderspruchsklage gemäß § 771 ZPO erheben. Das ist heute allgemeine Ansicht, obwohl die Teilungsversteigerung keine Geldvollstreckung und der widersprechende Miteigentümer nicht Dritter ist.[278]

Wird Drittwiderspruchsklage gem. § 771 ZPO erhoben, kann die Teilungsversteigerung gemäß §§ 769 Abs. 1, 771 Abs. 3 ZPO einstweilen eingestellt werden (kein Fall des § 180 Abs. 2).[279] In dringenden Fällen kann auch das Vollstreckungsgericht gemäß § 769 Abs. 2 ZPO die einstweilige Einstellung mit Fristbestimmung anordnen.[280]

Die Widerspruchsklage ist dann Familiensache i. S. d. § 23b Abs. 1 GVG, wenn das der Versteigerung entgegenstehende Recht im ehelichen Güterrecht begründet ist. Das ist aber bei Streitigkeiten zwischen geschiedenen Ehegatten nicht der Fall,[281] so daß das Prozeßgericht zuständig bleibt.

1.8. Taktische Hinweise

TH 1.8.1.: Der Testamentsvollstrecker hat die Pflicht, das zum Nachlaß gehörende Grundstück möglichst günstig zu verwerten. Oft wird der freihändige Verkauf Vorteile bieten. Es gibt aber auch Konstellationen/Überlegungen, die in geeigneten Fällen eher für eine Teilungsversteigerung sprechen:

---

[275] Dassler/Hintzen § 181 Rz. 15; Stöber § 180 Anm. 9.10.

[276] OLG Hamm Rpfleger 1964, 341 (Haegele); Steiner/Teufel § 180 Rz. 126; Stöber § 180 Anm. 9.7.

[277] OLG Bremen Rpfleger 1984, 156; OLG Koblenz Rpfleger 1979, 203; OLG Zweibrücken OLGZ 1976, 455; OLG Frankfurt Rpfleger 1975, 330; Steiner/Teufel § 180 Rz. 25 **gegen** OLG Celle Rpfleger 1981, 69: Klage nach § 771 ZPO nötig. – Vgl. dazu oben B 1.4.

[278] BGH Rpfleger 1985, 360 und FamRZ 1985, 278; 1984, 563; OLG Köln Rpfleger 1998, 168; OLG Düsseldorf FamRZ 1995, 309; OLG Karlsruhe KTS 1984, 159; LG Hannover Rpfleger 1993, 505; Schiffhauer ZIP 1982, 531; Zöller/Herget § 771 ZPO Rz. 1; Steiner/Teufel § 180 Rz. 127; Stöber § 180 Anm. 9.8.

[279] OLG Karlsruhe EWiR 1992, 519 (Storz); Schiffhauer ZIP 1982, 531.

[280] Schiffhauer ZIP 1982, 531; Steiner/Teufel § 180 Rz. 127.

[281] BayObLG MDR 1981, 506; Schiffhauer ZIP 1982, 532; Stöber § 180 Anm. 9.9.

– u. U. sind bei der Teilungsversteigerung im Gegensatz zum freihändigen Verkauf Vorkaufsrechte oder Genehmigungsvorbehalte gegenstandslos (z. B. §§ 2, 4 GrdstVerkWG). Dann kann die Teilungsversteigerung einen weitaus größeren (und meist auch zahlungskräftigeren) Interessentenkreis erreichen;

– wenn für das Grundstück wegen guter Lage oder leergefegtem Markt oder hervorragender Konjunktur oder aus sonstigen Gründen eine große Nachfrage zu erwarten ist, werden in einer Versteigerung erfahrungsgemäß bessere Preise erzielt, weil sich die Interessenten gegenseitig hochbieten; es muß dann lediglich entsprechend gut für die Versteigerung geworben werden;

– in der Teilungsversteigerung fallen zwar auch Kosten an, aber die wesentlich höheren Maklergebühren, die bei freihändigem Verkauf i. d. R. von Käufer und Verkäufer zu bezahlen sind und insgesamt zu Lasten des Verkaufserlöses gehen, entfallen.

TH 1.8.2. (nach Stöber):[282] Wenn Eheleute Miteigentümer sind und z. B. die Frau einerseits Geldansprüche gegen ihren Mann hat und andererseits befürchtet, daß er zu ihren Lasten über seinen künftigen Erlösanteil verfügt, kann sie wie folgt vorgehen: Sie pfändet den ihrem Mann gegen sie zustehenden Auseinandersetzungsanspruch (mit Anspruch auf Teilung und Auszahlung des Erlöses), läßt den Pfändungs- und Überweisungsbeschluß hierüber an sich selbst als Drittschuldnerin zustellen und betreibt dann die Teilungsversteigerung; bei der Erlösverteilung erklärt sie für sich und (trotz § 181 BGB) für ihren Mann die Einigung über die Erlösauseinandersetzung (allerdings nur bis zur Höhe ihrer Pfändung). In dem ganzen Verfahren ist die Mitwirkung des Mannes nicht mehr nötig.

TH 1.8.3.: Die Realteilung sollte stärker berücksichtigt und von der Rechtsprechung nicht als bloße Ausnahme angesehen werden. Oftmals ist sie zwar nicht durchführbar. Aber u. U. bietet sie dem Antragsgegner doch erhebliche Vorteile, auch wenn er sich mit dem „schlechten Teil" zufrieden gibt. Bei einem Zweifamilienhaus z. B. könnte ein wirtschaftlich schwächerer Antragsgegner z. B. eine Hälfte behalten und sich so Umzugsaufwand und Einrichtungskosten ersparen, ganz abgesehen von Umgewöhnungsschwierigkeiten evtl. Kinder.

TH 1.8.4.: Oft steht die Teilungsversteigerung des gemeinsamen Grundbesitzes im zeitlichen Zusammenhang mit der Scheidung und damit – bei gesetzlichem Güterstand – auch mit dem Zugewinnausgleich. Hier ist dann Vorsicht geboten, wenn einer der Ehegatten ersteigert und das evtl. zu einem deutlich unter dem Verkehrswert liegenden Meistgebot. Wenn nämlich nur der Ex-Ehepartner den Nachteil aus dem Mindesterlös zutragen hat, kann der Zugewinnausgleichsanspruch des Erstehers u. U. gemäß §§ 1378, 1381 BGB grob unbillig und damit undurchsetzbar sein.[283] Deshalb müssen beide Eheleute sehr sorgfältig prüfen, wie sich eine entsprechende Teilungsversteigerungs-Entwicklung auf den Zugewinnausgleich auswirkt.

---

[282] Stöber § 180 Anm. 11.12.
[283] OLG Düsseldorf NJW 1995, 3193; vgl. auch OLG Hamburg FamRZ 1988, 1166.

TH 1.8.5.: Die Pfändung des Auseinandersetzungs- und des Auszahlungsanspruchs sollte im Grundbuch eingetragen werden (auch wenn dies kein Rechtswirksamkeitserfordernis ist), um andere Miteigentümer und deren Partner rechtzeitig zu warnen und Schadensersatzansprüche zu vermeiden bzw. Rechtsvereitelung durch gutgläubigen Erwerb. Andererseits wird diese Aufgabe wohl weitgehend auch erfüllt durch die (spätere) Eintragung des Zwangsversteigerungsvermerks.

TH 1.8.6.: Der Gläubiger eines Miteigentümers kann nach heute ganz überwiegender Ansicht über die Pfändung der Auseinandersetzungsansprüche die Teilungsversteigerung betreiben. Er wird damit aber nicht Gläubiger i. S. d. § 10 I 5 mit rangmäßig gesichertem Erlösanspruch, sondern er tritt „nur" an die Stelle des Schuldner-Miteigentümers. Deshalb kann ein anderer Gläubiger noch die Zwangshypothek auf dem Miteigentumsanteil eintragen und so nicht nur den Versteigerungserlös im Rang vor dem Pfändungsgläubiger beanspruchen, sondern auch das geringste Gebot u. U. (Ausgleichsbetrag beachten!) evtl. so erhöhen, daß gar keine Gebote mehr abgegeben werden. Deshalb **muß** der Pfändungsgläubiger i. d. R. außerdem eine Zwangshypothek eintragen und **evtl.** unmittelbar vor dem Termin wieder löschen lassen, um das geringste Gebot zu ermäßigen, bzw. seinen Einfluß auf die Zuschlagsentscheidung zurückzugewinnen.

TH 1.8.7.: Gehört das Grundstück einer BGB-Gesellschaft, kann zwar theoretisch jeder Gesellschafter die Teilungsversteigerung betreiben. Dazu muß allerdings **vorher** die BGB-Gesellschaft gekündigt werden. Und hier ist Vorsicht geboten, weil nach manchen Gesellschaftsverträgen der Kündigende aus der Gesellschaft ausscheidet, also nicht mehr Gesellschafter ist und dann auch nicht mehr die Teilungsversteigerung betreiben kann! Evtl müssen dann andere Wege gefunden werden, wenn unbedingt teilungsversteigert werden soll.

TH 1.8.8.: Da bei der Bruchteilsgemeinschaft jeder Miteigentumsanteil getrennt belastet werden kann, ergeben sich hieraus Gestaltungsmöglichkeiten, die für die einen Miteigentümer zu vielen zusätzlichen Risiken und für die anderen zu entsprechenden Chancen in der Teilungsversteigerung führen. Das betrifft insbesondere die Verhinderung einer Verschleuderung oder die Absicherung der Finanzierung eines Erwerbes, oder die Verteilung des Überlöses: aber auf diesem besonders schwierigen Terrain sollten sich nur wirkliche Fachleute bewegen. Wichtig ist aber auf alle Fälle das Wissen, daß auch noch während des ganzen Versteigerungsverfahrens Grundbuch-Änderungen möglich sind.

2. Anwendbare Vorschriften (§ 180)

Literatur (Titel zum Teil sinnwahrend gekürzt!): *Helwich,* Erbbaugrundstücke in der Zwangsversteigerung, Rpfleger 1989, 389; *Schalhorn,* Gibt es in der Teilungsversteigerung Kostenerstattung? JurBüro 1970, 137; *Schiffhauer,* Besonderheiten in der Teilungsversteigerung, ZIP 1982, 526 und 660; *Schmid,* Das Vorkaufsrecht in der Teilungsversteigerung, MDR 1975, 191; *Schneider,* Zur Kostenerstattung in der Teilungsversteigerung JurBüro 1966, 730; *Schiffhauer,* § 1365 BGB auf Teilungsversteigerungs-Antrag anwendbar? FamRZ 1960, 185; *Schmid,* Vorkaufsrecht des Miteigentümers bei Teilungsversteigerung, MDR 1975, 191.

2.1. Übersicht

Gemäß § 180 Abs. 1 finden auf die Teilungsversteigerung die Vorschriften des ersten und zweiten ZVG-Abschnittes (also §§ 1–171 h) entsprechende Anwendung, soweit sich nicht aus den §§ 181–185 ein anderes ergibt.

Nach Stöber[1] scheiden für die entsprechende Anwendung alle Vorschriften aus, die eine zwangsweise Betreibung einer Gläubiger-Forderung voraussetzen. Das kann m. E. so allgemein nicht gesagt werden, da die Teilungsversteigerung unstreitig auch von Gläubigern der Miteigentümer betrieben werden kann[2] und spätestens dann doch Anwendbarkeiten entstehen können: z. B. lehnt Stöber die Anwendbarkeit des § 75 ab,[3] was m. E. gegenüber einem Pfändungsgläubiger unzutreffend ist.[4]

Welche Vorschriften des ZVG in welcher Weise konkret auf die Teilungsversteigerung anwendbar ist, kann allgemein nur schwer gesagt werden. Trotzdem soll hier[5] zunächst ein numerischer Überblick zur „allerersten Grobinformation" und anschließend in alphabetischer Reihenfolge ein Stichwort-Überblick gegeben werden.

Praktisch uneingeschränkt anwendbar sind:
§§ 1–9, 12–15, 18, 19, 23–25, 27, 29, 30, 30 b, 31–36, 38–43, 45–57, 58–66, 71–74 b, 77–113, 114 a–126, 128–145, 162–165, 167–170 a, 171 a–171 g.

Mit z. T. bedeutenden Einschränkungen anwendbar sind:
§§ 10, 11, 16, 17, 20–22, 28, 37, 44, 67–70, 75, 114, 127.

Nicht anwendbar sind:
§§ 24, 26, 30 a, 30 c, 30 d, 57 a und b (c und d aufgehoben), 76, 146–161, 166, 171.

2.2. Einzelne Vorschriften

2.2.1. Ablösung des Gläubigers, § 268 BGB, § 75

Gemäß § 268 BGB bzw. § 75 kann der Gläubiger zur Rettung eines durch die Zwangsversteigerung gefährdeten Rechts abgelöst werden. In der Tei-

---

[1] § 180 Anm. 7.1 b.
[2] Vgl. z. B. oben ausführlich B 1.6.
[3] § 75 Anm. 1 – aber z. B. § 114 a wird für anwendbar erklärt: Stöber § 114 a Anm. 1.2.
[4] Vgl. oben B 1.6.2.1. – auch Stöber **für** Ablösungsmöglichkeit: vgl. § 180 Anm. 12.3 g.
[5] Ähnlich wie bei Stöber § 180 Anm. 7.2.

lungversteigerung ist die Bedeutung dieses Ablösungsrechts sicher nicht entfernt so groß wie in der Forderungszwangsversteigerung.[6] Aber denkbar ist sie trotzdem, und zwar insbesondere zur Abwehr einer durch einen Pfändungsgläubiger betriebenen Teilungsversteigerung.[7]

2.2.2. Altenteil, § 9 EGZVG

Bei der Aufhebung einer Gesamthandsgemeinschaft bleibt das Altenteil wie jedes andere Grundstücksrecht bestehen. Bei derjenigen einer Bruchteilsgemeinschaft gilt zunächst § 182 Abs. 1, dann aber auch § 9 EGZVG wie in der Forderungszwangsversteigerung,[8] sodaß das Erlöschen des Altenteils nur über einen Abweichungsantrag des Antragsstellers als „betreibender Gläubiger" sichergestellt werden kann.[9]

2.2.3. Aufhebung der Teilungsversteigerung, z. B. §§ 28, 29

Die Teilungsversteigerung kann (wie die Forderungszwangsversteigerung) aus verschiedenen Gründen aufgehoben werden. Wichtig ist, daß sich die Aufhebung i. d. R. formal nur auf einen bestimmten Antragsteller bezieht, sodaß die Versteigerung weitergehen würde, wenn z. B. der Antragsgegner inzwischen beigetreten ist. In der Teilungsversteigerung wirkt sich in der Praxis die Aufhebung aber meist auf die gesamte Versteigerung aus.

Beispielfälle für die Aufhebung:

- wenn der Versteigerungsantrag zurückgenommen wird (§ 29);
- wenn sich im § 771 ZPO-Verfahren ein entgegenstehendes Recht durchgesetzt hat (§ 28);
- wenn der Vollstreckungsschutz für den Antragsgegner gem. § 765 a ZPO (ausnahmsweise) die Aufhebung gebietet;[10]
- wenn nach einer einstweiligen Einstellung nicht rechtzeitig die Fortsetzung beantragt wird (§ 31);
- wenn der Antragsteller zum dritten Mal die einstweilige Einstellung bewilligt (§ 30 Abs. 1 S. 2);
- wenn die Versteigerung wiederholt erfolglos war (§ 77 Abs. 2);
- wenn nicht heilbare oder nicht geheilte Verfahrensfehler dies erzwingen (§§ 83, 84);
- wenn der Zuschlag versagt wird und eine Fortsetzung nicht möglich ist (§ 86);
- wenn die Aufhebung vom Prozeßgericht veranlaßt wird (§§ 775, 776 ZPO).

2.2.4. Aufklärungs- und Belehrungspflicht, § 139 ZPO

Sie spielt auch hier eine wichtige Rolle.[11]

---

[6] Vgl. dazu ausführlich Storz/Kiderlen ZV-Praxis B 7. und ZIP 198, 159.
[7] Vgl. z. B. oben B 1.6.2.1. (Bruchteilsgemeinschaft); B 1.6.2.2. (Erbengemeinschaft); B 1.6.2.4. (Gesellschaft). – vgl. auch OLG Karlsruhe NJW-RR 1992, 713 und unten B 3.4.4; **TH** B 3.4.6.3.; **TH** B 3.4.6.7.
[8] Vgl. unten B 5.
[9] Haegele DNotZ 1976; Stöber § 180 Anm. 7.3 c.; Taktische Hinweise **TH** B 2.3.1.–**TH** B 2.3.3.– zum Altenteil in der Forderungszwangsversteigerung vgl. Storz/Kiderlen ZV-Praxis B 2.6.5.3.
[10] Vgl. unten B 2.2.36.
[11] Vgl. dazu oben A 4.7.

2.2.4 a. Auflassungsvormerkung

Wenn sie gemäß § 182 im geringsten Gebot berücksichtigt wurde und deshalb gemäß §§ 180, 52 bestehengeblieben ist, kann sie gegenüber dem Ersteher ausgeübt werden.[12]

2.2.5. Aussetzung des Verfahrens, § 246 ZPO

Sie ist hier wie in der Forderungszwangsversteigerung nicht zulässig, dem Gericht stehen ausreichende andere Einstellungs-[13] und Aufhebungsmöglichkeiten zur Verfügung.[14]

2.2.6. Befriedigungsfiktion, § 114 a

gilt hier auch, wird aber wohl selten praktisch werden.[15]

2.2.7. Beitritt, § 27

In der Teilungsversteigerung bezieht sich die Beitrittsmöglichkeit insbesondere auf die (bisherigen) Antragsgegner und (über sie) auf deren Pfand – oder Pfändungsgläubiger.[16]

Schwierig und in weiten Teilen streitig ist das Verhältnis zwischen Teilungs- und Forderungszwangsversteigerung und damit auch die Frage der Zulässigkeit eines (wechselseitigen) Beitritts.[17]

2.2.8. Benutzungsregelung, § 24

Wenn eine Benutzungsregelung für die bisherigen Miteigentümer im Grundbuch eingetragen ist (z. B. als Dienstbarkeit), wird sie wie jedes andere Grundstücksrecht behandelt, bleibt also u. U. gemäß § 182 Abs. 1 bestehen und bindet dann auch den Ersteher. § 24 hat für die Teilungsversteigerung in aller Regel keine Bedeutung.[18]

2.2.9. Beschlagnahme, §§ 20–33

Die Vorschriften sind anzuwenden;[19] auch hier ist der Zeitpunkt der Beschlagnahme maßgebend für die Berechnung der laufenden und rückständigen Zinsen, die evtl. Grundpfandgläubiger in der bevorzugten Rangklasse des § 10 Abs. 1 Nr. 4 geltend machen können.[20]

2.2.10. Betriebsteuerrückstände, § 75 AO

Auch hier ist gemäß § 75 Abs. 2 AO (neue Fassung) der Ersteher nicht haftbar.[21]

---

[12] OLG Köln InVO 2001, 112. – Näher hierzu unten B 5.1.4.

[13] Vgl. dazu unten B 3.

[14] Stöber § 180 Anm. 7.4; Steiner/Teufel § 180 Rz. 93.

[15] Zu § 114 a in der Forderungszwangsversteigerung vgl. Storz/Kiderlen ZV-Praxis E 6.1.3. und die Taktischen Hinweise dort **TH** E 6.3.1.–**TH** E 6.3.5.

[16] Zum Beitritt vgl. unten C 3.4. – Siehe auch die Taktischen Hinweise **TH** B 2.3.4.– **TH** B 2.3.8.

[17] Vgl. dazu oben A 3.1.

[18] So auch Stöber § 24 Anm. 1.2.

[19] Vgl. dazu unten C 3.3.

[20] Vgl. dazu Taktischen Hinweis **TH** B 2.3.9. – ausführlich oben A 4.2. mit weiteren Taktischen Hinweisen.

[21] Steiner/Teufel § 180 Rz. 164; Stöber § 15 Anm. 34.8.

2.2.10a. Eigentumsvormerkung

vgl. Auflassungsvormerkung

2.2.11. Einstweilige Einstellung, insbesondere §§ 180 Abs. 2, 30

Sie spielt, wie in der Forderungszwangsversteigerung[22] eine große Rolle und ermöglicht ein flexibles Reagieren auf Veränderungen aller Art.[23]

2.2.12. Erbbaurecht

Als grundstücksgleiches Recht kann es auch teilungsversteigert werden. Es gibt keine Besonderheiten gegenüber der Forderungszwangsversteigung.[24] Die nach § 5 ErbbauRVO nötige Zustimmung des Grundstückseigentümers ist erst zum Zuschlag erforderlich[25]; sie kann, falls unbegründet verweigert, gemäß § 7 Abs. 3 ErbbauRVO durch das Amtsgericht ersetzt werden.

2.2.13. Fälligkeit von Grundpfandrechten, § 54

§ 54 gilt auch in der Teilungsversteigerung.[26]

2.2.14. Fristen, insbesondere §§ 43, 44 II

Sie gelten auch hier uneingeschränkt, um die Beteiligten vor Überraschungen zu schützen.[27]

2.2.15. Gerichtsferien, § 202 GVG

Durch Gesetz vom 28.10.1996 (BGBl. I S. 1546) sind die Gerichtsferien generell abgeschafft worden, so daß die früheren Besonderheiten für die Teilungsversteigerung nicht mehr zu beachten sind.[28]

2.2.16. Gerichtliche Verwaltung, § 94

Da § 94 dem Schutz vor möglicherweise zahlungsunfähigen Erstehern dient, gilt sie uneingeschränkt auch in der Teilungsversteigerung.[29]

2.2.17. Heimstätte

Die früher für Heimstätten geltenden Besonderheiten sind inzwischen beseitigt worden.[30]

---

[22] Zu dort vgl. Storz/Kiderlen ZV-Praxis B 3. mit vielen dortigen Taktischen Hinweisen: **TH** B 3.1.3., **TH** B 3.2.4. und **TH** B 3.3.4.

[23] Vgl. unten B 3.

[24] Zu dort vgl. Storz/Kiderlen ZV-Praxis B 2.3.1. mit dortigen Taktischen Hinweisen **TH** B 2.3.2.

[25] BGH Rpfleger 1961, 192; BayObLG DNotZ 1961, 266; LG Aachen Rpfleger 1983, 119.

[26] Vgl. Storz/Kiderlen ZV-Praxis C 4.1.

[27] Vgl. Taktischen Hinweis **TH** B 2.3.8.

[28] Vgl. dazu oben A 2.2.

[29] Vgl. Taktischen Hinweis **TH** B 2.3.10.

[30] Vgl. dazu oben B 1.1. und B 1.6.2.2.

2.2.18. Kosten, § 109

Grund und Höhe der Anwalts- und Gerichtskosten entsprechen denen in der Forderungszwangsversteigerung.[31] Die eigentlichen Verfahrenskosten werden wie in der Forderungszwangsversteigerung gemäß § 109 dem Versteigerungserlös vorweg entnommen. Die Anordnungs-/Beitrittsgebühr (Festgebühr ihv. € 50.–) wird allerdings direkt vom Antragsteller, und die Zuschlagsgebühr wird direkt vom Ersteher erhoben. Bei Antragsrücknahme werden die Kosten außerhalb des Verfahrens zwischen den Miteigentümern im Verhältnis ihrer Anteile (vgl. §§ 753 II, 756 BGB)[32] ausgeglichen bzw. erstattet.[33]

2.2.19. Land- und forstwirtschaftliche Grundstücke

In der Teilungsversteigerung entfällt die bei freihändigem Verkauf nach §§ 2, 4 GrdstVG erforderliche Genehmigung[34] durch die Landwirtschaftsbehörde.[35]

2.2.20. Nacherbschaft

Ist zu beachten, hindert aber i. d. R. die Teilungsversteigerung nicht.[36]

2.2.21. Nießbrauch, §§ 1030 ff. BGB

Er ist in der Teilungsversteigerung zu beachten und zwar unterschiedlich, je nachdem, ob er das ganze Grundstück oder den Anteil des Antragstellers oder den des Antragsgegners belastet.[37]

2.2.22. Prozeßkostenhilfe, §§ 14–127 a ZPO

Sie ist grundsätzlich auch in der Teilungsversteigerung möglich, und zwar sowohl für den Antragsteller als auch für den Antragsgegner. Aber sie kommt u. U. nicht in Betracht, wenn der Miteigentumsanteil als Sicherheit für einen Kredit verwendet werden kann und es nach den wirtschaftlichen Verhältnissen auch zumutbar ist, die Gerichts- und Rechtsanwaltskosten zu finanzieren.[38] Soweit der Miteigentumsanteil zu dem von der Partei einzusetzenden Vermögen gehört, kann mit der Bewilligung gemäß § 120 Abs. 1 ZPO bestimmt werden, welcher Betrag z. B. bei der Erlösverteilung zurückzuzahlen ist.[39]

---

[31] Vgl. Storz/Kiderlen ZV-Praxis B 8.3. – Zu den Kosten in der Teilungsversteigerung vgl. unten C 2.4.
[32] LG Düsseldorf JurBüro 1981, 1415 (zust Anm. Mümmler); Schneider JurBüro 1966, 730; Schalhorn JurBüro 1970, 137; Stöber § 180 Anm. 7.14 b.
[33] Zu den Kosten in der Teilungsversteigerung vgl. unten C 2.4.
[34] Schiffhauer R d L 1967, 88; 1965, 228; Klingenstein BWNotZ 1965, 25.
[35] Vgl. Taktische Hinweise **TH** B 2.3.11.–**TH** B 2.3.13.
[36] Vgl. dazu oben B 1.5.3. und B 1.7.1.
[37] Vgl. dazu oben B 1.5.5. und unten B 5.1.4.
[38] OLG Koblenz AnwBl 2002, 64; OLG Bamberg FamRZ 1998, 247. – Zur Prozesskostenhilfe näher: unten C 2.4.3.
[39] LG Saarbrücken Rpfleger 1987, 125. – Zu den Kosten in der Teilungsversteigerung vgl. unten C 2.4.

2.2.22 a. Prozessleitungspflicht (§ 139 ZPO)
siehe: Aufklärungs- und Belehrungspflicht, § 139 ZPO.

2.2.23. Rangklassen, § 10
Der Ranggrundsatz gilt auch hier, wobei die Rangklassen von § 10 Abs. 1 Nr. 1, 5 und 6 in der Teilungsversteigerung wohl nicht belegt werden können.

2.2.24. Räumungsvollstreckung, § 93
Sie gilt auch hier, setzt allerdings den Erwerb des ganzen Grundstücks voraus,[40] was bei der Teilungsversteigerung in aller Regel das Ergebnis ist. In den seltenen Ausnahmefällen, in denen auch eine Teilungsversteigerung nur zum Erwerb eines Bruchteils führt (weil nur die Gemeinschaft an einem Bruchteil aufgehoben werden sollte), richtet sich das Recht des Erstehers wie in der Forderungszwangsversteigerung nicht auf Herausgabe des Grundstücks, sondern auf Einräumung des Mitbesitzes durch den oder die anderen Miteigentümer/Mitbesitzer.[41]

2.2.25. Rechtliches Gehör, Art. 103 GG
In der Literatur ist umstritten,[42] ob vor Anordnung bzw. Zulassung des Beitritts rechtliches Gehör gemäß Art. 103 GG zu gewähren ist.[43] In der Praxis kommt sie aber – insbesondere vor einem Beitritt – außerordentlich selten vor.

2.2.26. Schuldübernahme, § 53
Da auch hier bestehenbleibende Rechte vom Ersteher übernommen werden, muß der Schuldner der durch das übernommene Recht gesicherten Forderung durch § 53 geschützt werden.[44]

2.2.27. Sicherheitsleistung, §§ 184, 67–70
Sie spielt auch hier eine bedeutsame Rolle.[45] Es verstößt dabei grundsätzlich nicht gegen Treu und Glauben, wenn ein Miteigentümer von „seinem" anderen Miteigentümer Sicherheitsleistung verlangt.[46]

2.2.28. Sicherungsmaßregeln, § 25
Wenn der Antragsgegner die ordnungsmäßige Wirtschaft gefährdet, kann das Gericht auch hier Maßnahmen zur Abwendung anordnen. Durch § 25

---

[40] LG München II NJW 1955, 189; Stöber § 180 Anm. 7.19.
[41] Vgl. im einzelnen Staudinger/Berg § 1011 BGB Rz. 2; Soergel/Bauer § 1011 BGB Rz. 1; Steiner/Eickmann § 93 Rz. 17–25.
[42] Schiffhauer ZIP 1982, 529; Eickmann Rpfleger 1982, 449; Mezger NJW 1966, 2000; Steiner/Teufel § 180 Rz. 27; Kunz ZZP 94 (1981), 358; **str. a. A.:** OLG Hamm Rpfleger 1979, 22; LG Frankenthal 1985, 250; Stöber § 180 Anm. 5.8; nun auch Dassler/Hintzen § 180 Rz. 37.
[43] Näher dazu oben A 4.7.
[44] Vgl. Taktische Hinweise **TH B 2.3.14.** und **TH B 2.3.15.**
[45] Vgl. dazu ausführlich unten B 7.
[46] OLG Düsseldorf Rpfleger 1989, 167.

sollen aber nur echte Schäden (z. B. an Gebäude oder Einrichtung) verhindert, nicht dagegen Nutzungsmaßnahmen optimiert werden. – Letzteres müssen die Miteigentümer selbst durch Einigung oder Prozeß regeln; deshalb kann über § 25 weder eine Vermietung herbeigeführt noch die Verwendung von Mieteinnahmen geregelt werden.

2.2.29. Stockwerkseigentum

Es unterliegt – wo es überhaupt noch vorkommt – nur ausnahmsweise der Teilungsversteigerung.[47]

2.2.30. Tilgungshypothek, § 1181 BGB

Auch in der Teilungsversteigerung – obwohl nicht eindeutig Zwangsvollstreckung – erlischt eine im geringsten Gebot berücksichtigte Tilgungshypothek insoweit, als ihr Gläubiger aus der Teilungsmasse Tilgungen erhalten hat.[48]

2.2.31. Umlegungsverfahren (BauGB)

Es behindert die Teilungsversteigerung nicht; der Ersteher tritt als Rechtsnachfolger der Miteigentümer eben in den jeweiligen Stand des laufenden Verfahrens ein (§ 49 BauGB).

2.2.32. Veräußerungsbeschränkung, z. B. §§ 751, 2042 BGB

Durch Vereinbarung der Gemeinschafter (vgl. §§ 749 Abs. 2, 751 bzw. 2042 Abs. 2 BGB) oder durch Anordnung des Erblassers (vgl. § 2044 BGB) kann bestimmt sein, daß z. B. nur die bisherigen Teilhaber erwerben dürfen. Das muß bei Feststellung der Versteigerungsbedingungen und beim Zuschlag berücksichtigt werden.[49]

2.2.33. Veräußerungsverbot, z. B. § 610 RVO

Ein Verbot gemäß § 610 RVO bzw. § 75 Bundesversorgungsgesetz hindert die Teilungsversteigerung dann, wenn es den Anteil des Antragstellers belastet.[50]

2.2.34. Verfahrensverbindung, § 18

Die Teilungsversteigerungen mehrerer Grundstücke können verbunden werden, wenn einerseits die Voraussetzungen des § 18 erfüllt und andererseits die Miteigentümer dieselben sind. Unter diesen Voraussetzungen kann auch die Teilungsversteigerung eines „ganzen" Grundstücks mit derjenigen eines Bruchteils von einem anderen Grundstück verbunden werden.[51] Dabei müs-

---

[47] Zum Stockwerkseigentum vgl. oben B 1.1.
[48] Steiner/Teufel § 180 Rz. 86. – Vgl. auch unten B 5.1.4.
[49] Fairerweise sollte auch schon in der Terminsveröffentlichung auf diese Besonderheit hingewiesen werden, wenn sie zu diesem Zeitpunkt schon unzweifelhaft feststeht und dem Gericht bekannt ist. – Zu Ausschlußvereinbarungen vgl. auch oben B 1.7.1.
[50] Stöber § 180 Anm. 7.26; Steiner/Teufel § 180 Rz. 128 e.
[51] BGH WM 1984, 1342; BayObLG Rpfleger 1998, 79; Stöber § 18 Anm. 2.4.

sen weder die Eigentümer-Anteile gleich groß noch die Gemeinschaftsformen gleich sein,[52] z.B. bei einem Grundstück Erbengemeinschaft, bei einem anderen Bruchteilsgemeinschaft. Im Versteigerungstermin gilt dann § 63, also i. d. R. Einzelausgebote und auf Antrag Gesamt- und/oder Gruppenausgebote. Zu beachten ist, daß durch die Gesetzesänderung im Jahr 1998 gemäß dem neuen § 63 I 1 Grundstücke auch dann gemeinsam ausgeboten werden können, wenn sie mit einem einheitlichen Bauwerk überbaut sind; neu ist also, daß die entsprechenden Versteigerungsverfahren nicht gem. § 18 verbunden zu sein brauchen.

Auch ohne eine Verfahrensverbindung nach § 18 und ohne „gemeinsame Überbannung mit einem einheitlichen Bauwerk" können Grundstücke aus verschiedenen Versteigerungsverfahren unter Umständen gleichzeitig versteigert werden, wenn dies aus irgendwelchen Gründen sachlich geboten oder zweckmäßig ist und dadurch keine Verwirrung entsteht.[53]

2.2.35. Vergleich

Im Versteigerungstermin kann ein Auseinandersetzungsvergleich geschlossen werden, der dann auch die Form des § 313 BGB wahrt.[54]

2.2.36. Vollstreckungsschutz, § 765a ZPO

Die Anwendbarkeit des § 765a ZPO in der Teilungsversteigerung ist zwar streitig, sie wird von der herrsch Ansicht aber zu Recht bejaht.[55]

Anstelle des in der Forderungszwangsversteigerung geltenden besonderen Vollstreckungsschutzes gemäß §§ 30a–30d gilt in der Teilungsversteigerung § 180 Abs. 2–4.[56]

2.2.37. Vorkaufsrechte

Sie können gesetzlicher, dinglicher oder schuldrechtlicher Natur sein. Nach heute herrschender Auffassung[57] sind sie in der Teilungsversteigerung grundsätzlich nur dann zu beachten, wenn sie durch eine Vormerkung besonders dinglich gesichert sind und diese Vormerkung bestehen bleibt. Aber auch dann sind sie außerhalb des Verfahrens vom Berechtigten gegenüber dem Ersteher geltend zu machen. Nur manche Landesrechte haben zum Schutz der Natur oder von Baudenkmälern Vorkaufsrechte auch ohne Eintragung mit dinglicher Wirkung ausgestattet, sodaß § 1098 Abs. 2 BGB zu beachten ist.[58]

---

[52] Stöber § 180 Anm. 7.15; **str a. A.:** Böttcher § 180 Rz. 24; Steiner/Teufel § 180 Rz. 89.
[53] BGH NJW 2007, 2995.
[54] Näher dazu unten C 9.
[55] Näher dazu oben A 2.3. und unten B 3.4.2.
[56] Näher dazu unten B 3.
[57] Nachweise unten bei B 5.1.4.
[58] Falls das Gericht trotzdem das gesetzliche Vorkaufsrecht gem §§ 24 BauGB für beachtlich hält, vgl. Taktische Hinweise unten **TH** B 2.3.16–**TH** B 2.3.18.

Ein Vorkaufsrecht greift in der Teilungsversteigerung aber dann nicht, wenn es das ganze Grundstück belastet und einer der bisherigen Miteigentümer den Zuschlag erhält.[59] Es kommt auch dann nicht zum Zuge, wenn einem Miteigentümer, dessen Anteil nicht dem Vorkaufsrecht unterliegt, das ganze Grundstück zugeschlagen wird.[60] Das gesetzliche Vorkaufsrecht des Miterben am Nachlaß gemäß § 2034 BGB erstreckt sich nicht auf die Miteigentums-Anteile nach Auseinandersetzung der Erbengemeinschaft,[61] anders aber nach Erbteilsveräußerung.[62]

2.2.38. Wiederversteigerung, §§ 132, 133

Wenn der Ersteher im Verteilungstermin nicht zahlt, kommt es auch hier zu einer Wiederversteigerung.[63] Diese ist dann aber eine Forderungszwangsversteigerung und richtet sich gegen den Ersteher.

2.2.39. Wohnungseigentum, WEG

Das der Gemeinschaft gehörende Eigentum kann gemäß § 11 Abs. 1 WEG nicht teilungsversteigert werden, wohl aber die einzelne Eigentumswohnung, wenn daran z. B. Bruchteilseigentum besteht.[64]

2.2.40. Zubehör, §§ 55 II, 90 II

Soweit es nicht allen Gemeinschaftern bzw. der Gemeinschaft selbst gehört, wird es als Fremdzubehör trotzdem gemäß §§ 55 Abs. 2, 90 Abs. 2 erfaßt und versteigert, falls nicht der Zubehör-Eigentümer die Freigabe gemäß § 37 Nr. 5 noch vor dem Zuschlag erreicht.[65]

2.2.41. Zustellungen; §§ 3–8 und §§ 166 ff. ZPO

Es gelten keine Besonderheiten. Die fehlerhafte Zustellung des Anordnungsbeschlusses macht u. U. das ganze Verfahren unheilbar unzulässig.[66]

2.3. Taktische Hinweise

TH 2.3.1.: Altenteilsrechte sind in jeder Zwangsversteigerung gefährlich, schon weil sie nicht immer aus dem Grundbuch ersichtlich sind. Der Ersteher kann sich außerdem trotz § 182 nicht darauf verlassen, daß aus landesrechtli-

---

[59] BGH NJW 1967, 1607; 1954, 1053 und DNotZ 1957, 654; Dassler/Hintzen § 180 Rz. 138; Schiffhauer ZIP 1982, 664; Stöber § 180 Anm. 7.29 b; **a. A.** Schmid MDR 1975, 191.
[60] BGH NJW 1967, 1607; Schiffhauer, Stöber und hier auch Schmid (jeweils wie Anm. 56).
[61] BGH Rpfleger 1972, 250; Schiffhauer ZIP 1982, 665; Stöber § 180 Anm. 7.29 f.
[62] Vgl. BGH FamRZ 1993, 420.
[63] Zur Wiederversteigerung: Storz/Kiderlen ZV-Praxis E 6.2.2. und unten C 10.5.
[64] Vgl. dazu oben B 1.1. und B 1.7.1.
[65] Vgl. auch unten C 3.3. – Im übrigen: Zum Schicksal des Fremdzubehörs in der Zwangsversteigerung vgl. Storz/Kiderlen ZV-Praxis B 2.5.1. und B 3.2.1. mit zahlreichen Taktischen Hinweisen dort **TH** B 2.5.4.6.–**TH** B 2.5.4.10.
[66] Vgl. LG Koblenz Rpfleger 1972, 183. – Siehe auch unten **TH** B 2.3.19. – Zur Zustellung vgl. unten C 2.1.

chen Gründen ein Altenteil nicht doch bestehen bleibt. Der beste Schutz besteht darin, erstens nachzuforschen, ob faktisch „etwas altenteilähnliches" mit der Grundstücksnutzung verbunden ist und ob z. b. der Voreigentümer zur Familie des jetzigen Eigentümers gehört; zweitens sollte der Ersteher in allen entfernten Zweifelsfällen dafür sorgen, daß der Abweichungsantrag nach § 9 Abs. 2 EGZVG gestellt wird.

TH 2.3.2.: Selten wird das Altenteil nur einen Bruchteil belasten; genauso selten dürfte ein mit einem Altenteil belastetes Grundstück für einen (nicht spekulierenden) Außenstehenden interessant sein. Bei der Teilungsversteigerung von Bruchteilseigentum kann das Altenteil dann wegen § 182 nur über eine Abweichungsvereinbarung nach § 59 oder einen Abweichungsantrag nach § 9 Abs. 2 EGZVG zum Erlöschen gebracht werden. Das Vorgehen nach § 59 hat dabei den Nachteil, daß praktisch alle Beteiligten zustimmen müssen (bei § 9 Abs. 2 EGZVG kann der Antragsteller als betreibender Gläubiger die Abweichung alleine durchsetzen); außerdem ist Vorsicht und Klarstellung geboten, daß nicht trotz einer Vereinbarung gemäß § 59 das Bestehenbleiben des Altenteils gemäß § 9 Abs. 1 EGZVG behauptet werden kann.

TH 2.3.3.: In neuerer Zeit wird gelegentlich versucht, Dauerwohnrechte, die (nicht oder) durch eine beschränkte Dienstbarkeit grundbuchmäßig abgesichert sind, aber in der Zwangsversteigerung mangels Berücksichtigung im geringsten Gebot erlöschen, dadurch „zu retten", daß sie (nachträglich) dem Ersteher gegenüber als Altenteil präsentiert werden. Das kann recht gefährlich sein, insbesondere, wenn das Dauerwohnrecht dem früheren Eigentümer zusteht und gar mit gewissen (kostenlosen) Dienstleistungen oä verbunden ist. Auch hier muß der Ersteher beim geringsten Verdacht den Antragsteller zu einem Abweichungsantrag gemäß § 9 Abs. 2 EGZVG noch vor Beginn der Bietstunde veranlassen.

TH 2.3.4. (nach Schiffhauer):[67] Viele Antragsgegner meinen, ein Beitritt zur Teilungsversteigerung sei überflüssig: entweder ist man „letztlich froh darüber, daß die unliebsame und konfliktreiche Gemeinschaft nun ein baldiges Ende findet" und läßt das vom Antragsteller betriebene Verfahren eben laufen, oder man ist gegen die Versteigerung, dann klingt ein Beitritt und eine eigene Antragstellung doch paradox! Dieser Standpunkt ist verständlich, beruht aber auf einer nicht ausreichenden Kenntnis des Verfahrens und ist letztlich sehr gefährlich!

TH 2.3.5.: Wenn der Antragsgegner mit der Versteigerung einverstanden ist (und sich vielleicht nur über einen Verkaufspreis oder den Käufer nicht mit den anderen Teilhabern einigen kann), spricht trotzdem folgendes für einen Beitritt: Zum einen hat ein Beteiligter deutlich mehr Einflußmöglichkeiten auf das Verfahren, wenn er nicht nur Antragsgegner sondern auch Antragsteller ist (manche ZVG-Bestimmungen richten sich nämlich nur an den Antragsteller z. B.: §§ 25, 30, 31, 67 Abs. 2, 74 a Abs. 1 5.2); hinzu kommt, daß er dann nicht mehr vollständig vom Antragsteller abhängig ist (der ja sonst in jedem Stadium völlig alleine die Versteigerung zur Aufhebung bringen könnte!). Aber auch die für das Schicksal der Versteigerung sehr wichtige Zusam-

---

[67] Schiffhauer ZIP 1982, 532.

mensetzung des geringsten Gebots ist gemäß § 182 davon abhängig, wer Antragsteller ist.

TH 2.3.6.: Wenn der Antragsgegner sich gegen die Versteigerung wehren will, sollte er zunächst versuchen, eine einstweilige Einstellung nach § 180 Abs. 2 zu erreichen. Danach aber sprechen die gleichen Gründe für einen Beitritt wie in **TH** 2.3.5. genannt. Der Antragsgegner kann die Versteigerung sogar erheblich erschweren und u. U. sogar verhindern, wenn er dem Verfahren beitritt und schnellstmöglich seinen eigenen Anteil noch höher belastet. Allerdings machen Rechtsprechung und Literatur in neuerer Zeit immer mehr Fortschritte bei dem Versuch, einen Mißbrauch des § 182 zu verhindern.

TH 2.3.7.: Was spricht gegen den Beitritt des Antragsgegners? Außer emotionalen Erwägungen und dem verständlichen Bedürfnis nach Ruhe und Frieden, außer gewissen Kosten (z. B. für einen Rechtsanwalt) und außer Unkenntnis/Unsicherheit über dieses abgelegene Verfahren (die man fairerweise auch den meisten Rechtsanwälten zubilligen sollte)? Mir fällt nicht viel ein!

TH 2.3.8.: Wenn der Antragsgegner schon dem Verfahren beitritt, sollte er unbedingt auf die Frist des § 44 Abs. 2 achten; auch in der Teilungsversteigerung ist ja der Versteigerungstermin die Schicksalstunde; um dort handlungsfähig zu sein, muß der Beitrittsbeschluß gemäß § 44 Abs. 2 mindestens vier Wochen vor dem Termin den anderen Miteigentümern zugestellt sein.

TH 2.3.9.: Bei Teilungsversteigerungen sind die Grundstücke oft nicht so sehr überlastet wie bei den meisten Forderungszwangsversteigerungen. Daher sind die eingetragenen Grundpfandrechte meist werthaltiger. Auch alte Zinsrückstände in § 10 Abs. 1 Nr. 8 werden noch vor den Miteigentümern aus dem Erlös bedient. Deshalb Hinweis an die Gläubiger: auf alle Fälle auch die über zweijährigen Zinsrückstände für die 8. Rangklasse anmelden, falls diese dinglichen Zinsen noch benötigt werden. Und Hinweis an die Miteigentümer: Auf alle Fälle ausdrückliche Berufung auf eine eventuelle Verjährung nicht vergessen![68]

TH 2.3.10.: Auch in der Teilungsversteigerung muß der Ersteher erst im Verteilungstermin zahlen; schon vorher ist er also rechtskräftig Eigentümer geworden. Zwar kann von ihm schon in der Bietstunde Sicherheitsleistung verlangt werden. Aber erstens stellen gerade in Teilungsversteigerungen (m. E. zu Unrecht) die Miteigentümer den Antrag nicht, weil sie befürchten, potentielle Interessenten vom Bieten abzuhalten, zweitens wird der Antrag oft zu spät (nicht sofort) gestellt, und drittens beträgt die Sicherheitsleistung nur 10% des Bargebots. In dieser Situation wird viel zu oft § 94 übersehen, mit dem dann wenigstens verhindert werden kann, daß der Ersteher in der Zeit vom Eigentumserwerb bis zur Wiederversteigerung z. B. sein(!) Zubehör ent-

---

[68] Dazu Storz/Kiderlen ZV-Praxis, B 5.3.1. mit dortigen Taktischen Hinweisen **TH** B 4.4.4.9.; **TH** B 4.4.4.10. und **TH** C 1.2.4.2.

fernt und verkauft oder das Grundstück sonst durch z. T. formal legale(!) Maßnahmen entwertet.

TH 2.3.11. (nach Schiffhauer):[69] Der Wegfall der Genehmigungspflicht für land- und forstwirtschaftliche Grundstücke führt dazu, daß gerade derartige Grundstücke deshalb u. U. durch eine Teilungsversteigerung wesentlich teurer verwertet werden können als bei einem freihändigen Verkauf, weil eben weitere (und meist auch zahlungskräftigere) Interessentengruppen erschlossen werden können.

TH 2.3.12.: Der Hinweis TH 2.3.11. gilt natürlich nicht nur für den Fall, daß ein Grundstück (z. B. durch den Testamentsvollstrecker oder durch Aufhebung der Erbengemeinschaft) ohnehin versteigert werden muß, sondern auch dann, wenn z. B. zwei Miteigentümer ihr Grundstück (in voller Übereinstimmung) verkaufen wollen, sich daran aber durch die Genehmigungspflicht in §§ 2, 4 GrdstVG praktisch gehindert sehen. Durch eine Teilungsversteigerung können sie dieses Problem u. U. umgehen. Aber die Landwirtschaftsbehörde muß hier eben besonders wachsam sein.

TH 2.3.13.: Die Landwirtschaftsbehörde steht zwar rechtlich der Versteigerung von land- und forstwirtschaftlichen Grundstücken außerhalb ihres Genehmigungs-Einflusses i. d. R. machtlos gegenüber. Sie kann ihren öffentlichen Auftrag aber trotzdem in einer für alle Beteiligten angemessenen Weise u. U. dann erfüllen, wenn sie frühzeitig genug alle Entwicklungen verfolgt und dann verhandelt, und wenn sie insbesondere versucht, schon vor einem Versteigerungstermin eine anderweitige Lösung herbeizuführen.

TH 2.3.14.: Wenn es die Miteigentümer unterlassen, rechtzeitig die einer Grundschuld zugrunde liegende Forderung gemäß § 53 beim Versteigerungsgericht anzumelden, verpassen sie die Möglichkeit, sich einseitig aus der persönlichen Haftung für die durch die bestehenbleibende Grundschuld gesicherte Forderung zu befreien. Sie können zwar auf Grund der Sicherungsabrede vom Grundschuldgläubiger verlangen, daß dieser die Grundschuld entweder vom Ersteher bezahlen oder neu valutieren läßt, und daß ihnen der Gegenwert gutgeschrieben wird, aber das ist ein viel komplizierteres Verfahren als die Schuldübernahme gemäß § 53.

TH 2.3.15.: Wenn die Miteigentümer in einer Hochzinsphase ein Darlehen aufgenommen haben, das bisher durch die bestehenbleibende Grundschuld gesichert war, und wenn die Miteigentümer eigentlich keine Möglichkeit haben, aus der noch lange Zeit laufenden Zinsfestschreibung „auszusteigen", dann bringt die Schuldübernahme gemäß § 53 noch einen weiteren Vorteil: Wenn der Grundpfandgläubiger gemäß § 416 BGB zustimmt, sind die Miteigentümer frei und ist der Ersteher entsprechend verpflichtet.

TH 2.3.16. (nach Schiffhauer):[70] Kommt das Vorkaufsrecht nach dem BauGB (entsprechendes gilt für § 17 StBauFG) in Betracht, dann empfiehlt es sich wegen der langen Entscheidungsfrist gem. §§ 24 Abs. 4 und 28 a Abs. 2

---

[69] Schiffhauer ZIP 1982, 530.
[70] Schiffhauer ZIP 1982, 665.

S. 4 BauGB sehr, daß das Vollstreckungsgericht (m. E. außerdem der Antragsteller, am besten in Abstimmung mit dem Rechtspfleger) schon rechtzeitig vor dem Versteigerungstermin mit der vorkaufsberechtigten Gemeinde eine Abklärung herbeizuführen versucht; nicht selten steht nämlich fest, daß die Gemeinde nicht kaufen will oder kann. Eine auf diese Weise erreichte schnellere Zuschlagsmöglichkeit kommt demjenigen Berechtigten zugute, der an letzter Stelle zur Hebung kommt. In der Teilungsversteigerung sind das oft die Miteigentümer selbst.

TH 2.3.17. (nach Steiner/Teufel):[71] Die vorzeitige Abklärung, ob ein Vorkaufsrecht gemäß § 24 BauGB oder § 17 StBauFG ausgeübt werden soll oder nicht (vgl. **TH** 2.3.16.), hat noch einen weiteren Vorteil neben der schnelleren Zuschlagsmöglichkeit: Die Interessenten sind viel eher zum Bieten überhaupt und zur Abgabe von „guten" Geboten zu bewegen, wenn sie sicher sein können, daß sie im Falle eines Meistgebots auch tatsächlich den Zuschlag erhalten.

TH 2.3.18.: Daß die Vorabklärung, wie die Gemeinde zu ihrem Vorkaufsrecht steht, sinnvoll ist, ist in **TH** 2.3.16. und **TH** 2.3.17. dargestellt. Daß ausgerechnet zwei besonders den Rechtspflegern nahestehende bedeutende Autoren vorschlagen, das Gericht (d. h. der Versteigerungsrechtspfleger) solle sich um diese Vorabklärung bemühen, ehrt diese Autoren und die Rechtspfleger überhaupt und ist auch durchaus sinnvoll. Das ändert nichts an der Tatsache, daß Nutznießer alleine die bisherigen Eigentümer sind. Deshalb sind m. E. in allererster Linie diese aufgerufen, sich aktiv darum zu bemühen.

TH 2.3.19.: Zustellungen im Ausland können u. U. erhebliche Schwierigkeiten machen, die in geeigneten Fällen durch eine Abwesenheitspflegschaft überwunden werden können (vgl. § 1911 BGB).

---

[71] Steiner/Teufel § 180 Rz. 177.

3. Einstweilige Einstellung des Verfahrens

Literatur (Titel zum Teil sinnwahrend gekürzt!): *Behr*, Generalklausel für Vollstreckungsschutz, § 765 a Rpfleger 1989, 13; *Büchmann*, Der Schutz des Schuldners vor Verschleuderung im Zwangsversteigerungsverfahren 1997; *Büchmann*, Schuldnerschutz bei der Vorbereitung des Versteigerungstermins, ZIP 1985, 138; *Drischler*, Einfluß familienrechtlicher Bestimmungen, RpflJB 1987, 359; *Drischler*, Neuerungen zum Vollstreckungsschutz, NJW 1986, 1853; *Drischler*, Vollstreckungsschutz in der Zwangsversteigerung, NJW 1956, 1668; *Goerlich*, Eigentum als Verfahrensgarantie, DVBl 1978, 362; *Hill*, Kann ein Miterbe immer Einstellung gemäß § 180 Abs. 2 beantragen? MDR 1959, 92; *Hintzen*, § 765 a ZPO in der Mobiliar- und Immobiliensvollstreckung ZAP 1996, 565; *Hornung*, Die Zwangsvollstreckungsnovelle 1979, Rpfleger 1979, 321; *Lorenz*, Konkurrenz von Einstellungsanträgen nach § 30 a und § 30, NJW 1960, 1751; *Maurer*, Zuständigkeit des Rechtspflegers zur Entscheidung über Gefährdung des Kindeswohls nach § 180 III, FamRZ 1991, 1141; *Mohrbutter*, Zur Auslegung des § 180 Abs. 2, Rpfleger 1954, 235; *Mohrbutter*, Folgen von BVerfG vom 24. 3. 1976, DRiZ 1977, 39; *Mohrbutter*, Berufung auf § 765 a ZPO nach Schluß der Versteigerung, Rpfleger 1967, 102; *Mümmler*, Maßnahmen zur Verhütung der Verschleuderung, Jur-Büro 1973, 689; *Quack*, Verfahrensrecht und Grundrechtsordnung, Rpfleger 1978, 197; *Riedel*, § 765 a ZPO und die Zwangsversteigerung, NJW 1955, 1705; *Schiffhauer*, Soziale Aspekte in der Zwangsversteigerung, Rpfleger 1978, 397; *Stöber*, Anmerkung zu BVerfG vom 24. 3. 1976, Rpfleger 1976, 392; *Stöber*, Einstellungsantrag nach Pfändung des Miterben-Anteils, Rpfleger 1963, 337; *Stöber*, Ist § 765 a ZPO bei Teilungsversteigerung anwendbar? Rpfleger 1960, 237; *Stöber*, Kostenentscheidung beim Vollstreckungsschutz nach § 180 Abs. 2, Rpfleger 1956, 95; *Storz*, Besondere Gefahrenquelle in der Zwangsversteigerung, ZiP 1980, 1049 und ZiP 1981, 16; *Teufel*, § 765 a ZPO in der Teilungsversteigerung, Rpfleger 1976, 86; *Vallendar*, Zwangsversteigerung und -verwaltung im Lichte der InsO, Rpfleger 1997, 353; *Vollkommer*, Anmerkung zu BVerfG vom 24. 3. 1976, Rpfleger 1976, 393; *Vollkommer*, Verfassungsmäßigkeit des Vollstreckungszugriffs, Rpfleger 1982, 1; *Weitzel*, Grundrechtswidriger Zuschlag, JuS 1976, 722.

3.1. Einstellungsbewilligung gemäß §§ 180, 30

3.1.1. Übersicht

Aufgabe: wichtigstes Steuerungsmittel für den Antragsteller
Bewilligung ≠ Antrag; viel stärker, weil
– keine Begründungspflicht
– keine Form- und Fristerfordernisse
– keine Mitspracherechte Dritter
– keine Ermessensentscheidung des Gerichts
Recht zur Bewilligung hat
– der Antragsteller (≙ betreibender Gläubiger)
– für sein Einzelverfahren
Keine Belehrung über Bewilligungsrecht
Einstellungsdauer: maximal 6 Monate
Fortsetzungsantrag nötig
– 6-Monats-Frist für ihn beginnt mit Zustellung Einstellungsbeschluß

Wiederholbarkeit:
– einmal gegeben
– zweite Wiederholung → Aufhebung
Kosten für Gericht und Anwalt fallen nicht gesondert an

3.1.2. Rechtslage

Gemäß §§ 180 Abs. 1, 30 ist das Verfahren einstweilen einzustellen, wenn der Antragsteller der Versteigerung die Einstellung bewilligt.

§ 30 ist in der Forderungszwangsversteigerung das wichtigste Steuerungsmittel für den betreibenden Gläubiger, weil die einstweilige Einstellung des von ihm betriebenen Verfahrens ausschließlich von seiner Bewilligung abhängig ist. Damit kann er außerordentlich flexibel auf alle Entwicklungen des Versteigerungsverfahrens reagieren.[1] Das kommt besonders dem bestrangig betreibenden Gläubiger zugute, weil sich das geringste Gebot als wichtigste Grundlage der Versteigerung allein nach ihm richtet[2] und er allein deshalb gemäß § 72 Abs. 3 mit der Einstellungsbewilligung sogar Gebote zum Erlöschen bringen und die Zuschlagsversagung herbeiführen kann.[3]

In der Teilungsversteigerung hat der Antragsteller die Rolle und die Rechte des betreibenden Gläubigers, deshalb gilt § 30 unstreitig auch in der Teilungsversteigerung, sodaß auch der Antragsteller mit § 30 ein hervorragendes Steuerungsinstrument zur Hand hat.[4] So wie in der Vollstreckungsversteigerung der bestrangig betreibende Gläubiger eine besonders einflußreiche Stellung hat, kann in der Teilungsversteigerung der „maßgebliche" Antragsteller jederzeit und allein aus eigener Kraft jeden Zuschlag verhindern, weil sich das geringste Gebot ausschließlich nach ihm richtet.[5] Er allein kann das machen, ohne Begründungspflicht, Form- oder Fristerfordernis oder Mitsprachemöglichkeit von Dritten; auch das Gericht ist an seine Bewilligung gebunden und muß einstellen, wenn damit nicht gegen irgendein Gesetz oder die guten Sitten verstoßen wird.[6]

Die Einstellung ist bedingungsfeindlich und kann nicht mit Auflagen verbunden werden.[7] Möchte der Antragsteller also als Gegenleistung irgendwelche Maßnahmen oder Verhaltensweisen des Antragsgegners erreichen, so kann dies nur außerhalb des Verfahrens geregelt werden.[8] Wegen des Grundsatzes von der Selbständigkeit der Einzelverfahren[9] bezieht sich die Bewilligung natürlich nur auf das vom Antragsteller selbst betriebene Verfahren und nicht auch auf andere Verfahren, bei denen er ja Antragsgegner ist und prak-

---

[1] Vgl. dazu ausführlich Storz/Kiderlen ZV-Praxis B 3.2.2.
[2] Vgl. dazu ausführlich Storz/Kiderlen ZV-Praxis B 6.4. mit vielen Taktischen Hinweisen **TH** B 6.5.1.–**TH** B 6.5.7.
[3] Vgl. Storz, Rpfleger 1990, 176.
[4] Jedenfalls, wenn ein Antragsteller alleine die Teilungsversteigerung betreibt; vgl. dann auch **TH** B 3.1.3.4. und **TH** B 3.1.3.3. – Betreiben mehrere Antragsteller gleichzeitig, vgl. unten B 3.5.2. und B 5.7.2.2. und C 3.4.1.
[5] Näher dazu unten B 3.5.2.
[6] Siehe Taktischen Hinweis **TH** B 3.1.3.1.
[7] Steiner/Storz § 30 Rz. 34; Stöber § 30 Anm. 2.11.
[8] Siehe Taktischen Hinweis **TH** B 3.1.3.2.
[9] Vgl. dazu oben A 4.5. und unten B 3.2.2.2.

tisch die Rolle und die Rechte des Schuldners hat. Welche Auswirkung die Einstellungsbewilligung des Antragstellers auf die gesamte Teilungsversteigerung hat, kann nur aus einer Gesamtschau aller betriebener Verfahren und dem Verfahrensstand in diesem Zeitpunkt beurteilt werden.[10]

Auch in der Teilungsversteigerung ist das geringste Gebot die wichtigste Grundlage der Versteigerung, und auch hier richtet es sich nicht nach dem Grundstückswert, sondern gemäß § 182 ausschließlich nach dem Antragsteller; das erhöht noch seinen Einfluß. Noch wichtiger ist, daß auch der Antragsteller in der Teilungsversteigerung über § 30 entweder immer (wenn er alleine die Versteigerung betreibt) oder unter Umständen (wenn auch andere Antragsteller betreiben) Gebote zum Erlöschen bringen und damit die Versagung des Zuschlags herbeiführen kann.[11] Wenn in der Teilungsversteigerung mehrere Beteiligte (durch Anordnung und Beitritt) die Rolle eines Antragstellers haben (weil sie die Teilungsversteigerung betreiben), ist derjenige von ihnen der „maßgebliche" Antragsteller, nach dem sich das geringste Gebot richtet,[12] denn er allein kann durch eine Einstellungs-Bewilligung gemäß §§ 180, 30 das geringste Gebot als wichtigste Verfahrensgrundlage verändern, dadurch gemäß §§ 180, 72 alle Gebote zum Erlöschen bringen und jeden ihm nicht passenden Zuschlag verhindern!

Die Einstellungsbewilligung ist möglich von der Wirksamkeit des Anordnungs- oder Beitrittsbeschlusses an bis zur vollständigen[13] Verkündung der Entscheidung über den Zuschlag,[14] zur Rettung einer Zuschlagsversagung sogar noch in der Beschwerdeinstanz.[15]

Die vom Antragsteller gemäß §§ 180 Abs. 1, 30 Abs. 1 S. 1 bewilligte einstweilige Einstellung kann höchstens 6 Monate dauern, weil die 6-Monats-Frist für den Fortsetzungsantrag[16] gemäß § 31 Abs. 2a in diesem Fall (anders z. B. als bei Einstellungen nach § 180 Abs. 2 oder 3) bereits mit der Einstellung, dh mit der Zustellung des Einstellungsbeschlusses beginnt.[17]

Gemäß §§ 180 Abs. 1, 30 Abs. 1 S. 2 kann die Einstellung wiederholt bewilligt werden. Die dritte Einstellungsbewilligung wird aber wie eine Rücknahme des Versteigerungsantrags behandelt und führt daher zur Aufhebung dieses (Einzel-)Verfahrens.[18] Natürlich werden hier nur die Einstellungen zusammengezählt bzw. angerechnet, die auf einer Bewilligung gemäß § 30 dieses Antragstellers für dieses Einzelverfahren beruhen.

Wenn die Einstellungsbewilligung des Antragstellers gemäß §§ 180 Abs. 1, 30 zusammentrifft mit einem Einstellungsantrag gleich welcher Art, erhält

---

[10] Dazu ausführlich Storz/Kiderlen ZV-Praxis B 3.2.1., B 3.2.3. und die Taktischen Hinweise **TH** B 3.2.4.1.–**TH** B 3.2.4.12. – Für den Fall, daß die Teilungsversteigerung von verschiedenen Antragstellern betrieben wird, kommt es auf den „maßgeblichen Antragsteller" an; vgl. dazu insbesondere unten B 3.5.2. und B 5.7.2.2. und C 3.4.1.

[11] Siehe Taktischen Hinweis **TH** B 3.1.3.3.

[12] Ausführlich dazu unten B 5.4.1. bis B 5.4.3.

[13] Die einstweilige Einstellung kann also auch dann noch bewilligt werden, wenn der Rechtspfleger bereits mit der Verkündung des Zuschlags begonnen hatte: BGH Rpfleger 2007, 414.

[14] Storz EWiR 1987, 1251; Steiner/Storz § 30 Rz. 40; Stöber § 30 Anm. 2.12.

[15] LG Aachen Pfleger 1985, 452; Storz/Kiderlen ZV-Praxis B 3.2.2.

[16] Vgl. Taktischen Hinweis **TH** B 3.1.3.5.

[17] Steiner/Storz § 31 Rz. 24; Stöber § 31 Anm. 3.2.

[18] Vgl. Taktische Hinweise **TH** B 3.1.3.6. und **TH** B 3.1.3.7.

immer die Einstellungsbewilligung den Vorrang,[19] weil der Antragsteller der Herr über sein Verfahren ist. Das kann trotzdem für ihn nachteilig sein.[20] Gerichts- oder Anwaltskosten fallen nicht besonders an, weil der Einstellungs-Vorgang (d.h. der auf die Einstellungsbewilligung folgende Einstellungsbeschluss) durch die Anordnungs- bzw. Beitrittsgebühr abgegolten ist.[21] Die Einstellungsbewilligung kann solange auch wieder zurückgenommen werden, bis über sie entschieden worden ist; das allerdings geht in der Praxis oft sehr schnell, weil eben die einzige Einstellungsvoraussetzung die Bewilligung ist.

3.1.3. Taktische Hinweise

TH 3.1.3.1.: Auch wenn der Antragsteller seine Einstellungsbewilligung rein rechtlich gesehen nicht zu begründen braucht, sollte er den anderen Beteiligten und vor allem auch dem Gericht den Grund für sein Vorgehen erläutern. Das muß nicht unbedingt vor oder zusammen mit der Bewilligungserklärung geschehen, weil unter Umständen objektiv keine Zeit dazu besteht, oder weil ein gewisser Überraschungseffekt beabsichtigt war. Die Beteiligten und das Gericht haben aber auch ein Interesse an einer nachträglichen Information, und dem sollte der Antragsteller fairerweise Rechnung tragen.

TH 3.1.3.2.: Da die Einstellungsbewilligung nicht mit Bedingungen oder Auflagen verknüpft werden kann, muß dies außerhalb des Verfahrens geschehen. Umso freier kann man sie gestalten. Die Erfahrung hat aber gezeigt, daß derartige Vereinbarungen unbedingt (wenigstens ganz kurz) schriftlich festgehalten werden sollten. Auch und gerade wenn die Einigung in der Hektik der Bietstunde zustandekommt, gilt diese Empfehlung. Es geht dabei nicht nur um eine Beweissicherung sondern auch darum, daß den Beteiligten klarer wird und bleibt, wozu sie sich verpflichtet haben. Gerade in Teilungsversteigerungen ist ja mit einem Wiederaufflammen des Streits zu rechnen.

TH 3.1.3.3.: Da der Gesetzgeber davon ausgeht, daß die vom Antragsteller bewilligte Einstellung auch im Interesse des Antragsgegners liegt (was bei Teilungsversteigerung häufig, aber keineswegs immer zutrifft), ist sie so schnell und leicht herbeizuführen. Trotzdem kann die Einstellungsbewilligung vom Antragsteller, insbesondere wenn er allein die Versteigerung betreibt, noch zu ganz anderen Zwecken eingesetzt werden, als zu dem, Ruhe ins Verfahren zu bringen. Die wichtigsten beiden Zielrichtungen sind:

– Zuschlagsversagung an unerwünschte Meistbietende
– Druckmittel für höhere Gebote (während der Bietstunde) oder für Zahlungen/Leistungen außerhalb des Verfahrens (nach der Bietstunde, aber vor Zuschlagsverkündung).[22]

TH 3.1.3.4.: Die Einstellungsbewilligung kann auch beschränkt werden, z. B. auf einzelne Zubehörgegenstände, die aus der Versteigerung wieder frei-

---

[19] Vgl. unten zu § 180 Abs. 2: B 3.2.2.6.
[20] Vgl. deshalb unten **TH B** 3.2.3.5. und **TH B** 3.2.3.6.
[21] Storz/Kiderlen ZV-Praxis B 3.2.2.; Steiner/Storz § 30 Rz. 57; Stöber § 30 Anm. 2.18.
[22] Vgl. dazu ausführlich Storz/Kiderlen ZV-Praxis B 6.4. mit vielen Taktischen Hinweisen **TH** B 6.5.1.–**TH** B 6.5.7.

gegeben werden sollen, oder bei der gleichzeitigen Versteigerung mehrerer Grundstücke auf einzelne Parzellen usw. Bei jeder Einstellungsbewilligung sollte sich der Antragsteller deshalb genau überlegen und dann ausdrücken, was er will.

TH 3.1.3.5.: Wenn die 6-Monats-Frist für den Fortsetzungsantrag versäumt ist, wird das Verfahren aufgehoben (§ 31 Abs. 1 S. 2). Da die meisten Kommentatoren fordern, daß der Fortsetzungsantrag nicht zu früh gestellt wird, ist die Gefahr, daß er ganz vergessen wird, durchaus gegeben. Deshalb könnte m. E. trotz gewisser formaler Bedenken der Fortsetzungsantrag gleich bei der Einstellungsbewilligung mitgeliefert werden, etwa mit der Formulierung: „Wir bewilligen die Einstellung des Verfahrens gemäß §§ 180, 30 und beantragen schon jetzt, daß die Versteigerung unmittelbar nach Ablauf von 6 Monaten fortgesetzt wird."

TH 3.1.3.6.: Der Gläubiger wird über sein Recht zur Einstellungsbewilligung vom Gericht grundsätzlich nicht belehrt. Deshalb wird er i. d. R. auch nicht darauf hingewiesen, daß seine nächste Bewilligung bereits die 3. ist und deshalb zur Aufhebung führen wird. Deshalb muß der Antragsteller selbst darauf achten, daß ihm hier kein Fehler unterläuft. Am besten ist ein laufender Kontakt mit dem Rechtspfleger, dann ist man vor Überraschungen am meisten geschützt.

TH 3.1.3.7.: Bei der dritten Einstellungsbewilligung wird das Verfahren dieses Antragstellers aufgehoben. Wenn aber noch andere Verfahren innerhalb der Teilungsversteigerung betrieben werden, geht diese weiter und auch die Wirkungen der ersten Beschlagnahme (wichtig für die Berechnung der dinglichen Zinsen aus auf dem Grundstück lastenden Grundpfandrechten) bleibt bestehen. Dann kann der Antragsteller den Beitritt beantragen und tritt im Erfolgsfall wieder als Antragsteller in die Versteigerung ein; dann kann er erneut zweimal die Einstellung gemäß § 30 bewilligen.[23] Allerdings ist Vorsicht geboten, weil bei einer „bewussten Manipulation in dieser Richtung" leicht der Vorwurf einer missbräuchlichen Rechtsausübung erhoben werden kann.[24]

TH 3.1.3.8.: Da die einstweilige Einstellung (§ 180 i. V. m. § 30) auch noch nach Schluss der Bietstunde bis zur vollständigen Verkündung des Zuschlagsbeschlusses bewilligt werden kann, kann der maßgebliche Antragsteller auch noch eingreifen, wenn der Rechtspfleger z. B. überraschend doch den Zuschlag zu erteilen begonnen hat, entweder z. B. nach § 85 a III[25] oder bei Doppelausgeboten nach § 59[26] oder §§ 63, 64, oder wenn der maßgebliche Antragsteller eine Zuschlagsversagung nach § 85 a oder § 74 a durch eine Zuschlagsversagung nach §§ 30, 33 ersetzen will. Immer ist es allerdings viel besser, schon vorher aufzupassen und es nicht „auf die letzte Sekunde ankommen" zu lassen.

---

[23] **Anders** allerdings LG Bonn Rpfleger 1990, 433 (**abzulehnen**, weil im neuen Verfahren dann u. U. überhaupt keine Einstellung mehr bewilligt werden könnte).
[24] Vgl. dazu BGH NJW 2007, 3279 Anm. Storz/Kiderlen.
[25] So der Fall des BGH Rpfleger 2007, 414.
[26] Vgl. dazu den Fall des LG Hamburg Rpfleger 2004, 723 mit kritischer Besprechung Alff, Rpfleger 2004, 678.

3.2. Einstellung gemäß § 180 Abs. 2

3.2.1. Übersicht

Einstellungsgrund muß sein:
- Versteigerung jetzt „zur Unzeit"
- Verbesserung kurzfristig wahrscheinlich
- Für Antragsteller zumutbarer Aufschub

Antragsberechtigung
- Jeder Versteigerungs-Antragsgegner
- Für jedes betriebene Einzelverfahren (macht aber i.d.R. nur Sinn bei Anordnung des Verfahrens)

Antragsfrist: 2 Wochen nach Hinweis

Hinweis auf Einstellung erfolgt bei
- Anordnung des Verfahrens (hier besonders wichtig)
- Jedem Beitritt (in der Regel ohne praktische Bedeutung)
- Fortsetzung nach erster Einstellung gemäß § 180 II

Anhörung des Antragstellers zur Interessenabwägung

Beschluß (sofort anfechtbar)

Einstellungsdauer maximal:
- Jede Einzeleinstellung: 6 Monate
- Alle Einstellungen gemäß § 180 II und III: 5 Jahre

Wiederholung einmal möglich

Fortsetzung – Antrag des Antragstellers nötig

3.2.2. Rechtslage

3.2.2.1. Antragsgrund

Gemäß § 180 Abs. 2 S. 1 ist die einstweilige Einstellung auf Antrag eines Miteigentümers anzuordnen, wenn dies bei Abwägung der widerstreitenden Interessen der verschiedenen Miteigentümer angemessen erscheint.

Da der Auseinandersetzungsanspruch des Miteigentümers besteht und die Versteigerung deshalb grundsätzlich nicht vermeidbar ist, können die anderen Miteigentümer mit der Einstellung nur erreichen, daß nicht gerade jetzt und „unter Ausnutzung vorübergehender Umstände zur Unzeit"[27] versteigert wird, sondern etwas später, wenn die mit der Versteigerung ohnehin verbundenen Nachteile für die Miteigentümer deutlich geringer sind.

Die Interessenabwägung muß dabei ergeben, daß der Aufschub dem Antragsteller zumutbar ist. Anders als bei § 30a für die Forderungszwangsversteigerung wird hier also nicht verlangt, daß durch die Einstellung die Versteigerung überhaupt vermieden wird (sog „Sanierungsfähigkeit"), sondern es reicht aus, wenn während der Einstellungsdauer mit einer Verbesserung wichtiger Umstände zu rechnen ist.[28]

---

[27] BGH Rpfleger 1981, 187; LG Braunschweig Rpfleger 1985, 76; LG Düsseldorf FamRZ 1955, 303; Jonas/Pohle § 180 Anm. 1; Stöber § 180 Anm. 12.2b; Steiner/Teufel § 180 Rz. 139.
[28] LG Braunschweig Rpfleger 1985, 76. – **Muster** eines Einstellungsverfahrens gem §§ 180 II, 30b mit Hinweis, Antrag, Einstellungsbeschluß, Fortsetzungsantrag und -beschluß vgl. unten C 4.2.

§ 180 Abs. 2 ist eine Ausnahmeregelung;[29] deshalb müssen ganz besondere Umstände die Einstellung rechtfertigen. Das kann aber letztlich nur im Einzelfall nach sachgerechtem Ermessen des Gerichts entschieden werden.[30] Nicht geeignet sind Umstände, die auf Dauer bzw. länger als ein Jahr bestehen (wegen der Wiederholungsmöglichkeit gemäß § 180 Abs. 2 S. 2).[31]

Beispielfälle (für **nicht** geeignete Umstände):

– Versteigerung fällt in eine Krisenzeit oder Zeit sinkender Grundstückspreise oder von Kreditbeschränkungen,[32] denn solche Krisen dauern erfahrungsgemäß länger, und ihr Ende ist nicht abzusehen;
– die Ankündigung oder auch Rechtshängigkeit eines § 771 ZPO-Prozesses, weil dessen Ende nicht absehbar ist.[33] In diesen Fällen kann evtl. gemäß §§ 769 Abs. 1, 771 Abs. 3 ZPO eingestellt werden;[34] entsprechendes gilt für andere Prozesse;[35]
– der Antragsgegner macht geltend, die Räumung der Wohnung werde wegen seines Alters zu ernsthaften Gesundheitsschäden führen; dies ist in der Einstellungszeit i. d. R. nicht zu beheben;[36]
– der Antragsgegner wohnt zwar auf dem zu versteigernden Grundstück, hat aber noch eine andere Wohnung, in die er ziehen könnte;[37]
– der Antragsgegner bietet zwar eine freiwillige Teilung an, hat aber weder Mittel noch Finanzierungsmöglichkeiten zur Abfindung der Miteigentümer;[38]
– der Antragsgegner bietet zwar eine Realteilung an; die Bedingungen dafür sind aber zwischen den Beteiligten zu streitig;[39]
– die Beteiligten streiten sich über die Auseinandersetzungsguthaben, bzw. sie haben schon Jahre lang vergebens versucht, sich zu einigen.[40]
– die Geltendmachung ernsthaft zu befürchtender Gesundheitsschäden bei einer Räumung.[41]
– bereits bestehende dauerhafte gesundheitliche Beeinträchtigungen.[42]

Beispielsfälle (für **geeignete** Umstände):

– Eine Werterhöhung durch Ausführung von Reparaturen bzw. Renovierungen steht bevor;[43]
– eine voraussichtlich kurz bevorstehende Wertsteigerung wegen Ausweisung als Bauland, Aufhebung eines benachbarten Flughafens, Nichtrealisierung eines Industrieprojekts, Ausbleiben einer geplanten Enteignung[44] oder Bau einer entlastenden Umgehungsstraße bzw. von Lärmschutzwällen u. a.;

---

[29] LG Berlin Rpfleger 1993, 297; Stöber § 180 Anm. 12.2 b.
[30] Schiffhauer ZIP 1982, 535; Jonas/Pohle § 180 Anm. 2 a; Stöber § 180 Anm. 12.2.
[31] BGH Rpfleger 2004, 722; BGH 279, 249, 255; LG Braunschweig Rpfleger 1985, 76; Eickmann IV 2.3; Steiner/Teufel § 180 Rz. 140.
[32] Ähnlich Stöber § 180 Anm. 12.2 c; **anders aber** Stöber Rz. 716.
[33] LG Berlin Rpfleger 1993, 297; LG Bonn NJW 1970, 2303; Stöber § 180 Anm. 12.2 d.
[34] Vgl. dazu oben B 1.7.2.
[35] LG Bonn NJW 1970, 2303.
[36] LG Frankenthal Rpfleger 1985, 315; Stöber § 180 Anm. 12.4.
[37] Stöber § 180 Anm. 12.4.
[38] Stöber § 180 Anm. 12.4.
[39] LG Berlin Rpfleger 1993, 297.
[40] Stöber § 180 Anm. 12.4.
[41] LG Frankenthal Rpfleger 1985, 315; Eickmann Rz. 181; Stöber § 180 Anm. 12.4
[42] BGH Rpfleger 2004, 722.
[43] BGH Rpfleger 1981, 187; Stöber § 180 Anm. 12.3.
[44] Jonas/Pohle § 180 Anm. 2 a; Eickmann IV 2.3; Stöber § 180 Anm. 12.3.

- auf dem Objekt befindet sich ein Geschäftslokal, das bis zur Inbetriebnahme eines anderen noch einige Monate benötigt wird;[45]
- Schwierigkeiten bei der ernsthaften Bemühung um Ersatzwohnraum;[46]
- ernsthafte und erfolgversprechende Vergleichsverhandlungen zwischen den Beteiligten, insbesondere wenn auch der Antragsteller nicht zu sehr auf rasche Versteigerung drängt;[47]
- der Antragsgegner macht glaubhaft, daß er in Kürze die Ansprüche des die Teilungsversteigerung betreibenden Pfändungsgläubigers ablösen kann, um den gemeinsamen Besitz zu erhalten;[48]
- glaubhaft erfolgversprechende Bemühungen, die für den Erhalt des Familienbesitzes erforderlichen Kreditmittel zu beschaffen;[49]
- der Antragsgegner ist durch die Teilungsversteigerung mangels jeglicher Vorankündigung völlig überrascht worden und braucht nun gewisse Zeit, um sich auf die Auseinandersetzung einzustellen,[50] besonders auf die Übernahme des fremden Teils und die dafür erforderliche Kreditaufnahme;[51]
- der Tod eines der Beteiligten ist zwar für sich kein Einstellungsgrund, weil durch ihn der Verfahrensfortgang formal nicht berührt wird. Den Hinterbliebenen muß m. E. aber Zeit gewährt werden, damit sie sich auf die neue Situation einstellen können.[52]
- der Ex-Ehemann hatte seinen Miteigentumsanteil von den Ex-Schwiegereltern geschenkt erhalten; er betreibt hieraus die Teilungsversteigerung, obwohl er bereits erfolgversprechend auf Rückübereignung verklagt wird.[53]

Aber selbst bei Vorliegen berücksichtigungswürdiger Umstände ist die einstweilige Einstellung abzulehnen, wenn dies nach Abwägung der widerstreitenden Interessen angemessen erscheint.

Beispielsfälle (für Ablehnung wegen **Gegeninteressen**):
- Gefährdung der wirtschaftlichen Existenz des Antragstellers bei Verzögerung der Versteigerung;[54]
- der gemeinsame Besitz ist dauerhaft defizitär, und dem Antragsteller ist die weitere Bezuschussung nicht zuzumuten;[55]
- die Teilungsversteigerung wird vom Insolvenzverwalter betrieben, und das Interesse der Insolvenzmasse erfordert eine rasche Verwertung; auf das persönliche Interesse des Gemeinschuldners/Miteigentümers kommt es dann nicht an.[56]

Die Abwägung der widerstreitenden Interessen bei Ehepaaren und Familien ist besonders schwierig und einzelfallabhängig. Gerade hier gibt es ja Fälle, in denen sogar das Recht auf Auseinandersetzung ausgeschlossen oder eingeschränkt ist,[57] oder in denen die Teilungsversteigerung gegen Treu und Glau-

---

[45] Ähnlich Eickmann IV 2.3.
[46] Siehe FN 45.
[47] LG Nürnberg-Fürth JurBüro 1980, 1906; Stöber § 180 Anm. 12.3.
[48] Stöber § 180 Anm. 12.3 g; ähnlich Eickmann Rz. 180.
[49] Mohrbutter VollstrR § 63 II; Steiner/Teufel § 180 Rz. 140.
[50] LG Koblenz KTS 1964, 47.
[51] Stöber § 180 Anm. 12.3.
[52] Jetzt ebenso (seit 15. Auflage) Stöber § 180 Anm. 12.4 m.
[53] Ähnlich LG Bonn NJW 1970, 2303 und Stöber § 180 Anm. 12.5.
[54] Jonas/Pohle § 180 Anm. 2 a; Eickmann IV 2.3; Steiner/Teufel § 180 Rz. 140.
[55] Jonas/Pohle § 180 Anm. 2 a; Eickmann IV 2.3; Stöber § 180 Anm. 12.4.
[56] LG Koblenz KTS 1965, 47; Schiffhauer ZIP 1982, 535; Steiner/Teufel § 180 Rz. 141; Stöber § 180 Anm. 12.7.
[57] Vgl. die **Beispiele** oben bei B 1.4.2.

ben verstößt.[58] Im Zusammenhang mit § 180 Abs. 2 muß es sich aber immer um Umstände handeln, die sich in absehbarer Zeit ändern werden.

Bei der Aufhebung von Erbengemeinschaften ist es unerheblich, ob einzelne Miteigentümer auf den Erlösanteil angewiesen sind.[59] Streitig ist, ob bei der von einem Pfand- oder Pfändungsgläubiger betriebenen Teilungsversteigerung bei der Interessenabwägung noch die Belange des Schuldners/Miteigentümers zu beachten sind.[60]

3.2.2.2. Antragsberechtigung

Antragsberechtigt für die einstweilige Einstellung gemäß § 180 Abs. 2 ist jeder Miteigentümer/Teilhaber, der von dem Versteigerungs- bzw. Beitrittsantrag betroffen ist, also jeder Antragsgegner der Versteigerung.

Alle Anordnungs- und Beitrittsverfahren sind voneinander unabhängig,[61] denn auch in der Teilungsversteigerung gilt der Grundsatz von der Selbständigkeit der Einzelverfahren.[62] Dieser Grundsatz hat verschiedene Konsequenzen:

– Jeder Miteigentümer kann völlig selbständig und unabhängig von den anderen Miteigentümern entscheiden, ob er einen Versteigerungsantrag stellen bzw. wieder zurücknehmen (§§ 180, 29) und ob er die einstweilige Einstellung des von ihm betriebenen Verfahrens bewilligen will (§§ 180, 30).
– Jeder Miteigentümer kann genauso selbständig entscheiden, ob und wie (z. B. über § 180 Abs. II) er gegen das von einem anderen Miteigentümer betriebene Verfahren vorgehen will, und zwar auch dann, wenn er seinerseits die (gleiche!) Teilungsversteigerung betreibt.[63]
– Das Schicksal des Einzelverfahrens berührt nicht unbedingt die Gesamtversteigerung. Etwas verallgemeinert kann man sagen, daß die Teilungsversteigerung nur dann zum Ruhen kommt, wenn alle beantragten Einzelverfahren einstweilen eingestellt sind.[64]

Beispiel 1: A B C D sind je zu ¼ Miteigentümer. Im Januar beantragt A die Teilungsversteigerung, dann sind B C D zwei Wochen lang antragsberechtigt. Im April wird der Beitritt des B zugelassen, dann sind A C D zwei Wochen antragsberechtigt. Im August tritt C bei, dann können A B D die Einstellung nach § 180 Abs. 2 beantragen.

---

[58] Vgl. die **Beispiele** oben bei B 1.7.1.

[59] Stöber § 180 Anm. 12.2 c.

[60] Dafür: OLG Hamm Rpfleger 1958, 269; LG Stendal Rpfleger 1998, 122; LG Kempten NJW 1976, 299; Stöber Rpfleger 1963, 337; Stöber § 180 Anm. 11.12; Steiner/Teufel § 180 Rz. 142; Dassler/Hintzen § 180 Rz. 84; **str. a. A.:** LG Berlin Rpfleger 1991, 107; LG Osnabrück Rpfleger 1960, 409; LG Aschaffenburg MDR 1959, 135; LG Hamburg MDR 1958, 34; Hill MDR 1959, 92. – Vgl. dazu ausführlich oben B 1.6.2.

[61] RG JW 1930, 149; 1917, 462; BGH Rpfleger 1981, 187, Stöber § 180 Anm. 12.6; Steiner/Teufel § 180 Rz. 133.

[62] So ausdrücklich auch Eickmann IV 2.3; Stöber § 180 Anm. 12.10 d; Muth S. 268 f.

[63] BGH Rpfleger 1981, 187; Eickmann IV 2.1; Stöber § 180 Anm. 12.6; Steiner/Teufel § 180 Rz. 133; **anders:** Mohrbutter/Drischler Muster 180 Anm. I; Drischler RpflJB 1966, 325. – **Muster** eines Einstellungsantrags gem § 180 II vgl. unten C 4.2.2.

[64] Wenn mehrere Miteigentümer die Teilungsversteigerung betreiben, kommt es insbesondere auf das Verhalten des „maßgeblichen Antragstellers" an. – Vgl. dazu B 3.5.2., B 5.7.2.2., C 3.4.1., C 7.1.2.

Das Beispiel zeigt, daß der gleiche Miteigentümer mehrfach die Einstellung beantragen kann. Allerdings bei jedem Verfahren nur innerhalb der für dieses Verfahren geltenden Notfrist und eben auch nur für dieses Einzelverfahren. Die Teilungsversteigerung selbst geht weiter, wenn nicht alle betriebenen Verfahren gleichzeitig eingestellt sind.

Beispiel 2:   Wie oben (1). A B D haben als Antragsgegner von C im August die Einstellung beantragt. A und B sind aber selbst noch Antragsteller der von ihnen jeweils betriebenen Verfahren. Deshalb geht auch bei erfolgreichem Einstellungsantrag gegen C die Teilungsversteigerung wegen der von A und B betriebenen Verfahren weiter.

Das Beispiel zeigt, daß zwar jeder Miteigentümer selbständig ist, daß er aber eine klare und konsequente Haltung einnehmen muß: Er kann in aller Regel nicht plausibel machen, warum er einerseits die Versteigerung will und daher selbst betreibt, und andererseits nicht will und deshalb die Einstellung beantragt. Nun kann er zwar frei betreiben und sein eigenes Verfahren einstellen oder aufheben lassen; aber über seinen gegen ein anderes Verfahren gerichteten Einstellungsantrag entscheidet das Gericht nach sachgerechtem Ermessen. Und hierzu wird allgemein gesagt, daß er die Einstellung gemäß § 180 Abs. 2 nur erreichen kann, wenn er für das von ihm selbst betriebene Verfahren gleichzeitig die Einstellung gemäß §§ 180, 30 bewilligt.[65]
Das muß unabhängig davon gelten, ob die Teilungsversteigerung auf einen gemeinsam gestellten Antrag aller Miteigentümer hin angeordnet wurde, oder auf irgendeinem „Gemisch" von Anordnungs- und Beitrittsbeschlüssen beruht.
In Beispiel (2) kann die Teilungsversteigerung als solche durchaus noch zur Einstellung gebracht werden. Aber nicht mehr nur über § 180 Abs. 2, weil die Notfrist bzgl. der Verfahren A B bereits abgelaufen ist. Sondern entweder über die Einstellung des Verfahrens C gemäß § 180 Abs. 2 und der Verfahren A B gemäß §§ 180, 30, oder über die Einstellung aller Verfahren A B C jeweils gemäß §§ 180, 30.
Bei einer Insolvenz des Miteigentümers kann nur der Insolvenzverwalter die Einstellung gemäß § 180 Abs. 2 beantragen.[66] Betreibt dagegen ein Pfändungsgläubiger, dann ist die Frage streitig, ob der Miteigentümer/Schuldner trotzdem noch selbständig die Einstellung beantragen kann;[67] in neuerer Zeit wird diese Frage fast ausnahmslos zu Recht bejaht.[68]

3.2.2.3. Antragsfrist/Hinweis gemäß § 30 b Abs. 1

Gemäß §§ 180 Abs. 2 S. 3, 30b Abs. 1 ist die Einstellung binnen einer Notfrist von 2 Wochen zu beantragen; die Frist beginnt mit Zustellung der

---

[65] BGH Rpfleger 1981, 187, Eickmann IV 2.1; Stöber § 180 Anm. 12.6; Steiner/Teufel § 180 Rz. 133.
[66] Steiner/Teufel § 180 Rz. 136.
[67] Dazu ausführlich oben B 1.6.2.
[68] OLG Hamm Rpfleger 1958, 269; LG Stendal Rpfleger 1998, 122; LG Braunschweig WM 1956, 475; LG Kempten NJW 1976, 299; Schiffhauer ZIP 1982, 531; Stöber Rpfleger 1963, 337; Eickmann Rz. 168; Böttcher § 180 Rz. 66; Stöber § 180 Anm. 11.12; Steiner/Teufel § 180 Rz. 135. **Anders noch:** RGZ 65, 416; OLG Hamburg MDR 1958, 45; LG Osnabrück Rpfleger 1960, 409; Hill MDR 1959, 92.

Verfügung, mit der der Antragsgegner auf sein Antragsrecht hingewiesen wird. Dieser Hinweis ist möglichst gleichzeitig mit jedem[69] Anordnungs- oder Beitrittsbeschluß und auch mit einem Beschluß zur Fortsetzung eines erstmalig nach § 180 Abs. 2 eingestellten Verfahrens zuzustellen.

Die Notfrist gilt auch schon für einen ersten Einstellungsantrag gemäß § 180 Abs. 2,[70] und sie gilt wegen des Grundsatzes von der Selbständigkeit der Einzelverfahren selbständig und neu für jedes neu beigetretene Verfahren sowie für die Fortsetzung eines erstmals nach § 180 Abs. 2 eingestellten Verfahrens.

In der Literatur zur Teilungsversteigerung wird zwar meist nur vom Anordnungs- und Beitrittsbeschluß gesprochen, während der besondere Fortsetzungsbeschluß nicht erwähnt wird.[71] Hier gilt aber das gleiche wie in der Forderungszwangsversteigerung wegen § 30 a, und dort ist die Hinweispflicht im Zusammenhang mit Fortsetzungsbeschlüssen ausdrücklich anerkannt.[72] Der Hinweis auf die wiederholte Einstellungsmöglichkeit ist also zusammen mit dem Fortsetzungsbeschluß nach der ersten gemäß § 180 Abs. 2 erfolgten Einstellung den Antragsgegnern zuzustellen.

Wenn der Antragsgegner gegenüber einem bestimmten Antragsteller die Notfrist des § 30 b hat verstreichen lassen oder wenn sein Einstellungsantrag rechtskräftig abgewiesen worden ist, kann er nicht irgendwann später die Einstellung des von diesem Antragsteller betriebenen Verfahrens über § 180 Abs. 2 beantragen. Die Einstellungsmöglichkeit gemäß § 180 Abs. 2 ist damit also für die gesamte von diesem Antragsteller betriebene Teilungsversteigerung vorbei. Dem steht auch die Wiederholungsmöglichkeit nicht entgegen, denn Wiederholung setzt ja eine bereits nach § 180 Abs. 2 tatsächlich erfolgte Einstellung voraus. Das gilt natürlich auch dann, wenn das Verfahren nach einer auf andere Bestimmungen als § 180 Abs. 2 gestützte Einstellung fortgesetzt wird. Aus allem folgt, daß § 180 Abs. 2 nicht als eine Art Generalklausel gegen schlechte Versteigerungsergebnisse eingesetzt werden kann/soll.[73]

3.2.2.4. Anhörung/Entscheidung

Gemäß §§ 180 Abs. 2 S. 3, 30 b Abs. 2 ergeht die Entscheidung über den Einstellungsantrag nach Anhörung der Beteiligten durch Beschluß, wobei in geeigneten Fällen eine mündliche Verhandlung anberaumt werden kann.

Dieses Verfahren entspricht demjenigen bei der Forderungszwangsversteigerung,[74] wobei nur der Antragsteller der Versteigerung und der Antragsteller

---

[69] BGH Rpfleger 1981, 187; Jonas/Pohle § 30 b Anm. 3; Drischler Rpfleger 1956, 91. – **Muster** eines Hinweises gem §§ 180 II, 30 b vgl. unten C 4.2.1.

[70] BGH Rpfleger 1981, 187; Schiffhauer ZIP 1982, 535; Stöber Rpfleger 1960, 254; Stöber § 180 Anm. 12.10; Steiner/Teufel § 180 Rz. 135. – **Anders die früher h. M.**: OLG Hamm KTS 1973, 143; LG Bielefeld Rpfleger 1983, 168; LG Augsburg MDR 1976, 231.

[71] Wohl aber bei Stöber Rz. 720.

[72] Vgl. z. B.: Mohrbutter/Drischler/Radtke/Tiedemann Muster 26 Anm. 2; Storz/Kiderlen ZV-Praxis B 3.1.1.; Steiner/Storz § 30 b Rz. 12; Muth S. 714; Stöber § 30 b Anm. 2.1.

[73] **So aber** die früher herrsch Ansicht bis zur Klärung durch BGH Rpfleger 1981, 187; seitdem allg Ansicht vgl. Anmerkung 70. – LG Bielefeld Rpfleger 1983, 168 hat die BGH-Entscheidung offensichtlich nicht gekannt, jedenfalls überhaupt nicht erwähnt.

[74] Vgl. dazu Storz/Kiderlen ZV-Praxis, B 3.1.1. – **Muster** eines Einstellungsbeschlusses vgl. unten C 4.2.3.

der Einstellung gehört werden müssen, nicht auch die anderen Miteigentümer.[75]

Das Gericht entscheidet nach sachgerechtem Ermessen, ob es eine mündliche Verhandlung anberaumt, ob es die Glaubhaftmachung der Angaben gemäß §§ 180 Abs. 2 S. 3, 30b Abs. 2 S. 3 verlangt und schließlich auch über die Einstellung selbst. Die Höchstdauer der einstweiligen Einstellung beträgt 6 Monate. Gemäß § 180 Abs. 4 darf die Teilungsversteigerung durch Einstellungen nach § 180 Abs. 2 und Abs. 3 nicht auf mehr als insgesamt 5 Jahre einstweilen eingestellt werden.[76] Im Gegensatz zur Forderungszwangsversteigerung kann die Einstellung nicht mit Auflagen verbunden werden. Eine Kostenentscheidung erfolgt nicht.[77] Wird ein Rechtsanwalt im Verfahren über den Antrag auf einstweilige Einstellung tätig, fällt hierfür eine gesonderte Gebühr an.[78]

Wenn die Einstellung abgelehnt wird, wird der Beschluß dem Antragsteller der Einstellung zugestellt, während der Antragsteller der Versteigerung nur eine formlose Mitteilung erhält. Wird dagegen eingestellt, so wird dieser Beschluß allen Miteigentümern gemäß § 32 zugestellt.

Der Einstellungsbeschluß und auch ein die Einstellung ablehnender Beschluß sind gemäß §§ 180 Abs. 2, 30b Abs. 3 mit der befristeten Erinnerung/sofortigen Beschwerde anfechtbar; eine weitere Beschwerde ist aber nicht zulässig.

3.2.2.5. Fortsetzung des Verfahrens

Nach Ablauf der genau festgelegten Einstellungszeit wird das Verfahren fortgesetzt. Allerdings nicht von Amts wegen, sondern nur auf Antrag, denn § 31 gilt auch hier.[79] Der Fortsetzungsantrag[80] muß gemäß § 31 Abs. 1 binnen 6 Monaten gestellt werden, wobei die Frist erst mit dem Ende der Einstellungszeit beginnt (§ 31 Abs. 2b). Darüber wird der Antragsteller belehrt, sonst beginnt die Frist gemäß § 31 Abs. 3 nicht zu laufen.

Beispiel:	Zustellung von Anordnungsbeschluß:	5. 3. 00
	Einstellungsantrag:	6. 3. 00
	Das Verfahren wird eingestellt:	1. 4. 00–30. 9. 00
	Frist für Fortsetzungsantrag:	1. 10. 00–30. 3. 01
	Fortsetzung des Verfahrens:	2. 4. 01
	(falls nicht erneut nach § 180 Abs. eingestellt wird)	

Das Beispiel zeigt, daß schon die einmalige Einstellung die Versteigerung theoretisch für mehr als 12 Monate aufhalten kann. Praktisch kommt das so aber kaum vor, weil der Antragsteller in der Regel auf eine rasche Versteigerung drängt und daher meist die Fortsetzung schon frühzeitig beantragt.

---

[75] Vgl. dazu Taktischen Hinweis **TH** 3.2.3.3.
[76] Zur Berechnung der 5-Jahres-Frist vgl. unten B 3.3.2.3.
[77] Stöber § 180 Anm. 12.10e; Steiner/Teufel § 180 Rz. 144.
[78] Vgl. hierzu Stöber Einl Anm. 91 und RVG-VergV Nr. 3311.
[79] LG Lübeck SchlHA 1960, 178; Stöber § 180 Anm. 12.10g. – **Muster** von Fortsetzungsantrag und -beschluß vgl. unten C 4.2.4./C 4.2.5.
[80] Vgl. dazu Taktische Hinweise **TH** B 3.2.3.1 und **TH** B 3.2.3.2.

Andererseits kann sich die Einstellungsdauer praktisch dadurch sehr verlängern, daß bis zur rechtskräftigen Entscheidung über die Einstellung bereits mehrere Wochen oder Monate verstreichen.[81]

3.2.2.6. Verhältnis zu anderen Einstellungen

Wenn ein Einstellungsantrag des Antragsgegners nach § 180 Abs. 2 zusammentrifft mit einer Einstellungsbewilligung des Antragstellers nach §§ 180, 30 im gleichen Einzelverfahren, hat letztere den Vorrang,[82] weil das Gericht hier immer sofort einzustellen hat, während bei der Einstellung nach § 180 Abs. 2 noch eine Anhörung durchzuführen und eine Ermessensentscheidung zu treffen ist.[83] Das Gericht stellt dann also nach §§ 180, 30 einstweilen ein und entscheidet erst nach Fortsetzung über den bereits gestellten Antrag nach § 180 Abs. 2.[84]

Die zweimalige (durch den Antragsgegner zu beantragende) Einstellungsmöglichkeit gemäß § 180 Abs. 2 steht völlig selbständig neben der ebenfalls zweimaligen (durch den Antragsteller zu bewilligenden) Einstellungsmöglichkeit gemäß §§ 180, 30. Eine gegenseitige Verrechnung findet nicht statt, auch dann nicht, wenn der gleiche Miteigentümer in der Teilungsversteigerung Antragsteller und Antragsgegner ist, denn die Rollen beziehen sich ja auf unterschiedliche Einzelverfahren.[85]

Die Anträge für Einstellungen nach § 180 Abs. 2 und § 180 Abs. 3 können leicht zusammentreffen, weil die für die jeweiligen Anträge gültige Notfrist gleichzeitig zu laufen beginnt.[86]

3.2.3. Taktische Hinweise

TH 3.2.3.1.: Der Fortsetzungsantrag, der nach jeder Einstellung gemäß § 31 erforderlich ist, um das Verfahren vor der Aufhebung zu bewahren, darf auf keinen Fall vergessen werden. Die Notwendigkeit für einen derartigen ausdrücklichen Antrag wird vor allem deshalb leicht übersehen, weil die zeitliche Dauer der Einstellung ja auf den Tag genau festgelegt ist („was soll der Antrag dann noch?"). Übersehen wird er auch dann leicht, wenn die Versteigerung von mehreren Miteigentümern betrieben wird; hier muß nämlich jeder von ihnen wegen der Selbständigkeit der Einzelverfahren für sich die Fortsetzung beantragen.

TH 3.2.3.2.: Wenn man ganz sicher gehen will, daß man den Fortsetzungsantrag nicht vergißt, kann man ihn auch schon unmittelbar nach Zustellung des Einstellungsbeschlusses und der damit verbundenen Belehrung nach § 31 Abs. 3 stellen.

TH 3.2.3.3.: Zum Einstellungsantrag nach § 180 Abs. 2 müssen Antragsgegner und Antragsteller gehört werden, in geeigneten Fällen im Rahmen

---

[81] Vgl. dazu Taktischen Hinweis **TH B 3.2.3.4.**
[82] Stöber Handbuch Rz. 720 a.
[83] Vgl. dazu Taktischen Hinweis **TH B 3.2.3.5.**
[84] Siehe FN 82.
[85] Siehe FN 83.
[86] Vgl. dazu unten B 3.3.2.3. – Vgl. daher zum gemeinsamen Hinweis auf beide Einstellungsmöglichkeiten das **Muster** unten C 4.2.1.

einer mündlichen Verhandlung (vgl. § 30b Abs. 2). Gerade in Teilungsversteigerungen empfiehlt es sich, die mündliche Verhandlung zur Regel zu machen, das persönliche Erscheinen von Antragsteller und -gegner gem. § 141 ZPO anzuordnen und auch die anderen Miteigentümer und Angehörigen einzuladen bzw. zu Wort kommen zu lassen. Vielleicht werden dadurch weitere wichtige Umstände bekannt, und immer wieder kann auch ein Vergleich herbeigeführt werden (ähnlich Stöber).[87]

TH 3.2.3.4.: Wenn der Antragsteller (der Versteigerung) Wert legt auf ein zügiges Verfahren, aber mit einem Einstellungsantrag des Antragsgegners gemäß § 180 Abs. 2 konfrontiert wird, sollte er m. E. nicht lange um dessen Berechtigung kämpfen, sondern allenfalls versuchen, ganz schnell und eindeutig eine Ablehnung der Einstellung zu erreichen. Wenn das aber aus irgendwelchen Gründen nicht gelingt (z. B. weil die Rechtslage garnicht so klar ist, oder weil die Sachlage zu kompliziert ist, oder weil die vom Gericht verlangte Glaubhaftmachung oder angeordnete mündliche Verhandlung viel Zeit wegnimmt, oder weil das Versteigerungsgericht für seine Entscheidung z. B. wegen der Ferienzeit geraume Zeit benötigt, oder weil ein Beschwerdeverfahren nicht zu vermeiden ist, oder, oder), dann kommt man mit der ganzen Versteigerung viel schneller voran, wenn man die Einstellung nicht bekämpft, sondern sie hinnimmt und lediglich schon bei dieser Gelegenheit versucht, eine evtl. Wiederholung der Einstellung zu verhindern.

TH 3.2.3.5.: Wenn der Antragsteller (der Versteigerung) mit einem Einstellungsantrag gemäß § 180 Abs. 2 konfrontiert wird und zu ihm Stellung nehmen soll, dann sollte er sorgfältig darauf achten, daß seine etwaige Zustimmung zur Einstellung nicht als Einstellungsbewilligung verstanden und behandelt wird. Es ist ja allgemeine Ansicht in der Literatur, daß die Einstellungsbewilligung des Antragstellers gemäß §§ 180, 30 zu bevorzugen ist, wenn sie mit einem Einstellungsantrag des Gegners gemäß § 180 Abs. 2 zusammentrifft. Der Antragsteller sollte sich daher unmißverständlich ausdrücken und z. B. sagen/schreiben, daß er dem Einstellungsantrag „nicht entgegentritt" und daß seine Erklärung keinesfalls als Einstellungsbewilligung behandelt werden darf. Auf diese Weise schränkt er die Bewegungsfreiheit seines Gegners ein (nach § 180 Abs. 2 kann nur zweimal eingestellt werden) und erhält sich gleichzeitig seine eigene Bewegungsfreiheit (nach §§ 180, 30 kann auch nur zweimal eingestellt werden).

TH 3.2.3.6.: Wenn der Antragsteller bereit ist, einer Einstellung nach § 180 Abs. 2 zuzustimmen, könnte der Antragsgegner versuchen, den Antragsteller auch zu einer Einstellungsbewilligung gemäß §§ 180, 30 zu bewegen. Gelingt ihm das, dann wird nach Stöber[88] zunächst gemäß §§ 180, 30 eingestellt und der Einstellungsantrag nach § 180 Abs. 2 bis zur Fortsetzung dieses Verfahrens „aufgehoben", d. h. erst dann wird nach § 180 Abs. 2 einstweilen eingestellt, wodurch die Einstellungsdauer praktisch verdoppelt. Nach Fortsetzung des über § 180 Abs. 2 eingestellten Verfahrens kann dann die wiederholte Einstellung gemäß § 180 Abs. 2 beantragt werden.

---

[87] Stöber § 180 Anm. 12.10c.
[88] Stöber Handbuch Rz. 720a.

3.3. Einstellung gemäß § 180 Abs. 3

3.3.1. Übersicht

Einstellungsgrund muß sein:
- Ernsthafte Gefährdung des Kindeswohls
- Im körperlichen, geistigen, seelischen Bereich
- I. d. R. keine Abwägung mit Elterninteressen

Antragsberechtigung
- I. d. R. nur der andere Ehegatte
- Kind nur, wenn auch Miteigentümer

Antragsfrist: 2 Wochen nach Hinweis

Hinweis auf Einstellungsmöglichkeit erfolgt bei
- Anordnung des Verfahrens (hier besonders wichtig)
- Beitritt (kommt kaum in Betracht)
- Jeder Fortsetzung nach 180 III – Einstellung

Anhörung der Ehegatten

Beschluß
- Anfechtbar mit sofortiger Beschwerde
- Korrigierbar bei Änderung der Sachlage

Einstellungsdauer maximal:
- Für Einzeleinstellung offen
- Einstellungen 180 II und III zusammen: 5 Jahre („netto")

Wiederholung mehrfach möglich

Fortsetzung – Antrag des Antragstellers nötig

3.3.2. Rechtslage

3.3.2.1. Antragsgrund

Im Interesse eines gemeinschaftlichen Kindes ist die Teilungsversteigerung gemäß § 180 Abs. 3 einstweilen einzustellen, wenn sie nur zwischen (evtl. früheren) Ehegatten betrieben wird und die Einstellung zur Abwendung einer ernsthaften Gefährdung des Kindeswohls erforderlich ist. Voraussetzung ist immer, daß das Kind in seiner Entwicklung erheblich beeinträchtigt zu werden droht, also daß besondere Beeinträchtigungen zu befürchten sind, die deutlich über die Unzuträglichkeiten hinausgehen, die mit jedem Auszug aus dem bisherigen Familienheim verbunden sind, und die mit der Teilungsversteigerung in unmittelbarem und ursächlichem Zusammenhang stehen.[89] Diese erst mit Gesetz vom 20. 2. 1986 (BGBl. I S. 301) eingeführte Regelung soll die (evtl. geschiedenen) Ehegatten dazu veranlassen, bei der Durchsetzung und Abwicklung ihrer Vermögensinteressen in besonderer Weise auf die Interessen ihrer gemeinschaftlichen Kinder an einer angemessenen Persönlichkeitsentwicklung Rücksicht zu nehmen.[90] Die Einstellung setzt gemäß § 180 Abs. 3 S. 1 voraus, daß Miteigentümer nur der Antragsteller und sein (evtl. geschiedener) Ehegatte sind, nicht auch

---

[89] LG Konstanz Rpfleger 2002, 219.
[90] Ähnlich die amtliche Begründung BT-Drucksache 10/2888, 1985 S. 12, 35 f. unter Hinweis auf Art. 6 Abs. 2 und 2 Abs. 1 GG und auf BVerfGE 57, 383.

dritte Personen, z.B. andere Angehörige.[91] Dagegen schadet es wohl nichts, wenn das geschützte Kind selbst auch Miteigentümer ist,[92] und dann muß das m.E. auch für alle gemeinschaftlichen Kinder dieser Ehegatten gelten, selbst wenn ihr Wohl durch die Versteigerung nicht gefährdet ist. Die Voraussetzung wird auch dann noch als erfüllt anzusehen sein, wenn der eine Ehegatte (m.E.: vor nicht allzu langer Zeit) gestorben ist und dessen Erben jetzt die Teilungsversteigerung betreiben.[93] Geschützt wird nur ein gemeinschaftliches Kind der Miteigentümer. Wenn einer dieser Miteigentümer seinen Anteil an einen Dritten überträgt, bleibt der Kindesschutz aus § 180 Abs. 3 jedenfalls dann unberührt, wenn die Übertragung nach der Anordnung der Teilungsversteigerung erfolgt ist. Aber auch bei umgekehrter Reihenfolge kann § 180 Abs. 3 erhalten bleiben, wenn die Übertragung nur zum Zwecke des § 180 Abs. 3-Verlustes rechtsmißbräuchlich betrieben wird.[94]

Wenn die Teilungsversteigerung von einem Pfand- oder Pfändungsgläubiger (bzw. Insolvenzverwalter oder Testamentsvollstrecker) eines Ehegatten betrieben wird, ist § 180 Abs. 3 seinem Wortlaut nach ebenfalls nicht mehr anwendbar; aber sein Sinn und Zweck, der nicht auf den Schutz des Ehegatten/ Schuldners, sondern auf das Kindeswohl abstellt, gebietet die entsprechende Anwendung; diejenigen, die das Recht des Ehegatten ausüben, können nicht mehr Rechte haben als dieser und müssen daher u.U. auch mehrmalige und längere Einstellungen gemäß § 180 Abs. 3 hinnehmen.[95]

Alle diese Analogien sind m.E. aber zurückhaltend zu handhaben, um das eigentliche Anliegen nicht zu verwässern; und der Gesetzgeber hat § 180 Abs. 3 nun einmal auf die eheinterne Teilungsversteigerung begrenzt.

Verkauft ein Ehegatte seinen Anteil an einen Dritten und betreibt dieser die Teilungsversteigerung, so gilt § 180 Abs. 3 nicht. Wenn hier aber Kollusion bzw. ein Umgehungsversuch nachweisbar sein sollte, kann die Berufung auf das fehlende Ehegattenmiteigentum rechtsmißbräuchlich sein.[96]

Maßgebend für die Frage nach dem Ehegattenmiteigentum ist der Zeitpunkt von Anordnungs- oder Beitrittsbeschluß; unerheblich ist die Gemeinschaftsart (z.B. Bruchteils- oder Erbengemeinschaft) und auch die Größe der einzelnen Anteile.

Das durch § 180 Abs. 3 geschützte Kind muß ein gemeinschaftliches Kind sein; dazu gehören auch gemäß § 1741 Abs. 2 BGB gemeinschaftlich angenommene Kinder,[97] nicht dagegen gemeinsame Pflegekinder, auch nicht, wenn sie den Namen der Pflegeeltern angenommen haben (diese werden aber evtl. über § 765a ZPO geschützt!).[98] Diesen gleichzusetzen sind leibliche oder angenommene Kinder des Antragstellers, weil nicht einzusehen ist, warum der Auseinandersetzungswunsch des Antragstellers nur deshalb durchsetzbar sein soll, weil der Schutz seines eigenen Kindes lediglich durch einen

---

91 Eickmann IV 3; Stöber § 180 Anm. 13.2.
92 Eickmann IV 3; Stöber § 180 Anm. 13.2.
93 Ähnlich Stöber § 180 Anm. 13.2.
94 Ebenso Stöber § 180 Anm. 13.2. – Entsprechendes muß gelten, wenn einer der Miteigentümer verstorben ist und jetzt seine Erben betreiben.
95 Ebenso Eickmann Rz. 192; Stöber § 180 Anm. 13.3.
96 So auch Stöber § 180 Anm. 13.2.
97 BGH Rpfleger 2007, 408; Eickmann IV 3; Stöber § 180 Anm. 13.4.
98 BGH Rpfleger 2007, 408.

Stiefelternteil geltend gemacht wird.[99] Nicht aber andere Kinder nur des einen Ehegatten. Das Gesetz stellt nicht auf das Alter ab, deshalb können auch Volljährige den Schutz beanspruchen.[100] Es müssen dann aber besonders strenge Anforderungen an die in § 180 Abs. 3 S. 1 genannte Voraussetzung der „ernsthaften Gefährdung des Kindeswohls" gestellt werden. Bei allem geht es nicht um das materielle, sondern um das körperliche, geistige und seelische Wohl des Kindes.[101] Immer muß ein ursächlicher Zusammenhang zwischen der ernsthaften Gefährdung des Kindeswohls und der Teilungsversteigerung als solcher bzw. mit der damit verbundenen Räumung bestehen.[102]

Beispielsfälle (schützenswert):
- Die anderweitige Unterbringung einer kinderreichen Familie ist mit zumutbarem Aufwand nicht möglich;[103]
- ein volljähriges Kind lebt zu Hause und steht noch einige Zeit in Ausbildung, und außerdem würde ein Umzug die schulische Entwicklung gefährden;[104] kein Einstellungsgrund wurde zurecht bei einem 17jährigen Kind mit günstiger schulischer Entwicklung gesehen;[105]
- ein volljähriges, aber behindertes Kind bedarf der besonderen Betreuung und der behindertengerechten Einrichtungen des Hauses;[106]
- über die elterliche Sorge für ein jetzt 8jähriges Kind wird noch gestritten, sodaß dessen späterer Aufenthalt ungewiß ist.[107]
- das Kind wird in seiner Entwicklung erheblich beeinträchtigt.[108]
- deutliche Gefährdung der schulischen Entwicklung.[109]

Beispielsfälle (nicht schützenswert):
- der bloße Verlust des Familienheims mit Umzug, Orts- und Schulwechsel;[110]
- der Wunsch nach Beibehaltung des Lebensstandards, z. B. eigenes Zimmer für jedes Kind;[111]
- rein materielle Nachteile wie der Verlust des Grundstücks als künftigen Nachlaßgegenstand;[112]

---

[99] Ebenso AG Hamburg Rpfleger 1990, 523 (zust. Anm. Meyer/Stolte); **str. a. A.:** Stöber § 180 Anm. 13.4; – dagegen sind die Belange von Kindern nur des Antragsgegners nicht über § 180 Abs. 3 geschützt.

[100] LG Berlin Rpfleger 1987, 515; Diederichsen NJW 1986, 1283; Eickmann IV 3; Stöber § 180 Anm. 13.4.

[101] LG Offenburg Rpfleger 1994, 177; LG Heidelberg Rpfleger 1991, 215; LG Frankenthal Rpfleger 1987, 515; LG Berlin Rpfleger 1987, 514; LG Hamburg FamRZ 1988, 424; LG Limburg FamRZ 1987, 1065; Stöber § 180 Anm. 13.4.

[102] LG Konstanz Rpfleger 2002, 219.

[103] Diederichsen NJW 1986, 1283; Eickmann VI 3; Stöber § 180 Anm. 13.4.

[104] LG Berlin NJW-RR 88, 253; Diederichsen NJW 1986, 1283; Stöber § 180 Anm. 13.4; deshalb m. E. etwas zu großzügig: Eickmann IV 3.

[105] LG Frankenthal Rpfleger 1987, 124; Stöber § 180 Anm. 13.4.

[106] LG Berlin Rpfleger 1987, 515; Diederichsen NJW 1986, 1283; Eickmann IV 3; Stöber § 180 Anm. 13.4; Meyer-Stolte Rpfleger 1990, 524 und 1987, 516.

[107] LG Berlin Rpfleger 1987, 514; Stöber § 180 Anm. 13.4.

[108] LG Berlin Rpfleger 1992, 170 (Meyer-Stolte).

[109] LG Offenburg Rpfleger 1994, 177; LG Heidelberg Rpflegr 1991, 215; LG Lüneburg FamRZ 1987, 1065; Böttcher § 180 Rz. 73.

[110] LG Berlin Rpfleger 1992, 170 (Meyer-Stolte); LG Frankenthal Rpfleger 1987, 124; LG Berlin Rpfleger 1987, 514 und 515; LG Essen FamRZ 1988, 1191; Stöber § 180 Anm. 13.4; **anders aber** LG Offenburg Rpfleger 1994, 177, wenn durch den drohenden Verlust des Eigenheims schwere gesundheitliche und seelische Schäden drohen.

[111] LG Essen FamRZ 1988, 1191; Stöber § 180 Anm. 13.4.

[112] Stöber § 180 Anm. 13.4.

- fast volljährige Tochter leidet an behandlungsbedürftiger Allergie und andere 15jährige Tochter leidet an Schlafstörungen;[113]
- wirtschaftliches Interesse eines 40jährigen Sohnes, der bisher im elterlichen Haus seine Gewerbs- oder Berufstätigkeit ausübt.[114]

Im Gegensatz zu § 180 Abs. 1 spricht § 180 Abs. 3 nicht von einer Interessenabwägung. Wirtschaftliche und persönliche Interessen der Eheleute oder gar einzelner Ehegatten bleiben daher in aller Regel außer Betracht.[115] Wenn aber die Eltern wegen der Belastungen das Haus ohnedies nicht halten können, muß das bei der Entscheidung berücksichtigt werden,[116] mindestens hinsichtlich Einstellungsdauer und/oder Wiederholungen, weil eine Familie nicht „sehenden Auges", in eine immer größere Überschuldung getrieben werden darf. Hier wird man sehr flexibel und verantwortungsbewußt auf jeden Einzelfall einzugehen haben.

3.3.2.2. Antragsberechtigung/2-Wochen Frist

Antragsberechtigt ist i. d. R. nur derjenige Ehegatte, gegen den die Teilungsversteigerung betrieben wird. Dabei kommt es nicht darauf an, ob dieser Ehegatte auch gesetzlicher Vertreter des Kindes oder personensorgeberechtigt ist.[117] Das Kind selbst ist nur dann antragsberechtigt, wenn es auch Miteigentümer und damit Antragsgegner ist.[118]

Auch hier gilt gemäß §§ 180 Abs. 3 S. 3, 30b Abs. 1 S. 1 die 2-Wochen-Frist, die mit der Zustellung des Hinweises auf das Antragsrecht (§ 30b Abs. 1 S. 2) beginnt. Die Zustellung soll wie bei § 180 Abs. 2 mit dem Anordnungsbeschluß, mit einem Beitrittsbeschluß (hier nur ausnahmsweise vorstellbar) und jedem Fortsetzungsbeschluß nach einer auf § 180 Abs. 3 gegründeten Einstellung erfolgen.

Beispiel: Die Eheleute A und B sind zusammen mit Sohn C zu je $^1/_3$ Miteigentümer. A beantragt die Teilungsversteigerung; B oder C tritt bei.

A könnte zwar nicht als Antragsteller der Versteigerung, wohl aber als Antragsgegner des beigetretenen Verfahrens die Einstellung gemäß § 180 Abs. 3 beantragen. Das gleiche gilt (umgekehrt) für B. Immerhin würde in beiden Fällen das Kindeswohl berücksichtigt werden.[119]

In diesem Fall aber könnte C (ausnahmsweise) sich selbst durch einen Einstellungsantrag schützen. Die Notfrist des § 30b Abs. 1 S. 1 würde für C einmal bei der Zustellung des Anordnungsbeschlusses beginnen und zum zweiten Mal bei der Zustellung des Beitrittsbeschlusses.

---

[113] LG Konstanz Rpfleger 2002, 219.

[114] Eickmann IV 3; Stöber § 180 Anm. 13.4. Vgl. auch LG Heidelberg Rpfleger 1992, 170 (Meyer-Stolte).

[115] LG Frankenthal Rpfleger 1987, 124; LG Berlin Rpfleger 1987, 515; Eickmann IV 3; Stöber § 180 Anm. 13.4.

[116] Diederichsen NJW 1986, 1283; Gerhardt JZ 1987, 1074; **str. a. A.:** Stöber § 180 Anm. 13.4.

[117] Stöber § 180 Anm. 13.4.

[118] Eickmann IV 3.

[119] Aber A und B würden sich widersprüchlich verhalten und deshalb möglicherweise erfolglos bleiben, wenn sie nicht gleichzeitig ihr eigenes Verfahren gemäß §§ 180, 30 einstellen – vgl. dazu oben B 3.2.2.2.

Der gemäß §§ 180 Abs. 3 S. 3, 30b Abs. 1 S. 2 erforderliche Hinweis (ohne den die Notfrist nicht zu laufen beginnt) ist entsprechend § 30b Abs. 1 S. 3 auch mit einem Fortsetzungsbeschluß nach Ablauf jeder gemäß § 180 Abs. 3 erfolgten Einstellung zu verbinden, weil ja mehrfache Wiederholung gemäß § 180 Abs. 3 S. 2 zulässig ist.

Auch bei einer derartigen Fortsetzung ist also die 2-Wochen-Frist für den Antrag auf erneute Einstellung zu beachten, woran § 180 Abs. 3 S. 3 durch nochmaligen Hinweis auf § 30b erinnert. Allerdings beginnt die Frist nicht zu laufen, wenn der Hinweis vergessen wird.

Wenn erst im Verlauf einer Teilungsversteigerung ein gemeinschaftliches Kind geboren werden sollte, kann in Ausnahmefällen auch nach Ablauf der Notfrist, z. B. weil das Gericht trotz Nichtkenntnis von diesen „anderen Umständen" einen Hinweis gemäß §§ 180, 30b versandt hatte,[120] noch eine erstmalige oder sogar (nach bereits einmal aus anderem Grund nach § 180 Abs. 3 angeordneter Einstellung) die wiederholte Einstellung beantragt werden.[121] Allerdings ist der Einstellungsantrag m. E. in diesen Fällen auch schon zumutbar, wenn die Eltern von der bevorstehenden Geburt des Kindes sichere Kenntnis haben; und außerdem wird eine Teilungsversteigerung für Kleinkinder in diesem Stadium nur selten eine ernsthafte körperliche, geistige oder seelische Gefährdung bedeuten.

3.3.2.3. Entscheidung/Einstellungsdauer

Die Entscheidung ergeht auch hier nach Anhörung der Beteiligten durch Beschluß, wobei in geeigneten Fällen eine mündliche Verhandlung anberaumt werden kann.[122]

Das Gericht entscheidet nach sachgerechtem Ermessen, ob es eine mündliche Verhandlung anberaumt, ob es die Glaubhaftmachung der Angaben gemäß §§ 180 Abs. 3 S. 3, 30b Abs. 2 S. 3 verlangt und schließlich auch über die Einstellung selbst.[123] Zuständig ist auch hier der Rechtspfleger, obwohl die Entscheidung, wenn sie dem Familien- oder Vormundschaftsgericht zugewiesen wäre, unter den Richtervorbehalt des § 14 RPflG fallen und vom dort geltenden Amtsermittlungsgrundsatz profitieren würde (§ 12 FGG). Deshalb wird immer wieder vom Gesetzgeber gefordert, die Entscheidung über Einstellungsanträge gemäß § 180 Abs. 3 zur Familiensache zu erklären.[124] Meines Erachtens ist diese jetzige Regelung zwar sachgerecht; aber der Schutz des Kindes sollte meines Erachtens durch ein eigenständiges Antragsrecht verbessert werden (da das Kind in der Regel an der Teilungsversteigerung nicht selbst formal beteiligt ist, kann dies nur durch eine Gesetzesänderung erreicht werden).

---

[120] Vgl. Taktischen Hinweis **TH** B 3.3.3.1.

[121] Stöber § 180 Anm. 13.13.

[122] Zum Verfahren, das demjenigen bei der Forderungszwangsversteigerung entspricht, vgl. Storz/Kiderlen ZV-Praxis, B 3.1.1.

[123] Vgl. Taktischen Hinweis **TH** B 3.2.3.3.

[124] Insbesondere von Brudermüller FamRZ 1996, 1516; Mayer-Stolte Rpfleger 1991, 216; Maurer FamRZ 1991, 1141; Böttcher § 180 Rz. 77; **dagegen** mit Recht: Stöber § 180 Anm. 13.16.

Im Gegensatz zu § 180 Abs. 2 ist bei § 180 Abs. 3 die Einstellungsdauer für die einzelnen Einstellungen vom Gesetz nicht begrenzt, sondern weitgehend in das Ermessen des Gerichts gestellt worden. Eingestellt wird daher für die voraussichtliche Dauer der besonderen Gefährdung des Kindeswohls. Dabei ist aber die Höchstdauer aller Einstellungszeiten aus § 180 Abs. 2 und § 180 Abs. 3 von 5 Jahren zu beachten (§ 180 Abs. 4). – In diese 5-Jahre-Frist werden nur die eigentlichen Einstellungszeiten eingerechnet, nicht auch die Zeiten für die Antragstellung (vgl. § 31) und für die Entscheidungsfindung.[125]

Beispiel: Die Eheleute A und B sind je zu $^1/_2$ Miteigentümer, A betreibt seit 1.2.1985 die Teilungsversteigerung. B beantragt am 10.2.1985 die Einstellung gemäß § 180 Abs. 3. Weil sich A wehrt, wird erst vom 1.7.1985 bis 30.6.1986 eingestellt. Am 12.12.1986 beantragt A die Fortsetzung, die am 30.12.1986 beschlossen wird.

Am 5.1.1987 beantragt B wieder Einstellung gem. § 180 Abs. 3. Diese wird für die Zeit vom 1.2.1987 bis 31.12.1990 beschlossen.

Das (relativ einfache) Beispiel zeigt, daß die Gesamtverzögerung trotz § 180 Abs. 4 deutlich mehr als 5 Jahre betragen kann, und zwar umso mehr, je häufiger es zu Einzeleinstellungen nach § 180 Abs. 3 kommt.

Da die Notfrist für die Einstellungsanträge nach § 180 Abs. 2 und 3 identisch ist, ist das Zusammentreffen beider Anträge bei Vorliegen der jeweiligen Voraussetzungen wahrscheinlich. Probleme können trotzdem kaum entstehen, wenn man sich konsequent an die Trennung beider Einstellungsmöglichkeiten hält.

Beispiel: Eheleute A und B sind je zu 1/2 Miteigentümer. A betreibt die Teilungsversteigerung. B beantragt Einstellung nach § 180 Abs. 2 und nach § 180 Abs. 3.[126]

Das Beispiel zeigt, daß beide Anträge (fast) gleichzeitig gestellt werden müssen, dh innerhalb der gleichzeitig beginnenden Notfrist. Wenn das Gericht die Voraussetzungen beider Möglichkeiten anerkennt, wird auch gleichzeitig über beide entschieden und gleichzeitig nach beiden Vorschriften eingestellt.[127] Das Gericht kann also nicht z.B. erst für 6 Monate gemäß § 180 Abs. 2 und danach 12 Monate für § 180 Abs. 3 einstellen.

Verstreicht die Notfrist für einen der beiden Anträge (z.B. mangels Kenntnis der Umstände, oder mangels Wollen, nicht mangels Hinweis gemäß § 30b Abs. 1), so kann diese Einstellungsmöglichkeit während der gesamten (von diesem Antragsteller betriebenen) Teilungsversteigerung nicht mehr wahrgenommen werden. Das gleiche gilt, wenn einer der Anträge rechtskräftig zurückgewiesen worden ist.

Ein Antrag auf Einstellung gemäß § 180 Abs. 2 ist deshalb auch nicht erstmals im Anschluß an eine Einstellung gemäß § 180 Abs. 3 zulässig oder umgekehrt. Daraus folgt, daß es auch nicht zulässig sein kann, zwar innerhalb der Notfrist eine Einstellung z.B. nach § 180 Abs. 2 zu beantragen, aber gleichzeitig diese erst für den Ablauf der Einstellung nach § 180 Abs. 3 zu erbitten.

---

[125] Stöber § 180 Anm. 13.12.
[126] Vgl. Taktische Hinweise **TH** B 3.3.3.2. und **TH** B 3.3.3.3.
[127] Eickmann IV 3; Stöber § 180 Anm. 13.7. – **Muster** eines gemeinsamen Hinweises auf die Einstellungsmöglichkeiten nach § 180 Abs. 2 und 3 vgl. unten C 4.2.1.

3. Einstweilige Einstellung des Verfahrens   **B 3.3**

Wenn die Voraussetzungen für beide Einstellungsarten nach § 180 Abs. 2 und 3 bejaht werden, wird im Rahmen der 5-Jahres-Frist des § 180 Abs. 4 eine einheitliche Einstellungsdauer festgelegt.[128] Eine Kostenentscheidung erfolgt nicht. Wird ein Rechtsanwalt im Verfahren über den Antrag auf einstweilige Einstellung tätig, fällt hierfür eine gesonderte Gebühr an.[129] Für die Anfechtbarkeit und die Zustellungen gilt das zu § 180 Abs. 2 gesagte entsprechend.[130] Das Kind selbst ist nur anfechtungsberechtigt, wenn es selbst auch den Einstellungsantrag gestellt hat,[131] und auch nur dann wird ihm der Beschluß formell zugestellt.

3.3.2.4. Änderung der Sachlage (§ 180 Abs. 3 S. 3)

Gemäß § 180 Abs. 3 S. 3 hebt das Gericht seinen Einstellungsbeschluß auf oder ändert ihn, wenn dies mit Rücksicht auf eine Änderung der Sachlage geboten ist.

Mit dieser dem § 765 a Abs. 3 ZPO nachgebildeten Regelung soll die gerade wegen der weitgehenden Möglichkeiten des § 180 Abs. 3 erforderliche Flexibilität gewährleistet werden. Deshalb kann das Versteigerungsgericht als Reaktion auf eine wesentliche Änderung der Sachlage nicht nur seinen eigenen § 180 Abs. 3-Beschluß, sondern auch denjenigen des übergeordneten Landgerichts[132] ändern oder aufheben.

Änderungen der Sachlage sind insbesondere der Tod des geschützten Kindes, der Abschluß oder auch Abbruch der Ausbildung, der Auszug aus dem zu versteigernden Grundstück,[133] eben eine Änderung der Umstände, die zu der Einstellung gemäß § 180 Abs. 3 geführt haben. Dagegen bedeutet eine andere Beurteilung/Bewertung einer unveränderten Tatsache keine Änderung der Sachlage und berechtigt daher nicht zur Änderung oder Aufhebung des Einstellungsbeschlusses.[134] So klar diese Abgrenzung theoretisch ist, so schwierig kann sie sich in der Praxis darstellen.[135]

Aufhebung des Einstellungsbeschlusses bedeutet, daß auf Antrag, der auch hier gemäß § 31 gestellt werden muß (innerhalb von 6 Monaten nach dem Aufhebungsbeschluß), die Versteigerung fortgesetzt wird. Änderung bedeutet i. d. R. eine Verkürzung der Einstellungsdauer, kann aber auch einmal eine Verlängerung sein.

Antragsberechtigt für diese Änderung oder Aufhebung des Einstellungsbeschlusses (Antrag ist gemäß § 180 Abs. 3 S. 3 erforderlich) sind der Antragsteller und der Antragsgegner, also in der Regel beide (evtl. früheren) Ehegatten.

---

[128] Ebenso: Böttcher § 180 Rz. 76; Stöber § 180 Anm. 13.8. und 9.
[129] Vgl. hierzu Stöber Einl Anm. 91 und RVG-VergV Nr. 3311.
[130] Vgl. oben B 3.2.2.4.
[131] Zu seiner Antragsberechtigung vgl. oben B 3.2.2.4.
[132] Steiner/Storz § 30 a Rz. 102, 103; Stöber § 180 Anm. 13.15; Storz/Kiderlen ZV-Praxis B 3.1.2.
[133] Eickmann IV, 3.
[134] Stöber § 180 Anm. 13.15.
[135] Vgl. Taktischen Hinweis **TH** B 3.3.3.4.

Wird das Verfahren gemäß § 180 Abs. 3 S. 3 fortgesetzt, gibt es natürlich keine erneute einstweilige Einstellung gemäß § 180 Abs. 3 S. 1 mehr, so daß auch der Hinweis gemäß § 30b Abs. 1 S. 2 entfällt.

3.3.2.5. Fortsetzung/Wiederholung

Die Teilungsversteigerung wird gemäß § 31 auch nach Ablauf der festbestimmten Einstellungszeit nur auf Antrag fortgesetzt. Der Fortsetzungsantrag muß binnen 6 Monaten nach dem Ende der Einstellungszeit gestellt werden (§ 31 Abs. 2b).[136] Darüber wird der Antragsteller belehrt,[137] sonst beginnt die Frist nicht zu laufen.

Gemäß § 180 Abs. 3 S. 2 ist die mehrfache Wiederholung der Einstellung zum Schutz des Kindeswohls zulässig. Immer müssen sich aber diese § 180 Abs. 3-Einstellungen „nahtlos" aneinanderreihen, immer müssen die Fristen für die jeweiligen Einstellungsanträge gemäß §§ 180 Abs. 3 S. 2, 30b Abs. 1 und für die jeweiligen Fortsetzungsanträge gemäß §§ 180 Abs. 1, 31 Abs. 1 S. 2 beachtet werden.

Außerdem darf die aus allen tatsächlichen Einstellungszeiten aus § 180 Abs. 2 und § 180 Abs. 3 zusammengerechnete Dauer gemäß § 180 Abs. 4 nicht 5 Jahre überschreiten.[138]

3.3.3. Taktische Hinweise

TH 3.3.3.1.: ME sollte immer dann, wenn die Aufhebung einer zwischen (evtl. auch geschiedenen) Ehegatten bestehenden Gemeinschaft betrieben wird, generell auch ein Hinweis auf die Einstellungsmöglichkeit nach § 180 Abs. 3 erfolgen.[139] Immer, d.h. auch dann, wenn das Gericht keinerlei Anhaltspunkte dafür hat, daß es ein gemeinschaftliches Kind überhaupt gibt. Dadurch geschieht nicht nur eine notwendige Aufklärung über eine neue und nicht sehr bekannte Vorschrift, sondern das Verfahren wird auch abgesichert und beschleunigt, weil dann die Notfrist auf alle Fälle läuft. Die Hinweise auf § 180 Abs. 2 und § 180 Abs. 3 könnten u.U. miteinander so verbunden werden, daß die betroffenen Eheleute nicht verwirrt werden.

TH 3.3.3.2.: Wegen des für Nichtfachleute etwas komplizierten Nebeneinanders der Einstellungsmöglichkeiten und deren Notfristen empfiehlt Eickmann[140] mit Recht jedem Antragsteller, Angaben über gemeinsame Kinder, die im Haus wohnen, gleich in den Antrag mit aufzunehmen. – Die von Eickmann beschriebene Problematik wird aber dann ohnehin gelöst, wenn sich das Gericht an den Hinweis **TH 3.3.3.1.** hält.

TH 3.3.3.3.: Wenn die Voraussetzungen für Einstellungen nach § 180 Abs. 2 und nach § 180 Abs. 3 gegeben sind und der Antragsgegner überhaupt eine Einstellung erreichen will (was ja nicht zwingend ist), sollte er unbedingt (gleichzeitig) beide Einstellungen sofort beantragen. Nicht so sehr deshalb, damit „auf alle Fälle überhaupt" eingestellt wird, sondern weil er sich nur auf

---

[136] Vgl. Beispiel bei B 3.2.2.5.
[137] Vgl. Taktische Hinweise oben **TH** B 3.2.3.1. und **TH** B 3.2.3.2.
[138] Zur Berechnung der 5-Jahres-Dauer vgl. oben B 3.3.2.3.
[139] Muster bei Stöber Handbuch Rz. 721.
[140] Eickmann IV 3.

diese Weise auch die einmalige (§ 180 Abs. 2) oder sogar mehrfache (§ 180 Abs. 3) Wiederholbarkeit sichern kann.

TH 3.3.3.4.: Ein Änderungs- oder Aufhebungsbeschluß gemäß § 180 Abs. 3 S. 3 ist nur zulässig bei einer (wesentlichen) Änderung der Sachlage, nicht dagegen bei einer anderen Beurteilung unveränderter Tatsachen. Die Abgrenzung zwischen beiden kann in der Praxis recht schwierig sein, wie ein Blick auf die Beispiele zu schützenswerten und nicht schützenswerten Umständen beweist;[141] vieles beruht ja auf Wertungen wie z.B. die „Gefährdung der schulischen Entwicklung". Deshalb sollte m.E. in Zweifelsfällen eher für kurze Zeit (mit der Möglichkeit zu Wiederholungen) als für eine zu lange Zeit (was nur über § 180 Abs. 3 S. 3 korrigiert werden könnte) eingestellt werden.

3.4. Andere Einstellungen

3.4.1. Übersicht

§ 765 a ZPO
– Anwendbarkeit streitig
– Wichtig besonders bei Zuschlagsentscheidung
– Auseinandersetzungswunsch kann auch sonst sittenwidrig sein
§§ 775, 769, 766 ZPO
– Unter Miteigentümern selten relevant
– Gegenüber (Ver-)Pfändungsgläubigern ist § 766 ZPO möglich
Ablösung gemäß §§ 268, 1142 BGB; 75 ZVG
– IdR nicht gegenüber Miteigentümern
– Wohl aber gegenüber (Ver-)Pfändungsgläubigern
– Neben BGB-Ablösung ist Einstellung nötig
Sonstige Einstellungsgründe
– §§ 28, 77 anwendbar
– §§ 30a ff., 76 nicht anwendbar

Während der Antragsteller der Teilungsversteigerung sein Verfahren nur über §§ 180, 30 einstellen kann (was aber völlig ausreichend ist), stehen dem Antragsgegner neben den § 180 Abs. 2 und 3 noch der allgemeine Vollstreckungsschutz des § 765a ZPO (umstritten) und (in Ausnahmefällen) das Ablösungsrecht nach § 75 bzw. § 268 BGB offen. Außerdem kann das Versteigerungsgericht von Amts wegen nach §§ 28 und 77 bzw. §§ 766, 769, 775 ZPO einstweilen einstellen.

3.4.2. Vollstreckungsschutz § 765 a ZPO

Es ist bereits gesagt worden,[142] daß die Anwendbarkeit des § 765a ZPO in der Teilungsversteigerung von der früher herrschenden Ansicht abgelehnt wurde[143] mit der Begründung, die Teilungsversteigerung sei keine Maß-

---

141 Vgl. oben B 3.3.2.1.
142 Vgl. A 2.3.
143 OLG Hamm KTS 1973, 143 und Rpfleger 1964, 341 (zust Haegele); 1960, 253 (**abl.** Stöber); OLG München NJW 1961, 787; OLG Koblenz NJW 1960, 828; LG Berlin Rpfleger 1993, 297 und FamRZ 1987, 1087; LG Frankenthal Rpfleger 1985, 315; LG

nahme der Zwangsvollstreckung bzw. § 765 a ZPO gelte nur für die Vollstreckung von Geldforderungen.

Heute aber wird von der höchstrichterlichen Rechtsprechung und der in der Literatur herrschenden Meinung zurecht § 765 a ZPO auch in der Teilungsversteigerung angewendet, weil auch sie eine Maßnahme der Zwangsvollstreckung ist,[144] und weil es nicht zu rechtfertigen wäre, z. B. eine drohende Verschleuderung des Grundstücks in der Forderungszwangsversteigerung über § 765 a ZPO zu verhindern, in der Teilungsversteigerung aber „sehenden Auges" hinzunehmen. Der Gesetzgeber sollte dringend die Anwendbarkeit des § 765 a ZPO in der Teilungsversteigerung durch eine entsprechende Ergänzung des § 180 klarstellen.

Teilweise hat die Rechtsprechung versucht, statt des § 765 a ZPO den § 180 Abs. 2 praktisch als Generalklausel auch noch nach Ablauf der Notfrist des § 30 b zur Verschleuderungsverhinderung einzusetzen.[145] Dies hat der BGH aber überzeugend für unzulässig erklärt, sodaß § 180 Abs. 2 nach heute allgemeiner Ansicht dafür nicht (mehr) herhalten kann.[146]

Auch der von Schiffhauer[147] vorgeschlagene Weg, den Zuschlag wegen Verstoßes gegen Art. 14 GG zu versagen, ist m. E. weder überzeugend noch praktikabel, weil über § 139 ZPO „die Beteiligten zu entsprechenden Anträgen" bewegt werden sollen, von denen unklar ist, welche Anträge das eigentlich sein sollen, wenn es § 765 a ZPO gerade nicht sein darf!

§ 765 a ZPO[148] ist in der allgemeinen Zwangsvollstreckung und auch in der Forderungszwangsversteigerung[149] als universelle Schutzvorschrift gegen jede sittenwidrige Vollstreckungsmaßnahme außerordentlich breit gefächert und flexibel einsetzbar.

Auch in der Teilungsversteigerung kann gesetz- oder sittenwidriges Verhalten des Antragstellers wie in der Forderungsvollstreckung über § 771 ZPO bekämpft werden. § 765 a ZPO wird daher i. d. R. zur Verhinderung eines als zu niedrig empfundenen Zuschlags eingesetzt. Ein Zuschlag, der wegen eines krassen Mißverhältnisses zwischen Meistgebot und realistischen Verwer-

---

Bielefeld Rpfleger 1983, 68; Schiffhauer ZIP 1982, 535; Schneider MDR 1980, 617; Stein/Jonas/Münzberg § 765 a ZPO Rz. 3; Baumbach/Lauterbach/Albers/Hartmann § 765 a ZPO Anm. 1 B b.

[144] BGH Rpfleger 2007, 408 (noch offengelassen: BGH Rpfleger 2004, 722); OLG Köln FamRZ 2007, 1343; KG Rpfleger 1998, 298; OLG Karlsruhe Rpfleger 1994, 223 und 1993, 413; OLG Köln Rpfleger 1992, 197; OLG Bremen Rpfleger 1979, 72; OLG Schleswig SchlHA 1964, 612; OLG Braunschweig NJW 1961, 129; OLG Hamburg MDR 1954, 367; LG Stuttgart Rpfleger 1992, 491 und Justiz 1975, 272 (zust Holch); 1975, 74; 1961, 169 = Rpfleger 1961, 51; LG Düsseldorf FamRZ 1996, 1441; AG Meppen Rpfleger 1992, 266; Böttcher § 180 Rz. 84; Wolff/Hennings Rz. 486; Hintzen D 112; Brudermüller FamRZ 1996, 1519; Musielak/Lackmann § 765 a ZPO Rz. 2; Zöller/Stöber § 765 a ZPO Rz. 2; Teufel Rpfleger 1976, 84; Pöschl BWNotZ 1967, 129; Stöber Rpfleger 1960, 237; Leyerseder MDR 1956, 644; Eickmann Rz. 7; Böttcher Rpfleger 1993, 389; Hintzen ZAP 1996, 565 (575); Steiner/Teufel § 180 Rz. 146; Steiner/Storz § 30 a Rz. 75; Stöber Einl Anm. 52.6.

[145] OLG Hamm KTS 1973, 143; OLG Oldenburg KTS 1974, 240; LG Bielefeld Rpfleger 1983, 168; LG Augsburg MDR 1976, 231.

[146] BGH Rpfleger 1981, 187; Schiffhauer ZIP 1982, 535; Stöber Rpfleger 1960, 254; Eickmann IV 2.2; Stöber § 180 Anm. 12.10 i; Steiner/Teufel § 180 Rz. 147.

[147] ZIP 1982, 666.

[148] Gesetzestext abgedruckt bei Steiner/Storz § 30 a Rz. 90.

[149] Dazu ausführlich Storz/Kiderlen ZV-Praxis B 3.1.2.

tungsmöglichkeiten[150] gegen Art. 14 GG und auch gegen die guten Sitten verstoßen würde, kann deshalb auf Antrag des Antragsgegners gemäß § 765a ZPO versagt werden. Aber auch über die Bekämpfung des Zuschlags hinaus hat § 765a ZPO in der Teilungsversteigerung durchaus Anwendungsmöglichkeiten, z.B. um eine einstweilige Einstellung zu erreichen, weil die Weiterführung der Teilungsversteigerung wegen eines plötzlichen Todesfalles, einer schweren Krankheit oder eines sonstigen Unglücks im konkreten Einzelfall eine besondere und eine vermeidbare Härte bedeuten würde, die mit den guten Sitten nicht vereinbar wäre.[151]

In der Vollstreckungsversteigerung wird in den letzten Jahren häufig versucht, einen unerwünschten Zuschlag mit einer drohenden Siuzidgefahr für den Beteiligten selbst oder für einen seiner Angehörigen zu bekämpfen. Diese oft vorgeschobene Argumentation hat so überhand genommen, daß die Rechtsprechung immer wirksamere Regelungen zur Abwehr entwickeln musste.[152] In der Teilungsversteigerungspraxis sind derartige Verhaltensweisen wesentlich seltener beobachtet worden, obwohl es auch hier für manche Beteiligte außerordentlich hart sein kann, wenn sie nach einem Zuschlag das Haus verlassen müssen, das bislang in ihrem Miteigentum stand!

Bei alledem ist § 765a ZPO nach allgemeiner Ansicht eindeutig eine Ausnahmevorschrift, die nur ganz besondere Härten mildern/verhindern soll, die über die mit jeder Zwangsvollstreckung ohnehin verbundenen Folgen wie Verlust von Eigentum, Familienheim, vertrauter Umgebung weit hinausgehen.[153] Ebenso unbestritten ist, daß konkrete Umstände mit Wahrscheinlichkeit ein besseres Ergebnis erwarten lassen müssen, wenn die beanstandete Vollstreckungsmaßnahme über § 765a ZPO zu Fall gebracht werden soll.[154]

Wichtig ist, daß § 765a ZPO einen Antrag (des Antragsgegners) voraussetzt. Der Antrag ist formlos möglich ab Beginn der Teilungsversteigerung, beliebig oft wiederholbar, aber spätestens zu stellen unmittelbar vor der Verkündung der Entscheidung über den Zuschlag, also nicht erst im Rahmen einer Zuschlagsbeschwerde;[155] wenn aber die Zuschlagsversagung (zum Beispiel vom Meistbie-

---

[150] Es kommt nicht so sehr auf den Vergleich von Meistgebot und festgesetztem Grundstückswert an, sondern auf eine realistische Verwertungsalternative: BGH FamRZ 2006, 697; NJW-RR 2003, 1648 m.w.N.; Steiner/Storz § 30a Rz. 88. – Zur Zuschlagsversagung wegen § 765a ZPO vgl. unten C 8.2.2.

[151] Vgl. KG Rpfleger 1998, 298.

[152] Vgl. z.B. BVerfG FamRZ 2007, 107; BGH NJW 2006, 508; Storz/Kiderlen ZV-Praxis D 4.6.1.

[153] BGH Rpfleger 2007, 408; 2004, 722; NJW 1965, 201; OLG Düsseldorf Rpfleger 1989, 36; Henkel Prozeßrecht 1970, 369; Steiner/Storz § 30a Rz. 68; Storz/Kiderlen ZV-Praxis B 3.1.2 m.w.N.; OLG Frankfurt Rpfleger 1981, 117; OLG Karlsruhe BWNotZ 1967, 318; Stöber Einl Anm. 54.3; Musielak/Lackmann § 765a ZPO Rz. 5; Zöller/Stöber § 765a ZPO Rz. 5.

[154] BGH FamRZ 2006, 697 und NJW-RR 2003, 1648 m.w.N.; OLG Düsseldorf Rpfleger 1989, 36; OLG Bremen OLGZ 1969, 60; OLG Hamm NJW 1976, 1754; OLG Frankfurt Rpfleger 1976, 372; 1979, 391; Eickmann IV 4; Steiner/Storz § 30a Rz. 92; Storz/Kiderlen ZV-Praxis B 3.1.2.

[155] BGH NJW 1965, 2107; OLG Düsseldorf Rpfleger 1987, 514; OLG Frankfurt Rpfleger 1979, 391; OLG Hamm NJW 1976, 54; OLG Stuttgart OLGZ 1975, 368; Steiner/Storz § 30a Rz. 79; Stöber Einl Anm. 59.10.

tenden oder einem Grundpfand-Berechtigten) angefochten ist, kann der Miteigentümer in diesem Beschwerdeverfahren auch jetzt noch den Antrag aus § 765 a ZPO stellen.[156] Das Bundesverfassungsgericht hat jetzt sogar entschieden, daß das Grundrecht auf Leben und körperliche Unversehrtheit aus Art. 2 Abs. 2 Satz 1 GG es gebieten kann, eine aufgetretene Suizidgefahr auch dann zu berücksichtigen, wenn diese erst nach der Zuschlagserteilung erstmals mit der Zuschlagsbeschwerde geltend gemacht wurde.[157]

Die Anforderungen an den Antrag sind allerdings sehr gering,[158] deshalb muß z. B. auch ein verspäteter § 180 Abs. 2-Antrag unter dem Gesichtspunkt des § 765 a ZPO geprüft werden.[159] Liegt aus der Sicht des Vollstreckungsgerichts ein Verschleuderungsfall vor, muß es den Antragsgegner gemäß § 139 ZPO auf sein Antragsrecht hinweisen, evtl. sogar einen abwesenden Antragsgegner (der Versteigerung).

Beispiel 1:   Im Fall des BVerfG hatte die Schuldnerin einer Vollstreckungsversteigerung über § 765 a ZPO zunächst die einstweilige Einstellung und Zuschlagsversagung wegen Verschleuderung beantragt. Das Amtsgericht hat mangels Verschleuderung beide Anträge zurückgewiesen und den Zuschlag erteilt. Ihre Zuschlagsbeschwerde begründete sie ausschließlich mit einer Suizidgefahr, die ihr von einem Facharzt bescheinigt worden ist, an den sie „notfallmäßig" überwiesen worden war. Darauf hob das Amtsgericht den Zuschlagsbeschluss wieder auf; das dagegen angerufene Landgericht stellte den Zuschlagsbeschluss als Beschwerdegericht wieder her. Die dagegen gerichtete Verfassungsbeschwerde war erfolgreich.

Ein nach § 765 a ZPO einstweilen eingestelltes Verfahren[160] wird nur auf Antrag des Antragstellers (der Versteigerung) fortgesetzt. Die 6-Monats-Frist für den Fortsetzungsantrag beginnt entsprechend § 31 Abs. 2 b[161] mit dem Ende der Einstellungszeit.[162]

§ 765 a ZPO gilt „erst recht" in der Teilungsversteigerung, wenn diese von einem Pfand- oder Pfändungsgläubiger betrieben wird.[163] In diesem Fall kann der Vollstreckungsschutz schon vor dem Zuschlag auch gegen andere einzelne Vollstreckungsaktivitäten innerhalb der Teilungsversteigerung geltend gemacht werden, und zwar unmittelbar gegenüber dem Versteigerungsgericht. Es gilt das gleiche wie bei der Forderungszwangsversteigerung.[164] Aber auch hier ist Zurückhaltung angebracht, denn § 765 a ZPO ist z. B. nicht dazu da, Fristversäumnis für einen eigentlich nach § 180 Abs. 2 oder 3 zu stellenden Antrag zu heilen, oder eine nach diesen Vorschriften nicht mehr mögliche Wiederholung durchzusetzen. § 765 a ZPO ist – wie gesagt – eine Ausnahmevorschrift, die nur ganz besonders große und unnötige Härten verhindern soll.

---

[156] OLG Schleswig Rpfleger 1975, 372 (zust. Schiffhauer); Stöber Einl Anm. 59.9.
[157] BVerfG NJW 2007, 2910; ähnlich schon BGH Rpfleger 2006, 147.
[158] Vgl. Taktischen Hinweis **TH** B 3.4.6.1.
[159] OLG Bremen Rpfleger 1979, 72; Steiner/Storz § 30 a Rz. 76; Steiner/Teufel § 180 Rz. 148; vgl. aber auch LG Frankenthal Rpfleger 1984, 194, das einer zu weiten Auslegung mit Recht Grenzen zieht; vgl. dazu auch **TH** B 3.4.6.8!
[160] Das gleiche gilt, wenn nach § 765 a ZPO der Zuschlag versagt wird, vgl. §§ 33, 86.
[161] Steiner/Storz § 31 Rz. 25; Stöber § 31 Anm. 3.8.
[162] Vgl. Taktischen Hinweis **TH** B 3.4.6.2.
[163] Ebenso Eickmann IV 1.3.3.
[164] Vgl. Steiner/Storz § 30 a Rz. 66–106; Storz/Kiderlen ZV-Praxis B 3.1.2.

3.4.3. Einstellungen gemäß §§ 775, 769, 766 ZPO

3.4.3.1. Einstellung gegenüber einem Miteigentümer

Solange die Miteigentümer in der Teilungsversteigerung „unter sich" bleiben, kommen Einstellungen nach §§ 775, 769, 766 ZPO nur ausnahmsweise in Betracht:

§ 775 Nr. 1 ZPO greift nur, wenn ausnahmsweise ein Vollstreckungstitel erforderlich ist, z. B. zur Überwindung einer Ausschlußvereinbarung gemäß § 749 Abs. 2 BGB.[165]

§ 775 Nr. 2 ZPO ist auch in der Teilungsversteigerung anwendbar und zwar immer dann, wenn entgegenstehende Rechte durch Drittwiderspruchsklage (§ 771 ZPO) beim Prozeßgericht geltend gemacht werden,[166] und entweder das Prozeßgericht gemäß §§ 771 Abs. 3, 769 Abs. 1 ZPO oder – in dringenden Fällen – das Versteigerungsgericht selbst gemäß § 769 Abs. 2 ZPO die Einstellung anordnet.[167]

§ 775 Nr. 3 ZPO greift wie § 775 Nr. 1 ZPO nur ausnahmsweise, z. B. wenn der Duldungstitel gemäß §§ 711 f ZPO eine Abwendungsbefugnis des Beklagten enthält.[168]

§ 775 Nr. 4 ZPO ist nur ausnahmsweise anwendbar, wenn nach Erlaß des Duldungstitels eine Stundung bewilligt worden ist.

§ 775 Nr. 5 ZPO ist in der Teilungsversteigerung nicht vorstellbar, weil er ausschließlich die Geldvollstreckung betrifft.[169]

§ 766 ZPO ist nur dann in der Teilungsversteigerung direkt anwendbar, wenn eine vom Versteigerungsgericht von Amts wegen (z. B. gemäß § 28)[170] zu beachtende Voraussetzung der Teilungsversteigerung fehlt.[171] Das muß nicht immer zu einer Einstellung, sondern kann auch zu einer Aufhebung führen.

3.4.3.2. Einstellung gegenüber Pfändungsgläubigern

Die Teilungsversteigerung kann auch von Pfand- und Pfändungsgläubigern betrieben werden.[172] Ihnen gegenüber bestehen zunächst die gleichen Einstellungsmöglichkeiten wie gegenüber betreibenden Miteigentümern, also insbesondere § 180 Abs. 2 und 3. Da Pfand- und Pfändungsgläubiger die Teilungsversteigerung aber wegen ihrer Geldforderungen betreiben, eröffnen sich zusätzliche Abwehrmöglichkeiten,[173] die in der Regel über § 766 ZPO geltend zu machen sind.

---

[165] Vgl. Eickmann IV 1.2.6.
[166] Dazu oben B 1.7.
[167] Schiffhauer ZIP 1982, 532; Eickmann IV 1.2.6.
[168] Eickmann IV 1.2.6.
[169] Siehe FN 170.
[170] Dazu oben B 2.2.
[171] OLG Schleswig Rpfleger 1979, 471; OLG Hamm Rpfleger 1964, 341 (Haegele); Schiffhauer ZIP 1982, 532; Rieder NJW 1958, 1303; Stöber § 180 Anm. 9.7; Steiner/Teufel § 180 Rz. 126.
[172] Dazu ausführlich oben B 1.6.
[173] Siehe auch oben B 3.4.2. und unten B 3.4.4.

B 3.4 B. Besonderheiten der Teilungsversteigerung

Beispiel 1:[174] A B C sind Miteigentümer. Der Gläubiger G von A will wegen einer persönlichen Forderung dessen Hausanteil verwerten.

Das Beispiel zeigt, daß zwischen 3 Ebenen der Auseinandersetzung unterschieden werden muß: dem eigentlichen Prozeß (I), der Pfändung von Aufhebungsanspruch und Ansprüchen zur Erlösverteilung (II) und der Teilungsversteigerung (III).

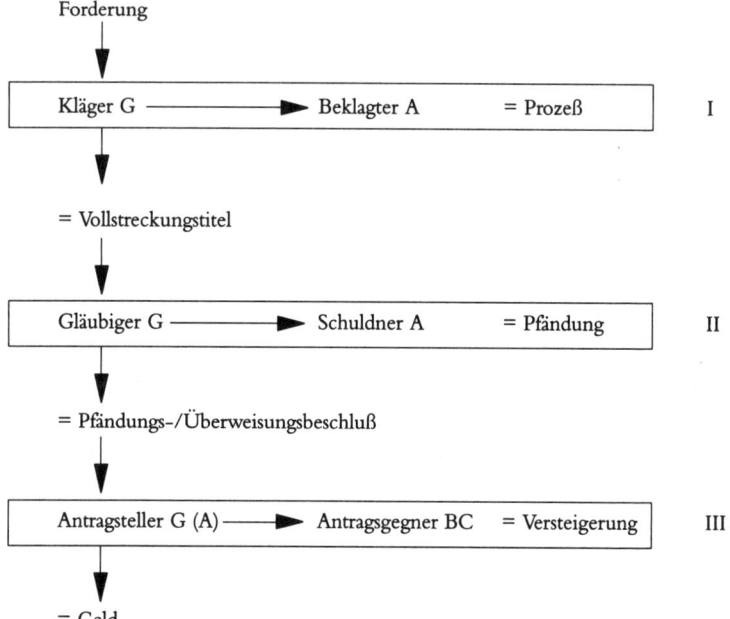

Beispiel 2:[175] Pfändungsgläubiger G betreibt die Teilungsversteigerung, obwohl
    a) er von A bereits befriedigt wurde,
    b) oder sein Titel nicht ordnungsgemäß zugestellt wurde,
    c) oder A B C die Teilungsversteigerung für sittenwidrig halten.

Das Beispiel zeigt verschiedene Konstellationen auf:

a) Wenn der Gläubiger voll befriedigt ist, kann A gemäß § 767 ZPO Vollstreckungsgegenklage erheben. Das Prozeßgericht kann dann die Vollstreckung aus dem Titel gemäß § 769 Abs. 1 ZPO einstellen (I). – Dann muß das allgemeine Vollstreckungsgericht gemäß § 775 Nr. 2 ZPO die Vollstreckung aus dem Pfändungs- und Überweisungsbeschluß (II) einstellen. – Als Folge ruht die Befugnis zur Geltendmachung des Auseinandersetzungsanspruchs durch Versteigerung. Dies ist von Amts wegen durch einstweilige Einstellung zu beachten, und ggf von A B C durch Erinnerung gemäß § 766 ZPO beim Versteigerungsgericht (III) zu erreichen.

---

[174] Eickmann IV 1.2.6.
[175] Siehe oben B 3.4.2.

b) Gemäß § 750 ZPO ist die ordnungsgemäße Zustellung des Titels Pfändungsvoraussetzung. Fehlt es daran, kann der Pfändungs-/Überweisungsbeschluß gemäß § 766 ZPO beim allgemeinen Vollstreckungsgericht angefochten werden. Wenn das Gericht den Beschluß aufhebt (II), verliert G seine Antragsbefugnis für die Teilungsversteigerung (III), was wie oben mit § 766 ZPO zu deren Einstellung oder Aufhebung führt.

c) A B C können die Sittenwidrigkeit gemäß § 765 a ZPO direkt beim Versteigerungsgericht geltend machen (III), was allerdings nicht unstreitig ist.[176]

3.4.4. Ablösung gemäß § 75 oder § 268 BGB

Gemäß § 75 kann der Schuldner oder ein Dritter, der berechtigt ist, den Gläubiger zu befriedigen, im Versteigerungstermin nachweisen, daß er den zur Befriedigung des Gläubigers erforderlichen Betrag sowie die Verfahrenskosten an die Gerichtskasse überwiesen hat, und damit die einstweilige Einstellung des Verfahrens herbeiführen.[177]

Da § 75 die Versteigerung wegen einer Geldforderung unterstellt, paßt er zunächst nicht in die Teilungsversteigerung, in der ja die Aufhebung einer Gemeinschaft durchgesetzt werden soll. Trotzdem ist die pauschale Ablehnung seiner Anwendbarkeit im Rahmen der Teilungsversteigerung unzutreffend.[178]

Denn wenn ein Pfand-/Pfändungsgläubiger die Teilungsversteigerung betreibt,[179] wird mittelbar doch wegen einer genau präzisierten Geldforderung betrieben und dann ist „jeder, der Gefahr läuft, durch die Zwangsvollstreckung ein Recht an dem Gegenstand zu verlieren" (§ 268 Abs. 1 S. 1 BGB) berechtigt, den Gläubiger zu befriedigen.

Dieses Ablösungsrecht nach § 75 bzw. § 268 BGB besteht also gegenüber einem Pfändungsgläubiger auch in der Teilungsversteigerung. Dies wird inzwischen anerkannt, mindestens für den Fall, daß ein Pfändungsgläubiger trotz Ausschlusses der Auseinandersetzung die Teilungsversteigerung betreibt.[180]

Damit erhält jeder Antragsgegner eine sehr wichtige zusätzliche Abwehrmöglichkeit, denn es ist gut möglich, daß der Gläubiger zwar von seinem eigentlichen Schuldner/Miteigentümer keine Zahlung erhalten kann und deshalb die Teilungsversteigerung betreibt, daß die anderen Miteigentümer aber viel lieber für den Schuldner/Miteigentümer zahlen, als ihr Grundstück zu verlieren.

Die Ablösung nach § 75 oder § 268 BGB spielt in der Forderungszwangsversteigerung eine sehr große Rolle, weil sie den Beteiligten zahlreiche Möglichkeiten zur Rettung oder Verbesserung ihrer Situation bietet.[181] In der Teilungsversteigerung sind die Einsatzmöglichkeiten wesentlich mehr ein-

---

[176] Siehe oben B 3.4.2.
[177] Vgl. hierzu BGH NJW 2009, 81; ähnlich Stöber § 75 Anm. 2.2: Ebenso Einstellung von Amts wegen auch nach der Neufassung des § 75, wenn die Zahlung an die Gerichtskasse durch einen ablöseberechtigten Gläubiger nachgewiesen wird; – so bereits Storz/Kiderlen NJW 2007, 1846.
[178] **So aber:** RGZ 167, 298.
[179] Zu deren Möglichkeiten vgl. oben B 1.6.
[180] OLG Karlsruhe NJW-RR 1992, 713; Stöber § 180 Anm. 11.10 k/l; Eickmann Rz. 158. – Näheres vgl. bei B 1.6.2.
[181] Sehr ausführlich dazu Steiner/Storz § 75 Rz. 14 ff. und Storz/Kiderlen ZV-Praxis B 7. mit zahlreichen Taktischen Hinweisen.

schränkt, einmal auf von Pfändungsgläubigern betriebene Verfahren, und zum anderen sind sie auch dort nicht so umfangreich wie in der Forderungszwangsversteigerung.[182] Deshalb sollen hier nur die wichtigsten Punkte kurz angesprochen werden:

Die Ablösung ist ein einseitiges Recht, das durch die tatsächliche Zahlung vollzogen wird, und von keinerlei Mitwirkung oder Zustimmung Dritter abhängig ist. Die Zahlung löst gemäß § 268 Abs. 3 BGB den unmittelbaren gesetzlichen Forderungsübergang auf den Ablösenden aus. Für eigene Vollstreckungen aus der übergegangenen Forderung benötigt der Ablösende die Umschreibung und erneute Zustellung des Titels. Im einzelnen ist hier aber manches streitig.

Der Unterschied zwischen § 75 und § 268 BGB besteht im wesentlichen darin, daß bei § 268 BGB die Ablösung schon ab Beginn der Vollstreckung möglich ist, daß direkt an den Gläubiger gezahlt wird und zwar dessen Vollstreckungsforderung, und daß der Ablösende das übernommene laufende Versteigerungsverfahren einfach weiterlaufen oder sofort einstellen lassen kann, also beides noch vor Titelumschreibung (streitig!). Bei § 75 kann erst im Versteigerungstermin der Nachweis einer Überweisung an die Gerichtskasse vorgelegt werden (Barzahlung oder Übergabe eines LZB-Schecks sind seit Februar 2007 gesetzlich ausgeschlossen!), und neben der Vollstreckungsforderung des Gläubigers müssen auch die Verfahrenskosten überwiesen werden; hier stellt das Gericht immer sofort dieses Einzelverfahren ein.

In beiden Fällen besteht das Ablösungsrecht nur gegenüber einem betreibenden Pfändungsgläubiger, also ruht es während einer einstweiligen Einstellung. Abgelöst werden kann bis unmittelbar vor Verkündung der Zuschlagsentscheidung. Wenn mehrere Beteiligte/Miteigentümer ablösen wollen, kommt der zuerst Zahlende zum Zug, denn mit der Zahlung geht ja bereits die Forderung auf ihn über. Allerdings kann er seinerseits abgelöst werden, solange das wegen dieser Forderung betriebene Verfahren nicht einstweilen eingestellt ist.

Selbstverständlich können der Ablösungswillige und der Pfändungsgläubiger auch alles ganz anders machen. Aber dann ist dazu ein Vertrag nötig, dh beide Partner müssen sich einigen. Die Ablösung ist wesentlich enger, aber dafür als einseitiges Recht ausgestaltet.

3.4.5. §§ 28, 77 sowie §§ 30 a, c, d, 76

Die §§ 28 und 77[183] sind in der Teilungsversteigerung anwendbar. Gemäß § 28 führen „entgegenstehende Rechte" zur Aufhebung oder Einstellung der Versteigerung.[184] Gemäß § 77 Abs. 1 wird das Verfahren einstweilen eingestellt, wenn im Versteigerungstermin keine Gebote abgegeben oder alle erloschen sind.[185]

Die §§ 30 a, c–f (neu gefaßt im Zusammenhang mit dem neuen Insolvenzrecht ab 1. 1. 1999) und 76 sind dagegen in der Teilungsversteigerung nicht anwendbar. § 76 nicht, weil er auf Geldvollstreckungen abstellt. §§ 30 a, 30 c

---

[182] Vgl. aber die Taktischen Hinweise hier **TH B** 3.4.6.3. bis **TH B** 3.4.6.7.
[183] Ohne § 77 Abs. 2 mit dessen Überleitung zur Zwangsverwaltung.
[184] Deshalb dort ausführlich behandelt: B 1.7.
[185] Behandelt im Zusammenhang mit Zuschlag: unten C 8.2.2.

nicht, weil an ihre Stelle § 180 Abs. 2 getreten ist. §§ 30 d–30 f (Neufassung ab 1. 1. 1999) nicht,[186] weil die Auseinandersetzung außerhalb des Insolvenzverfahrens vorweg geschehen muß, wenn zur Insolvenzmasse nur ein Anteil gehört. Gehört das ganze Grundstück zur Insolvenzmasse, besteht kein Anlaß für die Teilungsversteigerung; ist trotzdem eine solche anhängig, muß sie aufgehoben werden, wenn der Insolvenzverwalter das Grundstück nicht freigibt.

3.4.6. Taktische Hinweise

TH 3.4.6.1.: Da an den für eine Prüfung nach § 765 a ZPO erforderlichen Antrag und auch an den Sachvortrag des Antragsgegners nur minimale Anforderungen zu stellen sind, sodaß sich häufig auch aus einem Antrag nach § 180 Abs. 2 oder 3 Anlaß für eine Überprüfung auch auf § 765 a ZPO ergibt, sollte das Gericht jeden Einstellungsantrag des Antragsgegners auch unter dem Gesichtspunkt des § 765 a ZPO ausdrücklich prüfen und verbescheiden. Der Antragsteller sollte dann darauf achten, daß das auch geschieht, wenn er vom Antragsgegner befürchtet, daß dieser „wirklich jedes Rechtsmittel ergreifen" wird. Geschieht das alles nämlich nicht, ist u. U. eine selbständiger Zuschlagsbeschwerde-Anlaß entstanden.

TH 3.4.6.2.: Ein nach § 765 a ZPO eingestelltes Verfahren wird nur auf Antrag des Antragstellers (der Versteigerung) fortgesetzt, darüber und über die dafür zu beachtenden Fristen erfolgt eine schriftliche Belehrung. Wenn man ganz sichergehen will, daß man den Antrag nicht vergißt, kann man ihn auch schon unmittelbar nach Zustellung des Einstellungsbeschlusses stellen.

TH 3.4.6.3.: Bei der BGB-Ablösung sind einige mit der Titelumschreibung zusammenhängende Fragen streitig. Daher sollte der Ablösende im Zweifel über § 75 vorgehen, wenn er sich seiner Sache nicht ganz sicher ist und/oder keine Zeit zur Titelumschreibung und Zustellung noch vor dem Versteigerungstermin hat. Er muß aber die Nachteile von § 75 im Auge behalten: etwas höhere Kosten, weil auch die Verfahrenskosten gezahlt werden müssen, und vor allem verbietet § 75 seit Anfang 2007 eine Barzahlung oder (LZB-)Scheck-Übergabe an das Gericht und verlangt eine vorherige Überweisung!

TH 3.4.6.4.: Manche Gläubiger wollen sich nicht ablösen lassen, aus irgendwelchen Gründen. Die Gründe spielen aber keine Rolle, weil der Gläubiger sich nicht gegen die berechtigte Ablösung wehren darf und sich u. U. sogar schadensersatzpflichtig macht. Er hat ja ein schützenswertes Interesse nur daran, daß seine Forderung bezahlt wird, dagegen nicht an der Versteigerung des Hauses. Aber all das nützt den ablösungswilligen Antragsgegner praktisch nicht viel, wenn darüber die Zeit vergeht. Deshalb sollte man auch in diesen Fällen an die Ausweichmöglichkeit über § 75 denken.

TH 3.4.6.5.: Gerade wenn sich der Pfändungsgläubiger (unberechtigt) wehrt, ist der zur Befriedigung des Gläubigers erforderliche Betrag für einen Dritten von ihm schwer zu erfahren. Aber auch der Schuldner/Miteigen-

---

[186] Eickmann IV 1.2.4; Stöber § 30 c Anm. 1.2; Steiner/Storz § 30 c Rz. 10.

tümer kennt die Forderung genau, weil diese tituliert ist. Mindestens das Gericht kann Auskunft geben, und in der Mitteilung gemäß § 41 Abs. 2, die alle Verfahrensbeteiligten kurz vor dem Versteigerungstermin erhalten, ist die Forderung ebenfalls genau angegeben.

TH 3.4.6.6.: Mit der Ablösung kann die ganze Teilungsversteigerung vermieden/beendet werden, wenn sie nur von dem (abgelösten) Pfändungsgläubiger betrieben wurde. In diesem Fall kann der Ablösungswillige aber evtl. auch den Versteigerungstermin und dessen Ergebnis abwarten. Falls er mit dem Meistgebot und mit dem Ersteher einverstanden ist, kann er untätig bleiben. Ist er dagegen nicht einverstanden, löst er ab (bei BGB-Ablösung bewilligt er außerdem die Einstellung), bevor die Entscheidung über den Zuschlag verkündet wird. Dann muß der Zuschlag versagt werden.

TH 3.4.6.7.: Wenn die Teilungsversteigerung neben dem Pfändungsgläubiger noch von anderen Antragstellern betrieben wird, kann die Ablösung in der Regel für die Versteigerung nicht viel bewirken. Hier ist also Vorsicht geboten.

TH 3.4.6.8.: Einstweilige Einstellungen nach § 180 II oder § 180 III können gemäß §§ 180 II 3, 30b I 2 nur innerhalb von 2 Wochen nach der Anordnung der Versteigerung beantragt werden. Diese kurze Frist kann schnell versäumt werden (obwohl das Gericht darauf ausdrücklich hinweist!), oder der Einstellungsgrund kann erst später auftreten. In diesen Fällen sollte man immer daran denken, daß die angestrebte einstweilige Einstellung dann eben nicht über § 180 II oder III, sondern über § 765a ZPO beantragt und begründet wird.

3.5. Einstellung, Fortsetzung, Aufhebung

3.5.1. Übersicht

Einstellungsmöglichkeiten in der Teilungsversteigerung

	Antragsteller	Antragsgegner	von Amts wegen
eindeutig	§ 30	§ 180 Abs. 2	§ 28
gegeben		§ 180 Abs. 3	§ 77 Abs. 1
			§ 766 ZPO
			§ 775 Nr. 2 ZPO
ausnahmsweise		§ 75	§ 775 ZPO
anwendbar		§ 268 BGB i. V. m. § 30	Nr. 1, 3, 4
Anwendbarkeit streitig		§ 765a ZPO	
nicht anwendbar (nur in	§§ 30a, 30c	§ 76
Forderungsversteigerung)		§§ 30d–30f	§ 775 Nr. 5 ZPO

3.5.2. Einstweilige Einstellung allgemein

Die einstweilige Einstellung bedeutet im Gegensatz zur Aufhebung[187] nicht, daß das Verfahren beendet wird, vielmehr kommt es zu einer Pause, zu

---

[187] Vgl. unten B 3.5.4.

einem zeitweiligen Stillstand;[188] das Verfahren wird danach fortgesetzt, wozu in aller Regel ein Fortsetzungsantrag erforderlich ist.[189] Die Einstellungsdauer beträgt meist höchstens 6 Monate (vgl. z. B. § 180 Abs. 2 oder §§ 180 Abs. 1, 30, 31 Abs. 2 a).

Das Versteigerungsgericht stellt ein (Einzel-)Verfahren einstweilen ein, wenn:
– ein Antragsteller gemäß §§ 180, 30 die Einstellung bewilligt,[190] oder
– ein Antragsgegner gemäß § 180 Abs. 2[191] oder § 180 Abs. 3[192] oder gemäß § 765 a ZPO[193] die Einstellung beantragt und dieser Antrag Erfolg hat, oder
– ein Antragsgegner gemäß § 75 Zahlung an das Gericht leistet oder gemäß § 268 BGB ablöst und das abgelöste Verfahren gemäß §§ 180, 30 einstellen läßt (das gleiche gilt, wenn ein berechtigter Dritter zahlt oder ablöst),[194] oder
– das Versteigerungsgericht von sich aus gemäß § 28 oder § 77 Abs. 1 oder gemäß §§ 775, 769 Abs. 2 ZPO oder nach § 766 ZPO einstellt,[195] oder
– das Versteigerungsgericht auf Anordnung des Prozeßgerichts gemäß §§ 775, 769 Abs. 1 ZPO einstellt,[196] oder
– ein gerichtliches Vergleichsverfahren gemäß § 48 Abs. 1 VerglO die Einstellung erfordert.

Die einstweilige Einstellung eines Verfahrens ist möglich vor Beginn des Verfahrens an bis unmittelbar vor Verkündung der Entscheidung über den Zuschlag. Mit der Einstellung erlöschen gemäß § 72 Abs. 3 evtl. bereits abgegebene Gebote. Eingestellt werden kann also auch noch nach Ende der Bietstunde; dann wird allerdings gemäß § 33 die Entscheidung in Form einer Zuschlagsversagung gegeben; umgekehrt wirkt gemäß § 86 die Zuschlagsversagung wie eine Einstellung, wenn die Fortsetzung noch zulässig ist (andernfalls wie eine Aufhebung).

Die einstweilige Einstellung wird durch Beschluß angeordnet, der gemäß § 32 dem Antragsgegner, dem Antragsteller und, wenn die Anordnung von einem Dritten veranlaßt worden ist, auch diesem zugestellt wird. Diese besondere Zustellung ist lediglich im Fall des § 33 nicht nötig. Gegen den Einstellungsbeschluß ist die befristete Rechtspfleger-Erinnerung bzw. die sofortige Beschwerde gegeben.[197]

Wenn die Versteigerung von mehreren Antragstellern betrieben wird, betreffen einstweilige Einstellung, Fortsetzung und auch Aufhebung nur das jeweilige Einzelverfahren eines bestimmten Antragstellers; die anderen (Einzel-)Verfahren werden davon nicht direkt berührt und ebenso weitergeführt wie die Teilungsversteigerung als solche.

---

[188] Vgl. dazu ausführlich Storz/Kiderlen ZV-Praxis B 2.3.1.
[189] Vgl. unten B 3.5.3.
[190] Vgl. ausführlich oben B 3.1.
[191] Vgl. ausführlich oben B 3.2. – **Muster** eines Einstellungsverfahrens mit Hinweis, Antrag, Einstellungsbeschluß, Fortsetzungsantrag und -beschluß vgl. unten C 4.2.
[192] Vgl. ausführlich oben B 3.3.
[193] Vgl. ausführlich oben B 3.4.2.
[194] Vgl. ausführlich oben B 3.4.4.
[195] Vgl. ausführlich oben B 3.4.3. und B 3.4.5.
[196] Siehe FN 195.
[197] Zu all diesen Fragen gilt das gleiche wie bei der Forderungszwangsversteigerung, vgl. deshalb Storz/Kiderlen ZV-Praxis B 3.2.1.

Beispiel (1): A B C D E sind Miteigentümer je zu 1/5. Auf Antrag A wird die Teilungsversteigerung angeordnet. B C D treten nacheinander oder gleichzeitig dem Verfahren bei. Auf Grund von Bewilligungen gemäß §§ 180, 30 der C D werden deren Verfahren für März bis August einstweilen eingestellt. C beantragt im August die Fortsetzung, während D dies nicht tut. Im September wird das Verfahren des C fortgesetzt, dasjenige des D aufgehoben.

Beispiel (2): A B C D E sind Miteigentümer je zu 1/5. A B C betreiben die Teilungsversteigerung. Im Versteigerungstermin im Dezember wird kein Gebot abgegeben und „das Verfahren" daher gemäß § 77 Abs. 1 einstweilen eingestellt. A beantragt im Mai die Fortsetzung, während B C sich nicht rühren. Im Juli wird das Verfahren des A fortgesetzt; die Verfahren B C werden aufgehoben.

Beide Beispiele zeigen, daß sich die Miteigentümer A B C D E völlig unabhängig voneinander verhalten können, was sich aus dem Grundsatz von der Selbständigkeit der Einzelverfahren ergibt.[198] Dies gilt sowohl für die Frage des Betreibens oder Nichtbetreibens der Teilungsversteigerung, als auch für die einstweilige Einstellung, Fortsetzung und Aufhebung.

Auf die Teilungsversteigerung insgesamt wirkt sich die einstweilige Einstellung eines Einzelverfahrens deshalb i. d. R. nur aus, wenn gleichzeitig auch alle anderen betriebenen Einzelverfahren eingestellt werden, also im Beispiel (1) zu keiner Zeit, im Beispiel (2) von Dezember bis Juni.

Etwas anderes gilt dann, wenn das eingestellte Einzelverfahren für die Feststellung des geringsten Gebotes maßgeblich war.[199] Dann, aber auch nur dann, gilt folgendes[200] (wobei der Zeitpunkt der Einstellung entscheidend ist):

Es wird das für das geringste Gebot maßgebliche Einzelverfahren eingestellt.

- **Vor Beginn der Bietstunde,** dann muß der Rechtspfleger ein evtl. bereits vorbereitetes geringstes Gebot neu feststellen und sich dabei unter Beachtung der 4-Wochen-Frist des § 44 Abs. 2 an einem neuen Antragsteller orientieren,[201]

- **Während der Bietstunde,** dann muß diese abgebrochen werden, evtl. abgegebene Gebote erlöschen gemäß § 72 Abs. 3, das geringste Gebot muß unter Beachtung des § 44 Abs. 2 und des nunmehr maßgeblichen Antragstellers neu festgestellt, und es muß noch einmal eine volle Bietstunde mit mindestens 30 Minuten durchgeführt werden,

- **Nach der Bietstunde, aber vor Verkündung des Zuschlags,** dann kann auch bei allseitigem Einverständnis aller Beteiligter keine neue Bietstunde durchgeführt werden, weil für diese neue Versteigerung die zwingenden Form- und Fristvorschriften (ua § 43 Abs. 2) zu beachten wären und ein Verstoß gegen § 43 Abs. 2 ein unheilbarer Verfahrensfehler gemäß §§ 83 Nr. 7, 84 wäre.

---

[198] Vgl. dazu oben A 4.
[199] Vgl. dazu unten B 5.4.3. und B 5.7.2.2. und C 3.4.1.
[200] Entsprechend der Einstellung des bestrangig betriebenen Einzelverfahrens in der Forderungszwangsversteigerung, vgl. dazu ausführlich Storz/Kiderlen ZV-Praxis B 3.2.1; Steiner/Storz § 33 Rz. 9 ff.
[201] Vgl. dazu unten B 5 und Storz/Kiderlen ZV-Praxis B 6.1.

Wurde kein Gebot abgegeben, ist nach § 77 Abs. 1 einzustellen. Sind jedoch Gebote abgegeben worden, muß gemäß § 33 der Zuschlag versagt werden,[202] weil ja auf der Grundlage eines nachträglich falsch gewordenen geringsten Gebotes geboten worden ist (und nur für diesen Fall gilt dies auch, deshalb gelten alle diese Folgen nicht, wenn sich durch die Verfahrenseinstellung(en) am geringsten Gebot nichts ändert). Diese Gebote erlöschen gemäß § 86 mit der Zuschlagsversagung. Erfolgt trotzdem ein Zuschlag auf ein derartiges Gebot, so ist das ein Verfahrensfehler (§ 83 Nr. 1), der zwar gemäß § 84 geheilt werden kann, aber zu dieser Heilung ist die Zustimmung desjenigen Beteiligten zwingend erforderlich, der die einstweilige Einstellung herbeigeführt hat.

Bei der Forderungszwangsversteigerung gibt es eine ähnliche Konstellation und Problematik bei der Einstellung des bestrangig betriebenen Einzelverfahrens und leider auch immer wieder zweifelhafte Versuche, den Zuschlag doch noch zu retten bzw. zu rechtfertigen.[203] In der Teilungsversteigerung kann es aber m. E- noch weniger zu Mißverständnissen darüber kommen, daß derjenige auf alle Fälle bei der Heilung gemäß § 84 mitwirken muß, der die Einstellung des maßgeblichen Einzelverfahrens veranlaßt hat. Dabei kommt es nicht darauf an, wie groß z. B. der Miteigentumsanteil dieses Beteiligten ist.

Wenn gar das für die Feststellung des geringsten Gebots maßgebliche Einzelverfahren entgegen § 33 tatsächlich eingestellt worden ist, sind gemäß § 72 Abs. 3 alle evtl. abgegebenen Gebote erloschen, und dann wäre ein Zuschlag hierauf sogar ein unheilbarer Verfahrensverstoß i. S. d. §§ 83 Nr. 7, 84.[204]

IdR erfaßt die einstweilige Einstellung das von einem Miteigentümer/Teilhaber betriebene (Einzel-)Verfahren in vollem Umfang. Ausnahmsweise kann die einstweilige Einstellung aber auch gegenständlich beschränkt werden:

– auf einzelne mitversteigerte Zubehör-Gegenstände;
– bei gemäß § 18 verbundenen Verfahren[205] auf einzelne selbständige Grundstücke;
– beim „großen Antragsrecht"[206] auf den „kleinen Teil".

Beispiel: Miteigentümer je zur Hälfte sind einerseits A und andererseits die Erbengemeinschaft C D.[207] Macht z. B. D sein „großes Antragsrecht" geltend und bringt damit das ganze Grundstück zur Versteigerung, so kann die einstweilige Einstellung entweder die ganze von ihm betriebene Teilungsversteigerung betreffen oder aber die Versteigerung auf die Aufhebung der Erbengemeinschaft beschränken.

---

[202] Ebenso Muth S. 280 und Dassler/Hintzen § 33 Rz. 9; Stöber § 182 Anm. 3.9. – Bei der Parallelsituation in der Forderungsversteigerung wird der Zuschlag trotzdem unter gewissen (unterschiedlichen) Voraussetzungen erteilt: Vgl. OLG Stuttgart Rpfleger 1997, 397; OLG Köln Rpfleger 1990, 176; Stöber § 33 Anm. 3.4; Böttcher § 33 Anm. 5; mangels klarer Abgrenzungsmöglichkeit wird damit aber eine erhebliche (und unnötige!) Rechtsunsicherheit in Kauf genommen!

[203] Vgl. dazu Storz, Rpfleger 1990, 176 und Steiner/Storz § 33 Rz. 9–15; Storz/Kiderlen ZV-Praxis B 3.2.1.

[204] Vgl. zur Parallelproblematik bei der Einstellung des bestrangig betriebenen Verfahrens Storz, Rpfleger 1990, 176; Muth S. 280.

[205] Dazu oben B 2.2. Nr. 34.

[206] Dazu oben B 1.4.3.

[207] Vgl. das Beispiel bei B 1.4.3.

Für die Folgen einer gegenständlich beschränkten einstweiligen Einstellung gilt das zu den Folgen einer einstweiligen Einstellung allgemein Gesagte entsprechend; d.h. auch hier muß der Zuschlag insgesamt versagt werden, wenn die (auf einen Zubehörgegenstand oder ein mitversteigertes Grundstück oder „den großen Antrag") beschränkte einstweilige Einstellung erst nach Schluß der Bietstunde, aber noch vor der Verkündung der Entscheidung erfolgt bzw. ein entsprechender Einstellungsgrund in Erscheinung tritt.

Wird das Verfahren des Antragstellers einstweilen eingestellt, aber die Teilungsversteigerung noch von einem anderen Miteigentümer/Teilhaber betrieben (oder von mehreren), dann darf nur versteigert bzw. zugeschlagen werden, wenn die Fristen der §§ 43 Abs. 2, 44 Abs. 2 auch für das (bzw. mindestens: ein) nicht eingestellte(s) Verfahren gewahrt sind.

3.5.3. Fortsetzung des Verfahrens

Ein einstweilen eingestelltes Verfahren kann – im Gegensatz zu einem aufgehobenen – fortgesetzt werden, wozu in aller Regel ein Fortsetzungsantrag erforderlich ist (§ 31). Nur die auf Grund des § 28 oder §§ 769, 771 ZPO eingestellten Verfahren werden von Amts wegen fortgesetzt.

Wie die einstweilige Einstellung bezieht sich auch die Fortsetzung immer nur auf ein konkretes Einzelverfahren, sodaß z.B. bei einer Einstellung gemäß § 77 Abs. 1[208] nur dasjenige Einzelverfahren fortgesetzt wird, für welches dies innerhalb der in § 31 bestimmten Frist beantragt worden ist, während alle anderen Einzelverfahren aufgehoben werden.

Da für die Teilungsversteigerung bei allen Fragen der Verfahrensfortsetzung nichts anderes gilt als für die Forderungszwangsversteigerung[209] sollen hier nur noch einige wenige Stichpunkte angesprochen werden:

Der Fortsetzungsantrag ist formlos möglich, i.d.R. ab Einstellungsbeschluß zulässig[210] und solange zurücknehmbar, bis über ihn entschieden oder das Verfahren in sonstiger Weise wieder in Gang gebracht worden ist; eine spätere Antragsrücknahme wird u.U. als Einstellungsbewilligung des Antragstellers (der Versteigerung) zu behandeln sein.

Die Fortsetzung kann gemäß § 31 nur innerhalb von 6 Monaten beantragt werden, sonst wird das (Einzel-)Verfahren aufgehoben.[211] Vereinfacht kann man sagen, daß die 6-Monats-Frist gemäß § 31 Abs. 2 immer dann beginnt, wenn die sonstigen Voraussetzungen für eine Fortsetzung wieder gegeben sind, nur bei Einstellungen nach §§ 180, 30 und nach §§ 75, 77, 86 beginnt die Frist bereits mit der Einstellung des Verfahrens bzw. mit der Zuschlagsversagung. Einigkeit herrscht darüber, daß die Überschreitung der Frist unheilbar zur Aufhebung des Verfahrens führt.[212]

Gemäß § 31 Abs. 3 wird der Antragsteller über Fristbeginn und Folgen eines fruchtlosen Fristablaufs belehrt; ohne diese Belehrung läuft die Frist nicht.

---

[208] Vgl. das Beispiel (2) oben bei B 3.5.2.
[209] Dazu ausführlich Steiner/Storz § 31 Rz. 1–53; Storz/Kiderlen ZV-Praxis B 3.2.3.
[210] Vgl. LG Traunstein, Rpfleger 1989, 35; Drischler Rpfleger 1967, 361; Storz/Kiderlen ZV-Praxis B 3.2.3; **str. a. A.:** LG Frankfurt Rpfleger 1986, 231.
[211] Vgl. die Beispiele (1) und (2) in B 3.5.2. – vgl. auch Taktischen Hinweis **TH** B 3.5.5.2.
[212] Steiner/Storz § 31 Rz. 20; Stöber § 31 Anm. 4.3; Dassler/Hintzen § 31 Rz. 9.

Für die Fortsetzung ist zwar kein besonderer Beschluß vorgeschrieben, dieser ist aber sinnvoll und üblich. Gegen ihn kann der Antragsgegner mit der Erinnerung bzw. sofortigen Beschwerde vorgehen, u. U. ist auch Vollstreckungsgegenklage gemäß § 767 ZPO gegeben.
Wenn das Verfahren gemäß § 31 Abs. 1 S. 2 wegen Fristablaufs aufgehoben wurde, hat der Antragsteller die gleichen Rechtsmittel. Bei deren Erfolg muß trotzdem die Versteigerung neu angeordnet bzw. der Beitritt zugelassen werden, es sei denn, daß die Wirksamkeit der Aufhebungsbeschlusses von vorneherein ausdrücklich vom Eintritt seiner Rechtswirksamkeit abhängig gemacht worden ist.

3.5.4. Aufhebung

Die Aufhebung des Verfahrens (vgl. dazu die §§ 28, 29, 32–34, 86) bedeutet das Ende dieses konkreten Einzelverfahrens. Wegen des Grundsatzes von der Selbständigkeit der Einzelverfahren werden die anderen evtl. noch betriebenen Verfahren nicht unmittelbar betroffen, und damit i. d. R. auch nicht die Gesamt-Teilungsversteigerung,[213] es sei denn, daß die Teilungsversteigerung überhaupt nur von einem einzigen Antragsteller betrieben worden ist oder daß alle betriebenen Einzelverfahren aufgehoben werden. Es gilt hier das entsprechende wie bei der einstweiligen Einstellung eines Einzelverfahrens.[214] Deshalb wirkt sich die kurz vor, während oder nach der Bietstunde erfolgte Aufhebung eines Einzelverfahrens dann doch auf die Gesamt-Teilungsversteigerung aus, wenn sich das geringste Gebot bisher an dem aufgehobenen Einzelverfahren ausgerichtet hat.[215]
Mit der Aufhebung wird das konkret betroffene Einzelverfahren zwar beendet; der betr Antragsteller kann aber, falls noch andere Antragsteller das Verfahren betreiben, erneut den Beitritt zur Teilungsversteigerung, andernfalls deren Wiederanordnung beantragen.
Das Versteigerungsgericht hebt das (Einzel-)Verfahren auf, wenn
– sich herausstellt, daß wesentliche prozessuale Voraussetzungen fehlen oder weggefallen sind, oder
– aus materiell-rechtlichen Gründen eine Versteigerung auf Dauer ausgeschlossen ist, weil z. B. ein Recht entgegensteht (§ 28),[216] oder
– der Antragsteller seinen Versteigerungsantrag zurückgenommen (§ 29) oder zum dritten Mal die einstweilige Einstellung bewilligt hat (§ 30 Abs. 1 S. 3); im Falle der Antragsrücknahme endet die Beschlagnahme erst mit dem Aufhebungsbeschluß, nicht bereits mit dem Eingang der Rücknahmeerklärung beim Vollstreckungsgericht,[217] oder
– nach einer einstweiligen Einstellung nicht innerhalb der von § 31 vorgegebenen Fristen die Fortsetzung beantragt worden ist, oder

---

[213] Vgl. die Beispiele (1) und (2) bei B 3.5.2.
[214] Ausführlich dazu oben B 3.5.2.
[215] Zur Parallelproblematik der Aufhebung des bestrangig betriebenen (Einzel-)Verfahrens in der Forderungszwangsversteigerung vgl. Storz/Kiderlen ZV-Praxis B 3.3.1.
[216] Zu den der Teilungsversteigerung entgegenstehenden Rechten vgl. oben B 1.7.
[217] Vgl. BGH NJW 2008, 3067; hierzu Hintzen Rpfleger 2009, 68; Stöber § 29 Anm. 2.6; – vorher: mit Eingang der Rücknahmeerklärung: Stöber § 29 Anm. 4.5 (Vorauflage); Steiner/Storz § 29 Rz. 44; Storz/Kiderlen ZV-Praxis B 3.3.1.

– in zwei Versteigerungsterminen keine Gebote abgegeben worden oder sämtliche Gebote erloschen sind (§ 77).

Die Aufhebung erfolgt durch Beschluß, der gemäß § 32 insbes dem Antragsteller und -gegner (u. U. auch einem Dritten) zuzustellen ist, und der mit der Erinnerung/sofortigen Beschwerde angefochten werden kann. Allerdings besteht dafür wohl nur Anlaß, wenn das Gericht eine unklare Äußerung des Antragstellers gegen dessen Willen als Antragsrücknahme behandelt hat.[218] Zweckmäßigerweise sollte jeder Aufhebungsbeschluß ausdrücklich deutlich machen, daß er erst mit seiner Rechtskraft wirksam wird,[219] damit im Falle des Erfolgs eines evtl. Rechtsmittels das Verfahren weitergeführt werden kann und nicht ganz neu angeordnet werden muß.[220]

Die Rücknahme des Versteigerungsantrags ist in § 29 geregelt.[221] Eine besondere Form ist ebensowenig vorgeschrieben wie eine Begründung oder die Mitwirkung eines Dritten.[222] Zulässig ist sie von Beginn des Verfahrens bis unmittelbar vor Verkündung der Entscheidung über den Zuschlag. Da die Rücknahme des Versteigerungs- bzw. Beitrittsantrags schon mit ihrem Eingang bei Gericht wirksam wird, kann sie danach nicht mehr zurückgenommen werden.[223]

Ähnlich wie die einstweilige Einstellung[224] kann auch die Aufhebung gegenständlich beschränkt werden:
– auf einzelne mitversteigerte Zubehör-Gegenstände;
– bei gemäß § 18 verbundenen Verfahren[225] auf einzelne selbständige Grundstücke;
– beim „großen Antragsrecht"[226] auf den „kleinen Teil".[227]

Für die Folgen einer gegenständlich beschränkten oder auch einer nicht beschränkten Aufhebung gilt das zu den Folgen einer einstweiligen Einstellung Gesagte[228] entsprechend. Deshalb muß z. B. der Zuschlag versagt werden, wenn der Aufhebungsgrund erst zwischen Schluß der Bietstunde und Verkündung der Entscheidung über den Zuschlag auftritt. Das gilt auch dann, wenn die Teilungsversteigerung noch von anderen Miteigentümern/Teilhabern betrieben wird und sich das geringste Gebot durch die Aufhebung des Einzelverfahrens nachträglich geändert hat.

Wird das Verfahren noch von anderen Miteigentümern/Teilhabern betrieben, so darf trotzdem nicht versteigert und insbesondere nicht zugeschlagen werden, wenn nicht mindestens für eines dieser (Einzel-)Verfahren die Fristen der §§ 43 Abs. 2, 44 Abs. 2 gewahrt sind.

---

[218] Stöber § 29 Anm. 2.10.
[219] Dassler/Hintzen § 31 Rz. 9; Stöber § 31 Anm. 4.5; Storz/Kiderlen ZV-Praxis B 3.3.1. – vgl. Taktischen Hinweis **TH** B 3.5.5.4.
[220] Dazu Storz/Kiderlen ZV-Praxis B 3.3.3. – **Muster** eines Fortsetzungsantrags und -beschlusses nach einer § 180 II-Einstellung, vgl. unten C 4.2.4./C 4.2.5.
[221] Dazu Storz/Kiderlen ZV-Praxis B 3.3.2.
[222] Vgl. Taktischen Hinweis **TH** B 3.5.5.3.
[223] Storz/Kiderlen ZV-Praxis B 3.3.2.
[224] Vgl. dazu oben B 3.5.2.
[225] Dazu oben B 2.2. Nr. 34.
[226] Dazu oben B 1.4.3. mit Beispiel.
[227] Dazu oben B 3.5.2.
[228] Siehe FN 227.

Durch die Aufhebung seines (Einzel-)Verfahrens wird der Antragsteller nicht etwa zum Antragsgegner;[229] die Frage, ob er Antragsgegner ist oder nicht, richtet sich ausschließlich danach, ob (mindestens) noch ein anderer Miteigentümer/Teilhaber die Teilungsversteigerung betreibt oder nicht.

3.5.5. Taktische Hinweise

TH 3.5.5.1.: Einstweilige Einstellung und Aufhebung gelten nur für ein konkretes Einzelverfahren und können aber auch auf einzelne Zubehörstücke beschränkt werden. Deshalb sollte zur Vermeidung von Mißverständnissen immer genau gesagt werden, worauf sich Einstellung und Aufhebung beziehen sollen.

TH 3.5.5.2.: Die Gefahr, daß die Frist für den Fortsetzungsantrag trotz Belehrung übersehen wird, ist deshalb groß, weil ja der Fortsetzungsantrag nicht zu früh gestellt werden darf. Erst kürzlich hat das LG Traunstein es für unzulässig erklärt, gleichzeitig mit der Einstellungsbewilligung die Fortsetzung „nach Ablauf einer bestimmten Frist" zu beantragen, weil damit die Einstellung sonst unzulässigerweise befristet würde.[230] Deshalb sei empfohlen, die Fortsetzung unmittelbar nach Zugang des Einstellungsbeschlusses zu beantragen und dabei die Frist des § 31 Abs. 2a zu beachten.

TH 3.5.5.3.: Wegen der „großzügigen" Auslegung von Erklärungen des Antragstellers im Sinne einer (u. U. dritten!) Einstellungsbewilligung oder Antragsrücknahme kann nicht oft genug eine sorgfältige Formulierung und Verhaltensweise angemahnt werden. Auch ein guter und enger Kontakt zum Rechtspfleger kann hier manches Mißverständnis vermeiden helfen, und der Antragsteller sollte nicht einfach erwarten, daß sich der Rechtspfleger in Zweifelsfällen bei ihm meldet.

TH 3.5.5.4.: Wegen des Meinungsstreites, ob ein Aufhebungsbeschluß durch ein erfolgreiches Rechtsmittel in der Weise aufgehoben werden kann, daß das (Einzel-)Verfahren einfach fortgeführt werden kann, sollte der Antragsteller u. U. anstatt eines Rechtsmittels gegen den Aufhebungsbeschluß lieber sofort eine Wiederanordnung der Versteigerung bzw. die Wiederzulassung des Beitritts beantragen, weil er so u. U. durchaus Zeit gewinnt. Dieser Weg wird allerdings dann wenig sinnvoll sein, wenn die Aufhebung wegen eines entgegenstehenden Rechts beschlossen worden ist, denn dieses würde ja auch einer Wiederanordnung entgegenstehen.

---

[229] **Anders** Stöber § 180 Anm. 6.10 c; aber wohl nur wegen eines Mißverständnisses.
[230] Vgl. LG Traunstein Rpfleger 1989, 35.

4. Formelle Voraussetzungen

Literatur (Titel zum Teil sinnwahrend gekürzt!): *Baum*, Zwangsversteigerungsvermerk und unerledigte Anträge, Rpfleger 1990, 141; *Baur*, Zwangsvollstreckungs- und konkursrechtliche Fragen zum GlBerG FamRZ 1958, 252; *Berner*, Neuregelung der Zwangsvollstreckung gegen Ehegatten im Zeichen der Gleichberechtigung, Rpfleger 1958, 201; *Böttcher*, Beeinträchtigung der Verfügungsbefugnis, Rpfleger 1983, 49; *Capeller*, Nochmals: Notarielle Unterwertungsklausel bei Ehegatten NJW 1959, 201; *Drischler*, Voreintragung der Erben, MDR 1960, 466; *Hagemann*, Aufgaben des Grundbuchamtes nach Anordnung der Zwangsversteigerung, Rpfleger 1984, 397 und 1985, 341; *Mohrbutter*, Bedeutung des Versteigerungsvermerks im Grundbuch, JurBüro 1956, 153; *Noack*, Vollstreckung gegen Erben, JR 1969, 8; *Schindelmeiser*, Die Zwangsversteigerung von Wohnungseigentum in besonderen Fällen, SchlHA 1983, 51; *Tröster*, Grundbuchliche Behandlung des Ersuchens nach § 19 ZVG bei Vorliegen unerledigter Eintragungsanträge, Rpfleger 1985, 337.

4.1. Versteigerungsantrag (§§ 180, 15)

4.1.1. Übersicht

Versteigerungsantrag (§§ 180, 15)
Antragsberechtigung (§ 181 II)
- Eingetragene Miteigentümer/Teilhaber
- Erben von Eingetragenen
- Sonderfälle (z. B. Testamentsvollstrecker)
- Gläubiger von Miteigentümern/Teilhabern
Kein Vollstreckungstitel nötig (§ 181 I)
Notwendige Nachweise (§ 181 II, III)
- Eintragung und ggf. Erbfolge
- ggf. Ausübungsbefugnis für Rechte eines Miteigentümers oder Erben
- ggf. Genehmigung von Familien-/Betreuungs- oder Nachlaßgericht
- ggf. Zustellungsnachweise

4.1.2. Antrag

Gemäß §§ 180 Abs. 1, 15 wird die Teilungsversteigerung nur auf Antrag angeordnet. Zum Antrag berechtigt sind in erster Linie die eingetragenen Miteigentümer/Teilhaber oder ihre Erben oder Personen, die das Recht des Miteigentümers/Teilhabers oder der Erben auf Aufhebung der Gemeinschaft ausüben (§ 181 Abs. 2). Es gibt aber auch eine Reihe von Sonderfällen, z. B. Pfand- oder Pfändungsgläubiger.[1]

Aus dem (formlosen) Versteigerungsantrag müssen sich ergeben:[2]
- das zu versteigernde Grundstück (oder andere Versteigerungsobjekte)[3] (§ 16) mit seinem Einheitswert;

---

[1] Ausführlich zur Antragsberechtigung oben B 1.4.–B 1.6.
[2] Vgl. Eickmann S. 9. – Siehe auch das **Muster** eines Versteigerungsantrags unten C 3.1.2.
[3] Zu den Versteigerungsobjekten oben B 1.2.

– das aufzuhebende Gemeinschaftsverhältnis und die Art der Beteiligung des
  Antragstellers hieran;[4]
– die Antragsberechtigung des Antragstellers,[5] wenn sie nicht offenkundig ist;
– der/die Antragsgegner mit ladungsfähiger Anschrift mit evtl. gesetzlichen
  Vertretern;
– die Bitte, die Zwangsversteigerung zum Zwecke der Aufhebung der Gemeinschaft anzuordnen.

Ein Vollstreckungstitel ist zwar gemäß § 181 Abs. 1 nicht erforderlich
(vgl. dazu unten B 4.2.), aber u. U. müssen dem Versteigerungsantrag bestimmte Nachweise beigefügt werden (vgl. dazu unten B 4.3.).

4.2. Kein Vollstreckungstitel nötig (§ 181)

Gemäß § 181 Abs. 1 ist ein vollstreckbarer Titel (auf Duldung der Teilungsversteigerung zur Aufhebung der Gemeinschaft) in aller Regel nicht
erforderlich, weil die Zulässigkeit der Teilungsversteigerung zwischen den
Miteigentümern/Teilhabern nur selten streitig ist, so daß das Erfordernis einer Titelbeschaffung auf eine unnötige Förmelei hinauslaufen würde.[6] Umgekehrt fehlt damit auch in der Regel das Rechtsschutzbedürfnis für eine
Klage auf Aufhebung der Gemeinschaft.[7] Das ist nur dann anders, wenn ein
Miteigentümer/Teilhaber trotz Ausschluß der Auseinandersetzung aus wichtigem Grund versteigern will, oder wenn von vorneherein erhebliche Zweifel
am Antragsrecht bestehen.[8]

Der Zweck des Verzichts auf einen Vollstreckungstitel und des Verbots der
Verteilung des Übererlöses auf die Miteigentümer/Teilhaber liegt darin, daß
ein vollstreckungsähnliches Verfahren unter Führung eines Gerichts zur rein
privaten Auseinandersetzung der Gemeinschaft zur Verfügung gestellt wird,
solange überhaupt die Chance auf eine Einigung besteht; erst wenn das
Grundstücksschicksal geklärt und nicht einmal eine Einigung über die Über-
erlösverteilung möglich ist, werden die Miteigentümer/Teilhaber durch Hinterlegung zu einer wirklich prozessualen Auseinandersetzung gezwungen.

Wer als Antragsgegner die Unzulässigkeit der Teilungsversteigerung geltend
machen will, muß sich daher in aller Regel mit einer Drittwiderspruchsklage
(entsprechend § 771 ZPO) wehren.

Ausnahmsweise muß die Zulässigkeit der Aufhebung der Gemeinschaft
dann durch eine rechtskräftige Entscheidung des Prozeßgerichts in vollstreckbarer Ausfertigung (vgl. § 724 ZPO) nachgewiesen werden, wenn das Aufhe-
bungsrecht dauernd oder auf Zeit ausgeschlossen ist und der Anteil des Antragstellers durch eine entsprechende Grundbucheintragung belastet ist
(vgl. § 1010 BGB). Diese von Amts wegen schon im Anordnungsverfahren
zu beachtende Belastung steht der Teilungsversteigerung dann nicht gemäß
§ 28 entgegen,[9] wenn der Antragsteller die Aufhebung der Gemeinschaft

[4] Zu den Gemeinschaftsverhältnissen vgl. oben B 1.2.
[5] Zur Antragsberechtigung vgl. oben B 1.4.–B 1.6.
[6] Ähnlich: Denkschrift zum ZVG (1897) S. 68; Stöber § 181 Anm. 2.1.
[7] LG Münster FamRZ 1960, 117; Steiner/Teufel § 180 Rz. 73.
[8] Drescher § 2 I; Stöber § 181 Anm. 2.2.
[9] Zu den entgegenstehenden Rechten vgl. oben B 1.7.

trotzdem aus wichtigem Grund verlangen kann; genau das aber muß durch das Prozeßgericht rechtskräftig bestätigt werden.

4.3. Notwendige Nachweise

4.3.1. Eintragung des Antragstellers

Gemäß § 181 Abs. 2 S. 1 darf die Teilungsversteigerung nur angeordnet werden, wenn der Antragsteller als Eigentümer im Grundbuch (bzw. im Schiffs-, Schiffsbauregister oder im Register für Pfandrechte an Luftfahrzeugen) eingetragen oder Erbe eines eingetragenen Eigentümers ist, oder wenn er das Recht des Eigentümers oder des Erben auf Aufhebung der Gemeinschaft ausübt (z. B. als Insolvenz- oder Nachlaßverwalter, Testamentsvollstrecker, Pfand- oder Pfändungsgläubiger oder als Liquidator einer Handelsgesellschaft). Die Berechtigung des Antragstellers zur Ausübung des Rechts des Eigentümers oder des Erben muß durch öffentliche Urkunden nachgewiesen werden, wenn sie nicht bei Gericht offenkundig ist. Glaubhaftmachung ist nicht ausreichend.[10]

Die Eintragung[11] des Antragstellers oder des Erblassers als Miteigentümer/Teilhaber ist durch ein Zeugnis des Grundbuchamtes bzw. der sonstigen Registerbehörde gemäß §§ 180, 17 Abs. 2 nachzuweisen, wobei wie in der Forderungszwangsversteigerung eine Bezugnahme auf das Grundbuch genügt, wenn Versteigerungsgericht und Grundbuchamt demselben Amtsgericht angehören (§§ 180, 17 Abs. 2 S. 2).[12]

Ist der Antragsteller bei Anordnung der Teilungsversteigerung im Grundbuch unrichtig eingetragen, danach Grundbuchberichtigung erfolgt und dem Grundbuch außer dem Beteiligtenwechsel auch der Zeitpunkt zu entnehmen, zu dem dieser Wechsel wirksam geworden ist, ist das Verfahren nach § 180 Abs. 2 i. V. m. § 28 Abs. 1 einstweilen einzustellen oder aufzuheben.[13] Anderenfalls kann das fehlende Miteigentümerrecht des Antragstellers als verfahrenshinderndes Recht nur im Wege der Drittwiderspruchsklage geltend gemacht werden.[14]

4.3.2. Eintragung der Antragsgegner

Gemäß §§ 180, 17 Abs. 1 darf die Teilungsversteigerung nur angeordnet werden, wenn alle Miteigentümer/Teilhaber, die Antragsgegner sind (also alle anderen außer dem Antragsteller selbst), als solche im Grundbuch bzw. in den sonstigen Registern eingetragen, oder wenn sie Erben eines eingetragenen Miteigentümers/Teilhabers sind. Das ergibt sich daraus, daß die Antragsgegner einer Teilungsversteigerung wie die Schuldner einer Forderungszwangsversteigerung behandelt werden.[15] Auch hier kann unter den Voraussetzungen des § 17 Abs. 2 S. 2 auf das Grundbuch Bezug genommen werden.[16]

---

[10] Stöber § 181 Anm. 3.3.
[11] Zum Eintragungsgrundsatz vgl. oben A 4.4.
[12] Vgl. dazu Storz/Kiderlen ZV-Praxis B 4.2.
[13] BGH NJW 2008, 215; Stöber § 181 Anm. 3.5.
[14] Siehe FN 13.
[15] Vgl. dazu oben A 4.5.
[16] Siehe FN 12.

4.3.3. Nachweis der Erbfolge

Jede im Grundbuch bzw. in den anderen Registern nicht eingetragene Erbfolge sowohl hinsichtlich des Antragstellers (vgl. § 181 Abs. 3) als auch hinsichtlich der Antragsgegner (vgl. §§ 180, 17 Abs. 3) muß durch (nicht notwendig: öffentliche)[17] Urkunden glaubhaft gemacht werden, wenn sie nicht bei Gericht offenkundig ist.

Derartige Urkunden, die gemäß §§ 180, 16 Abs. 2 bereits dem Versteigerungsantrag (oder Beitrittsantrag) beizufügen sind, sind insbesondere Erbschein, Testament, notarielles Zeugnis, nicht dagegen eine bloße eidesstattliche Versicherung.[18] Der Beweiswert von Privaturkunden wie privatschriftlichen Testamenten wird vom Gericht gemäß §§ 286, 294 ZPO frei gewürdigt.[19]

Der Antragsteller kann sich die nötigen Urkunden ausstellen lassen (entsprechend § 792 ZPO), ohne daß er dazu den sonst erforderlichen Vollstreckungstitel benötigt.[20] Der Miterbe kann u. U. sogar einen Erbschein nach einem anderen Miterben, hinter dem er selbst gar nicht Erbe ist, ausstellen lassen, wenn er dies für die Teilungsversteigerung zum Nachweis der beteiligten Antragsgegner benötigt.[21]

Beispiel nach Stöber:[22] A B C sind Miterben. C ist gestorben. A möchte die Teilungsversteigerung gegen B und die Erben des C betreiben. Dann muß er durch Urkunden nachweisen können, wer die Erben des C sind.

Das Recht, die Ausstellung von Urkunden zu verlangen, kann sich aus § 9 Abs. 2 HGB, § 34 FGG oder aus § 12 Abs. 2 GBO ergeben.[23]

4.3.4. Genehmigung von Familien-/Betreuungs- und Nachlaßgericht

Gemäß § 181 Abs. 2 S. 2 kann die Teilungsversteigerung vom Vormund/Betreuer oder Pfleger (vgl. § 1915 BGB) nur mit Genehmigung des Familien-/Betreuungsgerichts (bis 1. 9. 2009 Vormundschaftsgericht) beantragt werden. Diese wird übrigens nur direkt gegenüber dem Vormund/Betreuer/Pfleger erklärt (entsprechend § 1828 BGB) und deshalb nicht unmittelbar vom Familien-/Betreuungsgericht an das Versteigerungsgericht geschickt.[24] Das Familien-/Betreuungsgericht berücksichtigt bei seiner Genehmigung ausschließlich das Wohl des Mündels[25] und kann evtl. den Zuschlag durch Rücknahme der Genehmigung bis zuletzt verhindern.[26]

---

[17] Schiffhauer ZIP 1982, 529; Eickmann S. 10; Stöber § 181 Anm. 5.2.
[18] Schiffhauer ZIP 1982, 529; Stöber § 181 Anm. 5.2.
[19] Eickmann S. 10; Schiffhauer ZIP 1982, 529.
[20] OLG Hamm MDR 1960, 1018; LG Marburg NJW 1952, 149; Stöber § 181 Anm. 5.3.
[21] Stöber § 181 Anm. 5.3.
[22] Siehe FN 21.
[23] BayObLG Rpfleger 1995, 103; LG Essen Rpfleger 1986, 387; LG Mosburg NJW 1952, 149; Steiner/Teufel § 181 Rz. 6.
[24] Stöber § 181 Anm. 6.1.
[25] BayObLG Rpfleger 1971, 430.
[26] Stöber § 181 Anm. 6.2.

Nachlaßpfleger (vgl. § 1961 BGB) haben zwar die Aufgabe, den Nachlaß zu sichern; das schließt aber eine Teilungsversteigerung nicht unbedingt aus.[27] Für einen Versteigerungsantrag benötigen auch sie die Genehmigung des Nachlaßgerichts (§ 182 Abs. 2 S. 2 i. V. m. § 1962 BGB). Zur Aufgabe eines Nachlaßverwalters (vgl. §§ 1975–1980 BGB) gehört die Teilungsversteigerung schon eher, weil ja z. B. gemäß § 1985 Abs. 1 BGB Nachlaßverbindlichkeiten bezahlt werden müssen; auch er benötigt die Genehmigung des Nachlaßgerichts (§ 181 Abs. 2 S. 2 i. V. m. §§ 1962, 1975, 1909 ff. BGB).[28]

4.3.5. Gesellschaften, Gemeinschaften

Hier gibt es u. U. insofern Besonderheiten, als z. B. bei der BGB-Gesellschaft gemäß § 730 BGB die Auseinandersetzung unter den Gesellschaftern nach Auflösung der Gesellschaft stattfindet. Auch bei einer ehelichen oder fortgesetzten Gütergemeinschaft wird das Gesamtgut erst nach Beendigung der Gemeinschaft auseinandergesetzt.[29] Streitig ist, ob die Auflösung der Gesellschaft bzw. die Beendigung der Gemeinschaft schon für die Anordnung der Teilungsversteigerung[30] oder erst auf Drittwiderspruchsklage des Antragsgegners gemäß § 771 ZPO nachgewiesen werden muß.[31]

Wenn für die Geltendmachung des Auseinandersetzungsrechts eine Kündigungsfrist bestimmt und dies im Grundbuch bzw. im sonstigen Register eingetragen ist, muß die Kündigung bei der Antragstellung (einschließlich der Zustellung durch den Gerichtsvollzieher) nachgewiesen werden, es sei denn, daß die Kündigung bei Gericht offenkundig oder von allen Antragsgegnern zugestanden ist (§ 288 ZPO).

4.3.6. Zustimmungserfordernisse?

Die Antragsberechtigung kann bekanntlich[32] aus verschiedenen Gründen ausgeschlossen, eingeschränkt oder von der Zustimmung Dritter abhängig sein. Aber nur dann, wenn z. B. entgegenstehende Rechte aus dem Grundbuch bzw. dem sonstigen Register ersichtlich sind, werden sie bei der Anordnung der Teilungsversteigerung bzw. bei der Zulassung des Beitritts von Amts wegen berücksichtigt; i. d. R. müssen sie vom Antragsgegner mit der Drittwiderspruchsklage gemäß § 771 ZPO, ausnahmsweise mit der Vollstreckungs-Erinnerung gemäß § 766 ZPO geltend gemacht werden. Der Grundbuch-Ersichtlichkeit steht die Offenkundigkeit bei Gericht gleich. Diese Aussagen gelten auch für die nach heutiger herrschender Ansicht notwendige Einwilligung des Ehegatten gemäß § 1365 BGB.[33]

[27] Vgl. Taktischen Hinweis **TH** B 4.4.1.
[28] Stöber § 181 Anm. 6.6
[29] Zu Gesellschaften, Gemeinschaften vgl. oben B 1.3.
[30] So LG Kaiserslautern Rpfleger 1985, 121; Stöber § 181 Anm. 2.5.
[31] So m. E. zurecht Steiner/Teufel § 181 Rz. 9 unter Berufung auf RG JW 1919, 42; BayObLG Rpfleger 1971, 430; OLG Schleswig Rpfleger 1979, 471; OLG Hamm Rpfleger 1964, 341; OLG Hamburg NJW 1961, 610.
[32] Vgl. dazu oben B 1.4.–B 1.7.
[33] Vgl. dazu oben B 1.4.2.

4.3.7. Zustellungsnachweise

Unter Umständen müssen dem Versteigerungsantrag Zustellungsnachweise beigefügt werden.

Beispiele:
– wenn die Teilungsversteigerung von einem Pfändungsgläubiger beantragt wird,[34] muß die Zustellung des Pfändungsbeschlusses nachgewiesen werden,
– wenn die Auseinandersetzung grundbuchersichtlich erst nach einer Kündigung geltend gemacht werden kann, muß die Zustellung der Kündigung nachgewiesen werden;
– wenn das Recht zur Aufhebung der Gemeinschaft ausnahmsweise durch eine prozeßgerichtliche Entscheidung nachzuweisen ist (vgl. dazu oben Ziffer 4.2.), muß deren Zustellung ebenfalls nachgewiesen werden.

4.4. Taktischer Hinweis

TH 4.4.1.: Der Nachlaßpfleger hat die Aufgabe, den Nachlaß zu sichern, also i. d. R. zu erhalten. Aus verschiedenen Gründen kann zur Aufgabenerfüllung trotzdem eine Verwertung des Nachlaßgegenstandes erforderlich sein. Diese Verwertung kann in Form des freihändigen Verkaufs bei allseitigem Einvernehmen oder auch durch Teilungsversteigerung geschehen. IdR verspricht man sich bessere Ergebnisse bei freihändigem Verkauf. Ausnahmsweise kann aber auch die Teilungsversteigerung Vorteile bieten:
– u. U. können durch Teilungsversteigerung Genehmigungsvorbehalte vermieden werden, die bei freihändigem Verkauf zu beachten sind (z. B. §§ 2, 4 GrdstVG);
– bei besonders deutlicher Nachfrage nach diesem Objekt bringt eine Versteigerung u. U. bessere Erlöse als ein freihändiger Verkauf;
– die Teilungsversteigerung ist u. U. kostengünstiger als ein freihändiger Verkauf, insbesondere wenn einerseits (beiderseitige) Maklergebühren gespart werden und andererseits Grundpfandrechte gemäß § 59 oder § 91 bestehen gelassen werden können.

---

[34] Vgl. dazu oben B 1.6.

5. Geringstes Gebot (§ 182)

Literatur (Titel zum Teil sinnwahrend gekürzt!): *Alff*, Geringstes Gebot und Zuschlagsprobleme in der Teilungsversteigerung bei mehreren Antragstellern, Rpfleger 2004, 673; *Dorn*, Altlasten in der Immobiliarvollstreckung, Rpfleger 1988, 298; *Drischler*, Ausgleichsbetrag nach § 182 Abs. 2, ZIP 1982, 921; *Drischler*, Geringstes Gebot in der Zwangsversteigerung, RpflJB 1960, 347; *Eickmann*, Aktuelle Probleme des Zwangsversteigerungsrechts KTS 1987, 617; *Eickmann*, Rang der Grundstücksrechte, RpflStudH 1982, 74 und 85; *Freund*, Zwangsvollstreckung in Grundstücke, 3. Aufl. 1901; *Haegele*, Tilgungshypothek im geringsten Gebot und im Teilungsplan, RpflStudH 1982, 25; *Kahlke*, Erlöschen des Altenteils, Rpfleger 1990, 233; *Maier*, Aufnahme des Deckungs- und Übernahmeprinzips in das ZVG, Diss Tübingen 1984; *Niederée*, Räumungsprinzip des § 182 Abs. 1, DRpflZ 1984, 94; *Otto und Seyffert*, Blockade der Teilungsversteigerung durch Beitritt? Rpfleger 1979, 1; *Rokitta-Liedmann*, Geringstes Gebot in der Teilungsversteigerung, RpflStud 1995, 63; *Schiffhauer*, Ausgleichsbetrag des § 182 Abs. 2, Rpfleger 1984, 81; *Schiffhauer*, Besonderheiten der Teilungsversteigerung, ZIP 1982, 526 und 660; *Schmid*, Vorkaufsrecht des Miteigentümers bei der Teilungsversteigerung, MDR 1975, 191; *Schmidt*, Grundpfandrechte und geringstes Gebot, 1953; *Stöber*, Vorkaufsrechte in der Zwangsversteigerung, NJW 1988, 3121; *Streuer*, Geringstes Gebot in der Teilungsversteigerung bei mehreren Antragstellern, Rpfleger 2001, 119.

5.1. Aufgabe und Bedeutung

5.1.1. Übersicht

Wichtigste Grundlage der Versteigerung
Bestimmung des geringsten zulässigen Gebots
Festlegung der Identität des Versteigerungsobjekts
insbes. durch Aussage, welche Rechte bestehen bleiben

Bestandteile des geringsten Gebots
Bestehenbleibende Rechte (§ 182 I)
Bar zu zahlender Teil
– Verfahrenskosten, öffentliche Lasten
– Kosten, Zinsen aus bestehenbleibenden Rechten
– Ausgleichsbetrag (§ 182 II)

Änderung des geringsten Gebots
Abweichende Feststellung gemäß § 59
Nachträgliche Änderung
– gemäß § 59 (nicht mehr seit Mitte 1998)
– durch Wegfall des maßgeblichen Antragstellers
Folgen nachträglicher Änderung
– während der Bietstunde: u. U. neue Bietstunde
Gebote erlöschen u. U. gemäß § 72 III
– nach der Bietstunde: Zuschlagsversagung
Gebote erlöschen u. U. gemäß § 72 III

Bestehenbleibende Rechte bei einem Antragsteller (§ 182 I)
alle Einzelrechte auf Anteil des Antragstellers
alle Gesamtrechte, die den Anteil des Antragstellers mitbelasten

alle Rechte auf anderen Anteilen,
die diesen Gesamtrechten vorgehen/gleichstehen

Bestehenbleibende Rechte bei mehreren Antragstellern (§ 182 I)
Totalbelastungs-Theorie
Zustimmungswegfall-Theorie
Korrealbelastungs-Theorie
Niedrigstgebots-Theorie (hat sich durchgesetzt)

Ausgleichsbetrag (§ 182 II)
Zweck und Behandlung
– Sicherstellung eines ausreichenden Mindestgebots für gerechte Behandlung aller Miteigentümer
– daher reiner Rechnungsposten, der keinem konkreten Miteigentümer zugeteilt wird
Ermittlung über 4 Schritte (in komplizierten Fällen):
– geringstes Gebot „nach Grundbuch-Lage"
– „Absolute Anteilsbelastung"
– „Relative Belastung eines Anteils-Bruchteils"
– „Freund'sche Formel"

5.1.2. Folge des Deckungsgrundsatzes

Auch für die Teilungsversteigerung ist ein geringstes Gebot festzustellen (vgl. § 66). Wie in der Forderungszwangsversteigerung hat es zwei wichtige Aufgaben zu erfüllen:
– Feststellung des niedrigsten Betrages, den das Gericht als wirksames Gebot zulassen darf;
– Feststellung der Identität des Versteigerungsobjektes durch Bestimmung der vom Ersteher zu übernehmenden Belastungen.
Diese doppelte Aufgabenstellung wird durch einen Vergleich z. B. mit einer Kunstauktion oder auch mit einer Pfandversteigerung durch den Gerichtsvollzieher deutlich. Dort wird nämlich nur ein Mindestgebot genannt, gewissermaßen als Startschuß für die Versteigerung, der in dem Augenblick unerheblich wird, in dem das Bieten tatsächlich begonnen hat.

Beispiel: Versteigerung eines auf 100 000,– geschätzten Bildes. Der Auktionator bittet um Gebote ab 50 000,– und orientiert sich dabei am Wert des Bildes und an der bekannten oder vermuteten Nachfrage. Wenn trotzdem niemand bietet, ermäßigt er das Mindestgebot z. B. auf 40 000,– oder solange, bis sich ein Interessent meldet. Das konkrete Verfahren richtet sich also ausschließlich danach, welche dem Auktionator den höchsten Endpreis verspricht. Sobald mit dem Bieten tatsächlich begonnen wurde, spielt es keine Rolle mehr, ob mit 30 000,–, 40 000,– oder 50 000,– begonnen worden ist.

Auch bei der Zwangsversteigerung von Grundstücken muß ein Mindestgebot festgelegt werden, damit die Interessenten wissen, ab welchem Betrag das Gericht ein Gebot zulassen darf. Dies ist die erste Aufgabe des geringsten Gebots, die im übrigen angesichts der Grenzen des § 85 a oder des § 74 a oft erheblich an Bedeutung verliert. Im Unterschied zur Kunstauktion hat aber dieses geringste Gebot in der Zwangsversteigerung weder etwas mit dem Grundstückswert noch etwas mit der Nachfrage nach dem Grundstück zu tun. Es richtet sich vielmehr ausschließlich nach anderen Grundsätzen, und zwar in der Forderungszwangsversteigerung nach dem bestrangig betreibenden Gläubiger,[1] und in der Teilungsversteigerung nach dem (maßgeblichen) Antragsteller. Das hat seine Ursache im Deckungsgrundsatz (§ 44) und im Übernahmegrundsatz (§ 52)[2] und hat zur Folge, daß das geringste Gebot zur wichtigsten Grundlage der ganzen Versteigerung wird.[3] Deshalb kann das geringste Gebot ab dem Beginn der Bietstunde bis zur Verkündung des Zuschlags noch geändert werden (obwohl z. B. mit dem Bieten bereits begonnen worden ist), allerdings sind damit u. U. weitreichende Folgen für das Versteigerungsverfahren verbunden.[4]

Beispiel: Zwangsversteigerung eines mit 100000,– bewerteten Grundstücks. Hier kann der Barteil des geringsten Gebots in der Forderungszwangsversteigerung 5000,– oder 20000,– oder 50000,– betragen, je nachdem, welcher Gläubiger die Versteigerung bestrangig betreibt.

In der Teilungsversteigerung kann der Barteil des geringsten Gebots (wegen des Ausgleichsbetrags gem. § 182 Abs. 2) u. U. noch stärker schwanken und der Ersteher muß u. U. 2, 3 oder keine Belastungen übernehmen, je nachdem, wer der (maßgebliche) Antragsteller ist.

Wenn nun während der Bietstunde das geringste Gebot geändert wird, z. B. durch Wegfall des bestrangig betreibenden Gläubigers (in der Forderungszwangsversteigerung) bzw. des maßgeblichen Antragstellers (in der Teilungsversteigerung), dann wird dem bisherigen Verfahren die Grundlage entzogen mit der Folge, daß die Bietstunde neu und vollständig durchgeführt werden muß, falls noch ein anderer Gläubiger bzw. Antragsteller für die Feststellung eines neuen geringsten Gebots in Frage kommt.[5]

Nach dem Deckungsgrundsatz (§ 44) darf ein Grundstück nur versteigert werden, wenn die Verfahrenskosten (vgl. § 109) und alle Rechte gedeckt sind, die dem Auseinandersetzungsanspruch des Antragstellers vorgehen. Der Übernahmegrundsatz (§ 52) besagt, daß der Ersteher die bestehenbleibenden Rechte übernehmen muß. Deshalb besteht auch in der Teilungsversteigerung das geringste Gebot aus den evtl. bestehenbleibenden Rechten und aus dem bar zu bezahlenden Teil (§ 49).

Mit dieser Regelung bemüht sich das Gesetz um eine wirtschaftlich und sozial angemessene Regelung zum verbesserten Schutz des Grundeigentums einerseits und der vorrangigen Grundpfandgläubiger (und damit des Realkredits allgemein) andererseits[6] und löst damit die verschiedenen Interessengegensätze, die es auch in der Teilungsversteigerung gibt. Diese Abkehr vom früher

---

[1] Zur Aufgabe, Bedeutung und Zusammensetzung des geringsten Gebots in der Forderungszwangsversteigerung vgl. ausführlich Storz/Kiderlen ZV-Praxis B 6.
[2] Beide Grundsätze gelten auch in der Teilungsversteigerung: BGH ZIP 1996, 1269 m. w. N. – Dazu oben A 4.3.
[3] Siehe FN 2.
[4] Dazu unten B 5.7.
[5] Siehe FN 4.
[6] Dazu oben A 4.3.

praktizierten Löschungsprinzip und der weitgehende Verzicht auf eine Orientierung des Versteigerungsverfahrens am Grundstückswert macht das geringste Gebot zur wichtigsten Grundlage des Verfahrens, weil es nicht nur ausdrückt, von welchem Betrag an geboten werden darf, sondern weil es die Identität des Versteigerungsobjekts bestimmt, und weil es schließlich in der Forderungszwangsversteigerung der Katalysator für die u. U. gegenläufigen Interessen zwischen den Gläubigern und dem Schuldner, aber auch zwischen den evtl. gegenläufigen Gläubigerinteressen ist;[7] in der Teilungsversteigerung ist es dementsprechend der Katalysator zwischen Antragsteller und Antragsgegner bzw. zwischen den u. U. gegenläufigen Interessen der verschiedenen Antragsteller.

5.1.3. Verhältnis Auseinandersetzungsanspruch zu Belastungen

Der Deckungsgrundsatz des § 44 führt in der Forderungszwangsversteigerung dazu, daß in das geringste Gebot alle Rechte fallen, die dem bestrangig betreibenden Gläubiger vorgehen.[8] In der Teilungsversteigerung übernimmt zwar der Antragsteller die Rolle eines betreibenden Gläubigers (und der Antragsgegner diejenige des Schuldners),[9] aber zwischen dem Auseinandersetzungsanspruch der einzelnen Miteigentümer einerseits und den Befriedigungsrechten der Grundstücksgläubiger andererseits besteht kein Rangverhältnis i. S. d. §§ 10 ff.[10] Deshalb kann für die Feststellung des geringsten Gebots in der Teilungsversteigerung § 44 nicht direkt und alleine angewandt, sondern er muß durch die Sonderregelungen des § 182 ergänzt werden.

Hierbei ist zu beachten, daß die einzelnen Miteigentümer/Teilhaber ihre Anteile „nur unbeschadet der darauf haftenden Rechte" versteigern können, sodaß diese Belastungen ihres eigenen Anteils „als dem Auseinandersetzungsanspruch des Antragstellers vorgehend" zu behandeln sind.[11] Diejenigen Belastungen dagegen, die ausschließlich andere Anteile (also diejenigen der Antragsgegner) belasten, werden nicht geschützt, weil der Auseinandersetzungsanspruch des Antragstellers gleichzeitig mit der Begründung des Miteigentums entstanden ist und daher nicht durch spätere Belastungen eines anderen Miteigentums-Anteils beeinträchtigt werden darf. „Nicht geschützt" bedeutet für diese Rechte, daß sie bei der Feststellung des geringsten Gebots nicht als bestehenbleibend berücksichtigt und daher auch nicht vom Ersteher übernommen werden, sodaß sie mit dem Zuschlag erlöschen und der aus ihr Berechtigte dafür insoweit bar entschädigt wird, als es der auf den belasteten Anteil entfallende Versteigerungserlös zuläßt.

Komplikationen können sich dadurch ergeben, daß jeder Antragsgegner seinerseits der Teilungsversteigerung beitreten kann, wodurch er selbst (auch) zum Antragsteller, und der bisherige Antragsteller (auch) zum Antragsgegner wird.[12] Das kann sich dann auf die Feststellung des geringsten Gebots auswirken, wenn die einzelnen Anteile am Grundstück unterschiedlich belastet sind.

---

[7] Zu diesen Interessengegensätzen vgl. Storz/Kiderlen ZV-Praxis A 1.1.; B 1.2.1. und B 3.2.1. dazu zahlreiche Taktische Hinweise u. a. **TH** B 1.2.2.1., **TH** B 1.2.2.2., **TH** B 1.2.2.3.
[8] Dazu ausführlich Storz/Kiderlen ZV-Praxis B 6.
[9] Dazu oben A 4.5.
[10] Zum Ranggrundsatz oben A 4.2.
[11] Vgl. Denkschrift zum ZVG (1897) S. 68.
[12] Dazu näher oben A 4.5.

Bei einer Gesamthandsgemeinschaft (insbesondere Erben- oder Gütergemeinschaft, BGB- oder Handelsgesellschaft) gibt es in aller Regel keine Anteile an einzelnen Vermögensgegenständen der Gesamthand.[13] Deshalb werden hier alle auf dem Grundstück lastenden Rechte in das geringste Gebot aufgenommen, dh sie bleiben bestehen. Das gilt im übrigen auch für die älteren Rückstände an wiederkehrenden Leistungen der 7. und 8. Rangklasse des § 10,[14] weil dem Auseinandersetzungsanspruch des Antragstellers alle in § 182 genannten Belastungen in vollem Umfang vorgehen. Nur wenn ein Erbteils-Pfändungsgläubiger die Teilungsversteigerung betreibt,[15] bleiben die ihm gegenüber unwirksamen (weil erst nachträglich eingetragen: §§ 829 Abs. 1, 857 ZPO) Belastungen bei der Feststellung des geringsten Gebots unberücksichtigt.[16]

Bei einer Bruchteilsgemeinschaft dagegen ist die unterschiedliche Belastung einzelner Anteile nicht nur rechtlich möglich (vgl. §§ 747, 1114 BGB), sondern auch praktisch relevant, insbesondere in Form von Zwangshypotheken (§§ 867 ff ZPO), wenn der Gläubiger eines Miteigentümers keinen Zugriff auf die anderen Miteigentümer oder deren Anteile hat. „Normale" Grundpfandrechte sind dagegen seltener, weil die isolierte Beleihung/ Belastung einzelner Miteigentumsanteile recht gefährlich/unsicher sein kann.[17]

Maßgebend für die Berücksichtigung im geringsten Gebot ist in der Teilungsversteigerung immer der Grundbuch-Stand im Zeitpunkt der Feststellung des geringsten Gebots im Versteigerungstermin,[18] weil das ZVG hierfür keine frühere Grenze nennt. Deshalb werden auch solche Rechte berücksichtigt, die z. B. erst nach der Beschlagnahme eingetragen worden sind. Allerdings müssen alle erst nach Eintragung des Versteigerungsvermerks eingetragenen Rechte wie in der Forderungszwangsversteigerung gemäß §§ 45 Abs. 1, 37 Nr. 4 rechtzeitig vor der Bietstunde beim Versteigerungsgericht angemeldet und ggf. glaubhaft gemacht werden.

Die Grundregeln des Gesetzes lauten hier also:

1. Der Auseinandersetzungsanspruch jedes Miteigentümers ist sehr wichtig und daher leicht durchsetzbar.

2. Jeder Miteigentümer schränkt seine eigene Auseinandersetzungsmöglichkeit ein, wenn er seinen Anteil belastet (weil die Gläubiger insoweit geschützt werden müssen).

3. Durch diese Belastung darf aber die Auseinandersetzungsmöglichkeit der anderen Miteigentümer nicht erschwert werden (insoweit werden die Gläubiger also nicht geschützt).

---

[13] Ausnahme nur bei Einzelbelastung von Bruchteilen vor Übergang in die Gesamthandsgemeinschaft oder Einzelbelastung vor Vereinigung oder Bestandszuschreibung gem. §§ 890, 1131, BGB; vgl. Stöber § 182 Anm. 2.6.

[14] Schiffhauer ZIP 1982, 661; Stöber § 182 Anm. 2.4.

[15] Dazu oben B 1.6.

[16] BayObLG Rpfleger 1960, 160; Schiffhauer ZIP 1982, 661; Stöber § 182 Anm. 2.12; Steiner/Teufel § 182 Rz. 8.

[17] Ebenso Eickmann S. 58; Schiffhauer ZIP 1982, 661; vgl. daher die Taktischen Hinweise **TH** B 5.8.1.

[18] Schiffhauer ZIP 1982, 661, Stöber § 182 Anm. 2.5.

5.1.4. Sonderfälle

Verschiedene Sonderfälle zum geringsten Gebot sollen hier wenigstens kurz angesprochen werden:
– **Altenteil**, hier sind die besonderen Regeln des § 9 EGZVG und des jeweiligen Landesrechts[19] zu beachten. Es gelten aber keine Besonderheiten gegenüber der Forderungszwangsversteigerung.[20]
– **Auflassungsvormerkung (Eigentumsvormerkung)** Bleibt eine Auflassungsvormerkung bei Erteilung des Zuschlags gemäß §§ 180, 52 bestehen, weil sie gemäß § 182 bei der Feststellung des geringsten Gebots berücksichtigt worden ist, kann der aus ihr Berechtigte von den bisherigen Miteigentümern die Erfüllung seines Übereignungsanspruches und vom Ersteher die Zustimmung verlangen, weil der Zuschlag an den Ersteher eine vormerkungswidrige Verfügung im Sinne des § 883 II BGB wäre. Für die bestehenbleibende Auflassungsvormerkung ist gemäß § 51 ein Zuzahlungsbetrag festzulegen, der in der Regel dem Verkehrswert des belasteten Grundstücks (-Anteils) abzüglich der der Auflassungsvormerkung vorgehenden Belastungen entspricht.[21] Erlischt die Auflassungsvormerkung dagegen mit dem Zuschlag, hat der aus ihr Berechtigte Anspruch auf den Versteigerungserlös, der nach Wegfertigung der vorgehenden Belastungen verbleibt. Streitig ist aber,[22] ob dies uneingeschränkt gilt[23] oder ob dabei der vom Berechtigten zu bezahlende Kaufpreis berücksichtigt werden muß.[24]
– **Bestehenbleibende Rechte**, die bisher nur einen Anteil belastet haben, belasten auch nach dem Zuschlag nur diesen Anteil und nicht etwa das ganze Grundstück, nur weil an die Stelle der bisherigen Bruchteilsgemeinschaft u. U. ein Alleineigentümer getreten ist. Die Gläubiger der Rechte haben keinen Anspruch darauf, daß ihr Haftungsobjekt durch diesen zufälligen Umstand ausgedehnt wird.[25]
– **Nießbrauch**[26] auf dem Anteil des Antragstellers: hier ist streitig, ob er nach der allgemeinen Regel des § 182 Abs. 1 bestehenbleibt,[27] oder ob er erlischt und entsprechend den §§ 92, 121 durch eine Rente am Erlösanteil entschädigt wird,[28] oder ob der Nießbraucher gemäß § 1067 Abs. 1 S. 1 BGB mit der Umwandlung des belastet gewesenen Grundstücksanteils in einen Erlösanteil dessen Eigentümer wird.[29]

---

[19] Landesrecht abgedruckt bei Steiner/Storz (Band 2) S. 2049–2227.
[20] Dazu Steiner/Storz § 59 Rz. 36.
[21] BGH Rpfleger 1967, 9; Dassler/Hintzen § 51 Rz. 45; Steiner/Eickmann § 51 Rz. 24; Stöber § 51 Anm. 4.2; Böttcher §§ 50, 51 Rz. 27.
[22] Offengelassen von BGH Rpfleger 1995, 173; OLG Düsseldorf OLG Rep 2001, 107.
[23] Sog **Surrogationstheorie**: BGH Rpfleger 1987, 426; RGZ 144, 281; Steiner/ Eickmann § 51 Rz. 36; Hintzen A 134; Böttcher §§ 50, 51 Rz. 25; Jursnik MittBayNot 1999, 125; Rosenberg/Schilken § 66 II 2; Staudinger/Gursky § 883 BGB Rz. 191; Wolff/ Hennings Rz. 303.
[24] Sog **Differenztheorie**: KG JuS 1932, 190; Blomeyer DNotZ 1979, 528; Keuk NJW 1968, 478; Wörbelauer DNotZ 1963, 721; Siegmann DNotZ 1995, 209; RGRK-Augustin § 883 BGB Rz. 98; MK-Wache § 883 BGB Rz. 52; S. Schmidt BWNotZ 1992, 35.
[25] Ebenso Eickmann S. 79.
[26] Vgl. auch oben B 1.5.5.
[27] So Steiner/Teufel § 180 Rz. 112.
[28] So früher Dassler/Gerhardt § 181 Anm. V 7 (Vorauflage).
[29] So Jäckel/Güthe § 181 Rz. 9; Stöber § 182 Anm. 2.13.

– **Tilgungshypothek:**[30] Bleibt sie in der Teilungsversteigerung nach den Grundsätzen des § 52 bestehen, erlischt trotzdem derjenige Teil gemäß § 1181 BGB, für den der Gläubiger aus dem Barteil des Gebots Tilgungsanteile erhalten hat.[31]

– **Vorkaufsrechte**[32] wirken sich in der Teilungsversteigerung unterschiedlich aus, je nachdem, ob sie gesetzlicher, dinglicher oder schuldrechtlicher Art sind.

Das gesetzliche Vorkaufsrecht der Kommune nach §§ 24ff. BauGB kann seit dem Änderungsgesetz vom 18. 8. 1976 (BGBl. I S. 2221) in der Forderungszwangsversteigerung und – nach heute wohl herrschender Ansicht[33] – auch in der Teilungsversteigerung nicht mehr durchgesetzt werden, wenn es nicht durch eine Vormerkung ausdrücklich abgesichert wurde, die gemäß § 52 bestehenbleibt. Ist diese dingliche Absicherung nicht erfolgt, kann die Kommune gegen den Ersteher keinerlei Anspruch erheben. Deshalb braucht auch nicht mehr ein Zeugnis eingeholt werden, daß die Gemeinde das Vorkaufsrecht nicht ausübt, bzw. muß der Zuschlag nicht hinausgeschoben werden.

Landesrechtliche Vorkaufsrechte insbesondere zum Denkmalschutz oder zum Naturschutz sind teilweise als zwar nicht eingetragene, wohl aber dingliche Vorkaufsrechte ausgestaltet. Diese sind gemäß § 1098 Abs. 2 BGB wie Vormerkungen zu behandeln, machen also – wenn sie bestehenbleiben – den Erwerb des Erstehers gegenüber dem Berechtigten unwirksam (vgl. § 883 Abs. 2 BGB), sodaß letzterer vom Ersteher die Zustimmung zu der Auflassung an den Berechtigten gemäß § 888 BGB verlangen kann.

Das dingliche Vorkaufsrecht gemäß §§ 1094–1104 BGB wirkt nur dann gegenüber dem Ersteher, wenn es gemäß § 52 bestehenbleibt, und das schuldrechtliche Vorkaufsrecht gemäß §§ 504–514 BGB, wenn es durch eine bestehenbleibende Vormerkung gesichert ist. Andernfalls hat der Berechtigte gegen den Ersteher keine Ansprüche, sondern ist auf Schadensersatzansprüche gegen die ihm verpflichteten Miteigentümer beschränkt.[34]

Für ein in der Zwangsversteigerung erlöschendes Vorkaufsrecht ist in der Regel ein Wertersatz i. H. v. 2% des Verkehrswertes des Grundstückes angemessen.[35]

Beispiel aus der Praxis:

Eine Eigentumswohnung gehört je zur Hälfte den Brüdern A und B; jede Miteigentumshälfte ist zugunsten des jeweils anderen Miteigentümers mit einem Vorkaufsrecht belastet. A allein betreibt die Teilungsversteigerung.

Das bedeutet zunächst, daß das Vorkaufsrecht für B auf der Miteigentumshälfte bestehenbleibt; dagegen erlischt das Vorkaufsrecht des A auf der Miteigentumshälfte des B; A erhält dafür einen Wertersatz gemäß § 92 aus dem Versteigerungserlös für die Hälfte des B (in der Regel 2%

---

[30] Vgl. auch oben B 2.2. Nr. 30.
[31] Dazu Steiner/Teufel § 180 Rz. 86. – Vgl. auch BGH ZIP 1996, 1268.
[32] Vgl. auch oben B 2.2. Nr. 37.
[33] OLG Hamburg Rpfleger 1986, 443; Stöber NJW 1988, 3121; Eickmann S. 81; Stöber § 81 Anm. 10.6.
[34] Stöber NJW 1988, 3121; Eickmann S. 80.
[35] LG Hildesheim Rpfleger 1990, 87.

des Wertes dieser Hälfte). Für das bestehen bleibende Vorkaufsrecht wird gemäß § 51 ein Zuzahlungsbetrag festgesetzt, der meines Erachtens etwa gleich hoch sein sollte wie der Ersatzwert (also auch etwa 2–5% des Wertes der Hälfte). In gleicher Höhe ist ein Ausgleichsbetrag gemäß § 182 II auf der Miteigentumshälfte des B im Barteil des geringsten Gebots zu berücksichtigen.

Das bedeutet andererseits, daß B gegenüber dem Ersteher sein Vorkaufsrecht (für die Miteigentumshälfte des A) ausüben kann mit der Folge, daß der Meistbietende nur die Miteigentumshälfte des B und nicht die ganze Eigentumswohnung ersteigert hätte! Daran dürfte die ganze Teilungsversteigerung scheitern, wenn nicht A diese Situation für einen eigenen Billigerwerb nutzt (ihm gegenüber kann B sein Vorkaufsrecht nicht ausüben, weil er nicht „Dritter" ist)! B täte also gut daran, sich mit A darauf zu einigen, daß auch sein Vorkaufsrecht mit dem Zuschlag erlischt; andernfalls muß er selbst einsteigern.

5.2. Bestandteile allgemein

Auch in der Teilungsversteigerung besteht das geringste Gebot in der Regel aus zwei Teilen: den bestehenbleibenden Rechten (§ 52) und dem bar zu zahlenden Teil (§ 49).

Zu den bestehenbleibenden Rechten sagt § 182 Abs. 1, daß bei der Feststellung des geringsten Gebots zu berücksichtigen sind:
– alle Rechte, die allein den Anteil des Antragstellers belasten;
– alle Rechte, die den Anteil des Antragstellers (neben anderen Anteilen als Gesamtrechte) mitbelasten;
– alle Rechte, die auf einem anderen Anteil einem gemeinsamen Gesamtrecht vorgehen oder gleichstehen.

Welche Rechte das im einzelnen sind, wird in den folgenden Abschnitten B 5.3. und B 5.4. ausführlich dargestellt. Betroffen sind sowohl Rechte aus Abt. II als auch aus Abt. III des Grundbuchs, also neben Grundpfandrechten z.B. auch Vormerkungen, nicht aber Pfandvermerke an Eigentumsanteilen.[36]

Zum bar zu zahlenden Teil des geringsten Gebots enthält § 182 Abs. 2 eine Sonderregelung durch die Einbeziehung eines Ausgleichsbetrages. Durch diese Ausgleichsregelung soll sichergestellt werden, daß auch bei ungleicher Belastung der einzelnen Miteigentumsanteile auf jeden Anteil ein seinem Wert entsprechender Teil des Versteigerungserlöses entfallen kann.[37] Der Ausgleichsbetrag des § 182 Abs. 2 ist im Abschnitt B 5.5. ausführlich behandelt:[38]

Der Barteil des geringsten Gebots setzt sich in der Teilungsversteigerung damit i.d.R. wie folgt zusammen:
– Verfahrenskosten, die gemäß § 109 dem Versteigerungserlös vorweg zu entnehmen sind;

[36] Stöber § 182 Anm. 2.6.
[37] Vgl. Denkschrift zum ZVG (1897) S. 69.
[38] Zum Ranggrundsatz vgl. oben A 4.2. – Zur Anmeldung vgl. unten C 6.2.1.

- die in § 10 Nr. 2 und 3 genannten Ansprüche (§ 10 Nr. 1 ist in der Teilungsversteigerung nicht relevant) wegen evtl. Hausgeldrückstände und öffentlicher Lasten, wenn und soweit sie gemäß §§ 45 Abs. 1, 37 Nr. 4 rechtzeitig angemeldet worden sind;
- die rechtzeitig angemeldeten Kosten zu den bestehenbleibenden Rechten, die gemäß § 10 Abs. 2 im Rang des Hauptrechts geltend gemacht werden können;
- die wiederkehrenden Leistungen und anderen Nebenleistungen, die gemäß § 10 Abs. 1 Nr. 4, 7 und 8 von den Gläubigern der bestehenbleibenden Rechte angemeldet werden können;
- der Ausgleichsbetrag, der gemäß § 182 Abs. 2 u. U. bei ungleicher Belastung einzelner Anteile in den Barteil des geringsten Gebots aufzunehmen ist.

5.3. Bestehenbleibende Rechte, ein Antragsteller (§ 182 I)

Ähnlich wie sich das geringste Gebot in der Forderungszwangsversteigerung an dem betreibenden Gläubiger orientiert, orientiert es sich in der Teilungsversteigerung am Antragsteller. Deshalb gilt auch hier, daß während einer einstweiligen Einstellung kein geringstes Gebot festgestellt bzw. nicht an einem einstweilen eingestellten (sondern an einem anderen nicht eingestellten) Verfahren orientiert werden kann.[39]

Gemäß § 182 Abs. 1 sind bei der Feststellung des geringsten Gebots die den Anteil des Antragstellers belastenden (1) oder mitbelastenden (2) Rechte am Grundstück sowie alle Rechte zu berücksichtigen, die einem dieser Rechte im Rang vorgehen oder gleichstehen (3). Gesamtrechte sind dabei jeweils mit ihrem vollen Betrag anzusetzen.

Beispiel:[40]

Recht	Anteil A	Anteil B	Anteil C
III/1	10 000	–	–
III/2	20 000		–
III/3	–	50 000	–
III/4	–	–	40 000
III/5	–	5 000	

Die Kästchen kennzeichnen Gesamtrechte; Die Reihenfolge III/1–III/5 entspricht der Rangfolge. Auf die Darstellung von Zinsen wird verzichtet. (Klammerzahlen 1–3 bezeichnen die jeweilige Alternative in § 182 Abs. 1):

wenn A betreibt, bleiben folgende Rechte bestehen:

III/1 als (allein) belastendes Recht (1)
III/2 als mitbelastendes (Gesamt-)Recht (2)
      die übrigen Rechte erlöschen.

wenn B betreibt, bleiben folgende Rechte bestehen:

III/1 als dem Gesamtrecht vorgehend (3)

---

[39] Ebenso Stöber § 182 Anm. 3.1.
[40] Ähnliche Beispiele bei Eickmann S. 57; Schiffhauer ZIP 1982, 662; Stöber § 182 Anm. 2.9 und 2.10; Steiner/Teufel § 182 Rz. 11.

III/2   als mitbelastendes (Gesamt-)Recht (2)
III/3   als (allein) belastendes Recht (1)
III/4   als dem Gesamtrecht vorgehend (3)
III/5   als mitbelastendes (Gesamt-)Recht (2)
wenn C betreibt, bleiben folgende Rechte bestehen:
III/1–3   als dem Gesamtrecht vorgehend (3)
III/4   als (allein) belastendes Recht (1)
III/5   als mitbelastendes (Gesamt-)Recht (2).

Das Beispiel zeigt, daß das geringste Gebot unterschiedlich ausfallen kann je nachdem, wer die Teilungsversteigerung betreibt. Dagegen kommt es auf den Grundstückswert oder gar die Nachfrage nach dem Grundstück in keiner Weise an. Neben den bestehenbleibenden Rechten ist auch der Barteil des geringsten Gebots zu beachten, der seinerseits sehr unterschiedlich ausfallen kann, je nachdem, aus wievielen bestehenbleibenden Rechten wie viele Kosten und wiederkehrende Leistungen zu berücksichtigen sind, und welcher Ausgleichsbetrag gemäß § 182 Abs. 2 hinzu gerechnet werden muß. Der wirtschaftliche Gesamtwert des geringsten Gebots kann auch ohne Ausgleichsbetrag in unserem Beispiel gut zwischen 50 000,– und 140 000,– liegen.

5.4. Bestehenbleibende Rechte, mehrere Antragsteller (§ 182 I)

5.4.1. Problemstellung

Wenn mehrere Miteigentümer/Teilhaber die Teilungsversteigerung betreiben, deren Anteile überhaupt nicht oder ausschließlich mit gemeinsamen (dh alle ihre Anteile erfassenden) Gesamtrechten belastet sind, entsteht kein besonderes Problem, weil gemäß § 182 Abs. 1 unstreitig diese gemeinsamen Gesamtrechte im geringsten Gebot zu berücksichtigen sind.
Schwierigkeiten entstehen aber, wenn mehrere Miteigentümer/Teilhaber die Teilungsversteigerung betreiben, deren Anteile ungleich belastet sind. Sie alle sind Antragsteller, sodaß bei wörtlicher Anwendung des § 182 Abs. 1 jeder von ihnen der Feststellung des geringsten Gebots zugrundegelegt werden müßte, jedenfalls dann, wenn im Zeitpunkt der Versteigerung
– keines dieser Verfahren gerade einstweilen eingestellt[41] und
– für jedes von ihnen die Frist des § 44 Abs. 2 gewahrt ist.[42]
Von der Möglichkeit des § 59, das geringste Gebot abweichend von der gesetzlichen Regelung festzustellen, soll zunächst abgesehen werden.[43]
Das hätte zur Folge, daß bei hoher Belastung der Anteile oder auch nur eines einzigen Anteils ein so hohes geringstes Gebot festgestellt werden müßte (incl Ausgleichsbetrag gemäß § 182 Abs. 2!), daß die Teilungsversteigerung von vornehrein zum Scheitern verurteilt wäre. Das würde aber bedeuten, daß der Auseinandersetzungsanspruch der Miteigentümer keine Wirkung hätte. Noch schlimmer ist der Gedanke (und die immer wieder geübte Praxis!), daß ein Miteigentümer jede Teilungsversteigerung ganz einfach und

---

[41] Ebenso Stöber § 182 Anm. 3.1.
[42] Ebenso Schiffhauer ZIP 1982, 663; Stöber § 182 Anm. 3.1; Steiner/Teufel § 182 Rz. 12.
[43] Dazu unten B 5.7.

einseitig dadurch verhindern könnte, daß er seinen Anteil überhoch belastet und dann die Teilungsversteigerung betreibt bzw. einem bereits angeordneten Verfahren beitritt, um als Antragsteller die Berücksichtigung der Belastung seines Anteils im geringsten Gebot und zusätzlich einen hohen Ausgleichsbetrag gem. § 182 Abs. 2 zu erzwingen.[44]

Beispiel: A B sind je zu ¹/₂ Miteigentümer eines Grundstücks im Wert von 100000,–, belastet mit einer Gesamtgrundschuld von 50000,–. A betreibt die Teilungsversteigerung; das geringste Gebot beträgt zunächst 50000,– (zuzüglich Verfahrenskosten, öffentliche Lasten, aber ohne Ausgleichsbetrag).

B will die Teilungsversteigerung verhindern, belastet seinen Anteil daher (jetzt erst!?) mit einer Grundschuld über 200000,–, tritt der Teilungsversteigerung bei und meldet die Grundschuld gemäß §§ 45 Abs. 1, 37 Nr. 4 an.

Der wirtschaftliche Wert des geringsten Gebots würde dann (zuzüglich Verfahrenskosten und öffentliche Lasten) einschließlich Ausgleichsbetrag gemäß § 182 Abs. 2 bereits 450000,– betragen.

Zu diesem Preis würde bei einem Grundstückswert von 100000,– niemand bieten, sodaß die Teilungsversteigerung blockiert wäre.

Die Frage, wie das geringste Gebot festzustellen ist, wenn die Teilungsversteigerung von mehreren Miteigentümern aus unterschiedlich belasteten Anteilen betrieben wird, ist seit jeher sehr streitig. Die Bemühungen um eine angemessene Lösung sind aber in den letzten Jahren deutlich verstärkt worden, um den immer häufigeren Mißbrauch des § 182 zum Zwecke der Blockade der Teilungsversteigerung zu bekämpfen.[45]

5.4.2. Verschiedene Theorien

Zur Lösung des Problems wurden im wesentlichen 4 Theorien vertreten,[46] wobei innerhalb der einzelnen Theorien Schattierungen vorkommen auf die hier nicht eingegangen werden kann. Die Niedrigstgebotstheorie hat sich allerdings seit den 90er Jahren durchgesetzt. Die 4 Theorien sollen erläutert werden an folgendem

Beispiel:[47]

Recht	Anteil A	Anteil B	Anteil C
III/1	10000	–	–
III/2	20000		–
III/3	–	50000	–
III/4	–	–	40000
III/5	–	–	150000

Der Kasten kennzeichnet ein Gesamtrecht. Die Reihenfolge III/1–III/5 entspricht der Rangfolge. Auf die Darstellung von Zinsen wird verzichtet.

---

[44] Vgl. Otto und Seyffert Rpfleger 1979, 1; Schiffhauer Rpfleger 1984, 81; Eickmann KTS 1987, 635.
[45] Vgl. Taktische Hinweise **TH** B 5.8.2., **TH** B 5.8.4.–**TH** B 5.8.6.
[46] Daneben noch die „Verdrängungs-Theorie" von Niederée DRpfl Z 1984, 94; offengelassen von LG Düsseldorf Rpfleger 1987, 89.
[47] Nach Eickmann S. 59 ff.; ähnlich Stöber § 182 Anm. 3.

Alle Miteigentümer A B C betreiben die Teilungsversteigerung, C in der Absicht, sie zu blockieren.

5.4.2.1. Die „Totalbelastungs-Theorie"[48]

Sie wendet § 182 auf jeden einzelnen Antragsteller an mit der Folge, daß alle Rechte auf den Anteilen aller Antragsteller im geringsten Gebot berücksichtigt werden. In unserem Beispiel blieben also die Rechte III/1–III/5 bestehen.

Die Frage, ob C die Teilungsversteigerung blockieren kann, ist nach dieser Theorie ausschließlich vor dem Prozeßgericht unter den Gesichtspunkten von Sittenwidrigkeit bzw. venire contra factum proprium gemäß §§ 138, 242, 826 BGB zu klären, wobei die Sittenwidrigkeit umso näher liegt, je später die Grundschuld III/5 eingetragen worden und je weniger eine seriöse Valutierung erkennbar ist.

5.4.2.2. Die „Zustimmungswegfall-Theorie"[49]

Sie stellt das geringste Gebot zunächst auf gleiche Weise auf, gibt dann aber jedem Antragsteller das Recht, einseitig und ohne (die sonst gemäß § 59 erforderliche) Zustimmung der anderen Beteiligten ein Ausgebot so zu verlangen, als wäre nur er selbst Antragsteller.

In unserem Beispiel gäbe es, wenn jeder Antragsteller von diesem Änderungsverlangen Gebrauch machen würde, folgende Ausgebotsformen:
- Bestehenbleiben die Rechte III/1–5
- Bestehenbleiben die Rechte III/1 und 2 (A)
- Bestehenbleiben die Rechte III/1–3 (B)
- Bestehenbleiben die Rechte III/4 und 5 (C).

Durch diese unterschiedlichen Ausgebotsformen soll nach dieser Theorie die Blockierungsabsicht des C verhindert werden.

5.4.2.3. Die „Niedrigstgebots-Theorie"[50]

Sie bestimmt zwar für jeden Antragsteller gemäß § 182 das geringste Gebot, legt dem Verfahren insgesamt aber dasjenige geringste Gebot zugrunde, das am niedrigsten ist.

In unserem Beispiel blieben die Rechte III/1 und III/2 bestehen, d. h. Orientierung am Antragsteller A. A ist daher der „maßgebliche" Antragsteller.

C könnte die Teilungsversteigerung nicht blockieren, weil die (nachträgliche) Belastung seines Anteils keinerlei Auswirkung auf das geringste Gebot hätte, nicht einmal bzgl. Ausgleichsbetrag.

---

[48] Auch „Sonderprozeß-Theorie" genannt; Jäckel/Güthe § 182 Rz. 6; Lupprian § 182 Anm. 4; Wolff § 182 Rz. 3.

[49] LG Düsseldorf EWiR 1987, 203 (Buchmann); LG Heidelberg Rpfleger 1979, 472; Schmidt, Grundpfandrechte S. 63 f; Drischler Rpfleger 1960, 347 und JurBüro 1981, 1761; Otto und Seyffert Rpfleger 1979, 1.

[50] Sie hat sich inzwischen wohl allgemein durchgesetzt: LG Hamburg Rpfleger 2004, 723; LG Frankfurt Rpfleger 2000, 173; LG Braunschweig Rpfleger 1998, 256; LG Bonn AgrarR 1988, 121; Reinhard Recht 1901, 626; Schiffhauer ZIP 1982, 663 und Rpfleger 1984, 81; Stöber § 182 Anm. 3.6; Böttcher § 182 Rz. 17; Hamme Rz. 35–41; Ebeling Rpfleger 1991, 349; Hintzen D 126; Eickmann KTS 1987, 635; Dassler/Hintzen § 182 Rz. 20.

5.4.2.4. Die „Korrealbelastungs-Theorie"[51]

Sie berücksichtigt im geringsten Gebot nur Gesamtrechte, die die Anteile aller Antragsteller belasten, sowie die diesen Gesamtrechten im Rang vorgehenden oder gleichstehenden Rechte. Rechte, die auch nur einem der Antragsteller gegenüber nicht im geringsten Gebot erscheinen, dürfen also bei der Feststellung des geringsten Gebots nicht berücksichtigt werden.

In unserem Beispiel käme das Grundstück lastenfrei zur Versteigerung, weil kein Gesamtrecht alle Anteile A B C belastet.

5.4.3. Eigene Ansicht

Die Niedrigstgebots-Theorie hat sich in neuerer Zeit immer mehr durchgesetzt, und zwar m. E. mit Recht. Auch sie hat zwar dogmatische Schwächen, die m. E. nicht einfach mit dem Hinweis auf die beste Antwort auf Mißbrauchsmöglichkeiten abgetan werden können. Aber die Schwächen der anderen Theorien wiegen mE noch schwerer:

Die Zustimmungswegfall-Theorie muß sich entgegenhalten lassen, daß der Verzicht auf die nach § 59 eindeutig erforderliche Zustimmung durch nichts zu begründen ist,[52] außer mit dem Mißbrauchsverhinderungs-Argument. Aber erstens ist es nicht Sache des Versteigerungsgerichts, sondern des Prozeßgerichts, derartige Fragen des materiellen Rechts zu klären,[53] und zweitens wäre damit in unserem Beispiel nicht geholfen, wenn C seinen Anteil mit dem Recht III/4 normal, aber mit dem Recht III/5 mißbräuchlich belastet hätte.

Die Totalbelastungs-Theorie scheint zwar dem Wortlaut des § 182 Abs. 1 am ehesten zu entsprechen. Aber sie verkehrt den (auch in der Teilungsversteigerung im Rahmen des § 182 geltenden) Grundsatz des § 44 in sein Gegenteil: Während sich nämlich in der Forderungszwangsversteigerung das geringste Gebot nach dem bestrangig betreibenden Gläubiger richtet, sodaß jeder Beitritt das geringste Gebot entweder unberücksichtigt läßt oder sogar verringert (sodaß die Versteigerung erleichtert wird), würde bei der Teilungsversteigerung das geringste Gebot durch einen Beitritt u. U. unberührt bleiben, in der Regel aber erhöht werden, mit der Folge einer Gefährdung des Versteigerungserfolges.[54] Hinzu kommt, daß der Auseinandersetzungsanspruch der Miteigentümer nicht durch die Belastung eines anderen Anteils beeinträchtigt werden darf,[55] und damit erst recht nicht dadurch, daß ein anderer Miteigentümer der Teilungsversteigerung beitritt,[56] wobei ein absichtlicher Mißbrauch des § 182 ja garnicht immer im Spiel sein muß!

Die Korrealbelastungs-Theorie muß sich entgegenhalten lassen, daß sie m. E. „über das Ziel hinausschießt", indem sie zum Erlöschen aller Rechte führt, wenn kein alle Anteile der Antragsteller gemeinsam belastendes Ge-

---

[51] OLG Kassel JW 1933, 688; Steiner/Teufel § 182 Rz. 13, ähnlich die Räumungstheorie, Niederée DRpflZ 1984, 93; Streuer Rpfleger 2001, 119.
[52] Ebenso Eickmann S. 62.
[53] Ebenso OLG Schleswig Rpfleger 1979, 471; Schiffhauer ZIP 1982, 663; **abweichend offenbar** LG Heidelberg Rpfleger 1979, 472.
[54] Ähnlich Eickmann S. 62; Schiffhauer ZIP 1982, 663; Stöber § 182 Anm. 3.6.
[55] So schon Denkschrift zum ZVG (1897) S. 68.
[56] Ebenso Stöber § 182 Anm. 3.6.

samtrecht eingetragen ist. Damit wird – wie unser Beispiel zeigt – m.E. nicht nur eindeutig gegen § 182 verstoßen, sondern die Grundstücksgläubiger werden auch über Gebühr und ohne Not (in diesem Umfang) beeinträchtigt. Schließlich gibt es auch keine ausreichende sachliche Begründung dafür, daß – z.B. in unserem Beispiel – nur deshalb das Grundstück lastenfrei zur Teilungsversteigerung kommen soll, weil alle Miteigentümer die Versteigerung betreiben!

Die Niedrigstgebots-Theorie muß sich m.E. zwar entgegenhalten lassen, daß sich Abgrenzungs- bzw. Bewertungsschwierigkeiten nicht vermeiden lassen[57] (siehe dazu unten B 5.4.4.). Aber die Vorteile dieser Theorie überwiegen bei weitem, vor allem auch insofern, als sie entsprechend einem allgemeinen Bestreben des Gesetzgebers[58] denjenigen Miteigentümer begünstigt, der seinen Anteil am geringsten belastet hat:

– dieser bewirkt die „niedrigste Versteigerungsschwelle", und
– dieser erhält die Entscheidungsmacht über den Zuschlag als „maßgeblicher Antragsteller".[59]

Die Parallele zur Position des bestrangig betreibenden Gläubigers in der Vollstreckungsversteigerung ist offenkundig. Mehr noch: Hier zeigt sich die Strukturschwäche der gesetzlichen Regelung (§ 182 I) in den Fällen, in denen die Teilungsversteigerung von mehreren Miteigentümern betrieben wird.

Beispiel:	A	B
		50 000

Verkehrswert 300 000,–. A und B betreiben. Nach dem Gesetz (§ 182 I und II) bleibt das Recht bestehen, und es ist ein Ausgleichsbetrag i.H.v. 50 000,– zu bilden. Wenn A einstellt, berührt dies das geringste Gebot nicht; wenn dagegen B einstellt, erlischt das Recht und der Ausgleichsbetrag entfällt; also ist B (der seinen Anteil belastet hat!) der maßgebliche Antragsteller!
Nach der Niedrigstgebotstheorie erlischt das Recht, wenn A und B betreiben. Stellt B ein, berührt dies das gesamte Gebot nicht; dagegen ändert es sich deutlich, wenn A einstellt: dann bleibt das Recht bestehen, und es ist ein Ausgleichsbetrag zu bilden; also ist A (der seinen Anteil nicht belastet hat) der maßgebliche Antragsteller! Ganz ähnlich wie der bestrangig betreibende Gläubiger in der Vollstreckungsversteigerung.

Das Ergebnis der Niedrigstgebots-Theorie ist auch für die Realgläubiger vertretbar, weil sie eben einfach zur Kenntnis nehmen und sich rechtzeitig bei der Kreditvergabe darauf einstellen müssen, daß die isolierte Absicherung auf einem Miteigentums-Anteil in der Teilungsversteigerung gefährlich ist.[60] Auch in der Forderungszwangsversteigerung muß der Berechtigte selbst eines erstrangigen Grundpfandrechts mit dem Erlöschen seines Rechtes rechnen, wenn

---

57 So Steiner/Teufel § 182 Rz. 16.
58 Dazu ausführlich oben A 1.2.
59 So eindeutig auch LG Braunschweig Rpfleger 1998, 256.
60 Vgl. deshalb Taktischen Hinweis **TH** B 5.8.1.

aus einer öffentlichen Grundstückslast betrieben wird; in beiden Fällen verbleibt dem Berechtigten ja der Anspruch auf einen entsprechenden Erlösanteil, wenn Grundstücksanteil und Belastung werthaltig sind.

Trotzdem bleibt ein schwerwiegender Makel: Die Niedrigstgebotstheorie verstößt nämlich eindeutig gegen die gesetzliche Regelung des § 182 I und leitet ihre wichtigste Legitimation daraus ab, daß die gesetzliche Regelung zu leicht mißbraucht werden kann, ohne daß der Mißbrauch (in den meisten Fällen) nachweisbar wäre. Deshalb führt jeder Fall zu einer schwerwiegenden Rechtsunsicherheit, wenn eindeutig kein Mißbrauch vorliegt.

> In dem obengenannten **Beispiel** ist B der maßgebliche Antragsteller, wenn sich das Gericht an § 182 orientiert; bzw. A, wenn es der Niedrigstgebotstheorie folgt. Wie ist zu entscheiden, wenn A oder B nach Schluß der Bietstunde die einstweilige Einstellung bewilligt?

Hier ist der Gesetzgeber gefordert, der diese Rechtsunsicherheit leicht durch etwa folgenden Satz 2 in § 182 I beseitigen könnte:

> „Wird die Versteigerung von mehreren Miteigentümern betrieben, richtet sich das geringste Gebot nach demjenigen von ihnen, für den es am niedrigsten wäre, wenn er alleine betreiben würde."

Leider hat der Gesetzgeber bei seinen ZVG-Änderungen im Jahre 1998 und 2007 den § 182 unverändert gelassen und damit die Rechtsunsicherheit aufrechterhalten!

Der Niedrigstgebots-Theorie ist also mE der Vorzug zu geben, weil sie einen vertretbaren Kompromiß zwischen den Miteigentümer- und Gläubigerinteressen bietet, bei ausschließlicher Einzelbelastung der Anteile wenigstens einen Teil der Gläubiger schützt und trotzdem den Erfolg einer Teilungsversteigerung nicht davon abhängig macht, ob ein Miteigentümer seinen Anteil hoch belastet und der Teilungsversteigerung beitritt, bzw. ob ein Miteigentümer bei der Feststellung eines angemessenen geringsten Gebots i. S. d. § 59 mitwirkt oder nicht.

Für alle Theorien ist es völlig unerheblich, wer von den Miteigentümern die Teilungsversteigerung als solche, und wer (nur) die Zulassung des Beitritts beantragt hatte.

Wenn also mehrere Miteigentümer die Teilungsversteigerung (auf Grund Anordnung und Beitritt) betreiben, richtet sich das geringste Gebot als wichtigste Grundlage der Versteigerung nach demjenigen Miteigentümer, für den das geringste Gebot am niedrigsten wäre, wenn er allein betreiben würde (weil es seinen Anteil am geringsten belastet hat). Damit wird dieser Miteigentümer zum **„maßgeblichen Antragsteller"**, weil er alleine und alleine er durch eine Einstellungsbewilligung gemäß §§ 180, 30 (oder auch durch eine Antragsrücknahme gemäß §§ 180, 29) das Erlöschen der Gebote gemäß §§ 180, 72 Abs. 3 und damit die Zuschlagsversagung herbeiführen kann.[61] Wenn der maßgebliche Antragsteller dies schon während der Bietstunde erklärt, muß allerdings für die anderen noch betreibenden Miteigentümer die Teilungsversteigerung nach Feststellung des neuen geringsten Gebots mit

---

[61] Ebenso ausdrücklich LG Braunschweig Rpfleger 1998, 256; Stöber § 182 Anm. 3.9.

einer neuen vollständigen Bietstunde fortgesetzt werden.[62] Natürlich darf der maßgebliche Antragsteller diese Sonderstellung nicht rechtsmissbräuchlich nutzen, um die anderen Beteiligten zu schädigen.[63] Wenn dagegen ein nichtmaßgeblicher Antragsteller (irgendwann) die einstweilige Einstellung bewilligt oder seinen Versteigerungs-/Beitritts-Antrag ganz zurücknimmt, hat dies keinerlei Einfluß auf das geringste Gebot und damit auch nicht auf den Fortgang des Verfahrens.

5.4.4. Gleichwertigkeit von Rechten

Wer der Niedrigstgebots-Theorie folgt, muß noch zwei Punkte klären:
- welche Rechte bleiben bei gleichhoher Belastung einzelner Anteile bestehen, und
- wie sind die Rechte bei ungleichen Anteilen zu bewerten?

5.4.4.1: Wenn einzelne Anteile gleichhoch belastet sind, werden alle diese Rechte im geringsten Gebot berücksichtigt und bleiben bestehen.

Beispiel 1:

Recht	Anteil A	Anteil B	Anteil C
II/1		20 000	

Wenn alle Anteile überhaupt oder mindestens die Anteile aller Antragsteller mit einem Gesamtrecht (oder mit mehreren Gesamtrechten) belastet sind, gibt es beim geringsten Gebot kein Problem, weil unstreitig diese Gesamtrechte zu berücksichtigen sind. In unserem Beispiel bleibt also das Gesamtrecht auf den Anteilen A B C bestehen.

Beispiel 2:

Recht	Anteil A	Anteil B	Anteil C
III/1	20 000	–	–
III/2	–	20 000	–
III/3	–	–	20 000

Wenn die Anteile nicht mit einem Gesamtrecht, sondern mit jeweils gleichhohen Einzelrechten belastet sind, würde III/1 bestehenbleiben, wenn A alleine betreibt (bzw. III/2 bei B oder III/3 bei C). Allerdings wären dann Ausgleichsbeträge gemäß § 182 Abs. 2 ins geringste Gebot aufzunehmen.

Wenn alle (oder mehrere) Miteigentümer betreiben, bleiben die gleichhohen Einzelrechte auf ihren Anteilen bestehen (in unserem Beispiel also die Rechte III/1, III/2, III/3, wenn A B C betreiben).

Der Grund für diese Regelung liegt darin, daß jeder Miteigentümer einerseits die Teilungsversteigerung nur unbeschadet der auf seinem Miteigentums-Anteil lastenden Rechte betreiben kann, und andererseits durch die Belastung der anderen Einzelanteile nicht beeinträchtigt werden darf.[64] Die

---

[62] Ausführlich dazu oben B 3.5.2.
[63] LG Braunschweig Rpfleger 1998, 256.
[64] Ebenso Eickmann S. 65.

Berücksichtigung aller dieser Einzelrechte entspricht auch dem Zweck des § 182 Abs. 2, nach dem auf jeden Anteil ein seiner Größe entsprechender Erlösanteil entfallen soll; was sonst durch den bar zu zahlenden Ausgleichsbetrag erreicht wird, geschieht hier durch Bestehenlassen der Einzelrechte. „Gleichhoch" sind Einzelrechte auch dann, wenn sie hinsichtlich der Zinsen oder anderer Nebenleistungen unterschiedlich ausgestattet sind; evtl. Differenzen werden durch den Ausgleichsbetrag gemäß § 182 Abs. 2 ausgeglichen.[65] Schwierigkeiten beim Wertevergleich von/mit Nichtkapitalrechten sind leider nicht zu vermeiden.[66]

5.4.4.2: Wenn die Miteigentums-Anteile unterschiedlich groß sind, kommt es für die Frage der Gleichwertigkeit der Rechte nicht allein auf deren Betrag, sondern auf ihr Verhältnis zur jeweiligen Anteilsgröße an.

Beispiel 1:

Recht	75% Anteil A	25% Anteil B
III/1	30 000	–
III/2	–	30 000

Beide Rechte sind nicht gleichwertig, weil III/1 einen Anteil belastet, der dreimal größer ist als der von III/2 belastete Anteil. Rechnerisch ist also ein 25%-Anteil bei A nur mit 10 000,– belastet. Bestehenbleibt deshalb III/1 auf Anteil A.

Beispiel 2:

Recht	75% Anteil A	25% Anteil B
III/1	30 000	–
III/2	–	10 000

Hier sind beide Rechte III/1 und III/2 im geringsten Gebot zu berücksichtigen, weil beide rechnerisch einen 25%-Anteil mit 10 000,– belasten.[67]

5.5. Der Ausgleichsbetrag (§ 182 II)

5.5.1. Inhalt und Zweck der Ausgleichsregelung

Immer dann, wenn die einzelnen Anteile der Miteigentümer/Teilhaber unterschiedlich belastet sind, muß gemäß § 182 Abs. 2 ein Ausgleichsbetrag ermittelt werden.[68] Dadurch sollen Ungerechtigkeiten vermieden werden, die sich aus einer unterschiedlichen Anteilsbelastung ergeben können. Kein Raum und keine Notwendigkeit für diese Ausgleichsregelung besteht daher beim Fehlen jeglicher Belastung des Grundstücks oder bei gleichhoher Belastung der Anteile. Also wird es bei einer Gesamthandsgemeinschaft in aller Regel überhaupt nicht und bei einer Bruchteilsgemeinschaft nur dann zu einer Ausgleichsregelung gemäß § 182 Abs. 2 kommen, wenn die einzelnen Anteile ungleich belastet sind.

---

[65] Eickmann S. 64; Stöber § 182 Anm. 4.
[66] Stöber § 182 Anm. 3.7; vgl. dazu auch Taktischen Hinweis **TH B 5.8.2**.
[67] Ebenso Eickmann S. 64; Stöber § 182 Anm. 3.8.
[68] Vgl. hierzu BGH Rpfleger 2010, 279.

Gemäß § 182 Abs. 2 erhöht sich das geringste Gebot um den zur Ausgleichung unter den Miteigentümern erforderlichen Betrag, wenn bei einem Miteigentums-Anteil nach der Vorschrift des § 182 Abs. 1 ein größerer Betrag zu berücksichtigen ist als bei einem anderen Anteil.

Mit dieser Regelung sollen Ungerechtigkeiten verhindert werden, die insbesondere dann entstehen können, wenn ein Anteil sehr hoch, ein anderer aber nicht oder nur niedrig belastet wäre, und wenn aus dem hoch belasteten Anteil die Teilungsversteigerung betrieben würde. Hier könnte, wenn das Meistgebot das geringste Gebot nicht wesentlich übersteigt, der Teilhaber des nicht oder geringer belasteten Anteils erheblich benachteiligt werden.[69]

Beispiel 1:[70] A B sind je zur Hälfte Miteigentümer eines Grundstücks im Wert von 160000,–. Die Hälfte des A ist mit 80000,– (+40000,– Zinsen) belastet, diejenige des B mit 10000,– (+5000,– Zinsen). Die Verfahrenskosten und öff. Lasten betragen 10000,–.

Wenn A die Teilungsversteigerung betreibt, bleibt das Recht 80000,– bestehen, und der Barteil des geringsten Gebots beträgt (ohne Ausgleichsbetrag gemäß § 182 Abs. 2) 50000,– (Verfahrenskosten, öff. Lasten, Zinsen).

Werden bar 60000,– geboten, so könnten (ohne § 182 Abs. 2) höchstens 10000,– auf den Anteil B entfallen gegenüber rechnerischen 120000,– auf den Anteil A. (Der Erlösüberschuß von 10000,– steht aber den Miteigentümern zunächst gemeinsam zu!).

Ausgangspunkt für die Ausgleichsregelung des § 182 Abs. 2 ist die Erwägung, daß auf jeden Miteigentums-Anteil auch bei ungleicher Belastung ein seiner Größe entsprechender Erlösanteil entfallen soll.[71]

Um das sicherzustellen, müssen dem geringsten Gebot diejenigen Beträge hinzugerechnet werden, um welche die Belastungen des am höchsten belasteten Anteils die Belastungen eines jeden der übrigen Anteile verhältnismäßig übersteigen.[72] Verglichen werden dabei die bestehenbleibenden Rechte zuzüglich der barzuzahlenden Beträge, wobei Verfahrenskosten und öffentliche Lasten bei jedem Anteil im Verhältnis zu dessen Größe angerechnet und bestehenbleibende Gesamtrechte rechnerisch entsprechend aufgeteilt werden. In unserem Beispiel 1 würde der Ausgleichsbetrag mit 120000,– (ex Hauptsumme und Zinsen) den Barteil des geringsten Gebots auf 170000,– und den wirtschaftlichen Gesamtwert des geringsten Gebots auf 250000,– erhöhen, wenn A die Teilungsversteigerung alleine betreibt.

Durch den Ausgleichsbetrag erhöht sich also gemäß § 182 Abs. 2 der Barteil des geringsten Gebots, und zwar u. U. so sehr, daß der wirtschaftliche Gesamtwert des geringsten Gebots (Barteil plus bestehenbleibende Rechte) deutlich höher ist als der Grundstückswert (in unserem Beispiel 1 also 250000,– gegenüber 160000,–). Der Erfolg der Teilungsversteigerung kann dadurch zwar gefährdet werden; aber das ist nur recht und billig, weil nur die vom Teilhaber des hoch belastenden Anteils alleine betriebene Teilungsversteigerung in diese Schwierigkeiten gerät! Der Teilhaber des anderen (nicht

---

[69] Siehe auch Beispiel 1 unten bei B 5.5.2.
[70] Ähnliche Beispiele bei Eickmann S. 65; Schiffhauer ZIP 1982, 662.
[71] Vgl. Denkschrift zum ZVG (1987) S. 68.
[72] Vgl. Motive zu § 182 Abs. 2.

oder gering belasteten) Anteils hat diese Probleme nicht, weil er die Durchsetzung seines Auseinandersetzungsanspruchs nicht durch zu hohe Belastungen seines Anteils gefährdet hat.

Beispiel 2:[73]   Wenn im Beispiel 1 nicht A, sondern B die Teilungsversteigerung betreibt, bleibt das Recht 10 000,– bestehen, und der Barteil des geringsten Gebots beträgt ohne § 182 Abs. 2 nur 15 000,– (Verfahrenskosten, öffentliche Lasten, Zinsen), mit Ausgleichsbetrag insgesamt 30 000,–.
Bei einem Grundstückswert von 160 000,– dürfte es kein Problem sein, Interessenten zu finden, wenn der wirtschaftliche Gesamtwert des geringsten Gebots nur 40 000,– beträgt!

Die Ausgleichsregelung soll nur verhindern, daß wegen zu hoher Einzelbelastung bei zu niedrigem Meistgebot unbillige Ergebnisse entstehen. Deshalb wird durch die Erhöhung des geringsten Gebots über § 182 Abs. 2 entweder ein Zuschlag verhindert oder ein Gebot erzwungen, das eine gerechte Erlösverteilung zuläßt. Wenn also ohnehin (z. B. wegen niedriger Belastung und/oder großer Nachfrage nach dem Grundstück) noch höhere Gebote erzielt werden, hat der Ausgleichsbetrag seine Aufgabe erfüllt. Bei der Erlösverteilung steht der Überschuß über die im „eigentlichen" geringsten Gebot zu berücksichtigenden Rechte (also ohne den Ausgleichsbetrag) ohnehin allen Miteigentümern gemeinsam zu; dieser Erlösüberschuß (von dem der Ausgleichsbetrag ein Teil ist) muß dann von den Miteigentümern intern verteilt werden.[74]

Beispiel 3:   Wenn im Beispiel 1 die Teilungsversteigerung von A betrieben wird, ergibt sich unter Berücksichtigung des Ausgleichsbetrages ein wirtschaftlicher Gesamtwert des geringsten Gebotes von 250 000,–.
Nach Abzug der Verfahrenskosten und öff. Lasten verbleiben für jeden Anteil rechnerisch 120 000,–, die auf der Hälfte des A durch das bestehenbleibende Recht mit Zinsen „verbraucht" sind. Aber für die Hälfte des B stehen jetzt noch 120 000,– zur Verfügung. Diese werden vom Versteigerungsgericht allerdings nicht ihm ausgezahlt, sondern der Gemeinschaft zur internen Auseinandersetzung zur Verfügung gestellt.

5.5.2. Ermittlung des Ausgleichsbetrages

5.5.2.1: Der Ausgleichsbetrag des § 182 Abs. 2 wird ermittelt aus der rechnerischen Differenz zwischen der relativ höchsten Belastung eines Anteils und den relativen Belastungen der anderen Anteile. Dabei ist zu berücksichtigen,
– daß zunächst das geringste Gebot nach dem maßgeblichen Antragsteller ermittelt,[75] und dieses später um den Ausgleichsbetrag erhöht wird;
– daß nur zwischen den in diesem geringsten Gebot berücksichtigten Rechten verglichen wird (insbesondere Verfahrenskosten, öffentliche Lasten, Kosten, Zinsen und Hauptsumme der bestehenbleibenden Rechte), daß also die erlöschenden Rechte außer Betracht bleiben;

---

[73] Siehe auch Beispiel 1 unten bei B 5.5.2.
[74] Ebenso OLG Köln EWiR 1991, 831 (Hintzen), LG Lüneburg ZIP 1981, 914. – Dazu unten B 5.5.3.
[75] Dazu oben B 5.1.–B 5.4.

- daß Verfahrenskosten und öffentliche Lasten bei jedem Anteil nur mit dem Teil berücksichtigt werden, der der Größe des Anteils entspricht;
- daß Gesamtrechte (Kosten, Zinsen und Hauptsumme) bei jedem mitbelasteten Anteil nur mit dem Teil berücksichtigt werden, der der Größe des Anteils entspricht;
- daß die relative Belastung der Anteile verglichen wird, sodaß die Belastungen nach Anteilsgröße umgerechnet werden müssen.

5.5.2.2: Wenn die Anteile am Grundstück gleich groß sind, bereitet die nach § 182 Abs. 2 nötige Ermittlung des Ausgleichsbetrages keine besonderen Schwierigkeiten.

Es muß nur beachtet werden, daß zunächst nach § 182 Abs. 1 ermittelt werden muß, welche Rechte auf den einzelnen Anteilen bestehenbleiben bzw. erlöschen. Sind **danach** alle Anteile gleich hoch belastet, bedarf es keines Ausgleichsbetrages nach § 182 Abs. 2. Dieser wird nur ermittelt, wenn nach dem Schritt § 182 Abs. 1 eine unterschiedliche Belastung zu berücksichtigen ist.

Beispiel 1:

Recht	50% Anteil A	50% Anteil B
Verfahrenskosten, öffentliche Lasten	5 000	5 000
III/1	80 000	–
+ Zinsen	40 000	–
III/2	–	10 000
+ Zinsen	–	5 000

- Wenn A betreibt, wird das Recht III/2 (mit Zinsen) als erlöschendes Recht nicht berücksichtigt. Die rechnerische Differenz zwischen den Belastungen beider Anteile beträgt also 120 000,–. Dies ist auch der Ausgleichsbetrag, um den sich das geringste Gebot erhöht.

Das geringste Gebot sieht dann wie folgt aus:

– bestehenbleibende Rechte	80 000
– Barteil	
Verfahrenskosten, öffentliche Lasten	10 000
Zinsen aus bestehenbleibenden Rechten	40 000
Ausgleichsbetrag	120 000
= wirtschaftlicher Gesamtwert	**250 000**

- Wenn B betreibt, wird das Recht III/1 (mit Zinsen) nicht berücksichtigt. Die rechnerische Differenz zwischen den Belastungen beider Anteile beträgt also 15 000,–. Dies ist auch der Ausgleichsbetrag, um den sich das geringste Gebot erhöht.

Das geringste Gebot sieht dann wie folgt aus:

– bestehenbleibende Rechte	10 000
– Barteil	
Verfahrenskosten, öffentliche Lasten	10 000
Zinsen aus bestehenbleibenden Rechten	5 000
Ausgleichsbetrag	15 000
= wirtschaftlicher Gesamtwert	**40 000**

– Wenn A und B gleichzeitig betreiben, wird das geringste Gebot nach der hier vertretenen Niedrigstgebots-Theorie in unserem Beispiel genauso ermittelt, wie wenn B alleine betreiben würde. Es ist dabei unerheblich, wer von beiden die Teilungsversteigerung als solche, und wer (nur) den Beitritt beantragt hatte. B ist der „maßgebliche" Antragsteller.

Beispiel 2:

Recht	$^1/_3$ Anteil A	$^1/_3$ Anteil B	$^1/_3$ Anteil C
Verfahrenskosten, öffentliche Lasten	5 000	5 000	5 000
III/1	20 000		–
III/2	10 000	–	–

– Wenn A die Teilungsversteigerung betreibt, bleiben die Rechte III/1 und III/2 bestehen. Für die Ermittlung des Ausgleichsbetrages muß das Gesamtrecht III/1 (rechnerisch) aufgeteilt werden (in 2 × 10 000,–). Der Ausgleichsbetrag von 30 000,– setzt sich also aus den Differenzbeträgen A/B i. H. v. 10 000 und A/C iHv 20 000 zusammen.

5.5.2.3: Wenn die Anteile am Grundstück ungleich sind, wird die Ermittlung des Ausgleichsbetrages komplizierter, weil „alle Anteile auf gleiche Höhe gebracht werden müssen".[76] Das bedeutet, daß die Verfahrenskosten, öffentlichen Lasten und bestehenbleibenden Rechte mit ihren Kosten und Zinsen (incl. Rangklassen 7 und 8)[77] zur Größe der betreffenden Anteile ins Verhältnis gesetzt werden müssen, um sie vergleichbar zu machen.

Die Ermittlung des Ausgleichsbetrages bei ungleich hoher Belastung von ungleich großen Anteilen erfolgt in 4 Schritten:
– Schritt 1: das geringste Gebot wird anhand der „Grundbuchlage" dargestellt (z. B. nach der hier vertretenen Niedrigstgebots-Theorie).
– Schritt 2: es wird die „absolute Anteilsbelastung" aufgezeigt, bei der die Verfahrenskosten, öffentlichen Lasten und bestehenbleibenden Gesamtrechte nach der Größe der haftenden Anteile verteilt werden.
– Schritt 3: Durch Teilung mit einem der Anteilsgröße entsprechenden Divisor (auf Basis gemeinsamer Nenner) wird die „relative Belastung" als vergleichbare Größe ermittelt, aus der der Anteil mit der relativ höchsten Belastung abgelesen werden kann.[78]
– Schritt 4: Daraus wird mit der „Freund'schen Formel"[79] der Ausgleichsbetrag errechnet.

Beispiel 3: B betreibt die Teilungsversteigerung; deshalb bleiben im geringsten Gebot die Rechte III/1 bis III/3 bestehen.[80] (Das geringste Gebot würde sich anders darstellen, wenn z. B. A alleine oder wenn nach der hier vertretenen Niedrigstgebotstheorie alle Miteigentümer betreiben würden).

---

[76] Schmidt Grundpfandrechte S. 62; Jäckel/Güthe § 182 Rz. 3.
[77] Schiffhauer ZIP 1982, 661; Stöber § 182 Anm. 4.7.
[78] Um die Anteile rechnerisch vergleichbar zu machen, werden sie in Bruchteilen ausgedrückt und auf einen gemeinsamen Nenner gebracht. Geteilt wird dann bei jedem Anteil durch den betr. Zähler.
[79] Freund S. 226 ff.
[80] Zur Ermittlung des geringsten Gebots vgl. oben B 5.1.–B 5.4. – Vgl. auch die Beispiele 1 und 3 oder bei B 5.5.1.

Schritt 1: Ermittlung der „Grundbuchlage"

Recht	$^1/_{10}$ Anteil A	$^3/_{10}$ Anteil B	$^6/_{10}$ Anteil C
Verfahrenskosten öffentliche Lasten		10 000	
III/1 + Zinsen	10 000 2 000	– –	– –
III/2 + Zinsen		60 000 30 000	
III/3 + Zinsen	– –	20 000 7 000	– –
III/4 + Zinsen	– –	– –	(50 000) (25 000)

Kasten bedeutet Gesamtrecht; Reihenfolge der Rechte III/1–III/3 entsprechend der Rangfolge.

Schritt 2: Aufteilung von Verfahrenskosten und Gesamtrechten („Absolute Anteilsbelastung")

Recht	$^1/_{10}$ Anteil A	$^3/_{10}$ Anteil B	$^6/_{10}$ Anteil C
Verfahrenskosten, öffentliche Lasten	1 000	3 000	6 000
III/1 + Zinsen	10 000 2 000	– –	– –
III/2 + Zinsen	6 000 3 000	18 000 9 000	36 000 18 000
III/3 + Zinsen	– –	20 000 7 000	– –
insgesamt	22 000	57 000	60 000

Schritt 3: „Relative Belastung" eines 1/10-Anteils für jeden Miteigentümer

	Anteil A	Anteil B	Anteil C
absolute Belastung	22 000	57 000	60 000
geteilt	: 1	: 3	: 6
relative Belastung	22 000	19 000	10 000

Zwischenergebnis:
Jeder 1/10-Anteil ist also belastet, und zwar mit 22 000,– bei A, 19 000,– bei B, 10 000,– bei C. Der Anteil des A ist also am höchsten belastet.

Schritt 4: Errechnung des Ausgleichsbetrages nach Freund

Relative Höchstbelastung	22 000
× gemeinsamer Nenner	× 10 = 220 000
– bestehenbleibende Rechte	– 90 000
– Barteil des geringsten Gebots	– 49 000
= Ausgleichsbetrag:	81 000

Noch einfacher ist m. E. folgende Formel:

> Jeweiliger Differenzbetrag zur Höchstbelastung multipliziert
> mit dem jeweiligen Anteilsgewicht

In unserem **Beispiel:**

3 × 3000 (Differenz A – B)	= 9000
6 × 12000 (Differenz A – C)	= 72000
ergibt Ausgleichsbetrag	= 81000

Ohne die „Freund'sche Formel" wäre so vorzugehen:[81]

Die Anteile von B und C wären gleichhoch belastet wie der Anteil von A bei

22000,– × Anteil

Das wären bei B (3 × 22000)	= 66000
Das wären bei C (6 × 22000)	= 132000
Bei B fehlen (66000 – 57000)	= 9000
Bei C fehlen (132000 – 60000)	= 72000
Die fehlenden Beträge sind Ausgleichsbetrag	**81000**

Die vom früheren Amtsrichter in Breslau Freund entwickelte Formel ist also lediglich eine verkürzte Berechnungsmethode und daher unbestritten.[82]

Das geringste Gebot in unserem **Beispiel 3** sieht dann wie folgt aus:

– bestehenbleibende Rechte	90000
– Barteil	
Verfahrenskosten, öffentliche Lasten	10000
Zinsen aus bestehenbleibenden Rechten	39000
Ausgleichsbetrag	81000
= wirtschaftlicher Gesamtwert	**220000**

5.5.2.4: Der Ausgleichsbetrag des § 182 Abs. 2 bewährt sich bei der Niedrigstgebots-Theorie auch gegenüber evtl. Versuchen, die Teilungsversteigerung zu blockieren. Denn die Rechte, die bei der Feststellung des geringsten Gebots nicht berücksichtigt werden, bleiben auch bei der Ermittlung des Ausgleichsbetrages außer Betracht. Der Auseinandersetzungsanspruch der anderen Miteigentümer/Teilhaber kann durch derartige Manipulationen nicht beeinträchtigt werden.

Beispiel 4:   Angenommen, im Beispiel 3 will A die Teilungsversteigerung blockieren, belastet seinen Anteil daher mit weiteren 100000,– (noch ohne Zinsen) und betreibt die Teilungsversteigerung (zunächst allein; z. B. zum Zwecke der „Augenwischerei"). Dann wird das geringste Gebot wie folgt ermittelt:

---

[81] Nach Eickmann S. 69.
[82] Vgl. Freund S. 226 ff; Eickmann S. 69; Schiffhauer ZIP 1982, 662; Dassler/Hintzen § 182 Rz. 13; Jäckel/Güthe § 182 Rz. 3; Stöber § 182 Anm. 4.8.

Schritt 1: Ermittlung der „nach Grundbuch-Lage"

Recht	$^1/_{10}$ Anteil A	$^3/_{10}$ Anteil B	$^6/_{10}$ Anteil C
Verfahrenskosten öffentliche Lasten		10 000	
III/1	10 000	–	–
+ Zinsen	2 000	–	–
III/2		60 000	
+ Zinsen		30 000	
III/3	–	(20 000)	–
+ Zinsen	–	(7 000)	–
III/4	–	–	(50 000)
+ Zinsen	–	–	(25 000)
III/5	100 000	–	–

Kasten bedeutet Gesamtrecht; Reihenfolge der Rechte III/1–III/3 entsprechend der Rangfolge.

Schritt 2 und 3: Ermittlung der „relativen Belastung" (vgl. Beispiel 3)

	$^1/_{10}$ Anteil A	$^3/_{10}$ Anteil B	$^6/_{10}$ Anteil C
Verfahrenskosten öffentliche Lasten	1 000	3 000	6 000
III/1	10 000	–	–
+ Zinsen	2 000	–	–
III/2	6 000	18 000	36 000
+ Zinsen	3 000	9 000	18 000
III/5	100 000	–	–
insgesamt	122 000	30 000	60 000
geteilt	: 1	: 3	: 6
relative Belastung	122 000	10 000	10 000

Schritt 4: Ermittlung des Ausgleichsbetrages (vgl. Beispiel 3)

Relative Höchstbelastung	122 000
× gemeinsamer Nenner	× 10 = 1 220 000
– bestehenbleibende Rechte	– 170 000
– Barteil des geringsten Gebots	– 42 000
= Ausgleichsbetrag:	1 008 000

oder meines Erachtens einfacher:

3 × 112 000 (Differenz A–B)	= 336 000
6 × 112 000 (Differenz A–C)	= 672 000
ergibt Ausgleichsbetrag	= 1 008 000

Das geringste Gebot sieht dann wie folgt aus:

– bestehenbleibende Rechte	170 000
– Barteil	
Verfahrenskosten, öffentliche Lasten	10 000
Zinsen aus bestehenbleibenden Rechten	32 000
Ausgleichsbetrag	1 008 000
= wirtschaftlicher Gesamtwert	**1 220 000**

A erreicht damit also (zunächst) eine wesentliche Erhöhung des geringsten Gebots und könnte damit tatsächlich die Teilungsversteigerung blockieren, allerdings nur, wenn bzw. solange er alleine betreibt. Sobald z. b. B der Teilungsversteigerung beitritt, wird nach der hier vertretenen Niedrigstgebots-Theorie das geringste Gebot nach dem B als maßgeblichem Antragsteller ermittelt,[83] und die nachrangige Grundschuld auf dem Anteil A wird außer Acht gelassen, der wirtschaftliche Gesamtwert des geringsten Gebots beträgt dann nur noch 220 000,–.[84]

5.5.3. Behandlung des Ausgleichsbetrags

Der Ausgleichbetrag des § 182 Abs. 2 hat zwar die Aufgabe, die Teilhaber von geringer belasteten Anteilen vor unbilligen Ergebnissen zu bewahren.[85] Trotzdem wird der Ausgleichsbetrag nicht etwa vom Versteigerungsgericht diesen Teilhabern bei der Erlösverteilung zugesprochen. Durch § 182 Abs. 2 wird also keine Aussage darüber getroffen, wem dieser Ausgleich zusteht,[86] denn in der Teilungsversteigerung wird auch sonst der Übererlös (nach Befriedigung der Grundstücksgläubiger) nicht bestimmten Miteigentümern/ Teilhabern zugeteilt, sondern den bisherigen Miteigentümern/Teilhabern zur internen Auseinandersetzung überlassen. Ebenso müssen diese sich materiellrechtlich über den Ausgleichsbetrag als Bestandteil des Erlösüberschusses auseinandersetzen.[87]

Danach ist der Ausgleichsbetrag für die Teilungsversteigerung selbst lediglich ein Rechnungsposten,[88] der einen für eine gerechte Auseinandersetzung ausreichend hohen Mindesterlös sicherstellen soll und als Teil des Erlösüberschusses für die Miteigentümer/Teilhaber hinterlegt wird,[89] falls sich die Miteigentümer/Teilhaber nicht über die Verteilung einigen.

Das ändert allerdings nichts daran, daß materiell-rechtlich schon klar ist, wem der Ausgleichsbetrag zusteht, wenn keine sonstigen Ansprüche aus dem Gemeinschaftsverhältnis vorhanden sind bzw. geltend gemacht werden. Der Ausgleichsbetrag steht denjenigen Miteigentümern zu, deren Anteile relativ geringer belastet sind als der relativ am höchsten belastete Anteil.[90]

---

[83] Dazu oben B 5.4.

[84] Vgl. deshalb Taktischen Hinweis **TH** B 5.8.6.

[85] Dazu oben B 5.5.1.

[86] LG Lüneburg ZIP 1981, 914; Schiffhauer ZIP 1982, 662 und Rpfleger 1984, 81; Eickmann S. 69 f.; Stöber § 182 Anm. 4.10; Steiner/Teufel § 182 Rz. 19; **anders noch:** Nußbaum S. 280; Drischler ZIP 1982, 921.

[87] OLG Köln EWiR 1991, 831 (Hintzen); LG Lüneburg ZIP 1981, 914. – Ebenso Eickmann S. 70 f., der die Gegenansicht Drischlers anhand eines Beispiels überzeugend widerlegt.

[88] Eickmann S. 70; Stöber § 182 Anm. 4.10; Steiner/Teufel § 182 Rz. 19.

[89] LG Lüneburg ZIP 1981, 914; Schiffhauer Rpfleger 1984, 81.

[90] Vgl. Beispiel oben B 5.5.2.2; ähnliche Beispiele bei Schiffhauer ZIP 1982, 662; Stöber § 182 Anm. 4.9.

Beispiel: Im Beispiel 3 (oben B 5.5.2.2.) war der Anteil des A mit 22000,– pro $1/_{10}$-Anteil relativ am höchsten belastet. Daraus wurde ein Ausgleichsbetrag von 81000,– errechnet.
Dieser Ausgleichsbetrag steht (mit der o.g. materiellrechtlichen Einschränkung) zu 9000,– dem B und zu 72000,– dem C zu.

Berechnung:[91]
Die Anteile B und C wären gleichhoch belastet,
bei 22000,– pro $1/_{10}$-Anteil.

Das wären bei B	$3 \times 22000,– =$	6000,–
und bei C	$6 \times 22000,– =$	132000,–
Bei B fehlen	$(66000,– - 57000,–) =$	9000,–
Bei C fehlen	$(132000,– - 60000,–) =$	72000,–

Deshalb steht ihnen der Ausgleichsbetrag 81000,– zu.

Wenn entgegen § 182 Abs. 2 bei der Feststellung des geringsten Gebots kein Ausgleichsbetrag aufgenommen worden ist, kann die ungleiche Anteilsbelastung auch noch bei der späteren (evtl. gerichtlichen) Auseinandersetzung zwischen den bisherigen Miteigentümern über die Verteilung des Erlösüberschusses geltend gemacht werden.[92]
Ein Verstoß gegen § 182 Abs. 2 ist aber auch ein (heilbarer) Verfahrensfehler i.S.d. § 83 Nr. 1, der bei Beeinträchtigung eines Miteigentümers und bei Nichtheilung i.S.d. § 84 zur Versagung bzw. Aufhebung des Zuschlags führt. Werden aufgrund fehlerhafter Festsetzung des Ausgleichsbetrages keine Gebote abgegeben, so kann die Verfahrenseinstellung (gemäß § 77 Abs. 1) oder -aufhebung (gemäß § 77 Abs. 2) angefochten werden.[93]
Da der Ausgleichsbetrag ein Bestandteil des (nach Befriedigung der im geringsten Gebot zu berücksichtigenden Rechte verbleibenden) Erlösüberschusses ist, teilt er auch dessen Schicksal bei Nichtbezahlung im Verteilungstermin. Auch hier wird also die Forderung gegen den Ersteher gemäß § 118 übertragen und eine Sicherungshypothek gemäß § 128 eingetragen, aus der die Wiederversteigerung gegen den Ersteher betrieben werden kann. Forderung und Sicherungshypothek stehen konsequenterweise der bisherigen Gemeinschaft zu, nicht etwa einzelnen Miteigentümern. Deshalb wird die Sicherungshypothek auf dem ganzen versteigerten Grundstück eingetragen, im Rang nach den bestehenbleibenden Rechten und den für die Gläubigeransprüche (wegen der erlöschenden Rechte) gemäß § 128 einzutragenden Sicherungshypotheken.[94]

5.6. Einzel- oder Gesamtausgebote (§ 63)

Bekanntlich werden in der Forderungszwangsversteigerung einzelne Grundstücksanteile einer Bruchteilsgemeinschaft als rechtlich selbständige Einheiten einzeln ausgeboten, d.h. getrennt versteigert, wenn nicht die an-

[91] Darstellung nach Eickmann S. 69.
[92] BGH Rpfleger 2010, 279; 1984, 109; Stöber § 182 Anm. 4.11; Steiner/Teufel § 182 Rz. 20; Dassler/Hintzen § 182 Rz. 15; vgl. dazu auch Schiffhauer Rpfleger 1984, 81.
[93] Schiffhauer Rpfleger 1984, 81; Steiner/Teufel § 182 Rz. 21.
[94] Stöber § 182 Anm. 4.12.

wesenden Beteiligten gemäß § 63 Abs. 4 (Vorsicht: § 63 ist ab 1.8.1998 komplett geändert worden! BGBl I 1998, 866) auf Einzelausgebote verzichten und ein Gesamtangebot durchgeführt wird. Das ist in der Teilungsversteigerung grundsätzlich anders, weil deren Aufgabe ja gerade darin besteht, die Gemeinschaft am Grundstück auseinanderzusetzen; und zwar generell, nicht nur die bisherige Zusammensetzung der Gemeinschaft.[95] Deshalb handelt es sich bei der Teilungsversteigerung im Gegensatz zur Forderungszwangsversteigerung auch um ein von Anfang an einheitliches Verfahren und nicht um mehrere nach § 18 verbundene Verfahren.[96]

Das schließt natürlich nicht aus, daß von der Bruchteils- oder Gesamthandsgemeinschaft mehrere rechtlich selbständige Grundstücke erfaßt sind. Sollen mehrere dieser Grundstücke zur Teilungsversteigerung kommen, handelt es sich hier wie in der Forderungszwangsversteigerung um mehrere zunächst selbständige Versteigerungsverfahren, die gemäß § 18 verbunden werden (können),[97] aber dann im Versteigerungstermin gemäß § 63 Abs. 1 Einzelausgebote bedingen, wenn nicht mindestens ein Beteiligter gemäß § 63 Abs. 2 ein Gesamtausgebot (Gruppenausgebote) verlangt und alle anwesenden Beteiligten gemäß § 63 Abs. 4 auf Einzelausgebote verzichten.[98]

Beispiel: A B C sind Miteigentümer je zu 1/3 von 4 rechtlich selbständigen, aber wirtschaftlich und räumlich zusammenhängenden Grundstücken.
Diese Grundstücke können jedes für sich teilungsversteigert werden, oder es kann unter den Voraussetzungen des § 18[99] zu einer Verbindung der Verfahren kommen.

Für den Versteigerungstermin müssen dann – wie in der Forderungszwangsversteigerung – sicherheitshalber für alle Einzelgrundstücke getrennte geringste Gebote festgelegt werden, falls nicht schon vorher durch einen besonderen Vortermin gemäß § 62[100] oder durch Absprache mit dem Rechtspfleger geklärt worden ist, daß nur Gesamtausgebote zugelassen werden sollen. Außerdem müssen die anderen Besonderheiten beachtet werden, die sich aus den §§ 63 und 64 ergeben können.[101]

Diese Besonderheiten sind vor allem:
– evtl. verschiedene Ausgebotsformen sollen (trotz § 63 Abs. 3) gleichzeitig durchgeführt und vor allem gleichzeitig abgeschlossen werden;
– die nachträgliche Zulassung bestimmter (zusätzlicher) Ausgebotsformen ist seit der Gesetzesänderung im Jahre 1998 nur noch im Rahmen des § 64 bis zum Ende der Bietstunde grundsätzlich zulässig, erfordert aber (für alle gültigen Ausgebotsformen) eine vollständige neue Bietstunde; sie verzögert und verkompliziert jede Versteigerung und sollte daher tunlichst vermieden werden;

---

[95] Ähnlich Schiffhauer ZIP 1982, 664.
[96] Siehe FN 95.
[97] Zur Verfahrensverbindung vgl. auch unten C 2.2., und ausführlich Storz/Kiderlen ZV-Praxis C 1.3.3.
[98] Zu Einzel-Gruppen-Gesamtausgeboten vgl. ausführlich Storz/Kiderlen ZV-Praxis D 2.6. mit vielen Taktischen Hinweisen in D 2.6.3.
[99] Siehe FN 97.
[100] Zum gerichtlichen Vortermin gemäß § 62 vgl. Storz/Kiderlen ZV-Praxis D 2.1.1.
[101] Vgl. dazu unten Taktische Hinweise **TH** B 5.8.3. und **TH** B 5.8.4.

– ein nachträglicher Verzicht auf einmal zugelassene Ausgebotsformen ist seit der Gesetzesänderung 1998 nicht mehr zulässig;
– die Zuschlagserteilung muß die Besonderheiten der §§ 63 Abs. 3, 64 Abs. 2 beachten;
– der nachträgliche Verzicht auf die Versteigerung eines einzelnen nach § 18 verbundenen Grundstücks (z.B. durch Einstellungsbewilligung oder Antragsrücknahme bezüglich dieses Grundstücks durch alle Miteigentümer) ist zwar bis zur Verkündung des Zuschlags möglich, führt aber u.U. auch zur Zuschlagsversagung bzgl. der restlichen Grundstücke.

5.7. Änderung des geringsten Gebots

Das geringste Gebot ist in Forderungszwangsversteigerung und Teilungsversteigerung gleichermaßen die wichtigste Grundlage der Versteigerung, und zwar insbesondere von Beginn der Bietstunde an bis zur Verkündung des Zuschlags, also weit über die eigentliche Versteigerung in der Bietstunde hinaus.[102] Diese überragende Bedeutung ergibt sich daraus, daß das geringste Gebot in der Grundstückszwangsversteigerung nicht nur den niedrigsten Betrag für zulässige Gebote angibt (eine Größe, die angesichts der Grenzen von § 85a und § 74a ohnehin oft keinen besonderen Aussagewert mehr hat), vor allem aber daraus, daß das geringste Gebot als Ausfluß des Deckungsgrundsatzes (§ 44)[103] die Identität des Versteigerungsobjekts bestimmt und z.B. festlegt, welche Grundstücksbelastungen gemäß §§ 182 und 52 bestehenbleiben und vom Ersteher zu übernehmen sind.

Gerade wegen dieser überragenden Bedeutung des geringsten Gebots als wichtigster Grundlage der Versteigerung sind die Fragen besonders wichtig,
– ob das geringste Gebot auch abweichend von den gesetzlichen Bestimmungen gemäß § 59 festgestellt werden kann;
– ob das geringste Gebot sogar nachträglich gemäß § 59 oder auf sonstige Weise geändert werden kann;
– welche Folgen für die Teilungsversteigerung mit einer derartigen Änderung ggf. verbunden sind.

5.7.1. Abweichende Feststellung gemäß § 59

Zu den nach § 180 Abs. 1 in der Teilungsversteigerung entsprechend anwendbaren Vorschriften gehört auch § 59.[104] Gemäß § 59 Abs. 1 S. 1 können die Beteiligten das geringste Gebot abweichend von der gesetzlichen Regelung festlegen, was z.B. bei der Frage relevant sein kann, ob bestimmte Rechte der Abt. II oder III des Grundbuchs bestehenbleiben sollen, die nach dem Gesetz erlöschen würden oder umgekehrt.

Derartige Änderungen des geringsten Gebots sind auch in der Teilungsversteigerung zulässig, müssen aber unter Beachtung des § 59 (Vorsicht: auch § 59 I wurde ab 1.8.1998 geändert! Vgl. BGBl. 1998 I S. 866) festgelegt werden.[105] Das bedeutet, daß ein einzelner Beteiligter i.S.d. § 9 (also insbe-

---

[102] Dazu oben B 5.1.
[103] Zum Deckungs- und Übernahmegrundsatz oben A 4.3.
[104] Vgl. Stöber § 182 Anm. 2.14.
[105] Drischler RpflJB 1973, 335.

sondere Antragsteller, Antragsgegner, Berechtigte aus Abt. II und III des Grundbuchs oder aus Rangklasse 3 des § 10) die Abweichung einseitig und allein verlangen kann. Sie muß dann unter Verzicht auf die gesetzliche Regelung vorgenommen werden, wenn das Recht keines anderen Beteiligten durch die Abweichung beeinträchtigt wird. Steht eine derartige Beeinträchtigung eines anderen Beteiligten fest (sie wird z.b. angenommen bei dem Berechtigten, dessen Recht erlöschen statt bestehenbleiben soll oder umgekehrt),[106] so muß dieser Beteiligte zustimmen, und zwar entweder im Versteigerungstermin zu Protokoll oder durch öffentlich beglaubigte Urkunde.[107] (Nur) wenn unklar ist, ob durch die Abweichung ein Anderer beeinträchtigt werden könnte oder nicht, sind sog Doppelausgebote nötig, d.h. es wird sowohl ein Ausgebot nach der gesetzlichen Regelung als auch ein Ausgebot mit der Abweichung zugelassen.[108]

Doppelausgebote müssen nach heute herrschender Ansicht gleichzeitig durchgeführt und abgeschlossen werden, damit für die Zuschlagsentscheidung vergleichbare Ergebnisse erzielt werden. Auf welche Ausgebotsform aber letztlich der Zuschlag erteilt wird, kann im Einzelfall schwierig zu entscheiden sein, da nach herrschender Ansicht mit Vorrang auf das Ausgebot mit der Abweichung zugeschlagen werden soll.[109]

Im übrigen gilt hier aber nichts anderes als für sonstige abweichende Versteigerungsbedingungen, die gemäß § 59 vereinbart werden.[110]

5.7.2. Nachträgliche Änderung

Auch noch nach Beginn der Bietstunde kann sich das geringste Gebot ändern, und zwar
– seit der Gesetzesänderung im Jahr 1998 **nicht mehr** durch Änderung gemäß § 59, die früher unter bestimmten Voraussetzungen bis zum Ende der Bietstunde zulässig war, wohl aber
– durch Wegfall des (bisher für die Feststellung des geringsten Gebots maßgeblichen) Antragstellers durch einstweilige Einstellung oder Aufhebung des von ihm betriebenen Verfahrens, was bis zur Verkündung der Entscheidung über den Zuschlag möglich ist.

Nachträgliche Änderungen des geringsten Gebots als wichtigste Versteigerungsgrundlage müssen aber zwangsläufig zu mehr oder minder schwerwiegenden Folgen für die Teilungsversteigerung führen.

5.7.2.1: Eine nachträgliche Änderung des geringsten Gebots durch Änderung der entsprechenden Versteigerungsbedingungen während der Bietstunde mit dem Ziel, daß eine zusätzliche Ausgebotsform geschaffen wird, deren Zweckmäßigkeit sich erst während der Bietstunde herausgestellt hat, ist seit der Änderung der §§ 59 und 63 im Jahre 1998 nicht mehr

[106] Steiner/Storz § 59 Rz. 45 m.w.N.
[107] Stöber § 59 Anm. 4.3; Steiner/Storz § 59 Rz. 42.
[108] Ausführlich zur Abänderung von Versteigerungsbedingungen, vgl. Steiner/Storz § 59 Rz. 1 ff.; Storz/Kiderlen ZV-Praxis D 2.1.1. – Vgl. aber auch die bemerkenswerte Abhandlung von Schiffhauer Rpfleger 1986, 326.
[109] Stöber § 59 Anm. 6.2; Storz/Kiderlen ZV-Praxis D 2.1.1.
[110] Dazu unten C 7.2.2.

möglich. Jetzt wird erzwungen, was schon früher empfohlen worden war, nämlich evtl. Änderungen schon vor der Bietstunde herbeizuführen.[111]

Beispiel: Gegenstand der Teilungsversteigerung sind 3 Grundstücke. Vor Beginn der Bietstunde werden keine besonderen Anträge gestellt, also werden die 3 Grundstücke einzeln ausgeboten. Während der Bietstunde stellt sich die Zweckmäßigkeit von Gesamtausgeboten heraus. Nach der Neuregelung können diese Gesamtausgebote nach Beginn der Bietstunde nicht mehr verlangt werden, auch nicht bei Einigkeit sämtlicher Beteiligter![112]

Die Beseitigung dieser Möglichkeit ist verständlich angesichts des Mißbrauchs, der (gelegentlich!) mit ihr getrieben worden ist; sie ist gleichwohl zu bedauern, weil sie die bisherige Flexibilität beseitigt[113] und umgekehrt geradezu dazu zwingt, jetzt schon vor Beginn der Bietstunde jede theoretisch zweckmäßige Gebotsform zu beantragen.[114]

Nach Schluß der Bietstunde sind Änderungen gemäß § 59 erst recht nicht mehr möglich.

5.7.2.2: Eine nachträgliche Änderung des geringsten Gebots kann aber dadurch herbeigeführt werden, **daß der bisher für die Feststellung des geringsten Gebots maßgebliche Antragsteller durch einstweilige Einstellung oder Aufhebung seines Verfahrens wegfällt,** was noch während der ganzen Bietstunde und darüber hinaus bis zur Verkündung der Entscheidung über den Zuschlag geschehen kann.

Der umgekehrte Fall dagegen kann nicht eintreten, weil § 44 Abs. 2 zum Schutz vor Überraschungen vorschreibt, daß ein Verfahren nur dann der Feststellung des geringsten Gebots zugrundegelegt werden kann, wenn der entsprechende Beitrittsbeschluß mindestens 4 Wochen vor dem Versteigerungstermin allen Antragsgegnern[115] zugestellt worden ist. In der Forderungszwangsversteigerung soll dadurch der Schuldner/Eigentümer davor geschützt werden, daß sich das geringste Gebot durch einen Beitritt zu überraschend so sehr ermäßigt, daß das Grundstück zu einem viel billigeren Preis versteigert werden kann. In der Teilungsversteigerung sollen dementsprechend die anderen Miteigentümer/Antragsgegner davor geschützt werden, daß durch einen zu überraschenden Beitritt das geringste Gebot herabgesetzt und damit eine zu billige Versteigerung des gemeinsamen Grundstücks ermöglicht wird. Diese Gefahr ist bei der Korrealbelastungs-Theorie und der hier vertretenen Niedrigstgebots-Theorie[116] am größten.

---

[111] Vgl. Taktische Hinweise unten **TH** B 5.8.3. und **TH** B 5.8.4.

[112] Wenn der Rechtspfleger im Einvernehmen aller Beteiligten trotzdem die Änderung akzeptiert und eine neue Bietstunde unter Einhaltung der Mindestbietzeit von 30 Minuten durchführt, dürfte dies keinen Verfahrensfehler darstellen, mindestens wäre niemand beschwert!

[113] Auch ein nachträglicher Verzicht auf dingliche Zinsen zur Herabsetzung eines zu hohen geringsten Gebots dürfte jetzt unzulässig sein, obwohl niemandem geschadet würde.

[114] Vgl. **TH** B 5.8.11.

[115] Stöber § 182 Anm. 3.1.

[116] Zu den verschiedenen Theorien vgl. oben B 5.4.2. und B 5.4.3.

Wenn die Teilungsversteigerung nur von einem Antragsteller betrieben wird, führt eine einstweilige Einstellung unmittelbar auch zur Einstellung der Teilungsversteigerung als solcher. Je nachdem, wann dies geschieht, ist die formale Erledigung durch das Gericht etwas unterschiedlich:
- Vor der Bietstunde gibt es einfach einen Einstellungsbeschluß, und das Verfahren wird erst auf Antrag wieder fortgesetzt;[117]
- Ergibt sich der Einstellungsgrund erst während der Bietstunde, wird ebenfalls die einstweilige Einstellung durch das Versteigerungsgericht beschlossen, was gemäß § 72 Abs. 3 das Erlöschen aller bereits abgegebener Gebote zur Folge hat;
- Ergibt sich der Einstellungsgrund erst nach Schluß der Bietstunde (aber vor Verkündung des Zuschlags), dann wird gemäß § 33 der Zuschlag versagt, wobei dieser Beschluß gemäß § 86 wie eine einstweilige Einstellung wirkt.[118] Entsprechendes gilt für die Aufhebung der Teilungsversteigerung, z. B. wegen Rücknahme des Versteigerungsantrags gemäß § 29.

Wird die Teilungsversteigerung von mehreren Antragstellern betrieben, kann wegen der Selbständigkeit der Einzelverfahren[119] u. U. nur eines von ihnen einstweilen eingestellt oder aufgehoben werden, während die anderen Antragsteller die Teilungsversteigerung weiterbetreiben. Zu fragen ist, ob diese isolierte Einstellung/Aufhebung eines Einzelverfahrens dann irgendwelche Folgen für die Gesamtversteigerung hat oder nicht.

In der Forderungszwangsversteigerung heißt die Antwort, daß nur die Einstellung/Aufhebung des bestrangig betriebenen Einzelverfahrens Folgen für die Gesamtversteigerung hat (weil das bestrangig betriebene Verfahren der maßgebende Bezugspunkt für das geringste Gebot ist), während die Einstellung/Aufhebung der anderen (auch aller anderen!) Einzelverfahren die Versteigerung völlig unberührt läßt (weil eben diese Verfahren für das geringste Gebot als wichtigste Verfahrensgrundlage keine Rolle spielen).[120]

Entsprechend muß auch die Antwort für die Teilungsversteigerung ausfallen: Einstellung/Aufhebung des für die Feststellung des geringsten Gebots maßgeblichen Verfahrens führen zu einer Änderung des geringsten Gebots als wichtigster Verfahrensgrundlage und haben deshalb wichtige Folgen für die Gesamtversteigerung. Dagegen wirken sich Einstellung/Aufhebung von für das geringste Gebot unbedeutenden Verfahren auf die Gesamtversteigerung nicht aus, weil sie deren wichtigste Grundlage unverändert lassen.

Die Folgen einer Einstellung des für die Feststellung des geringsten Gebots maßgeblichen Verfahrens trotz Weiterbetreibens der Teilungsversteigerung durch andere(n) Antragsteller unterscheiden sich je nachdem, wann die Einstellungsgründe auftreten:
- Vor der Bietstunde gibt es einen Einstellungsbeschluß bzgl des betr Einzelverfahrens; für die Gesamtversteigerung muß ein neues geringstes Gebot unter Außerachtlassung des jetzt eingestellten Verfahrens aufgestellt werden; § 44 Abs. 2 ist zu beachten.

---

[117] Zur einstweiligen Einstellung und Fortsetzung des Verfahrens in der Teilungsversteigerung vgl. ausführlich oben B 3.
[118] Dazu ausführlich Storz/Kiderlen ZV-Praxis B 3.2.1. und Rpfleger 1990, 176.
[119] Zur Selbständigkeit der Einzelverfahren vgl. oben A 4.5. und unten C 3.4.
[120] Siehe FN 119.

– Ergibt sich der Einstellungsgrund während der Bietstunde, wird wieder dieses Einzelverfahren einstweilen eingestellt mit der Folge, daß gemäß § 72 Abs. 3 alle bisherigen Gebote erlöschen; das Gesamtverfahren geht aber für die übrigen Antragsteller weiter, indem für sie ein neues geringstes Gebot festgestellt und eine volle neue Bietstunde durchgeführt wird.

– Ergibt sich der Einstellungsgrund nach Schluß der Bietstunde, muß gemäß § 33 der Zuschlag versagt werden, wobei dieser Beschluß gemäß § 86 wie eine einstweilige Einstellung wirkt. – Hier darf auch mit Einverständnis aller Beteiligter nicht noch einmal in die bereits abgeschlossene Bietstunde eingetreten werden, weil das ein Verstoß gegen § 43 Abs. 2 und damit ein absoluter Verfahrensfehler wäre.

Das zur einstweiligen Einstellung Gesagte gilt entsprechend für die Aufhebung. Und alles was zur Einstellung/Aufhebung des für die Feststellung des geringsten Gebotes maßgeblichen Verfahrens gesagt wurde, entspricht genau dem, was in der Forderungszwangsversteigerung zur Einstellung/Aufhebung des bestrangig betriebenen Verfahrens gilt.[121]

Welches nun in der Teilungsversteigerung das für die Feststellung des geringsten Gebots maßgebliche Verfahren ist, richtet sich nach der Theorie, für die man sich bei der Feststellung des geringsten Gebots entschieden hat.[122] Nach der Totalbelastungs-Theorie ist möglicherweise jedes einzelne Verfahren maßgeblich, wenn z. B. jeder Anteil mit eigenen Einzelrechten so belastet ist, daß diese nur berücksichtigt werden, wenn aus diesem Anteil auch betrieben wird; geprüft werden muß hier – wie auch sonst –, ob das eingestellte bzw. aufgehobene Einzelverfahren für das geringste Gebot eine Rolle spielt oder nicht. Leicht ist die Frage zu beantworten bei der hier vertretenen Niedrigstgebots-Theorie.

Beispiel: Wenn im Beispiel 3 vom Abschnitt B 5.5.2.3. bisher A B C die Teilungsversteigerung betrieben haben, wurde das Verfahren am B orientiert, weil sein Anteil zum niedrigsten geringsten Gebot geführt hat. Das Verfahren des B ist also das maßgebliche Verfahren.

Wenn A und/oder C die Einstellung bewilligen, hat das keinerlei Einfluß auf die Zusammensetzung des geringsten Gebots, auch nicht hinsichtlich des Ausgleichsbetrages. Deshalb geht die Teilungsversteigerung unberührt weiter.

Wenn dagegen das Verfahren des B eingestellt wird, verändert sich das geringste Gebot, je nachdem, wer dann noch die Teilungsversteigerung betreibt. Aber diese Änderung bereits wirkt sich deutlich auf das Gesamtverfahren aus in dem oben dargestellten Sinn (es kommt also darauf an, in welchem Zeitpunkt der Einstellungs- oder Aufhebungsgrund wirksam wird).

Das alles bedeutet aber, daß der für die Feststellung des geringsten Gebots maßgebliche Antragsteller alleine und ohne Form-, Begründungs-, Fristen- und Abstimmungszwang[123] ähnlich wie der bestrangig betreibende Gläubiger in der Forderungszwangsversteigerung[124] jeden Zuschlag ohne Rücksicht auf

---

121 Dazu ausführlich Storz/Kiderlen ZV-Praxis B 3.2.1.
122 Zu den verschiedenen Theorien vgl. oben B 5.4.2. und B 5.4.3.
123 Zur einstweiligen Einstellung in der Teilungsversteigerung vgl. B 3. und C 3.4.
124 Vgl. dazu ausführlich Storz/Kiderlen ZV-Praxis B 6.4. mit vielen Taktischen Hinweisen **TH** B 6.5.1.–**TH** B 6.5.7.

die Höhe des Meistgebots verhindern und damit einen ganz besonders wichtigen Einfluß auf die Teilungsversteigerung nehmen kann.[125] Im Gegensatz zum bestrangig betreibenden Gläubiger kann ihm diese besondere Verfahrensposition in aller Regel nicht einmal durch Ablösung aus der Hand geschlagen werden, denn er macht ja nicht eine bestimmte Geldforderung geltend, die ihm bezahlt werden könnte (eine Ausnahme gilt aber z.B. in dem Fall, in dem ein Pfand- oder Pfändungsgläubiger die Teilungsversteigerung betreibt).[126]

Diese besondere Rechtsposition verdankt der Antragsteller nur der Tatsache, daß er seine Anteile weniger hoch belastet hat als die anderen Antragsteller.[127] Deshalb kann es (bei allen Theorien) auch durchaus so sein, daß mehrere Antragsteller ihre Anteile gleich hoch belastet haben und daß das geringste Gebot daher sozusagen nach allen von ihnen festgestellt worden ist. „Maßgeblicher" Antragsteller ist in diesen Fällen derjenige Antragsteller, dessen Verfahren zuletzt eingestellt worden ist, denn erst dann ändert sich ja das geringste Gebot.

Beispiel: A und B sind Miteigentümer einer unbelasteten Wohnung. Wenn A während oder nach der Bietstunde einstellt, ändert sich das geringste Gebot nicht. Aber A macht sich damit voll von B abhängig, weil B nun alleine bestimmen kann.

5.8. Taktische Hinweise

TH 5.8.1.:[128] Alle Ausführungen im Abschnitt B 5. (geringstes Gebot) zeigen mit großer Deutlichkeit, daß die isolierte Beleihung/Belastung eines einzelnen Anteils sehr gefährlich/unsicher ist und eigentlich in der Teilungsversteigerung nur durch ein nachrangiges, alle Anteile belastendes, Gesamtrecht geschützt werden kann! Ansonsten muß der Gläubiger derartiger isolierter Einzelanteilsbelastungen in der Teilungsversteigerung immer mit dem Erlöschen seines Rechtes rechnen; ob er wenigstens auf einen entsprechenden Erlösanteil hoffen kann, hängt vom Versteigerungserlös insgesamt, der Größe des von ihm belasteten Anteils und dem Rang seines Rechtes ab. Ob das Mitbieten immer die richtige Abwehrstrategie ist, muß m.E. bezweifelt werden, es kommt doch sehr auf den Einzelfall an.[129]

TH 5.8.2.: Falls einzelne Anteile am Versteigerungsobjekt mit Rechten aus Abt. II des Grundbuches belastet sein sollten (was sicher denkbar ist, aber ebenso sicher selten vorkommen dürfte), kann ein nach der Niedrigstgebots-Theorie u.U. notwendiger Wertvergleich recht schwierig werden.[130] Hier kann u.U. geholfen werden durch das Verlangen nach abweichenden Versteigerungsbedingungen gemäß § 59. Dieses führt hier i.d.R. zu Doppelausge-

---

[125] Vgl. Taktische Hinweise unten **TH** B 5.8.7. und **TH** B 5.8.8.
[126] Dazu oben B 1.6.
[127] Vgl. dazu auch die Beispiele in C 3.4.1. und die Taktischen Hinweise **TH** C 3.5.1.–**TH** C 3.5.10.
[128] Ähnlich Eickmann S. 65; Schiffhauer ZIP 1982, 661.
[129] Vgl. dazu die kritischen Taktischen Hinweise bei Storz/Kiderlen ZV-Praxis **TH** C 6.2.2.1–**TH** C 6.2.2.7!
[130] Vgl. dazu oben B 5.4.2.–B 5.4.4.

boten, aber ist gerade deshalb auch geeignet gegen Versuche, die Teilungsversteigerung zu blockieren. Wichtig ist allerdings, daß dann auch auf diese abweichende Ausgebotsform ernstzunehmende Gebote erfolgen.

TH 5.8.3. (nach Schiffhauer):[131] Die Frage, nach welcher Theorie das geringste Gebot festzustellen ist, wenn ungleich große Anteile ungleich hoch belastet sind, führt wegen der nach wie vor vertretenen verschiedenen Theorien zu einer gewissen Rechtsunsicherheit. Deshalb kann den Vollstreckungsgerichten nur empfohlen werden, die eigene Rechtsansicht den Verfahrensbeteiligten in Form von rechtlichen Erwägungen mitzuteilen und zu versuchen, u. U. in einem gerichtlichen Vortermin gemäß § 62 eine einvernehmliche Regelung der Beteiligten herbeizuführen. Diese Vorgehensweise kann auch durch § 139 ZPO geboten sein.[132]

TH 5.8.4.: Die Feststellung des geringsten Gebots mit Ausgleichsbetrag kann in der Teilungsversteigerung außerordentlich kompliziert sein[133] und abgesehen von der Rechtsunsicherheit auch erhebliche Ermittlungszeit in Anspruch nehmen. Wenn das geringste Gebot erstmalig im Versteigerungstermin festgestellt wird, kann damit eine erhebliche Verunsicherung auch der Interessenten verbunden sein, die sich in aller Regel unmittelbar nachteilig auf das Ergebnis auswirkt. Das wird noch verstärkt, wenn einer der Miteigentümer in dieser öffentlichen Diskussion die Teilungsversteigerung zu blockieren versucht. Deshalb sollten die an einer erfolgreichen Teilungsversteigerung interessierten Antragsteller und auch Grundpfandgläubiger von sich aus das vorherige Abstimmungsgespräch mit dem Rechtspfleger suchen und sich um möglichst klare und einfache Regelungen bemühen, damit der Bekanntmachungsteil vor der Bietstunde reibungslos und zügig abgewickelt werden kann. Dazu ist der Vortermin gemäß § 62 ein möglicher Weg; aber auch formlose Absprachen mit dem Rechtspfleger sind durchaus möglich und zulässig.[134]

TH 5.8.5.: Ein evtl. Streit über die für die Feststellung des geringsten Gebots maßgebliche Theorie kann ausnahmsweise auch einmal dadurch zu lösen sein, daß gemäß § 59 vereinbart wird, das geringste Gebot nach verschiedenen Theorien festzustellen und entsprechende Doppelausgebote zuzulassen. Wenn z. B. eigentlich die auch hier vertretene Niedrigstgebotstheorie angewandt werden soll, ein „Blockierer" aber auf der Totalbelastungstheorie beharrt, ist das rechtliche Risiko dieser Vorgehensweise m. E. geringer als die Abwehr seines Verlangens mit den (schwer nachzuweisenden) Vorwürfen des Rechtsmißbrauchs bzw. der Sittenwidrigkeit. – Als Allheilmittel ist dieser Vorschlag aber auf keinen Fall geeignet und deshalb nur mit Zurückhaltung anzuwenden.

TH 5.8.6.: Es klingt zwar widersprüchlich (und ist es auch), kommt aber immer wieder vor, daß ein Antragsteller, der nichts anderes als die Blockade

---

[131] Schiffhauer ZIP 1982, 663.
[132] Zu § 139 ZPO in der Teilungsversteigerung vgl. oben A 4.8.
[133] Vgl. dazu auch die Bemerkungen von Schiffhauer ZIP 1982, 663 (oben) und Stöber § 182 Anm. 4.13.
[134] Zur guten Zusammenarbeit mit dem Rechtspfleger vgl. auch Storz/Kiderlen ZV-Praxis **TH B** 1.6.2.1.–**TH B** 1.6.2.5.

der Teilungsversteigerung bezweckt, diese selbst betreibt. Das muß nicht nur in Form einer nachträglichen Anteilsbelastung und eines Beitritts erfolgen, sondern kann auch dadurch (wesentlich raffinierter = gefährlicher) geschehen, daß dieser Miteigentümer schon sehr frühzeitig seinen Anteil besonders belastet und vor allen anderen Miteigentümern die Teilungsversteigerung beantragt. Wenn sich dadurch die anderen Miteigentümer blenden lassen und von einem Beitritt absehen, hat er sein Ziel erreicht! Deshalb sei auch aus diesem Grund[135] dringend jedem Miteigentümer empfohlen, die Vorteile eines eigenen Beitritts genau zu prüfen.

TH 5.8.7.: Der „für die Feststellung des geringsten Gebots maßgebliche Antragsteller"[136] hat eine ganz besonders hervorgehobene Verfahrensposition, die mit der des bestrangig betreibenden Gläubigers in der Forderungszwangsversteigerung durchaus vergleichbar ist.[137] Dadurch daß dieser Antragsteller allein und ohne Form-, Begründungs- und Zustimmungserfordernis bis unmittelbar vor Verkündung der Entscheidung über den Zuschlag jedes Meistgebot ohne Rücksicht auf dessen Höhe zu Fall bringen kann, kann er auch schon im Vorfeld des Versteigerungstermins und besonders auch während der Bietstunde auf die Anwesenden einwirken, um sie z. B. zu ausreichend hohen Geboten zu überreden. Er hat praktisch die gleichen Druckmittel wie ein alleiniger Antragsteller.

TH 5.8.8.: Der „für die Feststellung des geringsten Gebots maßgebliche Antragsteller"[138] muß sehr darauf achten, daß er seinen Einfluß = Einstellungsbewilligung im richtigen Zeitpunkt geltend macht! Das ist in aller Regel die kurze Zeitspanne zwischen Abschluß der Bietstunde und Verkündung der Zuschlagsentscheidung, denn nur dann kommt es zur Zuschlagsversagung; wenn er die Einstellung schon während der Bietstunde bewilligt, bringt er zwar auch die bisherigen Gebote zum Erlöschen; aber es wird für die anderen Antragsteller ein neues geringstes Gebot aufgestellt, und die Teilungsversteigerung geht mit einer neuen Bietstunde weiter, auf die unser Antragsteller keinerlei Einfluß mehr hat.

TH 5.8.9.: Der Ausgleichsbetrag des § 182 II wird zwar einem bestimmten Anteil zugeordnet, aber nicht dem betreffenden Miteigentümer ausbezahlt. Wenn allerdings dort Rechte eingetragen (und nach den Versteigerungsbedingungen erloschen) sind, wird der auf den belasteten Anteil entfallende Erlösanteil (der i. d. R. insbesondere auch aus dem Ausgleichsbetrag bestehen wird) doch dem Gläubiger der erlöschenden Rechte zugeteilt. Nur der den Miteigentümern selbst zustehende Übererlös wird nicht vom Vollstreckungsgericht ausgeschüttet.

TH 5.8.10.: Die besondere „Machtstellung" des maßgeblichen Antragstellers kann (im Gegensatz zu derjenigen des bestrangig betreibenden Gläubigers in der Vollstreckungsversteigerung) nicht durch Ablösung nach § 268 BGB oder Zahlung nach § 75 verhindert werden; wohl aber dadurch,

---

[135] Vgl. ähnlich Schiffhauer ZIP 1982, 532.
[136] Dazu oben B 5.7.2.
[137] Zu diesem und zu dessen taktischen Möglichkeiten vgl. Storz/Kiderlen ZV-Praxis B 6.4. mit Taktischen Hinweisen **TH** B 6.5.1.–**TH** B 6.5.7.
[138] Siehe FN 135.

daß ein (bisher) nicht maßgeblicher Antragsteller seinen Anteil noch vor dem Termin so weitgehend von Belastungen befreit, daß sein Anteil jetzt der am geringsten belastete ist und er selbst deshalb zum jetzt maßgeblichen Antragsteller wird.

TH 5.8.11.: Nachdem der Gesetzgeber im Jahr 1998 durch Änderungen der §§ 59 und 63 die frühere Möglichkeit beseitigt hat, noch während der Bietstunde die Versteigerungsbedingungen zu ändern, um auf neue Erkenntnisse aus der Bietstunde sachgerecht zu reagieren, ist eine gründliche Terminsvorbereitung noch wichtiger geworden als bisher; und zwar sowohl für Antragsteller als auch für Antragsgegner und unabhängig davon, ob sie „das Grundstück billig selbst ersteigern oder teuer loswerden wollen". Immer dann, wenn mehrere Grundstücke teilungsversteigert werden, muß nachfrageorientiert nach den zweckmäßigsten Angebotsformen gesucht, und es müssen schon vor Beginn der Bietstunde die entsprechenden Gebotsformen verlangt werden. Leider bedeutet die Gesetzesänderung von 1998, daß jetzt im Zweifel eher mehr als weniger Angebotsformen präventiv beantragt werden müssen, weil spätere Korrekturen nicht mehr möglich sind.

Man kann durchaus die Frage stellen, ob der Gesetzgeber mit dieser Änderung der Praxis einen guten Dienst erwiesen oder ob er überreagiert hat, zumal die befürchtete Mißbrauchsgefahr durch die gleichzeitig eingeführte Halbierung der Mindestbietzeit bereits erheblich eingeschränkt wurde!

TH 5.8.12.: Wenn nicht nur die Miteigentumsanteile ungleich groß und ungleich belastet sind, sondern auch noch ein Gesamtrecht bestehenbleibt, kann die Ermittlung des Ausgleichsbetrages außerordentlich kompliziert sein (vgl. oben B 5.5.2.3. und B 5.5.2.4.). In diesen Fällen empfiehlt es sich meines Erachtens, an Hand der Akten sehr diszipliniert in folgenden Einzelschritten vorzugehen (und dazu u. U. sogar Zeichnungen anzufertigen):

1. Grundbuch-Lage mit Verfahrenskosten, öffentliche Lasten, Zinsen.
2. Welche Rechte bleiben nach § 182 Abs. 1 bestehen?
3. Absolute Anteilsbelastung.
4. Relative Anteilsbelastung.
5. Ermittlung des Ausgleichsbetrages.
6. Geringstes Gebot mit bestehenbleibenden Rechten und Barteil.
7. Erlösverteilung auf Grundlage geringstes Gebot.

Im **Beispiel 1** von B 5.5.2.2. würde der Ausgleichsbetrag i. H. v. 120 000 (wenn A betreibt) mit 15 000 an den Gläubiger III 2 ausbezahlt und mit 105 000 hinterlegt; bzw. der Ausgleichsbetrag i. H. v. 15 000 (wenn B betreibt) würde voll an den Gläubiger III 1 ausbezahlt. Im **Beispiel 2** von B 5.5.2.2. würde der Ausgleichsbetrag i. H. v. 30 000 hinterlegt. Im **Beispiel 3** von B 5.5.2.3. würde der Ausgleichsbetrag i. H. v. 81 000 mit 9000 an den Gläubiger III 3 und mit 72 000 an den Gläubiger III 4 ausbezahlt. Im **Beispiel 4** von B 5.5.2.4. würde der Ausgleichsbetrag i. H. v. 1 008 000 mit 27 000 an den Gläubiger III 3 und mit 75 000 an den Gläubiger III 4 ausbezahlt, 906 000 würden hinterlegt.

TH 5.8.13.: Bei allen verfahrens-taktischen Überlegungen sollten die Beteiligten stets daran denken, daß gerade auch in der neueren BGH-Rechtsprechung[139] schnell der Vorwurf einer missbräuchlichen Rechtsausübung erhoben werden kann mit der Folge, daß das erstrebte faktische Ziel evtl. nicht nur nicht erreicht werden kann, sondern daß vielleicht sogar „der Schuss nach hinten geht." Deshalb sollte im Zweifel immer der Rechtspfleger vorher nach seiner Beurteilung gefragt und mindestens rechtszeitig informiert werden. Trotzdem ist klarzustellen, daß der maßgebliche Antragsteller (wie der bestrangig betreibende Gläubiger in der Vollstreckungsversteigerung) durchaus einen für ihn ungünstigen Zuschlag durch eine Einstellungsbewilligung gemäß § 30 verhindern kann und in aller Regel auch darf, ohne dem Vorwurf der missbräuchlichen Rechtsausübung ausgesetzt zu sein.[140]

---

[139] Vgl. BGH NJW 2007, 3279 Anm. Storz/Kiderlen; ähnlich BGH Rpfleger 2007, 619. – Vgl. dazu auch unten C 6.2.1.

[140] So mit Recht Alff Rpfleger 2004, 673 gegen LG Hamburg Rpfleger 2004, 723.

6. Miet- und Pachtverhältnisse (§ 183)

Literatur (Titel zum Teil sinnwahrend gekürzt!): *Bull*, Sicherung des Erstehers gegen unredliche Mietverträge, ZMR 1953, 234; *Drischler*, Gerichtsvollzieher in der Immobiliarvollstreckung, DGVZ 1962, 131; *Hurst*, Wirkung von Konkurs und Zwangsversteigerung auf bestehenden Mieterschutz WuM 1959, 66; *Klawikowski*, Grundstückszwangsversteigerung und Miet-/Pachtverhältnisse, Rpfleger 1997, 418; *Lindner-Figura*, Schriftform langfristiger Mietverträge, NJW 1998, 731; *Siegelmann*, Mietkündigungsrecht des Erstehers in der Zwangsversteigerung, DWW 1958, 78; *Siegelmann*, Wohnungskündigung in der Zwangsversteigerung WuM 1965, 76; *Witthinrich*, Kündigungsschutz in der Zwangsversteigerung Rpfleger 1987, 98; *Witthinrich*, § 57 c – Mißbrauch einer Schutzvorschrift, Rpfleger 1986, 46.

6.1. Rechtslage

Gemäß § 183 finden im Falle der Vermietung oder Verpachtung des Grundstücks die §§ 57 a und 57 b (§§ 57 c und 57 d wurden aufgehoben)[1] in der Teilungsversteigerung keine Anwendung. Daher gilt das für die Forderungszwangsversteigerung eingeführte sog Ausnahmekündigungsrecht[2] in der Teilungsversteigerung nicht, damit die Miteigentümer nicht auf die Idee kommen, sich durch Teilungsversteigerung eines lästigen (weil noch zu langfristigen) Mietvertrags zu entledigen.[3]

Der Ersteher in der Teilungsversteigerung ist also wie der freihändige Erwerber an die bestehenden Miet-/Pachtverträge gebunden (§§ 180 Abs. 1, 57 und § 571 BGB). Allerdings kann § 183 als gesetzliche Versteigerungsbedingung im Rahmen des § 59 abbedungen werden,[4] wobei aber immer die Zustimmung des Mieters/Pächters gemäß § 59 Abs. 15 S. 2 erforderlich ist. Deshalb kann z. B. auch eine kurzfristige Kündigungsmöglichkeit für einen noch langfristig laufenden Mietvertrag festgelegt werden.[5] Naturgemäß muß der Ersteher auch den allgemeinen gesetzlichen Kündigungsschutz z. B. der §§ 556 a–c, 564 b, c, 565 a–e BGB beachten,[6] der dem Ersteher etwas vereinfacht ausgedrückt praktisch nur Kündigungen wegen Eigenbedarfs zuläßt.[7]

Weil die §§ 57 a und b in der Teilungsversteigerung nicht anwendbar sind, werden vom Gericht im Gegensatz zur Vollstreckungsversteigerung die Mieter/Pächter in der Regel nicht ermittelt und zur Anmeldung ihrer Rechte aufgefordert.[8] Vorausverfügungen über den Miet-/Pachtzins muß der Ersteher gemäß § 57 zwar nur im Rahmen des § 573 S. 1 BGB gegen sich gelten lassen, also bis spätestens zum Ablauf des auf den Zuschlag folgenden Mo-

---

[1] Durch das 2. Justizmodernisierungsgesetz vom 22. 12. 2006.
[2] Zum Ausnahmekündigungsrecht in der Forderungszwangsversteigerung vgl. Storz/Kiderlen ZV-Praxis B 1.3.2.
[3] Schiffhauer ZIP 1982, 661.
[4] Eickmann S. 79; Schiffhauer ZIP 1982, 661; Steiner/Teufel § 183 Rz. 1.
[5] Vgl. Taktischer Hinweis **TH** B 6.2.1.
[6] Dazu Witthinrich Rpfleger 1986, 46 und 1987,98; vgl. auch BGH NJW 1982, 1696.
[7] Vgl. dazu BVerfG NJW 1989, 970. – Auch zum Zweck einer angemessenen wirtschaftlichen Verwertung des Grundstücks kann gekündigt werden: BVerfG NJW 1989, 972.
[8] Vgl. Taktische Hinweise **TH** B 6.2.2, **TH** B 6.2.3.

nats.[9] Das gilt auch dann, wenn dem Ersteher die Vorausverfügungen bekannt waren (§ 573 S. 2 BGB ist nach §§ 180 Abs. 1, 57 nicht anwendbar). Aber es ist große Vorsicht geboten, weil außerhalb des Wortlauts der §§ 573, 574 BGB von Rechtsprechung und Literatur Sonderregelungen unter den Stichworten Baukostenzuschüsse bzw. Mieterdarlehen zum Schutz der Mieter entwickelt worden sind; diese können u. U. dazu führen, daß der Ersteher auch für die Zeit nach dem Zuschlag noch Mietzinsverrechnungen hinnehmen oder bei vorzeitiger Beendigung von Mietverhältnissen die „nicht abgewohnten Teile" der Baukostenzuschüsse/Mieterdarlehen auszahlen muß. Hier ist eine sehr sorgfältige Prüfung in jedem Einzelfall erforderlich![10]

Häufig wohnen die Miteigentümer/Teilhaber mindestens zum Teil selbst in dem der Bruchteilsgemeinschaft/Gesamthandsgemeinschaft gehörenden Versteigerungsobjekt. Tun sie dies auf Grund eines besonderen Miet-/Pachtvertrages, so gilt ihnen gegenüber ebenfalls § 183 mit der Folge, daß der Miet-/Pachtvertrag vom Ersteher nur unter Beachtung der üblichen Vorschriften gekündigt werden kann. Haben die Miteigentümer/Teilhaber dagegen keinen Mietvertrag, sondern nutzen sie das Versteigerungsobjekt in ihrer Eigenschaft als Miteigentümer/Teilhaber, dann gilt ihnen gegenüber § 93 mit der Folge, daß der Zuschlagsbeschluß wie ein Räumungstitel wirkt.[11] Das soll gelten, wenn zwar ein Mietvertrag besteht, der Mieter aber als bisheriger Miteigentümer ebenfalls die Teilungsversteigerung betrieben hat; damit hat er nämlich ausdrücklich der Veräußerung zugestimmt und auf seinen besonderen Schutz als Mieter verzichtet.[12]

Die der Räumung dienende vollstreckbare Ausfertigung des Zuschlagsbeschlusses gegen einen Mieter kann auch dann erteilt werden, wenn der Mietvertrag auf einer offenkundigen Scheinvereinbarung beruht; dies gilt besonders, wenn die Parteien des Mietvertrags bis zum Zuschlag Miteigentümer des Grundstücks waren und einem von ihnen Alleinbesitz eingeräumt haben.[13] Der Ersteher hat ab dem Zuschlag einen Anspruch auf Nutzungsentschädigung, falls das Grundstück nicht freiwillig geräumt wird.[14] Wird der bisherige Nutzer im Rahmen einer Räumungsvollstreckung wieder in dieselbe (versiegelte) Wohnung eingewiesen, so kann der Ersteher vom Träger der ordnungsbehördlichen Kosten (i. d. R.: die Gemeinde/Stadt) nicht nur eine angemessene Nutzungsentschädigung, sondern regelmäßig auch den Ersatz derjenigen Schäden verlangen, die der Eingewiesene durch unsachgemäßen Gebrauch der Wohnung angerichtet hat.[15]

Wenn und soweit gegen bisherige Miteigentümer auf Räumung vollstreckt werden kann, gilt dies auch gegenüber deren Untermieter.[16] Mit Beendigung des Hauptmietverhältnisses verliert auch der Untermieter das Recht zu Besitz

---

[9] Eickmann S. 79; Steiner/Teufel § 183 Rz. 2.
[10] Vgl. z. B. BGH NJW 1998, 595 für den Fall einer Mietvorauszahlung durch Einmalbetrag.
[11] Stöber § 183 Anm. 2.5. – vgl. auch Taktischen Hinweis **TH** B 6.2.4.
[12] LG Bayreuth NJW 1965, 2210; Schiffhauer BlGrBw 1968, 205.
[13] LG Freiburg Rpfleger 1990, 266; vgl. auch OLG Frankfurt Rpfleger 1989, 209; OLG Hamm Rpfleger 1989, 165; Meyer-Stolte Rpfleger 1987, 259.
[14] LG Itzehoe EWiR 1998, 169 (Hintzen).
[15] BGH EWiR 1996, 135 (Medicus).
[16] Stöber § 93 Anm. 2.2.

und Nutzung der Mietsache, auch wenn das Untermietverhältnis selbst noch nicht beendet ist.[17]

6.2. Taktische Hinweise

TH 6.2.1: Wenn ein Grundstück langfristig vermietet ist, ist es jedenfalls dann kaum mit gutem Ergebnis zu versteigern, wenn es von seiner Art her für Eigennutzung bestimmt ist. Deshalb ist u. U. die Einigung mit dem Mieter über einen baldigen Auszug eine der wichtigsten Voraussetzungen für eine erfolgreiche Versteigerung. Wenn eine derartige Einigung erreicht werden kann, empfiehlt es sich sehr, zusätzlich zur Einigung Mieter/Miteigentümer oder Mieter/Bietinteressent auch noch den formalen Weg über § 59 zu gehen, weil dann z. b. die bisherigen Miteigentümer aus ihrer Verantwortung entlassen sind, und weil sich der Mieter sicher noch eher an eine eindeutig formulierte und gerichtlich protokollierte Erklärung hält. Es entstehen ja weder besondere Umstände noch Kosten.

TH 6.2.2: Da das Gericht in der Teilungsversteigerung in der Regel keinen Anlaß hat, Mieter/Pächter zu ermitteln, ist es umso wichtiger für die Beteiligten, hier für Klarheit zu sorgen, damit nicht im Versteigerungstermin durch plötzliches Auftauchen eines Mieters und u. U. offen diskutierte Unklarheiten über die rechtliche Situation mögliche Interessenten abgeschreckt werden. Abgesehen davon ist es auch ein Gebot der Fairneß, einen Mieter auf die bevorstehende Versteigerung und den Termin aufmerksam zu machen. Ein wichtiger Versteigerungsgrundsatz gilt auch hier: je größer die Klarheit für einen Interessenten ist, desto eher ist er zu angemessenen Geboten bereit!

TH 6.2.3: Es sei jedem Mieter/Pächter dringend empfohlen, den Versteigerungstermin wahrzunehmen. Zwar kann ihm in der Teilungsversteigerung nach dem Grundsatz „Kauf bricht nicht Miete" rechtlich nichts passieren, aber wenn jemand das Grundstück in der irrigen Annahme ersteigert hat, es gäbe gar keinen Mieter oder keinen noch lange Zeit unkündbaren Mietvertrag, und er wird jetzt eines besseren belehrt, dann ist das trotzdem ein denkbar ungünstiges Mietverhältnis. Hier kann großen Unannehmlichkeiten durch die Wahrnehmung des Termins vorgebeugt werden.

TH 6.2.4: Jedem Interessenten sei dringend empfohlen, sich vor der Gebotsabgabe nach der konkreten Miet-/Pachtsituation zu erkundigen. Gerade in der Teilungsversteigerung kommt es bei Eigentumswohnungen, Einfamilienhäusern und Zweifamilienhäusern immer wieder vor, daß die Miteigentümer oder ein Teil von ihnen auf der Grundlage eines besonderen Mietvertrages das Grundstück nutzt; das gilt oft auch dann, wenn das Objekt zwei Eheleuten gehört, die aber getrennt leben und jetzt in die Teilungsversteigerung müssen. Für den Ersteher ist es aber ein gewaltiger Unterschied, ob er einen derartigen Nutzer erst kündigen muß, oder ob er ihm gegenüber bereits einen Räumungstitel hat!

---

[17] BGH NJW 1981, 865 und Rpfleger 1982, 303.

7. Sicherheitsleistung (§§ 184, 67–70)

Literatur (Titel zum Teil sinnwahrend gekürzt!): *Arnold*, Die Vollstreckungsnovelle vom 1.2.1979, MDR 1979, 358; *Drischler*, Sicherheitsleistung im Versteigerungstermin, JurBüro 1965, 329; *Hintzen*, Änderungen zum ZVG, Rpfleger 1998, 148; *Hintzen/Alff*, Änderungen des ZVG aufgrund des zweiten JuModG, Rpfleger 2007, 233; *Holthöfer*, Zur Frage der sofortigen Sicherheitsleistung, JR 1958, 337; *Hornung*, Sicherheitsverlangen des Schuldners im Zwangsversteigerungstermin, Rpfleger 2000, 529; *Hornung*, Die Vollstreckungsnovelle 1979, Rpfleger 1979, 321; *Kappelhof*, Zahlung oder Hinterlegung des Bargebots gemäß § 49, Rpfleger 1986, 353; *Klawikowski*, Besondere Sicherheitsleistung in der Zwangsversteigerung, Rpfleger 1997, 202; *Klawikowski*, Sicherheitsleistung im Zwangsversteigerungsverfahren Rpfleger 1996, 265; *Mayer*, Gläubiger-Mehrheit im Zwangsversteigerungsverfahren, Rpfleger 1983, 265; *Pöschl*, Sicherheitsleistung in der Zwangsversteigerung, BB 1963, 957; *Ripfel*, Zur Sicherheitsleistung in der Zwangsversteigerung, BWNotZ 1968, 49; *Storz*, Besondere Gefahrenquellen in der Zwangsversteigerung, ZIP 1980, 1049 und 1981, 16; *Storz/Kiderlen*, Der Gesetzgeber, der BGH und die Zwangsversteigerung, NJW 2007, 1846.

7.1. Einführung

7.1.1. Übersicht

Berechtigung zum Verlangen (§ 67)
- Miteigentümer/Teilhaber, wenn das Gebot
    Zuteilung auf ein ihm zustehendes Recht, oder einen Erlösüberschuß ergibt, der auch ihm zusteht.
- Gläubiger, wenn das Gebot eine Zuteilung auf sein Recht zuläßt.

Verpflichtung zur Leistung (§ 67)
- Grundsätzlich alle (auch finanzstarke) Bieter
- Befreit von jeder Sicherheitsleistung sind:
    Miteigentümer als Berechtigte eines (z.T.) gedeckten Rechtes (§ 184);
    Bund, Länder, Sparkassen u.ä. (§ 67 III)
- Nur auf Verlangen eines Antragstellers verpflichtet:
    Bieter als Berechtigte eines (z.T.) gedeckten Rechtes (§ 67 II).

Höhe der Sicherheit (§ 68)
- i.d.R. ein Zehntel des Verkehrswertes
- auf Verlangen des Gläubigers eines bestehenbleibenden Rechts bis zur Höhe der diesem vorgehenden Ansprüche
- Höhe nicht gemäß § 59 änderbar (heute h.M.)

Art der Sicherheitsleistung (§ 69)
- Bargeld ist seit Februar 2007 gesetzlich ausgeschlossen!
- Bundesbank-Schecks
- Bankverrechnungsschecks
- Selbstschuldnerische Bankbürgschaft
- Hinterlegung

– Rechtzeitige Überweisung an die Gerichtskasse
– jede vom Verlangenden genehmigte Alternative außer Bargeld
Zeitlicher Ablauf
– sofort nach Gebot verlangen (§ 67 I)
– sofort nach Verlangen entscheiden (§ 70 I)
– sofort nach Entscheidung leisten (§ 70 II) mit Ausnahmen!
– sofort nach Leistung über Gebot entscheiden (§ 70 II)
– sofort nach Zulassung des Gebots widersprechen (§ 70 III)

7.1.2. Besonderheiten in der Teilungsversteigerung

Auch die §§ 67–70 über die Sicherheitsleistung für Gebote gelten gemäß § 180 Abs. 1 in der Teilungsversteigerung, sofern sich nicht aus den §§ 181–185 etwas anderes ergibt. § 184 ändert nichts an den Pflichten außenstehender Bieter, enthält aber eine Sonderregelung für Gebote von Miteigentümern.

In der Teilungsversteigerung übernimmt der Antragsteller weitgehend die Rolle des Gläubigers und der Antragsgegner diejenige des Schuldners,[1] trotzdem paßt diese Rollenverteilung nicht überall: z. B. im Bereich der Sicherheitsleistung sind Antragsteller und Antragsgegner gleichgestellt. Deshalb sind § 67 Abs. 2 S. 2[2] und § 68 Abs. 3[3] nach allgemeiner Ansicht in der Teilungsversteigerung nicht anwendbar. §§ 67 Abs. 1 S. 1, 67 Abs. 2 S. 1 und § 68 Abs. 2 sind für die Teilungsversteigerung modifiziert anzuwenden.

Wichtig ist für die Teilungsversteigerung, daß auch ein bietender Miteigentümer 10% des Verkehrwertes als Sicherheit leisten muß; er kann also nicht etwa deshalb eine Reduzierung seiner Sicherheitsleistung verlangen, weil ihm bereits ein Teil des zu versteigernden Grundstückes gehört.[4]

7.2. Das Verlangen nach Sicherheitsleistung (§ 67 Abs. 1 und 2)

Nicht jeder Beteiligte (Miteigentümer oder Gläubiger) kann Sicherheitsleistung verlangen, sondern nur jemand, der aus dem Barteil des abgegebenen Gebots eine Zahlung erhalten würde, und sei das auch ein noch so geringer Betrag.[5] Wichtig ist nur, daß der Verlangende nach einem fiktiven Verteilungsplan überhaupt etwas erhalten würde.[6]

Es verstößt auch grundsätzlich nicht gegen Treu und Glauben, wenn ein Miteigentümer von einem anderen bietenden Miteigentümer Sicherheit verlangt.[7]

---

[1] Näher dazu oben A 4.5.
[2] Ripfel BWNotZ 1968, 49; Stöber § 184 Anm. 3.3; Steiner/Teufel § 184 Rz. 6.
[3] Eickmann S. 75; Schiffhauer ZIP 1982, 664; Stöber § 184 Anm. 3.1; Steiner/Teufel § 184 Rz. 6.
[4] LG Mannheim JABl BW 1973, 23.; Steiner/Teufel § 184 Rz. 10; Stöber § 184 Anm. 3.2; Dassler/Hintzen § 184 Rz. 7; Eickmann Rz. 5; Böttcher § 184 Rz. 1.
[5] Schiffhauer ZIP 1982, 664; Ripfel BWNotZ 1968, 49; Stöber § 184 Anm. 3.4; Steiner/Teufel § 184 Rz. 3.
[6] So mit Recht Meyer-Stolte Rpfleger 1989, 36 **gegen** eine zumindest mißverständliche Äußerung des OLG Düsseldorf zur entsprechenden Berechtigung des Schuldners in der Forderungszwangsversteigerung.
[7] OLG Düsseldorf Rpfleger 1989, 167.

Im übrigen gilt zu § 67 Abs. 1 das gleiche wie für die Forderungszwangsversteigerung,[8] also stichwortartig folgendes:
– Verlangt werden kann Sicherheitsleistung nur sofort nach der Abgabe des Gebots (§ 67 Abs. 1 S. 1);
– Das Verlangen gilt dann auch für alle weiteren Gebote des gleichen Bieters (§ 67 Abs. 1 S. 2) bis zu einem Verzicht oder Teilverzicht durch den Verlangenden;[9]
– Auch ein Grundpfandgläubiger, der nach § 67 Abs. 1 berechtigt ist, kann von einem Miteigentümer Sicherheit verlangen.

§ 67 Abs. 2 S. 1 ist in der Teilungsversteigerung modifiziert anwendbar in folgendem Sinn:
– Wenn einem bietenden Miteigentümer eine durch das Gebot ganz oder teilweise gedeckte Hypothek, Grundschuld oder Rentenschuld zusteht, braucht dieser überhaupt keine Sicherheit zu leisten (siehe dazu unten B 7.3.).
– Wenn einem sonstigen Bieter ein derartiges Recht zusteht, braucht der Bieter nur auf Verlangen eines Antragstellers (der Versteigerung) Sicherheit zu leisten (§ 67 Abs. 2 S. 1); der Antragsteller hat hier die Rechte des betreibenden Gläubigers.

Ein Miteigentümer kann also in der Teilungsversteigerung entsprechend dem Schuldner in der Forderungszwangsversteigerung nicht schlechthin, sondern nur dann Sicherheitsleistung verlangen, wenn das Gebot eine Zuteilung auf ein ihm zustehendes Eigentümerrecht zulassen oder einen auch ihm zustehenden Erlösüberschuß ergeben würde.[10]

7.3. Pflicht zur Sicherheitsleistung (§ 67 Abs. 2 und 3)

Wenn einem bietenden Miteigentümer (egal ob Antragsteller oder Antragsgegner) eine durch das (Bar-)Gebot ganz oder teilweise gedeckte Hypothek, Grundschuld oder Rentenschuld zusteht, so ist er von jeglicher Pflicht zur Sicherheitsleistung befreit (§ 184). Es kommt dabei nicht darauf an, ob dieses Recht dem bietenden Miteigentümer allein zusteht,[11] oder ob das nur vorgemerkt oder durch einen Widerspruch gesichert ist,[12] ob das Recht nur auf einem Anteil oder auf dem ganzen Grundstück lastet,[13] ob es mit einem Pfandrecht oder Nießbrauch belastet oder außerhalb des Grundbuchs (z. B. durch Erbgang, Abtretung oder Pfändung eines Briefrechts) übergegangen ist.[14]

Der Miteigentümer braucht also keine Sicherheit zu leisten, wenn ein ihm zustehendes Grundpfandrecht mit dem Zuschlag erlischt. Streitig ist aber, ob

[8] Vgl. dazu Storz/Kiderlen ZV-Praxis D 3.2.1.1.
[9] Diese Bestimmung hat erheblich an praktischer Bedeutung verloren, seitdem grundsätzlich 10% vom Verkehrswert (und nicht mehr vom Barteil des konkreten Gebotes) Sicherheit zu leisten ist (geändert 1998).
[10] Steiner/Storz § 67 Rz. 13; Stöber § 184 Anm. 3.1; Meyer-Stolte Rpfleger 1989, 37 m. w. N.; **anders** (aber wohl versehentlich): OLG Düsseldorf Rpfleger 1989, 36.
[11] Stöber § 184 Anm. 3.4; **str. a. A.:** Steiner/Teufel § 184 Rz. 8.
[12] Dassler/Hintzen § 184 Rz. 6; Steiner/Teufel § 184 Rz. 7.
[13] Jäckel/Güthe §§ 67–70 Rz. 7.
[14] Drischler JurBüro 1965, 329.

die Befreiung auch dann gilt, wenn dem Miteigentümer nur die Hauptsumme eines bestehenbleibenden Rechts zusteht,[15] oder ob ihm in diesem Fall auch durch das Bargebot zu deckende wiederkehrende Leistungen zustehen müssen.[16] Meines Erachtens ist der letzteren Ansicht zu folgen, weil das Sicherungsinteresse auf die Bezahlung des Bargebots gerichtet ist und der Bieter die Hauptsumme eines bestehenbleibenden Grundpfandrechts (sinnvollerweise!) von seinem Bargebot abzieht.

Im übrigen gilt zu § 67 Abs. 2 und 3 das gleiche wie für die Forderungszwangsversteigerung,[17] also stichwortartig folgendes:

– Grundsätzlich kann von jedem Bieter Sicherheit verlangt werden, und zwar ohne jede Rücksicht auf seine Wirtschaftskraft;[18]
– Das Gesetz spricht bewußt von Verlangen; es gibt also keine Begründungspflicht und auch kein Ermessen des Gerichts; der Bieter muß leisten;[19]
– Die Beteiligten können nicht (gemäß § 59) vereinbaren, daß Personen, die durch das Gesetz befreit sind, Sicherheit leisten müssen;[20]
– Befreit sind gemäß § 67 Abs. 3 Bund, Länder und besondere Banken und gemäß Landesrecht auch alle deutschen Sparkassen;[21]
– Ein Bieter (nicht Miteigentümer), dem ein durch das Gebot ganz oder teilweise gedecktes Grundpfand zusteht, braucht gemäß § 67 Abs. 2 S. 1 Sicherheit nur auf Verlangen eines Antragstellers (der Versteigerung) zu leisten.

7.4. Höhe der Sicherheit (§ 68)

In den Jahren 1998 und 2007 hat der Gesetzgeber durch Änderungen der §§ 68 bis 70 Art und Höhe der Sicherheitsleistung erheblich geändert.[22] Sicherheit ist seither gemäß § 68 Abs. 1 in der Regel in Höhe von 10% des in der Terminsbestimmung genannten, andernfalls des festgesetzten Verkehrswertes zu leisten; also nicht mehr (wie bis 1998) in Höhe von 10% des Bargebots. Wenn ein Miteigentümer für ein Gebot Sicherheit leisten muß, gilt auch für ihn diese Höhe; ein Bieter kann also nicht mit Hinweis darauf, daß er zur Hälfte Miteigentümer sei und ihm daher auch die Hälfte seines Gebotes zugute käme, seine Sicherheit auf die Hälfte reduzieren.[23]

---

[15] So Steiner/Teufel § 184 Rz. 7.
[16] So die wohl herrschende Ansicht: Eickmann Rz. 300; Schiffhauer ZIP 1982, 664; Stöber § 184 Anm. 3.4; Böttcher § 184 Rz. 1; Dassler/Hintzen § 184 Rz. 5.
[17] Vgl. dazu Storz/Kiderlen ZV-Praxis D 3.2.1.2
[18] Vgl. dazu Taktische Hinweise **TH** B 7.8.1; **TH** B 7.8.2; **TH** B 7.8.5; **TH** B 7.8.6 und **TH** B 7.8.8.
[19] Daher auch kein Verstoß gegen Treu und Glauben, wenn ein Miteigentümer vom anderen Sicherheitsleistung verlangt: OLG Düsseldorf Rpfleger 1989, 167.
[20] Storz/Kiderlen ZV-Praxis D 3.2.1.2.
[21] Siehe FN 20.
[22] Durch Gesetz vom 18. 2. 1998 (BGBl. I S. 866) und mit Wirkung ab 17. 2. 2007 durch das 2. Justizmodernisierungsgesetz vom 22. 12. 2006 (BGBl. 2006 I S. 3416).
[23] In Rspr. und Literatur unstreitig: LG Mannheim JustABlBW 1973, 23; Eickmann Rz. 303; Böttcher § 184 Rz. 1; Schiffhauer ZIP 1982, 664; Stöber § 184 Anm. 3.2; Steiner/Teufel § 184 Rz. 10. – Trotzdem gibt es gelegentlich Versuche in der Praxis, dies durchzusetzen.

Es sei noch einmal wiederholt, daß § 68 Abs. 3 in der Teilungsversteigerung nicht anwendbar ist,[24] weil die Miteigentümer hier gleichgestellt sind, egal ob Antragsteller oder Antragsgegner.

Im übrigen gilt zu § 68 Abs. 2 und 3 das gleiche wie für die Forderungszwangsversteigerung,[25] also stichwortartig folgendes:

- 10% des Verkehrswertes als Höhe der Sicherheit ist eine Richtgröße, die aus folgenden Gründen höher ausfallen kann:
- ein Beteiligter, dessen Recht nach § 52 bestehen bleibt,[26] kann Sicherheitsleistung bis zu dem Betrag verlangen, welcher zur Deckung der seinem Recht vorgehenden Ansprüche durch Zahlung zu berichtigen ist (§ 68 Abs. 2);[27] diese erhöhte Sicherheitsleistung ist gemäß § 68 Abs. 4 spätestens bis zur Entscheidung über den Zuschlag zu erbringen.[28]
- ein anderer Satz als 10% kann von den Beteiligten gemäß § 59 nach neuerer Auffassung nicht vereinbart werden.
- übersteigt die nach der Grundregel (10% vom Verkehrswert) geleistete Sicherheit das Bargebot, ist der überschießende Betrag freizugeben oder zurückzuzahlen (§ 68 Abs. 1 S. 3). Freigabe heißt wohl: gar nicht erst verlangen, so daß die Höhe des Bargebots die Obergrenze der zu erbringenden Sicherheitsleistung darstellt;[29] bei Erhöhungen des Gebots muß dann auch die Sicherheitsleistung erhöht werden (wie vor 1998).
- § 68 Abs. 1 S. 2 (Sicherheitsleistung in Höhe der Verfahrenskosten, wenn diese höher sind) wurde ersatzlos gestrichen.[30]

7.5. Art der Sicherheitsleistung (§ 69)

Zu § 69 gilt in der Teilungsversteigerung genau das gleiche wie in der Forderungszwangsversteigerung.[31] Auch hier hat der Gesetzgeber aber in den Jahren 1998 und 2007 durch eine Neufassung des § 69 erhebliche Änderungen herbeigeführt. Sicherheitsleistung kann in der Regel erbracht werden durch:

- **Bundesbankschecks** (LZB-Schecks, bestätigte und nicht bestätigte), die frühestens am dritten Werktag vor dem Versteigerungstermin ausgestellt worden sind (§ 69 Abs. 2 S. 1);
- **Bank-Verrechnungsschecks**, ausgestellt von einem im Geltungsbereich des ZVG zum Betreiben von Bankgeschäften berechtigten Kreditinstitut

---

[24] Schiffhauer ZIP 1982, 664; Eickmann Rz. 302; Stöber § 184 Anm. 3.1; Steiner/Teufel § 184 Rz. 6.

[25] Vgl. dazu Storz/Kiderlen ZV-Praxis D 3.2.1.3.

[26] Nicht nach einer anderen Bestimmung, z. B. § 59; Steiner/Storz § 68 Rz. 12–14.

[27] Der Ausgleichsbetrag des § 182 Abs. 2 bleibt hier außer Betracht, weil er den Miteigentümern insgesamt als Teil des Erlösüberschusses zusteht; ebenso Stöber § 184 Anm. 2.4.

[28] Die „normale" Sicherheitsleistung muß also sofort erbracht werden, nur der gemäß § 68 Abs. 2 erhöhte Betrag muß erst zur Entscheidung über den Zuschlag geleistet werde, weil der Bieter ja von dieser Erhöhung überrascht wurde; bis zur Leistung des Erhöhungsbetrages ist das Gebot schwebend unwirksam und auch das darunterliegende Gebot gemäß § 72 Abs. 4 noch nicht erloschen!

[29] Ähnlich Hintzen Rpfleger 1998, 148.

[30] Durch Gesetz vom 29. 7. 2009 (BGBl. 2009 I S. 2258).

[31] Vgl. dazu Storz/Kiderlen ZV-Praxis B 3.1.2.4.

und zahlbar im Inland; auch hier darf das Ausstellungsdatum frühestens am dritten Werktag vor dem Versteigerungstermin liegen (§ 69 Abs. 2 S. 1);

- **Bankbürgschaft**, die unbefristet, unbedingt und selbstschuldnerisch sein und von einem Kreditinstitut übernommen sein muß, das im Geltungsbereich des ZVG zum Betreiben von Bankgeschäften berechtigt ist, und die Verpflichtung aus der Bürgschaft muß im Inland zu erfüllen sein (§ 69 Abs. 3);
- **Rechtzeitige Überweisung auf ein Konto der Gerichtskasse**; gemäß § 69 Abs. 4 muß aber im Termin ein Nachweis über die bereits erfolgte Gutschrift bei der Gerichtskasse vorliegen!
- **Barzahlung ist ausdrücklich ausgeschlossen** (§ 69 Abs. 1), also seit Anfang 2007 nicht mehr zulässig!

Im Gegensatz zu der bis 1998 geltenden Fassung sind also andere taugliche Bürgschaften und börsengängige Wertpapiere nicht mehr kraft Gesetzes (sondern allenfalls durch Genehmigung des die Sicherheit Verlangenden) zulässig. Sicherheitsleistung erfolgte bis Anfang 2007 am häufigsten durch Bargeld oder bestätigte LZB-Schecks. Die 1998 erfolgte Zulassung von Bank-Verrechnungsschecks als neues Sicherungsmittel war insbesondere darauf zurückzuführen, daß der Gesetzgeber einerseits aus Sicherheitsgründen die Barzahlungspraxis weiter einschränken und andererseits ein unkompliziert zu beschaffendes und vielseitig einsetzbares unbares Zahlungsmittel schaffen wollte. Dies ist mit Abschaffung der Sicherheitsleistung durch Barzahlung weiter gefördert worden.

Allerdings müssen diese Schecks (mit Blick auf Europa) von einem Kreditinstitut ausgestellt sein, das im Geltungsbereich des ZVG zum Betreiben von Bankgeschäften berechtigt ist. Das sind also keineswegs nur deutsche Kreditinstitute, sondern alle Institute, die in einer von der Europäischen Kommission herausgegebenen entsprechenden Liste aufgeführt sind (§ 69 Abs. 2 S. 3);[32] diese Liste wird jährlich aktualisiert und muß ab sofort jedem Rechtspfleger zugänglich sein. Trotzdem konnten sich diese Bank-Verrechnungsschecks in der Praxis nicht so richtig neben dem Bargeld durchsetzen, weil viele Kreditinstitute dieses „Produkt" nicht kannten bzw. nicht angeboten haben. Der Gesetzgeber hat aber Anfang 2007 die Sicherheitsleistung durch Bargeld schlicht verboten. Es bleibt daher zu hoffen, daß die Kreditinstitute bald und problemlos und überall Bank-Verrechnungsschecks anbieten und dabei auch darauf achten, daß diese Bank-Verrechnungsschecks gemäß § 69 Abs. 2 S. 1 frühestens am dritten Werktag vor dem Versteigerungstermin ausgestellt sein müssen. Und sie müssen im Inland zahlbar sein.

Auch bestätigte Bundesbankschecks dürfen frühestens am dritten Werktag vor dem Versteigerungstermin ausgestellt sein; sie können jedoch (wegen des Bestätigungs-Vermerks) im Gegensatz zu einfachen Bank-Verrechnungsschecks nicht vordatiert werden.

Beispiel: Ein Kunde aus Stuttgart braucht für eine Zwangsversteigerung in Berlin eine Sicherheitsleistung. Wenn das Grundstück z. B. am Donnerstag, den 17. 6. 2010 versteigert wird, kann sich der Kunde nicht am Freitag

---

[32] Zum Vorgehen wenn ausstellendes Kreditinstitut nicht in dieser Liste aufgeführt ist siehe Stöber § 69 Anm. 3.4.

vorher (11. 6. 2010) einen bestätigten Bundesbankscheck, wohl aber einen Bankverrechnungsscheck geben lassen. Denn die Bank müßte den Bankscheck spätestens am 11. 6. 2010 der Landeszentralbank vorlegen und dort bestätigen lassen mit der Folge, daß der Bundesbankscheck wegen zu früher Ausstellung und Bestätigung als Sicherheitsleistung unbrauchbar wäre! Einen Bankverrechnungsscheck kann die Bank in Stuttgart dagegen schon am 11. 6. 2010 aushändigen, aber mit Ausstellungsdatum 17. 6. 2010 versehen, so daß dieser Bankverrechnungsscheck auf alle Fälle gemäß § 69 I 1 als Sicherheitsleistung geeignet ist. Allerdings ist Art. 28 II ScheckG zu beachten: Danach ist ein Scheck, der vor Eintritt des auf ihm angegebenen Ausstellungstages zur Zahlung vorgelegt wird, am Tage der Vorlegung zahlbar.

Mittels eines Schecks kann ein Bieter auch mehrfach Sicherheit leisten: Wurde Sicherheit durch einen Scheck erbracht, dessen Betrag höher ist als die erforderliche Sicherheitsleistung, kann der Bieter bestimmen, in welcher Höhe Sicherheit geleistet werden soll; ohne seine ausdrückliche Erklärung ist anzunehmen, dass dies nur in Höhe des nach § 68 erforderlichen Betrages gelten soll. In diesem Fall kann der nicht verbrauchte Scheckbetrag für eine weitere Sicherheitsleistung verwendet werden (Aufteilung des Scheckbetrags), es muss im Versteigerungstermin nur ohne weiteres festgestellt werden können, dass der Scheck den gesetzlichen Anforderungen entspricht und einen unverbrauchten Wert in ausreichender Höhe darstellt.[33]

Eine wichtige Änderung hat sich auch insofern ergeben, als seit 1998 nicht mehr „Bürgen nach § 239 BGB" (also sogenannte taugliche Bürgen), sondern nur noch **Bankbürgschaften** als Sicherheitsleistung zugelassen sind (vgl. § 69 II). In den Veröffentlichungen für Zwangsversteigerungen wurden zwar auch vor 1998 immer häufiger Bankbürgschaften als evtl. geforderte Sicherheitsleistung (neben Bargeld und LZB-Schecks) genannt. Dies entsprach aber nicht der gesetzlichen Regelung, sondern sollte vermeiden helfen, daß der Rechtspfleger im Versteigerungstermin die Tauglichkeit eines privaten Bürgen prüfen muß.

Hinsichtlich der Berechtigung zum Betreiben von Bankgeschäften im Geltungsbereich des ZVG gilt gemäß § 69 Abs. 3 das gleiche wie gemäß § 69 Abs. 2 das zu Bankverrechnungsschecks Gesagte.

Die Bank als Bürge wird gemäß § 82 im Zuschlag für mithaftend erklärt. Die Bürgschaft bedarf gemäß § 766 BGB der Schriftform, wenn sie nicht von einem Vollkaufmann im Rahmen seines Handelsgeschäftes übernommen wird (vgl. §§ 350, 351, 344, 343 HGB), was bei Finanzdienstleistungsunternehmen für Bietbürgschaften anzunehmen ist.[34] Wo Schriftform nötig ist, reicht auch eine Erklärung zu Protokoll, die aber vom Bürgen unterschrieben werden sollte;[35] mindestens ist dem Bürgen Gelegenheit zur schriftlichen Abfassung der Erklärung zu geben.[36] Auch § 69 Abs. 3 S. 2 ist in der Teilungsversteigerung nicht anwendbar. Das bedeutet, daß trotz der sonstigen Gleich-

---

[33] BGH Rpfleger 2008, 515; hierzu auch Stöber § 69 Anm. 3.5.
[34] Vgl. Taktische Hinweise unten **TH** B 7.8.3; **TH** B 7.8.4; **TH** B 7.8.5.
[35] Steiner/Storz § 69 Rz. 18.
[36] OLG Hamm Pfleger 1987, 469; Steiner/Storz § 69 Rz. 15; Stöber § 69 Anm. 4.4. **gegen** Hornung Rpfleger 1979, 321.

stellung des Antragsgegners in der Teilungsversteigerung mit dem Schuldner in der Vollstreckungsversteigerung, auch der Antragsgegner Sicherheit durch Bankbürgschaft leisten kann. Schon in der Vollstreckungsversteigerung ist dieses Verbot höchst bedenklich,[37] in der Teilungsversteigerung verbietet aber niemand dem Antragsgegner die Sicherheitsleistung durch Bankbürgschaft (oft ist durch entsprechende Beitritte ja jeder Mitgesellschafter/Miteigentümer (auch) Antragsgegner!)

Andere als die in § 69 genannten Mittel (Bundesbankschecks, Bank-Verrechnungsschecks, Bankbürgschaften und rechtzeitige Überweisung auf ein Konto der Gerichtskasse) sind als Sicherheitsleistung nicht geeignet.

Nicht geeignet sind also zum Beispiel
– Sparbücher;
– normale Schecks;
– Sammlermünzen, andere Wertgegenstände gleich welcher Art;
– Namensaktien;
– Grundschuld- oder Hypothekenbriefe;
– zu früh ausgestellte Bankverrechnungsschecks, befristete Bankbürgschaften usw.

Die nicht geeigneten Arten können vom Gericht trotzdem als Sicherheitsleistung zugelassen werden, wenn derjenige ausdrücklich zustimmt, der die Sicherheit verlangt hatte.[38] Die gilt aber nicht für Bargeld, weil eine Sicherheitsleistung durch Bargeld gesetzlich ausdrücklich ausgeschlossen worden ist (§ 69 Abs. 1).

Durch einen neuen § 107 Abs. 3 hat der Gesetzgeber seit Anfang 2007 auch geregelt, daß ein Geldbetrag, der zur Sicherheit für das Gebot des Erstehers bei der Gerichtskasse einbezahlt ist,[39] auf die Zahlung nach § 107 Abs. 2 angerechnet wird. Das führt nicht nur zu einer Verkürzung der Rückzahlungszeiten für nicht mehr benötigte Beträge,[40] sondern auch dazu, daß diese Beträge nicht mehr gemäß § 49 Abs. 2 zu verzinsen sind.[41]

7.6. Entscheidung über Sicherheitsleistung und Gebot (§ 70)

Alles, was mit der Sicherheitsleistung des Bieters zu tun hat, muß im Interesse eines reibungslosen Ablaufs der Versteigerung sofort geschehen:
– sofort nach Abgabe des Gebots muß Sicherheit verlangt werden (§ 67 Abs. 1);
– sofort muß über dieses Verlangen entschieden werden (§ 70 Abs. 2 S. 1);
– sofort muß die geforderte Sicherheit geleistet werden (§ 70 Abs. 2 S. 1); nur die erhöhte Sicherheitsleistung nach § 68 Abs. 2 oder 3 ist spätestens bis zur Entscheidung über den Zuschlag zu erbringen (§ 68 Abs. 4);
– sofort muß das Gericht über die Zulassung des Gebots entscheiden (§ 70 Abs. 2 S. 3);

---

[37] OLG Hamm Rpfleger 1987, 469.
[38] Vgl. dazu Taktische Hinweise unten **TH** B 7.8.3; **TH** B 7.8.4 und **TH** B 7.8.8.
[39] Das sind nicht nur direkt vom Ersteher überwiesene Beträge, sondern auch durch die Einlösung von Bankschecks gutgeschriebene Beträge.
[40] Früher wurden diese Beträge vom Vollstreckungsgericht formal hinterlegt, was einen gewissen bürokratischen Aufwand verursacht hat.
[41] Stöber § 49 Anm. 5.2; – gemäß § 49 Abs. 2 ist das Bargebot zwischen Zuschlag und Verteilungstermin zu verzinsen.

– sofort muß der evtl. Zulassung eines Gebots ohne Sicherheitsleistung (§ 70 Abs. 3) bzw. der Zurückweisung des Gebots (§ 72 Abs. 2) widersprochen werden, wenn man die Entscheidung nicht hinnehmen will.

In der Sache gibt es keine Ermessensentscheidung, sondern das Gericht kann nur prüfen, ob die formalen Voraussetzungen der §§ 67 ff. erfüllt sind.[42] Die Entscheidung zur Sicherheitsleistung ist auch dann nötig, wenn das Gebot gleich wieder gemäß § 72 Abs. 1 S. 1 durch die Zulassung eines Übergebots erlöschen würde, denn nur so sind klare Versteigerungsverhältnisse zu erreichen.[43]

Sofortige Leistung der Sicherheit heißt, daß dies noch während der Bietstunde erfolgen muß, falls nicht schon vorher gemäß § 70 Abs. 2 S. 2 überwiesen worden ist. Die Versteigerung darf nicht (wesentlich) verzögert werden.[44] Es steht weitgehend im Ermessen des Gerichts, ob es die Bietstunde für kurze Zeit unterbricht, um dem Bieter Gelegenheit zur Beschaffung der geeigneten Sicherheit zu geben.[45] Aber der Bieter sollte sich keinesfalls auf diese Möglichkeit verlassen, weil er eindeutig keinen Rechtsanspruch auf Gewährung einer entsprechenden Frist hat.[46] Außerdem muß jeder Bieter wissen, daß auch von bekanntermaßen finanzstarken Personen Sicherheit verlangt werden kann,[47] bzw. daß es grundsätzlich nicht gegen Treu und Glauben verstößt, wenn ein Miteigentümer von einem anderen bietenden Miteigentümer Sicherheit verlangt.[48]

Da gemäß § 67 Abs. 1 S. 2 das Sicherheitsverlangen auch für weitere Gebote desselben Bieters (auf die gleiche Ausgebotsform) gilt, muß insbesondere das Gericht, aber auch der Verlangende, darauf achten, daß die bereits erbrachte Sicherheitsleistung auch für die erhöhten Gebote ausreicht. Diese Aufgabe ist zwar durch die Änderung der § 68, 69 im Jahr 1998 für den Regelfall gelöst, weil ja seither in der Regel 10% vom Verkehrswert (nicht mehr vom konkret abgegebenen Bargebot!) erbracht werden müssen.[49] Eine Erhöhung kann aber zum Beispiel nötig sein, weil der Bieter später auf ein anderes Grundstück mit einem höheren Verkehrswert bietet.

Das Gericht muß die geleisteten Sicherheiten sorgfältig verwalten.[50] Wenn der Ersteher seinen Verpflichtungen aus dem Meistgebot im Verteilungstermin nicht nachkommt, wird die Sicherheit gemäß § 108 verwertet und der

---

[42] Vgl. dazu Taktischen Hinweis unten **TH** B 7.8.4. – Zu besonderen Sicherheitsleistungsarten in der Zwangsversteigerung vgl. Klawikowski Rpfleger 1997, 202.
[43] Steiner/Storz § 70 Rz. 3; Storz/Kiderlen ZV-Praxis D 3.2.1.5.
[44] Vgl. Taktische Hinweise unten **TH** B 7.8.7 und **TH** B 7.8.8.
[45] BGH NJW 2000, 2810; OLG Brandenburg Rpfleger 2001, 610; OLG Düsseldorf Rpfleger 1989, 167; OLG Hamm Rpfleger 1987, 469. – Nach BGH Rpfleger 2006, 211 ist „es nicht geboten", die Bietzeit zu verlängern, um einem Bieter Gelegenheit zu geben, die noch fehlende Sicherheitsleistung zu beschaffen.
[46] OLG Düsseldorf Rpfleger 1989, 167; OLG Hamm Rpfleger 1987, 469; OLG Stuttgart Rpfleger 1983, 493; OLG Zweibrücken Rpfleger 1978, 107; Storz/Kiderlen ZV-Praxis D 3.2.1.5; Stöber § 70 Anm. 3.2; Steiner/Storz § 70 Rz. 5.
[47] OLG Düsseldorf Rpfleger 1989, 167; vgl. auch Taktische Hinweise unten **TH** B 7.8.1; **TH** B 7.8.3; **TH** B 7.8.8.
[48] RGZ 58, 214; OLG Düsseldorf Rpfleger 1989, 36; vgl. auch Taktische Hinweise unten **TH** B 7.8.1; **TH** B 7.8.5; **TH** B 7.8.6.
[49] Storz/Kiderlen ZV-Praxis D 3.2.1.5.
[50] Dazu näher Steiner/Storz § 69 Rz. 34–40; Klawikowski Rpfleger 1997, 202.

Erlös unter Vorwegentnahme der Verfahrenskosten (vgl. § 109) auf die Gläubiger entsprechend ihrem Rang verteilt.[51] Soweit wegen Nichtzahlung die Forderung gegen den Ersteher gemäß § 118 auf den Berechtigten übertragen wird, geht eine Bürgschaft gemäß §§ 412, 401 BGB ebenfalls über, sodaß gegen den Bürgen gemäß § 132 vollstreckt werden kann.[52]

Alle Vorgänge im Zusammenhang mit der Sicherheitsleistung müssen protokolliert werden (§§ 78, 80), insbesondere Verlangen; Übergabe, Art und Höhe der Sicherheit; evtl. Zugeständnisse des Verlangenden hinsichtlich Art und Höhe; Rückgabe mit Art, Höhe und Empfänger (falls noch im Termin geschehen).[53] – Gegen die Entscheidungen in Sicherheitsleistungs-Fragen gibt es neben dem Widerspruch keine besonderen Rechtsmittel, weil es sich insoweit um nicht getrennt anfechtbare Vorentscheidungen zum Zuschlag i. S. d. § 95 handelt.[54] Es kann also nur die Entscheidung über den Zuschlag angefochten und in diesem Zusammenhang der evtl. Fehler bei der Sicherheitsleistung gerügt werden.

7.7. Rückgabe der Sicherheit

Die Sicherheit für ein Gebot wird frei und muß zurückgegeben werden, wenn ein Gebot gemäß § 71 zurückgewiesen wird oder gemäß § 72 aus anderen Gründen erlischt, oder wenn das Bargebot niedriger ist als die in Höhe von 10% des Verkehrswertes bereits geleistete Sicherheit (dann ist der Differenzbetrag zurückzuzahlen), oder wenn auf dieses Gebot der Zuschlag erteilt wird und der Bieter seinen Zahlungsverpflichtungen zum Verteilungstermin nachgekommen ist.

Der Meistbietende hat dabei die Möglichkeit, die Sicherheitsleistung als Teilvorauszahlung anrechnen zu lassen und dadurch die Zinsen aus diesem Teilbetrag zwischen Zuschlag und Verteilungstermin zu sparen (vgl. § 49 Abs. 2). Er muß dies allerdings ausdrücklich spätestens unverzüglich nach Zuschlagsverkündigung (zu Protokoll des Gerichts) beantragen. Auf diese (in weiten Kreisen unbekannte) Möglichkeit sollte er vom Gericht nach § 139 ZPO hingewiesen werden.[55] Seit den Gesetzesänderungen Anfang 2007 ist unklar, ob die vom späteren Ersteher geleistete Sicherheit schon kraft Gesetzes als Teilzahlung auf das Meistgebot anzusehen und daher von der Verzinsungspflicht des § 49 Abs. 2 ausgenommen ist (so sollte die derzeitige Gesetzeslage m. E. ausgelegt werden),[56] oder ob der Meistbietende nach wie vor im Versteigerungstermin zu Protokoll ausdrücklich auf Rücknahme dieses Betrages verzichten und die Sicherheitsleistung als Anzahlung auf das Meistgebot bezeichnen muß.[57]

Die Rückgabe der freigewordenen Sicherheiten sollte tunlichst erst nach Beendigung der Bietstunde erfolgen, um die Versteigerung möglichst wenig

---

[51] Steiner/Storz § 69 Rz. 43.
[52] Steiner/Storz § 69 Rz. 43.
[53] Stöber § 69 Anm. 6.3 und § 70 Anm. 5.2; Steiner/Storz § 70 Rz. 23.
[54] Steiner/Storz § 70 Rz. 20.
[55] Storz/Kiderlen ZV-Praxis D 3.2.1.6.
[56] Vgl. dazu auch Stöber § 49 Anm. 5.2 und § 107 Anm. 4.
[57] Vgl. Hintzen/Alff Rpfleger 2007, 233 (236).

zu stören. Wenn der Bieter aber vorzeitig weggehen muß, kann er seine Sicherheit nach Erlöschen seines Gebots auch durchaus schon während der Bietstunde zurückfordern.

Wird eine Sicherheit versehentlich zurückgegeben und widerspricht der Verlangende dem nicht sofort, so bleibt das Gebot wirksam, und das Verlangen gilt in entsprechender Anwendung des § 70 Abs. 3 als zurückgenommen.[58] Amtshaftung ist hier nicht ausgeschlossen,[59] so daß besondere Sorgfalt geboten ist.

7.8. Taktische Hinweise

TH 7.8.1: Das Gesetz will mit den §§ 67–70 denjenigen Gläubigern einen gewissen Schutz gewähren, die aus dem jeweiligen Bargebot irgendeine Zahlung erhalten würden. In der Praxis haben die §§ 67–70 aber eher eine taktische Bedeutung:
– Wirklich zahlungsunfähige Personen werden von vorneherein eher vom Bieten abgehalten;
– oft wird auch von möglicherweise zahlungsschwachen Bietern absichtlich keine Sicherheit verlangt, um das Bieten in Gang zu bringen, bzw. finanzstarke Bieter dadurch indirekt zu höheren Geboten zu veranlassen;
– gelegentlich wird auch von eindeutig finanzstarken Personen Sicherheit verlangt, um „unbequeme" Bieter auszuschalten;
– in der Teilungsversteigerung insbesondere versuchen immer wieder einzelne Miteigentümer/Teilhaber, anderen unvorbereiteten Miteigentümern/Teilhabern durch das Verlangen nach Sicherheitsleistung das Mitbieten unmöglich zu machen; scheitert das Gebot eines anwaltlich vertretenen Bieters an einer ungeeigneten Sicherheitsleistung, hat der Rechtsanwalt ein sehr ernstzunehmendes Haftungsrisiko;
– man darf auch den Anteil derjenigen Beteiligten keineswegs unterschätzen, die ohne jede Rücksicht auf die Besonderheiten der augenblicklichen Situation entweder immer Sicherheitsleistung verlangen oder dies genauso grundsätzlich nie tun!

TH 7.8.2: Die Sicherheitsleistung hat in der Forderungszwangsversteigerung große taktische Bedeutung.[60] Aber auch in der Teilungsversteigerung gelten die meisten dieser Regeln, verkürzt heißt das z. B.:
– wer – z. B. als selbst interessierter Miteigentümer/Teilhaber – niedrige Gebote erreichen will, verlangt grundsätzlich Sicherheit (soweit er dazu berechtigt ist[61]) und sperrt sich gegen Zugeständnisse aller Art;
– wer dagegen – z. B. als nicht selbst interessierter Miteigentümer/Teilhaber, oder als Gläubiger – hohe Gebote erreichen will, verhält sich sehr flexibel und verzichtet notfalls sogar ganz.

TH 7.8.3: Wer an hohen Geboten interessiert ist, bzw. wer dazu beitragen will, daß für die Miteigentümer ein möglichst gutes Ergebnis erreicht wird,

---

[58] OLG Koblenz Rpfleger 1963, 53; Stöber § 70 Anm. 5.3; Steiner/Storz § 69 Rz. 39.
[59] OLG Koblenz Rpfleger 1963, 53; LG Verden Rpfleger 1974, 31 Anm. Schiffhauer.
[60] Vgl. dazu die Taktischen Hinweise bei Storz/Kiderlen ZV-Praxis **TH** D 3.2.2.1–**TH** D 3.2.2.8.
[61] Zur Antragsberechtigung des Miteigentümers vgl. oben B 7.2.

sollte besonders bei den Anforderungen an die „sofortige Sicherheitsleistung" großzügig und flexibel sein und auch gewisse Verzögerungen in Kauf nehmen, weil erfahrungsgemäß von den Interessenten trotz aller öffentlicher Ankündigungen und Hinweise gerade im Sicherheitsleistungs-Bereich oft Fehler gemacht werden. Rechtsprechung und Literatur sind hier einerseits recht großzügig, stellen aber andererseits klar, daß die Beteiligten und erst recht die Interessenten keinen Anspruch z.B. auf Sitzungsunterbrechungen haben.

TH 7.8.4: Wenn die angebotene Sicherheit den gesetzlichen Anforderungen nicht entspricht, kann dem Sicherheitsinteresse u.U. auch dadurch Rechnung getragen werden, daß der Verlangende die Sicherheit selbst entgegennimmt und auf sein Verlangen gegenüber dem Gericht verzichtet, oder daß durch (kurze) Unterbrechungen der Bietstunde Gelegenheit gegeben wird, die nicht geeignete durch eine geeignete Sicherheit zu ersetzen. Insbesondere bei der nicht mehr zulässigen Sicherheitsleistung durch Barzahlung kann hier oft und leicht ein Weg gefunden werden; allerdings muß bei Geldübergabe auch die Rückgabe sichergestellt werden, falls der Bieter mit seinem Gebot nicht zum Zuge kommt (bzw. die Anrechnung des Geldbetrages auf das Meistgebot, falls der Bieter zum Zuge kommt)![62] Im übrigen empfiehlt es sich für alle Interessenten sehr, evtl. Zweifelsfragen rechtzeitig mit dem Rechtspfleger zu klären.

TH 7.8.5: Durch die Zulassung von Bank-Verrechnungsschecks seit 1998 kann besser als früher ein Problem gelöst werden, das entsteht, wenn z.B. für das Gebot einer Bank Sicherheit verlangt wird. Früher wurde (z.B. in diesem Taktischen Hinweis) vorgeschlagen, daß der Terminsvertreter sich selbst als tauglicher Bürge zur Verfügung stellt und als Nachweis für seine Bonität die Rückbürgschaft seiner Bank vorlegt. Das geht seit 1988 viel einfacher und unproblematischer, weil er einfach ohne besondere Kosten einen Bank-Verrechnungsscheck als Sicherheitsleistung mitbringen kann.[63]

Die einzige sichere Alternative besteht darin, schon vor dem Versteigerungstermin mit allen Beteiligten, die Sicherheit verlangen können, Vereinbarungen über das Nichtverlangen abzuschließen.

TH 7.8.6: Es ist dringend davon abzuraten, weitere Gebote zuzulassen, bevor über die verlangte Sicherheit entschieden bzw. diese ggf. geleistet worden ist. Rechtlich ist die bedingte Zulassung von Geboten genauso unzulässig wie die Zulassung von bedingten Geboten. Und praktisch könnte die Bietstunde u.U. einen ganz anderen Verlauf nehmen (auch eine behauptete Vertretungsmacht muß aus dem gleichen Grund sofort nachgewiesen werden).

Gebote anderer Bieter können zwar u.U. zugelassen werden, weil dadurch das Gebot gemäß § 72 Abs. 1 S. 1 erlischt und das diesbezügliche Verlangen nach Sicherheitsleistung erübrigt. Aber dieser Interessent darf sich an diesem Weiterbieten auf keinen Fall beteiligen, bis er Sicherheit leisten kann oder der Verlangende auf seine Sicherheit verzichtet.

---

[62] Dazu Storz/Kiderlen ZV-Praxis **TH** D 3.2.2.2 und **TH** D 3.2.2.3.
[63] Näher dazu Storz/Kiderlen ZV-Praxis **TH** D 3.2.2.4; Steiner/Storz § 69 Rz. 17 – über diesen Weg hätte wohl auch der Konflikt im Fall des OLG Düsseldorf Rpfleger 1989, 167 gelöst werden können; so auch Anm. der Schriftleitung Rpfleger 1989, 168.

TH 7.8.7. (nach OLG Zweibrücken):[64] Erfahrungsgemäß wird erst gegen Ende der Bietstunde geboten; deshalb werden auch evtl Probleme mit der Sicherheitsleistung oft erst zu diesem späten Zeitpunkt evident. Es empfiehlt sich daher sehr, daß der Rechtspfleger schon im Bekanntmachungsteil vor Beginn der Bietstunde deutlich gemäß § 139 ZPO auf die Regeln zur Sicherheit hinweist und die Interessenten auffordert, evtl Zweifelsfragen sofort mit ihm zu klären, widrigenfalls er später keine Sitzungsunterbrechung zur Bereinigung dieser Mängel zulassen wird. Allerdings wird mit einem derartigen Ausschluß der Falsche bestraft, denn die eigentlichen Beteiligten (Miteigentümer und Gläubiger) sind in aller Regel an hohen Geboten interessiert! Mit Rücksicht auf sie ist also Zurückhaltung geboten; die Beteiligten können ihrerseits aktiv versuchen, derartige Mißverständnisse durch entsprechende Gespräche zu verhindern. Die Warnung als solche am Ende des Bekanntmachungsteils ist aber auf alle Fälle gut und hilfreich!

TH 7.8.8: Die Sicherheitsleistung durch Überweisung auf ein Konto der Gerichtskasse ist mit erheblichen rechtlichen, technischen und bürokratischen Problemen behaftet, sodaß der Bieter riskiert, daß ihm der Nachweis der rechtzeitigen Überweisung im Versteigerungstermin nicht gelingt, und/oder daß ihm der Überweisungsbetrag nur mit Problemen[65] und zeitlichen Verzögerungen zurücküberwiesen wird (in Einzelfällen bis zu 4 Wochen!), falls er mit seinem Gebot nicht zum Zuge kommt! Sicherheitshalber kann man sich evtl im Internet über die konkreten Praktiken der einzelnen Gerichte informieren, z. B. „www.zvg.com" oder „www.zwangsversteigerung.de" oder „www.zvg-portal.de".

---

[64] OLG Zweibrücken Rpfleger 1978, 108.
[65] Vgl. dazu Hintzen/Alff Rpfleger 2007, 233 (234, 235).

8. Zuweisung landwirtschaftlicher Grundstücke (§ 185)

§ 185 regelt das Verhältnis zwischen der Teilungsversteigerung und dem Verfahren über einen Antrag auf Zuweisung eines landwirtschaftlichen Betriebes nach § 13 GrdstVG vom 28. 7. 1961 (BGBl. I S. 1091). Letzteres hat den Vorrang, weil es auch die Auseinandersetzung unter den Miterben regelt und daher umfassender ist.[1]

Die Teilungsversteigerung muß deshalb zwingend[2] so lange einstweilen eingestellt werden, bis über den Zuweisungsantrag rechtskräftig entschieden ist. Allerdings stellt das Vollstreckungsgericht nur auf Antrag eines Berechtigten ein; berechtigt sind nur die Mitglieder der Erbengemeinschaft, also die Antragsteller und Antragsgegner der Teilungsversteigerung.[3] Wiederholte Einstellung ist möglich.[4] Ohne Einstellungsantrag wird die Teilungsversteigerung durchgeführt, und nach einem Zuschlag ist eine Zuweisung nicht mehr möglich.[5] Umgekehrt muß die Teilungsversteigerung aufgehoben werden, sobald und soweit zugewiesen ist.[6]

Gemäß § 13 GrdstVG kann, wenn ein landwirtschaftlicher Betrieb[7] einer durch gesetzliche Erbfolge[8] entstandenen Erbengemeinschaft gehört, jeder Miterbe beantragen, daß der Betrieb ungeteilt mit allem Zubehör und allen Nutzungs- und sonstigen zum Betrieb gehörenden Rechten einem Miterben durch das Landwirtschaftsgericht zugewiesen wird; die anderen Miterben werden gemäß § 16 GrdstVG in Geld abgefunden.

Das Zuweisungsverfahren nach §§ 13 ff. GrdstVG hat keine große praktische Bedeutung, weil bei landwirtschaftlichen Betrieben nur selten eine gesetzliche Erbfolge eintritt und durch eine gerichtliche Zuweisung auseinandergesetzt werden muß.

---

[1] Schiffhauer ZIP 1982, 660.
[2] OLG München Rpfleger 1984, 363.
[3] Drischler RpflJB 1966, 325.
[4] OLG München Rpfleger 1984, 363.
[5] Stöber § 185 Anm. 2.8.
[6] Siehe FN 5.
[7] Nicht: forstwirtschaftlich: Steiner/Teufel § 185 Rz. 1; Mohrbutter, Vollstreckungsrecht § 63 VII.
[8] Nicht: letztwillige Verfügung: BGH Rpfleger 1963, 344; OLG Köln AgrarR 1976, 866.

C. Verlauf des Versteigerungsverfahrens

1. Überblick

1.1. Übersicht

Voraussetzungen der Teilungsversteigerung
- In Natur nicht teilbares Grundstück (B 1.1.)
- Auseinandersetzung einer Gemeinschaft (B 1.2./1.3.)
- kein Vollstreckungstitel nötig (B 4.2.)

Einleitung des Verfahrens
- Versteigerungsantrag (B 4./C 3.1.)
- Anordnung des Verfahrens (C 3.2.)
- Beschlagnahme des Grundstücks (C 3.3.)
- Beitritt des Antragsgegners (C 3.4.)

Schutz von Antragsgegnern und Betroffenen
- einstweilige Einstellungen nach § 180 II–IV (B 3.)
- Schutz gemäß § 765a ZPO? (A 2.3./B 3.4.)

Festsetzung des Grundstückswertes
- Verfahrensabschnitt mit eigenen Rechtsmitteln (C 5.2.)
- Bedeutung für §§ 74a, 85a, 114a (C 5.1.)

Versteigerungstermin
- Vorbereitung durch Gericht, Beteiligte, Interessenten (C 6.)
- Dreiteilung des Termins (C 7.)
- Besonderer Verkündungstermin (C 8.1.2.)

Erlösverteilung
- Einigung der Miteigentümer (C 9.5.2.) oder
- Hinterlegung für Miteigentümer (C 9.5.4.)

Evtl. Wiederversteigerung und Abschluß

1.2. Voraussetzungen der Versteigerung

Wenn sich z.B. nach einer Ehescheidung die Eheleute oder nach einem Erbfall die Erbengemeinschaft über die Verwertung eines gemeinsamen (nicht in Natur teilbaren) Grundstücks nicht einigen können, bietet das Gesetz jedem der Beteiligten die Möglichkeit, die Gemeinschaft auseinanderzusetzen und das Grundstück auch gegen den Willen der anderen Miteigentümer/Teilhaber durch eine Versteigerung zu verwerten. Durch diese sog Teilungsversteigerung wird zwar die Gemeinschaft am (unteilbaren) Grundstück aufgehoben, aber sie setzt sich jetzt am (teilbaren) Erlös fort.

Die Teilungsversteigerung ist im ZVG geregelt, wobei gemäß §§ 180–185 die Regeln über die Forderungszwangsversteigerung entsprechend anzuwenden sind. Besonderheiten gibt es insbesondere bei den Einstellungsmöglichkeiten (§ 180 Abs. 2–4), Antragsvoraussetzungen (§ 181), Regeln für das

geringste Gebot (§ 182), Mietern und Pächtern (§ 183), Fragen der Sicherheitsleistung (§ 184) und der Zuweisung eines landwirtschaftlichen Betriebes
(§ 185). Das eigentliche Verfahren der Teilungsversteigerung entspricht aber
abgesehen von diesen Besonderheiten[1] sehr stark der Forderungszwangsversteigerung, sodaß für alle Einzelheiten des Verlaufs auf die Ausführungen in
der „Praxis des Zwangsversteigerungsverfahrens"[2] verwiesen, und auch besonders auf die zahlreichen dort vermerkten „Taktischen Hinweise" aufmerksam gemacht wird. Beide Bücher, die „ZV-Praxis" und dieses Buch sind als
gegenseitige Ergänzung gedacht und konzipiert.

Die Voraussetzungen der Teilungsversteigerung unterscheiden sich naturgemäß deutlich von denen der Forderungszwangsversteigerung, weil ja gera-
de der Ausgangspunkt beider Verfahren ganz unterschiedlich ist. Eine Tei-
lungsversteigerung hat folgende Voraussetzungen:
– Nur Grundstücke oder grundstücksgleiche Rechte, die nicht in Natur teil-
  bar sind, können Gegenstand der Teilungsversteigerung sein.[3]
– Es muß entweder eine Bruchteils- oder eine Gesamthandsgemeinschaft am
  Grundstück bestehen.[4]
– Der Miteigentümer/Teilhaber oder sein Gläubiger muß ein Recht zur
  Auseinandersetzung der Gemeinschaft haben, und es dürfen keine Rechte
  entgegenstehen.[5]
– Antragsteller und Antragsgegner müssen als Miteigentümer/Teilhaber im
  Grundbuch eingetragen oder Erben von eingetragenen Miteigentümern/
  Teilhabern sein.[6]
– Ein Vollstreckungstitel ist gemäß § 181 in aller Regel nicht erforderlich,
  weil die Zulässigkeit der Teilungsversteigerung nur selten streitig ist.[7]
Im Gegensatz dazu setzt die Forderungszwangsversteigerung einen Schuld-
titel (§§ 704 Abs. 1, 794ff ZPO) mit Vollstreckungsklausel (§ 724 ZPO) und
Zustellungsnachweis (§ 750 ZPO) voraus.

Für die im Verlaufe eines (relativ einfachen) Teilungsversteigerungsverfah-
rens anfallenden, typischen Schriftstücke sowohl auf der Seite von Antrag-
steller/Antragsgegner als auch auf Seiten des Gerichts sind in den folgenden Abschnitten C 2.-C 10. **Muster** dargestellt, an denen sich insbesondere
Nichtfachleute zur Erleichterung ihrer Arbeit orientieren können.

1.3. Einleitung des Verfahrens

Die Teilungsversteigerung wird gemäß §§ 180, 15 nur auf Antrag angeordnet. Der Antrag ist formfrei und muß bezeichnen:[8]
– das zu versteigernde Grundstück;
– das aufzuhebende Gemeinschaftsverhältnis und die Art der Beteiligung des
  Antragstellers hieran;

---

[1] Dazu ausführlich oben Abschnitt B
[2] Storz/Kiderlen ZV-Praxis Abschnitte C–E.
[3] Oben B 1.1.
[4] Oben B 1.2.
[5] Oben B 1.3.–B 1.7.
[6] Oben B 4.3.
[7] Oben B 4.2.
[8] Oben B 4.1. und unten C 3.1. – Vgl. **Muster** C 3.1.2.

– den bzw. die Antragsgegner mit ladungsfähiger Anschrift;
– die Bitte um Anordnung der Teilungsversteigerung.

Außerdem müssen mit dem Versteigerungsantrag gemäß §§ 180, 17, 181 die Eintragung von Antragsteller und Antragsgegner als Miteigentümer/Teilhaber im Grundbuch oder ihre Eigenschaft als Erben von eingetragenen Miteigentümern/Teilhabern nachgewiesen werden. Dazu kann der Antragsteller u. U. sogar einen Erbschein für den verstorbenen Miteigentümer bzw. Miterben anfordern.[9] Zuständig für die Teilungsversteigerung ist gemäß § 1 Abs. 1 das Amtsgericht, in dessen Bezirk das Grundstück liegt, wenn nicht gemäß § 1 Abs. 2 ein gemeinsames Vollstreckungsgericht für mehrere Amtsgerichts-Bezirke für zuständig erklärt worden ist.[10]

Wenn der Antrag einschließlich der beigefügten Unterlagen den gesetzlichen Anforderungen entspricht, ordnet das Gericht die Teilungsversteigerung an.[11] Der Anordnungsbeschluß wird dem Antragsgegner gemäß § 8 zugestellt, und außerdem wird das Grundbuchamt um Eintragung des Versteigerungsvermerks ersucht. Dadurch wird das Grundstück zugunsten des Antragstellers beschlagnahmt. Im Gegensatz zur Forderungszwangsversteigerung bewirkt die Beschlagnahme hier aber keine Verfügungsbeschränkung i. S. d. §§ 1121, 1122 BGB und hindert die Miteigentümer/Teilhaber gemäß § 747 S. 2 BGB daher nicht an gemeinsamen Verfügungen über das Grundstück bzw. die Gegenstände des Haftungsverbundes.[12] Auch die Bedeutung der Beschlagnahme für die Berechnung der laufenden Beträge wiederkehrender Leistungen gemäß § 13 ist in der Teilungsversteigerung wesentlich geringer als in der Forderungszwangsversteigerung.[13]

Das Grundbuchamt erteilt dem Gericht nach Eintragung des Versteigerungsvermerks eine beglaubigte Grundbuch-Abschrift, die diesem zur Feststellung des Kreises der Beteiligten und der von Amts wegen zu berücksichtigenden Rechte dient.

Der angeordneten Teilungsversteigerung kann jeder Miteigentümer/Teilhaber beitreten (§§ 180, 27), nicht dagegen nach herrsch Ansicht ein Gläubiger zum Zwecke der Forderungszwangsversteigerung.[14] Betreiben mehrere Antragsteller die Teilungsversteigerung, so gilt der Grundsatz der Selbständigkeit ihrer Einzelverfahren innerhalb der Gesamtversteigerung.[15]

1.4. Einstweilige Einstellung

Anstelle der in der Forderungszwangsversteigerung geltenden §§ 30a–30f[16] kann sich der Antragsgegner in der Teilungsversteigerung gegen besondere

---

[9] BayObLG Rpfleger 1995, 103; LG Essen Rpfleger 1986, 387; LG Limburg NJW 1952, 149. – Zu den Eintragungsnachweisen vgl. oben B 4.3.
[10] Unten C 3.2.
[11] BGH Rpfleger 1952, 415; Eickmann S. 26; Steiner/Teufel § 180 Rz. 121; Stöber § 180 Anm. 6.6. – Vgl. **Muster** einer Anordnung unten C 3.2.2.
[12] Siehe FN 11.
[13] Storz/Kiderlen ZV-Praxis B 5.4.
[14] Oben A 3.1. – Vgl. **Muster** von Beitrittsantrag und -beschluß unten C 3.4.2.1. und C 3.4.2.2.
[15] Oben A 4.5.
[16] Dazu Storz/Kiderlen ZV-Praxis B 3.1.

Härten gemäß § 180 Abs. 2–4 wehren, worauf er gemäß § 180 Abs. 2 und 3 (jeweils S. 3 i. V. m. § 30 b) zusammen mit dem Anordnungs- bzw. Beitrittsbeschluß hingewiesen wird. Neben dem Schutz für jeden Miteigentümer/Teilhaber gemäß § 180 Abs. 2[17] gibt es seit 1. 4. 1986[18] über § 180 Abs. 3 einen besonderen Schutz des Kindeswohls.[19] Beantragt werden müssen diese einstweiligen Einstellungen innerhalb einer Notfrist von 2 Wochen ab Zustellung der Belehrung.

Die Anwendbarkeit des allgemeinen Vollstreckungsschutzes des § 765 a ZPO in der Teilungsversteigerung wird von einem Teil der Literatur nach wie vor (m. E. zu Unrecht) bestritten, wird aber jetzt auch von der höchstrichterlichen Rechtsprechung anerkannt.[20] Andererseits gibt es wie in der Forderungszwangsversteigerung noch eine Reihe anderer Einstellungsmöglichkeiten.[21]

1.5. Festsetzung des Grundstückswertes

Spätestens seit Einführung des § 85 a[22] ist auch in der Teilungsversteigerung die Festsetzung des Grundstückswertes durch das Gericht unumgänglich;[23] gemäß § 74 a Abs. 5 erfolgt sie in aller Regel auf der Grundlage eines Sachverständigen-Gutachtens und hat insbesondere Auswirkungen auf die Zuschlagsversagungsgründe der §§ 85 a und 74 a;[24] die psychologische Bedeutung der gerichtlichen Wertfestsetzung ist auch in der Teilungsversteigerung nicht zu unterschätzen;[25] dagegen wird die Befriedigungsfiktion des § 114 a hier nur ausnahmsweise wirksam.[26]

Das Festsetzungsverfahren[27] entspricht demjenigen in der Forderungszwangsversteigerung, auch hinsichtlich der Rechtsmittel und der (nur) relativen Rechtskraft des Festsetzungsbeschlusses.[28]

1.6. Versteigerungstermin und Zuschlag

1.6.1. Vorbereitung

Nach Rechtskraft des Wertfestsetzungsbeschlusses erfolgt die Terminsbestimmung mit Veröffentlichung und Zustellung an die Beteiligten (§§ 39–41).[29] Ihr

---

[17] Oben B 3.2. – Vgl. **Muster** für ein Einstellungsverfahren gemäß § 180 II mit: Hinweis gemäß § 30 b, Einstellungsantrag und -beschluß, Fortsetzungsantrag und -beschluß unten C 4.2.1.–C 4.2.5.
[18] Art. 8 ÄndG vom 20. 2. 1986, BGBl. I S. 301.
[19] Oben B 3.3.
[20] Vgl. insbesondere BGH FamRZ 2007, 1634; OLG Köln FamRZ 2007, 1343. – Näher dazu oben A 2.3. und B 3.4.
[21] Dazu und allgemein zur einstweiligen Einstellung ausführlich oben B 3.1., B 3.4. und B 3.5.
[22] Gesetz vom 1. 2. 1979, BGBl. I S. 127.
[23] OLG Düsseldorf Rpfleger 1981, 69; Schiffhauer ZIP 1982, 535.
[24] Unten C 8.2.
[25] Dazu Storz/Kiderlen ZV-Praxis C 2.2.
[26] Unten C 8.3.2.
[27] Unten C 5. – Vgl. **Muster** einer Mitteilung, Stellungnahme und des Wertfestsetzungsbeschlusses unten C 5.2.2.1.–C 5.2.2.3.
[28] Dazu Storz/Kiderlen ZV-Praxis C 2.3. und C 2.4.
[29] Vgl. **Muster** einer offiziellen Bekanntmachung, einer sonstigen Veröffentlichung und einer Mitteilung gemäß § 41 II unter C 6.1.4.1.–C 6.1.4.3.

wesentlicher Inhalt ergibt sich aus §§ 37, 38. Dabei sind wichtige Fristen zu beachten, insbesondere:
- 6 Wochen zwischen Bekanntmachung und Termin gemäß § 43 Abs. 1 S. 1 (bzw. 2 Wochen nach einer einstweiligen Einstellung: § 43 Abs. 1 S. 2); bei einem Verstoß gegen diese Vorschriften muß zwingend ein neuer Termin bestimmt bzw. der Zuschlag versagt/aufgehoben werden.
- 4 Wochen zwischen Zustellung des Anordnungsbeschlusses an den Antragsgegner und dem Termin sowie zwischen der Zustellung der Terminsbestimmung an alle dem Gericht bekannten Beteiligten und dem Termin (§ 43 Abs. 2); ein Verstoß gegen diese Vorschriften kann durch Genehmigung der Beteiligten geheilt werden.

Aber nicht nur das Gericht bereitet den Versteigerungstermin vor: Auch die Miteigentümer/Teilhaber als Antragsteller und als Antragsgegner sowie die Grundpfandgläubiger sollten sich vorbereiten und z. B. die noch nötigen Anmeldungen vornehmen, Vollmachten beschaffen, ggf. Interessenten für das Grundstück suchen bzw. Sicherheitsleistungen vorbereiten.[30] Die Vorbereitung evtl. Interessenten konzentriert sich ebenfalls auf die Beschaffung von Vollmachten, Sicherheitsleistung und Gesamtfinanzierung; aber vor allem sollten Interessenten sich über das Versteigerungsobjekt selbst sachkundig machen.

1.6.2. Versteigerungstermin

Der Versteigerungstermin ist die eigentliche Schicksalsstunde auch der Teilungsversteigerung; er besteht aus drei Teilen:
- Bekanntmachungsteil (vgl. § 66);
- Bietstunde (§ 73)
- Verhandlung über den Zuschlag (§ 74).

Durch diese Dreiteilung soll sichergestellt werden, daß das eigentliche Versteigerungsgeschäft mindestens volle 30 (seit Mitte 1998, vorher: 60) Minuten dauert und möglichst von anderen Erörterungen freigehalten wird. Vorgänge im Termin haben u. U. unterschiedliche Auswirkungen auf das Verfahren, je nachdem, in welchem Terminsabschnitt sie erfolgen; deshalb ist die Dreiteilung auch praktisch von erheblicher Bedeutung.[31]

Im Bekanntmachungsteil[32] wird zum einen noch einmal in Zusammenarbeit zwischen Rechtspfleger und allen Beteiligten alles das geklärt, was mit den Beteiligten, dem Grundstück, dem Grundbuch, den Forderungen und Anmeldungen, den Versteigerungsbedingungen und dem geringsten Gebot[33] zusammenhängt; zum anderen wird den erschienenen Interessenten erklärt, wie die Versteigerung abläuft, welche Versteigerungsbedingungen gelten und was im Falle eines Zuschlags zu beachten ist. Der Bekanntmachungsteil dient also der Vorbereitung der eigentlichen Versteigerung und schließt gemäß § 66 Abs. 2 mit dem Hinweis auf die bevorstehende Ausschließung weiterer Anmeldungen und der Aufforderung zur Abgabe von Geboten.

---

[30] Unten C 6.2. und 6.3. – Vgl. **Muster** einer Forderungsanmeldung und einer Bietvollmacht unten C 6.2.2.1. und C 6.2.2.2.
[31] Unten C 7.
[32] Unten C 7.2.
[33] Ausführlich zum geringsten Gebot oben B 5.

Die Bietstunde,[34] deren Beginn und Ende jeweils auf die Minute genau im Protokoll festgehalten werden, muß seit Mitte 1998 mindestens volle 30 Minuten dauern (bis 1998 mindestens 60 Minuten) und ist gemäß § 73 Abs. 1 solange festzusetzen, bis trotz Aufforderung keine weiteren Gebote mehr zu erwarten sind. Das letzte Gebot ist dreimal aufzurufen; letztes Gebot und Schluß der Versteigerung sind zu verkünden.

In der Verhandlung über den Zuschlag[35] sind die Beteiligten über die bevorstehende Entscheidung zu hören, und die Entscheidung wird verkündet, wenn nicht ein besonderer Verkündungstermin bestimmt wird (§ 87). Wurde kein zulässiges Gebot abgegeben, wird gemäß § 77 einstweilen eingestellt. Bei Nichterreichen der $5/_{10}$-Grenze wird der Zuschlag gemäß § 85a von Amts wegen versagt, bei Nichterreichen der $7/_{10}$-Grenze kann er auf Antrag bestimmter Gläubiger versagt werden. Der (maßgebliche) Antragsteller kann darüberhinaus jeden Zuschlag durch eine jetzt gemäß §§ 180, 30 bewilligte einstweilige Einstellung verhindern, und bei Verschleuderungsgefahr kann zum Schutz des Antragsgegners ein Zuschlag verhindert werden.[36] Auch Verfahrensmängel i. S. d. § 83 können zur Zuschlagsversagung führen. Über alles das wird jetzt verhandelt, deshalb ist die Verhandlung über den Zuschlag überhaupt der wichtigste Verfahrensabschnitt, auch wenn er oft nur wenige Minuten dauert und von vielen Beteiligten nicht ernst genommen wird.[37] Der Zuschlagsbeschluß ist gemäß § 87 im Versteigerungstermin selbst oder in einem sofort zu bestimmenden besonderen Termin zu verkünden. Von letzterer Möglichkeit wird in letzter Zeit immer häufiger Gebrauch gemacht.

1.6.3. Zuschlag

Der Zuschlag wird gemäß § 89 mit der Verkündung wirksam. Der Ersteher wird damit Eigentümer des Grundstücks und der mitversteigerten beweglichen Sachen (§ 90); Grundstücksrechte, die nicht nach den Versteigerungsbedingungen bestehenbleiben, erlöschen (§ 91), und an ihre Stelle tritt kraft Surrogation der Anspruch auf einen entsprechenden Erlösanteil (§ 92); der Zuschlagsbeschluß ist für den Ersteher ein Räumungstitel gegen den Grundstücksbesitzer (§ 93) und umgekehrt Vollstreckungstitel gegen den Ersteher im Falle der Nichtzahlung des Bargebots (§§ 132, 133); u. U. greift mit dem Zuschlag die Befriedigungsfiktion des § 114a.[38] Die Entscheidung über den Zuschlag ist mit der befristeten Rechtspfleger-Erinnerung (§ 11 Abs. 1 S. 2 RpflG) bzw. der sofortigen Beschwerde anfechtbar (§§ 96–104). Alle anderen vor dem Zuschlag ergehenden Beschlüsse und Entscheidungen sind gemäß § 95 nur anfechtbar, wenn sie die Aufhebung, Einstellung oder Fortsetzung der Verfahren betreffen;[39] auch der Wertfestsetzungsbeschluß kann gemäß § 74a Abs. 5 S. 3 gesondert angefochten werden.

---

[34] Unten C 7.3.
[35] Unten C 8.1.
[36] Entweder über § 765a ZPO (streitig, vgl. oben A 2.3. und B 3.4.) oder über Art. 14 GG (vgl. BVerfG Rpfleger 1979, 296; Schiffhauer ZIP 1982, 666).
[37] Vgl. z. B. Storz „Besondere Gefahrenquellen in der Zwangsversteigerung" ZIP 1980, 1049 und 1981, 16.
[38] Unten C 8.3.
[39] Unten C 8.1. – Vgl. **Muster** eines Zuschlagsbeschlusses unten C 8.1.6.

1.7. Erlösverteilung

Nach der Zuschlagserteilung wird gemäß § 105 der Termin zur Verteilung des Versteigerungserlöses anberaumt. Die Terminsbestimmung wird allen Beteiligten und dem Ersteher/Meistbietenden zugestellt. Aufgabe des Verteilungstermins ist es,

- die Teilungsmasse festzustellen (§ 107 Abs. 1);
- die Zahlung des Erstehers entgegenzunehmen (§ 107 Abs. 2 und 3);
- die Gläubigeransprüche nach Rang und Betrag festzustellen (§§ 109 ff.):
- den Teilungsplan aufzustellen (§§ 113, 114);
- den Plan auszuführen (§§ 115 ff.).

Der Teilungsplan gilt als festgestellt, wenn kein Widerspruch erhoben wird. Über Widersprüche wird verhandelt, aber nicht vom Versteigerungsgericht entschieden.

Anders als in der Forderungszwangsversteigerung verbleibt in der Teilungsversteigerung oft nach Ausführung der Verteilung an die Gläubiger ein Erlösüberschuß, der den früheren Miteigentümern/Teilhabern zusteht. Die Aufteilung dieses Erlöses gehört aber nicht zu den Aufgaben des Versteigerungsgerichts,[40] was schon deshalb auch nicht möglich wäre, weil dem Versteigerungsgericht nicht bekannt ist, welche Ansprüche die Miteigentümer/Teilhaber untereinander haben. Entweder einigen sich diese über die Erlösverteilung, sodaß eine entsprechende Auszahlung durch das Gericht möglich ist,[41] oder das Versteigerungsgericht zahlt den Erlösüberschuß an alle Miteigentümer/Teilhaber gemeinsam aus bzw. hinterlegt ihn bei der Hinterlegungsstelle des Amtsgerichts.[42]

1.8. Evtl. Wiederversteigerung und Abschluß

Wenn und soweit der Ersteher im Verteilungstermin nicht zahlt, wird der Teilungsplan durch Übertragung entsprechender Forderungen gegen den Ersteher auf die Berechtigten ausgeführt (§ 118). Für die Forderungen werden gemäß § 128 Sicherungshypotheken an dem versteigerten Grundstück eingetragen, aus denen in vereinfachter und beschleunigter Weise gegen den Ersteher vollstreckt (§ 132) und auch die Versteigerung des Grundstücks betrieben werden kann (sog Wiederversteigerung gemäß § 133). Diese Wiederversteigerung ist dann keine Teilungsversteigerung mehr, sondern reine Forderungszwangsversteigerung.[43]

Zum Abschluß des Versteigerungsverfahrens wird das Grundbuch auf Ersuchen des Versteigerungsgerichts nach Rechtskraft des Zuschlagsbeschlusses und nach Erlösverteilung berichtigt. Das Grundbuchamt wird insbesondere ersucht um die Eintragung des Erstehers als neuer Eigentümer und um die

---

[40] BGH Rpfleger 1952, 415; OLG Köln EWiR 1991, 831 und MDR 1974, 240; Schiffhauer ZIP 1982, 666.
[41] RGZ 119, 322.
[42] Unten C 9.5. – Vgl. **Muster** einer Terminsbestimmung und Anmeldung zum Verteilungstermin, einer Liegenbelassungsvereinbarung und einer Auszahlungserklärung unten C 9.6.1.–C 9.6.4.
[43] Unten C 10.5. – Vgl. **Muster** einer Forderungsübertragung gemäß § 118 unten C 10.6.

Löschung des Versteigerungsvermerks sowie der durch den Zuschlag erloschenen Rechte (§§ 130, 130a). Ein bisheriger Miteigentümer als Ersteher kommt dabei nicht in den Genuß der sonst üblichen Gebührenbefreiung nach § 60 Abs. 4 KostO.

2. Formelles Verfahren

Literatur (Titel zum Teil sinnwahrend gekürzt!): *Baum*, Zwangsversteigerungsvermerk und unerledigte Anträge, Rpfleger 1990, 141; *Braun*, Zuschlagsbeschluß und Wiederaufnahme, NJW 1976, 1923 und 1977, 27; *Drischler*, Zur Anordnungsgebühr, JVBl 1960, 100; *Drischler*, Zur Verfahrensgebühr, JVBl 1962, 102; *Drischler*, Verfahrenskosten bei Nichtzahlung des Bargebots, JVBl 1963, 169; *Drischler*, Voreintragung der Erben bei der Teilungsversteigerung, MDR 1960, 466; *Drischler*, Zuschlagsbeschwerde in der Zwangsversteigerung, KTS 1971, 258; *Drischler*, Zustellungen in der Zwangsversteigerung, JVBl 1962, 83; *Gerold*, Anwaltsgebühren im Einstellungsverfahren, JurBüro 1959, 503; *Hagemann*, Aufgaben des Grundbuchamts nach Anordnung der Zwangsversteigerung, Rpfleger 1984, 397 und 1985, 341; *Hoffmann*, Zwangsvollstreckung in Miteigentums-Anteile, JuS 1971, 20; *Kirberger*, Zulässigkeit der Nichtigkeitsbeschwerde in der Zwangsversteigerung, Rpfleger 1975, 43; *Mohrbutter*, Bedeutung des Versteigerungsvermerks im Grundbuch, JurBüro 1956, 153; *Mohrbutter/Leyerseder*, Zuschlagsbeschwerde und neue Tatsachen, NJW 1958, 370; *Mümmler*, Anwaltsgebühren im Rahmen einer Teilungsversteigerung, JurBüro 1978, 1462 und 1979, 1285 und 1987, 1475; *Mümmler*, Entstehung und Höhe der Verfahrensgebühr, JVBl 1962, 51; *Mümmler*, Verschiedene Aufsätze zur Anwaltsgebühr in der Zwangsversteigerung, JurBüro 1972, 745; 1979, 168; 1981, 1798; 1983, 1464 und 1623; 1984, 986; 1987, 660; *Papke*, Anwaltsgebühren bei einem Vergleich in der Teilungsversteigerung AnwBl 1964, 5; *Rellermeyer*, Anordnung der Zwangsversteigerung bei Auslandsberührung, Rpfleger 1997, 509; *Schalhorn*, Gibt es in der Teilungsversteigerung Kostenerstattung? JurBüro 1970, 137; *Schalhorn*, Anwaltsgebühr für die Schuldnervertretung bei Versteigerung eines Erbbaurechts, JurBüro 1969, 407; *Schalhorn*, Anwaltsgebühren für Vertretung eines Beteiligten, JurBüro 1971, 117; *Schiffhauer*, ist § 1365 auf den Teilungsversteigerungs-Antrag anwendbar? FamRZ 1960, 186 und 1966, 338; *Schmahl*, Zuschlagsbeschluß und Wiederaufnahme, NJW 1977, 27; *Schmidt*, Gegenstandswert bei Miterben-Vertretung in der Teilungsversteigerung. JurBüro 1961, 531; *Karsten Schmidt*, Prozeß- und Vollstreckungsprobleme der Gemeinschaftsausstellung, JR 1979, 317; *Schneider*, Gegenstandswert im Zwangsversteigerungsverfahren, MDR 1976, 180; *Schneider*, Probleme des neuen selbständigen Beschwerdegrundes, MDR 1979, 881; *Schneider*, Kostenerstattung in der Teilungsversteigerung, JurBüro 1966, 730; *Siegelmann*, Teilungsversteigerung und Zugewinngemeinschaft, ZMR 1968, 33; *Stöber*, Kostenentscheidung beim Vollstreckungsschutz nach § 180 Abs. 2, Rpfleger 1956, 95; *Stöber*, Anordnungsgebühr in der Zwangsversteigerung, JVBl 1960, 272; *Stöber*, Verfahrensgebühr, JVBl 1962, 152; *Stöber*, Wie haften mehrere Gläubiger für die Kosten? JVBl 1960, 175; *Tröster*, Grundbuchliche Behandlung des Ersuchens nach § 19 ZVG bei Vorliegen unerledigter Eintragungsanträge, Rpfleger 1985, 337; *Vollkommer*, Ist Empfangsbekenntnis mit vollem Namen zu unterschreiben? Rpfleger 1972, 82.

2.1. Zuständigkeit und Zustellungen

Für die Zuständigkeit des Gerichts und für Zustellungsfragen gelten in der Teilungsversteigerung keinerlei Besonderheiten gegenüber der Forderungszwangsversteigerung.[1]

Örtlich zuständig für die Teilungsversteigerung ist gemäß § 1 Abs. 1 dasjenige Amtsgericht, in dessen Bezirk das Grundstück liegt.[2] Einige Bundes-

---

[1] Vgl. Storz/Kiderlen ZV-Praxis C 1.2.2. (Zuständigkeit) und B 8.1. (Zustellungen).
[2] Sondervorschriften gelten für Schiffe (§§ 163 I, 171 II), Schiffsbauwerke (§ 170 a II), Luftfahrzeuge (§§ 171 b I, 171 h).

länder haben von der Möglichkeit des § 1 Abs. 1 Gebrauch gemacht und bestimmten Amtsgerichten die Zuständigkeit für mehrere Amtsgerichts-Bezirke zugewiesen (insbesondere Baden-Württemberg, Bayern, Nordrhein-Westfalen, Rheinland-Pfalz, Schleswig-Holstein).[3] Diese Zentralisierung hat sicher den Vorteil, daß die meist rechtlich und wirtschaftlich schwierigen Zwangsversteigerungs-Verfahren von darauf spezialisierten und darin erfahrenen Rechtspflegern bearbeitet werden. Die gelegentlich beklagten Nachteile der Zentralisierung,[4] die auf die zu große Entfernung der Versteigerung vom Versteigerungsobjekt zurückzuführen sind, können u. U. wie in Baden-Württemberg üblich dadurch vermieden werden, daß die Versteigerung nicht im Gerichtsgebäude, sondern am Ort des Grundstücks durchgeführt wird.[5]

Liegt das Grundstück in den Bezirken verschiedener Amtsgerichte oder ist seine Zuordnung zu einem bestimmten Bezirk ungewiß, bestellt das nächsthöhere Gericht gemäß § 2 Abs. 1 eines der Amtsgerichte zum Versteigerungsgericht; entsprechendes gilt gemäß § 2 Abs. 2, wenn die Teilungsversteigerung mehrerer Grundstücke in demselben Verfahren zulässig ist und diese in den Bezirken verschiedener Amtsgerichte liegen. Die Bestellung des zuständigen Gerichts gemäß § 2 Abs. 1 setzt gemäß § 37 Abs. 1 ZPO das Gesuch von Antragsteller oder Antragsgegner voraus,[6] während die Anordnung des zuständigen Gerichts bei Verfahrensverbindung gemäß §§ 18, 2 Abs. 2 auch auf Anregung eines der mit einer Versteigerung befaßten Gerichte getroffen werden kann.[7] Die Entscheidung des höheren Gerichts kann schon vor Beginn der Verfahren erfolgen oder erst später.[8] Die Bestimmung des höheren Gerichts ist bindend[9] und gilt für die gesamte Verfahrensdauer, auch wenn das Verfahren bzgl. einzelner Grundstücke inzwischen aufgehoben oder abgetrennt worden ist.

Sachlich zuständig ist das Amtsgericht als Vollstreckungsgericht (vgl. § 1 Abs. 1 i. V. m. § 22 GVG, § 764 ZPO). Funktionell sind die (auch Teilungs-) Versteigerungen gemäß § 3 i. V. m. § 1 i RpflG dem Rechtspfleger übertragen. Dem Richter am Amtsgericht sind lediglich vorbehalten:

– Entscheidungen über Vollstreckungs-Erinnerungen gemäß § 766 ZPO;
– Entscheidungen gemäß § 26 HeimkehrerG;
– Bearbeitung der vom Rechtspfleger vorgelegten Sachen gemäß § 5 RpflG;
– Geschäfte in engem Zusammenhang mit richterlichem Geschäft (vgl. § 6 RpflG).

Die örtliche und sachliche Zuständigkeit ist gemäß §§ 802, 869 ZPO eine ausschließliche Zuständigkeit und kann daher von den Beteiligten nicht abweichend vereinbart werden (§ 40 Abs. 2 ZPO). Ein unzuständig angegangenes Gericht kann das Verfahren entweder auf Antrag an das zuständige Gericht abgeben oder gemäß § 281 ZPO von Amts wegen dorthin verweisen.

---

[3] Landesgesetze abgedruckt bei Steiner/Storz Band II, S. 2049–2227.
[4] Dazu Stöber § 1 Anm. 3.2; Steiner/Hagemann § 1 Rz. 1.
[5] Vgl. Taktischen Hinweis **TH** C 2.5.1.
[6] Stöber § 2 Anm. 3.1; **str. a. A.:** Steiner/Hagemann § 1 Rz. 9.
[7] BGH Rpfleger 1984, 363; BayObLG Rpfleger 1998, 79; OLG Frankfurt Rpfleger 1980, 396.
[8] BayObLG Rpfleger 1998, 438; Stöber § 2 Anm. 3.2.
[9] BayObLG Rpfleger 1974, 167.

In Zweifelsfällen ist dem Antragsteller aber immer zu empfehlen, hilfsweise die Abgabe an das zuständige Gericht zu beantragen.[10] Zustellungsfragen in der (auch Teilungs-)Versteigerung sind in den §§ 3–8 geregelt.[11] In der Teilungsversteigerung erfolgen alle Zustellungen von Amts wegen und können seit Anfang 2007 auch durch Einschreiben mit Rückschein erfolgen (§ 3 ZVG wurde dem § 175 ZPO angeglichen); aber auch nach dem ZVG hat der Antragsteller die Pflicht, dem Gericht die erforderlichen Adressen zu beschaffen.

Die Zustellung von Beschlüssen und Verfügungen ist statt der sonst gem. § 329 Abs. 2 S. 1 ZPO ausreichenden formlosen Mitteilung erforderlich,[12] wenn
– dies ausdrücklich bestimmt ist (z. B. in §§ 22 Abs. 1, 30 b Abs. 1, 31 Abs. 3, 32, 41 Abs. 1, 88, 105 Abs. 2);
– sie eine Terminsbestimmung enthalten oder eine Frist in Lauf setzen (vgl. § 329 Abs. 2 S. 2 ZPO);
– sie einen Vollstreckungstitel bilden oder der befristeten Rechtspfleger-Erinnerung/sofortigen Beschwerde unterliegen (vgl. § 329 Abs. 3 ZPO).

Ein Verzicht auf die förmliche Zustellung ist unwirksam. Die förmliche Zustellung richtet sich nach den allgemeinen Zustellungs-Vorschriften der ZPO (insbesondere §§ 208–213 a ZPO), wenn der Zustellungsempfänger nicht im Versteigerungsbezirk wohnt und auch keinen dort ansässigen Zustellungsbevollmächtigten hat, kann ihm gemäß § 4 auch durch Aufgabe einer Einschreibesendung zur Post zugestellt werden (vgl. §§ 175, 213 ZPO).[13] Eine falsche Zustellung des Anordnungsbeschlusses an den Antragsgegner macht aber die ganze Anordnung unwirksam.[14]

Das Zustellungsverfahren kann außerdem dadurch vereinfacht werden, daß ein Zustellungsvertreter durch das Gericht bestellt wird, wenn der Aufenthalt des Empfängers unbekannt ist oder ein sonstiger Grund für eine öffentliche Zustellung vorliegt (§ 6 Abs. 1). Schließlich besteht die Möglichkeit, für nicht prozeßfähige Personen an die Vormundschaftsbehörde bzw. für juristische Personen und prozeßähnliche Vereine an deren Aufsichtsbehörde zuzustellen (§ 6 Abs. 2). Wichtig ist aber, daß § 8 alle Vereinfachungen der §§ 4–7 für die Zustellung des Anordnungs- und evtl. Beitrittsbeschlusses verbietet.[15]

2.2. Verbindung von Verfahren (§ 18)

Mehrere Teilungsversteigerungen können gemäß § 18 miteinander verbunden werden,
– wenn die Miteigentümer/Teilhaber dieselben sind (dagegen können Gemeinschaftsform und Anteilsgrößen unterschiedlich sein);[16]

---

[10] Vgl. Taktischen Hinweis **TH** C 2.5.2.
[11] Näher Storz/Kiderlen ZV-Praxis B 8.1.
[12] Vgl. Taktischen Hinweis **TH** C 2.5.3.
[13] Vgl. Taktischen Hinweis **TH** C 2.5.4.
[14] LG Koblenz Rpfleger 1972, 183.
[15] Storz/Kiderlen ZV-Praxis B 8.1.1.
[16] Drescher, Teilungsversteigerung § 2 II 4; Stöber § 18 Anm. 2.4 und § 180 Anm. 7.15; **teilw. a. A.:** Dassler/Hintzen § 18 Rz. 5 und § 180 Rz. 41; Steiner/Hagemann § 18 Rz. 4; Böttcher § 18 Rz. 5.

– und wenn für jedes Grundstück alle Voraussetzungen einer Teilungsversteigerung gegeben sind (insbesondere die Nichtteilbarkeit in Natur).

Die Verfahrensverbindung hat in der Teilungsversteigerung die gleiche praktische Bedeutung wie in der Forderungszwangsversteigerung,[17] und folgt den gleichen Regeln. Deshalb seien hier nur noch wenige Schlagworte angeführt: Wenn die Grundstücke der zu verbindenden Verfahren in den Bezirken verschiedener Amtsgerichte liegen, hat das nächsthöhere Gericht gemäß § 2 Abs. 2 eines der Amtsgerichte zum Versteigerungsgericht zu bestellen. Die Verfahrensverbindung soll immer zweckmäßig sein und die Interessen der Beteiligten berücksichtigen;[18] deshalb sollte von einer Verbindung abgesehen werden, wenn dadurch z.B. der baldige Abschluß eines bereits terminsreifen Verfahrens verzögert würde.[19] Der Beschlagnahme-Zeitpunkt richtet sich nach § 13 Abs. 4, d.h. daß die erste Beschlagnahme für alle verbundenen Verfahren maßgebend wird, selbst wenn das Verfahren mit der 1. Beschlagnahme (oder ein anderes Verfahren) vorzeitig aufgehoben oder abgetrennt werden sollte. Durch die Verbindung fallen keine besonderen Kosten an.

Weder die vorherige Gewährung rechtlichen Gehörs der Beteiligten, noch die Begründung der Entscheidung sind ausdrücklich vorgeschrieben. Da aber die Verbindung immer zweckmäßig sein und die Interessen der Beteiligten berücksichtigen muß,[20] ist beides tatsächlich umso notwendiger, je weniger die Entscheidung bereits vom Ergebnis her einleuchtend ist oder gar mit den geäußerten Wünschen der Beteiligten übereinstimmt. Gerade bei einer Trennung bereits verbundener Verfahren verstößt das Vollstreckungsgericht gegen das Verbot überraschender Entscheidungen, wenn es den Beteiligten nicht vorher rechtliches Gehör gemäß Art. 103 GG bietet. Außerdem gelten hinsichtlich der Begründungspflicht die allgemeinen Grundsätze, wonach die Begründung von anfechtbaren Entscheidungen nach rechtsstaatlichen Regeln erforderlich ist, um den Beteiligten eine sachgemäße Verteidigung ihrer Rechte zu ermöglichen.[21]

Streitig war die Frage, ob und ggf. wie die Verbindung bzw. die Trennung von Verfahren gemäß § 18 selbständig mit Rechtsmitteln angreifbar ist. Nach heute ganz herrschender Ansicht ist gegen Anordnung oder Ablehnung der Verbindung/Trennung zunächst die Vollstreckungs-Erinnerung gemäß § 766 ZPO und gegen die darauf ergehende Entscheidung (des Richters) die sofortige Beschwerde gegeben.[22]

Auch eine rechtskräftige Verfahrensverbindung schließt nicht die neuerliche Trennung des Verfahrens aus; außerdem müssen die verbundenen Verfahren gemäß § 63 einzeln ausgeboten werden, wenn nicht die anwesenden Beteiligten darauf zugunsten von Gesamt- oder Gruppenausgeboten verzich-

---

[17] Storz/Kiderlen ZV-Praxis C 1.3.3.
[18] BGH ZIP 1984, 1540; BayObLG Rpfleger 1998, 438; OLG Hamm Rpfleger 1989, 249; Storz/Kiderlen ZV-Praxis C 1.3.3.
[19] Stöber § 180 Anm. 7.27.
[20] Vgl. BVerfG NJW 1993, 1699; BGH ZIP 1984, 1540.
[21] BVerfG NJW 1979, wie hier auch Stöber § 18 Anm. 3.2; Dassler/Hintzen § 18 Rz. 10.
[22] OLG Hamm Rpfleger 1989, 249 und Rpfleger 1987, 467; LG Oldenburg KTS 1986, 33; Steiner/Hagemann § 18 Rz. 18; Storz/Kiderlen ZV-Praxis C 1.3.3. m.w.N.; seit 13. Auflage auch Stöber § 18 Anm. 3.10.

ten; deshalb bleibt die Selbständigkeit der einzelnen Grundstücke bzw. Verfahren trotz einer Verbindung gemäß § 18 weitgehend erhalten.

Auch ohne Verbindung nach § 18 können Grundstücke unter Umständen zeitgleich versteigert werden.[23]

Eine Teilungsversteigerung kann nach heute herrschender Ansicht weder mit einer Forderungszwangsversteigerung noch mit einer Insolvenz- oder Nachlaßverwalterversteigerung gemäß § 18 verbunden werden.[24]

2.3. Rechtsmittel in der Teilungsversteigerung

Auch hinsichtlich der Rechtsmittel weist die Teilungsversteigerung gegenüber der Forderungszwangsversteigerung[25] keine Besonderheiten auf, sodaß hier eine verkürzte Darstellung genügen mag.

Da sich das Zwangsversteigerungsverfahren gemäß § 869 ZPO nach der ZPO richtet, richten sich auch die hier geltenden Rechtsbehelfe grundsätzlich nach der ZPO. Besondere Regeln enthalten aber die §§ 95–104. Danach ist die sofortige Beschwerde gemäß § 793 ZPO das wichtigste Rechtsmittel in der Zwangsversteigerung.

§ 95 beschränkt im Interesse eines zügigen Verfahrensablaufs die selbständige Anfechtbarkeit vor dem Zuschlag auf solche Entscheidungen, die die Anordnung, Aufhebung, einstweilige Einstellung oder Fortsetzung des Verfahrens, betreffen. Gemäß § 74a Abs. 5 unterliegt außerdem der Wertfestsetzungsbeschluß der sofortigen Beschwerde, und nach heute herrschender Ansicht können auch die Beschlüsse über Verbindung/Trennung von Verfahren gemäß § 18[26] sowie über die Anordnung von Sicherungsmaßnahmen gemäß § 25[27] selbständig angefochten werden.

Mit der unbefristeten Vollstreckungs-Erinnerung gemäß § 766 ZPO können Einwendungen gegen die Art und Weise des Verfahrens vorgebracht werden, z. B. wenn der Antragsgegner rügen will,

– daß er vor einem Anordnungs- oder Beitrittsbeschluß nicht gehört worden ist;[28] oder

– daß die Vorschriften des § 181 Abs. 2 verletzt worden sind;[29] oder

– daß ein aus dem Grundbuch ersichtliches und daher gemäß § 28 von Amts wegen zu beachtendes entgegenstehendes Recht nicht berücksichtigt wurde.[30]

Wichtig ist, daß materielle Einwendungen gegen den Auseinandersetzungsanspruch und damit gegen die Teilungsversteigerung nach heute ganz herr-

---

[23] BGH NJW 2007, 2995.

[24] Dazu Storz/Kiderlen ZV-Praxis A 3.1. und A 3.2.

[25] Dazu ausführlich Storz/Kiderlen ZV-Praxis B 8.2.1.

[26] OLG Hamm Rpfleger 1989, 249 und Rpfleger 1987, 467; LG Oldenburg, KTS 1986, 33; Steiner/Hagemann § 18 Rz. 18; Storz/Kiderlen ZV-Praxis C 1.3.3. m. w. N.; seit 13. Auflage auch Stöber § 18 Anm. 3.10.

[27] KG JW 1966, 1273; Storz/Kiderlen ZV-Praxis B 5.3.1; Stöber § 25 Anm. 6.1; Steiner/Teufel § 25 Rz. 25.

[28] Stöber § 180 Anm. 7.20.

[29] Stöber Rz. 712.

[30] OLG Hamm Rpfleger 1964, 341 Anm. Haegele; LG Darmstadt NJW 1958, 928; LG Tübingen NJW 1958, 1303 krit. Anm. Riedel.

schender Ansicht nicht mit der Vollstreckungs-Erinnerung gemäß § 766 ZPO, sondern nur mit der Widerspruchsklage gemäß § 771 ZPO geltend zu machen sind.[31]

Über die Vollstreckungs-Erinnerung entscheidet der Richter am Amtsgericht; erst gegen seine Entscheidung ist die sofortige Beschwerde gemäß § 793 ZPO gegeben. Durch das Zivilprozessreformgesetz vom 27.7. 2001 ist zur Beschleunigung auch des Vollstreckungsverfahrens mit Wirkung ab 1.1. 2002 die frühere sofortige weitere Beschwerde (zum Oberlandesgericht) abgeschafft und durch die (nur noch in Ausnahmefällen zulässige) Rechtsbeschwerde zum Bundesgerichtshof ersetzt worden.[32] Das hat neben der Beschleunigung der Verfahren den weiteren großen Vorteil, daß sich jetzt nicht mehr viele verschiedene Oberlandesgerichte mit einzelnen Zwangsversteigerungsfragen befassen müssen, sondern immer der Bundesgerichtshof zuständig ist, so daß eine Rechtsvereinheitlichung zu erwarten ist.

War der Antragsgegner vor dem Anordnungs- bzw. Beitrittsbeschluß gehört worden, so kann er diesen mit der sofortigen Beschwerde gemäß § 793 ZPO anfechten. Die gleichen Rechtsmittel sind auch gegen die Ablehnung des Versteigerungs- bzw. Beitrittsantrags bzw. gegen eine Zwischenverfügung zur Behebung von Hindernissen gegeben.[33]

Die sofortige Beschwerde kann nur innerhalb von 14 Tagen schriftlich, oder zu Protokoll des Amtsgerichts oder des Landgerichts eingelegt werden, nicht zu Protokoll des Vollstreckungsgerichts.[34] Sie muß von Gesetzes wegen nicht begründet werden; aber selbstverständlich verbessert eine (sinnvolle) Begründung ihre Erfolgsaussichten. Hat sich der Beschwerdeführer eine nachträgliche Begründung vorbehalten, muß ihm das Gericht eine Frist dafür einräumen oder zumindest eine angemessene Zeit mit der eigenen Entscheidung zuwarten.[35]

Für den Zuschlag gelten die besonderen Beschwerde-Vorschriften der §§ 96–104. Unter Umständen ist sogar eine außerordentliche Beschwerde gemäß § 577 Abs. 2 S. 3 ZPO („Nichtigkeitsbeschwerde") möglich.[36] Dagegen wird ein Wiederaufnahmeverfahren in der Zwangsversteigerung überwiegend abgelehnt.[37] Bei Grundrechtsverletzungen ist eine Verfassungsbeschwerde nicht ausgeschlossen, und bei einem Verstoß gegen den Anspruch

---

[31] BGH Rpfleger 1985, 360 und FamRZ 1985, 278; 1984, 563; BayObLG Rpfleger 1971, 430; OLG Karlsruhe EWiR 1992, 519 (Anm. Storz); OLG Hamm Rpfleger 1964, 341 Anm. Haegele; LG Hannover Rpfleger 1993, 505; **früher a. A.:** Jäckel/Güthe § 181 Rz. 4.
– Näher dazu oben A 1.7.2.
[32] Dazu ausführlich Storz/Kiderlen ZV-Praxis B 8.2.1.
[33] Stöber § 180 Anm. 7.20.
[34] OLG Hamm NJW 1966, 1519; Storz/Kiderlen ZV-Praxis B 8.2.1.
[35] BVerfGE 49, 215; OLG Köln Rpfleger 1990, 434 und ZIP 1984, 1284; LG Frankfurt Rpfleger 1986, 401; Storz/Kiderlen ZV-Praxis B 8.2.1.; Steiner/Storz § 95 Rz. 28.
[36] BGH FamRZ 2005, 200; OLG Oldenburg Rpfleger 1990, 179 = EWiR 1990, 203 Anm. Storz; OLG Koblenz EWiR 1988, 935 Anm. Storz; KG Rpfleger 1976, 368; OLG Hamm Rpfleger 1978, 422; OLG Stuttgart NJW 1976, 1324; Steiner/Storz § 96 Rz. 2.
[37] RGZ 73, 194; OLG Köln Rpfleger 1997, 34 und 1975, 405; OLG Bremen JurBüro 1980, 452; OLG Stuttgart NJW 1976, 1324; Stöber § 96 Anm. 3.1; Steiner/Storz § 96 Rz. 23 m. w. N.; **str. a. A.:** OLG Oldenburg NJW-RR 1991, 61; OLG Hamm Rpfleger 1978, 422 (zust. Kirberger); Zöller/Greger Rz. 14 vor § 578 ZPO.

auf rechtliches Gehör gemäß Art. 103 GG ist seit dem 1.1. 2005 die „Anhörungsrüge" gemäß § 321a ZPO zu dem endentscheidenden Gericht gegeben.[38]

Zu beachten ist schließlich, daß die Aufhebung eines angefochtenen Anordnungs- oder Beitrittsbeschlusses schon mit seiner Bekanntgabe wirksam wird, sodaß die damit verbundene Beschlagnahme erlischt, wenn nicht die Wirksamkeit des Aufhebungsbeschlusses ausdrücklich bis zu seiner Rechtskraft ausgesetzt wird.[39]

2.4. Kosten

Sowohl für die Verfahrenskosten als auch für die Rechtsanwaltsgebühren gelten in der Teilungsversteigerung keine Besonderheiten gegenüber der Forderungszwangsversteigerung. Deshalb soll auch hier eine Zusammenfassung genügen. Zu beachten ist aber, daß seit dem 1. Juli 2004 ein völlig neu gefasstes Gerichtskostengesetz (GKG) gilt, und daß zum gleichen Termin die für die Rechtsanwalts-Vergütung maßgebliche BRAGO durch das Rechtsanwaltsvergütungsgesetz (RVG) ersetzt worden ist.[40]

2.4.1. Verfahrenskosten

Die Verfahrenskosten setzen sich zusammen aus den nach dem Gerichtskostengesetz und dem dort als Anlage 1 geführten Kostenverzeichnis ermittelten Gerichtsgebühren und den Verfahrensauslagen.

Die Verfahrenskosten, die gemäß § 109 Abs. 1 dem Versteigerungserlös vorweg entnommen werden, setzen sich i.d.R. aus folgenden Gebühren zusammen:
– Für das Verfahren allgemein: Nr. 2211, 2212 KostenV: i.d.R. 0,5 des Gebührensatzes aus dem festgesetzten Grundstückswert;
– Für die Abhaltung des Versteigerungstermins: Nr. 2213 KostenV: i.d.R. 0,5 des Gebührensatzes aus dem festgesetzten Grundstückswert;
– Für das Verteilungsverfahren: Nr. 2215, 2216 KostenV: i.d.R. 0,5 des Gebührensatzes aus dem Meistgebot;
– Für jedes Beschwerdeverfahren fällt in der Regel eine Gebühr von 1,0 des Gebührensatzes an (Nr. 2241 KostenV).
Hinzu kommen Gebühren, die nicht dem Versteigerungserlös entnommen, sondern direkt erhoben werden:
– Die Anordnungs- bzw. Beitrittsgebühr: Nr. 2210 KostenV: i.d.R. eine Festgebühr i.H.v. EURO 50,–; diese Gebühr wird gemäß § 26 Abs. 1 GKG direkt vom Antragsteller erhoben; sie muß unter den Miteigentümern/Teilhabern im Verhältnis ihrer Anteile erstattet werden,
– Die Zuschlagsgebühr: Nr. 2214 KostenV: i.d.R. 0,5 des Gebührensatzes aus dem Meistgebot; sie wird gemäß § 26 Abs. 2 GKG vom Ersteher erhoben.

[38] Dazu oben A 4.7.
[39] Dazu Storz/Kiderlen ZV-Praxis B 3.3.1.
[40] Zu den gerichtlichen Verfahrenskosten und der Rechtsanwaltsvergütung vgl. ausführlich Storz/Kiderlen ZV-Praxis B 8.3.

Wird der Versteigerungsantrag zurückgenommen, erfolgt Kostenerstattung zwischen den Miteigentümern/Teilhabern außerhalb des Verfahrens; § 269 Abs. 3 ZPO ist nicht anwendbar, weil es sich bei der Teilungsversteigerung nicht um Prozeßkosten handelt.[41]

Zu den eigentlichen Gerichtsgebühren kommen noch die Verfahrensauslagen, insbesondere Gebühren für Zustellungen (Nr. 9002 KostenV), Bekanntmachungen (Nr. 9004 KostenV), Sachverständige, Schreibgebühren und sonstige Auslagen.

Gemäß § 66 Abs. 1 GKG wird in der Regel spätestens bei der Bestimmung des Versteigerungstermins ein Vorschuß i. H. d. doppelten Gebühr für die Abhaltung des Versteigerungstermins erhoben.

2.4.2. Rechtsanwalts-Gebühren

Soweit ein Rechtsanwalt in einem Teilungsversteigerungsverfahren erstmals um Rat und Hilfe gebeten wird, insbesondere von einem Miteigentümer/Teilhaber (als Antragsteller oder als Antragsgegner), Berechtigten aus einem Grundbuch-Recht oder auch Erwerbsinteressenten fällt in der Regel gemäß Nr. 2300 VV (Vergütungsverzeichnis als Anlage zum RVG) zunächst eine Geschäftsgebühr als Rahmengebühr zwischen 0,5 und 2,5 an, wobei nur dann mehr als 1,3 gefordert werden kann, wenn die Tätigkeit umfangreich oder schwierig ist. Für die Prüfung der Erfolgsaussichten eines Rechtsmittels erhält er gemäß Nr. 2100/2101 VV eine Rahmengebühr von 0,5 bis 1,0 bzw. fest 1,3, wenn ein schriftliches Gutachten erstellt wird. Schließlich sieht Nr. 1000 VV eine Einigungsgebühr in Höhe von 1,5 für die Mitwirkung bei einem Vertrag vor, durch den Streit oder Ungewissheit über ein Rechtsverhältnis beseitigt wird.

Für das eigentliche Teilungsversteigerungsverfahren fallen jeweils gesondert folgende Gebühren an:
– eine Verfahrensgebühr gemäß Nr. 3311 VV i. H. v. 0,4 für das Versteigerungsverfahren bis zur Einleitung des Verteilungsverfahrens;
– eine Verfahrensgebühr gemäß Nr. 3311 VV i. H. v. 0,4 für das Verteilungsverfahren vor dem Amtsgericht, auch bei außergerichtlicher Verteilung;
– eine Verfahrensgebühr gemäß Nr. 3311 VV i. H. v. 0,4 für die Tätigkeit im Verfahren über Anträge auf einstweilige Einstellung sowie für Verhandlungen zwischen den Miteigentümern mit dem Ziel der Verfahrensaufhebung;
– eine Terminsgebühr gemäß Nr. 3312 VV i. H. v. 0,4 für die Wahrnehmung des Versteigerungstermins.

Außerdem hat der Rechtsanwalt Anspruch auf Erstattung seiner Auslagen; insbesondere
– Herstellung und Überlassung von Fotokopien i. H. v. 0,50 für die ersten 50 Seiten, danach jeweils 0,15 pro Seite (Nr. 7000 VV);
– Pauschale für Telekommunikation i. H. v. max. 20,00 (Nr. 7002 VV);
– Fahrtkosten (bei eigenem KFZ 0,30 pro gefahrenen Kilometer (Nr. 7003 VV);

---

[41] LG Düsseldorf JurBüro 1981, 1415 Anm. Mümmler; Dassler/Hintzen § 180 Rz. 110; Stöber § 180 Anm. 7.14.

– Tage- und Abwesenheitsgelder zwischen 20,00 (bis zu 4 Stunden) und
   60,00 (mehr als 8 Stunden) (Nr. 7005 VV);
– eine im Einzelfall gezahlte Prämie für eine Vermögensschaden-Haftpflicht-
   versicherung, soweit die Prämie auf Haftungsbeträge von mehr als 30 Mio.
   entfällt (Nr. 7007 VV);
– Umsatzsteuer auf die Vergütung und die Auslagen (Nr. 7008 VV), wenn
   die Umsatzsteuer nicht nach § 19I UStG unerhoben bleibt.

Das RVG geht (wie die ehemalige BRAGO) davon aus, daß sich die
Gebühren in aller Regel nach dem Gegenstandswert richten (§ 21 RVG). Der
Gegenstandswert bestimmt sich bei der Vertretung eines Miteigentümers
in der Regel nach dessen Anteil am festgesetzten Verkehrswert, bei der Vertretung eines Gläubigers nach dem realisierbaren Wert seines Anspruchs,
und bei der Vertretung eines Bieters (der nicht Beteiligter ist) nach dem
höchsten für ihn abgegebenem Gebot (bzw. ohne Gebot nach dem festgesetzten Wert).
   Gemäß § 4 RVG können Rechtsanwalt und Mandant die Vergütung auch
durch eine Vereinbarung pauschal vereinbaren.[42] Die betr. Erklärung des
Mandanten muß dann aber schriftlich abgegeben werden und darf nicht lediglich in der Vollmachtsurkunde enthalten sein. Ist die vereinbarte Vergütung unangemessen hoch, kann sie gemäß § 14 IV RVG in einem Rechtsstreit
auf einen angemessenen Betrag bis zur Höhe der gesetzlichen Vergütung herabgesetzt werden.
   Außergerichtliche Kosten der Miteigentümer sind gemäß §§ 748, 753, 756
BGB gemeinschaftlich von allen Miteigentümern zu tragen, soweit sie notwendig sind. Sie sind aber nicht Bestandteil der gemäß § 109 vorweg zu entnehmenden Verfahrenskosten und können deshalb nicht gegenüber dem Vollstreckungsgericht,[43] sondern müssen außerhalb des Verfahrens zwischen den
Miteigentümern ausgeglichen oder im Rahmen der Übererlös-Verteilung
geltend gemacht werden.[44]

2.4.3. Prozesskostenhilfe

Prozesskostenhilfe gemäß §§ 114–127 a ZPO kann grundsätzlich auch in
der Teilungsversteigerung gewährt werden und zwar sowohl für den Antragsteller als auch für Antragsgegner. Allerdings kommt Prozesskostenhilfe
hier nicht in Betracht, wenn auf Grund der hohen Grundstücksbelastungen
nicht mit einem Gebot gerechnet werden kann,[45] oder wenn der Miteigentumsanteil als Sicherheit für einen Kredit verwendet werden kann und es
nach den wirtschaftlichen Verhältnissen auch zumutbar ist, den Kredit für die
(Gerichts- und Rechtsanwaltskosten) aufzunehmen.[46] Außerdem kann das
Gericht die Prozesskostenhilfe gemäß § 120 I ZPO mit der Maßgabe gewähren, daß die gewährte Hilfe ganz oder teilweise aus dem auf diesen Miteigen-

---

[42] Vgl.. hierzu **TH** C 2.5.5.
[43] LG Düsseldorf JurBüro 1981, 1415 (Mümmler).
[44] Stöber § 180 Anm. 7.14 c; Dassler/Hintzen § 180 Rz. 149.
[45] So mit Recht LG Heilbronn Rpfleger 2007, 40.
[46] OLG Koblenz AnwBl 2002, 64; OLG Bamberg FamRZ 1998, 247.

tumsanteil entfallenden Erlös[47] oder auch aus dem Erlösanteil aus einer außergerichtlichen Verwertung zurückzuerstatten ist.[48]

Gemäß § 120 IV ZPO kann das Gericht auch die Entscheidung über die zu leistenden Zahlungen ändern, wenn sich die für die Prozesskostenhilfe maßgebenden persönlichen oder wirtschaftlichen Verhältnisse wesentlich geändert haben. Das ist **zum Beispiel** der Fall,
– wenn Prozesskostenhilfe ohne Maßgabe von Rückzahlungen aus dem Versteigerungserlös gewährt wurde, der Miteigentümer aber einen Versteigerungserlös i. H. v. ca. 75 000,– erhalten hat,[49] oder
– wenn Prozesskostenhilfe zwar mit der Maßgabe der Rückzahlung aus dem Versteigerungserlös gewährt, die Beteiligten aber die Teilungsversteigerung durch eine außergerichtliche Einigung erledigt haben, aus der dem betr Miteigentümer erhebliche Barzuwendungen zugeflossen sind.[50]

Gemäß § 115 II ZPO sind zwar „kleine" Wohngrundstücke nicht als Vermögen einzusetzen; zu diesem gemäß § 115 III ZPO i. V. m. § 88 II BSHG zu schonenden Grundbesitz können evtl. aber auch Zweifamilienhäuser gehören.[51]

Prozeßkostenhilfe gemäß §§ 114–127 a ZPO kann in Teilungsversteigerungen auch von Gläubigern in Anspruch genommen werden.

2.5. Taktische Hinweise

TH 2.5.1: In Baden-Württemberg hat sich die Praxis sehr bewährt, Versteigerungen möglichst am Ort des Grundstücks durchzuführen. Liegt das Grundstück z. B. in Warmbronn, einem Ortsteil von Leonberg, so wird weder in Stuttgart (in dem Gebäude des zuständigen Amtsgerichts), noch im Amtsgericht Leonberg, sondern im Rathaus Warmbronn versteigert. Diese Ortsnähe hat viele Vorteile: Es kommen mehr „Zufalls-Interessenten", oft sind sogar während der Bietstunden noch Besichtigungen möglich, und der Rechtspfleger selbst kann sich einen persönlichen Eindruck vom Versteigerungsobjekt machen.

Dieses Verfahren ist zwar für den Rechtspfleger zunächst umständlicher und zeitraubender, aber insbesondere für Grundstücke mit lediglich örtlicher Bedeutung und bei geringer Nachfrage von Interessenten sehr zu empfehlen; meist kann der Rechtspfleger derartige Verfahren auch schneller erfolgreich abschließen.[52]

TH 2.5.2 (Stöber):[53] Die Verweisung an das zuständige Gericht sichert zwar nicht die Beschlagnahme-Wirkung, wohl aber die Aufrechterhaltung der verjährungshemmenden Wirkung des Antrags (§ 209 Abs. 2 Nr. 5 BGB i. V. m. § 216 BGB) und die Erhaltung des Rechtszugs für bereits entstandene

---

[47] LG Saarbrücken Rpfleger 1987, 125; Stöber Einl. 45.7.
[48] LG Frankenthal Rpfleger 2001, 193 (Bachmann).
[49] OLG Koblenz AnwBl 2002, 64.
[50] LG Frankenthal Rpfleger 2001, 193. – Vgl. dazu auch **TH** C 2.5.6.
[51] OLG Zweibrücken Rpfleger 1982, 294.
[52] Vgl. auch Taktischen Hinweis bei Storz/Kiderlen ZV-Praxis **TH** C 3.5.9.
[53] Stöber § 1 Anm. 3.7.

Rechtsanwaltsgebühren. Deshalb sollte der Antragsteller sich vorrangig um eine Verweisung gemäß § 281 ZPO und erst sekundär um eine Abgabe an das zuständige Gericht bemühen.

TH 2.5.3: Stöber empfiehlt mit Recht,[54] daß die Zustellungserfordernisse genau genommen werden sollten, und daß eher zu viel als zu wenig getan werden sollte. Während des Verfahrens bringt das meist nur unwesentliche Verzögerungen, und dafür wird vermieden, daß u. U. noch nach dem Zuschlag ein Beschwerdegericht das ganze Verfahren wegen falscher Zustellungen in Frage stellt.

TH 2.5.4: Zustellungen ins Ausland können u. U. erhebliche sachliche Schwierigkeiten und zeitliche Verzögerungen mit sich bringen. Diese sind in geeigneten Fällen u. U. durch eine Abwesenheitspflegschaft gem. § 1911 BGB zu überwinden.

TH 2.5.5: In umfangreichen und/oder schwierigen Teilungsversteigerungs-Verfahren bietet sich bei der Vertretung von Miteigentümern die Vereinbarung einer Pauschalvergütung geradezu an, damit alle Beteiligten von Anfang an wissen, mit welcher Rechtsanwaltsvergütung zu rechnen ist, und damit die Miteigentümer keine „bösen Überraschungen" erleben müssen, wenn für besondere Angelegenheiten, besondere Verhandlungen oder besondere Aktivitäten mit zunächst nicht erwarteten Partnern/Gegnern/Dritten unerwartete Vergütungen beansprucht werden. Diese Vergütung kann sehr unterschiedlich ausfallen je nachdem, ob der Rechtsanwalt praktisch nur einen Versteigerungstermin wahrnimmt, oder ob er sich über viele Monate hinweg engagiert und umfangreich darum bemüht, für seine Mandanten eine (insbesondere) wirtschaftlich gute Lösung zu erreichen.

TH 2.5.6: (nach Bachmann):[55] Prozesskostenhilfe wird in Teilungsversteigerungen in der Regel nur mit der Maßgabe gewährt, daß die Kosten bei Beendigung des Verfahrens durch Zuschlag aus dem auf den Beteiligten entfallenden Übererlös (zurück-)zuzahlen sind. Da gerade Teilungsversteigerungen aber häufig durch außergerichtliche Einigungen erledigt werden können, sollte bei der Prozesskostenhilfe-Gewährung die Pflicht zur Erstattung der Kosten auch auf den Fall ausgedehnt werden, daß der Versteigerungsantrag zurückgenommen wird, weil sich die Parteien außergerichtlich geeinigt haben, wenn auf den Prozesskostenhilfe-Empfänger ein Erlösanteil ausbezahlt wird, der über dem Schonbetrag nach § 88 BSHG liegt.

---

[54] Stöber § 3 Anm. 2.3.
[55] Rpfleger 2001, 140.

3. Einleitung des Verfahrens

Literatur (Titel zum Teil sinnwahrend gekürzt!): *Baum,* Zwangsversteigerungsvermerk und unerledigte Anträge, Rpfleger 1990, 141; *Böttcher,* Beeinträchtigung der Verfügungsbefugnis, Rpfleger 1983, 49; *Böttcher,* Verfügungsverbote, Rpfleger 1985, 381; *Dorn,* Bestandteile und Zubehör in der Zwangsversteigerung, Rpfleger 1987, 143; *Drischler,* Beitrittsbeschluß als Quelle für Regresse, JVBl 1964, 159; *Drischler,* Voreintragung der Erben in der Teilungsversteigerung, MDR 1960, 466; *Graba und Teufel,* Anwartschaft am Zubehör in der Versteigerung, Rpfleger 1979, 401; *Hagemann,* Aufgaben des Grundbuchamtes in der Zwangsversteigerung, Rpfleger 1984, 397 und 1985, 341; *Klawikowski,* Grundstückszwangsversteigerung und Nacherbschaft, Rpfleger 1998, 100; *Mayer,* Gläubiger-Mehrheit in der Zwangsversteigerung, Rpfleger 1983, 265; *Mohrbutter,* Bedeutung des Versteigerungsvermerks, JurBüro 1956, 153; *Möschel,* Anwartschaft am Zubehör in der Versteigerung, BB 1970, 237; *Mümmler,* Bestandteile und Zubehör in der Zwangsversteigerung, JurBüro 1971, 805; *Paschold,* Grundstücksbeschlagnahme gemäß § 20 DGVZ 1974, 53; *Rellermeyer,* Teilungsversteigerung bei Eigentums- und Vermögensgemeinschaft des DDR-FGB, Rpfleger 1993, 469; *Schiffhauer,* Ist § 1365 BGB auf den Teilungsversteigerungs-Antrag anwendbar? FamRZ 1960, 186 und 1966, 338; *Karsten Schmidt,* Prozeß- und Vollstreckungsprobleme der Gemeinschaftsteilung, JR 1979, 317; *Schütz,* Grundpfandgläubiger und Versicherungsforderung in der Zwangsversteigerung, VersR 1986, 853; *Siegelmann,* Teilungsversteigerung und Zugewinngemeinschaft, ZMR 1968, 33; *Teufel,* Beitritt zur Zwangsversteigerung und Zubehör, Rpfleger 1979, 186; *Tiedke,* Aufhebung des belastenden Anwartschaftsrechts, NJW 1985, 1305; *Tröster,* Grundbuchliche Behandlung des Ersuchens nach § 19 bei Vorliegen unerledigter Eintragungsanträge, Rpfleger 1985, 337.

3.1. Versteigerungsantrag

3.1.1. Rechtslage

Die Teilungsversteigerung wird gemäß §§ 180, 15 nur auf Antrag angeordnet **(Muster).**[1] Wenn die materiellen und formellen Voraussetzungen der Teilungsversteigerung gegeben sind[2] und wenn der Teilungsversteigerung keine Rechte entgegenstehen,[3] kann der Versteigerungsantrag beim zuständigen Gericht[4] gestellt werden.[5]

Der Versteigerungsantrag ist formlos möglich und kann schriftlich oder zu Protokoll der Geschäftsstelle gestellt werden. Er muß enthalten bzw. bezeichnen:
– Das zu versteigernde Grundstück (§ 16 Abs. 1, § 864 ZPO); es muß so genau bezeichnet sein, daß es mit Sicherheit aus dem Grundbuch (bzw. Erbbau-/Wohnungseigentumsgrundbuch) festgestellt werden kann.

---

[1] **Muster** eines Versteigerungsantrags siehe C 3.1.2.
[2] Ausführlich dazu oben B 1. und B 4.
[3] Dazu oben B 1.7.
[4] Dazu oben C 2.1.
[5] Vgl. Taktischen Hinweis **TH** C 3.5.1.

- Alle anderen Miteigentümer/Teilhaber mit ihren genauen ladungsfähigen Anschriften; wenn Erben eines Miteigentümers/Teilhabers unbekannt sind, muß der Nachlaßpfleger angegeben werden.[6]
- Das aufzuhebende Gemeinschaftsverhältnis (z. B. Bruchteils- oder Erbengemeinschaft)[7] und die Art der Beteiligung des Antragstellers hieran.
- Die Antragsberechtigung muß nachgewiesen werden, wenn sie nicht offenkundig ist (z. B. weil der Gläubiger eines Miteigentümers die Versteigerung beantragt),[8] oder weil ein entgegenstehendes Recht im Grundbuch eingetragen ist.[9]
- Die Bitte um Anordnung der Teilungsversteigerung.

Ein Vollstreckungstitel ist zwar gemäß § 181 Abs. 1 in der Regel nicht erforderlich,[10] aber dem Versteigerungsantrag müssen gemäß § 16 Abs. 2 bestimmte Unterlagen als Nachweise beigefügt werden:

- Nachweis der Eintragung von Antragsteller und Antragsgegner(n) gemäß § 181 Abs. 2 S. 1 bzw. §§ 180, 17 Abs. 2.[11] Wenn Antragsteller/Antragsgegner nur Erben von Miteigentümern/Teilhabern sind, muß deren Eintragung nachgewiesen werden.
- Nachweis evtl. erforderlicher Genehmigungen des Familien-/Betreuungsgerichts (bis 1. 9. 2009 des Vormundschaftsgerichts) oder Nachlaßgerichts),[12] evtl. Zustimmungen z. B. nach § 1365 BGB,[13] Kündigungen[14] oder sonstiger Zustimmungen.[15]
- Nachweis evtl. erforderlicher Zustellungen.[16]
- Nachweis evtl. Vollmachten (die in privatschriftlicher Form genügen, wenn sie nicht auch zur Abgabe von Geboten berechtigen).

Regelmäßig ist nur der Eintragungsnachweis erforderlich, der gemäß §§ 180, 17 Abs. 2 S. 1 durch ein Zeugnis des Grundbuchamtes bzw. gemäß §§ 180, 17 Abs. 2 S. 2 durch Bezugnahme auf das Grundbuch erfolgt, wenn Vollstreckungsgericht und Grundbuchamt demselben Amtsgericht angehören, was meist der Fall ist.[17]

Der Antragsteller übernimmt in der Teilungsversteigerung – abgesehen von manchen Besonderheiten – die Rechte des betreibenden Gläubigers bei einer Forderungszwangsversteigerung, der Antragsgegner diejenige des Schuldners.[18] Der Versteigerungsantrag richtet sich grundsätzlich gegen alle anderen Miteigentümer/Teilhaber; Antragsgegner sind daher alle Miteigentümer/Teil-

---

[6] Dessen Bestellung zu diesem Zweck kann gemäß § 1961 BGB herbeigeführt werden: KG OLGZ 1981, 151.
[7] Dazu oben B 1.2. und B 1.3.
[8] Dazu oben B 1.6.
[9] Dazu oben B 1.7.
[10] Dazu oben B 4.2.
[11] Dazu oben B 4.3.
[12] Dazu oben B 4.3.4.
[13] Dazu oben B 1.4.2.
[14] Dazu oben B 4.3.5.
[15] Dazu oben B 4.3.6.
[16] Dazu oben B 4.3.7.
[17] Zu der entsprechenden Rechtslage in der Forderungszwangsversteigerung vgl. Storz/ Kiderlen ZV-Praxis C 1.2.3. – vgl. dort auch die **Muster** im Aktenteil **AT** 2 und **AT** 3.
[18] BGH Rpfleger 1981, 187; 1975, 220 und NJW 1969, 929; OLG Stuttgart Rpfleger 1970, 102; OLG Hamm Rpfleger 1964, 341 (Anm. Haegele).

haber, die nicht gleichzeitig Antragsteller sind. Beantragen zunächst einige von ihnen die Teilungsversteigerung und treten dann die anderen bei, so sind alle Miteigentümer/Teilhaber gleichzeitig Antragsteller und Antragsgegner und können daher die Rechte aus beiden Positionen wahrnehmen.[19] Nur wenn alle Miteigentümer/Teilhaber gleichzeitig die Teilungsversteigerung betreiben, gibt es nur Antragsteller und keine Antragsgegner.[20]

Der Pfändungs- oder Pfandgläubiger eines Miteigentümers/Teilhabers ist als dinglich Mitberechtigter neben seinem Schuldner Antragsgegner in dem von einem anderen Miteigentümer/Teilhaber betriebenen Verfahren.[21]

Wenn das Auseinandersetzungsrecht der Miteigentümer/Teilhaber durch Vereinbarung (z. B. § 751 BGB) oder Anordnung des Erblassers (z. B. § 2044 BGB) ausgeschlossen, und dieser Ausschluß im Grundbuch eingetragen ist, steht der Ausschluß einer Teilungsversteigerung entgegen und ist von Amts wegen zu beachten; andernfalls muß sich der Antragsgegner über § 771 ZPO wehren. Trotz dieses Ausschlusses kann die Teilungsversteigerung aus wichtigem Grund (oder von einem Pfändungsgläubiger) betrieben werden.[22]

Hier noch einige Hinweise auf Sonderfälle der Antragsberechtigung:

– Die Zustimmung des Ehegatten gemäß § 1365 BGB bei Zugewinngemeinschaft, wenn der Grundstücksanteil des Antragstellers dessen wesentliches Vermögen ausmacht, wird von der heute herrsch Ansicht schon zum Versteigerungsantrag verlangt.[23]

– Dagegen unterliegt der die Teilungsversteigerung betreibende Pfändungsgläubiger den Beschränkungen des § 1365 BGB nicht, dh er benötigt keine Zustimmung.[24]

– Im Falle einer Testamentsvollstreckung ist alleine der Testamentsvollstrecker antragsberechtigt.[25]

– Zu weiteren Sonderfällen der Antragsberechtigung[26] und zur Pfändung/Verpfändung des Auseinandersetzungsanspruchs[27] wird auf die ausführlichen Erörterungen zu den „Besonderheiten der Teilungsversteigerung" verwiesen.

– Großes/Kleines Antragsrecht: Besteht an einem Grundstück z. B. eine Bruchteilsgemeinschaft, bei der ein Bruchteil wieder in sich einer (z. B. Erben-)Gemeinschaft zusteht, so kann ein Teilhaber an der Gemeinschaft unmittelbar die Teilungsversteigerung des ganzen Grundstücks beantragen (= großes Antragsrecht).[28]

---

[19] Dazu oben A 4.5.
[20] Stöber § 180 Anm. 6.5.
[21] Stöber Handbuch Rz. 700 c.
[22] Dazu oben B 1.7.
[23] Vgl. BGH Rpfleger 2007, 558; OLG Köln FamRZ 2007, 1343; OLG Düsseldorf EWiR 1991, (Anm. Storz) und oben B 1.4.2. m. w. N.
[24] OLG Düsseldorf EWiR 1991 (Anm. Storz); OLG Hamburg MDR 1982, 330 (LS) und NJW 1970, 952; LG Bielefeld Rpfleger 1989, 518; LG Braunschweig NJW 1969, 1675; Schiffhauer ZIP 1982, 530; **str. a. A.:** Steiner/Teufel § 180 Rz. 22; Stöber § 180 Anm. 3.13 n; Eickmann S. 25. – Ausführlich dazu oben B 1.6.2.1.
[25] Dazu oben B 1.5.2.
[26] Dazu oben B 1.5.
[27] Dazu oben B 1.6.
[28] Dazu oben B 1.4.3. mit **Beispiel.** Siehe auch **Muster** C 3.1.2.

3.1.2. Muster eines Versteigerungsantrags

An das
Amtsgericht – Vollstreckungsgericht –
Stuttgart

Stefan Maier
Verdistraße 16
Stuttgart, den 2. 1. 2002

Antrag auf Teilungsversteigerung

Sehr geehrte Damen und Herren,

mein Bruder Daniel Maier (wohnhaft Solitudestraße 12 in Leonberg) und ich sind Miterben zu je 1/2 nach dem am 8. 8. 1988 verstorbenen Franz Maier, der seinerseits zusammen mit seiner Ehefrau Irmgard Maier, geb. Schwarz (wohnhaft in Mozartstraße 35 in Botnang) je zur ideellen Hälfte Miteigentümer war des im Grundbuch von Botnang eingetragenen Grundstücks der Markung Stuttgart

GBH 3544 Abt. 1 Nr. 1 Mozartstraße 35
Wohnhaus, Garage, Garten, zusammen 12 a 16 m².

Zum Nachweis der Eintragungen liegt ein Zeugnis des Grundbuchamts Botnang vom 28. 12. 2001 bei (§ 17 Abs. 2).[29]
Ich beantrage die Zwangsversteigerung des bezeichneten Grundstücks zum Zwecke der Aufhebung der Gemeinschaft.

Mit freundlichen Grüßen

gez. Stefan Maier

3.2. Anordnung der Versteigerung

3.2.1. Rechtslage

Wenn der Antrag einschließlich der beigefügten Unterlagen den gesetzlichen Anforderungen entspricht, ordnet das Gericht die Teilungsversteigerung an. Materielle Einwendungen[30] gegen den Auseinandersetzungsanspruch und damit gegen die Teilungsversteigerung prüft das Gericht nur dann von Amts wegen, wenn sie sich aus dem Grundbuch ergeben.[31]

Wenn der Antrag unvollständig ist oder berichtigt werden muß, hat das Gericht gemäß § 139 ZPO[32] oder gemäß § 287 Abs. 3 ZPO[33] auf sachdienliche Antragstellung hinzuwirken.[34]

Streitig ist die Frage, ob der Antragsgegner schon vor der Anordnung der Teilungsversteigerung anzuhören ist oder nicht. Die ablehnende Auffassung[35]

---

[29] Vgl. auch Storz/Kiderlen ZV-Praxis die **Muster** im Aktenteil **AT** 2 und **AT** 3. – In den meisten Bundesländern genügen die Worte: „Ich beziehe mich auf das Grundbuch" (vgl. § 17 II 2).
[30] Dazu oben B 1.7.
[31] OLG Hamm Rpfleger 1964, 341 (Anm. Haegele).
[32] Dazu oben A 4.8.
[33] Wenn der Antragsteller einen wichtigen rechtlichen Gesichtspunkt übersehen oder für unerheblich gehalten hat.
[34] Stöber § 180 Anm. 5.6.
[35] LG Frankenthal Rpfleger 1985, 250; Drischler JurBüro 1981, 1441; Stöber § 180 Anm. 5.8.

wird insbesondere damit begründet, der Antragsgegner habe ohnehin kaum Abwehrmöglichkeiten, weil sich das Recht auf Teilungsversteigerung unmittelbar aus dem Auseinandersetzungsanspruch ergebe und formelle Einwendungen auch noch nach Anordnung durch Vollstreckungs-Erinnerung gemäß § 766 ZPO geltend gemacht werden könnten.

Demgegenüber verlangt die heute wohl überwiegende Ansicht m.E. zu Recht die gerichtliche Anhörung des Antragsgegners noch vor der Anordnung,[36] weil das Grundrecht auf rechtliches Gehör (Art. 103 GG) zentrale Bedeutung in jedem rechtsstaatlichen Verfahren hat, denn die Beteiligten sollen nicht bloße Objekte des Verfahrens sein, sondern als aktiv handelnde Personen teilnehmen und ihre Rechte durchsetzen können.[37] Auf die vorherige Anhörung darf deshalb nur in Ausnahmefällen verzichtet werden, z.B. in der Forderungszwangsversteigerung wegen evtl. Vereitelungsgefahr. Bei der Anhörung könnte zum Beispiel geltend gemacht werden, daß

- die Auseinandersetzung der Gemeinschaft durch Anordnung oder Vereinbarung ausgeschlossen ist;
- und warum die Teilungsversteigerung im konkreten Fall gegen Treu und Glauben verstößt;
- die für den Versteigerungsantrag im konkreten Fall notwendige Zustimmung nach § 1365 BGB nicht gegeben ist;
- eine ausnahmsweise erforderliche Genehmigung oder Kündigung fehlt;
- die Teilungsversteigerung wegen möglicher, angebotener und zumutbarer Realteilung unzulässig ist.

Die Erörterung dieser oder ähnlicher Punkte vor der Anordnung der Teilungsversteigerung kann den Rechtspfleger, aber vor allem den Beteiligten viel Zeit, Arbeit, Kosten und u.U. sogar den Weg vor das Prozeßgericht sparen.

Übereinstimmung herrscht, daß die vorherige Anhörung einerseits mindestens zulässig ist,[38] und daß sie andererseits nicht zu ungerechtfertigten Verzögerungen führen darf.[39]

Die Anordnung der Teilungsversteigerung erfolgt gemäß §§ 180, 15 durch Beschluß **(Muster)**.[40] Dieser muß Antragsteller, Antragsgegner und Grundstück bezeichnen und durch Angabe des Gemeinschaftsverhältnisses den Auseinandersetzungsanspruch des Antragstellers kennzeichnen. Der Anordnungsbeschluß wird allen Antragsgegnern von Amts wegen förmlich zugestellt, den Antragstellern dagegen nur formlos mitgeteilt (wenn dem Antrag voll entsprochen wurde). Zustellung ins Ausland erfolgt gemäß §§ 199ff., 208 ZPO auf diplomatischem Wege.[41] Ein Verzicht auf Zustellung ist unwirksam.[42]

Nach der Anordnung wird das Grundbuchamt gemäß § 19 um Eintragung des Versteigerungsvermerks ersucht.[43] Zugang dieses Ersuchens oder Zustel-

---

[36] Schiffhauer ZIP 1982, 529; Eickmann Rpfleger 1982, 449; Mezger NJW 1966, 2000; Steiner/Hagemann Einl Rz. 54; Steiner/Teufel § 180 Rz. 87.

[37] BVerfG Rpfleger 1976, 389.

[38] So auch Stöber § 180 Anm. 5.8.

[39] Vgl. Taktischen Hinweis **TH** C 3.5.2.

[40] **Muster** eines Anordnungsbeschlusses siehe C 3.2.2.

[41] Zu Zustellungsfragen vgl. oben C 2.1.

[42] Stöber § 180 Anm. 5.4.

[43] Vgl. Taktischen Hinweis **TH** C 3.5.3.

lung des Beschlusses an den/die Antragsgegner macht die Beschlagnahme wirksam.[44]

Im übrigen gibt es in der Teilungsversteigerung hierzu keine Besonderheiten gegenüber der Forderungszwangsversteigerung.[45] Das gilt auch bezüglich evtl. weiterer Mitteilungen des Anordnungsbeschlusses (vgl. dazu auch folgendes Muster).

3.2.2. Muster eines Anordnungsbeschlusses[46]

Amtsgericht – Vollstreckungsgericht –   Stuttgart, 16.1.2002
Anordnungsbeschluß vom 16.1.2002
K 16/02

Zum Zwecke der Aufhebung der Gemeinschaft,
die an dem im Grundbuch von Botnang eingetragenen Grundstück der Markung Stuttgart
    GBH 3544 Abt. 1 Nr. 1 Mozartstraße 35
        Wohnhaus, Garage, Garten, zusammen 12 a 16 m²
auf den Namen von Frau Irmgard Maier geb. Schwarz zu einer ideellen Hälfte und auf die Erben des verstorbenen Franz Maier, Daniel und Stefan Maier in ungeteilter Erbengemeinschaft zur anderen Hälfte eingetragen, besteht, wird auf Antrag des Miterben Stefan Maier

    die Zwangsversteigerung des bezeichneten Grundstücks angeordnet.

Dieser Beschluß gilt zugunsten von Stefan Maier als Beschlagnahme des Grundstücks.

Das Amtsgericht
gez. Unterschrift des Rechtspflegers

Verfügung:
1. Eintragungsersuchen an das Grundbuchamt
2. Beschlußausfertigung
    a) Zustellen an Daniel Maier, Solitudestraße 12 in Leonberg und
    b) Zustellen an Irmgard Maier, Mozartstraße 35 in Botnang jeweils mit Belehrung nach § 180 Abs. 2;[47]
    c) formlos an Stefan Maier, Verdistraße 16 in Stuttgart
3. Ersuchen an das Finanzamt um Mitteilung des Einheitswertes
4. Einholung einer Abschrift der Brandversicherungsurkunde
5. Vorlage an Kostenbeamten
6. Wiedervorlage am 31.1.2002

---

[44] Dazu unten C 3.3.

[45] Zu Prüfungsumfang, fehlerhaften Anträgen, Entscheidung, Zurückweisung des Antrags, Rechtsmittel in der Forderungszwangsversteigerung vgl. Storz/Kiderlen ZV-Praxis C 1.3.

[46] Ähnlich Mohrbutter/Drischler Muster 179; Stöber Handbuch Rz. 694.

[47] Dazu ausführlich oben B 3.; vgl. auch **Muster** unten C 4.2.1. – Zu **Mustern** im ähnlichen Verfahren der Forderungszwangsversteigerung vgl. Storz/Kiderlen ZV-Praxis Aktenteil **AT** 6 – **AT** 12 (Belehrung, Einstellungsantrag, Stellungnahme des Gläubigers, Einstellungsbeschluß, Fortsetzungsantrag, Fortsetzungsbeschluß). – Eine einstweilige Einstellung gegen Auflagen gibt es allerdings nicht in der Teilungsversteigerung.

3.3. Beschlagnahme

Der Anordnungsbeschluß gilt zugunsten des Antragstellers gemäß § 20 Abs. 1 als Beschlagnahme des Grundstücks und gemäß §§ 20 Abs. 2, 21 der mithaftenden Gegenstände.[48] Wie bei der Forderungszwangsversteigerung[49] wird die Beschlagnahme wirksam, wenn der Anordnungsbeschluß dem Antragsgegner/den Antragsgegnern ordnungsgemäß zugestellt ist (§ 22 Abs. 1 S. 1), oder wenn das Ersuchen um Eintragung des Versteigerungsvermerks beim Grundbuchamt eingegangen ist (§ 22 Abs. 1 S. 2); der frühere Zeitpunkt ist maßgebend.

Der Beschlagnahmezeitpunkt ist auch hier maßgebend für die Berechnung der laufenden Beträge wiederkehrender Leistungen gemäß § 13, die von den Grundpfandgläubigern gemäß § 10 zusammen mit den 2-Jahres-Rückständen in der gleichen bevorzugten Rangklasse geltend gemacht werden können wie der Hauptanspruch.[50] Allerdings ist die wirtschaftliche Bedeutung dieser Frage in der Teilungsversteigerung ungleich geringer als in der Forderungszwangsversteigerung.[51]

Die Wirkung der Beschlagnahme unterscheidet sich in der Teilungsversteigerung auch sonst von derjenigen in der Forderungszwangsversteigerung, weil das Grundstück hier nur insoweit von der Beschlagnahme ergriffen wird, als dies zur Durchführung der Teilungsversteigerung erforderlich ist.[52] Der Antragsteller braucht im Gegensatz zum Gläubiger in der Forderungszwangsversteigerung ja kein Recht auf abgesonderte Befriedigung, daher greifen die §§ 1121, 1122 BGB bei der Teilungsversteigerung nicht:[53]

Auch in der Teilungsversteigerung hat die Beschlagnahme zwar gemäß § 23 die Wirkung eines Veräußerungsverbotes. Bei einer Gesamthandsgemeinschaft geht dieses Verbot aber ins Leere, weil die Gesamthänder ohnehin nur gemeinsam über das Grundstück verfügen können. Nur für den die Teilungsversteigerung betreibenden Erbteilspfändungs- und Überweisungsgläubiger spielt die Beschlagnahme insofern eine Rolle, als sie bewirkt, daß nach der Beschlagnahme entstandene Rechte ihm gegenüber unbeachtlich sind und daher nicht in das geringste Gebot fallen.[54]

Auch bei der Bruchteilsgemeinschaft können die Miteigentümer gemeinsam (§ 747 S. 2 BGB) trotz Beschlagnahme über das Grundstück und die mithaftenden Gegenstände verfügen.[55] Der einzelne Miteigentümer kann auch nach der Beschlagnahme seinen Anteil veräußern oder belasten; im letzteren Fall ist der Antragsteller durch § 182 geschützt. Bei einer Veräußerung tritt der Erwerber gemäß § 26 an die Stelle des bisherigen Miteigentümers in den jeweiligen Stand des Verfahrens ein; den übrigen Miteigentümern wird

---

[48] Vgl. Taktische Hinweise **TH** C 3.5.4. und **TH** C 3.5.5.
[49] Vgl. Storz/Kiderlen ZV-Praxis B 5.
[50] Vgl. Taktischen Hinweis **TH** C 3.5.1.
[51] Vgl. dort, auch hinsichtlich der dortigen Taktischen Hinweise, Storz/Kiderlen ZV-Praxis B 5.4.
[52] BGH Rpfleger 1952, 415; Schiffhauer zu LG Bielefeld Rpfleger 1985, 248.
[53] Eickmann S. 26; Steiner/Teufel § 180 Rz. 121; Stöber § 180 Anm. 6.6.
[54] BayObLG Rpfleger 1960, 160; Behning ZZP 58, 252; Schiffhauer ZIP 1982, 532; – zum geringsten Gebot ausführlich oben B 5.
[55] Eickmann S. 26; Steiner/Teufel § 180 Rz. 121.

der Beteiligtenwechsel lediglich bei der nächsten Gelegenheit bekanntgegeben.[56]

Das Fehlen einer Verfügungsbeschränkung i. S. d. §§ 1121, 1122 BGB macht sich allerdings gegenüber einem Gläubiger bemerkbar, der nach Pfändung und Überweisung des Aufhebungsanspruchs die Teilungsversteigerung an Stelle seines Schuldners/Miteigentümers betreibt: alle Miteigentümer gemeinsam können ja u. U. wertvolle Zubehörstücke veräußern, weil dem Pfändungsgläubiger nicht mehr Rechte zustehen als dem Schuldner/Miteigentümer,[57] und weil ja nicht Grundstück und/oder mithaftende Gegenstände, sondern der Aufhebungsanspruch gepfändet ist.[58] Daher kann der Schuldner/ Miteigentümer selbst dann über seinen Miteigentumsanteil verfügen, wenn dadurch der gepfändete Anspruch untergeht.[59]

Wenn der Antragsteller selbst seinen Miteigentumsanteil veräußert, kann auch hier der Erwerber in dessen Rolle eintreten (eine Umschreibung des Vollstreckungstitels ist im Gegensatz zur Forderungszwangsversteigerung nicht nötig, weil bzw. wenn bei der Teilungsversteigerung kein Vollstreckungstitel nötig ist).[60] Der neue Miteigentümer muß sich also lediglich beim Vollstreckungsgericht „(an-)melden" und erklären, daß er die Teilungsversteigerung weiterbetreibt. Er muß weder formell beitreten noch besonders „zugelassen" werden, und es gibt auch keine neue Einstellungsmöglichkeit für den Antragsgegner nach § 180 Abs. 2 oder Abs. 3.[61] Tritt der Erwerber nicht in die Rolle des Antragstellers, wird das Verfahren eingestellt bzw. aufgehoben.

Die Beschlagnahme wirkt – abgesehen von der Berechnung der wiederkehrenden Leistungen gemäß § 13[62] – nur zugunsten desjenigen Antragstellers, auf dessen Antrag die Teilungsversteigerung angeordnet worden ist (§§ 180, 20 Abs. 1). Will also auch ein anderer Miteigentümer/Teilhaber in den Genuß der Beschlagnahmewirkungen kommen bzw. sich nicht vom bisherigen Antragsteller abhängig machen, muß er der Versteigerung beitreten.

Die Beschlagnahme bleibt solange wirksam, bis das Verfahren aus irgendeinem Grund aufgehoben wird; eine einstweilige Einstellung berührt die Beschlagnahme also nicht. Wird der Anordnungsbeschluß aufgehoben, sind die Beschlagnahme-Wirkungen weggefallen und können auch durch eine erfolgreiche Beschwerde nicht wieder wirksam gemacht werden, sondern nur durch eine neue Anordnung (bzw einen Beitritt) erneut begründet werden.[63] Etwas anderes gilt nur dann, wenn der Aufhebungsbeschluß konstitutive Wirkung hatte und ausdrücklich erst mit seiner Rechtskraft wirksam werden sollte.

Wie die Vollstreckungsversteigerung erstreckt sich auch die Teilungsversteigerung gemäß § 55 Abs. 2 auf Zubehör, und zwar auch auf fremdes Zu-

---

[56] Stöber Handbuch Rz. 707 a.

[57] Eickmann Rz. 115; Stöber § 180 Anm. 6.6; Steiner/Teufel § 180 Rz. 121.

[58] Vgl. Taktischen Hinweis **TH** C 3.5.5.

[59] So BGH Rpfleger 2010, 439: Hier hatte ein Miteigentümer seinen Anteil an seine geschiedene Ehefrau übertragen, sodaß diese Alleineigentümerin des in der Teilungsversteigerung befindlichen Objekts wurde; das Verfahren wurde daher gegenstandslos und war somit aufzuheben.

[60] LG Frankenthal Rpfleger 1983, 120; Stöber § 180 Anm. 6.6.

[61] Ähnlich: Stöber § 180 Anm. 6.9.

[62] Dazu Storz/Kiderlen ZV-Praxis B 5.4. – vgl. auch oben A 4.2. und unten C 3.4.1.

[63] LG Frankenthal Rpfleger 1983, 120; Stöber § 180 Anm. 6.6.

behör, das sich im Besitz der Miteigentümer befindet.[64] In der Teilungsversteigerung ist Zubehör, das nicht allen Miteigentümern/Teilhabern gehört, wie fremdes Zubehör zu behandeln.[65]

3.4. Beitritt

3.4.1. Rechtslage

So wie nach der Anordnung einer Forderungszwangsversteigerung andere Personen gemäß § 27 dem Verfahren beitreten können und dadurch auch zu betreibenden Gläubigern werden, können der Teilungsversteigerung die anderen Miteigentümer/Teilhaber beitreten und dadurch auch zu Antragstellern werden, neben ihrer weiter verbleibenden Rolle als Antragsgegner. Und wie in der Forderungszwangsversteigerung mit dem Beitritt i.d.R. nicht eine „noch schärfere Gangart gegenüber dem Schuldner", sondern ein besserer und direkterer Einfluß auf das Verfahren bezweckt wird,[66] empfiehlt sich der Beitritt zu einer Teilungsversteigerung auch dann, wenn der Miteigentümer/ Teilhaber viel lieber eine freihändige Veräußerung des Grundstücks sehen würde, die Teilungsversteigerung des anderen Miteigentümers aber nicht verhindern kann und er ihr jetzt nicht tatenlos ausgeliefert sein möchte.[67]

Beispiel: Stefan und Daniel sind Miteigentümer je zu $1/2$. Stefan betreibt die Teilungsversteigerung. Im Termin werden 160 000,– geboten.

Wenn dem Stefan dieses Ergebnis nicht paßt (z. B. weil zu wenig geboten wurde, oder weil er lieber seinen Freund X als Ersteher sehen würde), kann er den Zuschlag durch Einstellungsbewilligung nach Schluß der Bietstunde verhindern.[68]

Daniel dagegen hat keinerlei Einfluß. Mit einem rechtzeitigen (§ 44 Abs. 2) Beitritt könnte er diese Abhängigkeit von Stefan dagegen u. U. vermeiden.

Damit wird der Beitritt zu einer der wichtigsten Schutzmaßnahmen gegen die bzw. in der Teilungsversteigerung.[69] Ein alleiniger Antragsteller kann nämlich nicht nur jeden Zuschlag verhindern, sondern mit diesem Argument auch andere Interessenten vom Bieten abhalten und auf diese Weise das Grundstück unter Umständen sogar selbst billig einsteigen! Mit seinem Beitritt kann der Antragsgegner diese Abhängigkeit in der Regel beseitigen.

Allerdings weist Eickmann[70] leider zurecht darauf hin, daß manche Gerichte (immer noch!) den Beitritt letztlich doch als Zustimmung zur Teilungsver-

---

[64] Dazu Storz/Kiderlen ZV-Praxis B 2.5.2. und B 5.2.1.

[65] Schiffhauer ZIP 1982, 660; Dassler/Hintzen § 180 Rz. 69; Stöber § 180 Anm. 7.31.

[66] Dazu Taktische Hinweise bei Storz/Kiderlen ZV-Praxis **TH** C 1.4.4.1. und **TH** C 1.4.4.5.

[67] Vgl. dazu Taktische Hinweise **TH** C 3.5.1.–**TH** C 3.5. – Der Fall des LG Braunschweig (Rpfleger 1998, 482) zeigt eindrucksvoll die Probleme, zu denen ein Nichtbeitritt führen kann!

[68] Dazu oben B 3.5.2. – So etwas kann zwar rechtsmißbräuchlich sein (vgl. LG Braunschweig Rpfleger 1998, 482); auf diesen Schutz sollte sich aber niemand verlassen!

[69] OLG Karlsruhe EWiR 1992, 519 (Storz); Stöber § 180 Anm. 8.1; Schiffhauer ZIP 1982, 532; Ebeling Rpfleger 1991, 349.

[70] Rz. 119.

steigerung selbst dann bewerten, wenn der Antragsgegner ausdrücklich erklärt und ausführlich begründet hat, daß er nur aus Verteidigungsgründen beigetreten ist und ansonsten die Teilungsversteigerung weiterhin ablehnt.

Beispiel:[71] A und B sind Miteigentümer, A beantragt die Teilungsversteigerung. B tritt „aus taktischen Gründen" bei; kurz danach erhebt er Klage nach § 771 ZPO.[72] In der mündlichen Verhandlung äußert das Gericht Bedenken dahin, ob nicht im eigenen Betreiben des Klägers eine Zustimmung zu erblicken sei. Darauf nimmt B seinen Beitrittsantrag zurück.[73] Trotzdem weist das Landgericht seine Klage unter Hinweis auf § 183 S. 1 BGB ab (gem. § 183 S. 1 BGB ist die Zustimmung nach Wirksamwerden des Rechtsgeschäfts – hier des Beitritts – unwiderruflich).

Das OLG Karlsruhe hat in diesem Punkt die Besonderheiten der Teilungsversteigerung besser erkannt und die Verteidigungsfunktion des Beitritts anerkannt.[74]

Der Beitritt setzt unstreitig einen Antrag voraus **(Muster),**[75] was sich aus § 27 ergibt, der bestimmt, daß nach Anordnung der Versteigerung über einen weiteren (Versteigerungs-)Antrag durch Zulassung des Beitritts zu entscheiden ist.

Der in der Vollstreckungsversteigerung geltende Grundsatz, daß für einen Beitritt die gleichen Voraussetzungen erfüllt sein müssen wie für eine Anordnung der Versteigerung, kann in der Teilungsversteigerung nur eingeschränkt gelten. Denn in der Vollstreckungsversteigerung handelt es sich bei Anordnung/Beitritt um verschiedene Vollstreckungsverfahren verschiedener Gläubiger gegen den Schuldner, während sich in der Teilungsversteigerung immer dieselben Antragsteller und Antragsgegner, nur in verschiedenen Rollen, gegenüberstehen so daß hier lediglich „der gleiche Spieß herumgedreht" wird:

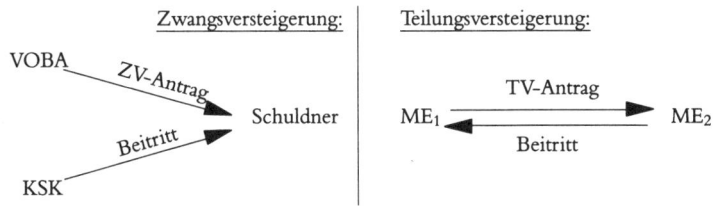

Weil sich der Antragsgegner nur durch einen Beitritt zur (i. d. R. ungeliebten) Teilungsversteigerung aus der völligen Abhängigkeit vom Antragsteller – z. B. hinsichtlich der Zuschlagsentscheidung – befreien kann, so daß der Bei-

---

[71] Eickmann Rz. 121.
[72] Wenn schon „Taktik", dann i. d. R. zuerst § 771 ZPO und dann erst Beitritt; und nur dann Beitrittsrücknahme, wenn § 771 ZPO-Erfolg gesichert erscheint; schließlich braucht nicht hingenommen zu werden, daß dort eine Zustimmung unterstellt/fingiert wird, wo sie vorher ausdrücklich ausgeschlossen wurde!
[73] Siehe FN 74.
[74] OLG Karlsruhe EWiR 1992, 519 (Storz).
[75] **Muster** eines Beitrittsantrags vgl. unten C 3.4.2.1.

tritt die wichtigste Schutzmaßnahme in der Teilungsversteigerung überhaupt ist, muß der Beitritt eines Miteigentümers zur Teilungsversteigerung immer auch dann schon vom Vollstreckungsgericht selbst (nicht erst auf Klage entsprechend § 771 ZPO über das Prozeßgericht) zugelassen werden, wenn dieser Miteigentümer die Anordnung der Teilungsversteigerung selbst nicht beantragen könnte.

Beispiel 1: Die Aufhebbarkeit der Gemeinschaft am Grundstück ist durch Anordnung oder Vereinbarung ausgeschlossen, und das ist auch aus dem Grundbuch ersichtlich. Trotzdem wird die Teilungsversteigerung betrieben, und zwar von dem Gläubiger eines Miteigentümers, der dessen Auseinandersetzungsanspruch gepfändet hat; der Pfändungsgläubiger ist ja durch den Ausschluß nicht gehindert.

Beispiel 2: Die Aufhebung einer Gemeinschaft am Grundstück darf auf Grund Anordnung oder Vereinbarung nur mit einer bestimmten Anteilsmehrheit beantragt werden; diese Beschränkung ist im Grundbuch eingetragen. Die erforderliche Mehrheit betreibt die Teilungsversteigerung.

In beiden Fällen muß ein Beitritt zur Teilungsversteigerung ohne weiteres vom Vollstreckungsgericht zugelassen werden! Der Prozeßweg über § 771 ZPO ist unzumutbar und unnötig, weil der Antragsgegner diese wichtige Schutzmaßnahme braucht und der Antragsteller bzw. „sein Pfändungsgläubiger" kein Rechtsschutzbedürfnis an der Verweigerung des Beitritts haben. Man kann in diesen Fällen allenfalls erwägen, die beigetretenen Antragsgegner (ggf. über § 771 ZPO) zur Rücknahme ihres Antrags zu zwingen, wenn vorher der Versteigerungsantrag zurückgenommen oder (z. B. über § 771 ZPO) zurückgewiesen worden ist. Zwingend ist der Erfolg einer derartigen Klage aber auch nicht, z. B. kann wegen wiederholter Belästigungen dieser Art dem Beigetretenen ein wichtiger Grund zur Weiterführung der Versteigerung zustehen.

Weil also der Antragsteller gegenüber einem Beitrittsantrag seines Antragsgegners nicht besonders schutzwürdig ist, müssen im Gegensatz zur Vollstreckungsversteigerung für einen Beitritt in der Teilungsversteigerung nicht die gleichen Voraussetzungen erfüllt sein wie für eine Anordnung. In der Teilungsversteigerung reicht es also aus, wenn (einer) der Antragsgegner schlicht die Zulassung seines Beitritts zu der bereits angeordneten Teilungsversteigerung beantragt. Im Beitrittsantrag müssen daher meines Erachtens nicht (noch einmal) genau bezeichnet werden:

– das zu versteigernde Grundstück,
– die anderen Miteigentümer mit ihren vollständigen ladungsfähigen Adressen,
– das aufzuhebende Gemeinschaftsverhältnis,
– der Eigentumsnachweis gem. § 17 II.

Es brauchen auch nicht die in § 16 II genannten Urkunden (noch einmal) vorgelegt werden und die Voraussetzungen des § 1365 BGB erfüllt sein, wenn sich in der Teilungsversteigerung nur die beiden Exeheleute gegenüberstehen. Wichtig ist nur, daß es keinerlei Missverständnisse geben darf, zu was ganz konkret der Beitritt erfolgen soll, und daß evtl. zwischenzeitliche Änderungen selbstverständlich aus dem Beitrittsantrag hervorgehen müssen.

Außerdem muß die konkrete Antragsberechtigung nachgewiesen werden, wenn sie sich nicht zweifelsfrei bereits aus dem angeordneten Verfahren ergibt. Trotz der hier von mir vertretenen Erleichterungen empfiehlt es sich – insbesondere wenn der Beitritt erst relativ kurz vor dem Versteigerungstermin beantragt wird und die Fristwahrung gemäß § 44 II gefährdet ist, den Antrag vollständig zu formulieren (z. B. nach dem **Muster** C 3.4.2.1).

Der Teilungsversteigerung beitreten kann jeder Miteigentümer/Teilhaber, der seinerseits – was in aller Regel der Fall ist[76] – die Teilungsversteigerung betreiben darf; anders ausgedrückt: jeder der bisherigen Antragsgegner. Beitreten mit dem Ziel der Teilungsversteigerung können auch Gläubiger von Miteigentümern/Teilhabern, die den Auseinandersetzungsanspruch ihres Schuldners gepfändet haben.[77] Dagegen können nach heute wohl herrschender Ansicht der Teilungsversteigerung keine Gläubiger zum Zwecke der Forderungszwangsversteigerung beitreten;[78] auch ein wechselseitiger Beitritt zur Teilungsversteigerung einerseits und Nachlaß- bzw. Insolvenzverwaltungsversteigerung anderseits ist nicht möglich.[79]

Der Beitritt muß sich immer auf das gleiche Grundstück bzw. die gleichen Grundstücke, Grundstücksrechte, Bruchteile usw. beziehen, die auch von der Anordnung erfaßt sind. Ist das nur teilweise der Fall, handelt es sich um verschiedene Verfahren, sodaß ein Beitritt unmöglich ist.

Beispiel:[80]   Miteigentümer je zur Hälfte sind einerseits Irmgard und anderseits die Erbengemeinschaft Daniel und Stefan. Daniel betreibt nur in die erbengemeinschaftliche Hälfte. Wenn Stefan später die Versteigerung des ganzen Grundstücks beantragt, müssen 2 getrennte Verfahren angeordnet werden (denkbar wäre außerdem ein Beitritt des Stefan zur Versteigerung der einen Grundstückshälfte durch Daniel).[81]

Wegen der Selbständigkeit der Einzelverfahren wird der beigetretene Miteigentümer jetzt neben seiner bisherigen Rolle als Antragsgegner auch Antragsteller, und der bisherige Antragsteller wird durch den Beitritt zusätzlich Antragsgegner. Beide haben dann in der Teilungsversteigerung sowohl die Rechte eines Antragstellers (z. B. auf Einstellungsbewilligung gemäß §§ 180, 30), als auch diejenigen eines Antragsgegners (z. B. auf Einstellungsantrag gemäß § 180 Abs. 2).[82]

Durch den Beitritt werden das Grundstück und die mithaftenden Gegenstände auch für den Beitretenden beschlagnahmt. Wichtig ist, daß die Wirkungen dieser Beschlagnahme für den Beitretenden erst mit der Zustellung des Beitrittsbeschlusses **(Muster)**[83] an den/die Antragsgegner eintreten;[84] nur

---

[76] Wenn z. B. die Auseinandersetzung der Gemeinschaft grundbuchersichtlich ausgeschlossen ist, die Teilungsversteigerung aber trotzdem von dem Pfändungsgläubiger eines Miteigentümers betrieben wird, haben die übrigen Miteigentümer immer einen wichtigen Grund für einen Beitritt. – Vgl. oben B 1.7.1.2. und B 1.7.1.16.

[77] Dazu oben B 1.6.

[78] Dazu oben A 3.1.

[79] Dazu oben A 3.2.

[80] Ähnlich Stöber § 180 Anm. 8.2.

[81] UU können beide Verfahren gemäß § 18 verbunden werden.

[82] Vgl. dazu die **Beispiele** bei A 4.5.

[83] **Muster** eines Beitrittsbeschlusses vgl. unten C 3.4.2.2.

[84] BGH Rpfleger 1988, 543.

für die Berechnung der wiederkehrenden Leistungen gemäß § 13 gilt die sog. erste Beschlagnahme (aus dem Anordnungsbeschluß) für alle Gläubiger.[85] Auch in der Teilungsversteigerung ist nach heute allg Ansicht § 44 Abs. 2 zu beachten[86] mit der Folge, daß der Beitrittsbeschluß im Versteigerungstermin nur berücksichtigt werden darf, wenn er mindestens 4 Wochen vorher dem Antragsgegner/den Antragsgegnern zugestellt worden ist.[87]

Beispiel: Stefan und Daniel sind Miteigentümer. Stefan betreibt die Teilungsversteigerung. Zwei Wochen vor dem Versteigerungstermin tritt Daniel der Versteigerung bei. Im Termin werden 160 000,– geboten. Stefan bewilligt nach Schluß der Versteigerung aber vor Zuschlagsverkündung die einstweilige Einstellung.

Hier muß auf alle Fälle der Zuschlag versagt werden, weil Stefan für diesen Termin als einziger Antragsteller zu berücksichtigen war. Für Daniel muß ein neuer Termin bestimmt werden.

Entsprechendes gilt, wenn Stefan schon während der Bietstunde einstellt. Auch hier muß neuer Termin bestimmt werden, weil für Daniel jetzt noch nicht versteigert werden kann.

Wie in der Forderungszwangsversteigerung der alleine betreibende Gläubiger oder alle betreibenden Gläubiger gemeinsam jeden Zuschlag ohne Rücksicht auf die Höhe des Meistgebots dadurch verhindern können, daß nach Schluß der Bietstunde aber vor Verkündung des Zuschlags die einstweiligen Einstellungen bewilligt oder die Versteigerungs- bzw. Beitrittsanträge zurückgenommen werden,[88] so kann in der Teilungsversteigerung jeder Zuschlag dadurch verhindert werden, daß (ebenfalls nach Schluß der Bietstunde aber vor Verkündung der Zuschlagsentscheidung) der alleinige Antragsteller (oder alle Antragsteller gemeinsam) die Einstellung gemäß §§ 180, 30 bewilligen bzw. die Versteigerungs-/Beitrittsanträge gemäß §§ 180, 29 zurücknehmen.[89] Das ist unstreitig.

Wenn die Teilungsversteigerung von mehreren Miteigentümern/Teilhabern (durch Anordnung und Beitritt) betrieben wird, entsteht die Frage: Was geschieht, wenn nur einer von ihnen die einstweilige Einstellung bewilligt oder seinen (Versteigerungs- bzw. Beitritts-)Antrag zurücknimmt, während der andere oder die anderen Miteigentümer weiterbetreiben. Wie in der Vollstreckungsversteigerung kann diese Frage nur danach beantwortet werden, ob sich durch diese Einzelmaßnahme das geringste Gebot ändert oder nicht (unter anderem deshalb hat das geringste Gebot als wichtigste Grundlage der Versteigerung eine weit über seinen eigentlichen Namen hinausgehende Bedeutung!).

Betreiben zum Beispiel bei einer Erbengemeinschaft mehrere Erben oder bei einer Bruchteilsgemeinschaft an einem unbelasteten Grundstück mehrere Miteigentümer die Teilungsversteigerung, so ändert sich durch Einstellungs-

---

[85] Dazu oben C 3.3.
[86] BGH Rpfleger 1981; OLG Stuttgart Rpfleger 1970, 102; Dassler/Hintzen § 180 Rz. 52; Mohrbutter/Drischler Muster 180 Anm. 2; **früher a. A.:** Jäckel/Güthe § 180 Rz. 6.
[87] Vgl. Taktischen Hinweis **TH** C 3.5.10.
[88] Dazu ausführlich Storz/Kiderlen ZV-Praxis B 3.2.1.
[89] Vgl. dazu ausführlich oben B 3.1.1. und unten C 8.2.3.

bewilligung/Antragsrücknahme eines Einzelnen nichts; das geringste Gebot bleibt unverändert, solange wenigstens ein Erbe/Miteigentümer weiterbetreibt. Ein einzelner Erbe/Miteigentümer kann dann also zum Beispiel den Zuschlag nicht verhindern; sondern dies ist nur allen betreibenden Erben/Miteigentümern gemeinsam möglich. Immerhin haben die beigetretenen Erben/Miteigentümer durch ihren Beitritt verhindert, daß der (früher alleinige) Antragsteller den Zuschlag allein verhindern könnte.

Komplizierter ist es, wenn die Teilungsversteigerung bei Bruchteilseigentum von mehreren Miteigentümern betrieben wird und die einzelnen Bruchteile unterschiedlich belastet sind. Aber auch hier liegt der Schlüssel zur Antwort in der Frage, ob sich durch Einstellungsbewilligung oder Antragsrücknahme des einzelnen Miteigentümers das geringste Gebot ändert oder nicht. Ist das der Fall, muß der Zuschlag versagt werden, weil dann die wichtigste Versteigerungsgrundlage für das Gebot falsch war. In der Forderungszwangsversteigerung ändert sich das geringste Gebot nur dann, wenn (auch) das bestrangig betriebene Verfahren eingestellt oder aufgehoben wird. Entsprechendes gilt in der Teilungsversteigerung, wenn das Verfahren des „maß-geblichen" Antragstellers eingestellt oder aufgehoben wird. Maßgeblich ist der Antragsteller also dann, wenn sich durch Einstellung oder Aufhebung seines Verfahrens das geringste Gebot verändert. Auch in der Teilungsversteigerung gilt, daß nicht auf ein Gebot zugeschlagen werden darf, das auf der Grundlage eines (nachträglich aber rückwirkend) falschen geringsten Gebots abgegeben worden ist. Auch hier sind ja durch die einstweilige Einstellung des maßgeblichen Verfahrens alle Gebote gemäß § 72 Abs. 3 erloschen.

Ob sich das geringste Gebot durch Einstellungsbewilligung/Antragsrücknahme eines einzelnen Miteigentümers ändert, hängt von der Theorie ab, nach der in diesen Fällen das geringste Gebot festzustellen ist.[90] Nach der hier vertretenen und heute klar herrschenden **Niedrigstgebotstheorie** ändert sich das geringste Gebot (nur) dann, wenn (auch) derjenige Miteigentümer seine Teilungsversteigerung einstweilen einstellen oder aufheben lässt, dessen Anteil am niedrigsten, belastet ist und für den (wenn er alleine betreiben würde) **das geringste Gebot am niedrigsten** wäre.[91]

Die Begründung ist einfach und entspricht derjenigen in der Forderungszwangsversteigerung: Im Interessenkonflikt zwischen Antragsteller (Gläubiger) und Antragsgegner (Schuldner) hält der Gesetzgeber bis zum letzten Augenblick (Verkündung der Entscheidung über den Zuschlag) die Option aufrecht, daß der Zuschlag versagt werden muß, wenn auch der Antragsteller/Gläubiger dem Schuldner/Antragsgegner das Grundstück erhalten will. Im Interessenkonflikt zwischen den einzelnen Antragstellern/Gläubigern (auf wen kommt es konkret an, wenn **der** Antragsteller/Gläubiger gefordert ist?) hat sich der Gesetzgeber eindeutig und konsequent für einen einzigen entschieden (nicht etwa für eine nach irgendwelchen Regeln zu ermittelnde Mehrheit oder gar für eine Einstimmigkeit), nämlich für den bestrangig betreibenden Gläubiger, dem in der Teilungsversteigerung der maßgebliche Antragsteller entspricht.

---

[90] Siehe hierzu oben B 5.4.
[91] Dazu ausführlich oben B 5.4.3. und B 5.7.2.2. mit **Beispiel**.

Beispiel: Stefan und Daniel sind Miteigentümer je zu ½. Der Anteil des Stefan ist mit 120 000,– belastet, derjenige des Daniel ist unbelastet.
Wenn Stefan und Daniel die Teilungsversteigerung betreiben, richtet sich das geringste Gebot nach der Niedrigstgebotstheorie nach dem unbelasteten Anteil des Daniel, weil dann keine Rechte bestehen bleiben.
Nimmt Stefan nach der Bietstunde seinen Antrag zurück, hat dies keinen Einfluß auf das geringste Gebot, sodaß der Zuschlag erteilt werden kann.
Nimmt dagegen Daniel seinen Antrag zurück, so müßte das geringste Gebot jetzt am Anteil des Stefan ausgerichtet werden: es wären sowohl die Belastung als auch ein entsprechender Ausgleichsbetrag gemäß § 182 zu berücksichtigen. Die Versteigerungsgrundlage des Versteigerungstermins hat sich also durch die nachträgliche Antragsrücknahme geändert; deshalb muß der Zuschlag versagt werden!
Selbstverständlich muß der Zuschlag auch versagt werden, wenn Daniel und Stefan ihre Anträge zurücknehmen.

Natürlich darf der maßgebliche Antragsteller seine besonderen Möglichkeiten nicht einseitig und gezielt zur Schädigung der anderen Miteigentümer einsetzen. Sonst wird der Zuschlag evtl. trotz seiner Einstellungsbewilligung wegen mißbräuchlicher Rechtsausübung erteilt[92] und er macht sich evtl. sogar schadensersatzpflichtig.

Entsprechendes gilt, wenn (auch) der maßgebliche Antragsteller schon während der Bietstunde die einstweilige Einstellung bewilligt (§§ 180, 30) oder seinen Antrag zurücknimmt (§§ 180, 29), aber noch weitere Antragsteller betreiben. Wie bei der Forderungszwangsversteigerung ist hier nicht der Zuschlag zu versagen, weil die Versteigerung ja noch läuft[93] sondern die bisherige Bietstunde wird abgebrochen, mit der einstweiligen Einstellung erlöschen evtl. abgegebene Gebote gemäß §§ 180, 72 Abs. 3, es wird ein neues geringstes Gebot aufgestellt (für die noch betreibenden Antragsteller) und es wird eine neue, vollständige Bietstunde über mindestens volle 30 Minuten (§ 73) durchgeführt.[94]

Der Beitritt ist nur zu einem anhängigen Verfahren möglich, also nicht mehr nach Beendigung der Teilungsversteigerung z. B. durch Antragsrücknahme (§ 29), sonstigen Aufhebungsbeschluß (z. B. gemäß §§ 28, 31 Abs. 1 S. 2) oder mit der Rechtskraft des Zuschlagsbeschlusses.[95] Auf keinen Fall darf § 44 II übersehen werden, weil ein Beitrittsbeschluß im Versteigerungstermin nur dann berücksichtigt werden darf, wenn er mindestens 4 Wochen vorher dem Antragsgegner (des Beitritts) zugestellt worden ist.[96]

---

[92] Ebenso aber für Zuschlagsversagung: LG Braunschweig Rpfleger 1998, 256; Muth Rz. 44; Dassler/Hintzen § 182 Rz. 21; Stöber § 182 Anm. 3.9.
[93] LG Braunschweig Rpfleger 1998, 482.
[94] Dazu ausführlich Storz/Kiderlen ZV-Praxis B 6.3.2.
[95] Vgl. Storz/Kiderlen ZV-Praxis C 1.4.2.
[96] Vgl. dazu **TH** C 3.5.10.

3.4.2. Muster von Beitrittsantrag und -beschluß

3.4.2.1. Beitrittsantrag

An das
Amtsgericht – Vollstreckungsgericht –
Stuttgart

Daniel Maier
Solitudestraße 12
Leonberg, den 5. 3. 2002

Antrag auf Zulassung des Beitritts zur Teilungsversteigerung K 16/02

Sehr geehrte Damen und Herren,

auf Antrag meines Miterben Stefan Maier ist die Teilungsversteigerung des im Grundbuch von Botnang eingetragenen Grundstücks der Markung Stuttgart

GBH 3544 Abt. I Nr. 1 Mozartstraße 35
Wohnhaus, Garage, Garten, zusammen 12 a 16 m^2

mit Beschluß vom 16. 1. 2002 angeordnet worden. Miteigentümer je zur Hälfte sind Irmgard Maier, geb. Schwarz (wohnhaft Mozartstr. 35 in Botnang) und die Erbengemeinschaft: Stefan Maier (wohnhaft Verdistraße 16 in Stuttgart) und ich. Zum Nachweis der Eintragungen liegt ein Zeugnis des Grundbuchamts Botnang vom heutigen Tage bei.[97]
Ich beantrage die Zulassung des Beitritts zu dieser Teilungsversteigerung.

Mit freundlichen Grüßen

gez. Daniel Maier

3.4.2.2. Beitrittsbeschluß

Amtsgericht – Vollstreckungsgericht –
Beitrittsbeschluß vom 6. 3. 2002
K 16/02

Stuttgart, 6. 3. 2002

In dem Zwangsversteigerungsverfahren zum Zwecke der Aufhebung der Gemeinschaft, die an dem im Grundbuch von Botnang eingetragenen Grundstück der Markung Stuttgart

GBH 3544 Abt. I Nr. 1 Mozartstraße 35
Wohnhaus, Garage, Garten zusammen 12 a 16 m^2

auf den Namen von Frau Irmgard Maier geb. Schwarz und die Erbengemeinschaft Stefan und Daniel Maier je zur Hälfte besteht, wird auf Antrag der Beitritt des Miterben Daniel Maier zugelassen.
Dieser Beschluß gilt zugunsten des Daniel Maier als Beschlagnahme des Grundstücks.

Das Amtsgericht
gez. Unterschrift des Rechtspflegers

---

[97] U. U. genügt auch Bezugnahme auf das Grundbuch gemäß § 17 II 2.

Verfügung:

1. Beschlußausfertigung
   a) zuzustellen an Irmgard Maier, Mozartstraße 35 in Botnang und
   b) zuzustellen an Stefan Maier, Verdistraße 16 in Stuttgart jeweils mit Belehrung
      nach § 180 Abs. 2 und 3;[98]
   c) formlos an Daniel Maier, Solitudestr. 12 in Leonberg.
2. Vorlage an Kostenbeamten
3. Wiedervorlage am 2. 4. 2002

3.5. Taktische Hinweise

TH 3.5.1: Der Antragsteller sollte hinsichtlich des Zeitpunktes seines Versteigerungsantrags beachten, daß die durch die Anordnung der Teilungsversteigerung ausgelöste Beschlagnahme gemäß § 13 maßgebend ist für die Abgrenzung der laufenden (von den rückständigen) Beträge wiederkehrender Leistungen. Damit bestimmt sich nach dem Beschlagnahmezeitpunkt, in welchem Umfang z. B. Grundpfandgläubiger dingliche Zinsen geltend machen können. Wenn also der Antragsteller die Beschlagnahme noch kurz vor Jahresende herbeiführt, kann das bedeuten, daß alle Grundpfandgläubiger für ein ganzes Jahr länger dingliche Zinsen beanspruchen können, als wenn die Beschlagnahme erst kurz nach Jahresbeginn wirksam würde.[99] Das kann insbesondere dann für den Antragsteller ungünstig sein, wenn er gar nicht persönlich haftet (häufig in der Teilungsversteigerung!).

TH 3.5.2: Relativ weit verbreitet ist die Praxis, mit dem Beitritt zu warten, bis der Verkehrswert festgesetzt ist; auf diese Weise soll ein Kostenvorschuß vermieden werden. Aber abgesehen davon, daß ein Kostenvorschuß unter Umständen auch noch bei einem späteren Beitritt verlangt werden kann, wird dieser Vorschuß aus den Verfahrenskosten sofort bei der Erlösverteilung wieder zurückgezahlt. Die Effektivität dieser Taktik ist daher m. E. begrenzt. – Wichtiger ist da m. E. schon die psychologische Wirkung eines relativ späten Beitritts, weil dann der Antragsteller sich erst spät auf die neue Situation einstellen kann. Außerdem könnte sich insofern ein Überraschungseffekt ergeben, als der Beitritt u. U. das geringste Gebot verändert und/oder dadurch zu einer Rechtsunsicherheit führt. – Das wichtigste ist aber, daß der Beitritt im Hinblick auf § 44 II niemals zu spät beantragt werden darf.

TH 3.5.3: Der Versteigerungsvermerk im Grundbuch deutet in der Forderungszwangsversteigerung auf die Zahlungsschwierigkeiten hin, während die Eigentümerbonität bei Teilungsversteigerungen oft einwandfrei ist; andererseits werden in der Teilungsversteigerung auch dingliche Rechte, die nur einen Anteil belasten, besonders gefährdet. Deshalb ist zum Schutz der Gläubiger und insbesondere der Eigentümer sehr zu empfehlen, den Vermerk im Grundbuch so zu formulieren, daß die Art der Versteigerung erkennbar ist, z. B. „Zwangsversteigerung zum Zwecke der Aufhebung der Gemeinschaft ist angeordnet".[100]

---

[98] Siehe FN 47 (C 3.2.2.).

[99] Vgl. Storz/Kiderlen ZV-Praxis B 5.4.1. mit vielen Taktischen Hinweisen.

[100] So auch Schiffhauer Rpfleger 1986, 311; Hagemann Rpfleger 1984, 256; Storz/Kiderlen ZV-Praxis **TH** C 1.3.4.8.

TH 3.5.4: Auch in der Teilungsversteigerung werden evtl. Miet- und Pachtforderungen gemäß § 21 Abs. 2 nicht von der Beschlagnahme erfaßt. Will der Miteigentümer/Teilhaber selbst oder sein die Teilungsversteigerung betreibender Gläubiger auch hierauf zugreifen, muß er außerdem die Zwangsverwaltung betreiben (§§ 148, 21 Abs. 2), wozu allerdings ein Vollstreckungstitel erforderlich ist.[101] Eine Zwangsverwaltung ist auch dann zu erwägen, wenn wegen Uneinigkeit keine neuen Mietverträge, keine Kündigungen und/oder keine Reparaturen möglich sind; hier hilft aber u. U. auch eine Maßnahme nach § 25, der auch in der Teilungsversteigerung anwendbar ist.[102]

TH 3.5.5 (nach Eickmann):[103] Gegen ein Zusammenspiel der Miteigentümer/Teilhaber gegen den Pfändungsgläubiger (kollusives Handeln) kann sich dieser auch dadurch schützen, daß er gleichzeitig auf dem Anteil seines Schuldners/Miteigentümer eine Zwangshypothek eintragen läßt, weil er dann durch die §§ 1134, 1135 BGB geschützt wird.

TH 3.5.6 (nach Schiffhauer):[104] Viele Antragsgegner meinen, ein Beitritt zur Teilungsversteigerung sei überflüssig: entweder ist man „letztlich froh darüber, daß die unliebsame und konfliktreiche Gemeinschaft nun ein baldiges Ende findet" und lässt das vom Antragsteller betriebene Verfahren eben laufen, oder man ist gegen die Versteigerung, dann klingt ein Beitritt und eine eigene Antragstellung doch paradox! Dieser Standpunkt ist zwar verständlich, beruht aber auf einer nicht ausreichenden Kenntnis des Verfahrens und ist letztlich sehr gefährlich!

TH 3.5.7: Wenn der Antragsgegner im Grunde genommen mit der Teilungsversteigerung einverstanden ist, sprechen folgende Gesichtspunkte für einen Beitritt:
– Der Miteigentümer hat mehr unmittelbare Einflußmöglichkeiten auf das Verfahren, wenn er nicht nur Antragsgegner, sondern auch Antragsteller ist (z. B. gemäß §§ 25, 30, 67 Abs. 2, 74 a Abs. 1 S. 2).
– Besonders wichtig: Er ist nicht mehr vollständig vom (bisherigen) Antragsteller abhängig, der z. B. einseitig jeden Zuschlag ohne Rücksicht auf die Höhe des Meistgebots verhindern und unter Umständen sogar Mitbieter negativ beeinflussen könnte!
– Die für das Schicksal der Versteigerung u. U. sehr wichtige Zusammensetzung des geringsten Gebots kann durch seinen Beitritt u. U. verbessert werden.
– Nur durch den Beitritt kommt der Miteigentümer auch in den Genuß der Beschlagnahmewirkungen.

TH 3.5.8: Wenn der Antragsgegner sich eigentlich gegen die Versteigerung wehren will, könnte er zunächst versuchen, eine einstweilige Einstellung gemäß § 180 Abs. 2 zu erreichen. Danach aber sprechen die gleichen Gründe für einen Beitritt wie in **TH 3.5.7.** Die früher mögliche Blockade der Tei-

[101] Vgl. auch Taktische Hinweise zu Miet- und Pachtzinsforderungen bei Storz/Kiderlen ZV-Praxis **TH B** 5.2.2.1., **TH B** 5.2.2.2.
[102] Steiner/Teufel § 25 Rz. 4; Stöber § 25 Anm. 1.2.
[103] Eickmann Rz. 117.
[104] Schiffhauer ZIP 1982, 532.

lungsversteigerung durch hohe Belastung des eigenen Anteils und anschließenden Beitritt wird heute in Literatur und Rechtsprechung (m.E. zurecht)[105] erfolgreich bekämpft; sie ist auch unnötig und schädlich.

TH 3.5.9: Was spricht gegen den Beitritt des Antragsgegners? Außer
emotionalen Erwägungen und dem verständlichen Bedürfnis nach Ruhe
und Frieden, außer gewissen zusätzlichen Kosten (z.b. für das Gericht[106] und
für einen Rechtsanwalt) und außer Unkenntnis/Unsicherheit über dieses abgelegene Rechtsgebiet (die man fairerweise auch den Rechtsanwälten zubilligen
sollte)? Mir fällt nichts ein! – Allerdings sollte man genau prüfen, ob man selbst
(bzw. der „Gegner") durch den Beitritt zum „maßgeblichen" Antragsteller
wird, oder man (bzw. der „Gegner") durch den Beitritt die Rolle des „maßgeblichen" Antragstellers verliert, wie bzw. ob sich also durch den Beitritt die jeweiligen Einflussmöglichkeiten auf das Verfahren verändern!

TH 3.5.10: Wenn der Antragsgegner schon dem Verfahren beitritt, sollte
er unbedingt auf die Frist des § 44 Abs. 2 achten. Auch in der Teilungsversteigerung ist der Versteigerungstermin die Schicksalsstunde. Um dort als
Antragsteller auftreten zu können, muß der Beitrittsbeschluß gemäß § 44
Abs. 2 mindestens 4 Wochen vor dem Termin den Antragsgegnern (dh allen
anderen Miteigentümern/Teilhabern) zugestellt worden sein.

TH 3.5.11: Unter Umständen kann es sich empfehlen, bei Bruchteilseigentum den eigenen Anteil (zunächst) zu belasten, um über den Gläubiger
evtl. einen $^7/_{10}$-Antrag stellen zu lassen und/oder in der Erlösverteilung
wenigstens diesen Erlösteil von der Zustimmungspflicht der anderen Miteigentümer zu befreien; danach könnte ein Beitritt erfolgen, um die bis
dahin einseitige Abhängigkeit vom Antragsteller zu beseitigen; schließlich
könnte kurz vor dem Termin das Recht wieder (ganz oder teilweise) gelöscht
werden, wenn dadurch die Chance besteht (und evtl. sogar die Notwendigkeit), Einfluß auf die Zuschlagsentscheidung zu erhalten bzw. zurückzugewinnen.

TH 3.5.12: Besteht das Versteigerungsobjekt aus mehreren juristisch selbständigen Einheiten (insbesondere z.B. aus vielen Eigentumswohnungen),
dann können sich aus Beitritt oder Nichtbeitritt unter Umständen unterschiedliche gewerbesteuerliche Unterschiede ergeben: Die Finanzverwaltung
geht bekanntlich von dem Grundsatz aus, daß ein Verkauf von mehr als 3
Wohneinheiten i.d.R. als gewerblicher Grundstückshandel zu versteuern
ist.[107] Diese Grundsätze werden zwar i.d.R. auch auf den Antragsteller einer
Teilungsversteigerung angewandt; aber die Anwendung auf den bloßen Antragsgegner ist wohl höchstrichterlich noch nicht entschieden. Durch das Unterlassen eines Beitritts kann hier unter Umständen die Besteuerung als
gewerblicher Grundstückshandel vermieden werden. Vor einem Beitritt bei
derartigen Objekten sollten also immer die steuerlichen Konsequenzen genau
geklärt werden!

---

[105] Dazu oben B 5.4.
[106] Dazu oben C 2.4.
[107] BFH Großer Senat BStBl. II 1995, S. 617; BFH NJW 1996, 616; Fischer NWB Fach
3, 9541.

4. Schutz durch einstweilige Einstellung

4.1. Verweisung auf Abschnitt B.3.

Der Vollstreckungsschutz des Schuldners in der Forderungszwangsversteigerung gemäß §§ 30 a–30 f ist für die Teilungsversteigerung ersetzt durch die Einstellungsmöglichkeiten des § 180 Abs. 2 und Abs. 3.[1] Streitig ist die Frage, ob der allgemeine Vollstreckungsschutz des § 765 a ZPO auch in der Teilungsversteigerung gilt.[2] Neben diesen Einstellungsmöglichkeiten gibt es auch in der Teilungsversteigerung noch andere Einstellungen.[3] Im übrigen entsprechen Gründe und Rechtsfolgen von einstweiligen Einstellungen, Fortsetzung und Aufhebung von Verfahren[4] weitgehend den Regeln der Forderungszwangsversteigerung.[5] Auf alle diese Ausführungen sei hier verwiesen, um Wiederholungen zu vermeiden.

4.2. Muster

4.2.1. Hinweis gemäß § 180 Abs. 2 und 3 i. V. m. § 30[6]

Hinweis an die Antragsgegner:
Das Verfahren ist auf Ihren Antrag gemäß § 180 Abs. 2 ZVG auf die Dauer von höchstens sechs Monaten einstweilen einzustellen, wenn dies bei Abwägung der widerstreitenden Interessen der verschiedenen Miteigentümer/Teilhaber angemessen erscheint.
Wenn aus Ihrer (früheren) Ehe mit dem Miteigentümer der Gemeinschaft an dem zu versteigernden Grundstück ein Kind hervorgegangen ist, kann die einstweilige Einstellung des Verfahrens auch gemäß § 180 Abs. 3 ZVG beantragt werden, wenn dies zur Abwendung einer ernsthaften Gefährdung des Wohls des gemeinschaftlichen Kindes erforderlich ist.
Jeder der beiden Einstellungsanträge muß unbedingt **binnen einer Notfrist von zwei Wochen** ab Zustellung dieses Hinweises beim Gericht eingegangen sein; er kann innerhalb dieser Frist auch zu Protokoll der Geschäftsstelle gestellt werden. Nach Fristablauf kann im weiteren Verlauf des Verfahrens aus den Gründen des § 180 Abs. 2 oder 3 ZVG keine einstweilige Einstellung mehr erfolgen. Nach erfolgter Einstellung zum Wohle des Kindes gemäß § 180 Abs. 3 kann aus dem gleichen Grunde aber noch mehrfach eingestellt werden (§ 180 Abs. 3 S. 2 ZVG).
Die einstweilige Einstellung muß gesondert gegenüber jedem Miteigentümer, der die Teilungsversteigerung betreibt, beantragt werden. Nach evtl. Zulassung eines Beitritts für einen anderen Miteigentümer ist für dessen Verfahren daher ein neuer Antrag nach § 180 Abs. 2 oder 3 möglich und nötig. Die Antragsfrist beginnt im

---

[1] Vgl. hierzu ausführlich oben B 3.2. und B 3.3.
[2] Vgl. hierzu oben A 2.3. und B 3.4.
[3] Dazu oben B 3.4.
[4] Dazu ausführlich oben B 3.5. – Vgl. auch oben C 3.4.
[5] Dazu Storz/Kiderlen ZV-Praxis B 3.
[6] Vgl. **Muster** 179 bei Mohrbutter/Drischler (6. Aufl. 1986); auch bei Stöber Handbuch Rz. 714/721; Storz/Kiderlen ZV-Praxis Aktenteil **AT** 6 (zu § 30 a).

Falle eines Beitritts mit der Zustellung eines entsprechenden Hinweises auf die Möglichkeit eines Einstellungsantrags.

Der Einstellungsantrag soll in jedem Fall eingehend begründet sein; die zu seiner Begründung vorgebrachten Tatsachen müssen auf Verlangen des Gerichts glaubhaft gemacht werden.

Zur Prüfung des Antrags bitten wir insbesondere um folgende Angaben:

1. Zu einem Antrag nach § 180 Abs. 2 ZVG:
   a) Welche Einwände werden gegen die alsbaldige Versteigerung vorgebracht?
   b) In welcher Weise könnte sonst die Auseinandersetzung geschehen?
   c) Haben Sie Interesse, den Grundbesitz zu erwerben?
      Wenn ja: Sind Sie dazu in der Lage?

2. Zu einem Antrag nach § 180 Abs. 3 ZVG:
   a) Gehört der Gemeinschaft außer dem betreibenden Miteigentümer nur dessen Ehegatte oder früherer Ehegatte an?
   b) Aus welchen Gründen wird das Wohl eines gemeinschaftlichen Kindes durch die alsbaldige Versteigerung ernsthaft gefährdet und warum kann diese Gefährdung nur durch eine einstweilige Einstellung des Verfahrens abgewandt werden?

Das Amtsgericht
gez. Unterschrift des Rechtspflegers

4.2.2. Einstellungsantrag gemäß § 180 Abs. 2[7]

An das
Amtsgericht – Vollstreckungsgericht –   Irmgard Maier
Stuttgart   Mozartstraße 35
                                                        Botnang, 28. 1. 2002
K 16/02
Einstellungsantrag gemäß § 180 Abs. 2 ZVG

Sehr geehrte Damen und Herren,

ich beantrage, die mit Beschluß vom 16. 1. 2002 angeordnete Teilungsversteigerung gemäß § 180 Abs. 2 ZVG auf die Dauer von 3 Monaten einstweilen einzustellen.
Gemäß dem beiliegenden Bestätigungsschreiben meiner Hausbank vom 23. 1. 2002 stehe ich in aussichtsreichen Verhandlungen über einen Kredit, mit dem ich den Miteigentumsanteil meiner Söhne Stefan und Daniel erwerben kann. Daran bin ich sehr interessiert, weil ich das Haus, dessen Versteigerung beantragt worden ist, selbst bewohne.
Vielen Dank für Ihr Verständnis und Ihre Bemühungen.

Mit freundlichen Grüßen
gez. Irmgard Maier

---

[7] Vgl. **Muster** bei Storz/Kiderlen ZV-Praxis Aktenteil **AT** 7 (zu § 30 a).

4.2.3. Einstellungsbeschluß gemäß § 180 Abs. 2[8]

Amtsgericht – Vollstreckungsgericht –
Einstellungsbeschluß vom 1. 2. 2002   Stuttgart, 1. 2. 2002
K 16/02

In dem Zwangsversteigerungsverfahren zum Zwecke der Aufhebung der Gemeinschaft, die an dem im Grundbuch von Botnang eingetragenen Grundstück der Markung Stuttgart

GBH 3544 Abt. I Nr. 1 Mozartstraße 35
Wohnhaus, Garage, Garten, zusammen 12 a 16 m^2

auf den Namen von Frau Irmgard Maier und die Erbengemeinschaft Stefan und Daniel Maier je zur Hälfte besteht,

wird auf Antrag von Frau Irmgard Maier vom 28. 1. 2002

das Verfahren bis einschließlich 30. 4. 2002 einstweilen eingestellt.

Frau Irmgard Maier hat glaubhaft gemacht, daß sie mit ihrer Hausbank in aussichtsreichen Verhandlungen über einen Kredit steht, mit dem sie den Miteigentumsanteil ihrer Söhne Stefan und Daniel Maier erwerben möchte. Der Antragsteller Stefan Maier hat sich mit der einstweiligen Einstellung bis zum 30. 4. 1991 einverstanden erklärt.

Die Beschlagnahme des Grundstücks bleibt bestehen.

Das Amtsgericht
gez. Unterschrift des Rechtspflegers

Verfügung:
1. Beschlußausfertigung
   a) Zuzustellen an Frau Irmgard Maier, Mozartstr. 35, Stuttgart
   b) Zuzustellen an Stefan Maier, Verdistr. 16 in Stuttgart mit Hinweis nach § 31 III ZVG.
2. Wiedervorlage 30. 10. 2002

4.2.4. Fortsetzungsantrag[9]

An das
Amtsgericht – Vollstreckungsgericht –   Stefan Maier
Stuttgart   Verdistraße 16
        Stuttgart, 2. 5. 2002
K 16/02

Fortsetzungsantrag

Sehr geehrte Damen und Herren,

hiermit beantrage ich die Fortsetzung des am 16. 1. 2002 angeordneten und vom 1. 2. 2002 bis zum 30. 4. 2002 eingestellten Verfahrens. Abgesehen vom Ablauf der Einstellungszeit sind die Kreditverhandlungen gescheitert, sodaß auch mein Bruder inzwischen dem Verfahren beigetreten ist.

Mit freundlichen Grüßen!
gez. Stefan Maier

---

[8] Vgl. **Muster** bei Storz/Kiderlen ZV-Praxis Aktenteil **AT** 9 (zu § 30 a).
[9] Vgl. **Muster** bei Storz/Kiderlen ZV-Praxis Aktenteil **AT** 10 (zu § 30 a).

4.2.5. Fortsetzungsbeschluß[10]

Amtsgericht – Vollstreckungsgericht –
Fortsetzungsbeschluß vom 13. 5. 2002   Stuttgart, 13. 5. 2002
K 16/02

In dem Zwangsversteigerungsverfahren zum Zwecke der Aufhebung der Gemeinschaft, die an dem im Grundbuch von Botnang eingetragenen Grundstück der Markung Stuttgart
GBH 3544 Abt. I Nr. 1 Mozartstraße 35
Wohnhaus, Garage, Garten, zusammen 12 a 16 m²
auf den Namen von Frau Irmgard Maier und die Erbengemeinschaft Stefan und Daniel Maier je zur Hälfte besteht,
wird auf Antrag von Herrn Stefan Maier vom 2. 5. 2002 das Verfahren fortgesetzt.

Das mit Beschluß vom 16. 1. 2002 angeordnete Verfahren wurde mit Beschluß vom 1. 2. 2002 bis einschließlich zum 30. 4. 2002 einstweilen eingestellt. Auf Antrag des Antragstellers Stefan Maier vom 2. 5. 2002 wird das Verfahren fortgesetzt, weil die Kreditverhandlungen von Frau Irmgard Maier gescheitert sind.

Das Amtsgericht
gez. Unterschrift des Rechtspflegers

Verfügung:

1. Beschlußausfertigung
   a) zuzustellen an Frau Irmgard Maier, Mozartstr 35 in Stuttgart
   b) zuzustellen an Herrn Stefan Maier, Verdistraße 16 in Stuttgart
2. Wiedervorlage 31. 5. 2002

---

[10] Vgl. **Muster** bei Storz/Kiderlen ZV-Praxis Aktenteil **AT** 11 (zu § 30 a).

5. Festsetzung des Grundstückswertes

Literatur (Titel zum Teil sinnwahrend gekürzt!): *Basties*, Anhörung von Sachverständigen bei der Wertfestsetzung, SchlHA 1985, 49; *Basties*, Sachverständige bei der Wertfestsetzung, SchlHA 1972, 129; *Brückner*, Wertermittlung von Grundstücken, NJW 1958, 1756; *Dorn*, Altlasten in der Zwangsversteigerung, Rpfleger 1988, 298; *Drischler*, Wertfestsetzung in der Zwangsversteigerung, Rpfleger 1983, 99; *Eickmann*, Rechtliches Gehör im Verfahren vor dem Rechtspfleger, Rpfleger 1983, 449; *Grohmann*, Beeinflussen Rechte der Abt II die Wertfestsetzung? JurBüro 1970, 559; *Köhler*, Neue Richtlinien zur Ermittlung des Bodenwertes BlGrBW 1957, 138; *Leyerseder*, Zur Wertfestsetzung in der Zwangsversteigerung, NJW 1955, 1427; *Lorenz*, Zeitliche Problematik der Wertfestsetzung, MDR 1961, 371; *Mohrbutter*, Rechtsfragen zum Grundstückswert in der Zwangsversteigerung, BB 1953, 875 und MDR 1955, 711; *Mohrbutter*, Versteigerungstermin ohne Rechtskraft der Wertfestsetzung, Rpfleger 1960, 203; *Müller*, Gemeiner Wert unbebauter Grundstücke, BlGrBW 1959, 276; *Riggers*, Verfahren und Bedeutung der Wertfestsetzung, JurBüro 1968, 777; *Schiffhauer*, Kann ein Beteiligter die Herabsetzung des Verkehrswertes im Beschwerdeverfahren verlangen? Rpfleger 1973, 81; *Schiffhauer*, Ist Wertfestsetzung immer notwendig? MDR 1963, 901; *Schiffhauer*, Was ist Grundstückswert i. S. d. § 114a? KTS 1968, 218; 1969, 165; *Schmidt*, Zeitpunkt der Wertfestsetzung, Rpfleger 1960, 41; *Schulz*, Verkehrswert bei Zwangsversteigerungen, Rpfleger 1987, 441; *Siegelmann*, Grundstückswert in der Zwangsversteigerung, BlGrBW 1961, 199 und VersR 1961, 971; *Spies*, Wertfestsetzung, NJW 1955, 813; *Stöber*, Wertfestsetzung und Zuschlag, Rpfleger 1969, 221; *Storz*, Besondere Gefahrenquellen in der Zwangsversteigerung, ZIP 1980, 1049 und ZIP 1981, 16; *Tischbein*, Bewertung Landwirtschaftlicher Betriebe, RdL 1956, 61.

5.1. Bedeutung des festgesetzten Wertes

Die Bedeutung des festgesetzten Grundstückswertes für das Verfahren ist schon in der Forderungszwangsversteigerung lange unklar gewesen, und noch bis heute in manchen Einzelfragen umstritten.[1] Das hat seine Ursache darin, daß das ZVG einerseits seinem Grundaufbau nach auf jede Wertfestsetzung bzw. jeden Bezug auf den Grundstückswert zunächst konsequent verzichtet hat,[2] und daß die Regelung des kompletten Wertfestsetzungsverfahrens dann ganz stiefmütterlich im 5. Absatz des § 74a plaziert worden ist, sodaß schon aus der systematischen Stellung vieles darauf hindeutet, daß die Wertfestsetzung überhaupt nur zur Klärung der Frage erfolgt ist, wer den sog 7/10-Antrag gemäß § 74a[3] stellen kann.

Andererseits hat sich gezeigt, daß der gemäß § 74a Abs. 5 festgesetzte Grundstückswert rechtlich und psychologisch eine umfassende Bedeutung hat und das wirtschaftliche Ergebnis der Zwangsversteigerung oft stark beeinflußt; spätestens seit der Einführung des § 85a[4] wird die Wertfestsetzung deshalb auch in Literatur und Rechtsprechung sehr ernst genommen.

---

[1] Dazu Storz/Kiderlen ZV-Praxis C 2.2; Steiner/Storz § 74a Rz. 74–80.

[2] Praktisch alle auf den Grundstückswert abzielenden Vorschriften wie §§ 30a, 66 Abs. 1, 74a, 74b, 85, 85a, 114a und auch § 765a ZPO sind erst 1953 bzw. 1979 eingefügt oder entsprechend geändert worden.

[3] Zum 7/10-Antrag gemäß § 74a ausführlich unten C 8.2.2.

[4] Gesetz vom 1.2.1979, BGBl. I S. 127.

Für die Teilungsversteigerung gelten diese Ausführungen ganz besonders, weil eine Beschränkung der Bedeutung des Wertes auf die $^7/_{10}$-Frage hier besonders ins Gewicht fallen würde: in der Teilungsversteigerung sind nämlich nach allgemeiner Ansicht weder Antragsteller noch Antragsgegner antragsberechtigt i. S. d. § 74a,[5] es sei denn, daß ihnen ein noch in die $^7/_{10}$-Grenze fallendes Eigentumsrecht zusteht.[6] Da in der Teilungsversteigerung außerdem die dinglichen Gläubiger (gegenüber der Forderungszwangsversteigerung) nur eine geringe Rolle spielen, wurde früher gerade für die Teilungsversteigerung eine Wertfestsetzung i. d. R. für unnötig gehalten.[7] Seit der Einführung des § 85a[8] muß aber nach allg. Ansicht auch in der Teilungsversteigerung der Grundstückswert in aller Regel gemäß § 74a Abs. 5 gerichtlich festgesetzt werden.[9]

Die Bedeutung dieses gerichtlich festgesetzten Grundstückswertes auch in der Teilungsversteigerung wird erst richtig klar, wenn man die verschiedenen Funktionen einmal zusammenstellt:
– die Sicherheitsleistung beträgt gemäß § 68 in der Regel 10% des festgesetzten Verkehrswertes;
– Die Antragsberechtigung für den sog. $^7/_{10}$-Antrag (den allerdings nur ein aus einer dinglichen Belastung Berechtigter stellen kann, also nicht ein Miteigentümer allein aus dieser Position!) ergibt sich aus diesem Wert;[10]
– die Zuschlagsversagung wegen Nichterreichen der $^5/_{10}$-Grenze ebenso;[11]
– noch heute ganz herrsch Ansicht ist dieser Wert maßgebend für die Befriedigungsfiktion des § 114a;[12]
– die Verteilung eines im geringsten Gebot bestehenbleibenden Gesamtrechts richtet sich bei der gleichzeitigen Versteigerung mehrerer Grundstücke gemäß § 64 nach dem Wert der einzelnen Grundstücke;[13]
– die Erlösverteilung auf Einzelgrundstücke nach einem Gesamtausgebot erfolgt gemäß § 112 Abs. 2 entsprechend den einzelnen Grundstückswerten;[14]
– die Wertfestsetzung ist auch für einen Teil der Gebühren (für das Verfahren im allgemeinen und für die Abhaltung des Versteigerungstermins: § 29 Abs. 1 GKG) maßgebend;[15]

---

[5] LG Koblenz Rpfleger 1970, 102; Dassler/Hintzen § 74a Rz. 22; Steiner/Storz § 74a Rz. 9 und 32; Stöber § 74a Anm. 2.3; mißverständlich aber die Verweisung bei Stöber in § 180 Anm. 7.30 auf § 176 Anm. 3.23.

[6] Dann ergibt sich ihr Antragsrecht aus dem Eigentümerrecht, wie in der Forderungszwangsversteigerung beim Schuldner; vgl. dazu BGH MDR 1988, 578; Storz/Kiderlen ZV-Praxis A 3.2.2; Steiner/Storz § 74a Rz. 27.

[7] Vgl. z. B. LG Düsseldorf KTS 1976, 308; LG Frankenthal Rpfleger 1974, 443; LG Lübeck SchlHA 1973, 130; Vollkommer Rpfleger 1976, 393; Leyerseder NJW 1955, 1427; Schiffhauer MDR 1963, 901 und Rpfleger 1974, 444.

[8] Siehe FN 4.

[9] OLG Düsseldorf Rpfleger 1981, 69; Storz/Kiderlen ZV-Praxis A 3.2.2; Schiffhauer ZIP 1982, 535; Stöber § 74a Anm. 2.3; Steiner/Storz § 74a Rz. 10.

[10] Zum $^7/_{10}$-Antrag gemäß § 74a unten C 8.2.2.

[11] Zur Zuschlagsversagung gemäß § 85a unten C 8.2.2.

[12] Zur Befriedigungsfiktion gemäß § 114a unten C 8.3.2.

[13] Zu Einzel- und Gesamtangeboten unten C 7.2.3.

[14] Siehe FN 12.

[15] Zu den Verfahrenskosten oben C 2.4.

- Obergrenze für evtl. Wohngeldrückstände (vgl. § 10 Abs. 1 Nr. 2 : 5% des Verkehrswertes);
- mittelbar orientiert sich auch das Recht, gemäß § 85 unter Versagung des Zuschlags einen neuen Versteigerungstermin zu beantragen, am festgesetzten Wert;[16]
- eine evtl. Verschleuderung des Grundstücks, die über § 765a ZPO bzw. Art. 14 GG bekämpft werden müßte, wird oft auch aus dem festgesetzten Wert heraus beurteilt;[17]
- schließlich darf die psychologische Wirkung des gerichtlich festgesetzten Wertes auf Antragsteller, Antragsgegner und insbesondere Bietinteressenten auf keinen Fall unterschätzt werden.[18]

Andererseits darf die Bedeutung des festgesetzten Grundstückswertes auch nicht überschätzt werden, aus folgenden Gründen:

- Das geringste Gebot als die wichtigste Grundlage der Versteigerung hat mit dem festgesetzten Wert nichts zu tun, sondern richtet sich allein nach den Antragstellern;[19]
- der Zuschlag kann wegen Nichterreichens der $^5/_{10}$- oder der $^7/_{10}$-Grenze nur einmal versagt werden;[20]
- auch ohne rechtskräftig festgesetzten Grundstückswert kann terminiert, versteigert und ausnahmsweise sogar zugeschlagen werden,[21] und kraft ausdrücklicher Bestimmung in § 74a Abs. 5 S. 4 beeinflußt selbst ein unrichtiger Wert nicht die Wirksamkeit des Zuschlags oder einer Zuschlagsversagung;
- auch ein rechtskräftig festgesetzter Wert muß u. U. geändert werden, wenn sich neue Beteiligte mit einer Verkehrswertbeschwerde durchsetzen, oder wenn sich die wertbestimmenden Tatumstände wesentlich geändert haben.[22] Nach neuerer BGH-Rechtsprechung soll dies allerdings nicht mehr gelten, wenn der Zuschlag bereits nach § 85a oder § 74a versagt worden ist.[23]

Grundstückswert (Verkehrswert) i. S. d. § 74a Abs. 5 ist der Wert, der bei einem freihändigen Verkauf unter Berücksichtigung von Lage, Zustand und Verwendbarkeit des Grundstücks sowie von allgemeinen örtlichen und zeitli-

---

[16] Zu § 85 unten C 8.2.2.
[17] Die Anwendbarkeit des § 765a ZPO in der Teilungsversteigerung ist umstritten (vgl. dazu oben A 2.3. und B 2.4.), deshalb greift man z. T. direkt auf Art. 14 GG zurück (vgl. z. B. Schiffhauer ZIP 1982, 665). – M. E. sollte die Verschleuderungsfrage bei § 765a ZPO aber ohnehin nicht aus einem Vergleich von festgesetztem Wert und Meistgebot beantwortet werden: Storz/Kiderlen ZV-Praxis D 4.6.1; Steiner/Storz § 30a Rz. 88.
[18] So auch BGH NJW 2006, 1733; NJW-RR 2002, 124. – Es setzt sich immer mehr die Auffassung durch, daß der nach § 74a Abs. 5 festgesetzte Grundstückswert für das ganze Verfahren gilt, also überall dort, wo von Grundstücks- oder Verkehrswert im ZVG die Rede ist, also insbesondere §§ 30a III 2, 64, 74a, 85, 85a, 112 II, 114a und für die Gebühren: LG Traunstein MDR 1956, 751; Mohrbutter KTS 1958, 81; Mohrbutter/Drischler (7. Auflage 1986) Muster 23 Anm. 1; Steiner/Storz § 74a Rz. 76 und 79; Stöber § 74a Anm. 7.2 **gegen** Spies NJW 1955, 813; Lorenz MDR 1961, 371; Schiffhauer MDR 1963, 901; Nikoleit BWNotZ 1965, 48.
[19] Zum geringsten Gebot oben B 5.
[20] Siehe FN 10.
[21] Was aber nicht zu empfehlen ist! Vgl. OLG Düsseldorf NJW 1981, 235 (L5); Storz/Kiderlen ZV-Praxis C 2.2.3.
[22] Zur relativen Rechtskraft des Festsetzungsbeschlusses vgl. unten C 5.3.
[23] BGH NJW-RR 2004, 302; **kritisch** dazu Storz/Kiderlen NJW 2007, 1846.

chen Besonderheiten erzielt werden kann.[24] Eine bestimmte Methode zur Wertermittlung ist im ZVG zwar nicht vorgeschrieben; die für die Bewertung nach dem BauGB maßgebliche Wertermittlungsverordnung (WertV)[25] ist aber auch im Zwangsversteigerungsverfahren zu beachten.[26] Danach kann je nach Objekt schwerpunktmäßig das Vergleichswertverfahren gemäß §§ 13, 14 WertV (z. B. bei unbebauten Grundstücken oder beim reinen Bodenwert), oder das Ertragswertverfahren gemäß §§ 15–20 WertV (z. B. bei Miethäusern oder Bürobauten), oder das Sachwertverfahren gemäß §§ 21–25 WertV (z. B. bei Einfamilienhäusern) oder eine an der besonderen Objektart orientierte Kombination (z. B. bei Industriegrundstücken) herangezogen werden. Sog Altlasten sind dabei unbedingt zu berücksichtigen,[27] (bei ernst zu nehmendem Verdacht auf Altlasten müssen alle zumutbaren Möglichkeiten zur Sachaufklärung wahrgenommen werden),[28] und auch bei bestehenbleibenden Belastungen aus Abt. II des Grundbuchs oder außerhalb des Grundbuchs können sich Wertminderungen ergeben;[29] bei letzteren muß aber in erster Linie jeder Bieter für sich eine Bewertung vornehmen und einen entsprechenden Abschlag von seinem Gebot machen.[30]

Werden von der Teilungsversteigerung mehrere Grundstücke erfaßt (z. B. wegen Verbindung gemäß § 18), ist im Hinblick auf die nach § 63 erforderlichen Einzelangebote der Grundstückwert jeweils auch getrennt festzusetzen. Gemäß § 74a Abs. 5 S. 2 ist auch der Wert der beweglichen Gegenstände, auf die sich die Versteigerung erstreckt (Zubehör), zu schätzen.

5.2. Festsetzungsverfahren

5.2.1. Rechtslage

Gemäß § 74a Abs. 5 S. 1 ist der Grundstückswert vom Gericht „nötigenfalls nach Anhörung von Sachverständigen" festzusetzen, und § 74a Abs. 5 S. 2 schreibt dem Gericht sogar vor, den Wert der beweglichen Gegenstände „frei zu schätzen". Aber abgesehen davon, daß viele Landesrechte ausdrücklich die Einschaltung von Sachverständigen oder Gutachterausschüssen vorschreiben,[31] ist heute trotz vieler Meinungsunterschiede zu Einzelfragen[32]

---

[24] OLG Stuttgart NJW 1955, 1887; LG Braunschweig NdsRpfl 1987, 32; LG München I BB 1955, 368; Storz/Kiderlen ZV-Praxis C 2.1.1; Stöber § 74a Anm. 7.3; Steiner/Storz § 74a Rz. 67.
[25] IdF vom 6. 12. 1988, BGBl I 2209.
[26] Schulz Rpfleger 1987, 441; Storz/Kiderlen ZV-Praxis C 2.1.1. – Aus der neueren Literatur vgl. Knoche NJW 1997, 2080; Wächter NJW 1997, 2073; Pape NJW 1992, 2661; Knapp NJW 1992, 2657.
[27] Näher dazu Dorn Rpfleger 1988, 298.
[28] BGH Rpfleger 2006, 554.
[29] Schulz Rpfleger 1987, 441; Storz/Kiderlen ZV-Praxis C 2.1.1. – Zur Bewertung eines mit einem Wiederkaufsrecht belasteten Grundstücks vgl. BGH NJW 1993, 2804; zum Brandschaden kurz vor der Versteigerung vgl. BGH ZIP 1997, 232 und NJW 1995, 1737. – Zum Streit ob ein bestehenbleibendes Wohnrecht bei der Wertfestsetzung zu berücksichtigen ist, vgl. z. B. LG Heilbronn Rpfleger 2004, 511 **gegen** Hintzen Rpfleger 2004, 57; Alff Rpfleger 2003, 113; Schulz Rpfleger 1987, 441, 445).
[30] Vgl. Taktische Hinweise **TH** C 5.4.1. und **TH** C 5.4.2.
[31] Vgl. z. B. BGH NJW 1991, 3271; 1974, 701. – Zu den einzelnen Landesrechten vgl. Steiner/Storz Band 2, S. 2049–2227.
[32] Dazu Storz/Kiderlen ZV-Praxis C 2.1.2.

wohl unbestritten, daß die Wertfestsetzung in aller Regel nicht ohne Sachverständige auskommt, obwohl dadurch zusätzliche Kosten verursacht werden.[33] Grundlage einer sorgfältigen Bewertung sollte in aller Regel eine Besichtigung des Versteigerungsobjekts sein; aber es ist erstaunlich, in wie vielen Fällen insbesondere bei der Forderungszwangsversteigerung sowohl Sachverständige als auch Bietinteressenten am Betreten von Privatwohnungen und -häusern gehindert werden, was sich selbstverständlich sehr ungünstig auf den Versteigerungserlös auswirken muß.[34] Auch in Teilungsversteigerungen kommt das immer wieder vor, vor allem dann, wenn einzelne Miteigentümer/Teilhaber das Versteigerungsobjekt bewohnen und selbst ersteigern wollen; diese verhindern u. U. die Besichtigung in der Hoffnung auf eine dann niedrigere Bewertung und billigere Erwerbsmöglichkeit.[35] Zu Recht wird einem Beteiligten das Recht bestritten, die Verkehrswert-Festsetzung mit der Behauptung der Unrichtigkeit des Wertes anzugreifen, wenn er vorher dem gerichtlich bestellten Sachverständigen den Zutritt zum Versteigerungsobjekt verweigert hat.[36] Das Wertfestsetzungsverfahren kann (gerade auch in der Teilungsversteigerung) u. U. vereinfacht, beschleunigt und verbilligt werden, wenn die gerichtliche Wertfestsetzung nicht auf ein neu zu erstellendes Sachverständigen-Gutachten, sondern auf ein bereits bei einem Beteiligten evtl. vorhandenes noch aktuelles Gutachten oder auf eine Vereinbarung aller Beteiligten gestützt wird.[37] Ähnliche Effekte können natürlich erzielt werden, wenn dem gerichtlich beauftragten Sachverständigen entsprechende Unterlagen zur Verfügung gestellt werden. ME sollte aber nur ausnahmsweise ganz auf eine Wertfestsetzung verzichtet werden, z.B. „nach Verbrauch" der Zuschlagsversagungsgründe aus §§ 85a und 74a,[38] weil § 114a in der Teilungsversteigerung nur selten zum Zuge kommt. Gemäß § 74a Abs. 5 wird der Grundstückswert vom Gericht von Amts wegen und nach freier richterlicher Überzeugung[39] nach den Grundsätzen des Amtsbetriebs und der freien Beweiswürdigung[40] festgesetzt. Auch bei Einschaltung von Sachverständigen bleibt die Verantwortung für die Wertfestsetzung beim Gericht.[41]

---

[33] Wolff ZIP 1980, 417; Storz/Kiderlen ZV-Praxis C 2.1.2; Mohrbutter/Drischler (7. Aufl 1986) Muster 23 Anm. 7; Steiner/Storz § 74a Rz. 83, 89ff. – Vgl. auch BGH EWiR 1993, 533 (Muth); dieser Fall betraf allerdings selbst keine Zwangsversteigerung. – Es müssen auch nicht unbedingt öffentlich bestellte und vereidigte Sachverständige sein (vgl. LG Kempten Rpfleger 1998, 358), wenn ihre Fachkompetenz und charakterliche Zuverläßigkeit feststehen.

[34] Vgl. Taktische Hinweise **TH** C 5.4.3. und **TH** C 5.4.4.

[35] Vgl. Taktische Hinweise **TH** C 5.4.4. und **TH** C 5.4.5.

[36] LG Göttingen Rpfleger 1998, 213.

[37] So auch Schiffhauer ZIP 1982, 535; Storz/Kiderlen ZV-Praxis C 2.3.1.

[38] **Ähnlich** Stöber § 74a Anm. 7.9. – Diese Konstellation dürfte aber äußerst selten sein!

[39] LG Braunschweig NdsRpfl 1987, 32; Stöber § 74a Anm. 7.5; Storz/Kiderlen ZV-Praxis C 2.3.1.

[40] Steiner/Storz § 74a Rz. 88.

[41] OLG Schleswig Rpfleger 1975, 88; Drischler KTS 1975, 290; Storz/Kiderlen ZV-Praxis C 2.1.2.; Mohrbutter/Drischler (7. Auflage 1986) Muster 23 Anm. 3; Steiner/Storz

Die Frage, in welchem Zeitpunkt die Wertfestsetzung erfolgen soll, ist allgemein schwierig zu beantworten und daher auch heute noch in vielen Einzelheiten streitig.[42] Als praktische Faustregel kann m. E. die Formel von Stöber gelten, nach der der Wert „für alle bis dahin Beteiligten so rechtzeitig vor dem Versteigerungstermin festgesetzt werden muß, daß zwischen der Festsetzung und dem Termin noch ein Rechtsmittel der bis dahin Beteiligten entschieden werden kann".[43]

Das Gericht muß allen am Wertfestsetzungsverfahren Beteiligten gemäß Art. 103 Abs. 1 GG vor der Entscheidung rechtliches Gehör gewähren.[44] Beteiligt in diesem Sinne sind alle Beteiligte i. S. d. § 9, also alle Miteigentümer/Teilhaber, alle dinglich Berechtigten (ohne Rücksicht darauf, ob ihre Rechte bestehenbleiben oder mit dem Zuschlag erlöschen werden),[45] auch angemeldete Pfändungsgläubiger,[46] aber nicht Mieter und Pächter. – Bei Verletzung dieses Anspruchs auf rechtliches Gehör ist zunächst die Verkehrswertbeschwerde gemäß § 74 a Abs. 5 S. 3 gegeben und danach evtl. die Anhörungsrüge gemäß § 321 a ZPO.[47]

Das Wertfestsetzungsverfahren läuft i. d. R. etwa wie folgt ab:

– Nach Abschluß des Vollstreckungsschutz-Verfahrens (§ 180 Abs. 2, 3)[48] beauftragt das Gericht einen Sachverständigen mit der Schätzung des Grundstücks und des Zubehörs (Zeitvorgabe i. d. R. ein Monat).

– Nach Vorlage des Gutachters teilt das Gericht das Ergebnis den am Wertfestsetzungsverfahren Beteiligten mit und gibt ihnen Gelegenheit zur Stellungnahme[49] (Zeitvorgabe i. d. R. 2 Wochen).

– Unter Berücksichtigung der evtl. eingegangenen Stellungnahmen[50] setzt das Gericht den Wert fest; dieser Beschluß wird den am Verfahren Beteiligten gemäß § 329 Abs. 3 ZPO formell zugestellt.[51]

– Der Wertfestsetzungsbeschluß ist gemäß § 74 a Abs. 5 S. 3 mit der sofortigen Beschwerde anfechtbar.

– Ändern sich die wertbestimmenden Tatumstände, muß auch der (relativ) rechtskräftige Wertfestsetzungsbeschluß geändert werden.[52]

---

§ 74 a Rz. 87. – Dagegen können die Mitglieder von Gutachterausschüssen u. U. nicht haftbar gemacht werden, vgl. LG Kassel Rpfleger 1988, 323. – Trotzdem kann sich auch ein Sachverständiger u. U. haftbar machen: BGH FamRZ 2006, 691 (**ablehnend:** Alff Rpfleger 2006, 553); BGB EWiR 1998, 683 (Bydlinski).

[42] Dazu Storz/Kiderlen ZV-Praxis C 2.3.2.; Stöber § 74 a Anm. 7.11–7.14; Steiner/Storz § 74 a Rz. 96–101.

[43] Stöber § 74 a Anm. 7.12; ebenso Hornung Rpfleger 1979, 365; Storz/Kiderlen ZV-Praxis C 2.3.2.

[44] BVerfG MDR 1963, 738 und Rpfleger 1957, 11 (Anm. Oldrof); LG Aachen Rpfleger 1959, 321; Dorn Rpfleger 1988, 298; Lorenz MDR 1961, 371; Storz/Kiderlen ZV-Praxis C 2.3.3; Stöber § 74 a Anm. 7.15; Steiner/Storz § 74 a Rz. 102–106.

[45] Meyer-Stolte Rpfleger 1985, 372; Storz/Kiderlen ZV-Praxis C 2.3.3; Stöber § 74 a Anm. 7.16; Steiner/Storz § 74 a Rz. 105.

[46] Dazu oben B 1.6.2.

[47] Dazu oben A 4.7. und C 2.3.

[48] Dazu oben B 3.2. und B 3.3.

[49] Vgl. **Muster** in C 5.2.2.1.

[50] Vgl. **Muster** in C 5.2.2.2.

[51] Vgl. **Muster** in C 5.2.2.3.

[52] Dazu unten C 5.3.

Der Festsetzungsbeschluß muß den Zeitpunkt der Festsetzung und den Gegenstand der Versteigerung angeben, und er muß begründet werden,[53] weil er selbständig anfechtbar ist. Er muß den am Verfahren Beteiligten auch dann gemäß § 329 Abs. 3 ZPO formell zugestellt werden, wenn die Wertfestsetzung erst im Versteigerungstermin beschlossen und verkündet worden ist.[54] Eine Rechtsmittelbelehrung ist zwar nicht vorgeschrieben, heute aber weitgehend üblich.

Wichtig ist, daß ein Zuschlag gemäß § 74a Abs. 5 S. 4 nicht mehr wegen angeblich unrichtiger Verkehrswertfestsetzung angegriffen werden kann, und zwar auch dann nicht, wenn das Vollstreckungsgericht die Beteiligten vor der Wertfestsetzung nicht angehört hat.[55] Die Wertfestsetzung muß also, wenn überhaupt, dann mit der eigentlichen Verkehrswertbeschwerde angegriffen werden.[56] Wichtig ist auch, daß der Schuldner den Wertfestsetzungsbeschluß nicht mehr anfechten kann, wenn er selbst dem gerichtlich bestellten Sachverständigen eine Innenbesichtigung verweigert hat.[57]

5.2.2. Muster

5.2.2.1. Mitteilung an die Beteiligten[58]

Amtsgericht – Vollstreckungsgericht –
K 16/02   Stuttgart, 16.5.2002

In dem Zwangsversteigerungsverfahren zum Zwecke der Aufhebung der Gemeinschaft an dem im Grundbuch von Botnang eingetragenen Grundstück der Markung Stuttgart

> GBH 3544 Abt. I Nr. 1 Mozartstraße 35
> Wohnhaus, Garage, Garten, zusammen 12 a 16 m²

Eigentümer je zur Hälfte: Irmgard Maier, geb. Schwarz und
Erbengemeinschaft Stefan und Daniel Maier
hat das Gericht gemäß § 74a Abs. 5 ZVG den Wert des bezeichneten Grundstücks zur Vorbereitung des Versteigerungstermins festzusetzen.
Über die Höhe des Grundstückswertes ist eine Schätzung des Gutachterausschusses der Stadt Stuttgart eingeholt worden. Mit Stichtag 30.4.2002 wurde der Wert geschätzt auf

EURO 160 000,–

Das Gutachten kann auf der Geschäftsstelle des Amtsgerichts eingesehen werden.
Es wird Ihnen hiermit Gelegenheit gegeben, etwaige Einwendungen gegen das Gutachten innerhalb von 14 Tagen bei dem Gericht zu erheben. Nach Ablauf der

---

[53] BGH NJW 1963, 1492; Storz/Kiderlen ZV-Praxis C 2.3.4; Stöber § 74a Anm. 7.17; Steiner/Storz § 74a Rz. 108.

[54] OLG Braunschweig NdsRpfl 1984, 259; Steiner/Storz § 74a Rz. 107; Storz/Kiderlen ZV-Praxis C 2.3.4; Stöber § 74a Anm. 7.18; **gegen** Nikoleit BWNotZ 1965, 48.

[55] LG Kempten Rpfleger 1998, 358; LG Lüneburg Rpfleger 1998, 169.

[56] Vgl. unten C 5.3.

[57] VerfGH Berlin Rpfleger 2007, 491; LG Dortmund Rpfleger 2000, 466; LG Göttingen Rpfleger 1998, 213; Böttcher § 74a Rz. 28.

[58] Vgl. auch die **Muster** bei Stöber § 74a Anm. 8.3. und bei Storz/Kiderlen ZV-Praxis Aktenteil **AT** 12.

Frist wird das Gericht den Wert nach den vorhandenen Unterlagen festsetzen und zwar auch dann, wenn Sie sich bis dahin nicht geäußert haben sollten.

Das Amtsgericht
gez. Unterschrift des Rechtspflegers

5.2.2.2. Stellungnahme eines Beteiligten[59]

An das
Amtsgericht – Vollstreckungsgericht –   Daniel Maier
Stuttgart   Solitudestraße 12
                                                      Leonberg, 22. 5. 2002
K 16/02
Stellungnahme zur geplanten Wertfestsetzung

Sehr geehrte Damen und Herren,

nach einer Einsicht in die Schätzungs-Unterlagen habe ich festgestellt, daß der Gutachterausschuß die Folgen des Heizölunfalls vom 6. 3. 2002 nicht berücksichtigt hat. Die Kosten für die Beseitigung dieser Schäden betragen nach dem beiliegenden Voranschlag EURO 25 000,–. Der Schaden kann erst nach dem Versteigerungstermin behoben werden und muß daher m. E. bei der Wertfestsetzung berücksichtigt werden.

Mit freundlichen Grüßen
gez. Daniel Maier

5.2.2.3. Wertfestsetzungsbeschluß[60]

Amtsgericht – Vollstreckungsgericht –
Wertfestsetzungsbeschluß vom 6. 6. 2002
K 16/02

In dem Zwangsversteigerungsverfahren zum Zwecke der Aufhebung der Gemeinschaft an dem im Grundbuch von Botnang eingetragenen Grundstück der Markung Stuttgart

GBH 3544 Abt. I Nr. 1 Mozartstraße 35
Wohnhaus, Garage, Garten, zusammen 12 a 16 m^2

Eigentümer je zur Hälfte: Irmgard Maier, geb. Schwarz und Erbengemeinschaft Stefan und Daniel Maier
wird der Wert des bezeichneten Grundstücks gemäß § 74 a Abs. 5 ZVG festgesetzt auf

EURO 135 000,– (einhundertfünfunddreißigtausend)

Gründe: Der Gutachterausschuß der Stadt Stuttgart hat den Wert mit Stichtag 30. 4. 2002 auf EURO 160 000,– geschätzt, dabei aber die Folgen eines Heizöl-Unfalls vom 6. 3. 2002 nicht berücksichtigt, deren Beseitigung unstreitig EURO 25 000,– kosten wird. Da der Schaden erst nach dem Versteigerungstermin behoben werden kann und nicht durch eine Versicherung gedeckt ist, war bei der Wertfestsetzung ein entsprechender Abschlag vorzunehmen.

---

[59] Vgl. auch das **Muster** bei Storz/Kiderlen ZV-Praxis Aktenteil **AT** 13.
[60] Vgl. auch die **Muster** bei Stöber § 74 a Anm. 8.4, bei Storz/Kiderlen ZV-Praxis Aktenteil **AT** 14 und bei Mohrbutter/Drischler (7. Aufl 1986) **Muster** 23.

Gegen diesen Beschluß ist die sofortige Beschwerde zulässig, welche innerhalb von 2 Wochen nach Zustellung beim Gericht eingelegt werden müßte.

Das Amtsgericht
gez. Unterschrift des Rechtspflegers

Verfügung:
1. Beschlußausfertigung an alle Beteiligten zuzustellen
2. Wiedervorlage am 24. 6. 2002

5.3. Rechtsmittel – Relative Rechtskraft

Der Wertfestsetzungsbeschluß ist gemäß § 74 a Abs. 5 S. 3 mit der sofortigen Beschwerde anfechtbar, wobei die zweiwöchige Rechtsmittelfrist mit der Zustellung des Beschlusses beginnt.[61] Beschwerdeberechtigt sind alle diejenigen, die auch am Wertfestsetzungsverfahren teilgenommen haben, also alle Beteiligten i. S. d. § 9 außer den Mietern und Pächtern.[62] Mit dem Rechtsmittel kann sowohl eine Erhöhung als auch eine Ermäßigung des Wertes angestrebt werden.[63]

Auch die Miteigentümer können mit der Beschwerde eine Herabsetzung des Wertes anstreben,[64] weil eine fehlerhafte Bewertung auch gegen ihre Interessen verstößt. Die Miteigentümer verwirken ihr Beschwerderecht allerdings dann, wenn sie dem vom Gericht beauftragten Sachverständigen den Zutritt zum Versteigerungsobjekt verweigert haben.[65]

Durch das Anhörungsverfahren schon vor dem Wertfestsetzungsbeschluß und durch dessen Anfechtbarkeit kann das Teilungsversteigerungs-Verfahren naturgemäß deutlich verzögert werden.[66] Aber angesichts der Bedeutung des Grundstückswertes für das ganze Verfahren muß diese Gefahr hingenommen werden.

Gemäß § 74 a Abs. 5 S. 4 schließlich kann die Erteilung oder Versagung des Zuschlags nicht mit der Begründung angefochten werden, der Grundstückswert sei unrichtig festgesetzt worden. Damit ist aber nur der materielle Wert (Höhe), nicht auch eine evtl. Verletzung formellen Rechts gemeint; in letzterem Fall ist also durchaus eine Zuschlagsbeschwerde möglich, gemäß §§ 100, 83 Nr. 5.[67]

---

[61] OLG Braunschweig NdsRpfl 1984, 259; Storz/Kiderlen ZV-Praxis C 2.4.2.

[62] Meyer-Stolte Rpfleger 1985, 371; Storz/Kiderlen ZV-Praxis C 2.4.2; Stöber § 74 a Anm. 9.2; Steiner/Storz § 74 a Rz. 115 **gegen** LG Lüneburg Rpfleger 1985, 371 und LG Lübeck SchlHA 1970, 231, die die Beschwerdeberechtigung auf $^7/_{10}$-Antragsberechtigte reduzieren wollen; **und gegen** LG Duisburg MDR 1956, 495; LG Braunschweig NJW 1955, 1641; Spies NJW 1955, 813, die den Schuldner (= Miteigentümer/Teilhaber) ausschließen wollen.

[63] LG Augsburg Rpfleger 2000, 559; Storz/Kiderlen ZV-Praxis C 2.4.2; Stöber § 74 a Anm. 9.4; Steiner/Storz § 74 a Rz. 116, m. w. N. **gegen** LG Göttingen Rpfleger 1973, 105; LG Frankfurt Rpfleger 1974, 324.

[64] OLG Hamm Rpfleger 2000, 120; LG Augsburg Rpfleger 2000, 59.

[65] VerfGH Berlin Rpfleger 2007, 491; LG Dortmund Rpfleger 2000, 466; LG Göttingen Rpfleger 1998, 213; Hintzen Rpfleger 2004, 69 (73).

[66] Vgl. Taktische Hinweise **TH** C 5.4.6. und **TH** C 5.4.7.

[67] Stöber § 74 a Anm. 9.11 mit Recht **gegen** die herrsch Ansicht, die § 83 Nr. 1 für einschlägig hält.

Mögliche Beispiele:

– Vorwurf, eine Wertfestsetzung sei überhaupt nicht erfolgt; oder
– Vorwurf, eine Änderung des festgesetzten Wertes sei trotz wesentlicher Änderung der äußeren Umstände nicht erfolgt; oder
– Vorbringen, der Wertfestsetzungsbeschluß sei dem Beschwerdeführer gegenüber noch nicht rechtskräftig und inhaltlich unzutreffend; oder
– Vorwurf, der ursprüngliche Wertfestsetzungsbeschluß sei wegen der Befangenheit des Sachverständigen aufgehoben worden und das Vollstreckungsgericht habe dann den Verkehrswert „in eigener Sachkompetenz" in gleicher Höhe festgesetzt.[68]

Begründet ist eine derartige Beschwerde aber nur dann (wie immer bei heilbaren Fehlern gemäß § 83 Nr. 1–5), wenn der Beschwerdeführer selbst in einem seiner Rechte beeinträchtigt worden ist (vgl. § 84 Abs. 1).

Da der Wertfestsetzungsbeschluß mit der befristeten Rechtspfleger-Erinnerung/sofortigen Beschwerde anfechtbar ist, kann nach Ablauf der zweiwöchigen Beschwerdefrist nicht mehr geltend gemacht werden, der Wert sei unzutreffend (vgl. § 577 Abs. 3 ZPO). Insofern ist der Wert dann rechtskräftig geworden.

Der Wertfestsetzungsbeschluß des § 74a Abs. 5 wird aber aus zweierlei Gründen nur relativ rechtskräftig: Neu eintretende Beteiligte können neu anfechten, und eine wesentliche Änderung der wertbestimmenden Tatumstände erfordert eine entsprechende Änderung des festgesetzten Wertes.

Auch nach der Wertfestsetzung können der Teilungsversteigerung noch neue Beteiligte beitreten, die bisher noch nicht Beteiligte i. S. d. § 9 waren: insbesondere Pfändungsgläubiger eines Miteigentümers/Teilhabers oder Gläubiger nacheingetragener[69] Grundstücksrechte, die erst durch Anmeldung Beteiligte werden; ihnen muß der Wertfestsetzungsbeschluß zugestellt werden, und ihnen steht dann auch die zweiwöchige Beschwerdefrist zu.[70]

Bei einer wesentlichen Änderung der wertbestimmenden Tatumstände bzw. Eintritt neuer wertbestimmender Tatsachen (z.B. Schäden durch Feuer, Wasser, Sturm; Änderung der baurechtlichen Verhältnisse, Wirtschaftslage usw)[71] muß auch ein allen Beteiligten gegenüber rechtskräftig festgesetzter Wert entsprechend geändert werden. Wer die Änderung herbeiführen will, muß die neuen Tatsachen glaubhaft machen; geschieht das erst im Versteigerungstermin, müssen die neuen Tatsachen sogar so nachgewiesen werden, daß sie als feststehend angesehen werden können.[72] Da im Wertfestsetzungsverfahren das Amtsprinzip gilt, muß das Gericht aufgrund ihm bekanntgewordener wesentlicher Veränderungen aber auch dann den Wertfestsetzungsbeschluß ändern, wenn dies von keinem Beteiligten beantragt wird.[73] Der Bundesgerichtshof[74] vertritt allerdings die Auffassung, daß eine Überprüfung des

---

[68] Fall aus der Praxis; LG Hof vom 2. 4. 1998 (ZT 16/98); unveröffentlicht.
[69] Dh die Eintragung des Rechts erfolgte erst nach Eintragung des Versteigerungsvermerks.
[70] Vgl. Taktischen Hinweis **TH** C 5.4.8.
[71] BGH Rpfleger 1971, 212; OLG Koblenz Rpfleger 1985, 410; OLG Köln Rpfleger 1983, 362; OLG Hamm Rpfleger 1977, 452; Storz/Kiderlen ZV-Praxis C 2.4.1; Stöber § 74a Anm. 7.20; Steiner/Storz § 74a Rz. 110.
[72] BGH NJW 1971, 1751; Steiner/Storz § 74a Rz. 111.
[73] Storz zu LG Kassel Rpfleger 1984, 470.
[74] BGH NJW-RR 2004, 302 = EWiR 2004, 463 (**abl.** Anm. Storz).

festgesetzten Verkehrswertes selbst bei gravierenden Veränderungen der wert-bestimmenden Tatumstände dann mangels Rechtsschutzinteresse zu unter-bleiben habe, wenn der Zuschlag einmal nach § 85a oder § 74a versagt worden ist. Diese Auffassung verkennt m. E., daß der Verkehrswert weit über die Zuschlagsversagungsgründe dieser §§ 85a und 74a hinaus von großer praktischer Bedeutung ist und deshalb immer aktuell angepaßt werden muß![75]

Wird der Wertfestsetzungsbeschluß wegen erfolgreicher Beschwerde eines neuen Beteiligten oder wegen Änderung der wertbestimmenden Tatumstän-de geändert, so wirkt der neue Wert für und gegen alle Beteiligten.[76] Die Änderung bedeutet aber keine völlig neue Wertfestsetzung;[77] deshalb unter-liegt auch nur der Änderungsbetrag seinerseits einer erneuten Anfechtbar-keit.[78]

Alle Ausführungen in diesem Abschnitt haben gezeigt, daß die Teilungs-versteigerung hinsichtlich der Wertfestsetzung praktisch keine Besonderheiten gegenüber der Forderungszwangsversteigerung aufweist, sodaß im übrigen auf die allgemeine Literatur zu § 74a Abs. 5 verwiesen wird.

5.4. Taktische Hinweise

TH 5.4.1.: Bei der Wertfestsetzung werden in aller Regel solche Belas-tungen nicht wertmindernd berücksichtigt, die außerhalb des Grundbuchs gelten (z. B. Baulasten) oder die in Abt II des Grundbuchs eingetragen sind und nach den Versteigerungsbedingungen bestehen bleiben. Für diese wird im Versteigerungstermin lediglich ein Zuzahlungsbetrag gemäß §§ 50, 51 festgesetzt, der aber keine eigentliche Bewertung des Rechts darstellt. Jeder Bieter muß daher selbst überlegen, wie sehr ihn ein derartiges Recht belasten würde, und er muß dann entsprechend weniger bieten. Der Zuzahlungsbe-trag (Ersatzwert) ist lediglich als (nahezu nie relevant werdender) Bereiche-rungsausgleich gedacht für den Fall, daß das Recht trotz Berücksichtigung im geringsten Gebot garnicht (mehr) besteht.

TH 5.4.2: Die fehlende Bewertung von bestehenbleibenden Rechten der Abt II kann zu erheblichen Problemen bei der Zuschlagsversagung nach § 74a oder § 85 führen, weil für die Frage des Nichterreichens der 5/10- und der $^7/_{10}$-Grenze der Wert der bestehenbleibenden Rechte jeweils mitzu-rechnen ist. Bleibt z. B. das Leitungsrecht für eine Stromfernleitung bestehen (das mit einem Zuzahlungsbetrag von EURO 200,– gemäß §§ 50, 51 verse-hen worden ist), kann eine Zuschlagsversagung nach §§ 85a oder 74a eigent-lich überhaupt nie in Frage kommen, weil der Wert dieses Leitungsrechts auf jeden Fall über dem Grundstückswert liegt! Die Praxis behilft sich aber damit, für die Zwecke der §§ 85a und 74a doch den nach §§ 50, 51 bestimmten Ersatzwert zu verwenden.

---

[75] Zur ausführlichen Kritik dieser Rechtsprechung vgl. Storz/Kiderlen ZV-Praxis C 2.4.1 und Storz/Kiderlen NJW 2007, 1846.

[76] Storz/Kiderlen ZV-Praxis C 2.4.1; Stöber § 74a Anm. 7.20; Steiner/Storz § 74a Rz. 111.

[77] BVerfG Rpfleger 1964, 41; 1957, 11; Storz/Kiderlen ZV-Praxis C 2.4.1;

[78] BVerfG Rpfleger 1964, 41; Steiner/Storz § 74a Rz. 113.

TH 5.4.3: Antragsteller und Antragsgegner haben das Recht zur Teilnahme an der Grundstücksbesichtigung durch den Sachverständigen; von diesem Recht sollten sie m. E. unbedingt ebenso Gebrauch machen wie Gläubiger von ausfallgefährdeten Grundpfandrechten, es sei denn, daß sie ohnehin in dem Versteigerungsobjekt wohnen oder dieses aus anderem Grunde gut genug kennen. Gerade wenn die Besichtigungsmöglichkeit des Objekts durch Bietinteressenten nicht gewährleistet ist, können jetzt z. B. Fotos gemacht werden, die den Bietinteressenten später die Beurteilung und Entscheidung erheblich erleichtern.

TH 5.4.4: Die Teilnahme an der Besichtigung durch den Sachverständigen kann auch dazu dienen, Beeinflussungsversuche durch andere Beteiligte besser zu verhindern, eigene Erkenntnisse über das Objekt zu sammeln, Mietverhältnisse zu ermitteln und die Einstellung der Haus- und Wohnungsbesitzer zu evtl. Besichtigungswünschen von Bietinteressenten zu erkennen. Hier ist wahrscheinlich auch die beste und unauffälligste Möglichkeit gegeben, die wirkliche Strategie und Zielsetzung der anderen Beteiligten im Rahmen der Teilungsversteigerung kennenzulernen.

TH 5.4.5: In der Teilungsversteigerung haben die Antragsteller und Antragsgegner aus ihrer Stellung als Miteigentümer/Teilhaber meist ein eigenes originäres Zutrittsrecht, auf das sie sich u. U. bei entsprechenden Besichtigungskonflikten zurückbesinnen können, und das oft auch durch evtl. Mietverträge nicht völlig ausgeschlossen ist. Dieses eigene Zutrittsrecht ist aber in Konfliktfällen meist nicht so gut durchsetzbar wie die Mitwirkung bei einer Besichtigung durch den Sachverständigen.

TH 5.4.6: In der Praxis stellt man oft fest, daß die Beteiligten alleine aus Zeitgründen darauf verzichten, die Wertfestsetzung zu beeinflussen: Jeder Änderungsvorschlag im Rahmen der Anhörung oder gar einer Beschwerde führt ja u. U. zu Verzögerungen. So wichtig derartige Überlegungen sind, so sehr sollte aber doch auch auf die Folgen der Wertfestsetzung insbesondere für die Zuschlagsversagungsregeln der §§ 85 a und 74 a und für die Befriedigungsfiktion des § 114 a geachtet werden.

TH 5.4.7: Beteiligte, die in ihrer Versteigerungsstrategie an die §§ 74 a, 85 a, 114 a schon während des Wertfestsetzungsverfahrens denken und an einem möglichst niedrigen Wert interessiert sind, können ihr Ziel u. U. auch dadurch erreichen, daß sie einzelne Zubehörgegenstände oder – bei verbundenen Verfahren (§ 18) – einzelne Grundstücke (vorläufig) freigeben, so daß diese nicht mitversteigert werden (und zu einer entsprechenden Herabsetzung des Wertes führen, mit den gewünschten Folgen für § 74 a, 85 a, 114 a).

TH 5.4.8: Bei Versteigerungsverfahren kommt es immer wieder vor, daß erst die Durchführung verschiedener erfolgloser Termine zeigt, daß die Wertfestsetzung unzutreffend war. Die (relative) Rechtskraft verhindert aber eine Änderung, wenn nicht neue Tatsachen eingetreten sind. Vielleicht kann ein großzügiger Rechtspfleger vor allem bei Einvernehmen aller Beteiligten trotz Rechtskraft und trotz Nichtänderung wertbestimmender Tatumstände den Wert entsprechend herabsetzen. Wenn aber unter den Beteiligten keine Einigung zu erzielen ist, z. B. weil manche von ihnen auf die Befriedigungsfiktion des § 114 a rechnen, kann das Problem u. U. dadurch gelöst werden, daß ein neues Recht auf irgendeinem Anteil eingetragen wird und sich der Berechtigte als neuer Beteiligter anmeldet und im Wege der Verkehrswertbeschwerde eine Herabsetzung des festgesetzten Wertes erreicht.

TH 5.4.9: Vgl. auch die umfangreichen Taktischen Hinweise zum Verkehrswert selbst, zum Festsetzungsverfahren und zu den Rechtsbehelfen sowie die sehr ausführliche Darstellung der diesbezüglichen Rechtslage in Storz/Kiderlen, ZV-Praxis C 2.

TH 5.4.10: Oft können sich Miteigentümer über das weitere Schicksal ihres Hausgrundstücks vor allem deshalb nicht einigen, weil sie völlig unterschiedliche Vorstellungen von dessen Wert haben: wenn jemand das Alleineigentum anstrebt, wird er den Wert „ganz niedrig sehen"; wenn jemand dagegen die Veräußerung anstrebt, wird er sehr hohe Wertvorstellungen haben. Bei dieser Sachlage empfiehlt sich immer die Einleitung einer Teilungsversteigerung. Sobald dann der gerichtlich bestellte Sachverständige sein objektives Gutachten fertiggestellt und das Gericht den Verkehrswert formell durch Beschluß festgesetzt hat, gibt es plötzlich doch oft wieder eine Gesprächs- und Einigungsmöglichkeit, die man aktiv nutzen sollte! Im Erfolgsfall kann das Versteigerungsverfahren ohne große unnötige Kosten leicht beendet (oder auch einvernehmlich zu Ende geführt) werden.

6. Vorbereitung des Versteigerungstermins

Literatur (Titel zum Teil sinnwahrend gekürzt!): *Baum*, Zwangsversteigerungsvermerk und unerledigte Aufträge, Rpfleger 1990, 141; *Bengsohn/Ostheimer*, Grenzen elterlicher Stellvertretung, Rpfleger 1990, 189; *Büchmann*, Schuldnerschutz bei der Vorbereitung des Versteigerungstermins, ZIP 1985, 138; *Büchmann*, Schutz der Schuldner vor Verschleuderung, 1998; *Drischler*, Neue Fragen zur Ausbietungsgarantie, KTS 1976, 285; *Eubel*, Natur der Ausbietungsgarantie, Diss Kiel 1933; *Hager*, Ablösung und gutgläubiger Erwerb, ZIP 1997, 133; *Heiderhoff*, Bietungsabkommen in der Zwangsversteigerung, MittRhNotK 1966, 45; *Hintzen*, § 765a ZPO in der Zwangsversteigerung, ZAP 1996, 565; *Horn*, § 313 BGB und die Ausbietungsgarantie, WM 1974, 1038; *Kalter*, Bietungsabkommen, KTS 1964, 193; *Kracht*, Verstoßen Bietungsabkommen gegen das GWB? NJW 1958, 490; *Kuth*, Ausbietungsgarantie, Diss Köln 1935; *Mohrbutter*, Wie muß das Anwaltsbüro den Versteigerungstermin vorbereiten? JurBüro 1954, 385; *Nebe*, Ausbietungsgarantie, Diss Rostock 1936; *Oestreich*, Öffentliche Bekanntmachung im Amtsblatt, Rpfleger 1988, 302; *Otto*, Strafrechtlicher Schutz gegen negative Bietabkommen nötig? Rpfleger 1979, 41; *Papke*, Wirtschaftliche Bedeutung der Terminbestimmung, KTS 1965, 140; *Röll*, Pfändung von Eigentumsgrundschulden und die Ablösung, MittBayNot 1964, 365; *Riedel*, Anmeldungen im Zwangsversteigerungsverfahren, JurBüro 1974, 689; *Sichtermann*, Ausbietungsgarantie als Sicherungsmittel, 4. Auflage 1978; *Hagemann*, Aufgaben des Grundbuchamtes in der Zwangsversteigerung, Rpfleger 1984, 397 und 1985, 341; *Mayer*, Gläubiger-Mehrheit in der Zwangsversteigerung, Rpfleger 1983, 265; *Mohrbutter*, Bedeutung des Zwangsversteigerungsvermerks, JurBüro 1956, 153; *Paschold*, Grundstücksbeschlagnahme gemäß § 20 DGVZ 1974, 53; *Vogl*, Rechtsberatung nicht zugelassene Personen, Rpfleger 1998, 138; *Schwedhelm/Kamps*, Unerlaubte Rechtsbesorgung durch Steuerberater ua und ihre Folgen, AnwBl 1998, 245; *Siepe*, Wie ersteigere ich ein Haus oder eine Wohnung? 4. Auflage 1989; *Storz*, Besondere Gefahrenquellen in der Zwangsversteigerung, ZIP 1980, 1049 und ZIP 1981, 16; *Storz*, Gläubigerablösung in der Zwangsversteigerung, ZIP 1980, 159; *Tröster*, Grundbuchliche Behandlung des Ersuchens nach § 19 bei Vorliegen unerledigter Eintragungsanträge, Rpfleger 1985, 337.

6.1. Vorbereitung durch das Gericht

In der Regel nach Abschluß des Wertfestsetzungsverfahrens geht das Gericht an die Vorbereitung des Versteigerungstermins. Dazu gehören im wesentlichen die Bestimmung des Termins, deren Bekanntmachung und Veröffentlichung sowie verschiedene Zustellungen und Mitteilungen. Es gibt keine nennenswerten Besonderheiten der Teilungsversteigerung gegenüber der Forderungszwangsversteigerung.

6.1.1. Bestimmung des Versteigerungstermins

Der Versteigerungstermin soll erst bestimmt werden,[1] wenn:
- die Beschlagnahme gemäß § 22 Abs. wirksam geworden ist[2] (§ 36 Abs. 1);
- die Mitteilungen des Grundbuchamtes gemäß § 19 Abs. 2 und 3 eingegangen sind[3] (§ 36 Abs. 1);

---

[1] Dazu Storz/Kiderlen ZV-Praxis C 3.1.
[2] Dazu oben C 3.3.

– aus dem Grundbuch keine Rechte ersichtlich sind, die der Teilungsversteigerung entgegenstehen[4] (§ 28);
– die Frist für einen Einstellungsantrag gemäß § 180 Abs. 2 oder 3 abgelaufen (§ 30b Abs. 1), oder ein Zurückweisungsbeschluß rechtskräftig geworden ist[5] (§ 30b Abs. 4);
– das Wertfestsetzungsverfahren abgeschlossen oder mindestens vor dem Versteigerungstermin abschließbar ist.[6]

Gemäß § 36 Abs. 2 soll der Zeitpunkt zwischen Anberaumung des Termins und Versteigerungstermin möglichst nicht mehr als 6 Monate bzw. nach
einer einstweiligen Einstellung (gleich aus welchem Grund)[7] nicht mehr als
2 Monate betragen. Andererseits wird i. d. R. ein Mindestzeitraum von
3 Monaten kaum zu vermeiden sein, weil die Terminsbestimmung gemäß
§ 43 Abs. 1 S. 1 mindestens 6 Wochen (nach einer einstweiligen Einstellung:
2 Wochen) vor dem Termin bekannt gemacht sein muß. Mit diesen Zeitvor-
gaben wird das Gericht gehalten, das Verfahren ohne Verzögerung durchzuführen; gegen Verzögerung können sich die Beteiligten u. U. mit Vollstreckungs-Erinnerung gemäß § 766 ZPO wehren.[8]

Gemäß § 36 Abs. 3 kann der Versteigerungstermin nach dem Ermessen des
Gerichts an der Gerichtsstelle oder an einem anderen Ort im Gerichtsbezirk
abgehalten werden. In Baden-Württemberg hat sich dabei die Praxis sehr
bewährt, die Versteigerungen möglichst am Ort des Versteigerungsobjekts
(z. B. in einem Rathaus, Gemeindesaal, Bürgerzentrum usw.) durchzuführen.[9]
Obwohl die Praxis auch von anderer Seite sehr empfohlen[10] und z. t. sogar
die Auffassung vertreten wird,[11] es sei „der Ort als Versteigerungsort zu
bestimmen, der mit der lokalen Bestimmung des Versteigerungsobjekts letztlich identisch ist, sodaß für Ermessensentscheidungen des Gerichts kein
Raum bleibt", wird in den meisten Bundesländern wohl doch i. d. R. an der
Gerichtsstelle selbst versteigert.[12]

Das Gericht (und alle Beteiligten) sollten sich aber darüber im Klaren sein,
daß Zeitpunkt[13] und Ort der Versteigerung sowie Art und Umfang der Veröffentlichungen für das wirtschaftliche Ergebnis der Versteigerung von großer
Bedeutung sind.[14] Alle damit zusammenhängenden Entscheidungen/Verfü-
gungen des Gerichts sind allerdings nicht (isoliert) anfechtbar.[15]

In der Vollstreckungsversteigerung wird immer wieder die Frage diskutiert,
ob das Gericht das Verfahren einstellen oder gar aufheben darf, wenn das Ge-

---

[3] Dazu oben C 3.2.1.
[4] Dazu oben B 1.7.
[5] Dazu oben B 3.
[6] Dazu oben C 5.2.
[7] Storz/Kiderlen ZV-Praxis C 3.1; zu den Einstellungen vgl. oben B 3.
[8] Dazu oben C 2.3.
[9] Dazu oben C 2.1. und Taktischer Hinweis **TH** C 2.5.1.
[10] Z. B. Büchmann ZIP 1985, 138; Stöber § 36 Anm. 4.1.
[11] Büchmann ZIP 1985, 138.
[12] Vgl. Taktischen Hinweis **TH** C 6.4.1.
[13] Vgl. Taktischen Hinweis **TH** C 6.4.2.
[14] Dazu Storz/Kiderlen ZV-Praxis C 3.2. mit zahlreichen Taktischen Hinweisen, z. B. **TH**
C 3.5.1.; **TH** C 3.5.2.; **TH** C 3.5.8.; **TH** C 3.5.9.
[15] Stöber § 36 Anm. 4.3.

bot so hoch ist, daß eine Versteigerung zweck- bzw. aussichtslos bleiben muß.[16] Diese Frage könnte sich auch in der Teilungsversteigerung stellen, muß hier aber meines Erachtens erst recht verneint werden, weil gerade hier noch kurz vor dem oder sogar erst im Termin das geringste Gebot in einer für den Rechtspfleger in aller Regel nicht im voraus feststellbaren Weise ermäßigt werden kann. In der Praxis hat es sich aber sehr bewährt, daß das Gericht, wenn es bei der Terminsvorbereitung auf dieses Problem stößt, die Beteiligten darauf aufmerksam macht; gelegentlich haben sich Rechtspfleger sogar direkt mit den Gläubigern von nicht mehr (voll) valutierten Grundpfandrechten in Verbindung gesetzt und Lösungen angeregt. Darauf haben die Beteiligten aber keinerlei Anspruch, und m. E. sollte der Rechtspfleger damit auch zurückhaltend sein, wenn er nicht sicher ist, daß er im Interesse aller Miteigentümer/Teilhaber handelt.

Der Inhalt der Terminsbestimmung ist in §§ 37, 38 geregelt, wobei § 37 bestimmte Angaben zwingend vorschreibt („Muß-Inhalt"), während § 38 andere Angaben nur empfiehlt („Soll-Inhalt").[17] Daneben sind die MiZi und landesrechtliche Vorschriften zu beachten.[18] Ein Verstoß gegen den „Muß-Inhalt" ist ein unheilbarer Verfahrensfehler i. S. d. §§ 83 Nr. 7, 84.

Zum „Muß-Inhalt" der Terminsbestimmung gehören gemäß § 37 (vgl. **Muster):**[19]

– Nr. 1: Genaue Bezeichnung des Grundstücks, die jede Verwechslungsgefahr ausschließt[20] und die tatsächliche Grundstücksnutzung deutlich macht;[21]

– Nr. 2: Zeit und Ort des Versteigerungstermins;

– Nr. 3: Angabe, daß es sich um eine Versteigerung zum Zwecke der Aufhebung der Gemeinschaft handelt;[22] auch ein Verstoß hiergegen ist unheilbar i. S. d. §§ 83 Nr. 7, 84;[23]

– Nr. 4: Aufforderung zur Anmeldung aller Rechte, die in der Teilungsversteigerung geltend gemacht werden sollen, aber z. Zt. der Eintragung des Versteigerungsvermerks nicht aus dem Grundbuch ersichtlich waren;[24] sie sind, wenn ein Antragsteller widerspricht, glaubhaft zu machen;

---

[16] Vgl. aus der neueren Rechtsprechung: OLG Hamm Rpfleger 1989, 34; OLG Düsseldorf Rpfleger 1989, 470; LG Detmold Rpfleger 1998, 35; LG Koblenz Rpfleger 1998, 300; LG Krefeld Rpfleger 1996, 120. – Ausführlich dazu Storz/Kiderlen ZV-Praxis C 1.3.1.

[17] Vgl. Taktischen Hinweis **TH** C 6.4.3. – Zu §§ 37, 38 vgl. auch Storz/Kiderlen ZV-Praxis C 3.2.

[18] Abgedruckt bei Steiner/Storz Band 2 S. 2047 ff.

[19] Unten C 6.1.4.1.

[20] Oft ist es schwierig zu ermitteln, was dies im Einzelfall konkret bedeutet; vgl. dazu OLG Düsseldorf EWiR 1997, 287 (Muth); OLG Hamm Rpfleger 1997, 226; 1992, 122; 1991, 71; OLG Karlsruhe Rpfleger 1993, 256; LG Ellwangen Rpfleger 1996, 361. – Vgl. auch BGH NJW 1961, 1012 und Storz/Kiderlen ZV-Praxis C 3.2.

[21] Wegen zu oberflächlicher Grundstücksbezeichnung ist schon oft der Zuschlag versagt worden; vgl. z. B.: OLG Hamm Rpfleger 2000, 172; 1997, 226; 1992, 122; 1991, 71; OLG Koblenz Rpfleger 2000, 342 (Storz); OLG Karlsruhe MDR 1990, 452.

[22] Erfolgt – was nach der hier vertretenen Auffassung nicht zulässig ist (vgl. oben A 3.1.) – gleichzeitig mit der Teilungsversteigerung eine Forderungszwangsversteigerung, so müssen Terminsbestimmung und Bekanntmachung dies deutlich machen (Schiffhauer ZIP 1982, 660).

[23] OLG Koblenz NJW 1959, 1833; OLG Schleswig SchlHA 1958, 10; Eickmann S. 73; Schiffhauer ZIP 1982, 660; Storz/Kiderlen ZV-Praxis C 3.2.; Stöber § 180 Anm. 7.25.

[24] Zur Anmeldepflicht vgl. unten C 6.2.

- Nr. 5: Aufforderung zur Geltendmachung von Rechten, die der Teilungsversteigerung im ganzen oder bzgl. einzelner Teile (z.B. Zubehör)[25]
entgegenstehen.

Zum „Soll-Inhalt" gehören nach § 38:[26]
- Die Angabe des Grundbuch-Blattes, der Grundstücksgröße und (seit Mitte
1998) auch des Verkehrswertes;
- ggf. der Hinweis, daß in einem früheren Termin der Zuschlag wegen
§ 74a oder § 85a versagt worden ist.

§ 38 enthält lediglich Ordnungsvorschriften, so daß ein Verstoß durch
Weglassen i. d. R. unschädlich ist; durch Falschangaben kann dagegen der
„Muß-Inhalt" (§ 37) mißverständlich werden mit der Folge der §§ 83 Nr. 7,
84; oder es kann Amtshaftung ausgelöst werden. Es gilt also die Regel: „Der
Soll-Inhalt darf fehlen, aber nicht fehlerhaft sein."[27] Seit 2004 gehört zum
„Soll-Inhalt" nicht mehr die „Bezeichnung des Eigentümers" mit Rücksicht
auf das grundgesetzlich geschützte Persönlichkeitsrecht.[28] Der nach wie vor
vorgesehene Hinweis auf eine evtl. frühere Zuschlagsversagung gemäß § 74a
oder § 85a wird überwiegend als wenig hilfreich weggelassen.[29]

Sehr umstritten ist die gelegentliche Praxis, mehrere voneinander unabhängige Versteigerungstermine durch den gleichen Rechtspfleger am gleichen Ort zur gleichen Zeit durchzuführen.[30] Allein die Zahl der hierzu
notwendigen Gerichtsentscheidungen verdeutlicht schon die Problematik,
und man sollte sich darüber im Klaren sein, daß auf alle Fälle eine Versagung
bzw. Aufhebung eines Zuschlags nötig wird, wenn durch diese Handhabung
die Übersicht und Klarheit einer bestimmten Versteigerung verloren geht.
Betroffen von dieser Praxis sind aber ohnehin wohl weniger Teilungsversteigerungen, weil hier oft aus dem Kreis der Miteigentümer/Teilhaber ein
gewisses Erwerbsinteresse gegeben ist. Durch die Verkürzung der Mindestbietzeit auf 30 Minuten im Jahr 1998 dürfte sich diese Praxis wohl erübrigen.

6.1.2. Bekanntmachung der Terminsbestimmung

Bekanntmachung und Veröffentlichungen der Terminsbestimmung sind in
§§ 39, 40 geregelt.[31] Danach gilt:
- mindestens einmalige Veröffentlichung im Amtsblatt (§ 39 Abs. 1) oder im
Internet. Inhaltlich muß sie mindestens dem § 37 genügen und zeitlich
nicht zu früh, aber auch nicht zu spät (wegen der Fristen aus § 43 Abs. 1)[32]
erfolgen (vgl. **Muster**);[33]

---

[25] Dazu oben C 3.3. – Zum Zubehör in der Zwangsversteigerung im übrigen Storz/
Kiderlen ZV-Praxis B 2.5.2.; B 5.2.1.; C 3.2.
[26] Dazu Storz/Kiderlen ZV-Praxis C 3.2.
[27] Mohrbutter, Vollstreckungsrecht § 37 I.
[28] Vgl. Art. 2 Abs. 1 und Art. 1 Abs. 1 GG.
[29] Büchmann ZIP 1985, 138; Hamburg Rpfleger 1987, 395; Storz/Kiderlen ZV-Praxis C 3.2.
[30] BGH NJW 2007, 2995; OLG Düsseldorf Rpfleger 1988, 421; OLG Köln Rpfleger
1987, 167; LG Bremen Rpfleger 1988, 373; LG Osnabrück Rpfleger 1987, 471; LG Hildesheim Rpfleger 1986, 311; Hagemann Rpfleger 1984, 256; Schiffhauer Rpfleger 1986,
311; Storz/Kiderlen ZV-Praxis C 3.2.
[31] Dazu Storz/Kiderlen ZV-Praxis C 3.3.
[32] Dazu oben C 1.5.1.
[33] Unten C 6.1.4.1.

- bei geringwertigen Grundstücken kann die Veröffentlichung im Amtsblatt durch Anheftung (des gleichen Inhalts im gleichen Zeitrahmen) an der Gemeindetafel ersetzt werden (§ 39 Abs. 2);
- Anheftung an die Gerichtstafel;
- das Gericht kann weitere und wiederholte Veröffentlichungen veranlassen (§ 40 Abs. 2); diese sind inhaltlich und zeitlich an keinerlei Vorschriften gebunden[34] (vgl. **Muster**).[35] Das Gericht muß dabei sowohl die zusätzlichen Kosten als auch den evtl. Bedarf nach weiterer Bekanntmachung der Versteigerung im Auge behalten;[36]
- selbstverständlich können auch die Miteigentümer und Gläubiger mit weiteren und ganz anderen Veröffentlichungen für das Objekt werben,[37] wobei sie deren Kosten aber u. U. selbst zu tragen haben.[38]

Im Jahr 2005 hat der Gesetzgeber durch eine Ergänzung der §§ 39 und 40 der modernen Entwicklung Rechnung getragen und auch die Bekanntmachung in bestimmten elektronischen Informations- und Kommunikationssystemen als Alternative ausdrücklich zugelassen. Inzwischen veröffentlichen viele Amtsgerichte ihre Zwangsversteigerungstermine auch im Internet;[39] vgl. zum Beispiel: „www.zvg.com" oder: „www.zvg-portal.de" oder: „www.versteigerungspool.de". Daneben kann man sich im Internet auch über sog. „Versteigerungskalender" über Versteigerungstermine und -objekte (vgl. zum Beispiel: „www.zwangsversteigerung.de" oder: „www.zwangsversteigerung.biz") oder auch über Bewertungsgutachten informieren (vgl. zum Beispiel: „www.hanmark.de").

6.1.3. Zustellungen und Mitteilungen

An Zustellungen und Mitteilungen sind gemäß §§ 41, 43 Abs. 2 zu beachten:[40]
- die spätestens 4 Wochen vor dem Versteigerungstermin erforderliche Zustellung der Anordnungs- und evtl. Beitrittsbeschlüsse (vgl. dazu auch § 44 Abs. 2) bzw. eines Fortsetzungsbeschlusses[41] an alle Antragsgegner;
- die spätestens 4 Wochen vor dem Versteigerungstermin erforderliche Zustellung der Terminsbestimmung an alle Beteiligten i. S. d. § 9 und an diejenigen, die ein angemeldetes Recht noch glaubhaft machen müssen (§ 41 Abs. 3);
- die Mitteilung gemäß § 41 Abs. 2[42] darüber, auf Antrag von welchen Miteigentümern/Teilhabern die Teilungsversteigerung im anberaumten Termin durchgeführt wird, mit genauen Angaben über den jeweiligen Anordnungs-/Beitrittsbeschluß (vgl. **Muster**); [43]

---

[34] Vgl. Taktischen Hinweis **TH** C 6.4.4.
[35] Unten C 6.1.4.2.
[36] Storz/Kiderlen ZV-Praxis C 3.3.
[37] Büchmann ZIP 1985, 138; Schiffhauer ZIP 1982, 660; Storz/Kiderlen ZV-Praxis C 3.3.
[38] Zu Miteigentümer-/Gläubiger-Aktivitäten siehe unten C 6.2. – vgl. auch Taktischen Hinweis **TH** C 6.4.5.
[39] Vgl. hierzu BGH NJW 2008, 3708 und Hintzen Rpfleger 2009, 659 (660).
[40] Storz/Kiderlen ZV-Praxis C 3.4.
[41] Im Gesetz nicht ausdrücklich erwähnt, aber unstreitig auch gemeint, vgl. Drischler Rpfleger 1967, 357; Storz/Kiderlen ZV-Praxis C 3.4.; Steiner/Teufel § 43 Rz. 16.
[42] Vgl. auch Storz/Kiderlen ZV-Praxis C 3.4. mit Taktischem Hinweis **TH** C 3.5.6.
[43] Unten C 6.1.4.3.

– Gemäß Abschnitt XI 2 der MiZi[44] müssen in einer Teilungsversteigerung auch Mitteilungen an Finanzamt, Hauptzollamt, Gemeindesteuerstelle ergehen mit dem Ersuchen um Angabe evtl. Betriebsteuerrückstände. Da der Ersteher für solche Betriebsteuerrückstände aber auch bei Anmeldung weder in der Forderungszwangsversteigerung (vgl. § 75 Abs. 2 AO),[45] noch in der Teilungsversteigerung haftet,[46] bringen derartige Mitteilungen/Ersuchen/Anmeldungen mehr Mißverständnisse als Klarheit.[47]

Während die Zustellungen strikt vorgeschrieben sind, ist die Mitteilung nach § 41 Abs. 2 nur als Ordnungsvorschrift formuliert. Sie ist aber auch in der Teilungsversteigerung für alle Beteiligten sehr wichtig und daher nicht entbehrlich:[48] Immerhin können die Beteiligten (Miteigentümer/Teilhaber, Gläubiger von dinglichen Rechten, Pfändungsgläubiger) hier erstmals erkennen, wer überhaupt Antragsteller ist, wer ein „maßgeblicher Antragsteller" ist,[49] wie das geringste Gebot aussehen wird[50] und welche Rechte daher bestehenbleiben oder mit dem Zuschlag erlöschen werden (gefährdet sind insbesondere Rechte, die nur einzelne Anteile belasten).[51]

Die Mitteilung an die Finanzbehörden gemäß Abschnitt XI 2 der MiZi ist zwar sinnlos, aber vorgeschrieben, so daß der Rechtspfleger daran gebunden ist. Eine Haftung für Betriebssteuerrückstände kommt auch in der Teilungsversteigerung schon deshalb nicht in Betracht, weil nicht das Unternehmen, sondern das Grundstück versteigert wird,[52] theoretisch käme allenfalls § 419 BGB in Betracht (diese Vorschrift ist allerdings seit 1. 1. 1999 aufgehoben).

6.1.4. Muster

6.1.4.1. Bekanntmachung im Amtsblatt

Zwangsversteigerung
Zum Zwecke der Aufhebung der Gemeinschaft wird am

Freitag, den 6. Dezember 2002, 9⁰⁰ Uhr
im Amtsgericht Stuttgart, Uhlandstr. 14, Saal 3

das im Grundbuch von Botnang eingetragene Grundstück

Markung Stuttgart, GBH 3544 Abt. I Mozartstr. 35
Wohnhaus, Garage, Garten, zusammen 12 a 16 m²
Verkehrswert: EURO 135 000,–

öffentlich versteigert.

Rechte, die bei Eintragung des Versteigerungsvermerks aus dem Grundbuch nicht ersichtlich waren, sind spätestens im Versteigerungstermin vor der Aufforderung zur Abgabe von Geboten anzumelden und bei Widerspruch durch einen An-

---

[44] Abgedruckt bei Steiner/Storz Band II S. 2047 ff.
[45] IdF vom 16. 3. 1976, BGBl. I S. 613; dazu Storz/Kiderlen ZV-Praxis B 6.2.5.3.
[46] Stöber § 180 Anm. 7.25.
[47] Vgl. Taktischen Hinweis **TH** C 6.4.6.
[48] Schiffhauer ZIP 1982, 660; Stöber § 180 Anm. 7.25.
[49] Dazu Storz/Kiderlen ZV-Praxis C 3.4.1.
[50] Dazu oben B 5.
[51] Siehe FN 50.
[52] Siehe FN 46.

tragsteller glaubhaft zu machen, da sie sonst bei der Feststellung des geringsten Gebots nicht berücksichtigt und bei der Verteilung des Erlöses den übrigen Rechten nachgesetzt werden.

Wer ein Recht hat, das der Versteigerung des Grundstücks oder des nach § 55 mitzuversteigernden Zubehörs entgegensteht, muß vor der Erteilung des Zuschlags die Aufhebung oder einstweilige Einstellung des Verfahrens herbeiführen; andernfalls tritt für das Recht der Versteigerungserlös an die Stelle des versteigerten Gegenstandes.

Es ist zweckmäßig, schon 2 Wochen vor dem Termin eine Berechnung der Ansprüche – getrennt nach Kosten, Zinsen und Hauptsumme – einzureichen und den beanspruchten Rang mitzuteilen. Der Berechtigte kann die Erklärungen auch zur Niederschrift der Geschäftsstelle abgeben.

Bieter müssen damit rechnen, daß im Termin Sicherheit i. H. v. 10% des Verkehrswertes zu leisten ist; als Sicherheit werden i. d. R. nur zugelassen: Bundesbank-Schecks (LZB-Schecks), Bankverrechnungsschecks und Bankbürgschaften; [53] möglich ist auch die vorherige rechtzeitige Überweisung auf ein Konto der Gerichtskasse – im Termin muss dann aber ein Nachweis über die bereits auf dem Konto der Gerichtskasse erfolgte Gutschrift vorgelegt werden! – Sicherheitsleistung durch Bargeld ist nicht möglich! Bietvollmachten – auch für Ehegatten – müssen öffentlich beglaubigt sein.

Name des Rechtspflegers   Amtsgericht Stuttgart
Tel.: 16–3544-12   K 16/02

6.1.4.2. Sonstige Veröffentlichung durch das Gericht

Zwangsversteigerung
Zum Zwecke der Aufhebung der Gemeinschaft wird am

Freitag, den 6. Dezember 2002, 9^{00} Uhr
im Amtsgericht Stuttgart, Uhlandstr. 14, Saal 3

das im Grundbuch von Botnang eingetragene Grundstück

Markung Stuttgart, GBH 3544 Abt. I, Mozartstr. 35
Wohnhaus, Garage, Garten zusammen 12 a 16 m^2

Verkehrswert: EURO 135 000,–

öffentlich versteigert.

Es handelt sich um ein Wohnhaus, Baujahr 1939 mit 88 m^2 Wohnfläche. Auf dem Grundstück ist es kürzlich zu einem Ölunfall gekommen; die für die Schadensbeseitigung erforderlichen Kosten von EURO 25 000,– sind bei der Schätzung berücksichtigt worden.

Bieter müssen damit rechnen, daß im Termin Sicherheit i. H. v. 10% des Verkehrswertes zu leisten ist; als Sicherheit werden i. d. R. nur zugelassen: Bundesbank-Schecks (LZB-Schecks), Bankverrechnungsschecks und Bankbürgschaften; [54] möglich ist auch die vorherige rechtzeitige Überweisung auf ein Konto der Gerichtskasse – im Termin muss dann aber ein Nachweis über die bereits auf dem

---

[53] Geändert mit Wirkung ab 1. 8. 1998 durch Gesetz vom 18. 2. 1998 (BGBl. I S. 866) und mit Wirkung ab 17. 2. 2007 durch das 2. Justizmodernisierungsgesetz (BGBl. 2006 I S. 3416).
[54] Siehe FN 53.

Konto der Gerichtskasse erfolgte Gutschrift vorgelegt werden! – Sicherheitsleistung durch Bargeld ist nicht möglich! Bietvollmachten – auch für Ehegatten – müssen öffentlich beglaubigt sein.

Name des Rechtspflegers   Amtsgericht Stuttgart
Tel.: 16–3544-12   K 16/02

6.1.4.3. Muster einer Mitteilung gemäß § 41 Abs. 2[55]

Amtsgericht – Vollstreckungsgericht –
Mitteilung gemäß § 41 Abs. 2 ZVG   Stuttgart,
K 16/02   18. 11. 2002

In der Zwangsversteigerung zum Zwecke der Aufhebung der Gemeinschaft, die an dem im Grundbuch von Botnang eingetragenen Grundstück der Markung Stuttgart

GBH 3544 Abt. I Nr. 1 Mozartstraße 35
Wohnhaus, Garage, Garten, zusammen 12 a 16 m^2

auf den Namen von Frau Irmgard Maier, geb. Schwarz und die Erbengemeinschaft Stefan und Daniel Maier je zur Hälfte besteht

wird gemäß § 41 Abs. 2 ZVG mitgeteilt,
daß in dem auf den 6. 12. 2002 anberaumten Termin die Versteigerung erfolgt auf Antrag:
1. des Miteigentümers Stefan Maier, Verdistraße 16 in Stuttgart, nach dem Anordnungsbeschluß vom 16. 1. 2002, den Miteigentümern zugestellt am 18. 1. 2002, wegen seines Anspruchs auf Aufhebung der zwischen ihm und Daniel Maier, Solitudestr. 12 in Leonberg bestehenden Erbengemeinschaft; und
2. des Miteigentümers Daniel Maier, nach dem Beitrittsbeschluß vom 6. 3. 2002, den Miteigentümern zugestellt am 12. 3. 2002, wegen seines Anspruchs auf Aufhebung der zwischen ihm und Stefan Maier bestehenden Erbengemeinschaft.
Die erste Beschlagnahme ist am 18. 1. 2002 erfolgt.

Das Amtsgericht
gez. Unterschrift des Rechtspflegers

6.2. Vorbereitung durch die Miteigentümer

6.2.1. Rechtslage

Miteigentümer/Teilhaber können in der Teilungsversteigerung betroffen sein als Antragsteller, Antragsgegner und evtl. als Alleineigentümer von Zubehör, Gläubiger von Grundstücksrechten der Abt. II oder III des Grundbuchs oder als Mieter/Pächter. Je nach ihrer Rolle und nach ihrem mit der Teilungsversteigerung verfolgten strategischen Ziel unterscheidet sich deshalb ihre Vorbereitung. Insgesamt ist aber an folgende Punkte (gewissermaßen als Check-Liste) zu denken:
– Anmeldung bei Gericht von evtl. Rechten gemäß § 37 Nr. 4, z.B. als Gläubiger einer Grundschuld (vgl. **Muster**);[56]

---

[55] Vgl. auch das **Muster** bei Storz/Kiderlen ZV-Praxis, Aktenteil **AT** 16.
[56] Unten C 6.2.2.1. – Vgl. auch Taktische Hinweise **TH** C 6.4.7. und **TH** C 6.4.8. und **TH** C 6.4.9.

- Anmeldung bei Gericht von evtl. Gegenrechten gemäß § 37 Nr. 5 z. B. als Alleineigentümer von Zubehör (vgl. **Muster**);[57]
- Bemühungen um einen möglichst hohen Versteigerungserlös (z. B. zusätzliche Werbemaßnahmen, Verschaffung von Besichtigungsmöglichkeiten, Regelung der Bezugsfähigkeit nach Zuschlag);[58]
- Anbindung von Interessenten (z. B. durch Ausbietungsvereinbarung) und sorgfältige Vorbereitung auf aktives und passives Sicherheits-Verlangen;[59]
- Vorbereitung auf evtl. eigenes Bieten (z. B. hinsichtlich Klärung der Rechtsfolgen des Zuschlags,[60] Beschaffung der Gesamtfinanzierung, Sicherheitsleistung, evtl. Bietvollmachten, vgl. **Muster**);[61]
- Vorbereitung auf eine evtl. angeordnete oder vereinbarte Beschränkung des Bieterkreises, die vom Gericht als gesetzliche Versteigerungsbedingung beachtet werden muß;
- evtl. Ablösung eines Pfändungsgläubigers gemäß § 268 BGB oder § 75;[62]
- Beschaffung evtl. erforderlicher rechtlicher Unterstützung durch einen sachkundigen Rechtsanwalt und/oder hilfsbereite Hausbank.

Von Amts wegen werden alle Rechte durch das Gericht berücksichtigt, die zZt der Eintragung des Versteigerungsvermerks aus dem Grundbuch ersichtlich waren und dem Versteigerungsgericht daher aus der ihm vom Grundbuchamt übersandten Grundbuch-Abschrift bekannt sind.[63] Bei Grundpfandrechten werden so Hauptsumme und laufende Zinsen berücksichtigt (§§ 45, 114).

Dagegen ist eine Anmeldung in folgenden Fällen erforderlich:[64]
- Forderungen der Rangklassen 2, 3 des § 10 Abs. 1;[65]
- zu Unrecht gelöschte Rechte oder erst nach dem Versteigerungsvermerk eingetragene Rechte oder Rangänderungen (§ 48);
- ein aus dem Grundbuch nicht ersichtlicher Vorrang;
- Kosten der Rechtsverfolgung (§§ 10 Abs. 2, 12 Nr. 1); vgl. **Muster**;[66]
- Ansprüche auf rückständige wiederkehrende Leistungen (§§ 45, 114); vgl. **Muster**[66] (in der Teilungsversteigerung haben im Gegensatz zur Vollstreckungsversteigerung oft auch alte Zinsrückstande gem § 10 Abs. 1 Nr. 8 eine Aussicht auf Zuteilung);[67]
- nicht eingetragene gesetzliche Zinsen und Nebenleistungen;
- Löschungsvormerkungen (§ 1179 BGB) und der gesetzliche Löschungsanspruch (§ 1179a BGB);

---

[57] Unten C 6.2.2.1.
[58] Dazu oben B 6.1. und B 6.2.1.
[59] Dazu oben B 7.
[60] Dazu unten C 8.
[61] Unten C 6.2.2.2.
[62] Dazu ausführlich Storz ZIP 1980, 159; Storz/Kiderlen ZV-Praxis B 7.; Steiner/Storz § 75.
[63] Dazu oben C 3.2.
[64] Dazu Storz/Kiderlen ZV-Praxis C 4.1.
[65] Dazu oben A 4.2.
[66] Unten C 6.2.2.1. – Vgl. auch Taktische Hinweise **TH** C 6.4.7. und **TH** C 6.4.8. und **TH** C 6.4.9.
[67] Auch dingliche Zinsen verjähren in 3 Jahren; vgl. dazu **TH** A 4.9.4.

- evtl. Wechsel in der Person des Berechtigten oder die sonstige Erlangung einer Beteiligten-Stellung (§ 9 Abs. 2);
- Schuldübernahme, wenn der Miteigentümer bei einem bestehenbleibenden Recht persönlich haftet (§ 53 Abs. 1);[68]
- Kündigung eines Grundpfandrechts, die dem Ersteher gegenüber wirksam werden soll (§ 54 Abs. 1);[69] vgl. **Muster**.[70]

Eine bestimmte Form ist für die Anmeldungen nicht vorgeschrieben: sie muß aber unbedingt spätestens im Versteigerungstermin vor der Aufforderung zur Abgabe von Geboten erfolgen (vgl. **Muster**);[71] andernfalls wird sie weder bei der Feststellung des geringsten Gebots (§ 45) noch bei der Erlösverteilung an der sonst maßgeblichen Rangstelle (§§ 110, 114) berücksichtigt. Jede Anmeldung gilt auch im Falle mehrerer Versteigerungstermine für das gesamte Versteigerungsverfahren. Ist die Anmeldung für den 1. Termin zu spät gekommen, kann also der damit verbundene Rangverlust durch rechtzeitige Anmeldung vor dem 2. Termin wieder rückgängig gemacht werden.

Rechte, die der Teilungsversteigerung als solcher entgegenstehen[72] und aus dem Grundbuch nicht ersichtlich sind, müssen – falls keine freiwillige Freigabe durch alle Antragsteller erfolgt – über eine Widerspruchsklage gemäß § 771 ZPO geltend gemacht werden,[73] und darauf muß die Versteigerung gemäß §§ 769 Abs. 1, 771 Abs. 3 ZPO einstweilen eingestellt oder aufgehoben sein. Bloße Anmeldung gemäß § 37 Nr. 5 genügt also nicht. Das alles gilt auch für gemäß § 55 Abs. 2 von der Versteigerung erfaßtes Zubehör. In der Teilungsversteigerung wird Zubehör, das nur einzelnen Miteigentümern gehört, wie Fremdzubehör behandelt; diese müssen sich daher um eine Freigabe durch alle Antragsteller bemühen (vgl. **Muster**).[74]

Bemühungen um einen möglichst hohen Versteigerungserlös können z.B. durch zusätzliche Werbemaßnahmen, Veröffentlichungen (in werbewirksamer Aufmachung und inhaltlicher Gestaltung),[75] Makler-Aktivitäten, Regelung und Bekanntmachung von Besichtigungsmöglichkeiten des Versteigerungsobjekts, Regelung der Bezugsfähigkeit nach Rechtskraft des Zuschlags bzw nach dem Verteilungstermin, optische und/oder technische Ausbesserungen am Versteigerungsobjekt usw. in die Tat umgesetzt werden.[76] Schon diese Aufzählung zeigt, daß Art und Umfang dieser Bemühungen sehr stark abhängig ist von dem konkreten Objekt, den Zeitumständen und vor allem der konkreten Interessenlage jedes einzelnen Miteigentümers/Teil-

---

[68] Dazu Storz/Kiderlen ZV-Praxis B 4.3.
[69] Dazu Storz/Kiderlen ZV-Praxis C 4.1.
[70] Unten C 6.2.2.1.
[71] Unten C 6.2.2.1.
[72] Dazu oben B 1.7.1.
[73] Dazu oben B 1.7.2.
[74] Unten C 6.2.2.1.
[75] Vgl. Taktischen Hinweis **TH** C 6.4.5. – Enthält eine derartige (nicht vom Gericht veranlaßte) Veröffentlichung falsche Angaben über das Grundstück, liegt darin kein Verstoß gegen §§ 37, 39, der gemäß § 83 Nr. 7 den Zuschlag gefährden könnte: LG Göttingen Rpfleger 1998, 211.
[76] Dazu ausführlich Storz/Kiderlen ZV-Praxis C 5. und C 6. insbes mit den dortigen Taktischen Hinweisen **TH** C 5.1.1.–**TH** C 5.1.6.

habers.[77] Ein Miteigentümer, der selbst am Erwerb des Objekts interessiert ist, wird sich in diesen Punkten wohl ganz anders verhalten als ein ausschließlich an einem hohen Versteigerungserlös interessierter Miteigentümer. Wichtig ist aber, daß sich alle Miteigentümer/Teilhaber der überaus großen wirtschaftlichen Relevanz dieses Verhaltens im klaren sind.

Für die Anbindung eines als Interessenten gewonnenen Dritten bietet sich eine sog Ausbietungsvereinbarung an.[78] Dabei sind zwei Grundformen zu unterscheiden:

Die „Ausbietungsgarantie mit stärkerer Wirkung" verpflichtet den Garanten unmittelbar zu einem Gebot in bestimmter Mindesthöhe und muß daher nach allg Ansicht gemäß § 311b BGB notariell beurkundet werden.[79]

Demgegenüber muß der Garant bei der „Ausfallverhütungs-Garantie" nur dafür einstehen, daß in der Versteigerung (von wem auch immer) ein festgelegter Mindestbetrag geboten, oder daß kein Zuschlag erteilt wird; diese Garantieform bedarf nach herrschender Ansicht keiner besonderen Form.[80]

Miteigentümer, die an einem hohen Versteigerungserlös interessiert sind, können einem Bietinteressenten sowohl im zeitlichen Vorfeld als auch noch im Versteigerungstermin u. U. zusätzlich dadurch helfen, daß sie mit ihm in Fragen der Sicherheitsleistung zusammenarbeiten,[81] z. B. indem sie selbst von diesem Interessenten (wohl aber von anderen Bietern) keine Sicherheitsleistung verlangen, oder indem sie bei der Beschaffung einer geeigneten Sicherheit diesem Interessenten aktiv helfen, oder indem sie diesem u. U. sogar selbst bei einem Sicherheitsverlangen durch einen Dritten Sicherheit in geeigneter Form zur Verfügung stellen, z. B. in Form einer persönlichen selbstschuldnerischen Bürgschaft (dann muß aber die eigene Bonität i. S. d. § 239 BGB im Versteigerungstermin offenkundig oder glaubhaft gemacht sein). Überhaupt ist der Umgang mit dem Sicherheits-Verlangen sehr stark unter taktischen Gesichtspunkten zu sehen,[82] sodaß sich jeder Miteigentümer gerade auf dieses Gebiet besonders sorgfältig vorbereiten muß, und zwar taktisch (was soll erreicht werden?), rechtlich (welche Möglichkeiten bieten die §§ 67–70) und finanziell (Beschaffung der geeigneten Mittel i. S. d. § 69).[83]

Beschränkungen des Bieterkreises können sich für eine Erbengemeinschaft aus einer letztwilligen Anordnung des Erblassers (vgl. § 2044 BGB) oder sonst aus einer Vereinbarung der Miteigentümer ergeben (vgl. §§ 749 Abs. 2, 751, 2042 Abs. 2 BGB). Ist das Grundstück belastet, kann ohne Zustimmung der daraus Berechtigten der Bieterkreis nicht durch die Miteigentümer be-

---

[77] Siehe auch oben C 5.1. mit den Taktischen Hinweisen **TH** C 5.4.3. – **TH** C 5.4.6.

[78] Dazu ausführlich Storz/Kiderlen ZV-Praxis C 5.3. mit den dortigen Taktischen Hinweisen **TH** C 5.3.2.1.–**TH.**C 5.3.2.8.

[79] BGH EWiR 1990, 663 (Brambring); BGHZ 85, 245 (250); OLG Celle NJW 1977, 52; Sichtermann II 4; Horn WM 1974, 1038; Storz/Kiderlen ZV-Praxis C 5.3.1.2.; Mohrbutter/Drischler Muster 103 Anm. 3; Steiner/Storz § 66 Rz. 32.

[80] BGH ZIP 1992, 1538; Sichtermann II 4; Drischler KTS 1976, 285; Hustedt NJW 1976, 973; Horn WM 1974, 1038; Stöber § 71 Anm. 8.6.; **str. a. A.:** LG Göttingen NJW 1976, 972; **kritisch auch** Storz/Kiderlen ZV-Praxis C 5.3.1.; Steiner/Storz § 66 Rz. 42.

[81] Dazu ausführlich oben B 7. mit den Taktischen Hinweisen **TH** B 7.8.1.–**TH** B 7.8.8.

[82] Siehe FN 81.

[83] Dazu ausführlich auch Storz/Kiderlen ZV-Praxis D 3.2.1. mit den dortigen Taktischen Hinweisen **TH** D 3.2.2.1.–**TH** D 3.2.2.9.

schränkt werden, weil die Berechtigten sonst evtl. erheblich geschädigt werden könnten.[84] Diese Beschränkung des Bieterkreises ist dann gesetzliche Versteigerungsbedingung nach § 753 Abs. 1 S. 3 BGB und im Termin festzustellen.[85] Ergibt sich die Beschränkung weder aus dem Grundbuch, noch aus übereinstimmenden Erklärungen aller Miteigentümer, kann sie nur über eine Widerspruchsklage gemäß § 771 ZPO geltend gemacht werden.[86] Über abweichende Versteigerungsbedingungen gemäß § 59[87] kann der Bieterkreis dagegen nicht beschränkt werden.[88]

Die Ablösung gemäß § 268 BGB oder die Zahlung an das Gericht gemäß § 75, die in der Forderungszwangsversteigerung eine bedeutende Rolle spielen,[89] sind in der Teilungsversteigerung nicht ausgeschlossen, z. B. wenn ein Pfändungsgläubiger die Teilungsversteigerung betreibt und z. B.

– ein Miteigentümer die Teilungsversteigerung als solche, oder
– ein dinglich Berechtigter das Erlöschen seines Rechtes durch den Zuschlag verhindern will.[90]

Da aber einerseits die Ablösung nach § 268 BGB oder nach § 75 durch Bezahlung der Vollstreckungsforderung geschieht, und andererseits der eine Teilungsversteigerung betreibende Miteigentümer dies nicht wegen einer Geldforderung tut, gibt es ihm gegenüber weder Ablösungsmöglichkeit noch Ablösungsrecht. Da die Ablösung also in der Teilungsversteigerung abgesehen von dem og Sonderfall nicht zum Tragen kommt, soll hier nicht näher auf sie eingegangen, sondern auf die zur Forderungszwangsversteigerung erschienene Ablösungsliteratur verwiesen werden.[91] Wichtig ist aber auch hier, daß eine berechtigte Ablösung nicht zurückgewiesen darf.[92]

Da die Teilungsversteigerung ein recht abgelegenes und gleichzeitig schwieriges Rechtsgebiet ist, sollte sich der Miteigentümer in der für ihn wichtigen Teilungsversteigerung ggf. durch einen auf diesem Gebiet sachkundigen Rechtsanwalt beraten lassen.[93] Vorsicht ist aber geboten vor insbesondere solchen Beratern, die ihre „Hilfe" auf Grund von Veröffentlichungen in Briefen, Telefonanrufen oder gar Besuchen konkret anbieten oder gar aufdrängen; hier hat sich leider ein „Markt" für absolut unseriöse Geschäftemacher aufge-

---

[84] Im Ergebnis ebenso: Stöber § 180 Anm. 7.11 e.

[85] RGZ 52, 174; Drischler JWBüro 1963, 241; Steiner/Teufel § 180 Rz. 162; Stöber § 180 Anm. 7.11.

[86] Dazu oben B 1.7.2.

[87] Zu Versteigerungsbedingungen gemäß § 59 vgl. unten C 7.2.2.

[88] Die Beschränkung des Bieterkreises ist einem Pfändungsgläubiger gegenüber dann wirksam, wenn sie vor der Pfändung angeordnet/vereinbart worden ist; vgl. dazu oben B 1.6. und Taktischen Hinweis unten **TH** C 7.4.19.

[89] Zur Ablösung vgl. Storz ZIP 1980, 159; Storz/Kiderlen ZV-Praxis B 7.; Steiner/Storz § 75 Rz. 14–73.

[90] Unstreitig zulässig ist die Ablösung aber nur dann, wenn sie trotz eines eigentlich bestehenden Auseinandersetzungsverbotes betrieben wird, vgl. OLG Karlsruhe NJW-RR 1992, 713; Stöber § 180 Anm. 11.10 k und l; MK-Schmidt § 751 BGB Rz. 6; großzügiger: Palandt/Thomas § 751 BGB Rz. 2. – Zur Ablösung bei einer GbR: Clasen NJW 1952, 2142; Furtner MDR 1965, 613. – Dazu oben B 1.6.2.1. und B 2.2.

[91] Siehe FN 89.

[92] Vgl. LG Memmingen EWiR 1998, 357 (Hager) für einen Fall des § 1150 BGB (Ablösung eines Grundpfandgläubigers).

[93] Zu dessen Gebühren vgl. oben C 2.4.

tan![94] Da Banken und Sparkassen mehr oder weniger häufig mit Zwangsversteigerungsverfahren beschäftigt sind, kann u. U. auch die Hausbank nicht nur eine evtl. erforderliche Finanzierung oder Sicherheitsleistung, sondern auch ihre Versteigerungserfahrung und ihr -wissen dem Kunden zur Verfügung stellen.

Wenn der Antragsgegner die ordnungsmäßige Wirtschaft gefährdet, kann der Antragsteller das Gericht um Sicherungsmaßnahmen gemäß § 25 bitten. Durch § 25 sollen aber nur echte Schäden z. b. an Gebäude oder Einrichtung verhindert, nicht dagegen Bewirtschaftungsmaßnahmen optimiert werden. Letzteres müssen die Miteigentümer selbst durch Einigung oder Prozeß regeln; deshalb kann über § 25 weder eine Vermietung herbeigeführt noch die Verwendung der Mieteinnahmen geregelt werden. Vgl. auch **TH** A 3.5.1 oder **TH** C 3.5.4.

Die vielfältigen Interessengegensätze in der Teilungsversteigerung[95] und die Besonderheiten jedes Versteigerungsverfahrens zwingen die Beteiligten geradezu zu einem gewissen taktischen Verhalten. Das Gesetz anerkennt diese Interessengegensätze und versteht sich geradezu als Regelwerk für die Auseinandersetzung zwischen den verschiedenen Beteiligten und überträgt dem Rechtspfleger praktisch die Schiedsrichterrolle. Aber auch in dieser Auseinandersetzung sind die Beteiligten an den Grundsatz von „Treu und Glauben" (§ 242 BGB) gebunden und zu redlicher Verfahrensführung verpflichtet und dürfen deshalb prozessuale Befugnisse nicht mißbrauchen, wobei ein derartiger Mißbrauch nach dem BGH selbst dann vorliegen kann, wenn das konkrete „Verhalten nicht den gesetzlich vorgesehenen, sondern anderen, nicht notwendig unerlaubten, aber funktionsfremden und rechtlich zu mißbilligenden Zwecken dient."[96]

6.2.2. Muster

6.2.2.1. Anmeldung einer Grundschuld und Freigabeverlangen für das Zubehör[97]

An das
Amtsgericht – Vollstreckungsgericht –   Irmgard Maier
Stuttgart   Mozartstraße 35
                                                   Botnang, 16.11.2002

K 16/02
Anmeldung meiner Grundschuld und Bitte um Freigabe des Zubehörs

Sehr geehrte Damen und Herren,

in dem obengenannten Verfahren melde ich die zu meinen Gunsten auf der Miteigentumshälfte der Erbengemeinschaft Daniel und Stefan eingetragene Grundschuld Abt. III Nr. 1 wie folgt an:

---

[94] Vgl. dazu ausführlich Storz/Kiderlen ZV-Praxis B 1.1.1. mit verschiedenen Taktischen Hinweisen. – Vgl. auch Vogl, Rechtsberatung durch nicht zugelassene Personen, Rpfleger 1998, 138.
[95] Vgl. dazu oben A 1.2!
[96] BGH NJW 2007, 3279 (Anm. Storz/Kiderlen); ähnlich BGH Rpfleger 2007, 619. – Vgl. auch **TH** 6.4.13!
[97] Vgl. auch das **Muster** bei Storz/Kiderlen ZV-Praxis Aktenteil **AT** 19.

Kosten für Wahrnehmung von Versteigerungs- und Verteilungstermin 100,–
12% rückständige und laufende Zinsen vom 6.3.1999–20.12.2002 7275,–
Hauptsumme 16000,–
Insgesamt 23375,–

Im übrigen melde ich gemäß § 54 Abs. 1 ZVG an, daß ich diese Grundschuld zum 31.12.2002 gekündigt habe (vgl. beiliegendes Schreiben vom 6.6.2002). Schließlich bitte ich um Freigabe des gesamten Zubehörs, das unbestritten mir allein gehört. Daniel und Stefan sind zur Freigabe bereit (vgl. deren Schreiben an mich jeweils vom 13.9.2002).

Mit freundlichen Grüßen
gez. Irmgard Maier

6.2.2.2. Bietvollmacht

Traude Müller
Olgastraße 12, Möhringen

Bietvollmacht[98]

Hiermit beauftrage und bevollmächtige ich meinen Ehemann Felix Müller, mich im Versteigerungstermin am 6.12.2002 vor dem Amtsgericht in dem Verfahren K 16/02 alleine zu vertreten und alle in diesem Verfahren erforderlichen Erklärungen für mich abzugeben oder entgegenzunehmen.
Diese Vollmacht berechtigt insbesondere auch zur Abgabe von Geboten in unbegrenzter Höhe für das Versteigerungsgrundstück Mozartstraße 35 in Stuttgart-Botnang. Mein Ehemann ist von den Beschränkungen des § 181 BGB befreit.

Unterschrift
Traude Müller

Beglaubigung!
Nebenstehende Unterschrift
von Traude Müller, geb. Schwarz
Olgastraße 12 in Möhringen
wird beglaubigt.
Die Unterschrift wurde vor mir vollzogen;
Frau Traude Müller ist mir persönlich bekannt.

Möhringen, den 13.9.2002
Unterschrift des Notars
Siegel

6.3. Vorbereitung durch Gläubiger und Interessenten

6.3.1. Gläubiger

Teilungsversteigerungs-Objekte sind zwar im Gegensatz zu denen von Forderungszwangsversteigerungen nur selten überschuldet, sodaß Gläubiger von Grundstücksrechten i.d.R. keinen Ausfall befürchten müssen; außerdem bleiben ja solche Rechte in aller Regel bestehen, die alle Anteile belasten.[99] Aber Rechte, die nur einen Anteil belasten, können in der Teilungsversteigerung

---

[98] Vgl. auch das **Muster** bei Storz/Kiderlen ZV-Praxis Aktenteil **AT** 18.
[99] Dazu ausführlich oben B 5.

leicht zum Erlöschen kommen[100] deshalb müssen sich die Gläubiger auch hier immer wieder um ein möglichst gutes Versteigerungsergebnis aktiv bemühen. Die Vorbereitungs-Liste der Gläubiger umfaßt so gesehen die gleichen Punkte wie die der Miteigentümer/Teilhaber. Zur Vermeidung von Wiederholungen sei daher auf die dortigen Ausführungen,[101] die **Muster** von Anmeldung und Bietvollmacht[102] sowie auf die Ausführungen zur Forderungszwangsversteigerung verwiesen.[103] Besonders sorgfältig sind für die Gläubiger Vor- und Nachteile eines sog Rettungserwerbs[104] zu prüfen.

Auch in der Teilungsversteigerung gilt, daß nicht angemeldete und deshalb nicht in das geringste Gebot aufgenommenen öffentliche Lasten gegenüber dem Ersteher nicht mehr (sondern nur noch gegenüber den bisherigen Schuldnern) geltend gemacht werden können; die Haftung des Grundstücks erlischt mit dem Zuschlag.[105]

6.3.2. Interessenten

Interessenten für das Versteigerungsobjekt sollten sich insbesondere in folgenden Bereichen vorbereiten:[106]
– Sachkenntnis über das Objekt (Besichtigung, Gespräch mit Miteigentümern, Rechtspfleger,[107] Gläubigern, Einsicht in das Bewertungsgutachten),
– Rechtskenntnis über zu übernehmende Rechte, Belastungen, Wirkungen des Zuschlags, Haftung des Erstehers außerhalb des Meistgebots;[108]
– Nutzungsmöglichkeit des Objekts nach dem Zuschlag (Räumung durch die Eigentümer, Kündigungsschutz der Mieter);[109]
– Gesamtfinanzierung, Sicherheitsleistung;[110]
– Bietvollmachten (vgl. **Muster**).[111]

6.4. Taktische Hinweise

TH 6.4.1: Wenn die Versteigerung in Württemberg oft nicht im Gebäude des zuständigen Amtsgerichts durchgeführt wird, sondern z. B. im Rathaus des Ortes, in dem das Versteigerungsobjekt liegt, führt das oft dazu, daß „Zufallsinteressenten" anwesend sind, also Personen, die gar nicht primär am Erwerb interessiert sind, und daher niemals zu einem entfernt liegenden Gericht reisen würden; sie sind allenfalls zum Erwerb bereit, um einen unliebsamen Erwerb „durch Ausländer" zu verhindern, oder um preiswert „dabeizusein",

---

[100] Siehe FN 99.
[101] Dazu oben C 6.2.1. mit Taktischen Hinweisen unten **TH** C 6.4.1.–**TH** C 6.4.9.
[102] Oben C 6.2.2.
[103] Storz/Kiderlen ZV-Praxis C 4, C 5, C 6. mit zahlreichen Taktischen Hinweisen.
[104] Storz/Kiderlen ZV-Praxis C 6.2.1.
[105] VG Freiburg NJW-RR 1997, 1507 (für die Vollstreckungsversteigerung).
[106] Vgl. die Taktischen Hinweise bei Storz/Kiderlen ZV-Praxis **TH** C 5.5.1.–**TH** C 5.5.5.
[107] Vgl. Taktischen Hinweis **TH** C 6.4.9. – im übrigen vgl. den ganzen Abschnitt C 6.1.
[108] Dazu unten C 8.
[109] Siehe FN 108.
[110] Siehe FN 108.
[111] Oben C 6.2.2.2.

oder sie haben sich „das alles noch gar nicht so genau überlegt". Gerade solche Personen können u. U. gut zum Mitbieten ermuntert werden. Die Ortsnähe hat auch den Vorteil, daß noch während der Bietstunde u. U. Besichtigungen durchgeführt werden können, und daß auch der Rechtspfleger auf diese Weise „sein Objekt" kennenlernt.

Verschwiegen wird dabei nicht, daß es auch gewisse Nachteile gibt: größeren bürokratischen und zeitlichen Aufwand für den Rechtspfleger, nicht immer sind wirklich geeignete Räumlichkeiten vorhanden oder greifbar, Sicherheitsprobleme und: die Ortsnähe kann Nachteile haben, wenn die Interessenten hauptsächlich „vom Ort" kommen, aber nicht möchten, daß „sie den Nachbarn das Haus wegnehmen". Gerade dieses Phänomen spielt aber in der Teilungsversteigerung eine wesentlich geringere Rolle als in der Forderungszwangsversteigerung!

TH 6.4.2: i. d. R. sind Schulferien, Faschings-/Karnevalstage, Werktage zwischen einem Feiertag und dem Wochenende oder unmittelbar vor den Weihnachtsfeiertagen nicht gerade förderlich. Ich halte es z. B. für unklug, am Freitag, den 23. Dezember mittags um 14^{00} Uhr noch einen Termin anzusetzen (so aber geschehen), obwohl zu dieser Zeit schon alles (körperlich, mindestens aber geistig) unterwegs ist! Da Rechtsmittel-Möglichkeiten praktisch nicht gegeben sind, sollten die Beteiligten rechtzeitig auf den Rechtspfleger einwirken und eine sinnvolle Terminierung mit ihm absprechen.

TH 6.4.3: Die an einem möglichst hohen Versteigerungserlös interessierten Beteiligten müssen sich darüber im Klaren sein, daß von den amtlichen Veröffentlichungen im Amtsblatt/Staatsanzeiger nur wenig Werbewirksamkeit ausgeht. Sog „Versteigerungskalender" werten zwar derartige Veröffentlichungen aus und informieren ihren Interessentenkreis; aber wenn die Beteiligten wirklich ein gutes Versteigerungsergebnis erzielen wollen, müssen sie selbst aktiv werden. Was sinnvoll/wichtig ist, ist von Fall zu Fall verschieden. Die Faustregel kann aber lauten: Was ich von einem guten Makler bei einem freihändigen Verkauf erwarten würde, müßte das Mindestmaß in einer Versteigerung sein, um deren Nachteile gegenüber einem freihändigen Verkauf auszugleichen.

TH 6.4.4: Schon seit vielen Jahren hat sich die vom Vollstreckungsgericht selbst veranlaßte sog „Kurzausschreibung" bewährt, die etwa drei bis vier Wochen vor dem Termin als Anzeige im Immobilienteil in einer großen Tageszeitung und/oder auch im Internet erscheint und folgende Angaben enthält: Art und Größe, Lage und Wert, Versteigerungsart und -zeit. Der Kostenaufwand ist sehr gering, aber die Beachtung durch Interessenten groß. Dem kann nur zugestimmt werden.

TH 6.4.5. (nach Stöber):[112] Auch Antragsteller und Antragsgegner können selbstverständlich Veröffentlichungen veranlassen. Wenn dabei unwahre oder irreführende Angaben gemacht werden, kann das Gericht eine Gegenbekanntmachung bringen (m. E. nur in Ausnahmefällen sinnvoll, u. U. aber geradezu notwendig), im übrigen aber im Termin die Verhältnisse klarstel-

---

[112] Stöber § 40 Anm. 3.4.

len.[113] Bleibt ein Versteigerungstermin durch solche Veröffentlichungen und Mißverständnisse ohne Ergebnisse, kann es geboten sein, in den amtlichen Veröffentlichungen für den nächsten Termin ausdrücklich darauf hinzuweisen, daß nur die amtliche Veröffentlichung maßgebend ist. – Gegenüber den in **TH** C 6.4.4 angesprochenen gerichtlichen „Kurzausschreibungen" haben Veröffentlichungen durch die Beteiligten hauptsächlich zwei Vorteile: Erstens kann hier Werbung gemacht werden wie bei den normalen Immobilienanzeigen, es können also hervorgehoben werden z. b.: die gute Lage, Verkehrsanbindung, Ruhe, Aussicht, Schul- oder S-Bahnnähe, der zweckmäßige Zuschnitt der Wohnung, die laufend durchgeführten Renovierungen usw; die amtlichen Veröffentlichungen müssen sich dagegen auf die ganz objektiven und nachprüfbaren Mindestangaben beschränken. Zweitens kann der veröffentlichende Beteiligte sich selbst (oder z. B. seinen Rechtsanwalt) als Ansprechpartner benennen; auf diese Weise erfährt er unmittelbar und zuverlässig, in welchem Umfang und durch welche Personen Nachfrage besteht; bei gerichtlichen Veröffentlichungen können sich Interessenten „nur" an das Gericht wenden und begnügen sich in der Regel mit der Zusendung des Gutachtens; die Beteiligten erfahren dann allenfalls über eine Rückfrage beim Gericht, ob bzw. wie sehr Nachfrage besteht.

TH 6.4.6. (nach Stöber):[114] Mitteilung, Ersuchen, Anmeldung, Erörterung im Versteigerungstermin bzgl. der Haftung des Erstehers für Betriebssteuerrückstände sind vorgeschrieben, aber irreführend, weil auch der Erwerb in einer Teilungsversteigerung nach heute ganz herrschender Ansicht[115] ein Erwerb in einem Vollstreckungsverfahren ist, der in § 75 AO ausdrücklich die Haftung des Erwerbers ausschließt. „Die Ersteher auch in einer Teilungsversteigerung sollten daher gegen entsprechende Steueransprüche alle verfügbaren Rechtsbehelfe ausschöpfen."

TH 6.4.7: Gläubiger von Grundpfandrechten sollten grundsätzlich zu jedem Versteigerungstermin schriftlich anmelden, selbst wenn keine eigentliche Anmeldepflicht gemäß § 37 Nr. 4, 45, 114 besteht, weil die Gläubiger mit einer Zuteilung auf die von Amts wegen zu berücksichtigende Hauptsumme mit laufenden Zinsen zufrieden sind. Es handelt sich vielmehr um ein Gebot der Höflichkeit gegenüber dem Rechtspfleger, der sich seinerseits einer genauen Berechnung nicht entziehen kann.

TH 6.4.8: Wenn schon von Grundpfandgläubigern angemeldet wird, ist eine Orientierung an § 12 für den Rechtspfleger besonders hilfreich, weil er seinerseits daran gebunden ist. Also erst die Kosten, dann die laufenden, später die für 2 Jahre rückständigen Zinsen und schließlich den Hauptanspruch. UU können sogar noch ältere Zinsrückstände geltend gemacht werden (in der 8. Rangklasse des § 10 Abs. 1); diese sollten aber auf jeden Fall gesondert ausgewiesen werden!

---

[113] Eventuelle Fehler bei den privaten Veröffentlichungen führen zwar nicht zu Verfahrensfehlern bzw. Zuschlagsversagungs-/aufhebungsgründen (vgl. LG Göttingen Rpfleger 1998, 211), aber u. U. zu Anfechtungsmöglichkeiten nach §§ 119 ff. BGB und u. U. auch zu Schadensersatzansprüchen; deshalb unbedingt auf Richtigkeit achten!

[114] Stöber § 180 Anm. 7.25.

[115] Dazu oben A 2.1.

Die Anmeldung von Rechtsverfolgungskosten gemäß § 10 Abs. 2 ist dann besonders wichtig, wenn der Gläubiger dringend auf die volle Ausschöpfung eines möglichst großen dinglichen Rahmens angewiesen ist, weil seine persönliche Forderung entsprechend groß ist.[116]

TH 6.4.9: Auch in der Teilungsversteigerung ist es für Antragsteller, Antragsgegner, Gläubiger und Interessenten sehr empfehlenswert, aktiv den Kontakt mit dem Rechtspfleger zu suchen. Natürlich freut sich kein Rechtspfleger über ständige und vor allem unbegründete Störungen. Aber der Rechtspfleger engagiert sich i. d. R. innerlich sehr für jeden „seiner Fälle" und kann das viel besser tun, wenn er durch Kontakte mit den verschiedenen Beteiligten und Interessenten ein möglichst „konkretes Gefühl" für die Verhältnisse erhält, und als objektive „Informationsdrehscheibe" hat er eine sehr wichtige Funktion. Das setzt natürlich auch voraus, daß man Verständnis für seine oft sehr schwierige Arbeit hat, auch für seine Neutralität, und daß man seinerseits versucht, ihm seine Arbeit möglichst zu erleichtern.

TH 6.4.10: Wenn ich als Rechtsanwalt von einem der Miteigentümer/Teilhaber das Mandat für eine Teilungsversteigerung erhalte und nach den konkreten Wünschen/Zielen meines Mandanten frage, sagt dieser meist: „Ich möchte das Grundstück entweder ganz preiswert selbst ersteigern, oder es soll zu einem hohen Preis an einen anderen gehen." Bei einem Objekt im Wert von z. B. ca. EURO 500 000,– heißt dies konkret, daß der Mandant sich einen Eigenerwerb zu höchstens EURO 350 000,– vorstellt, aber unter EURO 600 000,– keinen Zuschlag an einen anderen zulassen möchte! Es leuchtet ein, daß eine derartige Strategie nicht leicht realisiert werden kann, wenn der Differenzbetrag bezogen auf den Grundstückswert höher ist als etwa 10–15%!

Darüber müssen sich Miteigentümer/Teilhaber möglichst früh ebenso klarwerden wie über die Möglichkeit, möglichst frühzeitig zu entscheiden, ob sie primär den Eigenerwerb oder den Zuschlag an einen Dritten anstreben. Denn nach dieser strategischen Grundsatzentscheidung muß sich das ganze weitere Verhalten richten. Wenn der Beteiligte überhaupt nicht will, daß es zu einem Zuschlag kommt, dann sieht die Strategie noch einmal ganz anders aus. – Je schneller und je klarer die strategische Grundsatzentscheidung gefallen ist, desto sehr viel leichter kann ihr durch gezieltes Verhalten zum Erfolg verholfen werden. Eigentlich ganz einleuchtend!

TH 6.4.11. (nach Hamme):[117] Auch in der Teilungsversteigerung ist häufig zu beobachten, daß der im Versteigerungsobjekt weiter wohnende Miteigentümer Besichtigungen durch den Sachverständigen und erst recht durch Bietinteressenten verbietet (besonders wenn er selbst ersteigern will) und dadurch den anderen Miteigentümer schädigt. Dieser kann dann aber versuchen, über eine auf § 744 II BGB gestützte einstweilige Verfügung eine angemessene Besichtigungserlaubnis zu erstreiten. Andernfalls hätte er nur die (oft eher theoretische) Möglichkeit, durch eigenes Mitbieten höhere Gebote zu erreichen.

---

[116] Dazu Storz/Kiderlen ZV-Praxis C 4.
[117] Rz. 100, 107.

TH 6.4.12: Das Amtsgericht Münster[118] hat zwar entschieden, daß ein Antragsteller, der den Sachverständigen (und den Bietinteressenten) eine Innenbesichtigung des Objektes verbietet, und der außerdem im Versteigerungstermin (im Gebäude liegende) Mängel behauptet und überraschend, widersprüchliche Mietverträge anmeldet und schließlich androht, er werde das Objekt nicht freiwillig räumen, weder rechtsmißbräuchlich noch sittenwidrig handelt, selbst wenn er im Ergebnis das Objekt billig ersteigert. Aber ich halte diese Entscheidung für gefährlich und unhaltbar! Deshalb ist von derartigem Verhalten dringend abzuraten; es kann die Versagung des Zuschlags und evtl. sogar Schadensersatzansprüche nach sich ziehen.[119]

TH 6.4.13: Bei allen verfahrens-taktischen Überlegungen sollten die Beteiligten stets daran denken, daß gerade auch in der neueren BGH-Rechtsprechung schnell der Vorwurf einer mißbräuchlichen Rechtsausübung erhoben werden kann mit der Folge, daß das erstrebte taktische Ziel evtl. nicht nur nicht erreicht werden kann, sondern daß vielleicht sogar „der Schuß nach hinten losgeht." Deshalb sollte im Zweifel immer der Rechtspfleger vorher nach seiner Beurteilung gefragt und mindestens rechtzeitig informiert werden.

---

[118] Rpfleger 2002, 639.
[119] Vgl.. dazu OLG Hamm Rpfleger 1995, 34; OLG Brandenburg 9 W 17/02 vom 12. 11. 2002.

7. Der Versteigerungstermin

Literatur (Titel zum Teil sinnwahrend gekürzt!): *Bengsohn/Ostheimer*, Grenzen elterlicher Stellvertretung, Rpfleger 1990, 189; *Bierbach*, Anfechtung des Meistgebots, Diss Erlangen 1914; *Borgmann*, Rechtsanwaltshaftung bei § 85 a Abs. 3 und § 57 c, AnwBl 1998, 208; *Büchmann*, Schutz des Schuldners vor Verschleuderung in der Zwangsversteigerung 1997; *Büchmann*, Vielfachversteigerung, ZIP 1988, 825; *Drischler*, Mehrere Versteigerungsverfahren in einem Termin, KTS 1988, 31; *Drischler*, Versteigerungsbedingungen in der Immobiliarvollstreckung, RpflJB 1974, 335; *Eickmann*, Vormundschaftliche Genehmigung in der Zwangsversteigerung, Rpfleger 1983, 199; *Gassner*, Umsatzsteuer in der Zwangsversteigerung, Rpfleger 1998, 455; *Hagemann*, Gleichzeitige Abhaltung mehrerer Versteigerungstermine, Rpfleger 1984, 256; *Hagemann*, Versteigerung mehrerer Grundstücke in demselben Verfahren, RpflStudH 1985, 28; *Hager*, Ablösung und gutgläubiger Erwerb ZIP 1997, 133; *Heiderhoff*, Bietungsabkommen in der Versteigerung, MittRhNotK 1966, 45; *Hintzen*, Änderungen zum ZVG, Rpfleger 1998, 148; *Hintzen*, § 765 a ZPO in der Zwangsversteigerung ZAP 1996, 565; *Hornung*, Empfiehlt sich die Abschaffung der Bietstunde? KTS 1973, 239; *Kalter*, Bietungsabkommen, KTS 1964, 193; *Klawikowski*, Besondere Sicherheitsleistung in der Zwangsversteigerung, Rpfleger 1997,202; *Klawikowski*, Auswirkung der Zwangsversteigerung auf Miet-/Pachtverhältnisse, Rpfleger 1997, 418; *Kirsch*, Wiederbepflanzungsrecht in der Zwangsversteigerung, Rpfleger 1998, 192; *Kracht*, Verstoßen Bietabkommen gegen das GWB? NJW 1958, 490; *Muth*, Änderung von Versteigerungsbedingungen, Rpfleger 1987, 397; *Muth*, Fortbestehen von Grundpfandrechten nach § 59 Abs. 3, JurBüro 1985, 13; *Otto*, Strafrechtlicher Schutz gegen Bietabkommen nötig? Rpfleger 1979, 41; *Papke*, Strohmann in der Zwangsversteigerung, KTS 1964, 21; *Riedel*, Bindungswirkung beim Negativattest nach BBauG ua, JurBüro 1973, 475; *Riedel*, Versteigerungsbedingungen bei Grundstücken mit Geschäft, JurBüro 1961, 425; *Riggers*, Anfechtung von Geboten in der Zwangsversteigerung, JurBüro 1970, 359; *Ruland*, Wegfall der Erbbauzinsen in der Zwangsversteigerung, NJW 1983, 96; *Scharen*, Heimfallansprüche in der Zwangsversteigerung des Erbbaurechts, Rpfleger 1983, 342; *Schiffhauer*, Anfechtung von Geboten, Rpfleger 1972, 341; *Schiffhauer*, § 59 – eine Crux ohne Ende? Rpfleger 1986, 326; *Schneider*, Die Bietstunde, JurBüro 1974, 1094; *Schwedhelm/Kamps*, Unerlaubte Rechtsbesorgung durch Steuerberater ua, AnwBl 1998, 245; *Sichtermann*, Ausbietungsgarantie als Sicherungsmittel, 4. Auflage 1978; *Stöber*, Änderung von Versteigerungsbedingungen, ZIP 1981, 944; *Storz*, Änderung von Versteigerungsbedingungen, ZIP 1982, 416; *Storz*, Besondere Gefahrenquellen in der Zwangsversteigerung, ZIP 1980, 1049 und 1981, 16; *Storz*, Gläubigerablösung in der Zwangsversteigerung, ZIP 1980, 159; *Vogl*, Rechtsberatung durch nicht zugelassene Personen, Rpfleger 1998, 138; *Zapfe*, Anfechtbarkeit des Meistgebots, Diss Münster 1921.

Hinsichtlich des Versteigerungstermins gibt es keine ins Gewicht fallenden Besonderheiten in der Teilungsversteigerung gegenüber der Forderungszwangsversteigerung.[1]

---

[1] Dazu Storz/Kiderlen ZV-Praxis D 1.

7.1. Dreiteilung des Versteigerungstermins

7.1.1. Übersicht

Bekanntmachungsteil (§ 66):
gesetzlicher Zweck:
Abstimmung mit Beteiligten:
     – Grundstück, Forderungen,
     – geringstes Gebot
     – Versteigerungsbedingungen.
Erläuterung für Bietinteressenten:
     – Ablauf der Versteigerung
     – Versteigerungsbedingungen.
taktische Aufgabe: Identifizierung von erklärten Interessenten und evtl.
                  möglichen Interessenten

Bietstunde; mindestens 30 Minuten (§ 73):
gesetzlicher Zweck: Abgabe von Geboten evtl. mit Sicherheitsleistung
taktische Aufgabe: Verhandlung mit allen (potentiellen) Bietinteressenten
                  über:
                  – Gebotsabgabe
                  – evtl. Sicherheitsleistung
                  – Besichtigung, Bezug usw

Verhandlung über den Zuschlag (§ 74):
gesetzlicher Zweck: Erörterung zum Zuschlag
                  evtl. Versagungsanträge
taktische Aufgabe: bei gutem Ergebnis:
                  Drängen auf sofortigen Zuschlag!
                  bei ungünstigem Ergebnis:
                  Drängen auf besonderen Verkündungstermin gemäß
                  § 87!

7.1.2. Inhalt und Zweck der Dreiteilung

Der Versteigerungstermin ist die eigentliche Schicksalsstunde auch der Teilungsversteigerung. Er besteht aus drei Teilen:

– Der Bekanntmachungsteil (§ 66) dient der Vorbereitung der eigentlichen Versteigerung und umfaßt die Verhandlung bis einschließlich der „Aufforderung zur Abgabe von Geboten" (vgl. §§ 37 Nr. 4, 66 Abs. 2).
– Die Bietstunde (§ 73) dient der eigentlichen Versteigerung und muß mindestens volle 30 Minuten (seit Mitte 1998; vorher: 60 Minuten) dauern. Sie endet mit der Verkündung ihres Schlusses (vgl. § 73 Abs. 2 S. 1.).
– Die Verhandlung über den Zuschlag (§ 74) ist kein Teil der Versteigerung mehr, dient aber der Aufarbeitung ihrer Ergebnisse und endet mit der Verkündung der Entscheidung über den Zuschlag, falls dafür nicht ein besonderer Termin bestimmt wird (vgl. § 87).

Durch diese Dreiteilung soll sichergestellt werden, daß das eigentliche Versteigerungsgeschäft mindestens volle 30 Minuten dauert und möglichst von anderen Erörterungen freigehalten wird. Die Unterscheidung der drei Terminabschnitte ist sehr wichtig, weil die einzelnen Abschnitte unterschiedliche Funktionen haben, und weil z. B. eine Änderung des geringsten Gebots als wichtigster Verfahrensgrundlage ganz unterschiedliche Folgen hat, je nachdem, in welchem der drei Abschnitte die Änderung wirksam wird. Besonders bedeutsam ist die Abgrenzung von Bietstunde und Verhandlung über den Zuschlag, weil mit der Verkündung des Schlusses der Bietstunde (§ 73 Abs. 2 S. 1) die Versteigerung als solche unwiederbringlich beendet ist und nur unter Beachtung der (6- bzw. 2-Wochen-)Frist des § 43 Abs. 1 neu angesetzt werden kann. Schon die Frage, ob und unter welchen Voraussetzungen eine Änderung des geringsten Gebotes oder der Versteigerungsbedingungen überhaupt möglich ist, ist für die drei Terminsabschnitte unterschiedlich zu beantworten.[2]

Noch wichtiger sind aber die unterschiedlichen Folgen einer Änderung des geringsten Gebots. Betreiben zum Beispiel zwei Antragsteller die Teilungsversteigerung, deren Anteile ganz unterschiedlich belastet sind, dann würden die geringsten Gebote sehr verschieden aussehen, wenn nur der eine oder der andere Antragsteller betreiben würde; je nachdem, welche Auffassung man in dem Streit um die Feststellung des geringsten Gebots bei mehreren betreibenden Antragstellern in der Teilungsversteigerung vertritt,[3] kommt man zwar u. U. zu einem unterschiedlichen geringsten Gebot, wenn beide Antragsteller betreiben. In jedem Fall aber ändert sich dieses geringste Gebot, wenn ein bestimmter Antragsteller einstellt (bei der Einstellung durch den anderen Antragsteller ändert sich dagegen u. U. nichts). Dieser (von mehreren) Antragsteller ist der für die Feststellung des geringsten Gebots als wichtigster Versteigerungsgrundlage „maßgebliche Antragsteller".[4]

Wenn dieser maßgebliche Antragsteller durch seine einstweilige Einstellung eine Änderung des geringsten Gebots herbeiführt (ähnlich wie der bestrangig betreibende Gläubiger in der Forderungszwangsversteigerung),[5] sind die Auswirkungen auf die gesamte Teilungsversteigerung unterschiedlich je nachdem, in welchem der drei Verfahrensabschnitte die Änderung wirksam wird:

– während des Bekanntmachungsteils (und vorher) muß der Rechtspfleger lediglich ein evtl. vorbereitetes geringstes Gebot den neuen Gegebenheiten entsprechend neu festsetzen;
– während der Bietstunde ist das anders: da evtl. bereits abgegebene Gebote mit Wirksamwerden der Einstellung gemäß § 72 Abs. 3 erlöschen, muß die bisherige Bietstunde abgebrochen, ein neues geringes Gebot festgestellt und auf dieser Grundlage eine vollständig neue Bietstunde mit mindestens 30 Minuten durchgeführt werden;
– während der Verhandlung über den Zuschlag muß gemäß § 33 der Zuschlag versagt werden; jetzt ist aber die „Fortsetzung" der Versteigerung nicht mehr möglich, weil ja mit dem Schluß der Bietstunde die Versteigerung beendet wurde.

---

[2] Dazu unten C 7.2.
[3] Dazu ausführlich unten B 5.
[4] Dazu oben B 3.5.2, B 5.4.3, B 5.7.2.2, C 3.4.1.
[5] Dazu ausführlich Storz/Kiderlen ZV-Praxis B 3.2.1. und B 6.4.

Streitig ist die Frage, ob Anmeldungen rangwahrend nachgeholt werden können, wenn eine völlig neue Bietstunde wegen Änderung des geringsten Gebots notwendig wird. Obwohl die Zulässigkeit teilweise bestritten wird, sind derartige Anmeldungen m. E. möglich,[6] schon weil die neue Bietstunde unstreitig erst nach dem (gemäß § 66 Abs. 2 erforderlichen) Hinweis auf die bevorstehende Ausschließung weiterer Anmeldungen beginnt, und weil eine rangwahrende Nachholung verspäteter Anmeldungen unstreitig möglich ist, wenn überhaupt ein neuer Versteigerungstermin anberaumt werden muß. Dieser Meinungsstreit sollte m. E. aber von seiner praktischen Bedeutung her nicht überbewertet werden; das gilt ganz besonders für die Teilungsversteigerung. Feststeht auch, daß diese Möglichkeit nicht mißbräuchlich eingesetzt werden darf, und daß eine Mißbrauchsmöglichkeit durch die ZVG-Änderungen bei §§ 59, 63, 73 ab Mitte 1998 zusätzlich eingeschränkt worden ist.

Hinsichtlich der sogenannten Verhandlungstaktik für die verschiedenen Beteiligten (insbesondere für die Miteigentümer als Antragsteller oder Antragsgegner) ist die Unterscheidung der drei Termins-Abschnitte ebenfalls wichtig:

- Im Bekanntmachungsteil sollten sie die Zeit insbesondere dazu nutzen, durch Beobachtung der Reaktion der Anwesenden auf die gerade erörterten Punkte herauszufinden, wer von den Anwesenden u. U. als Bietinteressent in Frage kommt bzw. gewonnen werden kann;[7]
- Während der Bietstunde, und zwar insbesondere an deren Anfang, wo i. d. R. noch totale Passivität herrscht, sollten möglichst viele Anwesenden angesprochen werden: Ermunterung zur Gebotsabgabe, Zugeständnisse beim Sicherheits-Verlangen, Klärung der Bezugsfähigkeit des Versteigerungsobjekts nach dem Zuschlag, evtl. sogar noch Besichtigungen während der Bietstunde;[8]
- während der Verhandlung über den Zuschlag muß man sich darüber im klaren sein, daß jeder Zuschlag ohne Rücksicht auf die Höhe des Meistgebots noch verhindert werden kann. Deshalb gilt der oberste Grundsatz: ein gutes Ergebnis sollte unbedingt durch einen sofortigen Zuschlag abgesichert werden; bei einem ungünstigen Ergebnis sollte die Flexibilität des weiteren Vorgehens ebenso unbedingt durch die Verschiebung des Zuschlags auf einen besonderen Verkündungstermin gerettet werden.[9]

Die Versteigerung ist öffentlich und wird vom zuständigen Rechtspfleger durchgeführt. Dieser kann zur Aufrechterhaltung der Ordnung Ordnungsgeld bis EURO 2000,– verhängen und bestimmte Personen am Zutritt hindern oder aus dem Saal entfernen lassen (vgl. §§ 175 ff. GVG). Gemäß § 78 wird ein Sitzungsprotokoll angefertigt, aus dem alle für die Zuschlagsentscheidung

---

[6] Storz ZIP 1982, 419; Steiner/Storz § 66 Rz. 80; ebenso Muth S. 686; **str. a. A.**: Stöber ZIP 1981, 947; Schiffhauer Rpfleger 1986, 332.

[7] Vgl. Taktische Hinweise **TH** C 7.4.1. und **TH** C 7.4.2. und **TH** C 7.4.3. – vgl. auch Storz/Kiderlen ZV-Praxis D 1.1.

[8] Vgl. Taktische Hinweise **TH** C 7.4.2. und **TH** C 7.4.4. vgl. auch Storz/Kiderlen ZV-Praxis, Taktische Hinweise **TH** D 13.2.1.–**TH** D 1.3.2.9.

[9] Vgl. Taktische Hinweise **TH** C 7.4.2. und Storz/Kiderlen ZV-Praxis, Taktische Hinweise **TH** D 1.4.2.1.–**TH** D 1.4.2.6.

oder für das Recht eines Beteiligten wichtige Vorgänge ersichtlich sein müssen.[10] Nicht aus dem Protokoll ersichtliche Vorgänge gelten umgekehrt als nicht geschehen (§ 80).

Gemäß § 62 kann das Gericht in komplizierten Versteigerungsfällen zur Vorklärung des geringsten Gebots und der Versteigerungsbedingungen einen sog gerichtlichen Vortermin durchführen; dessen Ergebnis ist allerdings für den Versteigerungstermin nicht bindend.

Da der Versteigerungstermin die Schicksalsstunde der Versteigerung ist, ist allen Beteiligten, besonders aber den Miteigentümern/Teilhabern dringend zu empfehlen, den (meist von Überraschungen und von sofort zu treffenden Entscheidungen geprägten) Termin persönlich wahrzunehmen und in allen drei Abschnitten mit großer Sorgfalt zu verfolgen.[11]

Besonders in der Vollstreckungsversteigerung hat es schon immer Stör-, Verzögerungs-, Verhinderungs- und Mißbrauchsmanöver gegeben. Verständlicherweise gingen diese meist vom Schuldner aus (gelegentlich auch von versteckten Interessenten), weil dieser sein Eigentum verteidigen will; die Gläubiger mußten/müssen dann eben versuchen, geeignete Gegenmaßnahmen zu finden.

In der Teilungsversteigerung ist diese Art der Polarisierung in aller Regel nicht bzw. nicht so stark gegeben; trotzdem sind Stör-, Verzögerungs-, Verhinderungs- und Mißbrauchsmanöver gelegentlich auch in der Teilungsversteigerung zu beobachten; auf sie muß dann in entsprechender weise reagiert werden.[12]

Noch gefährlicher ist eine besorgniserregende Entwicklung der letzten Jahre: ein ständig wachsender Personenkreis greift aktiv in fremde Zwangsversteigerungsverfahren ein und versucht aus der Not anderer Menschen eigene Profite herauszuschlagen unter dem Vorwand einer angeblichen Hilfeleistung oder gar Rettung. Merkmale dieser vor allem für die „Beratenen" selbst höchst gefährlichen Machenschaften sind vor allem:

1. Der Berater meldet sich unaufgefordert schriftlich, telefonisch oder persönlich und bietet seine Hilfe an;

2. mit „ungewöhnlichen/überraschenden" Methoden sollen zunächst kurzfristig Erfolgsnachweise geliefert und Vertrauen zum „Berater" begründet werden;

3. der Berater vermeidet entweder das eigene offene Tätigwerden nach außen und beschränkt sich auf ein Wirken aus dem Hintergrund, oder er bietet ungewöhnliche Konstruktionen an, um die Umgehung des Rechtsberatungsgesetzes zu vertuschen;

4. der Berater verspricht die Lösung/Rettung und verlangt dafür entweder weit überhöhte Zahlungen, oder die Eintragung von Grundpfandrechten oder die Übereignung von Anteilen oder gar vom ganzen Grundstück.

---

[10] Storz/Kiderlen ZV-Praxis D 1.1.1. – vgl. das **Muster** eines Versteigerungs-Protokolls bei Steiner/Storz § 78 Rz. 28.

[11] Vgl. Taktische Hinweise **TH** C 7.4.1. und **TH** C 7.4.2. und **TH** C 7.4.3. sowie Taktische Hinweise bei Storz/Kiderlen ZV-Praxis **TH** D 1.1.2.1.–**TH** D 1.1.2.5.

[12] Vgl. Storz/Kiderlen ZV-Praxis B 1.1.1; D 1.2.1 und **TH** A 1.3.3.11; **TH** A 1.3.3.12; **TH** B 1.1.2.9.

Es ist heute davon auszugehen, daß auch in Teilungsversteigerungen kurz nach der Wertfestsetzung den Beteiligten zahlreiche Hilfsangebote „ins Haus flattern". Sie sind fast ausnahmslos unseriös, weil es sich eindeutig um die Besorgung von fremden Rechtsangelegenheiten handelt, die geschäftsmäßig ausschließlich von Rechtsanwälten betrieben werden darf, und weil es den Rechtsanwälten strikt verboten ist, konkreten Personen in konkreten Situationen ihre Hilfe anzubieten.[13] Läßt sich ein Miteigentümer/Teilhaber auf derartige Angebote ein, riskiert er neben dem sonstigen Ungemach, daß der Berater vor Gericht wegen Verstoßes gegen das Rechtsberatungsgesetz schlicht nicht gehört wird.

Um das Rechtsberatungsgesetz zu umgehen, sind zur Zeit verschiedene Konstruktionen aktuell:
- die Unterstützung wird als Finanzdienstleistung bezeichnet, oder als Unternehmens- oder Schuldnerberatung (obwohl sie eindeutig Rechtsberatung ist);
- durch die Eintragung einer Grundschuld oder die Übertragung eines Miteigentumsanteils soll „Beteiligten-Stellung" erworben werden, die auch eine „Zusammenarbeit" in Rechtsangelegenheiten erlaube;
- manchmal wird verlangt, daß sich der Beratene wegen der (evtl. erst künftigen) Honorarforderung der sofortigen Zwangsvollstreckung unterwirft, damit der Berater als Vollstreckungsgläubiger auftreten und handeln kann (besonders gefährlich);
- manchmal erreicht der Berater, daß er vom Beratenen als Betreuer nach dem Betreuungsgesetz akzeptiert wird (besonders bei älteren/kranken Menschen eine beliebte, aber auch höchst gefährliche Methode!).

Neben den angebotenen Methoden, die in aller Regel nur für die Vollstreckungsversteigerung in Frage kommen (in Mode sind z.B. die sogenannte Erlaßfalle[14] oder das Verschenken des Versteigerungsobjekts[15] oder die überraschende Präsentation von versteigerungsschädlichen Mietverträgen[16]), sind auch die Empfehlungen zur Verzögerung bzw. Verhinderung einer Teilungsversteigerung gewissen Modeschwankungen unterworfen. Zur Zeit sind aktuell:
- die Argumentation mit der Selbstmordgefahr,[17] die dem Beratenen angeblich droht, und mit der man die Versteigerung sehr leicht verzögern kann!
- „Rüge-Unwesen" und „Antrags-Chaos" i.d.R. kombiniert mit mißbräuchlichen Befangenheitsanträgen. In einer neuen Entscheidung hat der BGH hierzu folgende Grundsätze aufgestellt: Vor der Entscheidung über einen Befangenheitsantrag darf der Rechtspfleger zwar weiterverhandeln und einen evtl. Versteigerungstermin zu Ende führen; er darf aber in der Regel keine

---

[13] Vgl. Vogl Rpfleger 1998, 138; Schwedhelm/Kamps AnwBl 1998, 245.
[14] OLG Brandenburg EWiR 1997, 351 (Mit Lehner); LG Lübeck WM 1997, 2223; LG München 1997, 2213 und 2214; AG Ebersberg EWiR 1997, 831 (v. Randow); Frings BB 1996, 809; Eckardt BB 1996, 1945; Pfeifer BB 1995, 1507; v. Randow ZIP 1995, 445.
[15] Storz/Kiderlen ZV-Praxis B 1.1.1; D 1.2.1.
[16] Storz/Kiderlen ZV-Praxis B 1.1.1; B 1.3.2. – Zur Strafbarkeit vgl. AG Dillenburg Rpfleger 1995, 79.
[17] Storz/Kiderlen ZV-Praxis B 1.1.1; B 3.1.2; D 1.2.1 und AG Hannover Rpfleger 1990, 174. – Vgl. auch BGH NJW 2005, 1859; BVerfG NZM 1998, 431; OLG Düsseldorf Rpfleger 1998, 208 für den Fall einer behaupteten Suizidgefahr bei Zwangsräumung.

Endentscheidung treffen, also nicht über den Zuschlag entscheiden. Ist die Ablehnung aber rechtsmissbräuchlich, darf er sogar selbst und sofort über den Zuschlag entscheiden; rechtsmissbräuchlich ist der Ablehnungsantrag z. B. dann, wenn er nur zur Verfahrensverzögerung gestellt wurde.[18]

– das Angebot, in der eines Tages unvermeidlichen Versteigerung das Grundstück für den Beratenen zu erwerben, wobei die dafür erforderliche Sicherheitsleistung vom Beratenen zur Verfügung gestellt werden muß (sehr gefährlich!).[19]

Auch in der Teilungsversteigerung müssen alle Beteiligten vor solchen absolut unseriösen Geschäftemachereien auf der Hut sein, vor allem diejenigen, denen eine derartige „Hilfe" angeboten wird. Viele der oben angesprochenen Maßnahmen sind nicht von vornherein unsachgerecht, aber sie müssen einen seriösen Hintergrund haben, und die angesprochene Person sollte sich sehr genau über die Seriosität des Beraters informieren, und dabei gilt noch einmal die Faustregel: Ein unaufgefordertes Hilfsangebot eines Unbekannten kann eigentlich nur von unseriösen Beratern kommen! Vorsicht ist auch geboten vor solchen Beratern, die ihre Spezialhilfe für Zwangsversteigerungen und ähnliche Situationen in Zeitungsinseraten anpreisen, wenn es sich nicht um eine anerkannte Schuldnerberatungsstelle oder Stelle handelt, die nach dem neuen Insolvenzrecht für wirtschaftliche Notfälle von Privatleuten oder Kleingewerbetreibenden zuständig sind.

7.2. Bekanntmachungsteil (§ 66)

7.2.1. Übersicht

Die wichtigsten „Tagesordnungs-Punkte" des Bekanntmachungsteils:

1. Aufruf der Sache
   – Feststellung der anwesenden Beteiligten
   – Prüfung evtl. Vollmachten

2. Nachweisungen bzgl. Grundstück
   – Grundbuch
   – Einheitswert, Brandversicherung

3. Antragsteller
   – Anordnungs- evtl. Beitrittsbeschlüsse
   – erste Beschlagnahme

4. Wertfestsetzungsbeschluß

5. Erfolgte Anmeldungen
   – Wohngeldrückstände (§ 10 Abs. 1 Nr. 2)
   – öffentliche Lasten (§ 10 Abs. 1 Nr. 3)
   – nachträglich eingetragene Grundpfandrechte
   – rückständige Zinsen aus bestehenbleibenden Grundpfandrechten
   – Mieter/Pächter

---

[18] BGH Rpfleger 2007, 619; zu Befangenheitsfragen vgl. auch BGH NJW 1998, 612; NJW 1992, 983; OLG Düsseldorf Rpfleger 1994, 340; LG Detmold Rpfleger 1998, 152 und Storz/Kiderlen ZV-Praxis B 1.6.1, D 1.1.1, D 1.2.1.

[19] Storz/Kiderlen ZV-Praxis D 1.2.1.

6. Feststellung des geringsten Gebots
   – mit Festsetzung evtl. Zuzahlungsbeträge
7. Evtl. Änderung von Versteigerungsbedingungen
   – gemäß § 59?
   – Gesamtausgebote statt Einzelausgeboten?
8. Erläuterung der wichtigsten Bedingungen
   – keine BGB-Gewährleistung
   – Kein Ausnahmekündigungsrecht gemäß §§ 57a, 57b
   – evtl. Sicherheitsleistung gemäß §§ 67–70
   – Bietvollmachten müssen beglaubigt sein
   – Zuschlagsversagungen gemäß §§ 85a, 74a
   – Verzinsung des Bargebots gemäß § 49 II
   – Wirkungen des Zuschlags
   – Grunderwerbsteuerpflicht
   – keine Verteilung des Erlösüberschusses ohne Einigung der Miteigentümer
9. Letzte Aufforderungen gemäß § 66 Abs. 2
   – zu Anmeldungen
   – zur Abgabe von Geboten

Der Bekanntmachungsteil dient der Vorbereitung der eigentlichen Versteigerung und endet mit der Aufforderung zur Abgabe von Geboten (vgl. § 66 Abs. 2). In Zusammenarbeit zwischen Rechtspfleger und anwesenden Beteiligten werden alle fallbezogenen Verfahrensdaten abgestimmt, das geringste Gebot festgestellt und die Versteigerungsbedingungen vereinbart. Außerdem erläutert der Rechtspfleger den Bietinteressenten, wie die Versteigerung ablaufen wird, welche Versteigerungsbedingungen gelten und was im Falle des Zuschlags zu beachten ist.[20]

Zur Abrundung haben alle Anwesenden das Recht, in gewissem Umfang die Akten des Gerichts einzusehen (vgl. § 42). – Damit dieser Informationszweck erreicht werden kann, muß alles klar und verständlich sein; deshalb verzichten die Rechtspfleger heute zu Recht i.d.R. darauf, umfangreiche Schriftstücke vollständig zu verlesen. Der Bekanntmachungsteil dauert bei nicht besonders komplizierten Verhältnissen heute etwa 20–40 Minuten.[21]

Der Abschluß des Bekanntmachungsteils und der Eintritt in die eigentliche Versteigerung schließt nicht aus, daß auch danach noch Informationen ausgetauscht, Fragen diskutiert und Unterlagen eingesehen werden. Nur darf dadurch das Versteigerungsgeschäft nicht behindert werden. Es können auch danach noch in gewissem Umfang Versteigerungsbedingungen geändert werden, wenn sich erst zu diesem späten Zeitpunkt ein besonderes Interesse dafür gezeigt hat. Aber diese nachträglichen Änderungen sollten auf ein absolut nötiges Mindestmaß beschränkt und gut begründet werden, damit keine Zurückweisung des Antrags wegen mißbräuchlicher Rechtsausübung erfolgt.[22]

---

[20] Storz/Kiderlen ZV-Praxis D 1.2.1.
[21] Vgl. Taktische Hinweise zum Bekanntmachungsteil bei Storz/Kiderlen ZV-Praxis **TH** D 1.2.2.1.–**TH** D 1.2.2.3.
[22] Vgl. Schiffhauer Rpfleger 1986, 332; Storz ZIP 1982, 419; Stöber ZIP 1981, 947.

7.2.2. Abweichende Versteigerungsbedingungen (§ 59)

Überblick

Aufgabe
- Jede Versteigerung soll zur Optimierung des wirtschaftlichen Ergebnisses den konkreten Besonderheiten angepaßt werden können
- Erweiterung der Bietmöglichkeiten wird sehr erleichtert, Beschränkung wird erschwert.

Verfahren
- Jeder Beteiligte kann eine Abänderung einseitig verlangen; dies muß vor Beginn der Bietstunde geschehen sein
- Jeder Beteiligte muß zustimmen, dessen Recht eindeutig beeinträchtigt wird
- Nur wenn nicht feststeht, ob ein Recht beeinträchtigt wird, erfolgen Doppelausgebote
- §§ 63–65 regeln Sonderfälle

Zuschlag bei Doppelausgebot
- Wird nur das gesetzliche Ausgebot belegt, ist Zuschlag ohne weiteres möglich
- Wird nur auf abweichende Version geboten, darf nach herrschender Meinung nur mit Zustimmung aller Beeinträchtigten zugeschlagen werden
- Bei Geboten auf beiden Formen wird bevorzugt auf abweichendes Gebot zugeschlagen; Beeinträchtigte müssen aber zustimmen

Die Vorschriften des ZVG über die Feststellung des geringsten Gebots und der übrigen Versteigerungsbedingungen (vgl. §§ 44–57 d und 60–65) sind weitgehend nachgiebiges Recht, die meisten können also geändert werden. Gemäß § 59 kann jeder Beteiligte eine derartige Änderung verlangen. Verlangen ist mehr als beantragen und bedeutet, daß u. U. auch ein einzelner Beteiligter eine Änderung gegen den Willen aller anderer Beteiligter durchsetzen kann (nämlich dann, wenn durch die Änderung niemand beeinträchtigt wird).

Das Gericht darf nicht von sich aus irgendwelche Versteigerungsbedingungen ändern, sondern kann lediglich Anregungen aussprechen. Das Gericht darf umgekehrt auch nicht ein Änderungsverlangen mit der Begründung ablehnen, es halte die gesetzliche Bedingung für zweckmäßiger. Eine Ablehnung durch das Gericht kann dagegen u. U. wegen mißbräuchlicher Rechtsausübung bzw. fehlendem Rechtsschutzbedürfnis erfolgen.[23]

Jeder Beteiligte, der durch die Änderung in seinen Rechten beeinträchtigt wird, muß der Änderung zustimmen, sonst wird diese nicht zugelassen (§ 59 Abs. 1 S. 2). Beeinträchtigt ist ein Beteiligter, wenn sein Recht oder dessen Befriedigung gegenüber der gesetzlichen Bedingung zu seinen Ungunsten verändert wird.

---

[23] Muth Rpfleger 1987, 397; Schiffhauer Rpfleger 1986, 326; Storz ZIP 1982, 416; Stöber ZIP 1980, 949. – Vgl. auch Taktischen Hinweis unten **TH** C 7.4.8.

Beispiele: Beeinträchtigt ist ein Gläubiger, wenn sein Recht bestehenbleiben soll anstatt ausbezahlt zu werden;[24] Beeinträchtigt sind die Miteigentümer, wenn der Übererlös geringer wird, oder wenn das geringste Gebot so hoch wird, daß niemand bietet.[25]

Soll das Fortbestehen eines Rechts vereinbart werden, das nach § 52 erlöschen würde, bedarf es gemäß § 59 Abs. 3 nicht der Zustimmung eines nachstehenden Beteiligten, wohl aber derjenigen der Miteigentümer, wenn sie durch die Abweichung beeinträchtigt werden.[26] Wenn ein Beteiligter eindeutig beeinträchtigt wird, kann nur mit seiner Zustimmung abgewichen werden. Wenn eindeutig niemand beeinträchtigt wird, muß unter Verzicht auf die gesetzliche Version dem Änderungs-Verlangen entsprochen werden.

Oft ist aber vor Abschluß der Bietstunde nicht absehbar, ob es zu einer Beeinträchtigung kommt. Das Gesetz schreibt daher (nur) für diesen Fall Doppelausgebote vor (§ 59 Abs. 2).[27] Der Zuschlag kann in diesen Fällen aber schwierig werden:

– Wird nur auf das gesetzliche Angebot geboten, ist ein Zuschlag ohne weiteres möglich;[28]
– Wird nur auf die abweichende Version geboten, soll nach einer Ansicht überhaupt kein Zuschlag möglich sein,[29] nach anderen Ansichten soll der Zuschlag nur mit Zustimmung aller Beeinträchtigten zulässig sein,[30] oder schließlich der Zuschlag möglich sein,[31] weil niemand beeinträchtigt sei;[32]
– Bei Geboten auf beide Versionen muß bevorzugt auf das abweichende Ausgebot zugeschlagen werden; alle Beeinträchtigten müssen aber zustimmen.[33] Wer das im einzelnen ist, kann schwierig zu ermitteln sein; was geschieht, wenn nicht alle Beeinträchtigten zustimmen, kann noch schwieriger zu beantworten sein.[34]

Die Zustimmungserklärung des Beeinträchtigten muß entweder im Versteigerungstermin zu Protokoll erklärt oder entsprechend § 84 Abs. 2 durch eine öffentlich beglaubigte Urkunde nachgewiesen werden; sie muß spätestens vor der Verkündung der Zuschlagsentscheidung vorliegen.[35] Sie ist nach Beginn der Bietstunde nicht mehr widerruflich.[36]

---

[24] Storz/Kiderlen ZV-Praxis D 2.1.1; Stöber § 59 Anm. 4.2.
[25] Storz/Kiderlen ZV-Praxis D 2.1.1; Stöber § 59 Anm. 4.2.
[26] Muth Rpfleger 1987, 397; Schiffhauer Rpfleger 1986, 336; Storz/Kiderlen ZV-Praxis D 2.1.1; **str. a. A.**: Stöber § 59 Anm. 7.1.
[27] Näher dazu Storz/Kiderlen ZV-Praxis D 2.1.1. – Vgl. auch Taktischen Hinweis unten **TH** C 7.4.7.
[28] Unstreitig: Stöber § 59 Anm. 6.3; Steiner/Storz § 59 Rz. 54.
[29] LG Freiburg Rpfleger 1975, 105; Drischler UTS 1975, 283.
[30] Schiffhauer (Anm. zu LG Freiburg) Rpfleger 1975, 105; Stöber § 59 Anm. 6.3. – Vgl. auch Taktischen Hinweis unten **TH** C 7.4.5.
[31] Muth Rpfleger 1987, 397; Steiner/Storz § 59 Rz. 54; vgl. auch das **Beispiel** bei Storz/Kiderlen ZV-Praxis D 2.1.1.
[32] Vgl. Taktische Hinweise unten **TH** C 7.4.5. und **TH** C 7.4.6. und **TH** C 7.4.7.
[33] Unstreitig: Stöber § 59 Anm. 6.2; Steiner/Storz § 59 Rz. 54.
[34] Vgl. Taktische Hinweise unten **TH** C 7.4.6. und **TH** C 7.4.8.
[35] Storz/Kiderlen ZV-Praxis D 2.1.1.
[36] Schiffhauer Rpfleger 1986, 326; Stöber § 59 Anm. 4.3.

Durch die Änderung der §§ 59, 63 ist seit Mitte 1998 klargestellt, daß Versteigerungsbedingungen nur vor Beginn der Bietstunde geändert und Änderungsanträge auch nur bis zu diesem Zeitpunkt zurückgenommen werden können. Dies gilt auch für Anträge nach § 63, nicht aber für Anträge nach § 64.[37] Durch diese Gesetzesänderungen sind die bis Mitte 1998 möglichen Mißbrauchsmöglichkeiten beseitigt und verschiedene Streitfragen obsolet gemacht worden.

Zweierlei ist aber in diesem Zusammenhang zu betonen; Erstens hat die Gesetzesänderung den Nachteil, daß jetzt nicht mehr auf Erkenntnisse während des Bietens durch Anträge nach § 59 oder § 63 reagiert werden kann, so daß alle theoretisch sinnvollen Alternativen „vorsorglich" schon vor Beginn der Bietstunde beantragt werden müssen.[38] Und zweitens können dann Anträge nach §§ 59, 63 gestellt werden, wenn wegen einer Änderung des geringsten Gebots während der Bietstunde (die nach wie vor möglich ist, z. B. durch die einstweilige Einstellung des maßgeblichen Verfahrens) noch einmal eine vollständig neue Bietstunde nötig werden sollte, was aber bei Teilungsversteigerungen selten vorkommt.

Nach § 59 können grundlegende und zwingende Verfahrensbestimmungen nicht geändert werden, und zwar auch nicht mit Zustimmung aller Beteiligter. Trotzdem bleiben zahlreiche Änderungsmöglichkeiten übrig, weil der Gesetzgeber durch diese Flexibilität alle Voraussetzungen für ein möglichst gutes wirtschaftliches Ergebnis schaffen wollte. Insofern ist § 59 selbst eine der wichtigsten Vorschriften des ZVG, sodaß gelegentlicher Mißbrauch über § 226 BGB verhindert, aber keineswegs § 59 ersatzlos gestrichen werden sollte.[39]

Nicht abänderbar ist z. B.:[40]
– Bindung des Bieters an sein Gebot
– Eigentumsübergang durch den Zuschlag (§ 90)
– Mindestversteigerungsdauer von 30 Minuten (§ 73)
– Nichtbegrenzbarkeit des Höchstgebots
– Notwendigkeit der Bestimmtheit der Gebote
– Rangfolge der aus dem Meistgebot zu befriedigenden Rechte
– Vollstreckbarkeit des Zuschlagsbeschlusses
– Wiederversteigerung bei Nichtzahlung
– Zuschlagserteilung an den Meistbietenden
– Zuschlagsversagung bei unheilbaren Verfahrensfehlern (§ 83 Nr. 6 und 7)
– Beschränkung des Bieterkreises[41]
– Regelung zur Sicherheitsleistung[42]
– Streitig ist diese Frage bzgl. der Vereinbarung von Mindesterhöhungsbeträgen für das Bieten.[43]

---

[37] Vgl. Hintzen Rpfleger 1998, 148.
[38] Näher dazu oben B 5.7 und B 5.8!
[39] Storz/Kiderlen ZV-Praxis D 2.1.1; Muth Rpfleger 1987, 397 **gegen** Schiffhauer Rpfleger 1986, 326. – Vgl. auch Taktische Hinweise unten **TH** C 7.4.7. und **TH** C 7.4.8.
[40] Vgl. Aufzählung bei Steiner/Storz § 59 Rz. 10–29 und bei Schiffhauer Rpfleger 1986, 326.
[41] Dazu oben C 6.2.1.
[42] Dazu oben B 7.
[43] OLG Oldenburg Rpfleger 1981, 315; LG Aurich Rpfleger 1981, 153; Storz/Kiderlen ZV-Praxis D 2.3.2. – **str. a. A.** (gegen Zulässigkeit): Schiffhauer Rpfleger 1986, 326; Stöber § 59 Anm. 5.14. – Die Bedeutung dieser Streitfrage sollte nicht überschätzt werden.

Im übrigen bietet die Teilungsversteigerung im Bereich der Abänderung von Versteigerungsbedingungen keine Besonderheiten, sodaß auf die Ausführungen zur Forderungszwangsversteigerung verwiesen wird, insbesondere zu den zahlreichen Taktischen Hinweisen[44] und zu den einzelnen änderbaren Bedingungen.[45]

7.2.3. Einzel-/Gesamtausgebote (§§ 63, 64)

Wenn es in der Teilungsversteigerung zur Möglichkeit von Einzel-/Gruppen-/Gesamtausgebote kommt, gelten für die Anwendung der dafür einschlägigen §§ 63, 64, 112, 122 und auch von § 1132 BGB genau die gleichen Regeln wie für die Forderungszwangsversteigerung.[46] In der Teilungsversteigerung kommt es aber schon deshalb viel seltener zu dieser Thematik, weil im Gegensatz zur Forderungszwangsversteigerung Einzelausgebote von Miteigentums-Anteilen nicht in Betracht kommen,[47] denn hier soll ja gerade die Gemeinschaft am Grundstück insgesamt aufgehoben und durch eine entsprechende Gemeinschaft am Versteigerungserlös ersetzt werden, was die Versteigerung des ganzen Grundstücks voraussetzt.

Beispiel:[48]   Daniel und Stefan sind Miteigentümer je zu ½ eines Hauses und einer Garage, die auf jeweils getrennten Grundstücken stehen.
In der Forderungszwangsversteigerung sind hier 4 Einzelausgebote vorgeschrieben (§ 63 Abs. 1): die jeweiligen Miteigentumshälften von Daniel und Stefan an Haus und Garage.
In der Teilungsversteigerung gibt es dagegen gemäß § 63 Abs. 1 nur 2 Einzelausgebote: Haus und Garage.

Das Thema Einzel-/Gruppen-/Gesamtausgebote kommt daher in der Teilungsversteigerung nur bei nach § 18 verbundenen Verfahren zur Anwendung,[49] also wenn die Teilungsversteigerung verschiedener Grundstücke verbunden worden ist. Diese Verfahrensverbindung ist in der Teilungsversteigerung dann möglich, wenn

– die Miteigentümer/Teilhaber bei den verschiedenen Grundstücken die gleichen sind (dagegen können Gemeinschaftsform und Anteilsgrößen unterschiedlich sein) und
– jedes Grundstück alle Voraussetzungen für eine Teilungsversteigerung erfüllt (insbesondere die Nichtteilbarkeit in Natur).[50]

---

[44] Vgl. Storz/Kiderlen ZV-Praxis, Taktische Hinweise **TH** D 2.1.2.1.–**TH** D 2.1.2.6; **TH** D 2.2.2.1.–**TH** D 2.2.2.3; **TH** D 2.3.3.1.–**TH** D 2.3.3.2.; **TH** D 2.4.3.1.–**TH** D 2.4.3.2.; **TH** D 2.7.3.1. und **TH** D 2.7.3.2.
[45] Vgl. Storz/Kiderlen ZV-Praxis D 2.3.–D 2.5. und D 2.7.
[46] Dazu Storz/Kiderlen ZV-Praxis D 2.6. mit Taktischen Hinweisen **TH** D 2.6.3.1.–**TH** D 2.6.3.6.
[47] Drischler JwBüro 1981, 1756; Eickmann S. 73; Schiffhauer ZIP 1982, 663; Stöber § 180 Anm. 7.11; Steiner/Storz § 63 Rz. 7.
[48] Ähnlich das **Beispiel** bei Storz/Kiderlen ZV-Praxis D 2.6.2. mit Fortentwicklung nach § 63 Abs. 4 S. 1 und § 64, vgl. **TS 26–TS 28**.
[49] Dazu oben C 2.2.
[50] Dazu oben B 1.1.

Beispiel: Daniel zu $^1/_4$ und Stefan zu $^3/_4$ sind Miteigentümer eines Hauses. Außerdem sind sie Miterben je zu $^1/_2$ an einer Garage. In der Teilungsversteigerung können die Verfahren für Haus und Garage gemäß § 18 verbunden werden. Im Termin sind gemäß § 63 Abs. 1 Einzelangebote für Haus und Garage vorgeschrieben.

Auch in der Teilungsversteigerung können mehrere Grundstücke auch ohne Verbindung nach § 18 zeitgleich in Form von Einzelausgeboten versteigert werden;[51] meines Erachtens besteht sogar seit Mitte 1998 die Möglichkeit, auch ohne Verbindung von Versteigerungsverfahren nach § 18 Grundstücke auch dann gemäß § 63 Abs. 1 S. 2 gemeinsam (als Gesamtausgebot) auszubieten, wenn sie mit einem einheitlichen Bauwerk überbaut sind.

Einzelausgebote dürfen nur unterbleiben, wenn ein Gruppen- oder Gesamtausgebot zugelassen wird und alle zzt der jeweiligen Entscheidung zu § 63 Abs. 4 anwesenden Beteiligten,[52] deren Rechte bei der Feststellung des geringsten Gebots nicht berücksichtigt sind (also mit dem Zuschlag erlöschen), auf Einzelausgebote verzichten; zustimmen müssen also auch alle anwesenden Miteigentümer.[53]

Wie bei der Änderung der Versteigerungsbedingungen nach § 59[54] hat der Gesetzgeber ab Mitte 1998 auch für Anträge gemäß § 63 vorgeschrieben, daß sowohl alle entsprechenden Änderungsverlangen als auch alle entsprechenden Widerrufserklärungen nur bis zur Aufforderung zur Abgabe von Geboten angebracht werden müssen, also während der Bietstunde nicht mehr möglich sind.

Lediglich im Fall des Antrags auf Verteilung eines bestehenbleibenden Gesamtrechtes gemäß § 64 Abs. 1 und im Fall des Gegenantrages nach § 64 Abs. 2 hat es der Gesetzgeber bei der bisherigen Regelung belassen, so daß wenigstens hier noch auf Erkenntnisse aus/während der Bietstunde sachgerecht durch entsprechende Anträge reagiert werden kann. Wichtig ist, daß bei der Zulassung mehrerer Angebotsformen, die zueinander in einem Konkurrenzverhältnis stehen (z.B. Doppelausgebote nach § 59 oder Einzel-/Gruppen-/Gesamtausgebote nach § 63), auf eine gleichzeitige Beendigung der konkurrierenden Gebotsformen geachtet wird, weil sonst kein fairer Wettbewerb möglich ist, was im Zweifel zu Lasten des Versteigerungserlöses geht.[55]

Im Fall von Einzelausgeboten muß für jedes Einzelgrundstück ein gesondertes geringstes Gebot festgestellt und deshalb schon vorher auch jedes Einzelgrundstück selbständig gemäß § 74a Abs. 5 bewertet werden.[56] Entsprechendes gilt für Gruppen- und Gesamtausgebote.

Wichtig (und gleichzeitig kompliziert und zT irreführend) ist, daß bestehenbleibende Gesamtbelastungen z.B. durch Grundpfandrechte bei jedem Einzelgrundstück mit ihrem vollen Betrag berücksichtigt werden müssen,[57] wenn nicht entweder der Gläubiger des Gesamtrechts eine andere Verteilung

---

[51] BGH NJW 2007, 2995.
[52] Storz/Kiderlen ZV-Praxis D 2.6.1.; Stöber § 63 Anm. 2.2.
[53] Vgl. Taktische Hinweise TH C 7.4.9.; TH C 7.4.10.; TH C 7.4.11.
[54] Dazu oben C 7.2.2.
[55] Näher dazu Storz/Kiderlen ZV-Praxis D 2.6.2.2.
[56] Dazu oben C 5.
[57] Vgl. Zahlen**beispiel** bei Storz/Kiderlen ZV-Praxis **TS 26**, **TS 27**.

gemäß § 1132 BGB bestimmt,[58] oder das Gesamtrecht gemäß § 64 verteilt wird.[59]

Gesamtrechte spielen in der Teilungsversteigerung insofern eine besondere Rolle, als sie dort in verschiedener Weise in Erscheinung treten können und u. U. unterschiedlich zu handhaben sind.

Beispiel: Daniel und Stefan sind Miteigentümer je zu ½ eines Hauses und einer Garage, die auf jeweils getrennten Grundstücken stehen.
Zugunsten der VOBA ist eine Grundschuld pauschal auf Haus und Garage eingetragen.
Zugunsten der Sparkasse ist eine Grundschuld nur auf dem Haus eingetragen.
Zugunsten der TZ-Bank ist eine Hypothek auf dem Anteil des Daniel (an Haus und Garten) eingetragen.

In allen 3 Fällen handelt es sich zwar um Gesamtrechte; überall kann der jeweilige Gläubiger gemäß § 1132 BGB eine Verteilung vornehmen, ohne Rücksicht auf Bestehenbleiben oder Erlöschen des Rechts.[60] Eine Verteilung gemäß § 64 ist in der Teilungsversteigerung aber nur bezüglich selbständiger Grundstücke (Haus und Garage), nicht auch bezüglich der Miteigentumsanteile (von Daniel und Stefan) möglich; sie kommt hier also nur bei der Voba-Grundschuld und der TZ-Bank-Hypothek in Betracht.

Schon in der Forderungszwangsversteigerung sind Gesamtrechte für nachrangige Gläubiger insbesondere dann von großer Bedeutung, wenn diese nur auf einzelne Grundstücke/Bruchteile zugreifen können.[61] In der Teilungsversteigerung kommt hinzu, daß Gläubiger von alle Bruchteile gleichmäßig belastenden Gesamtrechten i. d. R. vom Bestehenbleiben ihrer Rechte ausgehen können,[62] während alle nur einzelne Bruchteile belastenden Rechte (auch wenn sie „sonst" Gesamtrechte sind) in höchstem Maße vom Erlöschen bedroht sind,[63] wenn auch i. d. R. weniger von einem Ausfallrisiko als in der Forderungszwangsversteigerung.

Die Verteilung von Gesamtrechten nach § 64 auf Antrag eines Antragstellers (der Teilungsversteigerung) oder eines gleich- oder nachrangigen Gläubigers ist auch in der Teilungsversteigerung sehr wichtig, wenn es zu Einzelausgeboten mit bestehenbleibenden Gesamtrechten kommt. Es gelten dann aber keine Besonderheiten gegenüber der Forderungszwangsversteigerung, sodaß auf die Ausführungen dazu verwiesen wird.[64]

Wichtiger sind auch für die Teilungsversteigerung noch einige Ergänzungen zu Gruppen- und Gesamtausgeboten gemäß § 63 Abs. 2–4. Gruppen- und Gesamtausgebote können weder (abgesehen vom Sonderfall des § 63 Abs. 1) von Amts wegen noch auf Antrag eines Bietinteressenten, sondern nur dann zugelassen werden, wenn dies von einem Beteiligten i. S. d. § 9

---

[58] Zu § 1132 BGB näher: Storz/Kiderlen ZV-Praxis D 2.6.1. – vgl. auch Taktischen Hinweis unten **TH** C 7.4.12.
[59] Siehe FN 57.
[60] Dazu Storz/Kiderlen ZV-Praxis D 2.6.2.1. mit **Beispiel** in **TS** 28.
[61] Dazu ausführlich Storz/Kiderlen ZV-Praxis D 2.6.2.
[62] Siehe FN 60.
[63] Zum geringsten Gebot in der Teilungsversteigerung oben B 5.
[64] Storz/Kiderlen ZV-Praxis D 2.6.2.1. und die Kommentare zu § 64.

(wozu selbstverständlich auch alle Miteigentümer gehören) verlangt wird. Jeder von ihnen kann dies verlangen;[65] die Zustimmung irgendeines anderen Beteiligten ist nicht erforderlich.[66] Werden Gesamtausgebot und Einzelausgebote zugelassen, ist während des Bietens § 63 Abs. 3 S. 1 zu beachten, weil er die Mindestanforderungen für Gebote auf das Gesamtausgebot jeweils dann verändert, wenn auf ein Einzelausgebot mehr geboten wird als dessen geringstes Gebot. Das kann zu schwierigen Rechtsfragen[67] und komplizierten Fallkonstellationen führen.[68] Der Zuschlag erfolgt gemäß § 63 Abs. 3 S. 2 auf das Gesamtausgebot nur, wenn dieses höher ist als die Summe der Einzelausgebote. Dabei sind allerdings bestehenbleibende Gesamtrechte bei jedem Einzelausgebot mitzurechnen, falls keine Verteilung nach § 64 oder § 1132 BGB stattgefunden hat. Dadurch ergibt sich rechnerisch schnell ein großer Vorteil für die Einzelgebote, der zwar nach dem Willen des Gesetzes durch die Zuzahlungspflicht gemäß §§ 50, 51 auszugleichen ist, was aber in der Praxis leicht übersehen bzw. sehr schwer nachvollzogen werden kann.[69]

Beispiel:[70]   Daniel und Stefan sind Miteigentümer je zu $1/2$ an Haus und Garage, die jeweils auf getrennten Grundstücken stehen.

Zugunsten der Voba ist eine Grundschuld über 50000,– auf Haus und Garage eingetragen (Zinsen außer Betracht).

Sind Gesamtausgebot und Einzelausgebote zugelassen, muß für alle 3 Ausgebote ein getrenntes geringstes Gebot festgestellt werden:

	Gesamt	Haus	Garage
Verfahrenskosten	2000	1500	500
öffentliche Lasten	1000	700	300
geringstes Bargebot	3000	2200	800
bestehenbleibende GS	50000	50000	50000
Meistgebote[71] (Bar)	88000	35000	16000

Ein Zuschlag auf das Gesamtausgebot setzt gemäß § 63 Abs. 4 S. 2 voraus, daß es höher ist als die Summe der Einzelausgebote. Dabei werden aber nicht (nur) die Bargebote verglichen (sonst wäre das Gesamtausgebot mit 88000,– deutlich besser als die Einzelausgebote mit 51000,–). Sondern die bestehenbleibenden Rechte werden jeweils voll mitgezählt, daher Zuschlag auf Einzelausgebote, deren wirtschaftliche Gesamtsumme 151000,– gegenüber 138000,– beim Gesamtausgebot liegt. – Ein Zuschlag auf das Gesamtausgebot ist auch dann möglich, wenn nicht auf (alle) Einzelausgebote geboten wurde.[72] Wenn die Antragsteller nach Schluß der Bietstunde die einstweilige Einstellung gemäß §§ 180, 30 bzgl eines Einzelausgebots bewilligen (z. B. Gara-

---

[65] Vgl. Taktische Hinweise unten **TH** C 7.4.9; **TH** C 7.4.10; **TH** C 7.4.11.
[66] Storz/Kiderlen ZV-Praxis D 2.6.2.2.
[67] Vgl. z. B. BGH Rpfleger 2007, 95.
[68] Vgl. dazu **TH** C 7.4.21.
[69] Dazu ausführlich Storz/Kiderlen ZV-Praxis D 2.6.2. mit Taktischem Hinweis **TH** D 2.6.3.3.
[70] Ähnlich das **Beispiel** bei Storz/Kiderlen ZV-Praxis D 2.6.2.2. mit **TS** 26 und **TS** 27.
[71] Auch unter Beachtung von § 63 Abs. 4 S. 1, jederzeit möglich.
[72] OLG Hamm Rpfleger 1957, 57; Stöber § 63 Anm. 7.3.

ge), muß für dieses der Zuschlag versagt werden.[73] Auch auf das Gesamtausgebot (Haus und Garage) ist kein Zuschlag mehr möglich, weil auch dessen geringstes Gebot durch die Einstellung verändert worden ist.[74] Nach herrschender Ansicht ist dann aber auch auf das restliche Einzelausgebot (Haus) kein Zuschlag mehr möglich.[75]

7.3. Bietstunde (§ 73)

7.3.1. Übersicht

Aufgabe und Mindestdauer
- Die eigentliche Gebotsabgabe soll ihrer Bedeutung entsprechend weder durch andere Erörterungen gestört noch unter Zeitdruck abgewickelt werden.
- Wegen der wirtschaftlichen Bedeutung geht Eigentum am Grundstück erst mit dem Zuschlag über, nicht schon mit der Feststellung des Meistgebots.
- Die Bietstunde muß mindestens volle 30 Minuten andauern (seit Mitte 1998).

Versteigerungsgeschäft
- Gebotsabgabe, Vertretungsmacht
- Sicherheitsleistung
- Bindung an das Gebot
- Erlöschen von Geboten (§ 72)
- Nachträgliche Änderung von Versteigerungsbedingungen und geringstem Gebot

Schluß der Versteigerung
- Frühestens nach vollen 30 Minuten
- Fortsetzung bis trotz Aufforderung des Gerichts keine weiteren Gebote abgegeben werden
- Nicht durch dritten Aufruf des Meistgebots
- Sondern durch ausdrückliche Verkündung des Schlusses der Versteigerung

Im zweiten Teil des Versteigerungstermins, der unmittelbar nach der Aufforderung zur Abgabe von Geboten beginnt (vgl. § 66 Abs. 2), erfolgt die eigentliche Versteigerung. Da diese gemäß § 73 Abs. 1 S. 1 mindestens volle 30 Minuten (seit Mitte 1998, vorher eine volle Stunde) andauern muß, spricht man von der Bietstunde.[76] Die Bietstunde kann und muß andererseits auch wesentlich länger dauern als eine Stunde, weil die Versteigerung gemäß § 73 Abs. 1 S. 2 so lange fortzusetzen ist, bis ungeachtet der Aufforderung durch das Gericht keine Gebote mehr abgegeben werden.[77] Die Bietstunde endet im Gegensatz zu anderen Auktionen nicht mit dem 3. Aufruf eines

---

[73] Näher dazu oben B 3.1. und B 3.5.
[74] Allg Ansicht: OLG Hamm Rpfleger 1972, 149; OLG Köln Rpfleger 1971, 326.
[75] Stöber § 63 Anm. 7.8 **gegen** OLG Köln Rpfleger 1971, 336; ähnlich Schiffhauer BLGrBW 1973, 89.
[76] Storz/Kiderlen ZV-Praxis D 1.3.1; Stöber § 73 Anm. 1.3.
[77] Dazu BGH VersR 1961, 897; Storz/Kiderlen ZV-Praxis D 1.3.1.

Gebots, sondern gemäß § 73 Abs. 2 S. 1 erst mit der formellen Verkündung des Schlusses der Versteigerung (mit Protokollierung der genauen Uhrzeit).[78] Deshalb kann auch nach dem 3. Aufruf des bisherigen Meistgebots noch geboten werden,[79] aber selbstverständlich nicht mehr nach Verkündung des Schlusses.

An die Einhaltung der 30 Minuten-Mindestdauer werden mit Recht sehr strenge Anforderungen gestellt,[80] denn immerhin geht es für alle Beteiligte um sehr viel. Während der Bietstunde darf der Rechtspfleger das Versteigerungslokal nicht verlassen (weder körperlich noch geistig), während die anderen Beteiligten und Interessenten keine Präsenzpflicht haben, m. E. aber unbedingt sicherstellen müssen, daß sie von keiner zwischenzeitlichen Entwicklung überrascht werden.[81]

Die Bietstunde kann unterbrochen werden,[82] wobei Beginn und Ende der Unterbrechung jeweils genau zu protokollieren sind und sichergestellt sein muß, daß die Bietstunde trotzdem (dh ohne die Unterbrechungszeiten) mindestens 30 Minuten andauert, und daß der Verhandlungszusammenhang und die erinnerungsmäßige Überschaubarkeit des Verfahrensablaufs erhalten bleiben.[83] Außerdem muß die Unterbrechung voraussichtlich dem wirtschaftlichen Erfolg der Versteigerung dienen.[84] Wichtig ist die richtige Abgrenzung der Unterbrechung von einer Vertagung, weil bei letzterer wieder alle Fristen (z. B. aus § 43) eingehalten werden müssen.

Eine Unterbrechung der Bietstunde kann z. B. sinnvoll sein, wenn

– der Rechtspfleger kurz den Sitzungssaal verlassen muß;
– der Rechtspfleger mit anderen Aufgaben so stark befaßt ist, daß er seine Aufmerksamkeit vorübergehend von den Anwesenden abwenden muß;[85]
– kurzfristig eine zulässige Sicherheit, eine formgültige Bietvollmacht, eine notwendige Zustimmungserklärung oä beschafft werden muß und kann;
– die allgemeine Übersicht in der (meist: Endphase der) Bietstunde verlorenzugehen droht.[86]

Nicht unterbrochen zu werden braucht die Bietstunde dagegen z. B., wenn

– nur ein evtl. Protokollführer oder Rechnungsbeamter den Raum verlassen muß;
– der Rechtspfleger während der Bietstunde noch Erklärungen oder Hinweise gibt, Fragen beantwortet usw; allerdings muß die Gebotsabgabe eindeutig Vorrang behalten.[87]

---

[78] Dazu LG Kassel Rpfleger 1984, 474 (Anm. Storz).
[79] OLG Karlsruhe Rpfleger 1998, 79. – Vgl. Taktische Hinweise unten **TH** C 7.4.13.– **TH** C 7.4.16.
[80] LG Berlin JurBüro 1979, 1235 und WM 1958, 1513; Storz/Kiderlen ZV-Praxis D 1.3.1; Stöber § 73 Anm. 2.1; vgl. **aber** auch Hornung KTS 1973, 239.
[81] Vgl. Taktische Hinweise unten **TH** C 7.4.13.–**TH** C 7.4.16.
[82] BGH VersR 1961, 897; Storz/Kiderlen ZV-Praxis D 1.3.1; Stöber § 73 Anm. 2.6.
[83] OLG Köln Rpfleger 1984, 280 (Anm. Weber).
[84] Storz/Kiderlen ZV-Praxis D 1.3.1.
[85] Stöber § 73 Anm. 2.6.
[86] Vgl. Taktischen Hinweis unten **TH** C 7.4.16.
[87] OLG München Rpfleger 1977, 69.

Im Lichte dieser Überlegungen ist auch die gelegentliche Praxis zu sehen, mehrere voneinander unabhängige Versteigerungstermine vom gleichen Rechtspfleger zu (fast) gleicher Zeit am gleichen Ort durchzuführen.[88] Werden miteinander konkurrierende Ausgebotsformen zugelassen, z. B. Doppelausgebote nach § 59 oder Einzel-/Gruppen-/Gesamtausgebote nach § 63, so müssen diese unbedingt gleichzeitig abgeschlossen werden (wobei selbstverständlich für jede Ausgebotsform die Mindestdauer von 30 Minuten gewahrt sein muß), weil sonst einzelne Bieter benachteiligt werden und in der Regel Erlöseinbußen hingenommen werden müßten.[89]

Beispiel: Zugelassen sind Einzelausgebote A, B, C und ein Gesamtausgebot ABC. Nach Ablauf der Mindestzeit von 30 Minuten muß in irgendeiner Reihenfolge für jede Ausgebotsform das Meistgebot dreimal aufgerufen werden; erst wenn dies für alle 3 Einzelausgebote und für das Gesamtausgebot geschehen ist, darf/muß der Rechtspfleger nochmals zur Abgabe von Geboten (auf jede Ausgebotsform) auffordern und bei Nichtreaktion die Bietstunde für alle Gebotsformen gleichzeitig abschließen.

Hält sich das Gericht nicht an diese Regel und schließt es z. B. die Einzelausgebote vor dem Gesamtausgebot, dann können die Einzelausbieter nicht mehr reagieren, wenn auf das Gesamtangebot plötzlich doch mehr geboten wird (und umgekehrt).

Dagegen müssen nicht unbedingt auch solche Ausgebotsformen gleichzeitig abgeschlossen werden, die nicht konkurrieren.

Beispiel: Zugelassen sind nur Einzelausgebote A und B und C, aber kein Gesamtausgebot. Trotzdem wird sich auch hier in aller Regel der gleichzeitige Abschluß empfehlen, weil vielleicht doch irgendwelche nicht sofort erkennbare Zusammenhänge/Abhängigkeiten bestehen könnten.

Für die Teilungsversteigerung gelten bzgl der Bietstunde und den Vorgängen während der Versteigerung im übrigen keine Besonderheiten gegenüber der Forderungszwangsversteigerung.[90]

7.3.2. Abgabe von Geboten

Gebote müssen im Versteigerungstermin mündlich abgegeben werden[91] und zwar durch Nennung des barzuzahlenden Betrages in EURO. Wichtig ist, daß bestehenbleibende Rechte nicht mitgenannt, sondern vom Bieter gedanklich berücksichtigt werden müssen.[92]

Beispiel: Grundstückswert 120000,–. Bestehen bleiben eine Grundschuld über 44000,– und ein Wegerecht. Der Barteil des geringsten Gebots beträgt 16000,–.
Wenn ein Bieter z. B. 88000,– als Gebot nennt, bedeutet das, daß er bereit ist, diesen Betrag für das mit einer Grundschuld und einem Wegerecht belastete Grundstück zu bezahlen. Wenn das Wegerecht unbe-

---

[88] Dazu oben C 6.1.1.
[89] Vgl. dazu Storz/Kiderlen ZV-Praxis D 2.6.2.
[90] Dazu Storz/Kiderlen ZV-Praxis D 1.3.1. und D 3.1.1. sowie die zahlreichen dortigen Taktischen Hinweise **TH** D 1.3.2.1.–**TH** D 1.3.2.9. und **TH** D 3.1.2.1.–**TH** D 3.1.2.2.
[91] Stöber § 71 Anm. 2.2; Steiner/Storz § 71 Rz. 14.
[92] Zum geringsten Gebot vgl. oben B 5.

deutend ist, unterstellt sein Gebot einen Wert von 132 000,– für das unbelastete Grundstück.

Wenn ihn dagegen das Wegerecht stört, darf er nicht etwa nur den vom Gericht hierfür festgesetzten Zuzahlungsbetrag von seinem Gebot abziehen (obwohl viele Rechtspfleger das „der Einfachheit halber" so sagen!), sondern er muß überlegen, um welchen Wert **für ihn** das Grundstück wegen des Wegerechts weniger wert ist; **diesen Betrag** muß er von seinem Bargebot abziehen. Evtl. muß er sogar ganz vom Bieten Abstand nehmen, weil er das Wegerecht (im Gegensatz zu einer Grundschuld) nicht einfach durch Bezahlung auslösen kann.

Wirksam ist ein Gebot nur, wenn es mindestens die Höhe des vom Gericht festgesetzten geringsten Gebots[93] erreicht und wenn der Bieter bei Gebotsabgabe weder geschäftsunfähig, noch vorübergehend in der Geistestätigkeit gestört war (vgl. §§ 104, 105 Abs. 2 BGB). Bei Nichterkennbarkeit derartiger Störungen kann zwar der ganze Versteigerungstermin zerstört werden, aber der Schutz dieser Personen muß auch hier vorgehen.[94] Beschränkt Geschäftsfähige (vgl. §§ 106, 114 BGB) können dagegen mit Einwilligung ihrer gesetzlichen Vertreter wirksam bieten (vgl. §§ 107, 111 BGB), wenn auch das Vormundschaftsgericht zustimmt (vgl. §§ 1643, 1821 Abs. 1 Nr. 5, 1915 BGB).

Unwirksame Gebote sind gemäß § 71 Abs. 1 sofort zurückzuweisen; der Grund für die Unwirksamkeit kann sich aus materiellem oder formellem Recht ergeben.[95] Mit der Zurückweisung erlischt das Gebot gemäß § 72 Abs. 2, wenn nicht der Bieter oder ein Beteiligter sofort widerspricht.

Eine für ein Gebot erforderliche Zustimmung einer anderen Person oder Behörde muß gemäß § 71 Abs. 2 sofort (d. h. bei Abgabe des Gebots) durch eine öffentlich beglaubigte Urkunde nachgewiesen werden, wenn sie nicht bei Gericht offenkundig ist. Zu derartigen Zustimmungspflichten gibt es zahlreiche Einzelfälle, die sich aber in der Teilungsversteigerung i. d. R. nicht von der Forderungszwangsversteigerung unterscheiden.[96] Hingewiesen sei nur auch hier, daß Ehegatten für die Gebotsabgabe nach heute herrsch Ansicht keine Zustimmung gemäß § 1365 BGB benötigen.[97] Ein Nachreichen der Zustimmungserklärung ist keinesfalls möglich, und ohne rechtzeitigen Nachweis muß das Gebot sofort zurückgewiesen werden.

Entsprechendes gilt für die Vertretung, die sowohl als gesetzliche (z. B. Eltern für Kinder, Vorstand für AG) und gewillkürte (z. B. Ehefrau für Ehemann, bestimmte Mitarbeiter für AG) als auch als offene („Ich biete für meinen Ehemann") oder verdeckte Vertretung („Ich habe für meinen Ehemann geboten"; vgl. § 81 Abs. 3) möglich ist. Auch hier gilt § 71 Abs. 2, also sofortiger Nachweis durch öffentlich beglaubigte Urkunde, wenn nicht die Vertretungsmacht bei Gericht offenkundig ist oder der Vertretene im Termin anwesend ist und zustimmt. Das Vorschieben eines Strohmanns bei der Ge-

[93] Siehe FN 91.
[94] Siehe dazu **Beispiel** unten C 7.3.3. und Taktischen Hinweis bei Storz/Kiderlen ZV-Praxis **TH** D 1.3.2.9.
[95] Vgl. die zahlreichen **Beispiele** bei Steiner/Storz § 71 Rz. 86–89.
[96] Vgl. die zahlreichen Einzelfälle bei Stöber § 71 Anm. 7 und Steiner/Storz § 71 Rz. 35–75.
[97] Vgl. Storz/Kiderlen ZV-Praxis D 1.3.1. m. w. N.

botsabgabe ist in der Zwangsversteigerung also durchaus erlaubt (vgl. § 81 Abs. 3, 4),[98] wenn auch mit gewissen Erschwernissen verbunden (z. B. doppelte Grunderwerbsteuerpflicht und erweiterte Haftung).[99] Die Vertretungsmacht für die Gebotsabgabe muß eindeutig sein und z. B. den Erwerb von Grundstücken bzw. das Abgeben von Geboten umfassen (vgl. **Muster** oben)[100] und damit eindeutig über eine bloße Terminsvollmacht hinausgehen; auch eine Vollmacht zur Veräußerung von Grundstücken reicht nicht aus (was besonders bei der Teilungsversteigerung zu beachten ist!).[101]

Wird bei der Gebotsabgabe von berechtigter Seite Sicherheitsleistung verlangt und diese nicht sofort in der geeigneten Form vollständig erbracht, bzw. ist eine dazu evtl. erfolgte Unterbrechung der Bietstunde ergebnislos verstrichen, muß das Gebot ebenfalls sofort zurückgewiesen werden (§ 70 Abs. 2 S. 3).[102]

Mehrere natürliche und/oder juristische Personen können sich zu Bietgemeinschaften zusammenschließen, müssen aber die Art der Gemeinschaft und das Verhältnis der Anteile genau angeben. Vereinbarungen, die das Abhalten bestimmter Personen vom Bieten bezwecken („negative Bietabkommen"),[103] sind sittenwidrig und können u. U. sogar Schadenersatzansprüche gemäß § 826 BGB auslösen. Wenn umgekehrt jemand vertraglich zum Bieten verpflichtet werden soll, muß eine derartige Ausbietungsgarantie[104] notariell beurkundet sein.

In der Teilungsversteigerung ist gelegentlich eine Beschränkung des Bieterkreises zu beachten, weil sich diese z. B. für eine Erbengemeinschaft aus einer letztwilligen Anordnung des Erblassers oder für eine Bruchteilsgemeinschaft aus einer Vereinbarung der Miteigentümer ergibt.[105] Eine derartige Beschränkung ist als gesetzliche Versteigerungsbedingung von Amts wegen zu beachten, sodaß Gebote von solcherart Ausgeschlossenen gemäß § 71 Abs. 1 zurückzuweisen sind.[106] Dadurch kann eine Teilungsversteigerung von vorneherein zu einem wirtschaftlich nicht mehr sinnvollen Verfahren verurteilt sein, worunter besonders Pfändungsgläubiger zu leiden haben, die die Teilungsversteigerung betreiben.[107] Fraglich ist deshalb, ob derartige Beschränkungsvereinbarungen auch den Pfändungsgläubigern gegenüber wirksam sind, was m. E. dann zu bejahen ist, wenn sie vor der Pfändung getroffen wurde.[108]

Geboten werden kann in der kleinsten Währungseinheit, sodaß auch ein Gebot von z. B. EURO 1 600 000,– durch einen Cent überboten werden kann. Diese Möglichkeit wird z. T. als so „grundlegende gesetzliche Versteigerungsbedingung" angesehen, daß sie nicht einmal mit Zustimmung aller Be-

---

[98] BGH Rpfleger 1955, 157; Storz/Kiderlen ZV-Praxis D 3.3.2; Stöber § 71 Anm. 2.9.
[99] Dazu Storz/Kiderlen ZV-Praxis D 3.3.2.
[100] C 6.2.2.
[101] Steiner/Storz § 71 Rz. 23.
[102] Zur Sicherheitsleistung ausführlich oben B 7.
[103] Dazu Storz/Kiderlen ZV-Praxis C 5.4.2.
[104] Näher oben C 6.2.1.
[105] Siehe FN 104.
[106] RGZ 52, 174; Eickmann Rz. 306 f.; Steiner/Teufel § 180 Rz. 51.
[107] Dazu oben B 1.6.2. und Taktischen Hinweis unten **TH** C 7.4.18.
[108] Ebenso Eickmann Rz. 309. – Bei Bruchteilseigentum kann der Gläubiger evtl. mit der Eintragung einer Zwangshypothek reagieren.

teilgten geändert werden können soll;[109] andererseits soll der Rechtspfleger derartige Übergebote mit Kleinstbeträgen als unzulässige Rechtsausübung zurückweisen dürfen, was m. E. spätestens unlogisch und unkonsequent ist! – Beim „Höhenvergleich" der Gebote darf eine evtl. Befriedigungsfiktion gemäß § 114a nicht mitberücksichtigt werden.[110]

Ganz wichtig ist bei der Gebotsabgabe, daß man evtl. bestehende Recht in der richtigen Form berücksichtigt:

– bleibt ein Recht der Abt. III bestehen (z. b. eine Grundschuld oder Hypothek), so muß der Bieter den Nominalbetrag dieses Rechts (sowie die dinglichen Zinsen ab Zuschlag) außerhalb des Versteigerungsverfahrens an den Gläubiger dieses Rechts bezahlen, um das Grundstück lastenfrei zu stellen. **Deshalb muß er diesen Betrag von seinem Gebot (für das Gericht) abziehen!**[111]

– bleibt dagegen ein Recht der Abt II bestehen (z. b. ein Wege- oder Leitungsrecht), so muß der Bieter überlegen, wie sehr ihn speziell diese bleibende Belastung in seinen Plänen stört, und entsprechend darf er nur weniger bieten. **Auf keinen Fall darf er einfach den für dieses Recht festgesetzten Zu**zahlungsbetrag vom Gebot abziehen, denn mit diesem nur selten fällig werdenden Betrag kann er diese Belastung nicht ablösen!

7.3.3. Erlöschen von Geboten

Die zum Erlöschen eines Gebotes führenden Gründe sind in § 72 erschöpfend[112] aufgezählt; damit sind die Gebote der Disposition der Beteiligten und des Bieters weitgehend entzogen. Vor allem für den Bieter gilt der Grundsatz, daß er an sein Gebot gebunden ist.[113] Besonderheiten gibt es in der Teilungsversteigerung diesbezüglich nicht.[114]

Ein Gebot erlischt gemäß § 72 nur, wenn

– ein Übergebot zugelassen wird und ein Beteiligter der Zulassung nicht sofort widerspricht (§ 72 Abs. 1);

– es ohne sofortigen Widerspruch des Bieters oder eines Beteiligten zurückgewiesen wird (§ 72 Abs. 2);

– das Verfahren des einzigen oder (auch) des maßgeblichen Antragstellers[115] oder aller Antragsteller einstweilen eingestellt oder aufgehoben, oder wenn der Termin aufgehoben wird (§ 72 Abs. 3);

– der Zuschlag rechtskräftig versagt ist (§ 72 Abs. 3 i. V. m. § 86).

– Ein Gebot wird rückwirkend unwirksam durch Anfechtung.[116]

---

[109] So Schiffhauer Rpfleger 1986, 326; Stöber § 59 Anm. 5.14; **anders aber** OLG Oldenburg Rpfleger 1981, 315 (**abl.** Anm. Schiffhauer); LG Aurich Rpfleger 1981, 153; Steiner/Storz § 59 Rz. 23: Änderung durch Vereinbarung aller Beteiligten möglich.
[110] Ebeling Rpfleger 1986, 314 mit Recht **gegen** LG Darmstadt Rpfleger 1986, 314.
[111] Vgl. dazu **TH** C 7.4.21! – Ausführlich außerdem unten C 9.4.3. und **TH** C 9.7.12.– 9.7.17.!
[112] Steiner/Storz § 72 Rz. 1.
[113] Siehe FN 112.
[114] Zur Forderungszwangsversteigerung vgl. Storz/Kiderlen ZV-Praxis D 1.3.1.
[115] Dazu oben C 3.4.1.
[116] Vgl. sogleich unten auf Folgeseite und Taktischen Hinweis unten **TH** C 7.4.17.

Wird ein neues Gebot trotz Widerspruch zugelassen (§ 72 Abs. 1) oder trotz Widerspruch zurückgewiesen (§ 72 Abs. 2), so bleiben jeweils 2 Gebote wirksam und beide Bieter gebunden bis zur Entscheidung über den Widerspruch und die damit zusammenhängende Zulassung des neuen Gebots.[117]

Beispiel: A bietet 88 000,– und sein Gebot wird zugelassen. B bietet darauf 90 000,–, aber der Antragsteller widerspricht (z. B. weil er die Geschäftsunfähigkeit des B befürchtet), trotzdem wird das Gebot B zugelassen.

Hier bleiben beide Gebote wirksam. Bleibt es bei der Geschäftsfähigkeit des B, erhält er den Zuschlag. Stellt sich dagegen seine Geschäftsunfähigkeit heraus, wird an A zugeschlagen; das wäre ohne Widerspruch nicht möglich gewesen (vgl. § 72 Abs. 1).

Ein zugelassenes Gebot kann weder durch Vereinbarung aller Beteiligter zum Erlöschen gebracht noch vom Bieter zurückgenommen werden.[118] Aber es kann wegen eines (Erklärungs- oder Inhalts-)Irrtums entsprechend den Regeln der §§ 119 ff BGB angefochten werden, allerdings nur unverzüglich nach Kenntnis vom Irrtum[119] und spätestens bis zur Rechtskraft des Zuschlagsbeschlusses.[120] Die Anfechtung löst aber u. U. gemäß § 122 Abs. 1 BGB Schadensersatzpflichten des Anfechtenden/Bieters aus.[121] Hingegen berechtigt weder ein Irrtum über Grundstücksmängel oder ein Rechenfehler noch ein Motivirrtum oder ein Rechtsfolgeirrtum zur Anfechtung.[122] So kann ein Bieter sein Gebot nicht anfechten, wenn er sich hinsichtlich des Umfangs der bestehenbleibenden Rechte irrt.[123]

Wesentlich seltener als in der Forderungszwangsversteigerung[124] kann es in der Teilungsversteigerung zu einer Ablösung oder Zahlung im Termin gemäß § 75 kommen, die dann gemäß § 72 Abs. 3 u. U. die Gebote zum Erlöschen bringen. Beides setzt ja voraus, daß wegen einer Zahlungsforderung betrieben wird, was bei der Teilungsversteigerung nur dann der Fall ist, wenn ein Pfändungsgläubiger versucht, über diesen Weg zu seinem Geld zu kommen.[125]

7.4. Taktische Hinweise

TH 7.4.1: Den Miteigentümern/Teilhabern kann nicht dringend genug die persönliche Teilnahme am Versteigerungstermin angeraten werden, und

[117] Vgl. Storz/Kiderlen ZV-Praxis D 1.3.1.
[118] Storz/Kiderlen ZV-Praxis D 1.3.1; Stöber § 72 Anm. 2.2; Steiner/Storz § 71 Rz. 96.
[119] Stöber § 71 Anm. 3.2.
[120] RGZ 54, 308; BGH Rpfleger 1984, 243; OLG Frankfurt Rpfleger 1980, 441; OLG Stuttgart JustABlBW 1979, 332; LG Bonn JurBüro 1981, 1885; LG Bielefeld MDR 1978, 678; Storz/Kiderlen ZV-Praxis D 1.3.1; Stöber § 71 Anm. 3.2; Steiner/Storz § 71 Rz. 97–101; LG Krefeld Rpfleger 1989, 166.
[121] BGH Rpfleger 1984, 243.
[122] BGH NJW 2008, 2442; Stöber § 71 Anm. 3.1.
[123] Siehe FN 122.
[124] Dazu Storz/Kiderlen ZV-Praxis B 7. und D 3.5.3. mit zahlreichen dortigen Taktischen Hinweisen z. B. **TH** D 3.5.4.1.–**TH** D 3.5.4.5.
[125] Dazu ausführlich oben B 1.6.2.1. und B 2.2. und vor allem C 6.2.1; vgl. auch **TH** C 7.4.19.

zwar ohne Rücksicht darauf, ob sie Antragsteller oder Antragsgegner oder beides sind. Auch wenn es u. U. psychologisch nicht leicht ist, die Versteigerung des Gebäudes mitzuerleben, an dem man selbst beteiligt ist, und auch wenn in der Konfrontation mit anderen Miteigentümern auch in der Öffentlichkeit u. U. unschöne Worte oder Gesten nicht zu vermeiden sind, geht es hier doch um sehr viel und vor allem: es muß in der Regel sehr schnell gehandelt und entschieden werden. Nur ein im Termin anwesender Miteigentümer (oder auch Gläubiger, Mieter usw.) kann die ihm als Beteiligter zustehenden Verfahrensrechte auch ausüben.

TH 7.4.2: Wenn schon anwesend, dann während des ganzen Termins. Es ist sehr gefährlich, z. B. den ersten Teil der Bietstunde (in dem offiziell wenig zu geschehen pflegt) in einem benachbarten Café untätig zuzubringen, oder die Bietstunde vorzeitig zu verlassen (selbst dann nicht, wenn bereits ein Gebot vorliegt, das die eigenen Wünsche erfüllt), oder bei der Verhandlung über den Zuschlag nicht ganz besonders sorgfältig aufzupassen (obwohl die Spannung insgesamt dann meist bereits verflogen ist). Denn eines gilt immer: Jeder Zuschlag kann noch bis zur Verkündung der Entscheidung ohne Rücksicht auf die Höhe des Meistgebots verhindert werden!

TH 7.4.3: Der Bekanntmachungsteil sollte von den Beteiligten auch dazu genutzt werden, die psychologische Allgemeinsituation zu analysieren, damit daraus die richtigen Folgerungen für das eigene weitere Verhalten gezogen werden können. Jede Versteigerung unterscheidet sich nämlich von der anderen, sodaß es keine allgemeingültigen Regeln gibt. Hohe Gebote gleich zu Anfang der Bietstunde und/oder besonders kleine/große Bietschritte und/oder besonders langsames/schnelles Bieten können den Versteigerungsverlauf und damit auch das Versteigerungsergebnis u. U. entscheidend mitprägen. Genauso gewichtig kann der Einfluß früher Ankündigungen sein, daß auf jeden Fall der $7/10$-Antrag gestellt oder Sicherheitsleistung verlangt wird. Nur kann niemals vorausgesagt werden, ob ein derartiges Verhalten das Ergebnis fördert oder behindert.

TH 7.4.4: Während des Termins, insbesondere während der Bietstunde, kann es zu den verschiedensten Vereinbarungen zwischen den verschiedensten Personen kommen. Es sei dringend empfohlen, derartige Vereinbarungen in ihren wichtigsten Punkten schriftlich festzuhalten (und von allen daran Beteiligten unterzeichnen zu lassen), damit auch hinterher noch nachvollzogen bzw. nachgewiesen werden kann, was an Verpflichtungen von wem übernommen wurde.

TH 7.4.5: Da die Frage sehr streitig ist, wie zuzuschlagen ist, wenn bei Doppelausgeboten nur auf die abweichende Ausgebotsform geboten wurde und die herrschende Ansicht dann entweder einen Zuschlag ablehnt oder von der Zustimmung aller Beteiligten abhängig macht (wer ist das jeweils konkret?), ist jedem Miteigentümer, Gläubiger oder Bieter, der an einem Zuschlag auf die abweichende Ausgebotsform interessiert ist, dringend zu empfehlen, dafür zu sorgen, daß auch auf die gesetzliche Bedingung wenigstens in Höhe des geringsten Gebots geboten wird. Auf diese Weise kann in den meisten Fällen problemlos Klarheit geschaffen werden. Allerdings ist § 85 a I und vor allem § 85 a Abs. 3 zu beachten, damit keine ungewollten Ergebnisse entstehen.

TH 7.4.6: Doppelausgebote führen häufig zum Verlust der Klarheit im Termin, erst recht wenn sie erst während der Bietstunde verlangt werden und dann zusätzlich zu zeitlichen Verzögerungen führen. Deshalb sollte sich jeder besonnene Beteiligte reiflich überlegen, ob sein Änderungsverlangen wirklich so wichtig ist, daß dafür die unbestreitbaren Nachteile in Kauf genommen werden müssen.

TH 7.4.7: Wenn sich abzeichnet, daß Versteigerungsbedingungen geändert werden müssen, dann sollte dies so früh wie möglich mit dem Rechtspfleger besprochen werden, möglichst noch vor dem Versteigerungstermin. Dann kann der Rechtspfleger leichter von der Sachdienlichkeit der Änderung überzeugt werden und sich entsprechend auf den Termin vorbereiten; außerdem können längere und oft unangenehme Diskussionen im Termin vermieden werden, und vielleicht weiß der Rechtspfleger sogar einen noch einfacheren Weg zur Erreichung des gleichen Ziels.

TH 7.4.8: Mit § 59 hat der Gesetzgeber auch eine Mißbrauchsmöglichkeit geschaffen, die von manchen Beteiligten bewußt so eingesetzt wird, um Verfahren in die Länge zu ziehen, die anderen Beteiligten zu zermürben, die Interessenten abzuschrecken und dann entweder das Grundstück selbst billig zu ersteigern oder jeden Zuschlag zu verhindern. Bietinteressenten als solche haben zwar kein Recht, eine Änderung der Versteigerungsbedingungen nach § 59 zu verlangen; sie können sich dieses Recht aber u. U. erkaufen, indem sie ein ganz nachrangiges und daher wertloses Recht entsprechend billig erwerben und sich dann als Beteiligte melden. Es ist sehr wichtig, daß man diese Gefahr kennt und dann ggf. mit dem Rechtspfleger zusammen mutig abwehrt über unzulässige Rechtsausübung (§ 242 BGB) bzw. fehlendes Rechtsschutzinteresse und u. U. sogar mit der Androhung von Schadensersatzansprüchen gemäß § 826 BGB.

TH 7.4.9: Auch mit der Regelung in §§ 63, 64 bezweckt der Gesetzgeber eine Flexibilisierung des Versteigerungsverfahrens, damit dieses im Interesse eines möglichst hohen Versteigerungserlöses in jedem Einzelfall gut an die Besonderheiten von Objekt, Ort, Zeit, Konjunkturverlauf, konkretem Bieter-Interesse usw angepaßt werden kann. Aber gerade die §§ 63, 64 bieten einem entsprechend eingestellten Beteiligten auch viele Möglichkeiten zu einem Mißbrauch, um z. B. einen individuell unerwünschten Zuschlag zu verhindern oder einen Billigerwerb herbeizuführen. Die anderen Beteiligten und der Rechtspfleger sind dagegen deshalb relativ machtlos, weil gerade bei §§ 63, 64 vieles von einem einzigen Beteiligten verlangt, dh ganz alleine durchgesetzt werden kann. Nur bei offensichtlicher Schädigungsabsicht können sich die anderen Beteiligten gemäß §§ 226, 242, 826 BGB wehren.

TH 7.4.10: Wann Gesamtausgebote statt Einzelausgebote und wann Einzelausgebote ohne oder mit Gesamtausgebote(n) die besten Versteigerungserlöse bringen, läßt sich nicht von vornherein und allgemein sagen, und zwar nicht einmal dann, wenn feststehen sollte, daß ein Bietinteressent nur das gesamte Versteigerungsobjekt erwerben will. Mindestens für einzelne Beteiligte, z. B. Miteigentümer oder erst recht Gläubiger von nur einzelne Anteile belastenden Rechten können u. U. ganz unterschiedliche Ergebnisse erzielen, je nachdem, wie vorgegangen wird. Wichtig ist daher m. E., daß man nicht pauschal immer nur Gesamtausgebote unter Verzicht auf Einzelausgebote oder immer nur Einzelausgebote durchsetzt, sondern genau überlegt (unter Berücksichtigung der Bietinteressenten), was im konkreten Fall am weitesten führt.

TH 7.4.11: Bei der Durchführung von Parallelausgeboten (z. b. Doppelausgeboten wegen § 59 und/oder Gesamtausgebot neben Einzelausgeboten) sollen sich Rechtspfleger und Beteiligte darüber im klaren sein, daß das wirtschaftliche Schicksal einer Versteigerung u. U. sehr stark davon abhängig sein kann, in welcher Reihenfolge die Ausgebote durchgeführt, die Gebote auf die einzelnen Ausgebotsformen abgegeben, die dreimaligen Aufrufe der Meistgebote erfolgen und schließlich die verschiedenen Ausgebotsformen abgeschlossen werden. Auch hierfür gibt es (zum Glück) keine allgemeingültige Regel; aber wichtig ist, daß man dieses Phänomen kennt und ernst nimmt.

TH 7.4.12: § 1132 BGB ist auch für die (Teilungs-)Versteigerung eine außerordentlich wichtige Bestimmung. Zwar kommt dem Wahlrecht des Gesamtrechtsgläubigers nur dann eine besondere Bedeutung zu, wenn ein nachrangiger Gläubiger nur auf einzelne Anteile zugreifen kann. Dann aber eröffnen sich für diesen u. U. große Chancen und Risiken, insbesondere wenn das Gesamtrecht erlischt, aber auch im Falle seines Bestehenbleibens. Das allein kann eine Ablösung für den nachrangigen Gläubiger sinnvoll machen, um anstelle des Abgelösten das Wahlrecht in der für das nachrangige Recht sinnvollsten Weise auszuüben. In der Teilungsversteigerung wird es hier zwar i. d. R. kein Ablösungsrecht i. S. d. §§ 268, 1150 BGB oder § 75 geben; aber u. U. kann der nachrangige Gläubiger ein entsprechendes Ergebnis durch einen freihändigen Erwerb des Gesamtrechts erreichen.

TH 7.4.13: Die rechtliche Zulässigkeit, auch nach dreimaligem Aufruf des (bisherigen) Meistgebots noch weiterzubieten, solange die Bietstunde noch nicht formell und ausdrücklich abgeschlossen ist, besteht zwar unbestreitbar. Trotzdem ist dringend davon abzuraten, wenn nicht zwingende Umstände dafür ausnahmsweise sprechen. Es ist nämlich sehr gefährlich, so lange zu warten, weil der Rechtspfleger u. U. schneller als man denkt bzw. erwartet den Schluß der Bietstunde verkündet, und außerdem kann man selbst u. U. den letzten Moment verpassen. Es ist in der Praxis schon durchaus vorgekommen, daß ein so raffiniert taktierender Bieter selbst Opfer seiner Taktik geworden ist.

TH 7.4.14: Die (manchmal viel zu lang scheinende) Bietstunde sollte von allen Beteiligten und Interessenten intensiv genutzt werden: für Erkundungen (wer z. B. noch interessierbar ist, welcher Antragsteller zu Auskünften über das Objekt bereit und in der Lage ist, wie das mit der Sicherheitsleistung geregelt werden kann), Verhandlungen (das von den (maßgeblichen) Antragstellern erwartete mindeste Gebot, Finanzierungshilfen, Bezugsfähigkeit nach Zuschlag), Besichtigungen, Beschaffung von Vollmachten, Zustimmungserklärungen, Sicherheiten usw. Gerade dazu ist oft viel Zeit erforderlich, also am Anfang der Bietstunde zu klären.[126]

TH 7.4.15: Auch wenn im ersten Teil der Bietstunde häufig nichts zu geschehen scheint und auch oft tatsächlich nichts geschieht, ist es doch sehr gefährlich, wegzugehen oder nicht richtig aufzupassen, weil z. B. Sicherheitsleistung nur sofort nach Abgabe eines Gebots verlangt werden kann. Schon ein Zeitabstand von wenigen Minuten ist zu groß. – Wenn doch einmal etwas derartiges passieren sollte, dh ein (u. U. hohes) Gebot ist (trotz bonitätsmäßiger Bedenken) ohne Sicherheitsleistung zugelassen worden, kann es u. U. durch Einstellungsbewilligung gemäß §§ 180, 30 durch den maßgeblichen Antragsteller noch während der Bietstunde zum Erlöschen gebracht werden, und die Versteigerung wird für andere Antragsteller fortgesetzt. Aber in der Teilungsversteigerung wird dieses Verfahren seltener möglich sein als in der Forderungszwangsversteigerung. Doch selbst wenn nur ein Antragsteller betreibt, sodaß seine Einstellungsbewilligung einen ganz neuen Versteigerungstermin erforderlich macht, ist u. U. weniger Zeit und Geld verloren auf diesem Weg, als wenn der Verteilungstermin abgewartet und bei Nichtzahlung eine Wiederversteigerung betrieben wird.[127]

TH 7.4.16: Auch wenn es üblich ist, daß erst ganz am Ende der Bietstunde geboten wird, weil sich die meisten Bieter in der Hoffnung zurückhalten, dann umso billiger ersteigern zu können, kann ein entgegensetztes Verhalten (gerade weil es untypisch ist) u. U. viel erfolgreicher sein, wenn also gleich am Anfang der Bietstunde und gleich relativ hoch geboten wird. Welche Methode letztlich „besser" ist, kann niemals von vornherein und allgemeingültig gesagt werden, sondern kommt ausschließlich auf die ganz konkrete einzelne Situation an. Wichtig ist, daß man das Phänomen als solches zur Kenntnis nimmt und dafür ein eigenes Gespür entwickelt.

Wichtig ist auch, daß man in der (häufigen) Hektik am Ende der Bietstunde nicht die Übersicht verliert. Wenn hier zuviel gleichzeitig passiert, ist es u. U. sehr ratsam, um eine kurze Unterbrechung der Bietstunde zu bitten.

TH 7.4.17: Die Anfechtung des Gebots mit allen ihren Nachteilen kann u. U. auch auf folgendem Wege abgewendet werden: Der Meistbietende verzichtet auf die Anfechtung und tritt seine Rechte aus dem Meistgebot an den zuletzt überbotenen Konkurrenten ab, dessen Mitwirkung durch eine außergerichtliche „Zuzahlung" u. U. herbeigeführt werden kann. In manchem Fall kann auf diesem Weg der Versteigerungserfolg im Interesse aller Beteiligter noch gerettet werden!

TH 7.4.18 (nach Eickmann):[128] Wenn ein Pfändungsgläubiger die Teilungsversteigerung betreibt, kann der wirtschaftliche Erfolg seiner Bemühungen durch eine Beschränkung des Bieterkreises, z. B. kraft Vereinbarung der Miteigentümer, stark gefährdet sein. Eine derartige Vereinbarung ist ihm ge-

---

[126] Vgl. auch die Taktischen Hinweise bei Storz/Kiderlen ZV-Praxis **TH D** 1.3.2.1.–**TH** D 1.3.2.9. und **TH** D 3.1.2.1.–**TH** D 3.1.2.2.

[127] Vgl. den deprimierenden aber aufschlußreichen Fall des OLG Köln Rpfleger 1990, 176 mit **kritischer** Anm. Storz.

[128] Eickmann Rz. 310.

genüber zwar nur wirksam, wenn sie vor der Pfändung zustandegekommen ist, gerade das Gegenteil davon kann aber oft schwer nachgewiesen werden. Hier hilft dem Pfändungsgläubiger u. U. nur die Eintragung einer Zwangshypothek auf dem Anteil seines Schuldners/Miteigentümers und dann die Versteigerung dieses Anteils. Entweder bringt bereits das einen ausreichenden Erlös, oder der Pfändungsgläubiger erwirbt diesen Anteil selbst, betreibt dann daraus die Teilungsversteigerung und erwirbt selbst das ganze Grundstück, falls nicht wiederum die vereinbarte Beschränkung des Bieterkreises entgegensteht.

TH 7.4.19: Wenn es während des Versteigerungstermins, aber außerhalb des offiziellen Geschehens, zu Vereinbarungen oder gar zu Zahlungen kommen sollte, sollte m. E. mindestens der Versuch gemacht werden, die Zahlung und ihren Zweck vom Vollstreckungsgericht protokollieren zu lassen. Endete die Bietstunde z. B. mit einem Meistgebot von 160 000,–, und haben sich Meistbietender und die Antragsteller auf eine außergerichtliche „Zuzahlung" von 16 000,– geeinigt, so kann die gerichtliche Protokollierung dieses Vorgangs viele potentielle Zweifels- oder Streitfragen (z. B. wegen der Grunderwerbsteuerpflicht aus diesem Betrag, oder im Innenverhältnis der bisherigen Miteigentümer) vermeiden helfen.

TH 7.4.20: Wenn Einzel – neben Gruppen – oder Gesamtausgeboten zugelassen sind, entsteht schnell eine große Unübersichtlichkeit und Unsicherheit darüber, wie viel eigentlich geboten werden muß, damit das Gebot überhaupt zugelassen werden kann (dazu § 63 Abs. 3 S. 1) bzw. den Zuschlag erhalten kann (dazu § 63 Abs. 3 S. 2). Ganz besonders gefährlich wird ein Vergleich zwischen Einzel- und Gesamtausgeboten, wenn Gesamtrechte bestehen bleiben sollten. In dieser schwierigen aber sehr wichtigen Situation muß man unbedingt die Übersicht und Ruhe behalten. Da empfiehlt es sich immer, den Rechtspfleger zu fragen, auf welches Gebot nach dem derzeitigen Stand der Zuschlag erteilt würde.

TH 7.4.21: Wenn eine Grundschuld z. B. in Höhe von € 25 000 bestehenbleibt, muß der Bieter diesen Betrag an den Grundschuld-Gläubiger bezahlen und deshalb von seinem Gebot abziehen; darauf werden alle Beteiligte vom Rechtspfleger ausdrücklich hingewiesen. Aber gerade in der Teilungsversteigerung machen bisherige Miteigentümer häufig den Fehler, daß sie eine nicht mehr valutierte Grundschuld nicht vom Gebot abziehen. Später müssen sie trotzdem Zahlungen an den Grundschuld-Gläubiger leisten. Dieser muß den Übererlös zwar wieder herausgeben, aber eben an alle bisherigen Miteigentümer![129]

---

[129] Dazu ausführlich auch unten C 9.4.3.4. und **TH** C 9.7.12.–**TH** C 9.7.17.!

8. Entscheidung über den Zuschlag

Literatur (Titel teilweise sinnwahrend gekürzt!)*: Bauch,* Befriedigungsfiktion nach § 114 a, Rpfleger 1986, 457; *Behr,* Generalklausel für Vollstreckungsschutz (§ 765 a ZPO), Rpfleger 1989, 13; *Berns,* Wesen und Wirkung des Zuschlags, Diss Heidelberg 1911; *Bloedhorn,* Neuere Rechtsprechung zu §§ 765 a, 811, 813 a ZPO, DGVZ 1976, 104; *Borgmann,* Rechtsanwalt-Haftungsprobleme bei § 85 a III und § 57 c, AnwBl 1998, 208; *Büchmann,* Schutz der Schuldner vor Verschleuderung in der Zwangsversteigerung 1997; *Bull,* Sicherung des Erstehers gegen unredliche Mietverträge, ZMR 1953, 234; *Dorn,* Altlasten in der Immobilienzwangsvollstreckung, Rpfleger 1988, 298; *Dorn,* Bestandteile und Zubehör in der Zwangsversteigerung, Rpfleger 1987, 143; *Drischler,* Ergebnisloser Versteigerungstermin, JurBüro 1967, 966; *Drischler,* Zuschlag unter Berücksichtigung der §§ 74 a, 85 a, JurBüro 1982, 121; *Ebeling,* Abtretung des Meistgebots und § 85 a Abs. 3, Rpfleger 1988, 400; *Ebeling,* Befriedigungsfiktion des § 114 a in der Praxis, Rpfleger 1985, 279; *Eickmann,* Aktuelle Fragen zur Sicherungsgrundschuld ZIP 1989, 137; *Eickmann,* Aktuelle Probleme des Zwangsversteigerungsrechts, KTS 1987, 617; *Eickmann,* Vollstreckung von Zuschlagsbeschlüssen über Miteigentums-Anteile, DGVZ 1979, 177; *Eitel,* Gesamthypothek in der Zwangsversteigerung nach §§ 76, 118, JW 1933, 1107; *Gaßner,* Umsatzsteuer in der Zwangsversteigerung, Rpfleger 1998, 455; *Groß,* Das Eigengebot des Terminsvertreters ist wirksam, Rpfleger 2008, 545; *Haegele,* Wohnungsrecht ua in der Zwangsvollstreckung, DNotZ 1976, 5; *Hagemann,* Einstellung/Aufhebung des Verfahrens oder Zuschlagsversagung, RpflStudH 1983, 25; *Hagemann,* Meistbietender und Zessionar, ZBlFG 12, 591; *Helwich,* Erbbaugrundstück in der Zwangsversteigerung, Rpfleger 1989, 389; *Hager,* Ablösung und gutgläubiger Erwerb, ZIP 1997; 133; *Hintzen,* § 765 a in der Zwangsversteigerung, ZAP 1996, 565; *Hintzen,* Änderungen zum ZVG, Rpfleger 1998, 148; *Helwich,* Mithaft des Meistbietenden, Rpfleger 1988, 467; *Hennings,* Anwendung und Tücken des § 85 a, Sparkasse 1982, 263; *Holthöfer,* Zuschlagsversagung bei unzulässiger Verfahrensfortsetzung, JW 1934, 332; *Kahler,* Fiktive Befriedigung gemäß § 114 a, MDR 1983, 903; *Kahlke,* Erlöschen des Altenteils in der Zwangsversteigerung, Rpfleger 1990, 233; *Kaiser,* Eigentümer-Besitzer-Verhältnis nach Zuschlagsaufhebung in der Zwangsversteigerung, NJW 2007, 2823; *Kirsch,* Wiederbepflanzungsrecht in der Zwangsversteigerung, Rpfleger 1998, 192; *Klawikowski,* Auswirkung der Zwangsversteigerung auf Miet-/Pachtverhältnisse, Rpfleger 1997, 418; *Klemm,* Ausschluß der fiktiven Befriedigung, Sparkasse 1985, 362; *Knees,* Gerichtliche Aufklärungspflicht bei § 85 a Abs. 3, Sparkasse 1986, 465; *König,* Wesen des Zuschlags, Diss Rostock 1935; *Mayer,* Gläubiger-Mehrheit in der Zwangsversteigerung, Rpfleger 1983, 265; *Muth,* Alte und neue Fragen zur Befriedigungsfiktion, Rpfleger 1987, 89; *Muth,* Befriedigungsumfang bei Liegenbelassung, Rpfleger 1990, 2; *Muth,* Änderung der Versteigerungsbedingungen, Rpfleger 1987, 397; *Muth,* Hinweispflicht bei Zuschlag nach § 85 a Abs. 3, Rpfleger 1986, 417; *Muth,* Zuschlagserteilung nach § 85 a Abs. 3, Rpfleger 1985, 45; *Muth,* Probleme bei Abgabe eines Gebotes, ZIP 1986, 350; *Muth,* Fortbestehen von Grundpfandrechten als abweichende Versteigerungsbedingung, JurBüro 1988, 3; *Mümmler,* Durchsuchungsanordnung bei Zwangsräumung aufgrund Zuschlagsbeschluß, JurBüro 1988, 30; *Noack,* Räumung aufgrund des Zuschlags, ZMR 1970, 97; *Rabl,* Zwangsräumung der Ehewohnung, DGVZ 1987, 38; *Rahn,* Eigentümerdienstbarkeit und Wertersatz, BWNotZ 1965, 45; *Riggers,* Auswirkung des Grundstückswertes in der Zwangsversteigerung, JurBüro 1968, 777; *Scherer,* Anrechnung der Sicherungsgrundschuld bei § 85 a Abs. 3, Rpfleger 1984, 259; *Scherer,* Zuschlagserteilung nach § 85 a Abs. 3, Rpfleger 1985, 181; *Schiffhauer,* § 59 – eine Crux ohne Ende? Rpfleger 1986, 326; *Schiffhauer,* Grunddienstbarkeit in der Zwangsversteigerung, Rpfleger 1975, 187; *Schmid,* Vorkaufsrecht des Miteigentümers in der Teilungsversteigerung,

MDR 1975, 191; *Schmidt-Futterer*, Räumungsfrist bei Zwangsvollstreckung aus dem Zuschlag, NJW 1968, 143; *Schumacher*, Vollstreckung aus dem Zuschlag, DGVZ 1956, 52; *Sonntag*, Rechtliche Wirkungen des Zuschlags, Diss. Leipzig 1932; *Staudenmaier*, Eigentümerdienstbarkeit und Wertersatz, BWNotZ 1964, 308; *Stöber*, Grunddienstbarkeit und Zuschlagsentscheidung, Rpfleger 1969, 221; *Stöber*, Vorkaufsrechte in der Zwangsversteigerung, NJW 1988, 3121; *Stöber*, Änderung von Versteigerungsbedingungen, ZIP 1981, 944; *Stoll*, Vorkaufsrechte in der Zwangsversteigerung, BB 1953, 49; *Storz*, Änderung von Versteigerungsbedingungen, ZIP 1982, 416; *Storz*, Besondere Gefahrenquellen in der Zwangsversteigerung, ZIP 1980, 1049 und 1981, 16; *Storz*, Nicht voll valutierte Grundschuld in der Zwangsversteigerung, ZIP 1980, 506; *Storz*, Gläubigerablösung in der Zwangsversteigerung, ZIP 1980, 159; *Strauch*, Mithaft des Meistbietenden, Rpfleger 1989, 314; *Walker/Gruß*, Räumungsschutz bei Suizidgefahr und altersbedingter Gebrechlichkeit, NJW 1996, 352; *Weber/Beckers*, Umfang und Wirkung der Befriedigungsfiktion, WM 1988, 1; *Witthinrich*, Kündigungsschutz in der Zwangsversteigerung, Rpfleger 1987, 98; *Weitzel*, Grundrechtswidriger Zuschlag, JuS 1976, 722; *Drischler*, Altenteil und Zwangsversteigerung, KTS 1971, 145 und Rpfleger 1983, 229.

8.1. Verhandlung und Entscheidung

8.1.1. Verhandlung über den Zuschlag (§ 74)

Der dritte Teil des Versteigerungstermins nach Bekanntmachungsteil und Bietstunde ist die Verhandlung über den Zuschlag. Diese Verhandlung gehört zwar nicht mehr zur eigentlichen Versteigerung, weil sie gemäß § 74 erst nach deren Schluß beginnt; aber es wird das Ergebnis der Versteigerung aufgearbeitet. In der Verhandlung über den Zuschlag können also keine Gebote mehr abgegeben werden, und es kann auch mit Zustimmung aller Beteiligter nicht erneut eine Bietstunde eröffnet werden.[1] Sondern die Beteiligten und der Meistbietende sind über den Zuschlag zu hören, und es wird der Zuschlag sofort erteilt oder versagt, wenn nicht ein besonderer Verkündungstermin (§ 87) sofort bestimmt wird.

Zweck der Verhandlung über den Zuschlag ist es, durch eine möglichst allseitige Darlegung der Gründe für und gegen die Zuschlagserteilung und durch entsprechende Anträge die Beschlußfassung zu beeinflussen und zu erleichtern bzw. evtl. Verfahrensmängel aufzudecken und evtl. durch Einholung von Genehmigungen der beeinträchtigten Beteiligten möglichst zu heilen (§§ 83, 84, 87), um so eine Anfechtung der Entscheidung über den Zuschlag nach Möglichkeit zu vermeiden.[2] Auch außerhalb der eigentlichen Zuschlagsverhandlung kann das Versteigerungsergebnis durch begleitende Vereinbarungen zwischen den Beteiligten (auch u. U. dem Meistbietenden) in seinen Auswirkungen noch so „aufgebessert" werden, daß statt einer sonst erforderlichen Versagung der Zuschlag noch zu retten ist.[3]

Eine Pflicht zur Äußerung besteht für die Beteiligten und den Meistbietenden nicht, weil die Voraussetzungen für die Versteigerung von Amts wegen zu prüfen sind.[4] Die in § 74 vorgeschriebene Anhörung bezieht sich

---

[1] Storz/Kiderlen ZV-Praxis D 1.4.1.
[2] Steiner/Storz § 74 Rz. 2.
[3] Dazu die Taktischen Hinweise bei Storz/Kiderlen ZV-Praxis **TH** D 1.4.2.1, **TH** D 1.4.2.3. und **TH** D 1.4.2.5.
[4] Stöber § 74 Anm. 2.2; Steiner/Storz § 74 Rz. 8.

i.d.R. nur auf die Anwesenden und diejenigen Bieter, deren Gebote noch wirksam sind;[5] aber es kann sich aus § 139 ZPO und der gerichtlichen Fürsorgepflicht durchaus die Verpflichtung des Rechtspflegers ergeben, auch abwesenden Beteiligten (insbesondere dem Antragsgegner) noch Gelegenheit zur Äußerung zu geben.[6]

Gerade in der Teilungsversteigerung spielt die Hinweis- und Aufklärungspflicht (Prozessleitungspflicht) gemäß § 139 ZPO[7] eine besondere Rolle, weil dieses Verfahren ja nur der Aufhebung der Gemeinschaft am unteilbaren Grundstück durch Bildung einer Gemeinschaft an einem teilbaren Geldbetrag dient;[8] der Übererlös wird also nicht etwa von Amts wegen im Verhältnis der Anteile auf die einzelnen Miteigentümer aufgeteilt, was diesen nicht immer klar ist. Hinzu kommt, daß die Antragsteller einen „vernünftigen Erlös erwarten",[9] sodaß Antragsteller und Antragsgegner bei einem für die Auseinandersetzung unzureichenden Meistgebot über Möglichkeiten zur Verhinderung des Zuschlags[10] aufgeklärt werden müssen.[11] Schließlich kann u.U. jetzt noch durch einen gerichtlich unterstützten Vergleichsabschluß[12] der Rechts- und Familienfrieden wiederhergestellt werden.[13]

Weil die Verhandlung über den Zuschlag oft nur wenige Minuten dauert und die eigentliche Spannung der Bietstunden-Endphase vorüber ist, messen viele Beteiligte der Zuschlagsverhandlung keine besondere Bedeutung mehr zu und verlassen gar den Saal oder passen nicht mehr auf. Diese oft zu beobachtende Praxis ist sehr gefährlich, denn genau jetzt schlägt die eigentliche Schicksalstunde der ganzen Versteigerung,[14] weil auch zu dieser späten Zeit noch jeder Zuschlag ohne Rücksicht auf die Höhe des Meistgebots verhindert werden kann, insbesondere durch eine Einstellungsbewilligung des (maßgeblichen) Antragstellers,[15] bzw. umgekehrt noch manches ungünstige Versteigerungsergebnis durch begleitende Verhandlungen aufgebessert und damit der Zuschlag gerettet werden kann.[16]

In der Verhandlung über den Zuschlag kann zwar nicht mehr geboten werden, auch Widersprüche gegen Zulassung oder Zurückweisung von Geboten (vgl. § 71) oder das Verlangen nach bzw. das Leisten von Sicherheit oder der Nachweis von Vollmachten bzw. Genehmigungen sind nicht mehr zulässig;[17] aber jetzt ist die entscheidende Zeit für die Anträge und sonstigen Erklärungen zum Zuschlag gekommen:

---

[5] Steiner/Storz § 74 Rz. 11.
[6] BVerfG NJW 1993, 1699; 1978, 368; Storz/Kiderlen ZV-Praxis D 4.1.1.; Stöber § 74 Anm. 2.5; Steiner/Storz § 74 Rz. 13 m.w.N.
[7] Dazu oben A 4.8.
[8] Dazu oben A 1.; siehe auch BGH NJW 2008, 1807.
[9] BVerfG Rpfleger 1976, 389 (Anm. Stöber und Vollkommer.)
[10] Dazu unten C 8.2.
[11] Siehe FN 9.
[12] Dazu auch unten C 9.5.2.
[13] Schiffhauer ZIP 1982, 536.
[14] Dazu Taktische Hinweise unten **TH** C 8.4.1. und **TH** C 8.4.2.
[15] Dazu oben B 3.5. und C 3.4.
[16] Storz/Kiderlen ZV-Praxis D 1.4.1. und die dortigen Taktischen Hinweise **TH** D 1.4.2.1., **TH** D 1.4.2.4., **TH** D 1.4.2.5., sowie **TH** D 4.1.2.1.–**TH** D 4.1.2.3.
[17] Storz/Kiderlen ZV-Praxis D 1.4.1.; Stöber § 74 Anm. 2.4; Steiner/Storz § 74 Rz. 12.

- Einstellung/Aufhebung nach § 77;[18]
- Zuschlagsversagung entsprechend der Gebotshöhe nach §§ 85 a, 74 a, 85;[19]
- Zuschlagsversagung zur Vermeidung einer Verschleuderung gemäß § 765 a ZPO oder über Art 14 GG nach § 83 Nr. 6;[20]
- Zuschlagsversagung unabhängig von der Höhe des Meistgebots gemäß §§ 180, 30;[21]
- Zuschlagsversagung wegen Ablösung eines Pfändungsgläubigers nach § 268 BGB oder § 75;[22]
- Zuschlagsentscheidung wegen Rügens oder Heilens von Verfahrensfehlern gemäß § 83, 84;[23]
- Zuschlag an den Meistbietenden oder einen anderen Berechtigten (§ 81)[24]

In jedem Antrag auf Zuschlagserteilung bzw. in einer Einverständniserklärung damit liegt auch eine Genehmigung aller dem Erklärenden bekannten Verfahrensmängel i. S. d. § 83 Nr. 1–5; ein Verstoß gegen § 74 selbst ist aber nur dann ein Versagungsgrund, wenn durch den Verstoß der Anspruch auf rechtliches Gehör verletzt worden ist.[25]

8.1.2. Besonderer Verkündungstermin (§ 87)

Sowohl die Zuschlagserteilung als auch die Zuschlagsversagung müssen gemäß § 87 Abs. 1 verkündet werden. Das Gericht entscheidet nach eigenem pflichtgemäßen Ermessen, ob die Verkündung noch im Versteigerungstermin oder in einem besonderen Verkündungstermin stattfindet; für die Beteiligten ist diese scheinbar belanglose Frage aber oft von großer Bedeutung.[26]

Unter Umständen kann das Gericht aber auf Grund des Gebots verfassungskonformer Anwendung der Verfahrensvorschriften im Hinblick auf Art 3 und/oder 14 GG[27] verpflichtet sein, die Verkündung der Zuschlagsentscheidung in einem auch für den Meistbietenden zumutbaren Umfang zu verschieben. Das gilt zum **Beispiel** dann,

- wenn das Versteigerungsergebnis (weil es z. B. nur knapp über der $^5/_{10}$-Grenze liegt) eine Verschleuderung bedeuten würde, und der Antragsgegner erst gemäß § 139 ZPO auf die Möglichkeit eines Versagungsantrags nach § 765 a ZPO hingewiesen werden muß;[28] dies gilt besonders dann, wenn der Antragsteller selbst Meistbietender geblieben ist;
- oder wenn Antragsteller und Antragsgegner übereinstimmend eine kurze Verschiebung der Zuschlagsentscheidung beantragen und begründete Aussicht besteht, daß es anschließend zur einstweiligen Einstellung kommt.[29]

---

[18] Dazu unten C 8.2.2.
[19] Siehe FN 18.
[20] Siehe FN 18.
[21] Siehe FN 18.
[22] Siehe FN 18.
[23] Siehe FN 18.
[24] Dazu unten C 8.1.3.
[25] Storz/Kiderlen ZV-Praxis D 1.4.1.
[26] Vgl. Taktischen Hinweis unten **TH** C 8.4.2.
[27] Vgl. z.B. BVerfG NJW 1993, 1699 und BVerfG 51, 15; 49, 252; 46, 325; 42, 64; OLG Karlsruhe Rpfleger 1993, 413.
[28] BVerfG NJW 1993, 1699; 1976, 1391.
[29] OLG Düsseldorf EWiR 1994, 831 (Muth).

Wie schwierig die Abgrenzung im Einzelfall sein kann, zeigen zwei neuere BGH-Entscheidungen. In dem einen Fall bezeichnete der BGH einen besonderen Verkündungstermin als nötig, weil die Zuschlagserteilung zu einer Verschleuderung geführt hätte;[30] im anderen Fall als unnötig, obwohl das Meistgebot nur wenig über der $^5/_{10}$-Grenze lag und obwohl der eine Miteigentümer (Vater) kurz vor dem Versteigerungstermin gestorben war und der andere Miteigentümer (Sohn) wegen dieses Todesfalls an der Versteigerung nicht teilnehmen konnte.[31]

Die „Verhandlung" im besonderen Verkündungstermin (§ 87) und auch die Zeit zwischen ihr und dem Versteigerungstermin ist kein Teil des Versteigerungstermins oder der dortigen Verhandlung über den Zuschlag, sondern setzt nur den Versteigerungstermin fort, sodaß nur noch in gewissem Umfang neue Tatsachen und Beweismittel vorgebracht sowie Erklärungen zum Zuschlag abgegeben werden können;[32] über diese sollen die im (öffentlichen) Verkündungstermin anwesenden Beteiligten gehört werden (§ 87 Abs. 3). Allerdings ist für die meisten Erklärungen oft ein früherer Zeitpunkt gesetzlich vorgeschrieben und dann auch maßgebend; vgl. insbesondere die §§ 67 Abs. 1 S. 1; 70 Abs. 3; 72 Abs. 1; 72 Abs. 2; 74 a Abs. 2.

Auch jetzt noch, aber spätestens bis zur Verkündung der Entscheidung über den Zuschlag, sind noch zulässig insbesondere:

– Einstellungsanordnung gemäß § 37 Nr. 5;
– Einstellungsbewilligung gemäß §§ 180, 30;
– Rücknahme der Einstellungsbewilligung;
– Zahlung an das Gericht gemäß § 75;
– Rücknahme des $^7/_{10}$-Antrags aus § 74 a;
– Abtretung des Meistgebots gemäß § 81 Abs. 2;
– Offenlegung einer verdeckten Vertretung gemäß § 81 Abs. 3;
– Vorlage evtl. erforderlicher Genehmigungen, soweit diese nicht schon zur Gebotsabgabe nötig waren;
– Vorlage der Eigentümer-Zustimmung bei der Versteigerung eines Erbbaurechts;
– Geltendmachung von Verfahrensmängeln, besonders gemäß § 83 Nr. 6;
– Heilung von Verfahrensmängeln(§ 84 Abs. 2).

Auch über den Verkündungstermin wird ein Protokoll geführt,[33] weil diese Verhandlungen selbst und auch die Ereignisse zwischen Versteigerungstermin und Verkündung der Entscheidung über den Zuschlag für alle Beteiligten außerordentlich wichtig sind.[34] Immerhin kann der Antragsteller (wenn er der einzige oder wenigstens der maßgebliche ist) oder können alle Antragsteller gemeinsam jeden Zuschlag ohne Rücksicht auf die Höhe des Meistgebots durch eine Einstellungsbewilligung gemäß §§ 180, 30 bis zur Verkündung des Zuschlags noch verhindern.[35] Deshalb gilt für die Beteiligten in der Teilungs-

---

[30] BGH LMK 2005, 44 (Anm. Storz).
[31] BGH NJW-RR 2004, 1074.
[32] Storz/Kiderlen ZV-Praxis D 4.1.1.; Stöber § 87 Anm. 3.7.
[33] Storz/Kiderlen ZV-Praxis D 4.1.1.
[34] Vgl. Taktischen Hinweis unten **TH** C 8.4.2.
[35] Vgl. OLG Düsseldorf EWiR 1994, 831 (Muth); LG Braunschweig Rpfleger 1998, 256.
– Dazu oben C 3.4.1.

versteigerung wie in der Forderungszwangsversteigerung der Grundsatz: Bei einem guten Versteigerungsergebnis sollte auf sofortigen Zuschlag, und bei einem ungünstigen Ergebnis auf einen besonderen Verkündungstermin (also nicht auf sofortige Zuschlagsversagung!) gedrängt werden.

Die Wirkung eines Versagungsbeschlusses als einstweilige Einstellung oder Aufhebung des Verfahrens (vgl. § 86) tritt immer nur gegenüber dem jeweiligen Antragsteller für dieses einzelne Verfahren ein;[36] für die davon nicht betroffenen Antragsteller muß das Verfahren von Amts wegen fortgesetzt und u. U. baldmöglichst ein neuer Termin bestimmt werden.[37]

Gemäß § 87 Abs. 2 soll der besondere Verkündungstermin nicht mehr als eine Woche nach der Versteigerung liegen; diese Wochenfrist kann/muß aber nicht immer eingehalten werden,[38] z. B. weil

– bei der Versteigerung eines Erbbaurechts die Zustimmung des Grundstückseigentümers beigebracht bzw. gerichtlich ersetzt werden muß; oder

– ein noch nicht rechtskräftiger Wertfestsetzungsbeschluß in zulässiger Weise angefochten worden ist; oder

– ein Miteigentümer einen Auflassungsanspruch hat und darüber noch ein Prozeß anhängig ist.[39]

Wichtig ist aber, daß nicht einzelne Beteiligte zu Lasten anderer Beteiligter oder des Meistbietenden durch eine übermäßige Verzögerung begünstigt werden,[40] weil ja z. B. der Meistbietende während der ganzen Zeit an sein Gebot gebunden bleibt,[41] ohne zu wissen, ob er den Zuschlag auch erhalten wird, oder weil die Zinsen aus dem Bargebot gem. § 49 Abs. 2 während dieser Zeit nicht berechnet werden können. Einer förmlichen Zustellung der Terminsbestimmung für den neuen Verkündungstermin bedarf es nicht, da die Verkündung am Termin ausreichend ist.[42]

8.1.3. Die Zuschlagsentscheidung (§ 81)

Gemäß § 81 Abs. 1 ist der Zuschlag dem Meistbietenden zu erteilen, wenn nicht ein Ausnahmetatbestand i. S d. § 81 Abs. 2 oder 3 gegeben ist. Der Meistbietende hat ein subjektives öffentliches Recht nicht unbedingt auf Zuschlag an ihn, wohl aber auf eine den gesetzlichen Anforderungen entsprechende Zuschlagsentscheidung. Im Kern läuft dies aber durchaus auf einen Anspruch auf Zuschlagserteilung an ihn heraus, wenn die allgemeinen Zuschlagsvoraussetzungen erfüllt sind und kein Versagungsgrund gegeben ist.[43]

Der Zuschlag wird gemäß § 89 bereits mit seiner Verkündung wirksam; er muß aber dem Ersteher und allen nicht im Versteigerungstermin oder im

---

[36] Zur Selbständigkeit der Einzelverfahren vgl. oben A 4.5.
[37] Storz/Kiderlen ZV-Praxis D 4.1.1.
[38] BGH Rpfleger 1961, 192; Mohrbutter Rpfleger 1967, 102; Stöber § 87 Anm. 3.3; Steiner/Storz § 87 Rz. 13.
[39] Stöber § 87 Anm. 3.3.
[40] RGJW 1911, 599; OLG Colmar OLGE 25, 261; Stöber § 87 Anm. 3.3; Steiner/Storz § 87 Rz. 13.
[41] Dazu oben C 7.3.
[42] Vgl. hierzu OLG Hamm Rpfleger 1995, 176.
[43] Ebenso Steiner/Teufel § 180 Rz. 167.

besonderen Verkündungstermin anwesenden Beteiligten zugestellt werden (§ 88). Im Fall von Doppelausgeboten erfolgt der Zuschlag nicht unbedingt auf das höchste Gebot, weil das Gebot mit der abweichenden Versteigerungsbedingung einen gewissen Vorrang hat;[44] entsprechendes gilt im Sonderfall des § 64, weil der Gläubiger des Gesamtrechts wählen kann, auf welches Gebot zugeschlagen werden soll.[45] Bei der Zuschlagsentscheidung (vgl. Muster)[46] ist das Gericht abweichend von der allgemeinen Regelung in § 577 Abs. 2 ZPO i. V. m. § 11 RpflG nicht mehr an eigene frühere (nicht ihrerseits selbständig anfechtbare)[47] Entscheidungen gebunden (§ 79), damit ein insgesamt ordnungsgemäßes Verfahren gewährleistet ist. Bei der Zuschlagsentscheidung dürfen nur aus dem Protokoll ersichtliche Vorgänge berücksichtigt werden (§§ 80, 78).[48]

Der wesentliche Inhalt des Zuschlagsbeschlusses ist in § 82 vorgegeben. Eine Begründung ist nicht vorgeschrieben, aber üblich und insbesondere dann auch nötig, wenn streitige oder ungeklärte Fragen oder gegenläufige Anträge mitzuentscheiden sind, oder wenn die Einlegung von Rechtsmitteln abzusehen ist.[49]

Weil der Ersteher den Barteil des Meistgebots (abgesehen von einer evtl. Sicherheitsleistung)[50] noch nicht im Versteigerungs- sondern erst im Verteilungstermin bezahlen muß, sodaß auch ein absolut zahlungsunfähiger Ersteher Eigentümer werden kann, können sich die Beteiligten u. U. gegen einen nicht vertrauenswürdigen Ersteher gemäß § 94 durch den Antrag auf gerichtliche Verwaltung des Grundstücks bis zur Bezahlung des Meistgebots stützen.[51]

Gerät der Meistbietende zwischen Schluß der Bietstunde und Verkündung des Zuschlags in die Insolvenz oder stirbt er, erfolgt der Zuschlag zwar trotzdem an ihn, aber zugestellt wird der Beschluß an den Insolvenzverwalter bzw. an die (bekannten) Erben.[52]

Der Anspruch des Meistbietenden auf Erteilung des Zuschlags kann bis spätestens zur Verkündung des Zuschlags verpfändet oder gepfändet werden.[53] Aber erst nach Zuschlagserteilung an den Meistbietenden kann der Gläubiger versuchen, Befriedigung durch Zwangsvollstreckung in das Grundstück zu erhalten. Bei Nichtzahlung des Bargebots durch den Meistbietenden wird für den Gläubiger kraft Gesetzes eine Sicherungshypothek an dem Grundstück im Rang nach den gemäß §§ 118, 128 einzutragenden Sicherungshypotheken eingetragen.[54]

---

[44] Dazu oben C 7.2.
[45] Dazu Steiner/Storz § 64 Rz. 39–48 mit **Beispiel** bei Storz/Kiderlen ZV-Praxis D 2.7.2. **TS** 28.
[46] **Muster** unten C 8.1.6. – Vgl. auch die **Muster** bei Storz/Kiderlen ZV-Praxis Aktenteil **AT** 23 und bei Steiner/Storz § 82 Rz. 20, 21.
[47] Storz/Kiderlen ZV-Praxis D 5.1.
[48] **Muster** eines Protokolls zum Versteigerungstermin bei Steiner/Storz § 78 Rz. 28.
[49] Storz/Kiderlen ZV-Praxis D 5.1.; Stöber § 82 Anm. 3.2; Steiner/Storz § 82 Rz. 13.
[50] Zur Sicherheitsleistung oben B 7.
[51] Dazu Taktischen Hinweis unten **TH** C 8.4.3.
[52] Storz/Kiderlen ZV-Praxis D 5.1.; Stöber § 81 Anm. 3.4; Steiner/Storz § 81 Rz. 14.
[53] Storz/Kiderlen ZV-Praxis D 3.3.1.; Dassler/Hintzen § 81 Anm. 10; Steiner/Storz § 81 Rz. 8.
[54] Stöber § 81 Anm. 3.7.

Der Zuschlagsbeschluß wird zwar verkündet (s. o.). Im Gegensatz zur Zuschlagserteilung wird die Versagung aber nicht mehr besonders zugestellt. Neben der Zustellung des Zuschlagsbeschlusses muß noch eine Anzeige über den Zuschlag an das für die Grunderwerbsteuer zuständige Finanzamt ergehen (vgl. § 5 Abs. 1 EGAO), und landesrechtlich ist meist die formlose Mitteilung an verschiedene weitere öffentliche Stellen (z. B. Gemeindeverwaltung, Schornsteinfeger) vorgesehen.[55] Auch hinsichtlich des Wirksamwerdens gibt es Unterschiede zwischen Versagung und Zuschlagserteilung. Während die Versagung gemäß § 86 erst mit ihrer Rechtskraft wirksam wird, wird der Zuschlag bereits mit seiner Verkündung (vgl. § 89) bzw. der durch das Beschwerdegericht erteilte Zuschlag (nach vorausgegangener Versagung durch das Vollstreckungsgericht) mit der Zustellung der Beschwerdeentscheidung wirksam (vgl. § 104; entsprechendes gilt, wenn der Richter des Vollstreckungsgerichts auf Rechtspflegererinnerung hin erstmals den Zuschlag erteilt.[56]

Gemäß § 81 Abs. 2 erhält nicht der Meistbietende sondern der Zessionar den Zuschlag, wenn das Recht aus dem Meistgebot abgetreten ist und sowohl Abtretungs- als auch Annahmeerklärung bis spätestens zur Verkündung der Entscheidung über den Zuschlag gegenüber dem Vollstreckungsgericht abgegeben worden sind;[57] auch ein evtl. Pfändungsgläubiger muß die Annahme in dieser Zeit erklären.[58] Der Zuschlag an den Zessionar setzt voraus, daß auch für seine Person alle Voraussetzungen erfüllt sind. Rücknahme oder Widerruf sind wegen der dinglichen Wirkung von Annahme- und Abtretungserklärung nicht zulässig.[59] Dagegen ist sowohl eine Rückabtretung als auch eine Weiterabtretung möglich, wobei allerdings die Folgen für die Mithaftung gemäß § 81 Abs. 4 und für die Grunderwerbsteuer zu beachten sind.[60]

Der schuldrechtliche Vertrag, mit dem sich der Meistbietende zur Abtretung seiner Rechte aus dem Meistgebot und der Zessionar zur Annahme der Abtretung und damit zum Erwerb des Grundstücks verpflichten, bedarf gemäß § 311b I BGB der notariellen Beurkundung.[61]

Für die Forderungszwangsversteigerung bedeutsamer als für die Teilungsversteigerung sind die Folgen einer Meistgebotsabtretung gemäß § 81 Abs. 2 einerseits für die Befriedigungsfiktion gemäß § 114a und anderseits für die Zuschlagsentscheidung im Fall des § 85a Abs. 3.

Nach der Rechtsprechung gilt der bietende Berechtigte auch dann als befriedigt, wenn er seine Rechte aus dem Meistgebot abtritt.[62] Wenn auch der Zessionar die Voraussetzungen des § 114a erfüllt, gilt auch er als befriedigt.[63]

---

[55] Zum Landesrecht vgl. Steiner/Storz Band II S. 2049.
[56] Storz/Kiderlen ZV-Praxis D 5.1.
[57] OLG Frankfurt WM 1988, 38; Storz/Kiderlen ZV-Praxis D 3.3.1.; Stöber § 81 Anm. 4.2; Dassler/Hintzen § 81 Anm. 19; Steiner/Storz § 81 Rz. 48.
[58] Steiner/Storz § 81 Rz. 48.
[59] Storz/Kiderlen ZV-Praxis D 3.3.1; Stöber § 81 Anm. 4.5; Steiner/Storz 3 81 Rz. 49.
[60] Dazu unten C 8.3.
[61] **Str. a. A.:** Stöber § 81 Anm. 4.10.
[62] BGH ZIP 1989, 1088; 1987, 156; Steiner/Eickmann § 114a Rz. 11; Ebeling Rpfleger 1988, 400; Storz EWiR 1987, 201; Dassler/Hintzen § 114a Rz. 19 ff.
[63] **Str. a. A.:** Stöber § 114a Anm. 2.7.

Da die haftenden Miteigentümer aber nicht doppelt in den Genuß der Fiktion des § 114a zu kommen brauchen, wird – sofern die Voraussetzungen des § 114a sowohl bei Zessionar als auch beim Zedenten vorliegen – die Fiktion in der Rangfolge des § 10 wirksam.[64]

Für § 85a Abs. 3 ist die Frage, auf wessen Ausfall es ankommt, sehr streitig. Sind die Voraussetzungen des § 85a Abs. 3 beim Zessionar/Ersteher erfüllt, wird der Zuschlag von der herrschenden Ansicht erteilt;[65] die anderen Gläubiger und die Miteigentümer[66] müssen deshalb besonders wachsam sein und rechtzeitig ihre Interessen wahrnehmen. Wenn nur beim Zedenten, nicht aber beim Zessionar, die Voraussetzungen des § 85a Abs. 3 erfüllt sind, wird trotzdem der Zuschlag erteilt, weil wegen der Mithaft des Zedenten gemäß § 81 Abs. 4 die Befriedigungsfiktion auch in diesem Fall zieht.[67]

§ 81 Abs. 3 ermöglicht ausdrücklich die verdeckte Vertretung, also das Vorschieben eines Strohmannes beim Bieten. Der Bieter gibt also die Gebote im eigenen Namen ab, erklärt aber sofort oder später (spätestens bis zur Verkündung des Zuschlags),[68] daß er für einen Anderen geboten hat, wer dies ist, und er weist seine Vertretungsmacht nach. Auch diese Erklärung kann nicht zurückgenommen oder widerrufen werden[69] und führt zur erweiterten Haftung gemäß § 81 Abs. 4 sowie zur zusätzlichen Grunderwerbsteuerpflicht.[70] Bei verdeckter Vertretung gemäß § 81 Abs. 3 kommt es für Entscheidungen nach § 85a Abs. 3 unstreitig auf den Hintermann an; entsprechendes gilt für § 114a; auch in diesen Fällen müssen die anderen Beteiligten daher besonders wachsam sein.

8.1.4. Vorkaufsrechte[71]

Sie können gesetzlicher, dinglicher oder schuldrechtlicher Natur sein. Nach heute herrschender Auffassung[72] sind sie in der Teilungsversteigerung grundsätzlich nur dann zu beachten, wenn sie durch eine Vormerkung besonders dinglich gesichert sind, und wenn diese Vormerkung bestehenbleibt. Aber auch dann sind sie außerhalb des Verfahrens vom Berechtigten gegenüber dem Ersteher geltend zu machen. Nur manche Landesrechte haben zum Schutz der Natur oder von Baudenkmälern Vorkaufsrechte auch ohne Ein-

---

[64] BGH Rpfleger 1989, 421; Mohrbutter/Drischler Muster 110 Anm. 8; Dassler/Hintzen § 114a Rz. 22; Ebeling Rpfleger 1988, 400; Kahler MDR 1983, 903; Storz/Kiderlen ZV-Praxis D 3.3.1.; **str. a. A.**: Muth S. 311 und ZIP 1986, 356.

[65] Klemm Sparkasse 1985, 362; Eickmann KTS 1987, 617; Rosenberger Rpfleger 1986, 398 (in **abl.** Anm. zu OLG Koblenz); Wolff/Hennings S. 139; Storz/Kiderlen ZV-Praxis D 4.3.1.; Stöber § 85a Anm. 7.4; **str. a. A.**: OLG Düsseldorf JWBüro 1988, 673; OLG Köln Rpfleger 1986, 233; Ebeling Rpfleger 1988, 400.

[66] Dazu Taktische Hinweise unten **TH** C 8.4.8.–**TH** C 8.4.10.

[67] Vgl. OLG Düsseldorf JurBüro 1988, 673; Ebeling Rpfleger 1988, 400; Eickmann KTS 1987, 63; Wolff/Hennings S. 140; Storz/Kiderlen ZV-Praxis D 4.3.1.; Rosenberger Rpfleger 1986, 398; **str. a. A.**: Stöber § 85a Anm. 7.4.

[68] Storz/Kiderlen ZV-Praxis D 3.3.3.; Stöber § 81 Anm. 5.2; Steiner/Storz § 81 Rz. 54.

[69] Storz/Kiderlen ZV-Praxis D 3.3.2.; Stöber Anm. 5.2; Steiner/Storz § 81 Rz. 55.

[70] Dazu Taktischen Hinweis unten **TH** C 8.4.4.

[71] Siehe das **Beispiel** aus der Praxis: oben B 5.1.4. am Ende!.

[72] Nachweise oben B 5.1.3.

tragung mit dinglicher Wirkung ausgestattet, sodaß § 1098 Abs. 2 BGB zu beachten ist.[73]

Ein Vorkaufsrecht greift in der Teilungsversteigerung aber dann nicht, wenn es das ganze Grundstück belastet und einer der bisherigen Miteigentümer den Zuschlag erhält.[74] Es kommt auch dann nicht zum Zuge, wenn einem Miteigentümer, dessen Anteil nicht dem Vorkaufsrecht unterliegt, das ganze Grundstück zugeschlagen wird.[75]

Das gesetzliche Vorkaufsrecht des Miterben am Nachlaß gemäß § 2034 BGB erstreckt sich nicht auf die Miteigentums-Anteile nach Auseinandersetzung der Erbengemeinschaft.[76]

8.1.5. Zuschlagsbeschwerde (§§ 95 ff)

Sowohl der Zuschlag als auch die Versagung sind mit der sofortigen Beschwerde gemäß § 96 anfechtbar, wobei die Vorschriften der ZPO (insbesondere die §§ 567–577 ZPO) entsprechende Anwendung finden, soweit nicht in den §§ 97–104 etwas anderes geregelt ist. Die wichtigsten Besonderheiten[77] sind:

– Durch das 3. RPflG vom 6.8.1998 (BGBl. I S. 2030) ist die befristete Rechtspfleger-Erinnerung für den Regelfall abgeschafft worden, sodaß jetzt unmittelbar die sofortige Beschwerde gegeben ist;
– die Beschwerdeberechtigung ist in § 97 abschließend geregelt; eine Zuschlagsbeschwerde ist mangels Rechtsschutzbedürfnis unzulässig, wenn feststeht, daß sich der gerügte Verfahrensverstoß auf das Recht des Beschwerdeführers gar nicht ausgewirkt hat;[78]
– die zweiwöchige Rechtsmittel-Frist (vgl. § 569 Abs. 1 ZPO) beginnt i.d.R. mit der Verkündung der Entscheidung;[79] im Fall des Zuschlags für die weder im Versteigerungs- noch im Verkündungstermin anwesenden Beteiligten aber erst mit der Zustellung (vgl. § 98). Zur Begründung des Rechtsmittels muß das Gericht eine angemessene weitere Frist von 2–3 Wochen einräumen, die mit Zugang der Benachrichtigung über die Nichtabhilfe und Aktenvorlage beginnt.[80]
– Als Beschwerdegegner kommt gemäß § 99 nur in Betracht, wer vom Beschwerdegericht zugezogen worden ist;

---

[73] Falls das Gericht trotzdem das gesetzliche Vorkaufsrecht gemäß § 24 BauGB für beachtlich hält, vgl. Taktische Hinweise oben **TH** B 2.3.16.–**TH** B 2.3.18.

[74] BGH NJW 1967, 1607; 1954, 1053 und DNotZ 1957, 654; Schiffhauer ZIP 1982, 664; Stöber § 180 Anm. 7.29 b; **str. a. A.**: Schmid MDR 1975, 191.

[75] BGH NJW 1967, 1607; Schiffhauer, Stöber und hier auch Schmidt (jeweils wie in Anm. 60). – Zum Vorkaufsrecht in der Teilungsversteigerung vgl. auch oben B 2.2. und B 5.1.4.

[76] BGH FamRZ 1993, 420 und Rpfleger 1972, 250; Schiffhauer ZIP 1982, 665; Stöber § 180 Anm. 7.29 e.

[77] Einzelheiten bei Storz/Kiderlen ZV-Praxis D 5.4.1.

[78] BGH Rpfleger 2006, 665.

[79] Vgl. BGH Rpfleger 2008, 517; OLG Köln Rpfleger 1997, 34; OLG Hamm Rpfleger 1991, 262 und JurBüro 1989, 708; OLG Celle Rpfleger 1986, 489; OLG Köln ZAP 1980, 476; OLG Frankfurt Rpfleger 1997, 417.

[80] OLG Köln Rpfleger 1990, 434.

– das Beschwerdegericht hat abweichend von § 575 ZPO in der Sache selbst
zu entscheiden (§ 101); ein so erstmals erteilter Zuschlag wird gemäß
§ 104 mit seiner Zustellung wirksam;
– in der Vollstreckungsversteigerung hat der Schuldner nach herrsch Ansicht
kein Recht zur Beschwerde gegen eine Zuschlagsversagung;[81] diese Einschränkung ist auf den Antragsgegner in der Teilungsversteigerung nicht
übertragbar; der Antragsgegner kann also auch eine Zuschlagsversagung
anfechten.

Gegen eine Entscheidung des Beschwerdegerichts (Landgericht) ist gemäß
§§ 574–577 ZPO in Ausnahmefällen die Rechtsbeschwerde zum Bundesgerichtshof gegeben;[82] die früher zulässige weitere Beschwerde zum Oberlandesgericht ist mit Wirkung ab 1.1. 2002 abgeschafft worden. Zu Fragen einer
evtl. außerordentlichen Beschwerde gemäß § 577 Abs. 2 S. 3 ZPO vgl. die
Ausführungen zur Forderungszwangsversteigerung.[83] In neuerer Zeit hat der
Bundesgerichtshof zum Beispiel eine Nichtigkeitsbeschwerde zugelassen und
für begründet erklärt, weil der prozessunfähige Schuldner im Zwangsversteigerungsverfahren nicht vertreten war, diese Prozessunfähigkeit bereits im
Verfahren erkennbar war und eine nachträgliche Genehmigung durch den
Betreuer nicht möglich ist (auf diese Weise ist am 5.11. 2004 die Rechtsbeschwerde gegen die Beschwerdeentscheidung zurückgewiesen worden, mit
der das Landgericht einen Zuschlagsbeschluss vom 4.12. 1997(!) aufgehoben
hat.[84]

Die möglichen Beschwerdegründe sind in § 100 ausdrücklich und erschöpfend aufgezählt, sodaß § 570 ZPO insoweit eingeschränkt ist.[85] Im
Interesse der Rechtssicherheit und des besonders für den Ersteher wichtigen
Vertrauensschutzes ist die sofortige Beschwerde gegen die Erteilung oder Versagung des Zuschlags aber auch sonst erheblich eingeschränkt:[86]

– Für alle Vorgänge im Versteigerungstermin ist ausschließlich das (notfalls zu
berichtigende)[87] Protokoll maßgebend (§ 80);
– die Beschwerdeberechtigung setzt voraus, daß der Beschwerdeführer selbst
in seinen Rechten beeinträchtigt ist (§ 100 Abs. 2);[88] nur bei Verstößen gegen § 83 Nr. 6 und 7 kommt es auf eine Beschwerde nicht an;
– das Beschwerdegericht darf (außer in den Fällen des § 83 Nr. 6 und 7) nur
die vom Beschwerdeführer geltend gemachten Verstöße berücksichtigen;
– die Beschwerde darf nur auf die in § 100 Abs. 1 genannten Verstöße gegen
§§ 81, 83–85 a gestützt werden;[89]

---

[81] Vgl. OLG Köln Rpfleger 1997, 34; Stöber § 97 Anm. 2.11 b; Böttcher § 97 Rz. 1; für
Anerkennung eines Beschwerderechts (zumindest je nach Fall) **aber**: BGH Rpfleger 2008,
147; Hintzen Rpfleger 1997, 150; Dassler/Hintzen § 97 Rz. 7; Storz/Kiderlen ZV-Praxis
D 5.4.1.
[82] Ausführlich dazu: Storz/Kiderlen ZV-Praxis B 8.2.1.
[83] Storz/Kiderlen ZV-Praxis D 5.4.4. – Siehe auch OLG Oldenburg EWiR 1990, 203
(Anm. Storz); OLG Koblenz EWiR 1988, 935 (Anm. Storz).
[84] BGH FamRZ 2005, 200.
[85] Storz/Kiderlen ZV-Praxis D 5.4.2.
[86] Storz/Kiderlen ZV-Praxis D 5.4.2.
[87] Storz/Kiderlen ZV-Praxis D 1.1.
[88] BGH Rpfleger 2006, 665.

- auf eine nach der Zuschlagsentscheidung in Kraft getretene Gesetzesänderung kann die Beschwerde nicht gestützt[90] werden, weil der Zuschlag mit seiner Verkündung wirksam wird;
- die Beschwerde kann auch auf eine Verletzung von Art. 3 oder 14 GG gestützt werden.[91] Ein Verstoß gegen Art. 3 Abs. 1 GG liegt z. b. vor, wenn die richterliche Auslegung und Anwendung der Verfahrensregeln willkürlich gehandhabt wird, oder u. U. bei Verstößen gegen die richterliche Hinweis- und Aufklärungspflicht aus § 139 ZPO.[92] Art. 14 GG verpflichtet die Gerichte zur Gewährung eines effektiven Rechtsschutzes bei Eingriffen in das Eigentum, u. a. zu einer fairen Verfahrensführung, was z. b. auch einmal die Anberaumung eines besonderen Verkündungstermins nach § 87 bedeuten kann.[93]
- Gegen Verstöße gegen den Anspruch auf rechtliches Gehör (Art. 103 GG) ist seit Anfang 2005 die sog. Anhörungsrüge gegeben, die im wesentlichen in § 321a ZPO geregelt ist;[94]
- Gemäß § 74a Abs. 5 S. 5 können der Zuschlag oder die Zuschlagsversagung nicht mit der Begründung angefochten werden, der Grundstückswert sei unrichtig festgesetzt worden;[95] das gilt auch für diejenigen Beteiligten, die nicht zur Wertfestsetzung angehört worden sind.[96]

8.1.6. Muster eines Zuschlagsbeschlusses

Amtsgericht – Vollstreckungsgericht –   Stuttgart, den 6. 12. 2002
K 16/02

Zuschlagsbeschluß[97]

In dem Zwangsversteigerungsverfahren zum Zwecke der Aufhebung der Gemeinschaft, die an dem im Grundbuch von Botnang eingetragenen Grundstück der Markung Stuttgart,

GBH 3544 Abt. 1 Nr. 1 Mozartstraße 35 zu 12a 16 m[98]

auf den Namen von Frau Irmgard Maier geb. Schwarz und die Erbengemeinschaft Stefan und Daniel Maier je zur Hälfte besteht,
sind im Versteigerungstermin am 6. 12. 2002 mit einem Bargebot von EURO 120 000,– Meistbietende geblieben je zur ideellen Hälfte die Eheleute Felix Müller

---

[89] Dazu näher Storz/Kiderlen ZV-Praxis D 5.4.2.
[90] OLG Zweibrücken Rpfleger 1978, 107; Schiffhauer zu OLG Oldenbourg KTS 1970, 225; Storz/Kiderlen ZV-Praxis D 5.4.2.; Stöber § 100 Anm. 2.8.
[91] BVerfG Rpfleger 1978, 206; 1976, 389 und BVerfGE 49, 252.
[92] OLG Zweibrücken Rpfleger 1978, 107 (Anm. Vollkommer); Steiner/Teufel § 180 Rz. 170.
[93] BVerfG Rpfleger 1979, 296, Schneider MDR 1979, 622; Böhmer NJW 1979, 535.
[94] Zur Anhörungsrüge vgl. oben A 4.7., C 2.3. und Storz/Kiderlen ZV-Praxis B 8.2.1.8.
[95] Vgl. z. B. LG Kempten Rpfleger 1998, 358. – Sowohl das tatsächliche Unterlassen als auch die beschlußmäßige Ablehnung einer Änderung des festgesetzten Wertes trotz Veränderung der wertbestimmenden Tatumstände kann mit der Zuschlagsbeschwerde trotz § 74a V 4 gerügt werden: OLG Köln Rpfleger 1983, 262; Storz Rpfleger 1984, 474 und Storz/Kiderlen ZV-Praxis D 5.4.2.
[96] Vgl. LG Lüneburg Rpfleger 1998, 169.
[97] Nach Steiner/Storz § 82 Rz. 20–21; ähnlich das **Muster** bei Storz/Kiderlen ZV-Praxis Aktenteil **AT** 23.
[98] Zur Selbständigkeit der Einzelverfahren vgl. oben A 4.5. und C 3.4.

(geb. 19. 7. 39), Bankangestellter und Traude Müller geb. Schwarz (geb. 6.3. 1950), Hausfrau, beide wohnhaft in Olgastraße 12 in Möhringen.

Dieses Grundstück wird den Eheleuten Müller als Miteigentümern je zur ideellen Hälfte für den bar zu zahlenden Betrag von EURO 120 000,– (iW: einhundertzwanzigtausend EURO) unter folgenden Versteigerungsbedingungen

zugeschlagen:

1. Als Teil des geringsten Gebots bleibt die in Abt. III Nr. 1 zugunsten von Frau Irmgard Maier eingetragene Grundschuld über EURO 16 000,– bestehen.
2. In Abt. II des Grundbuchs bleiben keine Rechte bestehen.
3. Die Ersteher haben das bare Meistgebot i. H. v. EURO 120 000,– nebst 4% Zinsen p.a. ab heute im Verteilungstermin bar zu erbringen.
4. Ein Anspruch auf Gewährleistung für evtl. Sach- oder Rechtsmängel besteht nicht.
5. Im übrigen gelten die gesetzlichen Versteigerungsbedingungen.
6. Die Kosten dieses Beschlusses tragen die Ersteher als Gesamtschuldner.

Begründung

Im Versteigerungstermin am 6. 12. 2002 sind die in der Beschlußformel genannten Eheleute je zur Hälfte Meistbietende geblieben. Alle Verfahrensvorschriften (§§ 81–84) sind beachtet, und alle Beteiligten sowie die Meistbietenden haben die sofortige Erteilung des Zuschlags beantragt.

Verkündet am 6. 12. 2002 um 12^{16} Uhr.

Amtsgericht Stuttgart
gez. Unterschrift des Rechtspflegers

8.2. Zuschlagsversagung

8.2.1. Übersicht:

Kein Gebot:	Einstweilige Einstellung	von Amts wegen	§ 77 I
	Bei Wiederholung: Aufhebung	von Amts wegen	§ 77 II
Unterhalb $^5/_{10}$:	Zuschlagsversagung	von Amts wegen	§ 85 a I
	keine Versagung, wenn Gebot + Ausfall höher sind als $^5/_{10}$		§ 85 a III
Unterhalb $^7/_{10}$:	Zuschlagsversagung	Antrag best. Gl. (**nicht:** ASt/AG)	§ 74 a
	keine Versagung, wenn Gebot + anschließender Ausfall höher als $^7/_{10}$		§ 74 b
Über $^7/_{10}$:	Zuschlagsversagung	Antrag best. Gl gegen Schadensersatz mit Sicherheitsleistung	§ 85
Verschleuderung:	Zuschlagsversagung, Weg ist aber umstritten:	Antrag Antragsgegner	§ 765 a ZPO Art. 14 GG
Jedes Gebot:	Zuschlagsversagung	Einstellungsbewilligung des maßgeblichen Antragstellers	§§ 180, 30
Jedes Gebot:	Zuschlagsversagung wegen Verfahrensfehlern		§ 83
	Keine Versagung bei Heilung heilbarer Fehler		§ 84

8.2.2. Abhängigkeit von Gebotshöhe

8.2.2.1. Einstellung/Aufhebung gemäß § 77

Wenn kein wirksames Gebot abgegeben wurde, kann kein Zuschlag erteilt oder versagt werden. Das Verfahren wird deshalb gemäß § 77 Abs. 1 einstweilen eingestellt, wobei § 77 alle überhaupt von irgendeinem Antragsteller betriebenen Einzelverfahren erfaßt,[99] sodaß jeder Antragsteller für sich innerhalb von 6 Monaten (§ 31 Abs. 1) einen Fortsetzungsantrag stellen muß, wenn er die spätere Aufhebung seines (Einzel-)Verfahrens gemäß § 31 Abs. 1 S. 2 vermeiden will.

Der Einstellungsbeschluß wird im Versteigerungstermin verkündet und außerdem nach § 32 zugestellt; zusätzlich erhält jeder Antragsteller eine Belehrung nach § 31 Abs. 3 über die Notwendigkeit eines Fortsetzungsantrages innerhalb von 6 Monaten. Bleibt die Versteigerung auch in einem zweiten Termin ergebnislos, wird das Verfahren von Amts wegen gemäß § 77 Abs. 2 aufgehoben. Der Antragsteller eines solcherart aufgehobenen Verfahrens kann (wie auch bei anderen Aufhebungstatbeständen) zwar die Teilungsversteigerung erneut beantragen, muß aber die Kosten eines evtl. erfolglosen Wiederholungsversuches selbst tragen (§ 753 Abs. 2 BGB),[100] was aber nur für das Innenverhältnis zu den Miteigentümern bedeutsam ist.

Die in der Forderungszwangsversteigerung gemäß § 77 Abs. 2 S. 2/3 mögliche Überleitung in die Zwangsverwaltung zur Aufrechterhaltung der Beschlagnahmewirkungen gibt es in der Teilungsversteigerung nicht,[101] weil hier generell keine Zwangsverwaltung in Frage kommt.[102]

Für die Forderungszwangsversteigerung[103] wird immer wieder die Frage erörtert, ob eine Zwangsversteigerung wegen fehlenden Rechtsschutzbedürfnisses[104] nicht (analog § 803 Abs. 2 ZPO)[105] einzustellen oder aufzuheben ist, wenn wegen zu hoher bestehenbleibender Rechte ein wirtschaftlicher Erfolg der Versteigerung aussichtslos ist.[106] Diese Überlegungen müssen auch in der Teilungsversteigerung grundsätzlich gelten, obwohl hier nicht in diesem Umfang Rücksicht auf den Antragsgegner zu nehmen ist; aber immerhin ist auch die Teilungsversteigerung nach heute herrschender Ansicht eine Vollstreckungsversteigerung,[107] und es kann gerade auch hier wegen hoher be-

---

[99] Zur Selbständigkeit der Einzelverfahren vgl. oben A 4.5. und C 3.4.

[100] Storz/Kiderlen ZV-Praxis D 4.2.1.; Stöber § 180 Anm. 7.14.

[101] Stöber § 180 Anm. 7.11.

[102] Dazu oben A 2.4.

[103] Zu § 77 näher Storz/Kiderlen ZV-Praxis D 4.2.; zur aussichtslosen Zwangsversteigerung Storz/Kiderlen ZV-Praxis C 1.3.1.

[104] LG Limburg Rpfleger 1977, 219; Schiffhauer Rpfleger 1978, 403; Steiner/Hagemann §§ 15, 16 Rz. 135. – Vgl. dazu ausführlich Storz/Kiderlen ZV-Praxis C 1.3.1.

[105] **Gegen** eine entspr Anwendung des § 803 II ZPO in der Zwangsversteigerung: BGH NZM 2004, 347; OLG Hamm Rpfleger 1989, 34; LG Detmold Rpfleger 1998, 35; LG Krefeld Rpfleger 1996, 120 sowie LGs Aachen, Göttingen und Stade Rpfleger 1988, 420; vgl. auch Storz/Kiderlen ZV-Praxis C 1.3.1. und Stöber Einl 48.8.

[106] Z. B. wenn das geringste Gebot um 30% über dem festgesetzten Wert liegt (Schiffhauer Rpfleger 1983, 239), oder um 33% (Niederée DRpflZ 1976, 14), oder um 140% (AG Bonn DRpflZ 1973, 100) oder um 210% (LG Augsburg Rpfleger 1986, 146) oder um 240% (LG Düsseldorf Rpfleger 1987, 210).

[107] Dazu oben A 2.1.

stehenbleibender Gesamtbelastungen[108] dazu kommen, daß das Auseinandersetzungsverlangen eines Miteigentümers aus diesem Grund nicht durchgesetzt
werden kann.[109] Es muß aber gerade in der Teilungsversteigerung zu aller-
größter Zurückhaltung bei diesem sehr weitgehenden Eingriff geraten werden.[110]

Ist ein Versteigerungstermin erstmals ergebnislos verlaufen, kann der Antragsteller einer auf § 77 Abs. 1 gegründeten einstweiligen Einstellung durch
eine vorher zu erklärende Einstellungsbewilligung zuvorkommen, weil er der
Herr des Verfahrens ist.[111] Verläuft dagegen[112] auch ein zweiter Versteigerungstermin ohne Ergebnis, kann die Aufhebung des Verfahrens (§ 77 Abs. 2)
nicht mehr durch eine Einstellungsbewilligung gemäß §§ 180, 30 verhindert
werden.[113]

8.2.2.2. Zuschlagsversagung gemäß § 85a

§ 85a, der in der Forderungszwangsversteigerung seit seiner Einführung im
Jahr 1979 eine bedeutende Rolle spielt,[114] gilt uneingeschränkt auch in der
Teilungsversteigerung.[115] Gemäß § 85a Abs. 1 ist der Zuschlag zu versagen,
wenn das Meistgebot einschließlich des Kapitalwertes der bestehenbleibenden
Rechte nicht die Hälfte des gerichtlich festgesetzten Grundstückswertes erreicht; wenn einer der Gläubiger mitbietet, ist § 85a Abs. 3 zu beachten, der
aber in der Teilungsversteigerung eine wesentlich geringere Rolle spielt als in
der Forderungszwangsversteigerung.[116]

Beispiel: Grundstückswert 120000,–. Bestehen bleibt eine Grundschuld über
16000,– auf dem ganzen Grundstück; dagegen erlischt die nachrangige
VOBA-Grundschuld über 44000,–, die nur eine Miteigentumshälfte
belastet.
Alternative 1: Die Eheleute Müller bieten bar 35000,–
Alternative 2: Die VOBA bietet bar 35000,–

Da das bare Meistgebot von 35000,– trotz Hinzurechnung des Wertes der
bestehenbleibenden Grundschuld über 16000,– unterhalb der 5/10-Grenze
von 60000,– bleibt, muß der Zuschlag bei Alternative 1 gemäß § 85a Abs. 1
versagt werden. Dagegen wird der Zuschlag bei Alternative 2 gemäß § 85a
Abs. 3 erteilt, weil die Summe aus Bargebot (35000,–) und bestehenbleiben-
dem Recht (16000,–) und Ausfall (abhängig vom Barteil des geringsten Gebots, aber hier vielleicht 30000,–) höher ist als 60000,–!

---

[108] Zum geringsten Gebot in der Teilungsversteigerung oben B 5.
[109] Vgl. Taktischen Hinweis unten **TH** C 8.4.5.
[110] Storz/Kiderlen ZV-Praxis C 1.3.1.; zurückhaltend allgemein auch OLG Koblenz
Rpfleger 1986, 25 (zust Anm. Meyer/Stolte); LG Oldenburg Rpfleger 1982, 303.
[111] Storz/Kiderlen ZV-Praxis D 4.2.1.; Stöber § 77 Anm. 2.1; Steiner/Storz 3 77 Rz. 5;
str. a. A.: LG Mainz Rpfleger 1988, 376.
[112] Vgl. Taktischen Hinweis **TH** C 8.4.17.
[113] LG Mainz Rpfleger 1988, 376; Stöber § 77 Anm. 2.4; Steiner/Storz § 30 Rz. 10.
[114] Dazu ausführlich Storz/Kiderlen ZV-Praxis D 4.3.1. mit vielen Taktischen Hinweisen
dort **TH** D 4.3.2.1–**TH** D 4.3.2.12.
[115] OLG Düsseldorf Rpfleger 1981, 69; Schiffhauer ZIP 1982, 665; Stöber § 85a
Anm. 1.2; Steiner/Storz § 85a Rz. 5.
[116] Siehe FN 114.

Die wichtigsten Merksätze zu § 85 a Abs. 1 lauten:[117]

– Der Zuschlag ist zu versagen, wenn bares Meistgebot zuzüglich Kapitalwert der bestehenbleibenden Rechte nicht 50% des gerichtlich gemäß § 74 a Abs. 5 festgesetzten Grundstückswertes erreicht.

– Kapitalwert bei Rechten aus Abt. II des Grundbuchs ist mangels besonderer Bewertung der gemäß §§ 50, 51 festgesetzte Zahlungsbetrag.[118]

– Berücksichtigt werden nur Rechte, die nach den gesetzlichen oder gemäß § 59 vereinbarten Versteigerungsbedingungen bestehen bleiben, also insbesondere nicht solche, deren Liegenbelassen nach § 91 Abs. 2 vereinbart wird.[119]

– Die Befriedigungsfiktion des § 114 a wird in dieser Rechnung nicht berücksichtigt.[120]

– Grundsatz der Einmaligkeit gemäß §§ 85 a Abs. 2 S. 2, 74 a Abs. 4: Ist einmal (nicht notwendig im ersten Termin!) der Zuschlag wegen § 85 a Abs. 1 oder § 74 a Abs. 1[121] versagt worden, gibt es keine nochmalige Versagung nach § 85 a oder § 74 a (diese Versagungsgründe sind „verbraucht").

– Wird trotz Nichterreichens der $^5/_{10}$-Grenze ein Versagungsantrag nach § 74 a gestellt,[122] ist der Zuschlag nach § 85 a zu versagen; aber u. U. kann dann in der Beschwerdeinstanz die Zuschlagsversagung über § 74 a „gerettet werden", wenn sich eine § 85 a Abs. 3-Situation herausstellt.

– Es ist problematisch, ein Gebot ausschließlich mit dem Ziel eines „Verbrauchs" der $^5/_{10}$- und $^7/_{10}$-Grenze abzugeben.[123]

– § 85 a kann weder durch Verzicht noch durch abweichende Versteigerungsbedingungen gemäß § 59 außer Kraft gesetzt werden.[124] Auch umgekehrt kann nicht über § 59 vereinbart werden, daß trotz §§ 85 a Abs. 2 S. 2, 74 a Abs. 4 eine wiederholte Zuschlagsversagung nach § 85 a oder § 74 a zulässig sein soll.[125]

– Die Zuschlagsversagung aus § 85 a erfolgt von Amts wegen. Es wird dann gemäß § 85 a Abs. 2 S. 1 ein neuer Termin bestimmt. Dort oder in einem späteren Termin ist keine Versagung nach § 85 a oder § 74 a mehr möglich.

Eine nicht unproblematische Regelung[126] enthält § 85 a Abs. 3. Danach ist trotz eines Gebots unterhalb der $^5/_{10}$-Grenze der Zuschlag zu erteilen, wenn dem Meistbietenden ein Recht zusteht, das bei der Erlösverteilung ganz oder

---

[117] Siehe FN 114.

[118] Storz/Kiderlen ZV-Praxis D 4.3.1.; Stöber § 74 a Anm. 3.2; Steiner/Storz § 74 a Rz. 34 **gegen** LG Verden Rpfleger 1982, 33.

[119] Stöber § 74 a Anm. 3.2; Steiner/Storz § 74 a Rz. 36.

[120] Storz/Kiderlen ZV-Praxis D 4.3.1.; Ebeling Rpfleger 1986, 314; Stöber § 85 a Anm. 3 **gegen** LG Darmstadt Rpfleger 1986, 314.

[121] Dazu unten C 8.2.2.3.

[122] Vgl. Taktischen Hinweis unten **TH** C 8.4.8.

[123] Vgl. BGH Rpfleger 2006, 144; BGH NJW 2007, 3279 Anm. Storz/Kiderlen **gegen** die langjährige Praxis; vgl. eingehend Storz/Kiderlen ZV-Praxis D 4.3.1. und D 3.1.1.; Stöber § 85 a Anm. 2.3 und 4.

[124] Hornung Rpfleger 1979, 365; Stöber § 85 a Anm. 2.8; Steiner/Storz § 85 a Rz. 11.

[125] Stöber § 85 a Anm. 2.8; **str. a. A.**: Hornung Rpfleger 1979, 365.

[126] Storz/Kiderlen ZV-Praxis D 4.3.1.; **a. A.**: Hornung Rpfleger 1989, 420. – Zu den Gefahren aus § 85 a Abs. 3 für die anwaltliche Beratungspraxis vgl. auch Borgmann AnwBl 1998, 208.

teilweise ausfällt, wenn Gebot plus Ausfallbetrag die $^5/_{10}$-Grenze übersteigen (vgl. Alternative 2 des **Beispiels** oben).

§ 85a Abs. 3 hat in der Teilungsversteigerung eine wesentlich geringere Bedeutung als in der Forderungszwangsversteigerung.[127] Deshalb hier nur die wichtigsten Merksätze zu § 85a Abs. 3:

– Keine Zuschlagsversagung nach § 85a Abs. 1, wenn Bargebot plus bestehenbleibende Rechte plus Ausfall die $^5/_{10}$-Grenze erreichen; die Antragsgegner werden gegenüber dem Gläubiger durch § 114a geschützt.[128]
– Kein Zuschlag gemäß § 85a Abs. 3, wenn rechtzeitig ein berechtigter Versagungsantrag gemäß § 74a gestellt wird,[129] oder wenn der (maßgebliche) Antragsteller die einstweilige Einstellung gemäß §§ 180, 30, 33 bewilligt. Dies kann auch noch während der Verkündung der Zuschlagsentscheidung geschehen![130]
– Der „Ausfall" bezieht sich auf das dingliche Recht[131] und wird nach dem voraussichtlichen Verteilungstermin berechnet, also unter Berücksichtigung der Kosten und wiederkehrenden Leistungen.[132]
– Bei Abtretung der Rechte aus dem Meistgebot gemäß § 81 Abs. 2 wird i.d.R. der Zuschlag erteilt, wenn die Voraussetzungen des § 85a Abs. 3 entweder beim Meistbietenden/Zedenten oder beim Ersteher/Zessionar erfüllt sind;[133] bei verdeckter Vertretung gemäß § 81 Abs. 3 kommt es auf den Hintermann an.[134]
– Bei einem Zuschlag gemäß § 85a Abs. 3 richten sich die Gebühren nach Bargebot plus bestehenbleibenden Rechten plus Ausfall;[135] falls ein Miteigentümer erworben hat, vermindert um dessen bisherigen Anteil am Versteigerungsobjekt (vgl. § 29 Abs. 2 GKG).
– Vor Entscheidungen im Zusammenhang mit § 85a Abs. 3 ist die gerichtliche Hinweispflicht aus § 139 ZPO besonders wichtig. Gerade die Vielzahl der hierzu notwendig gewordenen Entscheidungen[136] zeigt, wie gefährlich § 85a Abs. 3 sein kann.

[127] Dazu ausführlich Storz/Kiderlen ZV-Praxis mit vielen Taktischen Hinweisen dort **TH** D 4.3.2.1.–**TH** D 4.3.2.12.
[128] Amtl. Begründung BT-Drucksache 8/693 vom 28.6.1977, S. 52.
[129] Hornung Rpfleger 1979, 365; Stöber § 85a Anm. 2.10. – vgl. auch Taktischen Hinweis unten **TH** C 8.4.8.
[130] BGH Rpfleger 2007, 414: Hier hatte der Gläubigervertreter nach Beginn der Zuschlagsverkündung noch die einstweilige Einstellung bewilligt, um die (begonnene!) Zuschlagserteilung nach § 85 Abs. 3 zu verhindern.
[131] LG Frankfurt Rpfleger 1988, 35; LG Hanau Rpfleger 1988, 77; LG München I Rpfleger 1986, 83; LG Lüneburg Rpfleger 1986, 188; Bauch Rpfleger 1986, 59 und 457; Brendle Rpfleger 1986, 61; Muth Rpfleger 1987, 89; Eickmann KTS 1987, 617; Storz/Kiderlen ZV-Praxis D 4.3.1.; Stöber § 85a Anm. 6.3; **anders:** OLG Koblenz Rpfleger 1991, 468 (**abl** Anm. Hintzen); OLG Schleswig Rpfleger 1985, 372; LG Trier Rpfleger 1985, 451; Ebeling Rpfleger 1986, 315; Scherer Rpfleger 1985, 181. – Vgl. auch Taktischen Hinweis unten **TH** C 8.4.10.
[132] Stöber § 85a Anm. 6.1.
[133] Dazu oben C 8.1.3.
[134] Stöber § 85a Anm. 7.6; Storz/Kiderlen ZV-Praxis D 3.3.1. und E 6.1.3.
[135] LG Lüneburg Rpfleger 1988, 113; Ebeling Rpfleger 1988, 400.
[136] Dazu oben A 4.8. und Storz/Kiderlen ZV-Praxis D 4.3.1.; OLG Köln Rpfleger 1989, 210; OLG Oldenburg Rpfleger 1988, 277; OLG Hamm Rpfleger 1986, 44; OLG Schles-

8.2.2.3. Zuschlagsversagung gemäß § 74 a

Die Zuschlagsversagung gemäß § 74 a Abs. 1–4 ist eine der wichtigsten und bekanntesten Regelungen in der Forderungszwangsversteigerung.[137] Sie gilt zwar auch in der Teilungsversteigerung,[138] kommt aber hier nur wesentlich seltener zum Tragen. Gemäß § 74 a Abs. 1 ist der Zuschlag auf Antrag bestimmter Berechtigter zu versagen, wenn das Meistgebot einschließlich des Kapitalwertes der bestehenbleibenden Rechte nicht 70% des gerichtlich gemäß § 74 a Abs. 5 festgesetzten Grundstückswertes erreicht. Gemäß § 74 b ist der Zuschlag trotzdem zu erteilen, wenn ein Gläubiger Meistbietender bleibt, dessen sich unmittelbar an das Gebot anschließender Ausfall zusammen mit Bargebot und Wert der bestehenbleibenden Rechte die $^7/_{10}$-Grenze erreicht.

Beispiel: Grundstückswert 120000,–. Bestehen bleibt eine Grundschuld über 16000,– auf dem ganzen Grundstück; dagegen erlischt die nachrangige VOBA-Grundschuld über 44000,–, die nur eine Miteigentumshälfte belastet. Der Barteil des geringsten Gebots beträgt 14000,–
Alternative 1: Die Eheleute Müller bieten bar 60000,–
Alternative 2: Die VOBA bietet bar 60000,–

Da das bare Meistgebot von 60000,– trotz Hinzurechnung des Wertes der bestehenbleibenden Grundschuld über 16000,– unterhalb der $^7/_{10}$-Grenze von 84000,– bleibt, wird der Zuschlag versagt, wenn ein Berechtigter dies beantragt und kein Fall des § 74 b vorliegt. Bei Alternative 1 kann die VOBA die Versagung beantragen; bei Alternative 2 liegen zwar die Voraussetzungen des § 74 b vor, aber hier könnte ohnehin nur die VOBA (die selbst Meistbietende ist!) die Versagung beantragen; deshalb spielt § 74 b auch in der Forderungszwangsversteigerung keine Rolle (In unserem Beispiel könnte § 74 b allerdings dann relevant sein, wenn die andere Miteigentumshälfte „parallel" zur VOBA-Grundschuld z. B. für die Sparkasse mit einer Grundschuld über z. B. 50000,– belastet wäre).

Als hauptsächlich dem Schutz bestimmter Gläubiger dienende Vorschrift[139] kommt sie in der Teilungsversteigerung schon deshalb weniger zum Tragen, weil weder Antragsteller noch Antragsgegner antragsberechtigt sind,[140] wenn sie nicht neben ihrer Miteigentümer-Stellung auch noch ein (angemeldetes) Recht auf Befriedigung gemäß § 10 haben. Hinzu kommt, daß in der Teilungsversteigerung die dinglichen Belastungen meist keine große Bedeutung haben, aber wegen Aufnahme in das geringste Gebot bestehenbleiben, sodaß deren Gläubiger ebenfalls nicht antragsberechtigt sind (soweit sich die Antragsberechtigung nicht aus den bar zu zahlenden Zinsansprüchen ergibt). Schließlich können nach allgemeiner Ansicht auch Gläubiger, die aus einer

---

wig JurBüro 1984, 1263; LG Bonn Rpfleger 1989, 211; LG Krefeld Rpfleger 1988, 34; LG Kiel Rpfleger 1988, 277.
[137] Dazu ausführlich Storz/Kiderlen ZV-Praxis D 4.4. mit zahlreichen Taktischen Hinweisen dort **TH** D 4.4.4.1.–**TH** D 4.4.4.9.
[138] Stöber § 74 a Anm. 2.3; Steiner/Storz § 74 a Rz. 9.
[139] Steiner/Storz § 74 a Rz. 4.
[140] LG Koblenz Rpfleger 1970, 102; Schiffhauer MDR 1963, 901; Mohrbutter/Drischler Muster 106 Anm. 16; Steiner/Storz 3 74 a Rz. 9.

Anteilspfändung heraus die Teilungsversteigerung betreiben,[141] und Gläubiger von abgetretenen oder gepfändeten, aber nicht von bereits realisierten Rückgewährungsansprüchen[142] keinen $^7/_{10}$-Antrag stellen. In der Teilungsversteigerung sind also nur Gläubiger von innerhalb der $^7/_{10}$-Grenze erlöschenden Rechten antragsberechtigt,[143] was in aller Regel nur bei unterschiedlicher Belastung einzelner Bruchteile vorkommt.[144] Weitere Voraussetzung ist, daß ein solcher Gläubiger bei einem Gebot in Höhe der $^7/_{10}$-Grenze mehr erhalten würde, als er nach dem tatsächlichen Meistgebot erhält. Treffen alle diese Voraussetzungen für einen Miteigentümer als Gläubiger eines derartigen Rechtes zu, kann auch er die Versagung des Zuschlags beantragen ohne Rücksicht darauf, ob er in der Teilungsversteigerung Antragsteller oder Antragsgegner oder beides ist.

Wegen dieser in der Teilungsversteigerung deutlich eingeschränkten Bedeutung des „$^7/_{10}$-Antrags" sollen hier die wichtigsten Merksätze ausreichen:[145]

– Der Zuschlag ist auf Antrag[146] zu versagen, wenn das bare Meistgebot plus Kapitalwert der bestehenbleibenden Rechte nicht 70% des gemäß § 74a Abs. 5 gerichtlich festgesetzten Grundstückswertes erreicht.
– Antragsberechtigt sind nur Berechtigte i. S. d. § 10, und auch nur solche Berechtigte, die bei einem Gebot i. H. der $^7/_{10}$-Grenze mehr erhalten würden als sie aus dem Meistgebot erhalten; nur unter diesen Voraussetzungen sind auch die Miteigentümer antragsberechtigt.
– Kapitalwert bei Rechten aus Abt. II des Grundbuchs ist mangels besonderer Bewertung der gemäß §§ 50, 51 festgesetzte Zuzahlungsbetrag.[147]
– Berücksichtigt werden nur Rechte, die nach den gesetzlichen oder (gemäß § 59) vereinbarten Versteigerungsbedingungen bestehenbleiben, also nicht solche, deren Liegenbelassen gemäß § 91 Abs. 2 vereinbart wird.[148]
– Die Befriedigungsfiktion des § 114a wird in dieser Rechnung nicht berücksichtigt.
– Der Antrag kann nur im Versteigerungstermin selbst bis zum Schluß der Verhandlung über den Zuschlag (§ 74) gestellt werden, also nicht mehr im besonderen Verkündungstermin (§ 87) oder in der Zeit zwischen Versteigerungs- und Verkündungstermin oder gar in der Beschwerdeinstanz.[149]
– Nach allgemeiner Ansicht kann man kein eigenes Gebot durch einen $^7/_{10}$-Antrag „zu Fall bringen".[150]

---

[141] Dazu oben B 1.6.2.
[142] Stöber § 74a Anm. 3.15.
[143] Vgl. Taktischen Hinweis unten **TH** C 8.4.11.
[144] LG Koblenz Rpfleger 1970, 102; Schiffhauer MDR 1963, 902; Steiner/Storz § 74a Rz. 9.
[145] Näheres bei Storz/Kiderlen ZV-Praxis D 4.4.
[146] Vgl. Taktische Hinweise unten **TH** C 8.4.8., **TH** C 8.4.10. und **TH** C 8.4.12.
[147] OLG Hamm Rpfleger 1984, 30; Schiffhauer Rpfleger 1986, 337; Storz/Kiderlen ZV-Praxis D 4.4.1.; Stöber § 74a Anm. 3.2; Steiner/Storz § 74a Rz. 34; **früher a. A.**: LG Verden Rpfleger 1982, 32.
[148] Mohrbutter/Drischler Muster 106 Anm. 6; Steiner/Storz § 74a Rz. 36.
[149] Storz/Kiderlen ZV-Praxis D 4.4.1.; Muth S. 499; Steiner/Storz § 74a Rz. 40. – Vgl. auch Taktische Hinweise unten **TH** C 8.4.8. und **TH** C 8.4.10. und **TH** C 8.4.12.
[150] Vgl. Taktischen Hinweis bei Storz/Kiderlen ZV-Praxis **TH** D 4.4.4.4.

- Grundsatz der Einmaligkeit gemäß §§ 74a Abs. 4, 85a Abs. 2 S. 2: Ist einmal (nicht notwendig im ersten Termin!) der Zuschlag wegen § 85a oder § 74a versagt worden, gibt es keine nochmalige Versagung gemäß §§ 85a oder 74a; diese Versagungsgründe sind „verbraucht".
- Es ist zwar unter Umständen zulässig, ausschließlich mit dem Ziel eines „Verbrauchs" der Versagungsmöglichkeiten aus §§ 74a, 85a Gebote abzugeben.[151] Dies darf aber nicht durch sogenannte Eigengebote des Gläubiger-Vertreters geschehen,[152] auch nicht durch Gebote eines sonstigen Beauftragten des Gläubigers.[153]
- Der Versagungsantrag kann bis zur Verkündung einer Entscheidung über ihn zurückgenommen werden,[154] ggf. noch im besonderen Verkündungstermin.[155]
- Dem Versagungsantrag kann gemäß § 74a Abs. 1 S. 2 vom Antragsteller (der Versteigerung) mit der Folge widersprochen werden, daß der Zuschlag u. U. erteilt wird, obwohl die Voraussetzungen einer Versagung gemäß § 74a erfüllt sind.[156]
- Ähnlich § 85a Abs. 3 erfolgt auch im Fall des § 74a dann gemäß § 74b keine Versagung, wenn ein Berechtigter Meistbietender bleibt, dessen sich unmittelbar an sein Gebot anschließender Ausfall zusammen mit dem Gebot die $^7/_{10}$-Grenze erreicht (vgl. 2. Alternative im **Beispiel** oben).
- Bei einer Zuschlagsversagung nach § 74a wird von Amts wegen ein neuer Versteigerungstermin bestimmt (§ 74a Abs. 3); dort ist keine Versagung nach § 74a oder § 85a mehr möglich.

8.2.2.4. Zuschlagsversagung gemäß § 85

Mehr zur Vollständigkeit als wegen praktischer Bedeutung sei auch § 85 erwähnt.[157] Nach dieser Vorschrift können auch solche Beteiligte, die nicht zu den Berechtigten für einen $^7/_{10}$-Antrag gehören, die Versagung des Zuschlags unter bestimmten Voraussetzungen und mit weitreichenden Konsequenzen beantragen. § 85 gilt zwar auch in der Teilungsversteigerung,[158] hat aber hier ebensowenig Bedeutung wie in der Forderungszwangsversteigerung.[159]

In der Teilungsversteigerung ist insbesondere der Antragsgegner zu einem Antrag gemäß § 85 berechtigt;[160] aber ein Antrag gemäß § 85 darf nicht in einen Einstellungsantrag nach § 180 Abs. 2 umgedeutet werden.[161] Gerade

---

[151] LG Kassel Rpfleger 1986, 397; Stöber § 85a Anm. 2.3.

[152] BGH NJW 2006, 1355; 2007, 3279; vgl. zu diesen für die Vollstreckungsversteigerung sehr wichtigen Entscheidungen: Storz/Kiderlen NJW 2007, 1846 und Anm. Storz/Kiderlen zu BGH NJW 2007, 3279; siehe auch Groß Rpfleger, 2008, 545.

[153] BGH Rpfleger 2008, 587. – Diese Entscheidung ist ebenso wie die vorangegangenen Entscheidungen kritisch zu hinterfragen; siehe hierzu auch Stöber § 85a Anm. 4.4.

[154] Vgl. Taktischen Hinweis bei Storz/Kiderlen ZV-Praxis **TH** D 4.4.4.3.

[155] LG Oldenburg KTS 1971, 60; Storz/Kiderlen ZV-Praxis D 4.4.1.; Stöber § 74a Anm. 4.5; Steiner/Storz § 74a Rz. 47.

[156] Dazu Storz/Kiderlen ZV-Praxis D 4.4.2.

[157] Näher zu § 85: Storz/Kiderlen ZV-Praxis D 4.5.1.

[158] Vgl. Mohrbutter/Drischler Muster 106 Anm. 16.

[159] Siehe FN 157.

[160] Siehe FN 157.

[161] Mohrbutter KTS 1974, 240; Steiner/Storz § 85 Rz. 3; **gegen** OLG Oldenburg KTS 1974, 240.

der Antragsgegner wird allerdings nur selten die mit dem § 85-Antrag verbundenen weitreichenden Konsequenzen tragen können bzw. wollen.

Der Versagungsantrag gemäß § 85 ist insbesondere deshalb in der Praxis sehr selten zu finden,[162] weil

– sich der § 85-Antragsteller zum Schadensersatz verpflichten muß gegenüber allen Beteiligten, die durch die Versagung des Zuschlags beeinträchtigt werden;
– gemäß § 85 Abs. 3 für den neuen Versteigerungstermin (und alle evtl. späteren Termine) ein Gebot des § 85-Antragstellers fingiert wird, dessen Höhe sich zusammensetzt aus dem bisherigen Meistgebot zuzüglich den auflaufenden Zinsen gemäß § 49 Abs. 2 und allen zusätzlichen Verfahrenskosten;
– der § 85-Antragsteller auf Verlangen eines dazu berechtigten Beteiligten Sicherheit i. H. des vollen im Verteilungstermin zu bezahlenden Barteils des bisherigen Meistgebots leisten muß.

Der Antrag kann nur in der Verhandlung über den Zuschlag (§ 74) gestellt werden und bedarf der öffentlichen Form, wenn er für einen Vertreter gestellt wird.[163]

8.2.2.5. Versagung wegen Verschleuderung

In der Forderungszwangsversteigerung kann auf Antrag des Schuldners der Zuschlag gemäß § 765 a ZPO versagt werden, wenn das Grundstück sonst verschleudert würde.[164] In der Teilungsversteigerung ist die Anwendbarkeit des § 765 a ZPO allerdings stark umstritten.[165] Die früher herrschende Meinung verneinte (m. E. zu Unrecht) die Anwendbarkeit mit der Begründung, die Teilungsversteigerung sei keine Maßnahme der Zwangsvollstreckung bzw. § 765 a ZPO gelte nur bei der Vollstreckung von Geldforderungen.[166] Heute wird § 765 a ZPO dagegen wohl überwiegend (m. E. mit Recht) entsprechend angewendet mit der Begründung, daß auch die Teilungsversteigerung eine Maßnahme der Zwangsvollstreckung sei und daß auch hier eine eindeutige Grundstücksverschleuderung verhindert werden müsse.[167]

Beispiel: Grundstückswert 120 000,–. Im ersten Termin werden 80 000,– geboten, aber der Zuschlag wird wegen Nichterreichens der $^7/_{10}$-Grenze

---

[162] Vgl. Taktischen Hinweis unten **TH** C 8.4.12.

[163] Storz/Kiderlen ZV-Praxis D 4.5.1.

[164] Dazu Storz/Kiderlen ZV-Praxis D 4.6.1. und B 3.1.3.

[165] Dazu oben A 2.3.; B 3.4.; C 4.1.

[166] OLG Hamm KTS 1973, 143 und Rpfleger 1964, 341 (Haegele) und Rpfleger 1960, 253 (**abl.** Anm. Stöber); LG Berlin FamRZ 1987, 1087; LG Frankenthal Rpfleger 1985, 315; LG Bielefeld Rpfleger 1983, 68; Schiffhauer ZIP 1982, 535; Baumbach/Lauterbach/Albers/Hartmann § 765 a ZPO Anm. 1Bb.

[167] BGH Rpfleger 2007, 408 m. w. N. (noch offengelassen in Rpfleger 2004, 722); OLG Karlsruhe Rpfleger 1994, 223 und 1993, 413; OLG Köln Rpfleger 1992, 197; OLG Bremen Rpfleger 1979, 72; OLG Schleswig SchlHA 1964, 612; OLG Braunschweig NJW 1961, 129; LG Stuttgart Rpfleger 1992, 491 und 1961, 51; Teufel Rpfleger 1976, 84; Stöber Rpfleger 1960, 237; Eickmann Rz. 152; Steiner/Teufel § 180 Rz. 146; Steiner/Storz § 30 a Rz. 75; Stöber Einl 52.6; Hintzen ZAP 1996, 565 (575); Böttcher § 180 Rz. 84.

versagt. Im nächsten Termin bleibt der (einzige) Antragsteller mit einem Gebot von 16 000,– Meistbietender. Der Antragsteller könnte zwar die Zuschlagsversagung gemäß §§ 180, 30, 33 herbeiführen, hat daran aber kein Interesse, weil er selbst Meistbietender ist. Andererseits wäre ein Zuschlag zu 16 000,– eine Verschleuderung, nicht nur angesichts des festgesetzten Wertes von 120 000,–, sondern auch angesichts des Gebotes im ersten Termin i. H. v. 80 000,–.

Wer die Anwendbarkeit des § 765 a ZPO auch in der Teilungsversteigerung bejaht, kann eine derartige Grundstücksverschleuderung entsprechend den zur Forderungszwangsversteigerung entwickelten Grundsätzen verhindern. Das sind insbesondere folgende Grundsätze:

– Die Zuschlagsversagung erfolgt nur auf Antrag; die formalen Anforderungen an diesen Antrag sind aber sehr gering.

– Der Antrag kann in der Teilungsversteigerung nur vom Antragsgegner gestellt werden, weil dieser wie der Schuldner in der Forderungszwangsversteigerung behandelt wird; es ist aber zu beachten, daß in einer von mehreren Miteigentümern betriebenen Teilungsversteigerung praktisch jeder Miteigentümer auch Antragsgegner ist.

– Der Antrag muß spätestens unmittelbar vor Verkündung des Zuschlags gestellt worden sein.

– Eine Verschleuderung liegt nur vor, wenn die Interessenabwägung zwischen Antragsteller und -gegner ergibt, daß die Beeinträchtigung des Antragsgegners weit über das mit jeder Versteigerung verbundene Maß hinausgeht, und daß konkrete Anhaltspunkte für ein deutlich besseres Ergebnis gegeben sind.[168]

– § 765 a ZPO ist eine Ausnahmevorschrift, die nur ganz besondere, unnötige Härten verhindern soll. BGH Rpfleger 2007, 408; 2004, 722; NJW 1965, 201; Steiner/Storz § 30 a Rz. 68; Stöber Einl Anm. 54.3; Storz/Kiderlen ZV-Praxis B 3.1.3.

Wer die Anwendbarkeit des § 765 a ZPO in der Teilungsversteigerung ablehnt, muß zur Verhinderung von völlig unzureichenden Versteigerungsergebnissen auf Art 14 GG zurückgreifen, denn das Vollstreckungsgericht muß auch hier den Zuschlag versagen,[169] ggf von Amts wegen gem. § 83 Nr. 6.

In jedem Fall muß das Gericht bei erkennbarer Verschleuderungsgefahr die Lage mit den anwesenden Miteigentümern/Teilhabern erörtern und den nicht erschienenen Antragsgegnern den Inhalt dieser Erörterungen schriftlich mitteilen und ihnen Gelegenheit zur Stellungnahme geben, bevor der Zuschlag erteilt wird.[170]

---

[168] BGH FamRZ 2006, 697; NJW-RR 2003, 1648 m.w.N.; NJW 1965, 2107; OLG Karlsruhe Rpfleger 1993, 413; OLG Düsseldorf Rpfleger 1989, 36; OLG Koblenz Rpfleger 1985, 499; OLG Frankfurt Rpfleger 1981, 117; Storz/Kiderlen ZV-Praxis B 3.1.3. m. w. N.; Hornung Rpfleger 1979, 365.
[169] Vgl. BVerfG Rpfleger 1979, 296 und 1978, 206; LG Aurich NdsRpfl 1979, 108; Schiffhauer ZIP 1982, 666.
[170] Vgl. BVerfG NJW 1993, 1699; 1976, 1391; Steiner/Storz § 74 a Rz. 15; vgl. hierzu auch Dassler/Hintzen § 74 Rz. 2–4; Stöber Einl 8.

8.2.2.6. Versagung wegen Suizidgefahr

In der Vollstreckungsversteigerung wird in den letzten Jahren häufig versucht, einen unerwünschten Zuschlag mit einer drohenden Suizidgefahr für den Beteiligten selbst oder für einen seiner Angehörigen zu bekämpfen. Diese oft vorgeschobene Argumentation hat so überhand genommen, daß die Rechtsprechung immer wirksamere Regelungen zur Abwehr entwickeln mußte.[171] In der Teilungsversteigerungspraxis sind derartige Verhaltensweisen wesentlich seltener beobachtet worden, obwohl es auch hier für manche Beteiligte außerordentlich hart sein kann, wenn sie nach einem Zuschlag das Haus verlass müssen, das ihnen bisher mitgehört hat.

8.2.3. Einstellung durch Antragsteller

Wenn der einzige Antragsteller nach Schluß der Bietstunde, aber noch vor dem Abschluß[172] der Verkündung der Entscheidung über den Zuschlag, die einstweilige Einstellung gemäß §§ 180, 30 bewilligt (oder wenn mehrere Antragsteller betreiben und alle das gleiche tun), muß gemäß § 33 der Zuschlag versagt werden. Das ist unstreitig; ebenso unstreitig ist die Notwendigkeit der Zuschlagsversagung, wenn nach Einstellungsbewilligung (§§ 180, 30, 33) oder Antragsrücknahme (§§ 180, 29, 33) eines Miteigentümers das Verfahren zwar noch für einen anderen beigetretenen Miteigentümer fortzuführen ist, für diesen aber die Frist des § 43 Abs. 2 oder des § 44 Abs. 2 nicht gewahrt ist.[173]

Wegen der Bedeutung des geringsten Gebots als wichtigster Grundlage der Versteigerung muß aber auch dann der Zuschlag versagt werden, wenn von verschiedenen Antragstellern der **maßgebliche Antragsteller** nach Schluß der Bietstunde aber vor Verkündung des Zuschlags die einstweilige Einstellung bewilligt oder seinen Versteigerungs-/Beitrittsantrag zurücknimmt.[174] Maßgeblich ist nicht der Antragsteller mit den größten Anteilen oder kleinsten Belastungen,[175] sondern derjenige, nach dem sich die Zusammensetzung des geringsten Gebots entscheidend richtet. Maßgeblich ist der Antragsteller – anders ausgedrückt – immer dann, wenn bei seinem Wegfall das geringste Gebot anders aussehen müßte, so wie das in der Forderungszwangsversteigerung beim Wegfall des bestrangig betreibenden Gläubigers der Fall ist.[176]

Der Zuschlag ist also auch dann zu versagen, wenn (nur/auch) der maßgebliche Antragsteller von mehreren Antragstellern zwischen dem Schluß der Bietstunde (§ 73 Abs. 2) und der Verkündung der Entscheidung über den Zuschlag (§ 87) die einstweilige Einstellung gemäß §§ 180, 30 bewilligt.[177]

---

[171] Vgl. BVerfG FamRZ 2007, 107; BGH NJW 2006, 508 und Rpfleger 2007, 561; ausführlich Storz/Kiderlen ZV-Praxis D 4.6.1.

[172] BGH Rpfleger 2007, 414. – Vgl. dazu **TH** C 8.2.5.1.

[173] OLG Stuttgart Rpfleger 1970, 102; Schiffhauer ZIP 1982, 665; Steiner/Teufel § 180 Rz. 169; Stöber Handbuch Rz. 742.

[174] Ebenso LG Braunschweig Rpfleger 1998, 256; **a. A.** offenbar Schiffhauer ZIP 1982, 665. – Ausführlich dazu oben B 5.4.

[175] Oder mit dem höchsten Lebensalter, Einkommen, Lebensstandard, um bewußt zur Verdeutlichung der Sachproblematik einige unsachliche Kriterien zu nennen.

[176] Dazu Storz/Kiderlen ZV-Praxis B 6.4.

[177] Dazu ausführlich oben B 3.5.2., B 5.4.3., B 5.7.2.2., C 7.1.2.

Beispiel: Stefan und Daniel sind Miteigentümer je zu $1/2$. Der Anteil des Stefan ist mit EURO 44000,– belastet, derjenige des Daniel ist unbelastet. Stefan und Daniel betreiben die Teilungsversteigerung, deshalb richtet sich das geringste Gebot nach dem unbelasteten Anteil des Daniel, weil dann keine Rechte bestehenbleiben.[178] Nimmt Stefan nach der Bietstunde seinen Versteigerungsantrag zurück, hat dies keinen Einfluß auf das geringste Gebot, sodaß der Zuschlag erteilt wird.

Nimmt dagegen Daniel seinen Antrag zurück (oder bewilligt er die einstweilige Einstellung), müßte das geringste Gebot jetzt nach dem Anteil des Stefan ausgerichtet werden: es wären sowohl die Belastung als auch ein entsprechender Ausgleichsbetrag gemäß § 182 zu berücksichtigen. Das geringste Gebot ist daher nachträglich unrichtig geworden, sodaß der Zuschlag versagt werden muß.[179]

Der alleinige Antragsteller bzw. der maßgebliche von mehreren Antragstellern[180] kann also jeden Zuschlag ohne Rücksicht auf die Höhe des Meistgebots verhindern, ohne daß er seine Einstellungsbewilligung zu begründen oder mit irgendjemandem abzustimmen oder sich an eine besondere Form zu halten hätte; er darf lediglich nicht in Schädigungsabsicht oder in sonst sittenwidriger Weise handeln.[181]

Es ist bereits darauf hingewiesen worden, daß in der Teilungsversteigerung einerseits für Ablösungen gemäß § 268 BGB oder gemäß § 75 nur wenig Raum ist, daß sie aber andererseits gegenüber Pfändungsgläubigern durchaus auch in der Teilungsversteigerung möglich sind.[182] Durch eine Ablösung gemäß § 268 BGB erhält der Ablösende zunächst nur die Stellung des Abgelösten; er muß also noch die einstweilige Einstellung gemäß §§ 180, 30 zwischen Ende der Bietstunde und Verkündung des Zuschlags bewilligen, wenn er den Zuschlag verhindern will, und wenn das Gericht nicht schon von sich aus seine Kenntnis von der Ablösung zu einer Einstellung nutzt (was m.E. nicht zulässig ist).[183] Bei einer Überweisung an das Gericht gemäß § 75[184] stellt das Gericht auf jeden Fall von Amts wegen ein.[185]

Eine gerichtliche Einstellung gemäß § 76 scheidet in der Teilungsversteigerung aus, weil § 76 als auf Geldvollstreckungen abgestellte Schutzvorschrift auf die Teilungsversteigerung nicht paßt.[186] Zu den Einstellungsmöglichkeiten gemäß §§ 775, 769, 766 ZPO vgl. die allgemeinen Ausführungen oben.[187]

---

[178] Nach der inzwischen ganz herrschenden Niedrigstgebotstheorie; vgl. dazu oben B 5.4.
[179] Dazu auch C 3.4.1.
[180] Vgl. Taktischen Hinweis unten **TH** C 8.4.13.
[181] LG Braunschweig Rpfleger 1998, 482; Storz/Kiderlen ZV-Praxis D 4.5.2; Stöber § 182 Anm. 3.9.
[182] Dazu insbesondere oben B 3.4.4.
[183] Storz/Kiderlen ZV-Praxis B 7.3.4.
[184] Vgl. Taktischen Hinweis unten **TH** C 8.4.14.
[185] BGH NJW 2009, 81; Storz/Kiderlen ZV-Praxis D 4.5.4.; Stöber § 75 Anm. 2.2.
[186] Stöber § 76 Anm. 1; Steiner/Storz § 76 Rz. 1. – siehe auch oben B 3.4.5.
[187] Insbesondere B 3.4.3.

8.2.4. Verfahrensfehler und ihre Heilung

Wie in der Forderungszwangsversteigerung[188] ist auch in der Teilungsversteigerung der Zuschlag gemäß § 83 zu versagen, wenn bestimmte Vorschriften verletzt sind.

Vor der Entscheidung über den Zuschlag[189] muß das Gericht daher noch einmal die Gesetzmäßigkeit des Verfahrens prüfen und zwar auch dann, wenn keine ausdrücklichen Rügen oder Widersprüche durch die Beteiligten erfolgt sind.[190] Die in § 83 Nr. 1–5 genannten Verstöße werden in der Beschwerdeinstanz nicht mehr von Amts wegen geprüft[191] und stehen auch einem Zuschlag dann nicht entgegen, wenn durch den Zuschlag das Recht keines Beteiligten beeinträchtigt wird, oder wenn der beeinträchtigte Beteiligte das Verfahren genehmigt (vgl. § 84). Dagegen sind die in § 83 Nr. 6 und 7 genannten Verstöße unheilbar und führen zwingend zur Versagung bzw. Aufhebung des Zuschlags.

Heilbare Versagungsgründe sind insbesondere Verstöße gegen:
- § 43 Abs. 2 oder eine der Vorschriften über die Feststellung des geringsten Gebots[192] oder der Versteigerungsbedingungen; z. B. unterlassene Zustellungen, Nicht- oder Falschfestsetzung eines Zuzahlungsbetrags gemäß §§ 50, 51 (§ 83 Nr. 1);
- § 63 Abs. 1, Abs. 2 S. 1, Abs. 5 bei der (in der Teilungsversteigerung selteneren) Versteigerung mehrerer Grundstücke (§ 83 Nr. 2);
- § 64 Abs. 2 S. 1, Abs. 3 bei der (in der Teilungsversteigerung selteneren) Verteilung eines Gesamtrechts (§ 83 Nr. 3);
- § 66 Abs. 2, also die Hinweispflicht auf die bevorstehende Ausschließung weiterer Anmeldungen (§ 83 Nr. 4);
- die Regeln, wann das Recht eines Beteiligten der Teilungsversteigerung entgegensteht (§ 83 Nr. 5); hier werden alle Gesetzesverletzungen erfaßt, die nur bestimmte Rechte betreffen,[193] insbesondere Verstöße gegen § 37 Nr. 5 oder im Zusammenhang mit der Wertfestsetzung;[194]
- §§ 81, 85, 85 a oder die Regel, daß der Zuschlag nur unter den der Versteigerung zugrundeliegenden Bedingungen erteilt werden darf (§ 100 Abs. 1).

Unheilbare Versagungsgründe sind insbesondere Verstöße gegen:
- Vorschriften, bei denen ungewiß ist, wie weit sich ihre Wirkung erstreckt;[195] wichtigste Beispiele sind: Unzuständigkeit des Gerichts, Prozeß- oder Parteiunfähigkeit der Beteiligten, Antragsrücknahme oder Einstellung, Verstoß gegen das verfassungsrechtliche Gebot rechtsstaatlicher, fairer Verfahrensgestaltung[196] oder gegen § 139 ZPO;[197]

[188] Dazu Storz/Kiderlen ZV-Praxis D 4.7.
[189] Näher oben C 8.1.3.
[190] Storz/Kiderlen ZV-Praxis D 4.7.1.
[191] Steiner/Storz § 83 Rz. 5.
[192] Dazu LG Frankfurt Rpfleger 1988, 494.
[193] Stöber § 83 Anm. 3.5.
[194] Stöber § 83 Anm. 3.5; Storz/Kiderlen ZV-Praxis D 4.7.1.
[195] Stöber § 83 Anm. 4.1.
[196] OLG Düsseldorf Rpfleger 1994, 429; OLG Köln KTS 1983, 651; LG Heilbronn Rpfleger 1996, 79.

– § 43 Abs. 1 oder § 73 Abs. 1; also Fehler bei der Terminsveröffentlichung[198] oder Durchführung einer vollen Bietstunde.[199]

8.2.5. Taktischer Hinweis

TH 8.2.5.1.: Wenn das Gericht den Zuschlage gemäß § 85 a III erteilen will (weil der Meistbietende einen Ausfall erleidet, der zusammen mit seinem Meistgebot mindestens 50% des festgesetzten Verkehrswertes ausmacht; vgl. dazu oben C 8.2.2.2.) und ein Beteiligter dieses Ergebnis vermeiden will, dann kann dieser die Zuschlagsversagung entweder über einen $^7/_{10}$-Antrag gemäß § 74 a (wenn er antragsberechtigt ist!) oder über einen Versagungsantrag gemäß § 765 a ZPO (wenn eine Verschleuderung vorliegt!) oder über eine Einstellungsbewilligung gemäß § 30 (wenn er maßgeblicher Antragsteller ist!) herbeiführen. Diese Einstellung kann auch noch bis zur vollständigen Verkündung des Zuschlags bewilligt werden.

Beispiel:[200] Nachdem die Rechtspflegerin mit der Verkündung des Zuschlagsbeschlusses begonnen hatte, wurde sie von dem Beteiligten mit der Frage unterbrochen, warum der Zuschlag nicht nach § 85 a I versagt werde. Die Rechtspflegerin verwies auf § 85 a III, worauf der Beteiligte die einstweilige Einstellung gemäß § 30 bewilligte. Trotzdem wurde der restliche Zuschlagsbeschluss verkündet. Auf Rechtsbeschwerde wurde der Zuschlag gemäß §§ 30, 33 versagt.

8.3. Der Zuschlag

8.3.1. Übersicht:

Adressat:
– i. d. R. der Meistbietende (§ 81 I) oder
– Zessionar einer Abtretung des Meistgebots (§ 81 II) oder
– beim Bieten verdeckt Vertretener (§ 81 III)

Wirkungen des Zuschlags:
– Beendigung der Gemeinschaft am Grundstück
– Eigentumserwerb und -verlust (§ 90)
– Übergang von Gefahr, Nutzen, Lasten (§§ 56, 57)
– keine Gewährleistung (§ 56 S. 3)
– Erlöschen/Bestehenbleiben von Rechten (§§ 91, 92)
– Vollstreckungstitel (§ 93)
– kein Ausnahmekündigungsrecht (§ 183)
– Gerichtliche Verwaltung möglich (§ 94)
– evtl. Befriedigungsfiktion (§ 114 a)

---

[197] BVerfG Rpfleger 1993, 32 (Hintzen); OLG Oldenburg Rpfleger 1989, 381; OLG Celle Rpfleger 1979, 116; OLG Zweibrücken Rpfleger 1978, 108 (Vollkommer); LG Oldenburg Rpfleger 1990, 370; Steiner/Storz § 83 Rz. 27.
[198] Dazu OLG Düsseldorf EWiR 1997, 287 (Muth); OLG Hamm Rpfleger 1991, 71; OLG Oldenburg Rpfleger 1990, 470; LG Ellwangen Rpfleger 1996, 361. – Dagegen gibt eine falsche Gläubigerveröffentlichung keinen Zuschlagsversagungs-/-aufhebungsgrund: LG Göttingen Rpfleger 1998, 211.
[199] Storz/Kiderlen ZV-Praxis D 4.7.1.
[200] BGH Rpfleger 2007, 414.

Haftung neben dem Zuschlag:
- Zinsen aus dem Bargebot (§ 49 II)
- Kosten des Zuschlags (§ 29 GKG, 1525 KostenV)
- Grunderwerbsteuer (§ 23 I GrEStG)
- dingliche Zinsen aus bestehenbleienden Grundpfandrechten ab Zuschlag (§ 56)
- evtl. Zuzahlungspflicht (§§ 50, 51)
- evtl. umweltgefährdende Altlasten
- evtl. nicht abgewohnte Mieterdarlehen

8.3.2. Wirkungen des Zuschlags

Der Zuschlagsbeschluß hat die Bedeutung eines Richterspruchs[201] und bestimmt originär die Rechtsstellung des Erstehers und das Schicksal der bisherigen Rechte am Grundstück und den mitversteigerten Gegenständen. Der Zuschlagsbeschluß bildet also einen selbständigen Rechtsgrund, sodaß das Eigentum nicht übertragen, sondern neu begründet wird.

Die Wirkungen des Zuschlags, die sich in der Teilungsversteigerung nur unwesentlich von denen der Forderungszwangsversteigerung[202] unterscheiden, treten mit der Verkündung des Zuschlags in Kraft,[203] fallen allerdings rückwirkend wieder weg, wenn der Zuschlag aufgrund eines Rechtsmittels aufgehoben wird.[204] Wer daher zwischen Verkündung des Zuschlags und seiner Aufhebung das Grundstück oder einen mitversteigerten Gegenstand vom Ersteher erwirbt, ist (nur) über den guten Glauben gemäß §§ 892, 893, 932ff., 1155, 1207 BGB geschützt.

Die wesentlichen Wirkungen des Zuschlags sind:
- **Beendigung der Gemeinschaft am Grundstück**; diese setzt sich jetzt kraft Surrogation am Erlös fest. Mit der Rechtskraft des Zuschlags sind auch alle Einwendungen gegen die Wirksamkeit des Zuschlags abgeschnitten, und das Meistgebot kann nicht mehr angefochten werden.
- **Erwerb des Eigentums durch den Ersteher** bzw. Verlust des Eigentums durch die bisherigen Miteigentümer/Teilhaber am Grundstück und an den mitversteigerten Gegenständen (§ 90).[205] Der Eigentumserwerb setzt weder die Eintragung im Grundbuch noch die Bezahlung im (späteren) Verteilungstermin voraus. Wegen dieser frühen Folgen können sich die bisherigen Miteigentümer in gewissem Umfang gegen tatsächliche (vgl. § 94) oder rechtliche (vgl. § 130) Verfügungen des Erstehers schützen.
- **Übergang von Versicherungs- und Entschädigungsforderungen,** soweit diese der Hypothekenhaftung unterliegen (vgl. §§ 55 Abs. 1, 20 Abs. 2). Der Entschädigungsanspruch gegen eine Versicherung geht z.B. auf den Ersteher über, wenn der den Schaden verursachende Versicherungsfall nach der Beschlagnahme eingetreten ist. Dagegen werden nicht

---

[201] BGH Rpfleger 1986, 396 und NJW 1971, 1751; Storz/Kiderlen ZV-Praxis D 5.2.1.
[202] Dazu Storz/Kiderlen ZV-Praxis D 5.2.1.
[203] Dazu oben C 8.1.3.
[204] BayObLGZ 1964, 270; Jansen § 18 FGG Rz. 31.
[205] Vgl. Taktischen Hinweis unten **TH** C 8.4.15. – Siehe auch OLG Koblenz Rpfleger 1988, 493.

von der Beschlagnahme erfaßt (und gehen deshalb nicht auf den Ersteher über) Schadensersatzansprüche gegen die Versicherung aus Verschulden bei Vertragsschluß.[206]

- **Übergang von Gefahr, Nutzungen und Lasten** (§§ 56, 57). Die Gefahr des zufälligen Untergangs geht hinsichtlich des Grundstücks mit dem Wirksamwerden des Zuschlags (vgl. §§ 89, 104), hinsichtlich der mitversteigerten Gegenstände sogar schon mit dem Schluß der Versteigerung auf den Ersteher über.[207] Wenn deshalb noch nach Schluß der Bietstunde solche Gegenstände gemäß § 37 Nr. 5 von der Versteigerung ausgenommen werden, muß der Zuschlag im ganzen versagt werden, wenn nicht der Ersteher ausdrücklich auf diese Gegenstände verzichtet.[208] Dagegen erwirbt der Ersteher i. d. R. nicht auch Schadensersatzansprüche der bisherigen Miteigentümer wegen einer früheren Beschädigung des Grundstücks.[209] Gemäß § 56 S. 2 trägt der Ersteher vom Zuschlag an die öffentlichrechtlichen und privaten Lasten des Grundstücks, haftet aber nicht für eine nachträgliche Erhöhung der Grundsteuer.

- Zu den vom Ersteher zu tragenden Lasten gehören schließlich auch die dinglichen Zinsen ab Zuschlag für diejenigen Grundpfandrechte, die mit dem Zuschlag nicht erloschen, sondern bestehengeblieben sind.[210] Diese sehr hohen dinglichen Zinsen müssen solange bezahlt werden und erhöhen insofern die den bisherigen Miteigentümern zustehenden Rückgewähransprüche, bis der Ersteher das Grundpfandrecht (zzgl. dingliche Zinsen) bei seinem Gläubiger bezahlt hat.

Beispiel: A und B waren je zur Hälfte Miteigentümer eines Grundstückes, das mit einer Grundschuld über 200 000,– zzgl. 18% Zinsen belastet ist. In der Teilungsversteigerung ist die Grundschuld bestehen geblieben; der Grundschuld-Gläubiger hat ausdrücklich auf dingliche Zinsen verzichtet, weil die Grundschuld nur noch mit 90 000,– valutiert war.
C hat das Grundstück zum Bargebot von 160 000,– ersteigert, insgesamt also 360 000,– (für ein unbelastetes Grundstück) „angelegt". C muß ab Zuschlag 18% aus 200 000,– zahlen bis zum Zeitpunkt der Zahlung; geschieht diese erst 6 Monate nach dem Zuschlag, also 218 000,–. Dadurch entsteht bei der Bank ein Übererlös in Höhe von 128 000,–, der je zur Hälfte A und B zusteht. Die Bank darf aber so nur auszahlen, wenn A und B beide damit einverstanden sind.

Da die Nutzungsrechte mit dem Zuschlag auf den Ersteher übergehen, kann dieser mit dem Zuschlagsbeschluß die Räumungsvollstreckung gegen die bisherigen (Mit-)Eigentümer und ihre Familien betreiben (siehe unten: Vollstreckungstitel). In Zwangsversteigerungen ist es zunehmend Mode

---

[206] BGH NJW 2006, 771.
[207] Storz/Kiderlen ZV-Praxis D 5.2.3.
[208] OLG Hamm OLGZ 1967, 445; Storz/Kiderlen ZV-Praxis B 2.5.2. – Vgl. auch die zahlreichen Taktischen Hinweise bei Storz/Kiderlen ZV-Praxis **TH** B 2.5.4.1.– **TH** B 2.5.4.12.
[209] BGH ZIP 1989, 761.
[210] Vgl. dazu ausführlich OLG Frankfurt FamRZ 2007, 1667 ff. und unten C 9.4.3.4. und **TH** C 9.7.12.–**TH** C 9.7.17.

geworden, diese Räumungsvollstreckung (und oft auch die Versteigerung selbst) mit einer behaupteten Suizidgefährdung zu verzögern oder endgültig zu verhindern.[211] Die Justiz tut sich schwer im Umgang mit diesem Problem, weil gemäß § 765a ZPO eine Interessenabwägung zwischen Schuldner und Gläubiger (bzw. Antragsgegner und Antragsteller) erfordert, und eine Lebensgefährdung beim Schuldner (wenn sie tatsächlich gegeben ist) das Vollstreckungsinteresse des Gläubigers überlagert. Aber die bloße (und evtl. privatärztlich bestätigte) Behauptung einer Suizidgefährdung kann die im Rahmen des § 765a ZPO geforderte Interessenabwägung allein noch nicht zugunsten des Schuldners beenden.[212] Diese Interessenabwägung muß auch das Verhalten des Schuldners im Vollstreckungsverfahren[213] und auch zu seiner Suizidgefährdung einbeziehen. Deshalb darf auch bei echter Suizidgefährdung die Vollstreckung nicht gänzlich verhindert,[214] sondern nur für eine bestimmte und auch dem Gläubiger zumutbare Zeit lang verzögert werden. Denn der Gläubiger darf nicht für die psychische und physische Stabilität des Schuldners verantwortlich gemacht werden; und ihm dürfen nicht die Aufgaben aufgebürdet werden, die primär der Schuldner und seine Familie und seine Ärzte, und sekundär auf Grund des Sozialstaatsprinzips die Allgemeinheit und damit der Staat zu erfüllen hat.[215] In den letzten Jahren haben sich Bundesverfassungsgericht und Bundesgerichtshof häufig mit dieser Problematik befassen müssen und im Ergebnis die hier vertretene Auffassung bestätigt.[216]

Im Falle der Wiedereinweisung des bisherigen Nutzers durch den Gerichtsvollzieher in die von ihm genutzte Wohnung kann der Eigentümer vom Träger der ordnungsbehördlichen Kosten regelmäßig eine angemessene Nutzungsentschädigung und u. U. sogar Ersatz derjenigen Schäden verlangen, die der Eingewiesene durch unsachgemäßen Gebrauch angerichtet hat.[217]

– **Keine Gewährleistung für Sach- und Rechtsmängel**; sie ist gemäß § 56, S. 3 ausgeschlossen, Beschädigungen durch die früheren Miteigentümer können zwar gemäß § 823 Abs. 2 i. V. m. §§ 1134, 1135 BGB Ersatzansprüche auslösen; diese stehen i. d. R. aber nur den Gläubigern von Grundpfandrechten zu. Stellt der Ersteher umweltgefährdende Altlasten auf dem Grundstück fest, kann das Fehlen jeglicher Gewährleistung schlimme Folgen für ihn haben.[218]

– **Erlöschen und Bestehenbleiben von Rechten** (§§ 91, 92) Mit dem Wirksamwerden des Zuschlags (vgl. §§ 89, 104) erlöschen alle Rechte, die nicht nach den Versteigerungsbedingungen, kraft Gesetzes oder wegen

---

[211] Vgl. dazu Storz/Kiderlen ZV-Praxis B 1.1.1.
[212] OLG Düsseldorf Rpfleger 1998, 208; OLG Köln NJW 1993, 2248; VGH Mannheim NJW 1997, 2832; Walker/Gruß NJW 1996, 352; Schneider JurBüro 1994, 321.
[213] So OLG Düsseldorf Rpfleger 1998, 208.
[214] Vgl. aber auch BVerfG NJW 1998, 295.
[215] OLG Düsseldorf Rpfleger 1998, 208; Walker/Gruß NJW 1996, 352.
[216] Vgl. insbesondere BVerfG FamRZ 2007, 107 und NJW 2007, 2910; BGH NJW 2009, 80; 2005, 1859; Rpfleger 2008, 212; 2006, 147; 2007, 561. – Vgl. dazu auch Storz/Kiderlen NJW 2007, 1846.
[217] Vgl. BGH EWiR 1996, 135 (Medicus).
[218] Dazu unten C 8.3.3.

einer Liegenbelassungsvereinbarung i. S. d. § 91 Abs. 2 bestehenbleiben. An Stelle der erlöschenden Rechte treten kraft gesetzlicher Surrogation[219] entsprechende Zahlungs- bzw. Ersatzansprüche.[220] Dies ergibt sich für die „auf Zahlung eines Kapitals gerichteten" Rechte wie Hypothek, Grundschuld, Rentenschuld aus dem allgemeinen Surrogationsgrundsatz. Für „nicht auf Zahlung eines Kapitals gerichtete" Rechte (insbesondere aus Abt. II des Grundbuchs) ergibt sich dies unmittelbar aus § 92.

Alle derartigen Ansprüche werden vom Gericht geprüft und festgestellt; wer mit dieser Feststellung nicht einverstanden ist, kann dem Teilungsplan widersprechen (vgl. § 115) und ggf. eine Hinterlegung gemäß § 120 erreichen.

Die im geringsten Gebot berücksichtigten Rechte bleiben bestehen. Dies gilt nach herrsch Ansicht wegen § 1066 BGB nicht für einen nur den Anteil des Antragstellers belastenden Nießbrauch; er erlischt am Grundstücksanteil, setzt sich aber kraft Surrogation am entsprechenden Erlösanteil fort.[221] Grundpfandrechte, die bisher nur einen Anteil belastet haben und bestehenbleiben, belasten auch nach dem Zuschlag an einen Alleineigentümer nur „diesen Anteil".[222]

Eine bestehenbleibende Tilgungshypothek erlischt insoweit, als auf sie aus dem Barteil des Meistgebots Zahlungen auf die Tilgung geleistet werden.[223] Ist der Ersteher zugleich Gläubiger einer bestehengebliebenen Hypothek und der durch sie gesicherten Forderung, so erlischt diese Forderung regelmäßig nach § 53 Abs. 1 in Höhe der Hypothek.[224] Wenn der Ersteher eine bestehenbleibende Grundschuld zurückzahlt, steht der auf einen nicht valutierten Grundschuldteil entfallende Betrag den bisherigen Miteigentümern gemeinsam zu.[225]

Beispiel: Die Exeheleute waren je zur Hälfte Miteigentümer der Ehewohnung. In der Teilungsversteigerung erhielt der Exehemann den Zuschlag, wobei eine Grundschuld i. H. v. 200 000,– bestehenblieb, die gesicherte Forderung war in diesem Zeitpunkt bis auf 88 000,– getilgt. Ein halbes Jahr später erteilt der GS-Gläubiger Löschungsbewilligung an den Exmann gegen Zahlung von 88 000,–. Kann die Exfrau jetzt Bereicherungsansprüche gegen den Exmann geltend machen i. H. v. 50% des Differenzbetrages von 88 000,– und 200 000,– zuzüglich dingliche Zinsen zwischen Zuschlag und Zahlung?[226] Oder kann die Exfrau Schadensersatzansprüche in entsprechender Höhe gegen den GS-Gläubiger geltend machen?[227]

Hat ein Miteigentümer (auch) seinen Anteil zur Belastung mit einer Grundschuld zur Verfügung gestellt, das der Absicherung einer nur gegen

---

[219] Dazu Gassner Rpfleger 1988, 51.
[220] Storz/Kiderlen ZV-Praxis D 5.2.4.
[221] Dazu näher oben B 1.5.5.; B 2.2.; B 5.1.4.
[222] Eickmann S. 79.
[223] Dazu oben B 5.1.4.
[224] BGH ZIP 1996, 1268.
[225] BGH Rpfleger 1989, 120.
[226] Vgl. dazu BGH EWiR 1996, 1127 (Gaberdiel); EWiR 1993, 973 (Köndgen); EWiR 1989, 417 (Köndgen); LG Itzehoe EWiR 1998, 169 (Hintzen).
[227] Köndgen EWiR 1993, 973; vgl. hierzu auch LG München Rpfleger 2010, 335 (Alff).

den anderen Miteigentümer gerichteten Forderung dient, folgt hieraus ein gegen diesen gerichteter gemeinschaftsrechtlicher Befreiungsanspruch, bei der Aufhebung der Gemeinschaft so behandelt zu werden, als sei nur der Anteil des anderen Miteigentums mit der der Sicherung seiner Forderung dienenden Grundschuld belastet gewesen.[228]

– **Der Zuschlagsbeschluß dient als Vollstreckungstitel** und zwar gemäß § 93 Abs. 1 einerseits als Räumungs- und Herausgabetitel gegen die Miteigentümer als Besitzer des Grundstücks und der mitversteigerten Gegenstände,[229] und gemäß §§ 132, 118, 128 andererseits als Zahlungs- und Duldungstitel für bestimmte Gläubiger gegen den Ersteher, wenn dieser seiner Zahlungspflicht im Verteilungstermin (vgl. § 49) nicht nachkommt. Es gelten die gleichen Regeln wie in der Forderungszwangsversteigerung.[230] Die Räumungsvollstreckung ist zwar dann ausgeschlossen, wenn nur ein Miteigentumsanteil versteigert wurde,[231] was jedoch in der Teilungsversteigerung nur selten vorkommen dürfte.[232] Auch kann nicht auf Räumung oder Herausgabe gegen Dritte vollstreckt werden, deren Besitz auf einem eigenständigen Recht beruht, z. B. auf einem nicht gekündigten Mietvertrag. Das gilt auch für Miteigentümer mit ordnungsgemäßem Mietvertrag. So kann auch nicht gegen eine Ehefrau vollstreckt werden, deren Ehemann die ehemals gemeinsame Ehewohnung für die Zeit nach der Scheidung der Ehefrau als Folge seiner Unterhaltspflicht überlassen, aber trotzdem die Teilungsversteigerung betrieben hat.[233]

Nach der heute herrschenden Ansicht kann die Räumung gegen einen im Vollstreckungstitel nicht bezeichneten Dritten nicht vollzogen werden, wenn dieser Mitbesitzer ist.[234] Regelmäßig wird dies bei Ehegatten und Partnern nichtehelicher Lebensgemeinschaften der Fall sein, sodaß diese in der Vollstreckungsklausel ausdrücklich aufzuführen sind.[235] Dies gilt nicht für minderjährige Kinder, da diese keinen Mitbesitz an der elterlichen Wohnung haben. Hier ist ein Titel gegen die Eltern ausreichend;[236] entsprechendes gilt für Personal des Räumungsschuldners.[237]

Der für die Klauselerteilung zuständige Rechtspfleger hat vorher den mitbesitzenden Dritten rechtliches Gehör zu gewähren.[238]

---

[228] OLG Köln EWiR 1991, 831 (Hintzen).

[229] Steiner/Teufel § 180 Rz. 178.

[230] Dazu Storz/Kiderlen ZV-Praxis D 5.2.5.

[231] LG München II NJW 1955, 189; Stöber § 180 Anm. 7.19; Steiner/Teufel § 180 Rz. 178 ff.

[232] ZB bei Teilungsversteigerung aus dem sog „kleinen Antrag"; vgl. dazu oben B 1.4.

[233] AG Mannheim NJW 1975, 1038; Stöber Rz. 743.

[234] BGH Rpfleger 2004, 640; Stöber § 93 Anm. 2.2; Dassler/Hintzen § 93 Rz. 12; – vgl. zur bisherigen Diskussion dieser streitigen Frage OLG Frankfurt Rpfleger 1989, 209; LG Oldenburg Rpfleger 1991, 29 (Anm. Meyer-Stolte); LG Detmold Rpfleger 1987, 323; Rabl DGVZ 1987, 38; Steiner/Eickmann § 93 Rz. 8.

[235] Vgl. BGH NJW 2008, 1959: Mitbesitz muss sich hier eindeutig aus den Umständen ergeben; OLG Köln DGVZ 1997, 119; LG Heilbronn Rpfleger 2004, 431; LG Mainz MDR 1978, 765; Stöber § 93 Anm. 2.2.

[236] BGH NJW 2008, 1959; OLG Hamburg MDR 1991, 453; Stöber § 93 Anm. 2.2.

[237] Dassler/Hintzen § 93 Rz. 13.

[238] OLG Hamm Rpfleger 1990, 286; Meyer-Stolte Rpfleger 1991, 30; Steiner/Eickmann § 93 Rz. 35; Muth 1 Z 15.

Da sich die Praxis immer wieder mit Scheinmietverhältnissen auseinandersetzen muß, wird immer häufiger die Erteilung einer Vollstreckungsklausel auch dann zugelassen, wenn z. B. in der Forderungzwangsversteigerung ein behauptetes Mietverhältnis zwischen Schuldner und Angehörigen mit großer Wahrscheinlichkeit wegen mangelnder Ernsthaftigkeit unwirksam ist.[239] Der Mieter wird dann auf die Widerspruchsklage nach § 771 ZPO verwiesen.

– **Miet- und Pachtverhältnisse** muß der Ersteher in der Teilungsversteigerung gemäß § 57 i. V. m. § 566 I BGB gegen sich gelten lassen, weil hier gemäß § 183 das in der Forderungzwangsversteigerung geltende Ausnahmekündigungsrecht der §§ 57 a und b[240] nicht gilt. Für die Mietverhältnisse gelten daher neben den vertraglichen Vereinbarungen insbesondere die §§ 566, 566 a, 566 b I, 566 c, 566 d BGB. Da § 566 b S. 2 BGB auch in der Teilungsversteigerung nicht anwendbar ist,[241] muß der Ersteher Vorausverfügungen über den Mietzins, die über den Ablauf des auf den Zuschlag folgenden Monats hinausgehen, selbst bei positiver Kenntnis nicht gegen sich geltenlassen. Vorsicht ist aber geboten bei Baukostenzuschüssen und Mieterdarlehen, die tatsächlich dem Mietraum zugutegekommen sind. Hier kann der Ersteher trotz § 57 i. V. m. §§ 566–566 d BGB verpflichtet sein,

– bei einer Fortführung des Mietverhältnisses die weitere Kürzung des Mietzinses wegen Verrechnung mit dem noch nicht abgewohnten Teil des Mieterdarlehens/Baukostenzuschusses zu dulden,

– bei einer vorzeitigen Beendigung des Mietverhältnisses den noch nicht abgewohnten Teil auszuzahlen.[242]

Eine besondere Schwierigkeit für Bietinteressenten/Ersteher besteht darin, daß der Rechtspfleger hierüber in aller Regel keine Auskünfte erteilen kann und auf den normalen Prozeßweg (zwischen Ersteher und Mieter) verweisen muß. Außerdem wird bedauerlicher Weise gerade mit rückdatierten und fälschlich behaupteten Mietverträgen in der Zwangsversteigerung in großem Umfang Mißbrauch getrieben![243] – Der Ersteher ist also auf die Kündigung nach den allgemeinen Vorschriften, insbesondere auch nach § 573 Abs. 2 Nr. 2 (Kündigung wegen Eigenbedarfs) und Nr. 3 (Kündigung zum Zwecke der wirtschaftlichen Verwertung) angewiesen. Dazu hat das Bundesverfassungsgericht mehrfach Stellung genommen.[244] Danach ist als Verwertung, die eine Kündigung rechtfer-

---

[239] BGH Rpfleger 2004, 368; OLG Frankfurt Rpfleger 1989, 209; OLG Hamm Rz. 1989, 165; LG Freiburg Rpfleger 1990, 266; LG Detmold Rpfleger 1987, 323; LG Krefeld Rpfleger 1987, 259; Meyer-Stolte Rpfleger 1987, 259.

[240] Dazu Storz/Kiderlen ZV-Praxis B 1.3.

[241] Eickmann S. 79.

[242] Vgl. BGH NJW 1998, 595 zu einem Fall, in dem der Mietvertrag auf Lebenszeit des Mieters abgeschlossen war und die gesamte Miete schon bei Vertragsbeginn bezahlt wurde. – Vgl. auch Storz/Kiderlen ZV-Praxis D 5.3.5. m. w. N.

[243] Vgl. dazu Storz/Kiderlen ZV-Praxis B 1.1.1. und D 1.2. – Zur Strafbarkeit derartiger Manipulationen vgl. AG Dillenburg Rpfleger 1995, 79. – Außerdem: Klawikowski, Rpfleger 1997, 418.

[244] BVerfG NJW 1989, 970 und 972; siehe auch die Besprechung von Henschel NJW 1989, 937.

tigen kann, ausdrücklich auch der Verkauf des vermieteten Objekts angesehen worden.[245]

- **In bestehende Versicherungsverhältnisse** tritt der Ersteher gemäß §§ 73, 69 VVG mit dem Zuschlag ein.[246]
- **Schuldübernahme bei bestehenbleibenden Rechten** tritt gemäß § 53 mit dem Zuschlag nur dann ein, wenn die bisherigen Miteigentümer auch persönlich gehaftet und dies entsprechend angemeldet haben.[247]
- **Gerichtliche Verwaltung gemäß § 94**, die dem Schutz vor evtl. zahlungsunfähigen Erstehern dient, ist auch in der Teilungsversteigerung möglich;[248] antragsberechtigt sind zunächst die Gläubiger, die mit einer Erlöszuteilung rechnen können, aber auch die Miteigentümer, wenn für sie ein Übererlös verbleibt.[249]
- **Befriedigungsfiktion gemäß § 114 a** gilt zwar auch in der Teilungsversteigerung,[250] kommt hier aber nur ungleich seltener zum Zuge als in der Forderungszwangsversteigerung.[251] Wenn der Meistbietende oder der Ersteher (vgl. § 81 Abs. 2) zur Befriedigung aus dem Grundstück berechtigt ist vgl. § 10), erlischt gemäß § 114 a seine evtl. persönliche Restforderung[252] i. H. des Unterschiedsbetrages zwischen Meistgebot und 7/10 des gerichtlich gem. § 74 a Abs. 5 festgesetzten Grundstückswertes.[253]

Wegen der eingeschränkten Bedeutung des § 114 a in der Teilungsversteigerung sei auf die umfangreiche Literatur und Rechtsprechung zu dieser sinnvollen aber leicht zu übersehenden und z.t. schwierig zu handhabenden Vorschrift verwiesen. Hier sollen nur einzelne Punkte herausgegriffen werden, die die höchstrichterliche Rechtsprechung in letzter Zeit besonders beschäftigt haben:

- Auch für § 114 a gilt grundsätzlich der gemäß § 74 a Abs. 5 gerichtlich festgesetzte Grundstückswert,[254] jedenfalls solange, solange noch keine Zuschlagsversagung nach § 85 a oder § 74 a erfolgt ist.[255]
- § 114 a gilt auch, wenn eine maßgeblich beeinflußte Tochtergesellschaft ersteigert,[256] oder eine maßgeblich beeinflußte Person.
- § 114 a gilt auch bei Abtretung des Meistgebots gemäß § 81 Abs. 2; als befriedigt gelten dann u. U. beide.[257]

---

[245] BVerfG NJW 1989, 972.
[246] Storz/Kiderlen ZV-Praxis D 5.2.; Muth S. 786. – Der Versicherung muß der Eigentumsübergang (auch durch Teilungsversteigerung) unverzüglich (§ 121 BGB) nach dem Zuschlag angezeigt werden, weil sonst der Versicherungsschutz gefährdet ist; vgl. dazu OLG Hamm v. 6. 3. 1992 (20 U 239/91).
[247] Dazu oben C 6.2.; **Muster** C 6.2.2.1.
[248] Stöber § 180 Anm. 7.12; Steiner/Teufel § 180 Rz. 94.
[249] Vgl. Taktischen Hinweis unten **TH** C 8.4.16.
[250] Steiner/Eickmann § 114 a Rz. 6; Stöber § 114 a Anm. 1.2.
[251] Dazu Storz/Kiderlen ZV-Praxis E 6.1.3.
[252] BGH EWiR 1987, 201 (Storz); ausführlich dazu Storz/Kiderlen ZV-Praxis D 3.3.1.; E 6.1.3.
[253] Muth S. 785.
[254] BGH ZIP 1987, 156 = EWiR 1987, 201 (Storz) und ZIP 1986, 90; OLG Celle Rpfleger 1989, 118; Storz/Kiderlen ZV-Praxis E 6.1.3.
[255] BGH NJW-RR 2004, 666; Storz/Kiderlen ZV-Praxis E 6.1.3.
[256] OLG Celle Rpfleger 1989, 118 (Muth); Storz/Kiderlen ZV-Praxis E 6.1.3.
[257] BGH ZIP 1989, 1088 und WM 1979, 977.

– § 114a führt maximal zum Erlöschen der Forderung, aber nicht zu einem Bereicherungsanspruch.[258]
– § 114a ist in der Bemessungsgrundlage für die Grunderwerbsteuer mit einzubeziehen.[259]

8.3.3. Haftung neben dem Zuschlag

Gemäß § 49 Abs. 1 muß der Ersteher den Barteil seines Meistgebots im Verteilungstermin bar bezahlen. Neben dieser Hauptpflicht ergeben sich für ihn aber noch einige weitere Verpflichtungen und Haftungen. Da für die Teilungsversteigerung diesbezüglich nichts anderes gilt als für die Forderungszwangsversteigerung,[260] sollen auch hier die Erläuterungen auf wenige Schlagworte beschränkt werden.

Außerhalb des Meistgebots (vgl. § 49 Abs. 1) haftet der Ersteher insbesondere für:

– **Zinsen aus dem Bargebot (§ 49 Abs. 2)** für die Zeit zwischen Zuschlag und Verteilungstermin, und zwar entweder mit den gesetzlichen 4% (Regel) oder mit dem durch evtl. abweichende Versteigerungsbedingungen gemäß § 59 festgelegten Zinssatz. Diese Verzinsungspflicht kann gemäß § 49 Abs. 4 durch Bestimmung einer evtl. geleisteten Bietsicherheit gemindert oder abgewendet werden.[261] – Für bestehenbleibende Grundpfandrechte gelten ab Zuschlag die eingetragenen dinglichen Zinsen, sodaß sich bei einer Liegenbelassungsvereinbarung gemäß § 91 Abs. 2[262] die auf das Bargebot gemäß § 49 Abs. 2 zu zahlenden Zinsen entsprechend verringern.
– **Kosten des Zuschlags (§ 29 GKG, Nr. 1525 KostenV)** sind vom Ersteher neben dem Meistgebot zu bezahlen, also nicht in den im geringsten Gebot berücksichtigten Verfahrenskosten (vgl. § 109 Abs. 1) enthalten. Der Gegenstandswert bestimmt sich nach dem Meistgebot ohne Zinsen aus § 49 Abs. 2, aber mit dem Kapitalwert der nach den Versteigerungsbedingungen bestehenbleibenden Rechten und auch zuzüglich des Betrages, mit dem der Ersteher evtl. gemäß § 114a als befriedigt gilt.[263] – Ist ein bisheriger Miteigentümer jetzt Ersteher, so ermäßigt sich der Gegenstandswert um seinen bisherigen Miteigentums-Anteil. – Auch die Gebühr für die Eintragung im Grundbuch hat der Ersteher zu tragen; dabei wird die volle Gebühr gemäß § 60 Abs. 1 KostO auch dann erhoben, wenn der Ersteher schon bisher als Miteigentümer eingetragen war.[264] Maßgebend für den

---

[258] BGH Rpfleger 1987, 120; OLG Köln EWiR 1990, 725 (Muth); OLG München BayJMBl 1953, 246; Dassler/Hintzen § 114a Rz. 12; **str. a. A.**: Eickmann KTS 1987, 617; Bauch Rpfleger 1986, 457; Stöber § 114a Anm. 3.7.

[259] BVerfG WM 1990, 1306; BFH EWiR 1990, 621 (**abl.** Anm. Muth) und EWiR 1986, 415 (**abl** Anm. Reimer).

[260] Dazu Storz/Kiderlen ZV-Praxis D 5.3.

[261] Dazu Storz/Kiderlen ZV-Praxis D 5.3.1.

[262] Dazu unten C 9.2.6.

[263] LG Lüneburg Rpfleger 1988, 113; Storz/Kiderlen ZV-Praxis D 5.3.3.

[264] OLG Düsseldorf Rpfleger 1989, 250; 1987, 411; OLG Zweibrücken Rpfleger 1988, 409.

Geschäftswert ist i. d. R. der festgesetzte Grundstückswert, nicht das Meist-gebot,[265] es sei denn, daß letzteres höher ist als der festgesetzte Wert.[266]
- **Grunderwerbsteuer gemäß § 23 Abs. 1 GrEStG** i. H. v. 3,5% ist zu bezahlen, wobei bereits die Abgabe des Meistgebots steuerpflichtig ist, so-daß bei dessen Abtretung (vgl. § 81 Abs. 2) oder bei verdeckter Vertretung (vgl. § 81 Abs. 3) die Grunderwerbsteuer zweimal anfällt.[267] In die Bemes-sungsgrundlage ist der Betrag, in dessen Höhe der Ersteher evtl. gemäß § 114 a als befriedigt gilt, mit einzubeziehen.[268] – Falls einer der bisherigen Miteigentümer/Teilhaber das Grundstück ersteigert, kann u. U. ein Befrei-ungstatbestand z. B. gemäß §§ 3, 4 GrEStG in Betracht kommen, insbe-sondere wenn bisher Eheleute oder Verwandte in gerader Linie Mit-eigentümer waren und jetzt einer von ihnen ersteigert hat, oder wenn ein Miterbe das Grundstück der Erbengemeinschaft erworben hat.
- **Mehrwertsteuer bzw. Umsatzsteuer:** Nach der insoweit verbindlichen Entscheidung des Bundesfinanzhofes vom 19. 12. 1985 (VR 139/76) ist die Zwangsversteigerung eines Grundstücks umsatzsteuerlich keine Lieferung des Eigentümers an das jeweilige Bundesland und von diesem an den Ersteher, sondern eine Lieferung unmittelbar vom Eigentümer an den Ersteher.[269] Die Lieferung des Grundstücks ist somit (wenn der bisherige Eigentümer ein Unternehmer ist) steuerbar nach § 4 Nr. 9a UStG, aber von der Umsatzsteuerpflicht befreit. Allerdings kann auf diese Befreiung unter Umständen verzichtet werden.[270] Daraus hat sich eine gewisse Zeit ein „beliebtes Spiel" ergeben: der Ersteher verlangte und erhielt vom (i. d. R.: mittellosen) Schuldner eine Rechnung gem. § 14 UStG mit dem Ausweis einer zusätzlichen Mehrwertsteuer und machte diesen (von ihm nicht bezahlten!) Mehrbetrag gem. § 15 I Nr. 1 UStG als Vorsteuer gel-tend, während das Finanzamt beim Schuldner „nichts mehr holen konnte". Dieses „Spiel" wurde schon von der Rechtsprechung bekämpft[271] und ab 1. 1. 2002 auch vom Gesetz durch den neuen § 13b UStG unter gleichzei-tiger Aufhebung der §§ 51 ff. UStDV unmöglich gemacht.

Der Bundesgerichtshof hat in einer Grundsatzentscheidung[272] mit aus-führlicher Begründung entschieden, daß das Meistgebot bei der Zwangs-versteigerung von Grundstücken grundsätzlich ein Nettobetrag ist, also auch dann, wenn der Schuldner rechtzeitig auf die Umsatzsteuer verzichtet hat. Damit hat sich der BGH im nicht ganz harmonisch geregelten Wider-streit von Steuerrecht und Zwangsversteigerungsrecht gegen die Auffassung

---

[265] OLG Stuttgart Rpfleger 1991, 30; LG Oldenburg Rpfleger 1986, 451; LG Bielefeld Rpfleger 1985, 40; OLG Zweibrücken Rpfleger 1988, 409; BayObLG Rpfleger 1986, 158 (LS); Meyer-Stolte Rpfleger 1991, 31 **gegen** OLG Düsseldorf Rpfleger 1987, 411.
[266] BayObLG 1989, 399 (LS); Meyer-Stolte Rpfleger 1991, 31.
[267] Storz/Kiderlen ZV-Praxis D 5.3.4; Stöber § 81 Anm. 7.3.
[268] BVerfG WM 1990, 1306; BFH EWiR 1990, 621 (**abl.** Anm. Muth); und EWiR 1986, 415 (**abl.** Anm. Reimer).
[269] BFH BStBl II 1986, 500 = ZIP 1986, 991; vgl. auch BFH NJW 1994, 1176; BB 1991, 1622. – Vgl. jetzt auch § 18 VIII UStG 1993.
[270] Dazu Storz/Kiderlen ZV-Praxis D 5.3.4.
[271] Vgl. z. B. FG Niedersachsen EWiR 1990, 415 (Weiß).
[272] BGH Rpfleger 2003, 450 = NJW 2003, 2238 = ZIP 2003, 1109 = ZfIR 2003, 653 (Anm. Storz).

des Meistgebots als Bruttobetrag ausgesprochen, so daß der Meistbietende nicht mehr die Mehrwertsteuer aus dem Meistgebot herausrechnen und nur den (viel geringeren!) Nettobetrag an das Vollstreckungsgericht zahlen kann.[273]

Da das Meistgebot für Grundstücke also grundsätzlich der Nettobetrag ist, muß der Ersteher ggf. die Mehrwertsteuer zusätzlich an das Finanzamt bezahlen (dazu ist er nach § 13 b UStG jetzt allein verpflichtet); aber er kann sie als Vorsteuer wieder geltend machen. Nur diese Regelung ist für das Zwangsversteigerungsverfahren brauchbar, weil hier unabhängig von personen- oder situationsbedingten Besonderheiten auf der Ersteher-Seite immer gewährleistet sein muß, daß das Meistgebot ungeschmälert an das Vollstreckungsgericht bezahlt und von diesem ausschließlich nach den Regeln des ZVG an die Berechtigten verteilt wird. Damit der Ersteher hier nicht überrascht werden kann, lässt § 4 Nr. 9 a UStG den Verzicht des Schuldners auf Steuerbefreiung nur noch bis zur Aufforderung zur Abgabe von Geboten (also unmittelbar vor Beginn der Bietstunde) zu.[274]

Für die Zwangsversteigerung von Zubehörgegenständen kann im Ergebnis nichts anderes gelten. Da gem. § 2 I Nr. 1 GrEStG für mitversteigertes Zubehör i. d. R. keine Grunderwerbsteuer erhoben wird, ist die Zwangsversteigerung von gewerblichem Zubehör ein umsatzsteuerpflichtiger Vorgang. Aber auch hier ist das Meistgebot immer ein Nettobetrag, so daß der Ersteher auch hier keine Rechnung mit dem Ausweis einer (darin enthaltenen) Mehrwertsteuer nach § 14 UStG mehr verlangen kann. Um diese Frage ging es besonders in der obengenannten Grundsatzentscheidung des BGH.[275] Dort wollte der Ersteher nämlich das oben erwähnte „beliebte Spiel" durchsetzen:

Beispiel: Das zuständige Finanzamt ordnet vom Meistgebot (EURO 800 000) einen Teilbetrag i. H. v. EURO 128 008,60 dem versteigerten Zubehör zu. Der Ersteher verlangt vom Schuldner gem. § 14 UStG eine Rechnung über brutto EURO 148 489,97 obwohl er die dort auszuweisende Mehrwertsteuer i. H. v. EURO 20 481,37 gar nicht selbst bezahlen, trotzdem aber als Vorsteuer gem. § 15 UStG geltend machen wollte.

Der BGH hat das (eine entsprechende Klage des Erstehers abweisende erstinstanzliche) Urteil des LG Waldshut-Tiengen[276] bestätigt und damit sowohl der Auffassung des Berufungsgerichts als auch der „Bruttobetrags-Theorie"[277] mit dem Argument eine Absage erteilt, diesem Verständnis sei spätestens durch die zum 1. 1. 2002 erfolgte Aufhebung des Abzugsverfahrens (§§ 51 ff. UStDV) der formale Boden entzogen worden.

---

[273] Zur früheren Rechtslage vgl. Storz/Kiderlen ZV-Praxis D 5.3.4. und Gaßner Rpfleger 1998, 455; Suppmann DStR 1994, 1567; Welzel DStZ 1994, 647.

[274] Stöber § 81 Anm. 7.10; früher war der Verzicht auch noch nach dem Zuschlag möglich: BFH NJW 1994, 1176.

[275] Vgl. Stöber § 81 Anm. 7.12; Steiner/Storz § 81 Rz. 46; Storz/Kiderlen ZV-Praxis D 5.3.4.

[276] Rpfleger 2001, 510.

[277] Vgl. insbes. Onusseit Rpfleger 1995, 1; Lippross Umsatzsteuer, 20. Aufl. 2001, Rz. 768.

- **Stromanschlußkosten (§ 9 AVBEltV).** Das Versorgungsunternehmen kann vom Ersteher weder einen Baukostenzuschuß nach § 9 Abs. 1 AVBEltV, noch die vom Voreigentümer veranlaßten Kosten für die Erstellung des Hausanschlusses nach § 10 Abs. 5 AVBEltV verlangen, weil Anschlußnehmer i. S. dieser Vorschriften nur diejenigen sind, auf deren Veranlassung der Hausanschluß erstellt oder verändert wird.[278]
- **Zuzahlungspflicht nach §§ 50, 51** besteht insbesondere, wenn ein nach den Versteigerungsbedingungen bestehenbleibendes Recht beim Wirksamwerden des Zuschlags (vgl. §§ 89, 104) nicht (mehr) besteht, was nur außerordentlich selten praktisch wird.[279]
- **Für evtl. Betriebsteuerrückstände (vgl. § 75 AO)** besteht auch in der Teilungsversteigerung gemäß § 75 Abs. 2 AO keine Haftung mehr, auch wenn diese gelegentlich zum Versteigerungstermin angemeldet wird.[280]
- **Für Hausgeldrückstände** bei der Versteigerung von Wohnungseigentum haftet der Ersteher weder kraft Gesetzes, noch kann er dazu durch einen Beschluß der Wohnungseigentümer-Gemeinschaft verpflichtet werden.[281] Verbindlich dagegen auch für ihn ist ein nach dem Zuschlag gefaßter Gemeinschaftsbeschluß, auch wenn dieser Nachforderungen für die vor dem Zuschlag liegenden Zeiten anordnet. Seit 1. 7. 2007 können Hausgeldrückstände aber gemäß § 10 Abs. 1 Ziffer 2 vorrangig geltend gemacht werden und fallen dann in der Teilungsversteigerung in den Barteil des geringsten Gebotes. Dazu müssen diese Hausgeldrückstände (höchstens 5% des Verkehrswertes für die Eigentumswohnung) rechtzeitig vor Beginn der Bietstunde von der Eigentümergemeinschaft angemeldet werden.[282] Dieses Vorrecht kann allerdings nur einmalig bis zur Höhe von 5% des Verkehrswertes ausgenutzt werden.[283]
- **Umweltgefährdende Altlasten** auf dem Grundstück sollten zwar schon im Wertfestsetzungsverfahren gemäß § 74a Abs. 5 berücksichtigt werden, da sie zu einer außerordentlichen Wertminderung führen können; außerdem sollte der Rechtspfleger im Versteigerungstermin auf derartige Lasten hinweisen.[284] Soweit diese aber erst nach Rechtskraft des Zuschlags bekannt werden, führen sie für den Ersteher zu u. U. erheblichen Duldungs-, Leistungs- und/oder Zahlungspflichten ohne jeglichen Gewährleistungsanspruch.[285] Deshalb ist vor dem Erwerb derart gefährdeter Grundstücke insbesondere durch eine Versteigerung eine sorgfältige Untersuchung angebracht.
- **Provisionsansprüche von Maklern** bestehen i. d. R. selbst dann nicht, wenn ihr Kunde ein von ihnen benanntes Grundstück in einer Versteigerung erwirbt.[286]

---

[278] BGH Rpfleger 1991, 213; 1988, 274.
[279] Näher dazu Storz/Kiderlen ZV-Praxis D 5.3.2.
[280] Dazu oben C 6.1.3. – ebenso Steiner/Teufel § 180 Rz. 164.
[281] BGH NJW 1987, 1638; 1985, 2117; 1984, 308; 1981, 282; Storz/Kiderlen ZV-Praxis D 5.3.6.
[282] BGH NJW 1988, 1910; vgl. auch Taktischen Hinweis unten **TH** C 8.4.18.
[283] So LG Köln Rpfleger 2010, 43 unter Verweis auf Alff/Hintzen Rpfleger 2008, 165.
[284] Dorn Rpfleger 1988, 298.
[285] Dorn Rpfleger 1988, 298.
[286] BGH Rpfleger 1990, 522.

– **Nicht abgewohnte Mieterdarlehen/Baukostenzuschüsse** müssen evtl. zurückbezahlt oder aber bei der Miethöhe berücksichtigt werden.[287]
– **„Rückgabe" eines zum Zwecke der Ersteigerung zur Verfügung gestellten Geldbetrages:** Hat jemand für die Ersteigerung eines Grundstücks Geld zur Verfügung gestellt und geht der Bieter leer aus, so ist dieser dem Geldgeber gegenüber zum Schadensersatz (auch ohne vertragliche Beziehungen) nach §§ 821, 831 BGB verpflichtet, wenn derjenige es seinem Vermögen einverleibt, der es im Auftrag des Bieters verwahrt hat.[288]
– **dingliche Zinsen aus den bestehenbleibenden Grundpfandrechten** gemäß § 56 S. 2.[289]

8.4. Taktische Hinweise

TH 8.4.1: Die Verhandlung über den Zuschlag ist meist recht kurz und wird von den Beteiligten oft als der rein „technische Vollzug" der Bietstunde angesehen und wenig beachtet. Das ist zwar verständlich, weil jetzt die Spannung der Bietstunde verflogen ist, aber falsch und gefährlich, denn jetzt ist die eigentliche Schicksalsstunde der ganzen Versteigerung! Da noch jeder Zuschlag verhindert werden kann, und da auch noch durch Verhandlungen außerhalb der eigentlichen Gerichtsverhandlung (die dazu u. U. kurz unterbrochen werden kann) ein positives Versteigerungs-Gesamtergebnis oder eine Einigung unter den bisherigen Miteigentümern/Teilhabern herbeigeführt und damit der Zuschlag gerettet werden kann, sollte kein Beteiligter, erst recht keiner der Miteigentümer/Teilhaber die Verhandlung über den Zuschlag vorzeitig verlassen. Ganz im Gegenteil: eher sollte um eine kurze Unterbrechung der Verhandlung gebeten werden, damit wirklich alle Möglichkeiten einer Einigung versucht werden können.

TH 8.4.2: Das Gericht entscheidet zwar frei darüber, ob es einen besonderen Verkündungstermin gemäß § 87 anberaumen soll oder nicht. Aber es wird sich weitgehend an die Bitten der Beteiligten halten. Für diese gilt mE wie in der Forderungszwangsversteigerung folgende Faustregel: Wer mit dem Ergebnis einer Versteigerung zufrieden ist, sollte sich darum bemühen, daß sofort der Zuschlag erteilt wird; wer dagegen nicht zufrieden ist, sollte sich um einen besonderen Verkündungstermin bemühen und in der Zwischenzeit versuchen, das Versteigerungsergebnis in seinem Sinne durch externe Vereinbarungen aufzubessern oder nach Möglichkeiten für eine Zuschlagsversagung zu suchen.

TH 8.4.3: Von der Möglichkeit einer gerichtlichen Verwaltung gemäß § 94 wird in der Praxis (i. d. R. aus Unkenntnis) nur selten Gebrauch gemacht. Dabei ist sie ein ausgezeichneter Schutz gegen nicht vertrauenswürdige Ersteher, insbesondere bei bedeutendem mitversteigerten Zubehör. § 94 dient weniger dem Schutz vor mangelnder finanzieller Bonität (dafür ist die

---

[287] Vgl. BGH NJW 1998, 595; 1996, 52; 1970, 2289 und 1124; 1962, 1860; ZIP 1996, 281; Stöber § 57b Anm. 7.6; Dassler/Engels § 57a Rz. 26 und § 57b Rz. 15; Storz/Kiderlen ZV-Praxis B 1.3.2. sowie oben C 8.3.3.
[288] OLG Saarbrücken NJW 1997, 1242.
[289] Vgl. oben C 8.3.2. (mit **Beispiel**) und unten **TH** C 8.4.21.

Sicherheitsleistung gedacht), sondern dem Schutz vor evtl. Wertminderungen des Versteigerungsobjekts zwischen dem Eigentumsübergang auf den Ersteher und der Bezahlung des Meistgebots, z.b. durch Veränderungen auf dem Grundstück und/oder Entfernen und Verkaufen wertvoller Gegenstände.

TH 8.4.4: Ein Interessent kann gute Gründe haben, beim Bieten selbst im Hintergrund zu bleiben. Auf Kunstauktionen ist das ja sogar die Regel. Bei Grundstücksversteigerungen steht hinter einem derartigen Verhalten eher der Wunsch, einem anderen Interessenten nicht unmittelbar und offen Konkurrenz zu machen, oder den bisherigen Miteigentümern das Grundstück nicht „wegzunehmen" oder durch eigenes offenes Auftreten den Preis nicht hochzutreiben.

TH 8.4.5: Bei einer Teilungsversteigerung liegt meist keine Überschuldung der bisherigen Miteigentümer vor. Trotzdem sind oft noch hohe Grundschulden eingetragen, die dann aber nicht mehr voll valutiert sind. Wenn diese Grundschulden bestehenbleiben, kann sich u. U. ein viel zu hohes geringstes Gebot ergeben, das zu einer Einstellung gemäß § 77 Abs. 1 oder gar zu einer Aufhebung gemäß § 77 Abs. 2 führen kann. Deshalb sollte die Valutierung aller bestehenbleibender Grundschulden geprüft und der jeweilige Rückgewähranspruch im Sinne einer Löschung der freien Grundschuldteile geltend gemacht werden. Oft kann ein derartiges Problem auch noch ganz kurzfristig vor dem oder sogar noch in dem Versteigerungstermin dadurch gelöst werden, daß die entsprechenden Grundschuldgläubiger wenigstens auf die dinglichen Zinsen verzichten.

TH 8.4.6: Der Fortsetzungsantrag darf nach einer Verfahrenseinstellung auf keinen Fall vergessen werden, denn wenn er nicht innerhalb von 6 Monaten gestellt wird, ist das Verfahren aufzuheben. Allerdings beginnt die 6-Monats-Frist i. d. R. erst zu laufen, wenn der Antragsteller entsprechend belehrt worden ist (vgl. § 31 Abs. 2). Wenn das Verfahren wegen Fristversäumnis aufgehoben wird, ist entweder die ganze Teilungsversteigerung beendet oder wenigstens das Einzelverfahren dieses Antragstellers; dann wird sie zwar für den oder die anderen Antragsteller fortgesetzt, aber „unser" Antragsteller hat seinen Einfluß auf die Teilungsversteigerung verloren. Allerdings kann auch nach einer Aufhebung wieder eine neue Anordnung bzw. ein neuer Beitritt beantragt werden.

TH 8.4.7: Kein Gläubiger eines erlöschenden Rechts kann sich wegen § 85a Abs. 3 darauf verlassen, daß bei einem Gebot unterhalb der $5/_{10}$-Grenze der Zuschlag versagt wird. Deshalb muß er unbedingt den Versteigerungstermin wahrnehmen. Das gilt besonders auch in der Teilungsversteigerung für Gläubiger von Rechten, die nur einzelne Miteigentums-Anteile belasten, weil damit gerechnet werden muß, daß diese Rechte – je nach der vom Gericht zur Feststellung des geringsten Gebotes vertretenen Theorie – erlöschen.

TH 8.4.8: Auch wenn alles für eine Zuschlagsversagung nach § 85a Abs. 1 zu sprechen scheint, und sogar dann, wenn das Gericht nach eigener Bekundung zu einer Zuschlagsversagung nach § 85a Abs. 1 entschlossen ist, sollte jeder, der an einer Zuschlagsversagung interessiert ist und zu denjenigen gehört, die zu einem $7/_{10}$-Antrag berechtigt sind, diesen $7/_{10}$-Antrag auch ausdrücklich stellen, und zwar unbedingt noch in der Verhandlung. Nur dann kann die Zuschlagsversagung in der Beschwerdeinstanz noch über § 74a „gerettet" werden, falls sich nachträglich eine § 85a Abs. 3-Situation herausstellt. Und nur dann ist man unabhängig von einem anderen $^7/_{10}$-Antragsteller, der u. U. vor Versagung gemäß § 74a seinen $^7/_{10}$-Antrag zurücknimmt.

TH 8.4.9: Über § 85a Abs. 3 kann u. U. ein nachrangiger Gläubiger doch noch einen Ausfall vermeiden, indem er das Grundstück entsprechend billig einsteigert und so teuer weiterverkauft, daß er aus dem Differenzbetrag für seinen Ausfall entschädigt wird. Er gilt dann zwar wegen § 114a als befriedigt, aber dafür hat er wirtschaftlich keinen Schaden. Die besondere Chance eines ganz nachrangigen Gläubigers liegt u. U. darin, daß die anderen Beteiligten die § 85a Abs. 3-Situation gar nicht oder zu spät bemerken und keine geeigneten Abwehrmaßnahmen ergreifen, oder daß bürokratisch denkende und handelnde Beteiligte seinen Erwerb (und ihren eigenen Ausfall) als schicksalhaft einfach hinnehmen.

TH 8.4.10: Der „Ausfall" i. S. d. § 85a Abs. 3 bezieht sich nach ganz herrsch Ansicht auf das dingliche Recht (bei Grundpfandgläubigern; persönliche Gläubiger i. S. d. § 10 Abs. 1 Nr. 5 gibt es in der Teilungsversteigerung ja nicht). Das kann dann für die Miteigentümer zu Nachteilen führen, wenn die Grundschulden nicht mehr (voll) valutiert sind. Diese Nachteile können vermieden werden, wenn die Miteigentümer rechtzeitig vor dem Versteigerungstermin alle ihnen zustehenden Rückgewähransprüche realisieren und Abtretung oder Löschung der nicht mehr benötigten Grundschuldteile durchsetzen. UU kann auch eine zu hohe Erlöszuteilung an den Grundpfandgläubiger über § 812 BGB ausgeglichen werden. Schließlich kann in extremen Fällen eine Zuschlagsversagung wegen Verschleuderung gemäß § 765a ZPO oder Art 14 GG beantragt werden.

TH 8.4.11: Wenn das Meistgebot unter der $^7/_{10}$-Grenze bleibt, sollte m. E. auch ein § 74a-Antragsberechtigter nicht sofort die Zuschlagsversagung herbeiführen, sondern lieber den $^7/_{10}$-Antrag vorsorglich stellen und um einen besonderen Verkündungstermin i. S. d. § 87 bitten. In der Zwischenzeit kann er versuchen,

– zu klären, ob das Gebot gemessen an realistischen Verwertungsmöglichkeiten nicht doch angemessen ist;
– mit seinen Partnern/Kompetenzträgern/Mandanten abstimmen, ob der Zuschlag nicht doch hingenommen werden sollte;
– vom Ersteher weitere Leistungen außerhalb der Versteigerung zu erhalten, die ihm den Zuschlag ermöglichen;
– evtl. sogar von anderen Beteiligten, die an einem Zuschlag in dieser Höhe interessiert sind, irgendwelche Zugeständnisse zu erhalten.

Wenn einer dieser Versuche positiv ausgeht, kann durch Rücknahme des $^7/_{10}$-Antrags doch noch der Zuschlag herbeigeführt werden.

TH 8.4.12: Der Antrag nach § 85 hat keine praktische Bedeutung, mit Recht, vor seiner Anwendung wird gewarnt (gleichzeitig wird den anderen Beteiligten dringend geraten, ihn nicht ohne Sicherheitsleistung gemäß § 85 Abs. 1 S. 3 zuzulassen), weil er für den § 85-Antragsteller viele Nachteile hat:

- hohe Verpflichtungen durch Schadensersatzrisiko und volle Sicherheits-leistungs-Pflicht;
- langes Bindungsrisiko;
- keine Rücknehmbarkeit des Antrags;
- weitgehende Auslieferung an die anderen Beteiligten, insbesondere den/ die Antragsteller der Versteigerung.

Es gibt i. d. R. viel billigere, risikolosere, einfachere und kurzfristigere Alternativen zur Herbeiführung einer Zuschlagsversagung.

TH 8.4.13: Ein „Nur-Antragsgegner" in der Teilungsversteigerung kann sich nicht auf den Schutz des § 765 a ZPO verlassen, weil dessen Anwendbarkeit trotz der eindeutigen Entscheidung des BGH[290] immer noch von einem wichtigen Teil der ZPO-Literatur[291] abgelehnt wird. Das allein sollte Grund genug sein, auch dann den Beitritt zur Versteigerung zu beantragen, wenn man diese eigentlich gerade verhindern will. Nur so erhält man selbst einen größeren Einfluß auf das Verfahren und damit auch auf die Zuschlagsent-scheidung, und nur so beseitigt man eine u. U. vollständige einseitige Abhängigkeit von dem anderen Antragsteller. Gerade bei der Zuschlagsent-scheidung geht es nicht nur um das Verhältnis zwischen den bisherigen Miteigentümern, sondern auch um das Verhältnis zum Meistbietenden und evtl. anderen Interessenten!

TH 8.4.14: Die Überweisung auf ein Konto der Gerichtskasse gemäß § 75 hat gegenüber der Ablösung des Pfändungsgläubigers gemäß § 268 BGB zwar gewisse Nachteile (sie ist etwas teurer und unbeweglicher), sie hat aber deshalb auch eindeutig Vorteile, weil sie hinsichtlich Voraussetzungen, Vollzug und Wirkung gesetzlich klar geregelt ist, und weil der Ablösungsbetrag immer an die Gerichtskasse überwiesen oder dort eingezahlt werden kann. Deshalb immer an diese Möglichkeit denken, insbesondere wenn man noch kurzfristig im Versteigerungstermin die Versteigerung bzw. den Zuschlag ganz verhindern will.

TH 8.4.15: Fremdzubehör muß – damit es nicht gemäß § 55 Abs. 2 mit-versteigert wird – gemäß § 37 Nr. 5 von allen Antragstellern freigegeben werden. Wenn der Zubehöreigentümer zu spät von der Zwangsversteigerung erfährt, kann er den Eigentumsverlust u. U. dadurch verhindern, daß er den Gegenstand noch vor dem Zuschlag vom Grundstück entfernt. Er sollte das aber tunlichst im Einvernehmen mindestens mit dem das Grundstück besit-zenden Miteigentümer tun (sonst u. U. Hausfriedensbruch usw.). Außerdem sollte er seine Rechte noch vor Beginn der Bietstunde gemäß § 37 Nr. 5 anmelden.

TH 8.4.16: Zu den Vorteilen einer gerichtlichen Verwaltung gemäß § 94 vgl. auch die Taktischen Hinweise zur Forderungszwangsversteigerung.[292]

TH 8.4.17: Will der Antragsteller unbedingt die einstweilige Einstellung gemäß § 77 Abs. 1 oder gar die Aufhebung nach § 77 Abs. 2 vermeiden, muß er die einstweilige Einstellung seinerseits bereits vor Schluß der Bietstunde bewil-

---

[290] BGH Rpfleger 2007, 410; vgl. oben A 2.3.
[291] Vgl. oben A 2.3.
[292] Vgl. Storz/Kiderlen ZV-Praxis Taktischen Hinweis **TH** D 5.5.2.

ligen und darf sicherheitshalber (insbesondere bezüglich der Aufhebung) nicht auf die Verhandlung über den Zuschlag warten.[293] Der späteste Zeitpunkt wären die wenigen Minuten/Sekunden zwischen der gerichtlichen Feststellung und Bekanntgabe gemäß § 73 Abs. 1, daß keine Gebote abgegeben worden sind einerseits und der formellen Verkündung des Schlusses der Versteigerung (§ 73 Abs. 2) andererseits.[294] Es wird aber ausdrücklich darauf hingewiesen, daß viele Rechtspfleger diese beiden Erklärungen derart miteinander verbinden, daß „überhaupt kein Zwischenraum" vorhanden ist; deshalb sollte man es nicht auf diese allerletzte (u. U. theoretische) Möglichkeit ankommen lassen. Man weiß ja, wann die Mindestzeit der Bietstunde vorüber ist.

TH 8.4.18: Bei der Versteigerung von Wohnungseigentum können seit dem 1. 7. 2007 eventuelle Hausgeldrückstände bis maximal 5% des für das Wohnungseigentum festgesetzten Verkehrswertes vorrangig gemäß § 10 Abs. 1 Ziffer 1 geltend gemacht werden. Dazu ist lediglich die rechtzeitige Anmeldung nötig, die in der Regel durch den WEG-Verwalter für die Gemeinschaft erfolgt. Wenn sich also die bisherigen Miteigentümer/Teilhaber nicht darüber einigen können, wer die Hausgeldzahlungen leistet, oder wie erfolgte Zahlungen evtl. zu verrechnen/ersetzen sind, bezahlen sie „einfach" während des Versteigerungsverfahrens keine Hausgelder mehr und verweisen den WEG-Verwalter auf deren Anmeldung im Versteigerungstermin.

TH 8.4.19: Die übermäßige Belastung des eigenen Miteigentumsanteils ist zwar nach der herrschenden Niedrigstgebotstheorie kein geeignetes Mittel mehr zur Verhinderung der Teilungsversteigerung.[295] Aber eine gewisse Belastung kann doch hilfreich sein, einmal als Schutz vor einer Verschleuderung des Grundstücks (weil der Gläubiger den 7/10-Antrag stellen kann) und zum anderen zur Erleichterung der Erlösverteilung (weil der Gläubiger den auf den belasteten Anteil entfallenden Erlös vom Gericht zugeteilt erhält, ohne daß er – wie der Anteilsinhaber – auf die Zustimmung des anderen Miteigentümers angewiesen wäre). Vorsicht ist mit dieser Anteilsbelastung aber deshalb geboten, weil nach der Niedrigstgebotstheorie dann u. U. der andere Miteigentümer (wenn dieser seinen Anteil nicht bzw. niedriger belastet hat) das alleinige Entscheidungsrecht über den Zuschlag erhält. Es muß also in jedem Einzelfall genau geprüft werden, mit welcher Maßnahme sich jeder Beteiligte am besten schützen kann.

TH 8.4.20: Mit dem Zuschlag endet auch die evtl. bisher bestandene gemeinsame Verwaltung. Besteht der begründete Verdacht, daß der Verwalter den Miteigentümern größere Beträge vorenthalten hat, kann er sich gegenüber der auf Auskunft und Zahlung gerichteten Stufenklage nicht darauf berufen, die Miteigentümer hätten ihm in der Vergangenheit vertraut und aus Gründen familiärer Verbundenheit stillschweigend auf laufende Rechnungslegung verzichtet.[296] Diese Stufenklage kann natürlich auch schon vor dem Zuschlag erhoben werden, wird aber oft aus taktischen Gründen erst nach dem Zuschlag eingereicht.

---

[293] So auch Anm. Schriftleitung zu LG Mainz Rpfleger 1988, 376.
[294] Siehe FN 292.
[295] Dazu oben B 5.4.
[296] BGH NJW 2001, 1131.

TH 8.4.21: Es sei jedem Ersteher dringend empfohlen, und zwar auch dann, wenn er früher selbst Miteigentümer/Miterbe/Teilhaber dieses Grundstücks war, solche Grundpfandrechte, die beim Zuschlag bestehen geblieben sind, schnellstmöglich bei der betreffenden Bank durch Zahlung auszulösen, weil der Ersteher ab dem Zuschlag die meist sehr hohen dinglichen Zinsen bezahlen muß. Das gilt auch dann, wenn die Grundschuld im Zeitpunkt des Zuschlags nicht mehr voll valutiert war; denn die dinglichen Zinsen erhöhen die Rückgewähransprüche, die **allen** früheren Miteigentümern gemeinsam zustehen.[297]

---

[297] Vgl. dazu oben C 8.3.2. mit **Beispiel.**

9. Verteilung des Versteigerungserlöses

Literatur (Titel zum Teil sinnwahrend gekürzt!): *Drischler*, Altenteil und Zwangsversteigerung, KTS 1971, 145 und Rpfleger 1983, 229; *Drischler*, Hinterlegungen im Immobilienvollstreckungsverfahren, RpflJB 1984, 351; *Drischler*, Lasten und Beschränkungen in der Zwangsversteigerung, RpflJB 1981, 318 und 1983, 347; *Drischler*, Neuregelung der Löschungsvormerkung und Zwangsversteigerung, RpflJB 1979, 327; *Drischler*, Das Wichtigste aus dem Hinterlegungswesen, RpflJB 1965, 325; *Drischler*, Verteilung des Versteigerungserlöses, RpflJB 1962, 322; *Drischler*, Sofortige Auszahlung des Versteigerungserlöses, Rpfleger 1989, 359; *Eickmann*, Aktuelle Rechtsfragen zur Sicherungsgrundschuld, ZIP 1989, 137; *Ertel*, Gesamtpyhothek in der Zwangsversteigerung nach §§ 76, 118, JW 1933, 1107; *Esterhues*, Gesamthypothek nach dem BGB, Diss München 1956; *Frist*, Außergerichtliche Verteilung des Erlöses, SchlHA 1972, 130; *Haegele*, Wohnungsrecht, Leibgeding in der Zwangsvollstreckung, DNotZ 1976, 5; *Hagemann*, Tilgungshypothek im geringsten Gebot und im Teilungsplan, RpflStudH 1982, 25; *Mayer*, Behandlung einer Liegenbelassungsvereinbarung im Verteilungstermin, Rpfleger 1969, 3; *Mohrbutter*, Löschungsvormerkungen in der Zwangsversteigerung, KTS 1978, 17; *Mümmler*, Pfändung erloschener Eigentümergrundschulden, JwBüro 1983, 1141; *Muth*, Befriedigungsumfang bei Liegenbelassung, Rpfleger 1990, 2; *Nastelski*, Zeit als Bestandteil des Leistungsinhalts, JuS 1962, 289; *Riedel*, Anmeldungen im Laufe der Zwangsversteigerung, JurBüro 1974, 689; *Ripfel*, Löschungsvormerkungen in der Zwangsversteigerung, JurBüro 1970, 121; *Schiffhauer*, Grunddienstbarkeit in der Zwangsversteigerung, ZIP 1982, 266; *Ruland*, Wegfall der Erbbauzinsen in der Zwangsversteigerung, NJW 1983, 96; *Schubert/Czule*, Grunddienstbarkeit in der Zwangsversteigerung, ZIP 1982, 266; *Schütz*, Problem der Gesamthypothek, ZAKDR 1940, 295; *Sichtermann*, Bewertung von Vorkaufsrechten, BB 1953, 543; *Sievers*, Sofortige Auszahlung des Versteigerungserlöses, Rpfleger 1989, 53; *Stande*, Liegenbelassungsvereinbarung, Diss. Greifswald 1928; *Staudenmaier*, Eigentümerdienstbarkeit und Wertersatz, BWNotZ 1964, 308; *Stillschweig*, Übererlös bei Versteigerung herrenloser Grundstücke, JW 1922, 1379; *Stöber*, Löschungsvormerkung und gesetzlich vorgemerkter Löschungsanspruch, Rpfleger 1977, 399, 425; *Stöber*, Pfändung des Rückgewähranspruchs, Rpfleger 1959, 84; *Stöber*, Streit um die Löschungsvormerkung, Rpfleger 1957, 205; *Stöber*, Verteilungsverfahren in der Teilungsversteigerung, Rpfleger 1958, 73; *Stöber*, Zuteilung an den Gläubiger einer Sicherungsgrundschuld, ZIP 1980, 833; *Storz*, Nicht voll valutierte Grundschuld in der Zwangsversteigerung, ZIP 1980, 506; *Storz*, Besondere Gefahrenquellen in der Zwangsversteigerung, ZIP 1980, 1049 und 1981, 16; *Teufel*, Gedanken zu § 14, Rpfleger 1977, 193; *M. Wolff*, Dingliche Gesamtrechte, Diss. Tübingen 1965; *Zimmermann*, Besondere Probleme der Gesamthypothek in der Zwangsversteigerung, Diss. Hamburg 1953.

9.1. Übersicht:

Ziel in der Teilungsversteigerung
- Bezahlung der Verfahrenskosten
- Befriedigung der Berechtigten i. S. d. § 10
- Feststellung des Geldbetrages, an dem sich die bisherige Grundstücksgemeinschaft fortsetzt.

Verteilung durch das Gericht
- Vorwegnahme der Verfahrenskosten (§ 109 Abs. 1)
- Befriedigung der Berechtigten (§ 109 Abs. 2)

Ansprüche aus § 10 Nr. 2 und 3
Kosten, Zinsen der bestehenbleibenden Rechte (§ 10 Nr. 4)
Kosten, Zinsen Hauptsache bzw. Ersatzbetrag erlöschender Rechte (§ 10 Nr. 4)
Ältere Zinsrückstände (§ 10 Nr. 7 und 8)
– Berücksichtigung verspätet angemeldeter Rechte (§ 110)
Behandlung des Erlösüberschusses
– Auszahlung an die bisherigen Miteigentümer
  An einzelne Miteigentümer nur bei übereinstimmenden Erklärungen aller Miteigentümer
  An die Gemeinschaft insgesamt oder einen Dritten für diese bei übereinstimmender Anweisung durch Alle
  Sonderfall: Pfändung eines Anteils
– Hinterlegung unter Verzicht auf Rücknahme

9.2. Ziel und formelle Abwicklung

9.2.1. Ziel in der Teilungsversteigerung

In der Teilungsversteigerung gibt es wie in der Forderungszwangsversteigerung und grundsätzlich auch nach den gleichen Regeln der §§ 105 ff[1] eine Verteilung des Versteigerungserlöses an die Berechtigten.[2] Da aber das Ziel der Teilungsversteigerung bereits mit der Umwandlung der Gemeinschaft am unteilbaren Grundstück in eine Gemeinschaft am teilbaren Übererlös (nach Befriedigung der Berechtigten i. S. d. § 10) erreicht ist,[3] gehört die Verteilung dieses Übererlöses an die einzelnen Teilhaber der Gemeinschaft nicht mehr zu den Aufgaben des Versteigerungsgerichts.[4] Dieser Besonderheit der Teilungsversteigerung, die übrigens von vielen Miteigentümern zunächst übersehen und später mit großem Bedauern zur Kenntnis genommen wird, kommt deshalb eine erhebliche praktische Bedeutung zu, weil ja hier im Gegensatz zu den meisten Forderungszwangsversteigerungen oft nach Befriedigung der Berechtigten i. S. d. § 10 noch ein erheblicher Erlösüberschuß für die Gemeinschaft verbleibt.

Das Gesetz verzichtet für die Teilungsversteigerung einerseits auf einen Vollstreckungstitel (§ 181) und verbietet andererseits die Verteilung des Übererlöses an die Miteigentümer/Teilhaber, weil es den Beteiligten zunächst ein vollstreckungsähnliches Verfahren unter Führung eines Gerichtes zur rein privaten/internen Auseinandersetzung der Gemeinschaft zur Verfügung stellen will, solange überhaupt die Chance auf eine Einigung besteht. Erst wenn das Grundstücksschicksal geklärt und nicht einmal eine Einigung über die

[1] Dazu Storz/Kiderlen ZV-Praxis Abschnitt E.
[2] Schiffhauer ZIP 1982, 666; Steiner/Teufel § 180 Rz. 179. – Vgl. auch Taktischen Hinweis unten, **TH** C 9.7.3.
[3] Dazu oben A 1.
[4] BGH Rpfleger 1984, 109; 1952, 415, OLG Köln EWiR 1991, 831 (Hintzen) und MDR 1974, 240; OLG Zweibrücken Rpfleger 1972, 168; BayObLG NJW 1957, 386; Stöber Rpfleger 1958, 73; Steiner/Teufel § 180 Rz. 189.

Verteilung des Übererlöses möglich ist, werden die Beteiligten durch Hinterlegung zu einer wirklichen prozessualen Auseinandersetzung gezwungen. Diese Tendenz des Gesetzes wird noch dadurch verstärkt, daß die Einigung der Beteiligten anläßlich der Erlösverteilung auch über andere gegenseitige Vermögensansprüche unterstützt wird.

Die Nichtverteilung des Erlösüberschusses an die einzelnen Teilhaber der Gemeinschaft durch das Vollstreckungsgericht entspricht nicht nur der Regelung des § 753 Abs. 1 BGB, sondern trägt auch dem Umstand Rechnung, daß in die endgültige Auseinandersetzung der Gemeinschaft oft zusätzliche Ausgleichsansprüche[5] und manchmal auch weitere Vermögensgegenstände einzubeziehen sind,[6] was die Möglichkeiten und Kompetenzen des Vollstreckungsgerichts überschreiten würde.[7] Auch mit Einvernehmen aller Beteiligten kann deshalb die endgültige Auseinandersetzung der Gemeinschaft nicht als Gegenstand der gerichtlichen Verteilung in den Teilungsplan einbezogen werden, sondern sie muß nach Hinterlegung des Erlösüberschusses in einem besonderen Auseinandersetzungsprozeß erfolgen.[8]

Wenn also die gemeinsame Ehewohnung teilungsversteigert werden mußte, wird der nach Bezahlung der Berechtigten i.S.d. § 10 (i.d.R.: Grundpfandgläubiger) verbleibende Übererlös nicht etwa vom Gericht je zur Hälfte der Ehefrau und dem Ehemann ausbezahlt, sondern beiden gemeinsam zur Verfügung gestellt. Das schließt allerdings nicht aus, daß das Gericht die Miteigentümer/ Teilhaber bei deren evtl. Bemühungen um eine Einigung über die Erlösaufteilung unterstützt,[9] denn bei übereinstimmenden Erklärungen aller Teilhaber darf das Gericht entsprechende Auszahlungen an die einzelnen Teilhaber bzw. an alle Teilhaber gemeinsam bzw. für diese an einen Dritten vornehmen.[10] Wenn und soweit sich die Teilhaber aber nicht oder nicht übereinstimmend erklären, wird der Erlösüberschuß vom Gericht unter Verzicht auf Rücknahme (vgl. § 376 Abs. 2 Nr. 1 BGB) für alle Teilhaber in ungeteilter Gemeinschaft gemäß § 117 Abs. 2 S.3 hinterlegt.[11] Das gilt auch bei einer Bruchteilsgemeinschaft und auch dann, wenn ein Teilhaber der Gemeinschaft den Zuschlag erhalten hat.[12]

Die Erlösverteilung in der Teilungsversteigerung[13] unterscheidet sich von derjenigen in der Forderungszwangsversteigerung[14] rein praktisch i.d.R. dadurch, daß
– die Befriedigung der Fremdberechtigten i.d.R. weder rechtliche noch betragsmäßige Schwierigkeiten bereitet;[15]

---

[5] Dazu OLG Köln MDR 1974, 240.

[6] Dazu BGH Rpfleger 1986, 58; 1984, 244.

[7] Steiner/Teufel § 180 Rz. 179.

[8] BGHZ 4, 84; OLG Köln EWiR 1991, 831 (Hintzen); Dassler/Hintzen § 180 Rz. 155 u. 156.

[9] OLG Hamm Rpfleger 1970, 215; Dassler/Hintzen § 180 Rz. 154; Steiner/Teufel § 180 Rz. 179. – Siehe auch unten C 9.5.1.

[10] Dazu unten C 9.5.2.

[11] OLG Köln MDR 1974, 240; OLG Hamm Rpfleger 1970, 215.

[12] Stöber Handbuch Rz. 746.

[13] Vgl. Taktischen Hinweis unten **TH** C 9.7.3.

[14] Dazu Storz/Kiderlen ZV-Praxis Abschnitt E.

– häufig für die bisherigen Miteigentümer ein mehr oder weniger umfangreicher Erlösüberschuß verbleibt,[16] über den allerdings i. d. R. besonders heftig gestritten wird.

Zu beachten ist, daß das Meistgebot auch dann in voller Höhe zu bezahlen ist, wenn einer der bisherigen Miteigentümer/Teilhaber den Zuschlag erhalten hat.[17] Dies kann nur dann vermieden werden, wenn alle Miteigentümer/Teilhaber etwas anderes vereinbaren und eine vereinfachte außergerichtliche Erlösverteilung durchführen oder wenigstens von der Möglichkeit einzelner Befriedigungserklärungen Gebrauch machen.[18]

Bei Nichtzahlung des Meistgebots erfolgt eine Wiederversteigerung des Grundstücks gegen den Ersteher.[19]

9.2.2. Verteilungstermin

Auch in der Teilungsversteigerung muß nach Wirksamwerden des Zuschlags (vgl. dazu §§ 89, 104)[20] von Amts wegen ein (nichtöffentlicher) Verteilungstermin angesetzt werden,[21] und zwar auch dann, wenn sich kein Erlösüberschuß für die bisherigen Miteigentümer ergibt.[22] In diesem Verteilungstermin muß der Ersteher das bare Meistgebot (§ 49 Abs. 1), die Zinsen aus dem Bargebot (§ 49 Abs. 2) sowie die Gebühren für den Zuschlag (§ 29 GKG, Nr. 2214 KostenV) bezahlen.

Der Verteilungstermin kann auch wieder aufgehoben werden z. B. bei nicht fristgerechter Zustellung an den Ersteher, mithaftenden Bürgen oder Meistbietenden (vgl. § 105 Abs. 4), bei Anfechtung des Zuschlags (§ 96 i. V. m. § 572 Abs. 2 ZPO), auf Anordnung des Beschwerdegerichts (§ 572 Abs. 3 ZPO) oder aus wichtigem Grund, nicht dagegen allein auf Wunsch des Erstehers.

Der Verteilungstermin liegt bei unproblematischen Versteigerungen i. d. R. etwa 6 Wochen nach dem Versteigerungstermin. Die Bestimmung des Termins (vgl. **Muster**)[23] muß gemäß § 105 Abs. 4 allen in § 105 Abs. 2 genannten Personen mindestens 2 Wochen vorher zugestellt werden. Die Beteiligten müssen dazu zwar nicht persönlich erscheinen,[24] wohl aber gemäß § 126 die wichtigen Unterlagen wie Briefe zu Grundpfandrechten, Abtretungs- oder Ablösungserklärungen, Erbscheine, Pfändungs- und Überweisungsbeschlüsse usw vorlegen.

---

[15] Dazu unten C 9.4.

[16] Dazu unten C 9.5.

[17] RGZ 135, 19; Drischler JurBüro 1963, 241; Stöber § 180 Anm. 17.2; Steiner/Teufel § 180 Rz. 190.

[18] Dazu unten C 9.2.4.

[19] Dazu unten C 10.

[20] Warten auf Rechtskraft des Zuschlags ist dagegen nicht nötig; Storz/Kiderlen ZV-Praxis E 2.1.

[21] OLG Hamm Rpfleger 1970, 215; Stöber Rpfleger 1958, 63; Schiffhauer ZIP 1982, 666; Steiner/Teufel § 180 Rz. 179.

[22] Stöber § 180 Anm. 17.2.

[23] Vgl. **Muster** unten C 9.6.1.

[24] Vgl. aber Taktischen Hinweis unten **TH** C 9.7.3.

Im Verteilungstermin ist der Rechtspfleger zur Beurkundung eines Vergleichs[25] befugt.[26]

Den Berechtigten wird i. d. R. empfohlen (allerdings unverbindlich), ihre Ansprüche anzumelden. Auch erstmalig zum Verteilungstermin (verspätet) angemeldete Ansprüche werden zwar noch berücksichtigt, müssen aber i. d. R. einen Rangverlust hinnehmen (vgl. §§ 114, 110, 37 Nr. 4).[27]

Beispiel: Rückständige Zinsen zu Grundpfandrechten müssen angemeldet werden, um in der Versteigerung überhaupt berücksichtigt zu werden. Geschieht die Anmeldung rechtzeitig, d. h. noch vor der Aufforderung zur Abgabe von Geboten (vgl. § 66 Abs. 2) so werden zweijährige Zinsrückstände in Rangklasse 4 (§ 10 Abs. 1 Nr. 4), ältere Zinsrückstände in Rangklasse 8 (§ 10 Abs. 1 Nr. 8) berücksichtigt. Bei verspäteter Anmeldung (spätestens im Verteilungstermin) werden die Zinsrückstände wenigstens noch gemäß § 110 nach den anderen Rechten berücksichtigt; ohne jede Anmeldung dagegen überhaupt nicht.

Wenn sich das Gericht nicht auf eine bloße Empfehlung zur Anmeldung beschränkt, sondern formell gemäß § 106 dazu auffordert, muß es einen offiziellen vorläufigen Teilungsplan aufstellen und diesen spätestens 3 Tage vor dem Verteilungstermin zur Einsicht der Beteiligten niederlegen, während es sich bei der bloßen Empfehlung mit einem internen Entwurf begnügen kann.[28] Auch bei bloßer Empfehlung durch das Gericht entspricht es aber dem eigenen Interesse an einer frühzeitigen Klärung evtl. Differenzen und auch einem Gebot der Fairnis und der Höflichkeit gegenüber dem Rechtspfleger,[29] daß die Berechtigten selbst solche Ansprüche zum Verteilungstermin anmelden, die auch ohne Anmeldung berücksichtigt werden müssen,[30] bzw. die bereits zum Versteigerungstermin angemeldet worden sind.[31]

Die jetzige Anmeldung **(Muster)**[32] unterscheidet sich nämlich in 2 Punkten von früheren Anmeldungen:

- Grundpfandgläubiger können wiederkehrende Leistungen bis 1 Tag vor dem Verteilungstermin geltend machen;
- Während zum Versteigerungstermin i. d. R. dingliche Rechte im größtmöglichen Umfang angemeldet werden,[33] sollte zum Verteilungstermin nur soviel dinglich beansprucht werden, wie zur Rückführung der gesicherten Forderung benötigt wird;[34] der Rest wird (z. B. bzgl. wiederkehrender Leistungen) nicht angemeldet (= Minderanmeldung), oder auf ihn wird formell verzichtet.[35]

---

[25] Zum Inhalt vgl. Storz/Kiderlen ZV-Praxis E 2.1.; **Muster** bei Stöber § 113 Anm. 5.3.

[26] OLG Nürnberg Rpfleger 1972, 305.

[27] Vgl. Taktischen Hinweis unten **TH** C 9.7.2.

[28] Dazu Storz/Kiderlen ZV-Praxis E 2.2.; Stöber § 106 Anm. 2.2.

[29] Vgl. Taktischen Hinweis bei Storz/Kiderlen ZV-Praxis **TH** B 1.6.2.2.

[30] Dazu oben C 6.2.

[31] Dazu Storz/Kiderlen ZV-Praxis E 2.2.

[32] **Muster** unten C 9.6.2.

[33] Dazu Storz/Kiderlen ZV-Praxis C 4.2. und Taktische Hinweise dort **TH**. C 4.4.1, **TH** C 4.4.2. und **TH** C 4.4.5.

[34] Storz/Kiderlen ZV-Praxis E 2.2. und Taktische Hinweise dort **TH** C 4.4.4. und **TH** E 2.3.2.

[35] Dazu unten C 9.4.3.

Außer in den Fällen einer außergerichtlichen Einigung über die Erlösverteilung (§ 143)[36] oder der außergerichtlichen Befriedigung aller Berechtigter (§ 144)[37] beruht die Erlösverteilung auf einem vom Gericht aufgestellten
Teilungsplan.

9.2.3. Teilungsplan/Widerspruch

Im Verteilungstermin wird gemäß § 113 unter Anhörung der anwesenden
Beteiligten ein Teilungsplan aufgestellt, in dem auch die nach § 91 nicht erlö-
schenden Rechte anzugeben sind. Der Teilungsplan besteht deshalb nach
einem Vorbericht aus 4 Abschnitten:
– Teilungsmasse (vgl. § 107 Abs. 1)
– Bestehenbleibende Rechte (vgl. § 113 Abs. 2)
– Schuldenmasse (vgl. § 109)
– Planmäßige Verteilung
Der Teilungsplan hat im Gegensatz zum Zuschlagsbeschluß nicht die Wir-
kung eines Richterspruchs, sondern er enthält nur formelle Entscheidun-
gen.[38] Da er nicht die Aufgabe hat, materielles Recht zu verändern, ist ein
Bereicherungsausgleich u. U. selbst dann noch möglich, wenn ein Rechtsmit-
tel gegen ihn erfolglos war oder unterlassen wurde.[39] Umgekehrt gilt, daß ein
Berechtigter, der zu Recht durch den Teilungsplan etwas zugeteilt erhält, ein
Recht auf Auszahlung erwirkt, das durch spätere Ereignisse nicht beeinträchtigt werden kann.[40]
Sachliche Einwendungen gegen bestimmte Zuteilungen werden mit dem
Widerspruch gemäß § 115 geltend gemacht, während bei Verfahrensverstö-
ßen die befristete Rechtspflegererinnerung/Sofortige Beschwerde gegeben
ist.[41] Die Rechtsmittelfrist beginnt mit der Zustellung des Teilungsplans.[42]
Ein Widerspruch gemäß § 115 gegen die im Teilungsplan vorgesehene Erlösverteilung bezweckt eine andere Verteilung und hält daher die Planausführung auf (vgl. § 876 ZPO). Wichtig ist für die Teilungsversteigerung, daß
dieses Rechtsmittel den bisherigen Miteigentümern/Teilhabern hinsichtlich
der von ihnen angestrebten Zuteilung des Übererlöses auf Einzelne von ihnen
nicht zur Verfügung steht,[43] weil die Verteilung des Übererlöses ja nicht mehr
zu den Aufgaben des Vollstreckungsgerichts gehört.[44]
Einen diesbezüglichen Streit müssen die bisherigen Miteigentümer vor
dem Prozeßgericht austragen. Dagegen kann auch ein Miteigentümer durch
Widerspruch die seiner Ansicht nach zu hohe Zuteilung an einen Berechtig-

---

[36] Dazu unten C 9.2.5.
[37] Siehe FN 36.
[38] Dassler/Hintzen § 113 Rz. 2; RGZ 153, 252; OLG Köln MDR 1969, 401.
[39] RGZ 58, 156; BGH NJW-RR 1987, 890.
[40] BGH ZIP 1991, 245.
[41] OLG Köln MDR 1969, 401; LG Verden Rpfleger 1974, 31; Storz/Kiderlen ZV-Praxis
E 3.1.; Stöber § 113 Anm. 6.3.
[42] BGH Rpfleger 2009, 401; OLG Hamm Rpfleger 1985, 453; Storz/Kiderlen ZV-Praxis
E 3.1.; **str. a. A.**: OLG Schleswig SchlHA 1983, 194; Stöber § 113 Anm. 6.3: mit Verkündung bzw. mit Aufstellung.
[43] BGH Rpfleger 1952, 415; Steiner/Teufel § 180 Rz. 192.
[44] Dazu oben C 9.2.1.

ten angreifen, wenn diese nicht auf einen vollstreckbaren Anspruch gestützt wird (denn in diesen Fällen ist der Widerspruch gemäß § 115 Abs. 3 nach den Regeln der §§ 767, 769, 770 ZPO zu erledigen). Nur ein Berechtigter, der eine Planänderung zu seinen eigenen Gunsten[45] verlangt, ist zum Widerspruch berechtigt, also z. b. nicht der Ersteher, wenn er nicht gleichzeitig ein eigenes Befriedigungsrecht hat.[46] Der Widerspruch ist insbesondere dann wichtig, wenn eine evtl. überhöhte Zuteilung auf den angemeldeten Ersatzbetrag (§ 92) für ein erlöschendes Recht aus Abt II des Grundbuchs verhindert werden soll, weil die Anmeldung ohne Widerspruch für das Gericht bindend ist.[47]

Der Widerspruch kann schriftlich oder zu Protokoll erklärt werden, und zwar bis zur Ausführung des Plans.[48] Gemäß § 115 Abs. 2 gilt schon eine Anmeldung als Widerspruch, wenn sie nicht antragsgemäß in den Teilungsplan aufgenommen wurde. Der Widerspruch muß zwar nicht begründet werden, aber er muß angeben, welche konkrete andere Verteilung der Widersprechende verlangt.[49] Er kann zurückgenommen werden, bis über ihn entschieden worden ist.

Das Gericht prüft nur die Widerspruchs-Berechtigung, nicht auch die sachliche Begründetheit. Wenn allerdings die anwesenden Beteiligten den Widerspruch anerkennen[50] (bei Abwesenden wird gemäß § 877 Abs. 1 ZPO Einverständnis unterstellt), wird der Plan entsprechend geändert (§ 876 S. 3 ZPO). Der Plan wird insoweit ausgeführt, als er von einem evtl. Widerspruch nicht berührt ist;[51] gemäß § 124 wird im Teilungsplan festgestellt, wie ein evtl. streitiger Betrag verteilt werden soll, wenn der Widerspruch für begründet erklärt wird.

9.2.4. Planausführung bei Zahlung

Die Planausführung erfolgt, soweit das Meistgebot bezahlt worden ist, gemäß § 117 durch Überweisung an die Berechtigten oder durch Hinterlegung. Bei Nichtzahlung werden dagegen gemäß §§ 108, 118, 128 entsprechende Forderungen gegen den Ersteher auf die Berechtigten übertragen und Sicherungshypotheken eingetragen; daraus kann gemäß § 133 in einem vereinfachten Verfahren die sog Wiederversteigerung betrieben werden.[52] Die Ausführung des Teilungsplans soll gemäß § 116 auf Antrag des Erstehers, eines evtl. mitverpflichteten Bürgen oder eines gemäß § 81 Abs. 2 oder 3 Meistbietenden ausgesetzt werden, wenn der Zuschlag noch nicht rechtskräftig ist.

Aus dem Versteigerungserlös sind gemäß § 109 Abs. 1 die Verfahrenskosten vorweg zu entnehmen. Das sind entsprechend der Negativaufzählung in § 109 Abs. 1 die Gebühren für das allgemeine Verfahren, den Versteigerungstermin und für das Verteilungsverfahren sowie die Verfahrensauslagen, also im

---

[45] Stöber § 115 Anm. 3.4 a.
[46] BGH NJW 1972, 1032; Storz/Kiderlen ZV-Praxis E 3.2.
[47] Storz/Kiderlen ZV-Praxis E 3.2; Vgl. auch Taktischen Hinweis unten **TH** C 9.7.3.
[48] Dazu unten C 9.2.4.
[49] Storz/Kiderlen ZV-Praxis E 3.2; Stöber § 115 Anm. 3.6 b.
[50] Vgl. Taktischen Hinweis bei Storz/Kiderlen ZV-Praxis **TH** E 3.3.2.
[51] Dazu unten C 9.2.4.
[52] Dazu unten C 10.

wesentlichen diejenigen Verfahrenskosten, die bisher allgemein angefallen sind. Die danach verbleibende Teilungsmasse wird entsprechend der Zuteilung im Teilungsplan verteilt, die sich ihrerseits nach der in §§ 10–13 geregelten Rangfolge richtet. Der Überschuß wird in der Teilungsversteigerung nicht durch das Gericht auf die einzelnen bisherigen Miteigentümer verteilt, sondern steht diesen gemeinsam zu. Die Auszahlung des Versteigerungserlöses kann sofort erfolgen; die formelle Rechtskraft des Teilungsplans muß also nicht abgewartet werden.[53]

Die Ausführung des Teilungsplans kann u. U. durch sog. „Befriedigungserklärungen" vereinfacht werden. Diese besagen, daß ein bestimmter Berechtigter um den Betrag, der ihm im Teilungsplan zugeteilt worden ist, bereits befriedigt wurde. Wenn Berechtigter (= Zahlungsempfänger) und Ersteher (= Zahlungspflichtiger) identisch sind, spricht man von einer echten Befriedigungserklärung, andernfalls von einer unechten Befriedigungserklärung.[54]

Da die Aufteilung des Erlösüberschusses auf die einzelnen Miteigentümer/Teilhaber nicht mehr zu den Aufgaben des Vollstreckungsgerichts gehört, muß das Meistgebot im Verteilungstermin auch dann in voller Höhe gezahlt werden, wenn einer der bisherigen Miteigentümer den Zuschlag erhalten hat. Nur bzw. erst dann, wenn der auf den Ersteher als früheren Miteigentümer[55] entfallende Erlösanteil kraft übereinstimmender Erklärungen aller bisherigen Miteigentümer konkret feststeht, kann durch eine „echte Befriedigungserklärung" in dieser Höhe die formale Ein- und Auszahlung vermieden werden.[56]

Vorher – d. h. ohne solche übereinstimmenden Erklärungen aller Miteigentümer – werden bei nicht vollständiger Bezahlung des Meistgebots durch den Ersteher (als bisherigen Miteigentümer) wie in den anderen Fällen der Nichtzahlung gemäß §§ 108, 118, 128 Forderungen gegen ihn auf die bisherigen Miteigentümer in nicht auseinandergesetzter Gemeinschaft übertragen und für diese Sicherungshypotheken eingetragen.[55]

Grundsätzlich wird der einem Hebungsberechtigten zustehende Erlösanteil an ihn ausbezahlt (§ 117). Es gibt aber auch eine Reihe von Fällen, in denen hinterlegt werden muß, z. B.:

– bei Widerspruch gegen den Teilungsplan in Höhe der umstrittenen Zuteilung (§ 124 Abs. 2);
– bei nicht möglicher Auszahlung (§ 117 Abs. 2 S. 3) z. B. wegen fehlender Empfangsberechtigung oder wegen unbekannten Aufenthalts;
– bei Ungewißheit über die Person des Berechtigten (§ 372 BGB) z. B. wegen mehrerer konkurrierender Abtretungen;
– bei unbekanntem Berechtigten (§ 126 Abs. 2) z. B. wegen fehlendem Grundschuldbrief oder unbekannten Erben;
– bei aufschiebend bedingtem Anspruch (§ 120); bei auflösend bedingtem Anspruch wird dagegen gemäß § 119 an den Erstberechtigten ausbezahlt;

---

[53] Drischler Rpfleger 1989, 359 mit Recht **gegen** OLG Hamm Rpfleger 1985, 453 und Sievers Rpfleger 1989, 53.
[54] Dazu BGH Rpfleger 1988, 495; Storz/Kiderlen ZV-Praxis E 6.1.2. – Siehe auch unten C 9.3.
[55] Vgl. Taktische Hinweise unten **TH** C 9.7.4. und **TH** C 9.7.5.
[56] Stöber Handbuch Rz. 753.

- bei Bildung eines Deckungskapitals gemäß § 92 Abs. 2, aus dem die Einzelleistungen einer Geldrente zu bezahlen sind (vgl. §§ 121 Abs. 2, 120 Abs. 1);
- in der Forderungszwangsversteigerung wird auch bei Einstellung der Zwangsvollstreckung oder bei Sicherungsvollstreckung vor Rechtskraft bzw. vor Sicherheitsleistung nach §§ 119, 120 hinterlegt;
- in der Teilungsversteigerung wird der zugunsten der bisherigen Miteigentümer verbleibende Übererlös für diese hinterlegt, wenn sich nicht alle Miteigentümer auf eine konkrete Zuteilung einigen (dazu unten C 9.5.4.).

9.2.5. Außergerichtliche Erlösverteilung (§§ 143, 144)

Von der (echten oder unechten) Befriedigungserklärung[57] zu unterscheiden ist die in § 144 geregelte außergerichtliche Befriedigung des Berechtigten[58] und auch die außergerichtliche Einigung über die Erlösverteilung gemäß § 143.[59] In diesen beiden Fällen können u. U. die Anberaumung des Verteilungstermins und dann auch die damit verbundenen Kosten vermieden werden, während die Befriedigungserklärungen „nur" die Ausführung der im Verteilungstermin aufgestellten Teilungsplans erleichtern.

Die außergerichtliche Befriedigung i. S d. § 144 wird vom Ersteher durchgeführt. Dieser (oder ein evtl. gemäß § 69 Abs. 3 für mithaftend erklärter Bürge) weist dem Gericht durch öffentliche oder öffentlich beglaubigte Urkunden nach, daß er die durch sein Gebot gedeckten Berechtigten befriedigt hat. Dann werden die Beteiligten von diesem Verfahren sowie von der Möglichkeit zur Einsichtnahme in diese Unterlagen und zur Einlegung einer Erinnerung innerhalb von 2 Wochen benachrichtigt (§ 144 Abs. 1 S. 2). Schon die Tatsache einer eingelegten Erinnerung beendet dieses vereinfachte Verfahren und führt zur Durchführung des normalen gerichtlichen Verteilungsverfahrens gemäß §§ 105 ff.[60] Wird gegen den dann doch aufzustellenden Teilungsplan, der die durch den Ersteher bereits herbeigeführte Befriedigung berücksichtigt, erfolgreich Widerspruch eingelegt, muß der Ersteher u. U. zweimal zahlen und versuchen, vom Zuerstbefriedigten das Gezahlte zurückzuerhalten. Insofern ist die außergerichtliche Befriedigung des § 144 für den Ersteher nicht ganz ungefährlich.[61] Sie ist das aber auch nicht für die anderen Beteiligten, weil mangels Verteilungstermin keine Anmeldungen mehr möglich sind. Sollen derartige Anmeldungen noch erfolgen, so muß gegen das Verfahren der außergerichtlichen Befriedigung Erinnerung eingelegt werden.

Wiederum etwas anderes ist die außergerichtliche Einigung über die Erlösverteilung gemäß § 143.[62] Auch in diesem Fall kann zwar ein Verteilungstermin mit seinen Kosten vermieden werden, indem dem Gericht durch öffentliche oder öffentlich beglaubigte Urkunden nachgewiesen wird, daß sich alle Beteiligten über die Verteilung des gesamten Erlöses geeinigt haben. Da aber

---

57 Dazu oben C 9.2.4.
58 Dazu Storz/Kiderlen ZV-Praxis E 7.
59 Siehe FN 58.
60 LG Lübeck Rpfleger 1986, 235 Anm. Schriftleitung.
61 Storz/Kiderlen ZV-Praxis E 7.
62 Siehe FN 61.

wirklich alle Beteiligte gemeint sind, müssen auch ausgefallene Gläubiger, die Gerichtskasse und selbstverständlich alle Miteigentümer/Teilhaber in die Einigung einbezogen werden, nur nicht die Gläubiger von bestehenbleibenden Rechten.[63] Im Verfahren nach § 143 muß sich die Einigung außerdem auf die Verteilung des Erlöses aus einer evtl. besonderen Versteigerung/Verwertung i.S.d. § 65 erstrecken, während im Fall des § 144 dieser Erlös der gerichtlichen Verteilung überlassen werden kann (vgl. § 144 Abs. 2).

Die Einigungserklärung gegenüber dem Gericht darf sich nicht auf die Aussage beschränken, daß eine außergerichtliche Einigung erfolgt sei, sondern es muß auch ersichtlich sein, in welcher Weise der Erlös verteilt wurde.[64] Sie kann z.B.(in öffentlicher oder öffentlich beglaubigter Urkunde) wie folgt lauten:[65]

Beispiel: „Wir haben uns über die Verteilung des Versteigerungserlöses, bestehend aus dem baren Meistgebot i.H.v. … nebst 4% Zinsen hieraus vom … (Zuschlagsdatum) bis zum … (Verteilungstermin), insgesamt … wie folgt geeinigt: …
Gemäß § 143 ZVG ist daher eine gerichtliche Verteilung des Versteigerungserlöses nicht erforderlich.“

Sind die Voraussetzungen des § 143 erfüllt, findet der gerichtliche Verteilungstermin nicht statt, sondern es wird lediglich der Ersteher benachrichtigt, welche Beträge er an welche Beteiligte zu zahlen hat. Die außergerichtliche Einigung bewirkt, daß die Forderung gegen den Ersteher jetzt den Beteiligten in der jeweils festgesetzten Höhe zusteht, und daß die Beteiligten deshalb insoweit als aus dem Grundstück befriedigt gelten. Eine hypothekarische Sicherstellung der Forderung durch das Gericht (etwa wie bei § 130 im Falle der Nichtzahlung) ist nicht möglich, allenfalls nach § 866 ZPO oder auf Bewilligung des Erstehers. Die Forderung ist nach §§ 132, 133 vollstreckbar, falls nicht eine Stundung vereinbart wurde. Bei einer außergerichtlichen Erlösverteilung (nach § 143 und nach § 144) fallen Gerichtsgebühren für das Verteilungsverfahren nur in halber Höhe an, so daß sich diese Vorgehensweise vor allem beim höheren Grundstückswerten durchaus lohnt, zumal gerade in der Teilungsversteigerung der Erlös meist nur an wenige Berechtigte zu verteilen ist.

9.2.6. Liegenbelassungsvereinbarung

Eine besondere und der Vereinfachung dienende Form der Planausführung ist auch die sog Liegenbelassungsvereinbarung für eigentlich erlöschende Rechte: Anstatt den Berechtigten gemäß § 92 für das Erlöschen seines Rechts aus dem Versteigerungserlös zu befriedigen (soweit des Erlös dazu ausreicht), wird dessen Fortbestand vereinbart. Derartige Liegenbelassungsvereinbarungen sind in der Teilungsversteigerung genauso möglich wie in der Forderungszwangsversteigerung.[66]

---

[63] Frist SchlHA 1972, 130; Stöber Handbuch Rz. 567; Storz/Kiderlen ZV-Praxis E 7.
[64] Storz/Kiderlen ZV-Praxis E 7.
[65] Siehe FN 64.
[66] Dazu Storz/Kiderlen ZV-Praxis E 5.5.

Gemäß § 91 Abs. 1 erlöschen durch den Zuschlag alle das Grundstück belastenden Rechte, sofern sie nicht
– nach den gesetzlichen Versteigerungsbedingungen wegen Aufnahme ins geringste Gebot[67] bestehenbleiben;
– durch abweichend vereinbarte Versteigerungsbedingungen gemäß § 59[68] bestehenbleiben;
– außerhalb des geringsten Gebots und auch ohne Vereinbarung gemäß § 59 Kraft besonderer gesetzlicher Regelung bestehenbleiben (z. B. als Altenteil);[69]
– auf Grund einer besonderen Liegenbelassungsvereinbarung gemäß § 91 Abs. 2 bestehenbleiben.

Durch Vereinbarung zwischen dem Ersteher und dem Gläubiger eines Grundstücksrechts (sowohl aus Abt. II als auch aus Abt. III des Grundbuchs)[70] kann gemäß § 91 Abs. 2 vereinbart werden (vgl. **Muster**),[71] daß ein nach den gesetzlichen oder vereinbarten Versteigerungsbedingungen gemäß § 91 Abs. 1 erlöschendes oder erloschenes Recht bestehenbleiben soll. Diese Möglichkeit entspricht einem praktischen Bedürfnis[72] und ist insbesondere dann reizvoll, wenn Gläubiger und Ersteher die gleiche Person sind.

Die Vereinbarung kann schon vor dem Zuschlag getroffen und auch im Versteigerungs-, besonderen Verkündungs-[73] oder Verteilungstermin zu Protokoll erklärt werden; zulässig ist auch der Nachweis der jeweiligen Erklärungen durch öffentlich beglaubigte Urkunden, die dem Vollstreckungsgericht aber spätestens vor dessen Ersuchen um Berichtigung des Grundbuchs (§ 91 Abs. 2) zugegangen sein müssen. Natürlich müssen dazu evtl. Hypotheken – oder Grundschuldbriefe sowie die in § 1115 BGB genannten Urkunden vorgelegt werden.

Die Vereinbarung hat zur Folge, daß das Recht mit dem Zuschlag trotz § 91 Abs. 1 gar nicht erst erlischt, bzw. daß ein bereits mit dem Zuschlag erloschenes Recht (durch eine spätere Vereinbarung) als nicht erloschen gilt, weil die Liegenbelassungsvereinbarung ex tunc wirkt.[74]

Über § 91 Abs. 2 kann das Bestehenbleiben aller Arten von Rechten am Grundstück (Abt. II und III des Grundbuchs) vereinbart werden und zwar auch dann, wenn das betr. Recht bei der Erlösverteilung ganz oder teilweise ausfallen würde.[75] Der Betrag, der bestehenbleiben soll, kann im Rahmen der bisherigen Hauptsumme beliebig verändert werden,[76] auch eine Umwandlung von Hypothek in Grundschuld ist möglich. War ein Grundpfandrecht bisher vollstreckbar (vgl. §§ 800, 794 Abs. 1 Nr. 5 ZPO), so kann nach

---

67 Dazu oben B 5.
68 Dazu oben A 4.2. und C 7.2.2.
69 Dazu Storz/Kiderlen ZV-Praxis B 6.2. und D 2.7.1.
70 Storz/Kiderlen ZV-Praxis E 5.5; Muth S. 242; Hornung Rpfleger 1972, 203; Steiner/Eickmann § 91 Rz. 45.
71 **Muster** siehe unten C 9.6.3.
72 BGH Rpfleger 1981, 140; Storz/Kiderlen ZV-Praxis E 5.5. – Vgl. auch Taktische Hinweise unten **TH** 9.7.7. und **TH** 9.7.8.
73 Storz/Kiderlen ZV-Praxis E 5.5; Steiner/Eickmann § 91 Rz. 40; Stöber § 91 Anm. 3.6 **gegen** Hornung Rpfleger 1972, 203.
74 BGH Rpfleger 1976, 10; 1970, 166; Muth S. 244; Stöber § 91 Anm. 3.2.
75 Storz/Kiderlen ZV-Praxis E 5.5; Steiner/Eickmann § 91 Rz. 27.
76 Muth S. 244; Storz/Kiderlen ZV-Praxis E 5.5; Steiner/Eickmann § 91 Rz. 28.

Grundbuchberichtigung (§ 130) hinsichtlich des dinglichen Anspruchs die Vollstreckungsklausel gemäß §§ 800 Abs. 2, 727 ZPO gegen den Ersteher erteilt werden.[77] Dagegen kann nach herrschender Ansicht nicht eine Vorfälligkeitsentschädigung liegenbelassen werden;[78] zum Teil wird sogar trotz Liegenbelassens des Rechts ein Anspruch auf Vorfälligkeitsentschädigung gegen den Schuldner anerkannt.[79]

Auf Grund der Vereinbarung bleibt das dingliche Recht mit seinem bisherigen Inhalt bestehen („dingliche Kontinuität").[80] Deshalb kann weder der Zinssatz geändert, noch kann das Bestehenbleiben auf die Zeit vor dem Zuschlag ausgedehnt werden. Die Rangfolge des Rechts wird zwar nicht direkt verändert. Wenn vorgehende Rechte erlöschen, rückt das Recht aber vor; werden allerdings bei Nichtzahlung des Bargebots gemäß §§ 108, 118, 128 Sicherungshypotheken eingetragen,[81] so bleibt natürlich die bisherige Rangordnung erhalten.

Beispiel: Eingetragen sind in entspr. Rangfolge:
III 1 Grundschuld über 16 000,–
II 1 Wegerecht
III 2 Grundschuld über 44 000,–
III 3 Hypothek über 35 440,–
II 2 Leitungsrecht
Bestrangig betrieben wird aus der Grundschuld III 2 über 44 000,–. Das Leitungsrecht soll gemäß § 91 Abs. 2 bestehenbleiben. – Bei ordnungsgemäßer Zahlung des Meistgebots ist das Grundstück in Zukunft wie folgt belastet:
III 1 Grundschuld über 16 000,–
II 1 Wegerecht
II 2 Leitungsrecht

Bei Nichtzahlung des Meistgebots ergibt sich dagegen folgende Belastung:[82]
III 1 Sicherungshypothek für III 1
II 1 Wegerecht
III 2 Sicherungshypothek für III 2
III 3 Sicherungshypothek für III 3
II 2 Leitungsrecht.

Gemäß § 91 Abs. 3 S.1 vermindert sich bei einer Liegenbelassungsvereinbarung „der durch Zahlung zu berichtigende Teil des Meistgebots um den Betrag, welcher sonst dem Berechtigten gebühren würde". Die Auslegung dieser Bestimmung ist seit jeher stark umstritten[83] und für das wirtschaftliche Ergebnis von großer Bedeutung. Nach heute herrschender und auch überzeugender Meinung ändert die Vereinbarung nichts an der Verpflichtung des

---

[77] Dassler/Hintzen § 91 Rz. 29.
[78] Stöber § 91 Anm. 3.4; **str. a. A.:** Muth S. 244.
[79] BGH MDR 1974, 394; Drischler RpflJahrB 1978, 306; **str. a. A.:** OLG Düsseldorf KTS 1968, 251.
[80] BGH Rpfleger 1976, 10.
[81] Dazu unten C 10.
[82] Dazu unten C 10.
[83] Zu dieser Auseinandersetzung vgl. ausführlich Stöber § 91 Anm. 4.1–5; Steiner/Eickmann § 91 Rz. 48–53.

Erstehers, das Bargebot vom Zuschlag an zu verzinsen (§ 49 Abs. 2). Das nach § 49 Abs. 1 und 2 zu zahlende Meistgebot (also ungekürzter Barteil und Zinsen hieraus) mindert sich jedoch gemäß § 91 Abs. 3 S. 1 um den Kapitalbetrag und die dinglichen Zinsen des bestehenbleibenden Rechts für die Zeit vom Zuschlag bis zum Verteilungstermin.[84]

Beispiel:[85]

Bares Meistgebot	133 500,00
+ 4% (Zuschlag-Verteilungstermin)	489,50
Zwischensumme:	133 989,50
./. liegenbelassenes Recht	90 000,00
./. 10% aus bestehenbleibendem Recht	
(Zuschlag-Verteilungstermin) 1	810,00
im Verteilungstermin zu zahlen:	43 197,50

Kann und will der Gläubiger des betr. Rechts auch Zinsen aus der Zeit vor dem Zuschlag geltend machen,[86] so sind ihm diese aus dem nach Berücksichtigung der Liegenbelassungsvereinbarung verbleibenden Bargebot zu bezahlen, falls dieses für eine ranggerechte Befriedigung ausreicht.

Betrifft die Vereinbarung ein nicht auf Kapitalzahlung gerichtetes Recht, so mindert sich das Bargebot um den Ersatzbetrag, der bei Erlöschen des Rechts gemäß § 92 Abs. 1 zuzuteilen wäre.[87]

Keinesfalls übersehen werden darf die mit der Liegenbelassungsvereinbarung verbundene Befriedigungswirkung, denn gemäß § 91 Abs. 3 S. 2 „wirkt die Vereinbarung im übrigen wie die Befriedigung des Berechtigten aus dem Grundstück". Die Gefahr des Übersehens ist deshalb besonders groß, weil es nicht von vorneherein naheliegt, daß durch eine u. U. längere Zeit nach dem Wechsel des Eigentums am Grundstück getroffene Vereinbarung zwischen dem neuen Eigentümer und dem Gläubiger auch der frühere Eigentümer begünstigt wird. Aber nach der Rechtsprechung und der heute herrschenden Literatur erbringt der Gläubiger durch die Liegenbelassungsvereinbarung eine Leistung für den Ersteher in Höhe des Anteils am Versteigerungserlös, der nach dem Teilungsplan auf die Grundschuld entfallen wäre.[88] Diese Vereinbarung darf die Rechte der anderen Beteiligten nicht beeinträchtigen, d. h. sie darf weder den Ersteher benachteiligen noch die anderen Gläubiger begünstigen. Weil die Liegenbelassungsvereinbarung für die bisherigen Miteigentümer wie eine Leistung des Erstehers an den Grundschuldgläubiger wirkt, muß sich dieser so behandeln lassen, als hätte er den entsprechenden Betrag (Kapital, Zinsen als Zuschlag und Nebenleistungen i. S. d. § 12 Nr. 2) aus dem Versteigerungserlös erhalten. Soweit dieser Betrag die durch die Grundschuld gesicherte persönliche Forderung übersteigt, verwandelt sich der frühere Rückgewähranspruch der bisherigen Miteigentümer oder des Zessionars in einen Rückzahlungsanspruch in Höhe des Überschusses.[89]

---

[84] BGH Rpfleger 1980, 140; 1970, 166; Storz/Kiderlen ZV-Praxis E 5.5; Steiner/ Eickmann § 91 Rz. 53; Muth S. 245; Stöber § 91 Anm. 4.1.

[85] Nach Storz/Kiderlen ZV-Praxis E 5.5.

[86] Vgl. dazu oben A 4.2. und C 6.2.

[87] Storz/Kiderlen ZV-Praxis E 5.5.

[88] BGH Rpfleger 1985, 74, 1975, 219; **kritisch** dazu Muth Rpfleger 1990, 2; – vgl. auch Storz/Kiderlen ZV-Praxis **TH.** E 5.7.4.

[89] BGH Rpfleger 1985, 74; 1970, 166. – Vgl. auch Taktischen Hinweis unten **TH** C 9.7.8.

Die Befriedigungswirkung gilt auch dann, wenn der Gläubiger des Rechts ohne die Vereinbarung aus dem Erlös nichts oder weniger erhalten hätte, und sie kommt auch einem Bürgen oder mithaftenden Dritten zugute. Sie bezieht sich formell nur auf das dingliche Recht. Ob auch die zugrundeliegende persönliche Schuld übernommen wird, richtet sich nach dem Willen der Beteiligten. Erfolgt die Vereinbarung vor Gericht, muß auch eine evtl. schuldrechtliche Vereinbarung protokolliert werden, weil § 53 hier nicht anwendbar ist (er betrifft nur die nach den Versteigerungsbedingungen bestehenbleibenden Rechte).

Die Liegenbelassungsvereinbarung nach § 91 Abs. 2 verursacht keine besonderen Kosten, weil diese mit der Verteilungsgebühr abgegolten sind; auch für die Grundbucheintragung entstehen keine Kosten.[90] Stellt sich nachträglich heraus, daß das liegenbelassene Recht ganz oder teilweise gar nicht mehr bestanden hatte oder dem Gläubiger nicht zustand, so wird dadurch der Bestand des (jetzigen) Rechts nicht berührt; aber der Ersteher muß evtl. Zahlungen nicht mehr an den Partner der Vereinbarung, sondern an den wirklich Berechtigten leisten.

9.3. Teilungsmasse

Gemäß § 107 Abs. 1 ist im Verteilungstermin festzustellen, wieviel die zu verteilende Masse beträgt. Die Teilungsmasse ist der Betrag, der als Erlös aus der Zwangsversteigerung zur Verteilung kommt.[91] Der Versteigerungserlös und damit auch die Teilungsmasse steht als Surrogat für das Grundstück zunächst noch den bisherigen Miteigentümern zu. An ihm bestehen die durch den Zuschlag erloschenen Grundstücksrechte als Vorzugsrechte fort; ebenso setzt sich die Beschlagnahme des Grundstücks an der Teilungsmasse fort, so daß nur das Gericht darüber verfügen kann und deshalb die Vorzugsrechte im Verteilungstermin zuerst befriedigt.

Schuldner des Versteigerungserlöses ist der Ersteher. Das Gericht nimmt den Erlös zwar in amtlicher Eigenschaft entgegen,[92] wird dadurch aber weder Gläubiger des Anspruchs vor der Zahlung durch den Ersteher, noch Schuldner gegenüber den Berechtigten, noch Drittschuldner für eine Pfändung.[93] Da der Erlös an das Gericht zu zahlen ist, kann der Ersteher andererseits auch nicht mit einer Forderung gegen die bisherigen Miteigentümer aufrechnen.[94]

Wenn der Ersteher wegen einer fehlerhaften Berechnung der Teilungsmasse zuviel gezahlt und der an letzter Rangstelle berücksichtigte Gläubiger daher zuviel erhalten hat, kann der Ersteher von diesem nichts nach §§ 812 ff. BGB herausverlangen, da er ja nicht an den Gläubiger gezahlt hat, denn seine Zahlung gilt als Leistung an die bisherigen Miteigentümer, und von diesen gilt der Gläubiger als bezahlt. Der Ersteher kann sich in derartigen Fällen also nur an die bisherigen Miteigentümer halten (§§ 812 ff. BGB) oder wegen Amts-

---

[90] Storz/Kiderlen ZV-Praxis E 5.5; Stöber § 91 Anm. 3.6. – Vgl. auch Taktischen Hinweis **TH** C 9.7.7.
[91] Storz/Kiderlen ZV-Praxis E 4.1.
[92] BGH NJW 1977, 1287; Storz/Kiderlen ZV-Praxis E 4.1.
[93] Dassler/Hintzen § 107 Rz. 11.
[94] BGH NJW 1963, 1497.

haftung an den Staat wenden (§ 839 BGB). Diese Probleme bestehen allerdings dann nicht, wenn die zuletzt Berücksichtigten sowieso die bisherigen Miteigentümer waren (aus dem Überschuß); in diesem Regelfall der Teilungsversteigerung kann sich der Ersteher also unmittelbar gemäß §§ 812 ff. BGB an die bisherigen Miteigentümer halten.

Die Teilungsmasse kann sich aus verschiedenen Positionen zusammensetzen:
- Bar zu zahlender Teil des Meistgebots (§ 49 Abs. 1);
- Zinsen aus dem Bargebot zwischen Zuschlagstag und Tag der Erfüllung (§ 49 Abs. 2) i.H.v. 4% oder gemäß besonders vereinbarter Versteigerungsbedingung;[95]
- Evtl. Erlöse aus gemäß § 65 besonders versteigerten bzw. verwerteten Gegenständen (vgl. § 107 Abs. 1 S. 2);
- Evtl. Zuzahlungsbeträge gemäß §§ 50, 51, die der Ersteher u.U. zahlen muß, wenn ein nach den Versteigerungsbedingungen bestehenbleibendes Recht nicht besteht oder wegfällt (vgl. § 125 Abs. 1);
- Evtl. Versicherungsgelder, die durch die Versteigerungsbedingungen gemäß § 59 zur Teilungsmasse gehören, aber nicht mitversteigert wurden;[96]
- Hat einer der bisherigen Miteigentümer den Zuschlag erhalten, und steht ihm eine nur seinen ehemaligen Anteil belastende und bestehenbleibende Eigentümergrundschuld zu, dann muß diese nur ausnahmsweise dem zu verteilenden Erlös hinzugerechnet werden.[97]

Die derart zusammengesetzte Teilungsmasse verringert sich um Zinsen und Kapitalbeträge derjenigen Rechte, deren Liegenbelassen gemäß § 91 Abs. 2 besonders vereinbart worden ist.[98]

Der Ersteher muß seine Verpflichtungen aus dem Meistgebot gemäß § 107 Abs. 2 im Verteilungstermin gegenüber dem Gericht erfüllen. Folgende Erfüllungs-Alternativen sind gegeben:
- Überweisung oder Einzahlung auf ein Konto der Gerichtskasse (§ 49 Abs. 3);[99]
- Hinterlegung unter Rücknahmeverzicht (§ 49 Abs. 4);
- Erklärung, daß ein evtl. als Gebots-Sicherheit hinterlegter Betrag als Teilzahlung gelten soll (§ 107 Abs. 3);
- Erklärung des selbst als Inhaber eines Grundstücksrechts (nicht als bisheriger Miteigentümer) hebungsberechtigten Erstehers, daß er in Höhe seines eigenen Erlösanspruchs befriedigt ist.[100]

Die „echte Befriedigungserklärung"[10] gilt nach allgemeiner Ansicht als vereinfachte Erfüllung der Verpflichtungen aus dem Meistgebot.[101] Deshalb ent-

---

[95] Zur Verzinsungspflicht bei echten und unechten Befriedigungserklärungen siehe weiter unten.
[96] Storz/Kiderlen ZV-Praxis E 4.1.; Stöber § 107 Anm. 2.2 e; Steiner/Teufel § 180 Rz. 182.
[97] Dazu näher BGH Rpfleger 1986, 58; 1984, 244; Stöber § 180 Anm. 18.10; wohl etwas zu allgemein: Steiner/Teufel § 180 Rz. 180.
[98] Dazu oben C 9.2.6.
[99] Zum Zahlungsumfang, falls ein früherer Miteigentümers den Zuschlag erhält, siehe weiter unten.
[100] Dazu oben C 9.2.4.
[101] BGH Rpfleger 1988, 495 (Anm. Schiffhauer); Stöber § 117 Anm. 4.3; Steiner/Teufel § 117 Rz. 37.

fällt mit Zugang der Erklärung die Verzinsungspflicht für den entsprechenden Betrag aus § 49 Abs. 2.[102] Bei der „unechten Befriedigungserklärung" (Hebungsberechtigter ist nicht gleichzeitig Ersteher) verbleibt es dagegen bei der Verzinsungspflicht aus § 49 Abs. 2, weil sie nur als eine Auszahlungsanweisung an das Vollstreckungsgericht angesehen wird.[103]

Das Meistgebot muß auch dann in voller Höhe gezahlt werden, wenn ein bisheriger Miteigentümer den Zuschlag erhalten hat; wenn und soweit er diese Verpflichtung nicht erfüllt, muß wie in den anderen Fällen der Nichtzahlung gemäß §§ 108, 118, 128 eine entsprechende Forderung gegen ihn auf die Miteigentümer – Gemeinschaft übertragen und durch eine Sicherungshypothek gesichert werden. Nur bzw. erst dann, wenn der auf den Ersteher entfallende Erlösanteil kraft übereinstimmender Erklärungen aller Miteigentümer konkret feststeht, kann der Ersteher seine Zahlungsverpflichtungen i. H. seines eigenen Erlösanteils durch eine „echte Befriedigungserklärung" erfüllen und so die formale Ein- und Auszahlung vermeiden.[104]

Die Forderung der bisherigen Miteigentümer gegen den Ersteher kann nicht gepfändet werden,[105] weil die bisherigen Miteigentümer wegen der Beschlagnahme nicht verfügungsberechtigt sind, bevor das Gericht den Übererlös für die Miteigentümer freigibt. Streitig ist die Frage, ob der künftige Erlösanspruch der Miteigentümer schon vor dem Zuschlag gepfändet werden kann.[106] Nach dem Zuschlag ist das ebenso möglich wie die Pfändung des Erlösanspruchs für ein erlöschendes Recht; ein Drittschuldner ist in diesen Fällen nicht vorhanden; weder der Ersteher noch das Gericht kommen dafür in Frage, sodaß Zustellung gemäß § 857 Abs. 2 ZPO an den Pfändungsschuldner ausreicht.[107]

9.4. Schuldenmasse

9.4.1. Aufzunehmende Ansprüche

Einen für die bisherigen Miteigentümer und die Gläubiger gleichermaßen wichtigen Abschnitt des Teilungsplans bildet die Feststellung der Schuldenmasse. In der Teilungsversteigerung wird allerdings nur die Zuteilung an die nach § 10 Berechtigten und der für die bisherigen Miteigentümer verbleibende Erlösüberschuß geregelt. Dagegen wird nicht auch der Überschuß auf die einzelnen Miteigentümer verteilt.[108]

Gemäß § 114 sind in die Schuldenmasse Ansprüche, die zur Zeit der Eintragung des Versteigerungsvermerks aus dem Grundbuch ersichtlich waren, nach dem Inhalt des Grundbuchs, im übrigen aber nur dann aufzunehmen, wenn sie spätestens im Verteilungstermin angemeldet worden sind. Unter diesen Voraussetzungen werden berücksichtigt:

---

[102] OLG Schleswig SchlHA 1961, 16; Schiffhauer Rpfleger 1988, 498; Hagemeister SchlHA 1961, 7; Steiner/Teufel § 117 Rz. 37; **str. a. A.**: Stöber § 117 Anm. 4.5.
[103] LG Berlin Rpfleger 1978, 33; Steiner/Teufel § 117 Rz. 37.
[104] Stöber Rz. 753.
[105] Stöber § 114 Anm. 1.4.
[106] Verneinend: Stöber § 114 Anm. 5.20 d **gegen** Jokeit JurBüro 1952, 387.
[107] Stöber § 114 Anm. 5.20 e.
[108] Dazu näher unten C 9.5.

- Vorwegentnahme der Verfahrenskosten (§ 109 Abs. 1),
- Befriedigung der Berechtigten (§ 109 Abs. 2):[109]
- Ansprüche aus § 10 Abs. 1 Nr. 2 und 3;
- Kosten, Zinsen bestehenbleibender Rechte (§ 10 Abs. 1 Nr. 4);
- Kosten, Zinsen, Hauptsache bzw. Ersatzbetrag erlöschender Rechte (§ 10 Abs. 1 Nr. 4);[110]
- Ältere Zinsrückstände (§ 10 Abs. 1 Nr. 7 und 8).
- Verspätet angemeldete Ansprüche (§ 110).

Der Rangverlust wegen verspäteter Anmeldung tritt nicht ein für den Wertersatz gemäß § 92, wenn das Recht zwar grundbuchersichtlich war, der Wertersatz aber erst im Verteilungstermin beziffert worden ist.[111]

Obwohl in der Teilungsversteigerung hinsichtlich der Anmeldung von Ansprüchen keine Besonderheiten gegenüber der Forderungszwangsversteigerung[112] zu beachten sind, soll noch einmal deutlich gemacht werden, welche Ansprüche nur mit einer Anmeldung berücksichtigt werden können:
- die nach dem Zwangsversteigerungsvermerk eingetragenen dinglichen Rechte aller Art einschließlich der laufenden und rückständigen wiederkehrenden Leistungen und Kosten;
- die rückständigen wiederkehrenden Leistungen zu den schon früher eingetragenen dinglichen Rechten sowie alle Kosten der dinglichen Rechtsverfolgung;
- ein durch Abtretung oder Ablösung erfolgter Gläubigerwechsel, ebenso Pfändungen und Verpfändungen;
- Ansprüche der Rangklassen 1–3 des § 10 I;
- Geldersatzansprüche nach § 37 Nr. 5 für mitversteigerte Gegenstände, die nicht dem Grundstückseigentümer gehört hatten;
- das Entstehen eines Eigentümerrechts und der Begünstigte hieraus;
- Rechte aus Löschungs- oder Rückgewährvormerkungen oder aus dem seit 1.1.1978 bestehenden gesetzlichen Löschungsanspruch;
- Wertersatz für erlöschende Rechte, bei denen kein Höchst- oder Ablösungsbetrag eingetragen ist;
- Rechte, die ohne Aufnahme in das gerinste Gebot oder außerhalb des Grundbuchs bestehen bleiben, hinsichtlich ihrer aus der Teilungsmasse zu befriedigenden Teile.[113]

Wenn nach diesen Vorschriften eine Anmeldung erforderlich ist, dann muß sie auch erfolgen, wenn das Gericht den Anspruch schon aus anderem Grunde kennt. Andererseits kann nicht durch eine Aufforderung gemäß § 106 oder eine entsprechende Empfehlung eine Anmeldepflicht begründet wer-

---

[109] Ansprüche gemäß § 10 I 5 (und damit auch § 10 I 6) sind in der Teilungsversteigerung nur denkbar, wenn sie sich aus einer nebenher anhängigen Forderungszwangsversteigerung ergeben (so auch Steiner/Teufel § 180 Rz. 186). Die Verknüpfbarkeit beider Verfahren wird in diesem Buch aber mit der herrschenden Meinung abgelehnt (dazu oben A 3), so daß keine Ansprüche nach § 10 I 5 oder 6 zu berücksichtigen sind.

[110] Siehe FN 109.

[111] OLG Koblenz Rpfleger 1984, 242; Schiffhauer Rpfleger 1975, 187. – Vgl. auch Taktischen Hinweis unten **TH** C 9.7.6.

[112] Dazu Storz/Kiderlen ZV-Praxis E 5.1.

[113] Stöber § 114 Anm. 4.2 e; Storz/Kiderlen ZV-Praxis E 5.1.

den, wo sonst keine Pflicht besteht. Im übrigen ist aber die in § 106 genannte Berechnung durchaus einer Anmeldung gleichzusetzen.

Auch wenn keine (weitere) Anmeldepflicht zum Verteilungstermin besteht, entspricht es aber einem Gebot der Höflichkeit gegenüber dem Rechtspfleger und auch dem eigenen Interesse, wenn vor allem die Gläubiger, die auf einen Erlösanteil hoffen können, ihre Ansprüche genau berechnen und ohne Aufforderung nach § 106 oder ausdrückliche Empfehlung dem Gericht rechtzeitig vor dem Verteilungstermin bekanntgeben.[114]

9.4.2. Verfahrenskosten

Die dem Versteigerungserlös gemäß § 109 Abs. 1 vorweg zu entnehmenden Verfahrenskosten sind die Gerichtskosten des Verfahrens mit Ausnahme der Kosten für die Anordnung bzw. den Beitritt; auch die Kosten für den Zuschlag oder für nachträgliche Verteilungsverhandlungen gehören nicht hierher, weil die Kosten des Zuschlags gemäß § 58 vom Ersteher neben dem Meistgebot zu bezahlen sind.[115] Gemeint sind in § 109 Abs. 1 also insbesondere die Gebühren für das allgemeine Verfahren, den Versteigerungstermin und für das Verteilungsverfahren sowie die Verfahrensauslagen, also im wesentlichen diejenigen Verfahrenskosten, die bisher allgemein angefallen sind.

Die Kosten der einzelnen Miteigentümer für die Teilungsversteigerung (Anordnungs- bzw. Beitrittskosten sowie die außergerichtlichen Kosten) sind keine Kosten i. S. d. § 10 Abs. 2 und werden daher im Teilungsplan nicht berücksichtigt. Da aber aus § 753 S. 2 BGB geschlossen werden kann, daß die Teilungskosten nicht der einzelne Miteigentümer/Teilhaber, sondern die Gemeinschaft zu tragen hat, ist i. d. R. ein Erstattungsanspruch des betr Miteigentümers gegen die Gemeinschaft gegeben.[116] Zu diesen evtl. erstattungspflichtigen Kosten gehören dann außer den Gerichtskosten für Anordnung bzw. Beitritt auch die Rechtsanwaltsgebühren (auch für einen Antragsgegner), Kosten für die Beschaffung erforderlicher Unterlagen sowie für die Wahrnehmung der Termine.[117]

9.4.3. Grundpfandrechte

9.4.3.1. Allgemeines

Nach Vorwegentnahme der Verfahrenskosten gemäß § 109 Abs. 1[118] und Befriedigung der aus den Rangklassen Nr. 2 und 3 des § 10 Abs. 1 angemeldeten Ansprüche[119] werden die Ansprüche aus Rangklasse 4 des § 10 Abs. 1 berücksichtigt. Dabei werden die laufenden Beträge wiederkehrender Leistungen auch in der Teilungsversteigerung nach § 13 von den Rückständen abgegrenzt;[120] ältere als zweijährige Rückstände kommen wie in der Forde-

---

[114] Dazu Storz/Kiderlen ZV-Praxis E 2.2. und E 5.1. sowie Taktischer Hinweis dort **TH** 2.3.2.
[115] Dazu oben C 8.3.3.
[116] Schalhorn JurBüro 1970, 137; Schneider JurBüro 1966, 730; Stöber § 180 Anm. 7.14; Steiner/Teufel § 180 Rz. 184.
[117] Steiner/Teufel § 180 Rz. 184.
[118] Dazu oben C 9.4.2.
[119] Dazu oben C 9.4.1.
[120] Steiner/Teufel § 180 Rz. 185.

rungszwangsversteigerung erst in den Rangklassen 7 und 8 des § 10 zum Zuge.[121] Die Kosten von Berechtigten aus § 10 Abs. 1 können gemäß § 10 Abs. 2 im Rang ihres Rechts geltend gemacht werden, nicht dagegen die Kosten von bisherigen Miteigentümern in ihrer Rolle als Antragsteller oder Antragsgegner der Teilungsversteigerung.[122]

Bei bestehenbleibenden Grundpfandrechten erhalten die Gläubiger aus dem Barteil des Meistgebots entsprechend der Rangfolge und bei ausreichendem Versteigerungserlös[123]

– ihre evtl. Kosten der dinglichen Rechtsverfolgung (§ 10 Abs. 2), nur bei Anmeldung;
– die laufenden dinglichen Zinsen (bis einschließlich Tag vor dem Zuschlag) auch ohne Anmeldung;[124]
– die für 2 Jahre rückständigen Zinsen, nur bei Anmeldung;
– evtl. Nebenleistungen, i.'d. R. ohne Anmeldung;
– noch ältere Zinsrückstände in der Rangklasse 8 des § 10 Abs. 1, nur bei Anmeldung.

Wo Anmeldung nötig ist, ist auch sog Minderanmeldung zulässig, also der vollständige oder teilweise Verzicht auf eine mögliche Anmeldung.

An Stelle der durch den Zuschlag erlöschenden Grundpfandrechte tritt kraft allgemeiner gesetzlicher Surrogation[125] ein an gleicher Rangstelle zu berücksichtigendes Pfandrecht an der aus dem Zuschlag resultierenden Forderung auf Zahlung des Meistgebots (§§ 1192, 1147 BGB) gegen den Ersteher bzw. an dem von diesem bezahlten Versteigerungserlös. Dabei werden – falls der Erlös dafür ausreicht – alle Rechte, die schon zur Zeit der Eintragung des Versteigerungsvermerks aus dem Grundbuch ersichtlich waren, von Amts wegen mit Hauptsumme, eventueller einmaliger Nebenleistung und den laufenden Zinsen bis einen Tag vor dem Verteilungstermin berücksichtigt; ältere Zinsrückstände und Kosten nur auf besondere Anmeldung.

Die Grundschuld ist – im Gegensatz zur Hypothek – von einer etwa bestehenden persönlichen Forderung unabhängig, und zwar auch dann, wenn sie als Sicherung für eine solche Forderung dient.[126] Andererseits ist der schuldrechtliche Sicherungsvortrag – auch ohne ausdrückliche Vereinbarung, Kraft seiner Rechtsnatur – der Rechtsgrund für die dingliche Grundschuldbestellung und begründet ein Treuhandverhältnis, weil der Sicherungsnehmer nach außen hin mehr Rechtsmacht erhält als er, gebunden durch den Sicherungsvertrag, ausüben darf. Danach ist der Sicherungsnehmer verpflichtet, auch die Interessen des Treugebers zu wahren, und der Sicherungsgeber hat einen – durch die Tilgung der Forderung aufschiebend bedingten – Anspruch auf Rückgewähr der Grundschuld.[127]

---

[121] Dazu oben A 4.2.
[122] Dazu oben C 9.4.2.
[123] Dazu oben C 6.2.1.
[124] Vorsicht: „Laufende Zinsen" sind in der Regel unerwartet hohe Beträge! Vgl. dazu oben A 4.2.
[125] Vgl. dazu oben C 8.3.2.
[126] BGH Rpfleger 1989, 120.
[127] BGH ZIP 1989, 157; 1982, 1051 und Rpfleger 1989, 120; 1986, 297.

Im Zusammenhang mit der Anmeldung einer nicht (mehr) voll valutierten (Sicherungs-)Grundschuld sind viele Einzelfragen streitig.[128] Hier seien ohne Anspruch auf Vollständigkeit nur einige wichtige Merksätze herausgegriffen:

– Der Gläubiger kann die Grundschuld incl aller Zinsen in vollem Umfang geltend machen, auch wenn diese nicht (mehr) voll valutiert ist;[129]

– Er muß dann allerdings den Übererlös an die bisherigen Miteigentümer (als Sicherungsgeber) bzw. an den Berechtigten des Rückgewähranspruchs herausgeben;[130]

– Wenn der Ersteher bei der Zwangsversteigerung eine Grundschuld übernimmt und diese ablöst, steht der auf einen nicht valutierten Grundschuldteil entfallende Übererlös den bisherigen Miteigentümern des belasteten Grundstücks gemäß ihrer Beteiligung an der Grundstücksgemeinschaft zu;[131]

– Der Gläubiger ist dagegen nicht verpflichtet, Grundschuldzinsen in der Verteilung geltend zu machen, sondern ist zu einer Minderanmeldung berechtigt;[132]

– Der Gläubiger kann vor dem Versteigerungstermin[133] über den an Stelle des erloschenen Grundschuld-Kapitals tretenden Erlösanteil verfügen durch:[134]
Abtretung an den Gläubiger des Rückgewähranspruchs (§ 1154 BGB), berechtigt ist dann der Zessionar;
Verzicht (§§ 1168, 1192 Abs. 1 BGB), berechtigt sind die bisherigen Miteigentümer;
Aufhebung des Anspruchs (§§ 875, 1183 S. 1 BGB), bei Zustimmung durch die bisherigen Miteigentümers rücken dann Nachrangige auf.

– Der Gläubiger soll dagegen nicht durch einen „Hebungsverzicht" lediglich erklären können, daß die Grundschuld-Hauptsumme nicht (voll) valutiert sei und er den Mehrbetrag nicht beanspruche, sondern um direkte Zuteilung des entsprechenden Betrages an den jeweiligen Berechtigten bitte; das soll auch dann gelten, wenn sich der Grundschuldgläubiger dieses Recht bei der Grundschuldbestellung hat ausdrücklich zubilligen lassen;[135]

---

[128] Ausführlich dazu Eickmann ZIP 1989, 137; Stöber ZIP 1980, 833; Storz ZIP 1980, 506; Storz/Kiderlen ZV-Praxis E 5.2; Stöber § 114 Anm. 7.

[129] BGH NJW 1992, 1620 und Rpfleger 1989, 120; 1981, 292; Stöber ZIP 1980, 976; Storz ZIP 1980, 507; Räfle ZIP 1981, 821; Stöber § 114 Anm. 7.6 e; **gegen** OLG München ZIP 1980, 974; Vollkommer NJW 1980, 1052.

[130] BGH Rpfleger 1989, 120; 1981, 292; 1958, 51.

[131] Ständige Rechtsprechung, vgl. BGH NJW 2003, 2673; 2002, 1578; 1989, 2536; 1989, 1349; EWiR 1996, 1127 (Gaberdiel); EWiA 1993, 973 (Köngden); NJW-RR 1990, 1202; OLG Frankfurt FamRZ 2007, 1667.

[132] BGH NJW 1981, 1505; OLG Oldenburg, Rpfleger 1980, 485; OLG München NJW 1980, 1051 (zust Anm. Vollkommer); LG Frankenthal Rpfleger 1986, 232; Dassler/Hintzen § 114 Rz. 37; Steiner/Teufel § 114 Rz. 33; Storz ZIP 1980, 506; Stöber § 114 Anm. 7.6 e; **str. a. A.:** Eckelt WM 1980, 454; Kolbenschlag WM 1958, 1434.

[133] Nach dem Versteigerungstermin kann der Grundschuldgläubiger den Rückgewähranspruch nicht mehr durch Löschung oder Verzicht, sondern nur noch durch Abtretung erfüllen (unabhängig davon, welche Rechte er sich bei der Grundschuldbestellung bzw. in der Zweckerklärung hat einräumen lassen!): BGH FamRZ 1989, 676 (681); OLG Frankfurt FamRZ 2007, 1667.

[134] BGH Rpfleger 1989, 120; 1986, 297.

[135] Steiner/Teufel § 114 Rz. 40; Stöber § 114 Anm. 7.5. **gegen** BGH Rpfleger 1986, 312; Storz ZIP 1980, 507.

– Verzichtet ein Gläubiger mit entsprechender Grundbuch-Eintragung gemäß § 1168 BGB schon vor dem Versteigerungstermin ganz oder teilweise auf seine Grundschuld, dann kommen die nachrangigen Grundschuldgläubiger in den Genuss des gesetzlichen Löschungsanspruchs (§ 1179a BGB). Dieser bleibt gemäß § 91 Abs. 1 auch dann bestehen, wenn die Grundschuld mit dem Zuschlag erlischt, sodaß die nachrangigen Rechte bei der Erlösverteilung „aufrücken." Erfolgt der Verzicht auf die mit dem Zuschlag erloschene Grundschuld dagegen erst im Verteilungstermin, dann kommt er dem bisherigen Grundstückseigentümer alleine zugute, also nicht den Nachrang-Gläubigern![136]

Löschungsvormerkungen bzw. der gesetzliche Löschungsanspruch des § 1179a BGB[137] bzw. bedingte und betagte Ansprüche oder Ansprüche mit unbekanntem Berechtigten[138] müssen auch in der Teilungsversteigerung beachtet werden, werfen aber gegenüber der Forderungszwangsversteigerung keine besonderen Fragen auf. Das ändert aber nichts daran, daß derartige Löschungsansprüche z. T. zu komplizierten Rechtsfragen führen (z. B. wie ist die Rechtslage, wenn eines der beiden (begünstigten oder belasteten) Rechte erloschen ist.[139]

Wenn der Ersteher eine bestehenbleibende Grundschuld zur Löschung bringen oder als Sicherheit für einen eigenen Kredit zur Verfügung stellen will, muß er auch dann den vollen Grundschuldbetrag zuzüglich der dinglichen Zinsen für die Zeit zwischen Zuschlag und Zahlung an den bisherigen Grundschuldgläubiger bezahlen, wenn die Grundschuld nicht mehr (voll) valutiert war; der auf den nicht valutierten Grundschuldteil entfallende Betrag steht den bisherigen Miteigentümern gemeinsam zu[140] und kann von jedem der bisher gemeinschaftlich Berechtigten (für alle) geltend gemacht werden[141] und zwar ohne Rücksicht darauf, wer ersteigert hat.[142] Die mit bestehenbleibenden Grundschulden verbundenen Probleme sind so groß und wichtig, daß ihnen ein besonderes Kapitel gewidmet ist.[143]

9.4.3.2. Verteilung eines Gesamtrechts

In der Forderungszwangsversteigerung entsteht bei einer Verbindung verschiedener Verfahren gemäß § 18[144] und der sich daraus ergebenden gleichzeitigen Versteigerung mehrerer Grundstücke immer wieder die Aufgabe zur Verteilung von erlöschenden Gesamtrechten gemäß § 122, falls der Gläubiger des Gesamtrechts dem nicht durch Ausübung seines Wahlrechts aus § 1132 BGB zuvorkommt. Derartige Aufgabenstellungen sind zwar in der Teilungsversteigerung viel seltener, aber keineswegs ausgeschlossen. Sie können nämlich nicht nur bei der Versteigerung mehrerer Grundstücke auftreten, sondern auch dann, wenn einzelne Grundstücksanteile ungleich belastet sind. Nur ist

---

[136] BGH ZIP 2004, 1724.
[137] Dazu Storz/Kiderlen ZV-Praxis E 5.4.
[138] Dazu Storz/Kiderlen ZV-Praxis E 5.6.
[139] BGH ZIP 2004, 1724.
[140] BGH Rpfleger 1989, 120. – Vgl. dazu auch oben C 8.3.2. mit **Beispiel**.
[141] BGH NJW-RR 1990, 1202.
[142] BGH FamRZ 1990, 1975.
[143] Vgl. unten C 9.4.3.4.
[144] Dazu oben C 2.2.

in der Teilungsversteigerung eben zu beachten, daß gemäß § 182 Abs. 1 in aller Regel Gesamtbelastungen bestehenbleiben und nicht erlöschen. Deshalb sei auch hier kurz auf diese Thematik eingegangen.[145]

Das Wahlrecht des Gesamtrechts-Gläubigers aus § 1132 BGB hat Vorrang vor einer Verteilung nach § 122 und kann auch noch im Verteilungsverfahren bis zur Ausführung des Teilungsplans schriftlich oder mündlich ausgeübt werden.[146] Der Gläubiger des Gesamtrechts kann nach freiem Belieben und lediglich begrenzt durch die allgemeinen Regeln zulässiger Rechtsausübung[147] wählen, ob und wie jeweiligen Einzelerlöse zur Befriedigung seines erloschenen Gesamtrechts herangezogen werden sollen, und er braucht auf nachrangige Gläubiger keine besondere Rücksicht zu nehmen. Jeder von diesen muß ja immer damit rechnen, daß das Gesamtrecht gerade bei seinem Einzelgrundstück in vollem Umfang geltend gemacht wird, auch wenn das Gesamtrecht insgesamt nur einmal den vollen Betrag geltend machen kann; außerdem können sich die dem Gesamtrecht nachrangigen Grundpfandgläubiger bei der Versteigerung über § 64 schützen.[148]

Bei einem bestehenbleibenden Gesamtrecht bedarf die Ausübung des Wahlrechts zu seiner Wirksamkeit zwar der Eintragung im Grundbuch, aber ein bestehenbleibendes Gesamtrecht hat ja in der Versteigerung für die nachrangigen Rechte nicht die oben aufgezeigte Wirkung für die Erlösverteilung und bedarf daher keiner Aufteilung. Allerdings kann das Wahlrecht aus § 1132 BGB bei einem bestehenbleibenden Gesamtrecht sehr wirksam bezüglich der aus dem baren Meistgebot zu zahlenden laufenden und rückständigen Zinsen ausgeübt werden, und zwar nach den gleichen Regeln wie bei einem erlöschenden Gesamtrecht.

Wenn der Gläubiger sein Wahlrecht aus § 1132 BGB nicht ausübt, wird das Gesamtrecht (evtl. nach Ermittlung der Einzelmassen gemäß § 112) nach § 122 verteilt.

Diese Verteilungsweise ist allerdings nur zulässig, wenn das Meistgebot auch vollständig bezahlt wird. Wird das Meistgebot insgesamt nicht gezahlt, muß das Gesamtrecht bei der Forderungsübertragung gemäß § 118[149] bei jedem Einzelausgebot voll in den Teilungsplan aufgenommen und dann eine Hilfsverteilung

Beispiel:

Grundstücke/Anteile	A	B	C
Verfkosten, öff. Lasten	1 000	1 000	1 000
Rechte III 1	15 000	–	–
III 2	–	30 000	–
III 3	90 000	90 000	90 000
III 4	–	–	40 000
III 5	–	10 000	–
III 6	25 000	–	–
Versteigerungserlös	61 000	61 000	61 000

[145] Zur Forderungszwangsversteigerung vgl. Storz/Kiderlen ZV-Praxis E 5.3.
[146] Storz/Kiderlen ZV-Praxis E 5.3.
[147] BGH Betrieb 1976, 866; Muth S. 475; Storz/Kiderlen ZV-Praxis E 5.3.
[148] Storz/Kiderlen ZV-Praxis E 5.3. und D 2.6.2.1.
[149] Dazu unten C 10.

Kein Ausfall bei 213 000, aber Meistgebot nur 183 000. Unterstellt wird, daß alle Rechte evtl. gem. § 59) erlöschen und daß alle Grundstücke bzw. Anteile gleichwertig sind.

Waren die einzelnen Grundstücke A B C einzeln ausgeboten, steht der auf jedes einzelne von ihnen entfallende Versteigerungserlös fest. Wurden sie dagegen (z. B. als Miteigentumsanteile) insgesamt ausgeboten, müssen zunächst gemäß § 112 Einzelerlöse für A B C ermittelt werden. Danach muß gemäß § 122 der sog Nettoerlös errechnet werden durch Abzug der dem Gesamtwert jeweils vorgehenden Ansprüche (§ 122 Abs. 1 S. 1). Dann wird das Gesamtrecht nach folgender **Formel** verteilt:[150]

$$\frac{\text{jew. Nettoerlös} \times \text{Gesamtrecht}}{\text{Summe aller Nettoerlöse}} = \text{Einzelanteil am Gesamtrecht}$$

Der Resterlös bei jedem Einzelgrundstück bzw. -Anteil steht dann für die Befriedigung der nachrangigen Rechte zur Verfügung.

	A	B	C
Gesamterlöse	61 000	61 000	61 000
Vorgeh. Rechte	16 000	31 000	1 000
Nettoerlöse	45 000	30 000	60 000

Ermittlung der Anteile des Gesamtrechts (**Formel** siehe oben).

A $\dfrac{45\,000 \times 90\,000}{135\,000} = 30\,000$

B $\dfrac{30\,000 \times 90\,000}{135\,000} = 20\,000$

C $\dfrac{60\,000 \times 90\,000}{135\,000} = 40\,000$

Ermittlung des Resterlöses und des Ausfalls für nachrangige Rechte:

	A	B	C
Nettoerlöse	45 000	30 000	60 000
Gesamtrecht-Anteil	30 000	20 000	40 000
Rest	15 000	10 000	20 000
Recht III 4–6	25 000	10 000	40 000
Ausfall III 4–6	**10 000**	**–**	**20 000**

gemäß § 123 durchgeführt werden. Kommt es dagegen nur bei einem oder mehreren Grundstücken/Anteilen nicht zu einer ausreichenden Zahlung, so wird zugunsten des Gesamtrechts auf die übrigen bezahlten Grundstücke zurückgegriffen.[151]

Durch eine (rechtzeitige) Ausübung seines Wahlrechts aus § 1132 BGB, kann der Gläubiger des Gesamtrechts das Befriedigungsschicksal der nachrangigen Rechte bei entsprechender Belastungs- und Erlös-Konstellation entscheidend beeinflussen:[152]

---

[150] Storz/Kiderlen ZV-Praxis E 5.3; Stöber § 122 Anm. 3.5; Steiner/Teufel § 122 Rz. 20–24.
[151] Muth S. 476 f; Steiner/Teufel § 122 Rz. 26–28; jeweils mit **Beispiel**.
[152] Vgl. Taktischen Hinweis unten **TH** C 9.7.10.

411

Fortsetzung Beispiel:

Der Gläubiger des Gesamtrechts kommt der og Verteilung gemäß § 122 dadurch zuvor, daß er sein Wahlrecht aus § 1132 BGB rechtzeitig wie folgt ausübt:

Alternative 1:	Aus A:	45 000
	aus B:	30 000
	aus C:	15 000
Alternative 2:	Aus A:	–
	aus B:	30 000
	aus C:	60 000

Bei Alternative 1 fallen die Rechte III 5 und 6 ganz aus, während III 4 voll bedient werden kann.

Bei Alternative 2 fallen dagegen die Rechte III 4 und 5 aus, während III 6 voll zum Zuge kommt.

Jede andere Alternative kann vom Gläubiger frei gewählt werden.[153]

9.4.3.3. Unterschiedliche Anteilsbelastung

Bei unterschiedlicher Belastung einzeler Grundstücksbruchteile muß der Versteigerungserlös aus der Teilungsversteigerung erst in entsprechender Anwendung des § 112 auf die einzelnen Miteigentums-Anteile aufgeteilt werden, um ein gerechtes Ergebnis zu erzielen. Denn das jeweilige (nur einen Anteil belastende) Recht darf ja nur aus dem Erlösanteil des belasteten Anteils befriedigt werden. Auch hier sind verschiedene Schritte notwendig.[154]

Beispiel:[154]

Rechte	$^1/_8$ A	$^3/_8$ B	$^4/_8$ C
Verfkosten, öff. Lasten		10 0000	
III 1		80 0000	
III 2	–	–	50 000

Grundstückswert: 160 000; Meistgebot: 130 000.
Das Gesamtrecht bleibt bestehen; das Einzelrecht erlischt.

Feststellung der berichtigten Teilungsmasse (§ 112 Abs. 2 S. 2):

Meistgebot	130 000
– Verfahrenskosten, öffentliche Lasten	10 000
+ bestehenbleibendes Recht	80 000
= berichtigte Teilungsmasse	200 000

Aufteilung und Anrechnung (§ 112 Abs. 2 S. 3 und 4):

	A	B	C
Anteil am Grundstückswert	20 000	60 000	80 000
Anteil am Gesamtrecht	10 000	30 000	40 000

Für die Aufteilung gilt folgende **Formel:**

$$\frac{\text{berichtigte Teilungsmasse} \times \text{Einzelwert}}{\text{Gesamtwert Grundstück}} = \text{Erlösanteil}$$

---

[153] Siehe FN 152.
[154] Eickmann Rz. 322–327; Stöber § 180 Anm. 17.4; Steiner/Teufel § 180 Rz. 187.

A $\dfrac{200\,000 \times 20\,000}{160\,000} = 25\,000$

B $\dfrac{200\,000 \times 60\,000}{160\,000} = 75\,000$

C $\dfrac{200\,000 \times 80\,000}{160\,000} = 100\,000$

Feststellung des Nettoerlöses für jeden Anteil:

	A	B	C
Erlösanteil	25 000	75 000	100 000
– Anteil am Gesamtrecht	10 000	30 000	40 000
Nettoerlöse	15 000	45 000	60 000

Befriedigung der Einzelbelastung III 2 bei C:

Nettoerlös C	60 000
– Einzelrecht III 2	50 000
Übererlös C	10 000

Der bei C schließlich verbleibende Übererlös von 10 000,– wird vom Vollstreckungsgericht ebensowenig an C ausbezahlt wie derjenige von 15 000,– an A oder von 45 000,– an B. Sondern alle Übererlöse zusammen (70 000,–) werden den Miteigentümern A B C gemeinsam als Übererlös zur Verfügung gestellt.[155]

9.4.3.4. Bestehenbleibende Grundschulden

Im Gegensatz zur Vollstreckungsversteigerung bleiben in der Teilungsversteigerung häufig Grundschulden bestehen, die nicht mehr (voll) valutiert sind. Dies führt immer wieder zu Missverständnissen und Prozessen, insbesondere, wenn einer der bisherigen Miteigentümer das Haus ersteigert.

Beispiel: A und B waren je zur Hälfte Miteigentümer eines Hauses mit einem Verkehrswert von € 500 000, das A zu einem Bargebot von € 250 000 ersteigert hat, wobei eine VOBA-Grundschuld über € 100 000 zuzüglich 18% Zinsen bestehengeblieben (aber nicht mehr valutiert) ist.

Der von A zu „bezahlende Kaufpreis" besteht hier aus seinem an das Gericht zu zahlenden Bargebot von € 250 000 (zzgl. 4% Zinsen gemäß § 49 Abs. 2 zwischen Zuschlag und Verteilungstermin) und dem an die VOBA zu bezahlenden Wert der Grundschuld mit € 100 000 (zzgl. 18% Zinsen gemäß § 56 S. 2 zwischen Zuschlag und „Ablösung" bei der VOBA); der Kaufpreis beträgt also € 350 000.[156] Weil also € 100 000 davon an die VOBA zu bezahlen sind, zieht jeder Bieter diesen Betrag von seinem (an das Gericht zu zahlenden Meistgebot) ab. Das versteht wegen der ausführlichen Erläuterung durch den Rechtspfleger eigentlich jeder!

Dies gilt natürlich auch dann, wenn einer der früheren Miteigentümer das Haus ersteigert. Auch A muß also € 100 000 (zzgl. 18% Zinsen) an die VOBA bezahlen, obwohl die Grundschuld nicht mehr valutiert ist, also keine

---

[155] Dazu unten C 9.5.
[156] BGH-NJW 2003, 2673; OLG Frankfurt FamRZ 2007, 1167.

„Schulden" mehr bei der VOBA bestehen.[157] Der bei der VOBA so entstehende Übererlös muß von der VOBA „rückgewährt" werden, wobei dieser Rückgewähranspruch in der Regel den bisherigen Miteigentümern zusteht,[158] und nach dem Zuschlag nicht mehr durch (Bewilligung der) Löschung oder Verzicht, sondern nur noch durch Abtretung erfüllt werden kann (auch wenn sich die VOBA bei der Grundschuldbestellung bzw. in der Zweckerklärung etwas anderes vorbehalten haben sollte).[159]

B hat also einen einklagbaren Rechtsanspruch gegen die VOBA auf Abtretung des (halben) nicht mehr valutierten Grundschuldteils (zzgl anteiligen dinglichen Zinsen ab Zuschlag)[160] und sogar einen Schadensersatzanspruch, wenn die VOBA diesen Rückgewähranspruch durch (Bewilligung der) Löschung oder Verzicht nach dem Versteigerungstermin bereits vereitelt haben sollte.[161] Dagegen kann B in der Regel keine Bereicherungsansprüche gegen A geltend machen.[162]

Auch wenn die Grundschuld gar nicht mehr valutiert war, muß A als Ersteher die hohen dinglichen Zinsen von 18% aus der vollen Grundschuldsumme für die Zeit vom Zuschlag bis zur „Vollablösung" bei der VOBA bezahlen, weil es sich hierbei nicht um irgendwelche Darlehens- oder gar Verzugszinsen handelt, sondern um den Umfang des dinglichen Zugriffs auf das Grundstück und damit um den Umfang der Rückgewähransprüche.[163]

9.4.4. Erlöschende Rechte aus Abt. II

Erlöschen Rechte aus Abt II des Grundbuchs, also nicht auf Kapitalzahlung sondern auf Nutzung, Duldung, Unterlassung o. ä. gerichtete Rechte, so tritt auch hier kraft Surrogation ein Anspruch auf rangentsprechende Berücksichtigung bei der Verteilung des Versteigerungserlöses. Dabei billigt das Gesetz dem Berechtigten entweder einen einmaligen Wertersatz oder eine Geldrente zu. Die Geldrente kommt vor allem dort zum Zuge, wo das erloschene Recht einen gewissen Versorgungscharakter hatte.[164]

Durch einmaligen Wertersatz (§ 92 Abs. 1) werden insbesondere entschädigt Rechte,
– die nicht wiederkehrende Leistungen/Nutzungen betreffen;
– die einen fest umrissenen Bezugszeitraum haben, sodaß eine Kapitalisierung möglich ist (z. B. Erbbauzins, Reallast von bestimmter Dauer).

Ist das Recht, z.B. nach landesrechtlichen Vorschriften,[165] ablösbar, wird der Ersatzbetrag gemäß § 92 Abs. 3 durch die Ablösesumme bestimmt. In

---

[157] Bei noch vorhandenen Darlehensschulden werden zunächst diese getilgt.
[158] Ständige Rechtsprechung, vgl. BGH NJW 2003, 2673; 2002, 1578; 1989, 2536; 1989, 1349; EWiR 1996, 1127 (Gaberdiel); EWiR 1993, 973 (Köndgen); NJW-RR 1990, 1202; OLG Frankfurt FamRZ 2007, 1667.
[159] BGH NJW 2003, 2673; OLG Frankfurt FamRZ 2007, 1667.
[160] OLG Frankfurt FamRZ 2007, 1667; vgl. aber LG München Rpfleger 2010, 335 (**abl.** Anm. Alff).
[161] BGH NJW-RR 1990, 1202; Köndgen EWIR 1993, 973.
[162] BGH NJW 2003, 2673; EWIR 1993, 973; NJW-RR 1990, 1202.
[163] Vgl. hierzu die Taktischen Hinweise **TH** C 9.7.12.–**TH** C 9.7.17.!
[164] Dazu Storz/Kiderlen ZV-Praxis B 6.2.4. und D 5.2.4.
[165] Zusammenstellung der Landesgesetz-Fundstellen bei Steiner/Eickmann § 92 Rz. 22.

den anderen Fällen wird der Ersatzbetrag, wenn möglich, durch Kapitalisierung ermittelt, z. B. bei Geldrentenlasten oder Erbbauzinsen oder auf Grund der (notwendigen!) Anmeldung vom Vollstreckungsgericht festgesetzt. Weicht diese Festsetzung von der Anmeldung ab, gilt letztere als Widerspruch gegen den Teilungsplan (§ 115 Abs. 2); sind nachrangig Berechtigte mit der Festsetzung nicht einverstanden, können sie dem Teilungsplan widersprechen (§ 115 Abs. 1).[166] Ein praktisches Problem in der Teilungs- wie in der Forderungszwangsversteigerung besteht darin, daß der Berechtigte des erlöschenden Rechts den von ihm beanspruchten Wertersatz erst zum Verteilungstermin anmelden muß, während nachrangige Gläubiger oder auch die bisherigen Miteigentümer schon im Versteigerungstermin ein großes Interesse an Klarheit haben.[167]

Der Ersatzbetrag des § 92 Abs. 1 richtet sich nach dem Wert, den das Recht für den Berechtigten hatte, also nicht nach der durch die Belastung bewirkten Beeinträchtigung des Grundstückswertes, die dem Zuzahlungsbetrag des § 51 Abs. 2 zugrundeliegt. Maßgebend ist nicht der Zeitpunkt der Verteilung, sondern das Wirksamwerden des Zuschlags i. S. d. §§ 89, 104.[168]

Durch eine Geldrente (§ 92 Abs. 2) werden insbesondere entschädigt:
– Nießbrauch,[169] beschränkte persönliche Dienstbarkeit;
– auflösend bedingte, auf Lebenszeit bestellte oder zeitlich nicht begrenzte Reallast.

Für die Ermittlung der Geldrente muß zunächst der Jahreswert des Rechts ermittelt werden, weil das Deckungskapital aus der Summe aller künftigen Leistungen besteht.[170] Außer bei Geldrentenreallasten muß der wirtschaftliche Wert angemeldet werden, wobei auch hier das Gericht nicht an die Anmeldung gebunden ist, sondern den für angemessen gehaltenen Betrag in den Teilungsplan aufnehmen kann. – Bei auf Lebenszeit gewährten Leistungen wird der Jahreswert mit der Dauer der statistischen Lebenserwartung des Berechtigten multipliziert, wobei der Höchstwert auf 25 Jahre festgelegt ist (§ 121 Abs. 1). Auch bei zeitlich unbeschränkten Rechten wird der Jahreswert mit 25 multipliziert. Das so gebildete Deckungskapital wird gemäß §§ 121 Abs. 2, 120 Abs. 1 hinterlegt, und aus ihm werden die Einzelleistungen für jeweils 3 Monate im Voraus ausbezahlt.[171]

Wird ein Nachlaßgrundstück zwangsversteigert, fällt der an den Vorerben ausgekehrte Überschuß als Surrogat grundsätzlich in den Nachlaß. Hat der Vorerbe aber mit freien Mitteln ein schon beim Erbfall bestehendes Fremdgrundpfandrecht (zum Teil) getilgt, fällt die dadurch entstehende Eigentümergrundschuld in sein freies (nicht der Nacherbschaft unterliegendes) Vermögen.[172] Auch bei Aufwendungen des Vorerben, die nicht zu den ge-

---

[166] Dazu oben C 9.2.3.
[167] Zu der entsprechenden Problematik in der Forderungszwangsversteigerung vgl. Storz/Kiderlen ZV-Praxis B 6.2.6. und Taktischen Hinweis dort **TH** B 6.5.4.
[168] Schiffhauer Rpfleger 1975, 187; Stöber § 92 Anm. 3.2; Steiner/Eickmann § 92 Rz. 27 **gegen** BGH Rpfleger 1974, 187.
[169] Der Jahreswert eines erloschenen Nießbrauchs richtet sich bei Wohngrundstücken idR nach der tatsächlich erzielbaren Nettomiete: OLG Karlsruhe Rpfleger 2005, 686.
[170] Steiner/Eickmann § 92 Rz. 9–17.
[171] Vgl. oben C 9.2.4.
[172] BGH Rpfleger 1993, 493.

wöhnlichen Erhaltungskosten gehören (die ihm gemäß § 2124 BGB zur Last fallen), sondern grundsätzlich zu Lasten der Erbschaft gehen, müssen unter dem Gesichtspunkt der ordnungsmäßigen Verwaltung besondere Regeln beachtet werden, wenn der Vorerbe zur Durchführung dieser Maßnahmen einen Kredit aufnimmt.[173]

9.5. Behandlung des Erlösüberschusses

9.5.1. Grundsatz

Nach Vorwegentnahme der Verfahrenskosten (§ 109 Abs. 1) und Befriedigung der Berechtigten i. S. d. § 10 (§ 109 Abs. 2) wird der für die bisherigen Miteigentümer/Teilhaber verbleibende Übererlös festgestellt. Dabei sind auch die nur an einzelnen Anteilen begründeten und vom Ersteher übernommenen Rechte Dritter zu berücksichtigen, wozu die Festlegung von Ausgleichsbeträgen gemäß § 182 Abs. 2[174] dient. Ließe man eine bestehenbleibende Anteilbelastung bei der Auseinandersetzung außer Betracht, so würde nämlich der bisherige Inhaber des belasteten Anteils ungerechtfertigt bevorzugt.[175]

Mit der Feststellung des für die bisherigen Miteigentümer verbleibenden Übererlöses ist das eigentliche Ziel der Teilungsversteigerung erreicht: die Umwandlung der Gemeinschaft an dem (unteilbaren) Grundstück in eine Gemeinschaft an dem (teilbaren) Versteigerungserlös.[176] Die Aufteilung des Erlösüberschusses an die einzelnen Miteigentümer ist ja nicht mehr gesetzliche Aufgabe des Vollstreckungsgerichts, sondern der internen Auseinandersetzung außerhalb des Versteigerungsverfahrens überlassen.[177]

Der Erlösüberschuß tritt auch dann Kraft gesetzlicher Surrogation an die Stelle des Grundstücks, wenn der rechnerische Anteil durch die Belastungen aufgebraucht sein sollte[178] oder wenn in dem Überschuß ein Ausgleichsbetrag nach § 182 Abs. 2 enthalten ist.[179] Der Überschuß steht den bisherigen Miteigentümern in dem Rechtsverhältnis zu, in dem sie bisher Miteigentümer/Teilhaber waren, ohne Rücksicht darauf, ob eine Bruchteils- oder Gesamthandsgemeinschaft am Grundstück bestand.[180]

Eine Erlösverteilung an die einzelnen Miteigentümer ist dem Vollstreckungsgericht auch deshalb nicht möglich, weil ihm i. d. R. unbekannt ist, welche Ausgleichsansprüche und sonstigen Ansprüche die Gemeinschafter untereinander geltend machen, z. B. wegen unterschiedlich gezogener Nutzungen,[181] besonders geleisteter Aufwendungen,[182] wegen evtl. Befreiungsan-

---

[173] Siehe FN 172.
[174] Dazu oben B 5.5.
[175] Steiner/Teufel § 180 Rz. 180.
[176] Dazu oben A 1.
[177] RGZ 119, 321; BGH Rpfleger 1984, 109; 1952, 415; BayObLG NJW 1957, 386; OLG Köln EWiR 1991, 231 (Hintzen) und MDR 1974, 240; OLG Zweibrücken Rpfleger 1972, 168; OLG Hamm Rpfleger 1970, 215; Stöber Rpfleger 1958, 73; Schiffhauer ZIP 1982, 666; Eickmann Rz. 328; Stöber § 180 Anm. 18.1 u. 18.2; Steiner/Teufel § 180 Rz. 189.
[178] BGH Betrieb 1966, 601; BayObLG NJW 1957, 386; OLG Hamm Rpfleger 1970, 215.
[179] Stöber § 180 Anm. 17.5.
[180] Schiffhauer ZIP 1982, 666.
[181] Vgl. z. B. BGH NJW 1996, 2153.

sprüche,[183] Zugewinnausgleichsforderungen,[184] wegen evtl. Schadensersatzansprüche oder wegen der Kosten im Zusammenhang mit der Teilungsversteigerung.

Eine Übererlös-Verteilung durch das Gericht als gesetzliche Aufgabe kommt auch dann nicht in Betracht, wenn einer der bisherigen Miteigentümer das Grundstück ersteigert hat,[185] oder wenn alle Beteiligte dies und die Einbeziehung dieser Zuteilung in den Teilungsplan wünschen sollten.[186]

Dies alles schließt aber nicht aus, daß das Gericht den Beteiligten bei der Einigung über die interne Verteilung des Übererlöses behilflich ist,[187] es besteht dazu sogar eine Amts- oder mindestens Anstandspflicht des Vollstreckungsgerichts.[188] Das gilt selbst (bzw. insbesondere) dann, wenn das Bargebot ganz oder teilweise nicht berichtigt wird.[189]

9.5.2. Einigung der Berechtigten

Der Erlösüberschuß steht allen bisherigen Miteigentümern in dem Rechtsverhältnis gemeinschaftlich zu, in dem sie bisher Miteigentümer waren. Das gilt sowohl für eine Gesamthands- als auch für eine Bruchteilsgemeinschaft, bei der hier die Leistung gemäß § 432 BGB als unteilbar zu behandeln ist.[190]

Da die Verteilung des Erlösüberschusses aber nicht mehr gesetzliche Aufgabe des Vollstreckungsgerichts sondern Sache der bisherigen Miteigentümer ist,[191] müssen sich diese außerhalb des Versteigerungsverfahrens auseinandersetzen.[192] Dies kann geschehen:
- durch freiwillige Vereinbarung;
- bei Güter- oder Erbengemeinschaften durch Einigung in einem Verfahren nach §§ 86–99 FGG;[193]
- durch Klage auf Erlösteilung in Natur (§ 752 BGB), was auch beim Streit zwischen Eheleuten nach der Teilungsversteigerung des gemeinsamen Hausgrundstücks aber keine Familiensache ist.[194]

Auch wenn die Verteilung des Übererlöses an die einzelnen Miteigentümer nicht zu den gesetzlichen Aufgaben des Vollstreckungsgerichts gehört, kann dieses bei Zustimmung durch alle bisherigen Miteigentümer die Auftei-

---

[182] Vgl. z. B. BGH ZIP 1992, 1003.

[183] Vgl. z. B. BGH OLG Köln FamRZ 1991, 1334.

[184] Vgl. z. B. BGH NJW-RR 1990, 1202.

[185] Stöber § 180 Anm. 18.1.

[186] Stöber Handbuch Rz. 746.

[187] RGZ 119, 321; BayObLG NJW 1957, 386; OLG Hamm Rpfleger 1970, 215; Stöber Rpfleger 1958, 73; Steiner/Teufel § 180 Rz. 191; Stöber § 180 Anm. 18.3; Eickmann Rz. 329.

[188] OLG Hamm Rpfleger 1970, 215; Schiffhauer ZIP 1982, 666; Eickmann Rz. 29; Stöber § 180 Anm. 18.3; Steiner/Teufel § 180 Rz. 191.

[189] Stöber Rz. 747.

[190] BGH Betrieb 1966, 601; Stöber § 180 Anm. 17.7; Steiner/Teufel § 180 Rz. 189.

[191] Dazu oben C 9.5.1.

[192] BGH Rpfleger 1952, 415; OLG Köln MDR 1974, 240; 1958, 517.

[193] BGH Rpfleger 1952, 415; BayObLG NJW 1957, 386; Schiffhauer ZIP 1982, 666; Stöber § 180 Anm. 18.2.

[194] BayObLG FamRZ 1981, 376; 1980, 468; OLG München FamRZ 1982, 942; Stöber § 180 Anm. 18.2; Steiner/Teufel § 180 Rz. 192.

lung vornehmen.[195] Wenn sich daher alle bisherigen Miteigentümer auf eine bestimmte Verteilung einigen können und alle Berechtigten entsprechende übereinstimmende Erklärungen gegenüber dem Vollstreckungsgericht abgeben, wird der Übererlös von diesem entsprechend verteilt. Die Erklärungen können im Verteilungstermin mündlich oder vorher schriftlich abgegeben werden; öffentliche oder öffentlich beglaubigte Urkunden sind dazu nicht nötig.[196] Die einzelnen Beteiligten können auch jeweils unterschiedliche Formen wählen.[197] Ein Terminvertreter muß bei Barauszahlung aber eindeutig auch zum Geldempfang berechtigt sein.

Die Zuteilung durch das Gericht kann geschehen durch:[198]
- Auszahlung bestimmter Beträge an einzelne Miteigentümer;
- Auszahlung für alle an einen Dritten;
- Auszahlung in jeder anderen vereinbarten Form.

Ist an der Einigung über die Übererlös-Verteilung ein in Zugewinngemeinschaft lebender Ehegatte beteiligt, so benötigt er unter den Voraussetzungen des § 1365 BGB die Zustimmung des anderen Ehegatten.[199]

Ist eine Einigung über die Verteilung des ganzen Erlösüberschusses nicht möglich, so kann bei wenigstens teilweise vorhandener Konsensfähigkeit auch eine Zwischen- bzw. Teillösung vereinbart werden:
- Auszahlung für alle bisherigen Miteigentümer in ungeteilter Gemeinschaft an eine gemeinsam bestimmte Adresse;[200]
- Einigung über einen unstreitigen Teilbetrag, der an die einzelnen Miteigentümer verteilt wird und Anweisung an das Gericht, was mit dem streitbefangenen Rest geschehen soll;[201]
- jede andere Behandlung, auf die sich alle Berechtigten einigen.

Wenn und soweit sich die bisherigen Miteigentümer über die Verteilung des Übererlöses nicht einigen können, müssen sie sich im Klagewege vor dem Prozeßgericht auseinandersetzen. Dagegen können sie diesbezügliche Meinungsverschiedenheiten nicht durch Widerspruch gegen den Teilungsplan gemäß § 115 und anschließende Klage gemäß § 878 ZPO geltend machen.[202] Ein evtl. trotzdem erhobener Widerspruch (mit dem Ziel, den Erlösüberschuß dem Widersprechenden ganz oder teilweise zuzuteilen) muß als unzulässig zurückgewiesen werden.[203] Das gilt auch dann, wenn mit dem Widerspruch die Zuteilung eines evtl. gemäß § 182 Abs. 2 festgesetzten Ausgleichsanspruchs[204] erreicht werden soll.[205]

---

[195] RGZ 119, 322.
[196] Stöber Handbuch Rz. 751.
[197] Stöber § 180 Anm. 18.3.
[198] Vgl. **Muster** unten C 9.6.4.
[199] Schiffhauer FamRZ 1960, 185; Stöber § 180 Anm. 18.2.
[200] OLG Hamm Rpfleger 1970, 215; Schiffhauer ZIP 1982, 666; Stöber Handbuch Rz. 746.
[201] Schiffhauer ZIP 1982, 666, der mit Recht auf die praktische Erfahrung hinweist, daß dieser Restbetrag oft sehr gering ist (wenn die Beteiligten überhaupt an einer Einigung interessiert sind). – Vgl. auch **Muster** unten C 9.6.4.
[202] OLG Köln EWiR 1991, 231 (Hintzen); LG Hamburg MDR 1963, 320; Schiffhauer ZIP 1982, 666; Drischler RpflJB 1966, 325; Stöber § 180 Anm. 17.6.
[203] BGH Rpfleger 1952, 415; LG Hamburg MDR 1963, 320; Schiffhauer ZIP 1982, 666; Stöber § 180 Anm. 17.6; Steiner/Teufel § 180 Rz. 192.
[204] Dazu oben B 5.5.

Leider besteht eine Besonderheit der Teilungsversteigerung darin, daß die Fronten innerhalb der (insbesondere Erben- oder Ehe-)Gemeinschaft oft so sehr verhärtet sind,[206] daß eine Einigung mindestens aus eigener Kraft oft nicht möglich ist. Sonst wäre ja auch die Teilungsversteigerung selbst oft schon vermeidbar gewesen. Oft kann aber das Vollstreckungsgericht mit seiner Neutralität, Objektivität, Autorität und auch mit seinen kostengünstigen Hilfsmitteln den Beteiligten doch noch zu einer (u. U. wenigstens teilweisen) Einigung verhelfen, insbesondere wenn bereits im Versteigerungstermin und/oder bei der Zustellung der Terminsbestimmung für den Verteilungstermin[207] und noch im Verteilungstermin die Unterstützung durch das Gericht deutlich angeboten und auf die Möglichkeit einer Aufteilung und Auszahlung des Erlösüberschusses im Falle einer Einigung hingewiesen wird. Der auch für die Teilungsversteigerung geltende § 279 Abs. 1 ZPO verpflichtet das Gericht, in jeder Lage des Verfahrens auf eine gütliche Beilegung der Auseinandersetzung hinzuwirken; deshalb muß sich das Vollstreckungsgericht in allen geeigneten Fällen um den Abschluß eines Vergleichs bemühen.[208]

Zu den kostengünstigen Hilfsmitteln des Vollstreckungsgerichts gehört, daß dieses auch noch im Verteilungstermin einen Vergleich mit Beurkundungswirkung protokollieren kann,[209] ohne daß die Verfahrensbevollmächtigten dazu eine Vollmacht in der Form des § 29 GBO benötigen[210] und daß für einen derartigen Vergleich bzw. die entsprechende Beurkundung keine besonderen Gerichtsgebühren entstehen.[211] Bei rechtzeitiger Unterstützung durch das Gericht kann u. U. sogar noch vor dem Verteilungstermin eine Einigung über die Verteilung des Erlösüberschusses erzielt[212] und evtl. eine außergerichtliche Erlösverteilung durchgeführt werden.[213]

Wenn einer der bisherigen Miteigentümer das Grundstück ersteigert hat, muß auch er das bare Meistgebot in voller Höhe zahlen und darf dieses nicht um den „ihm selbst zustehenden" Betrag kürzen.[214] Das allerdings kann für ihn sehr unbillig sein, wenn auch nur einer der anderen Miteigentümer aus unsachlichen Gründen jede Einigung blockieren bzw. ihn ärgern will;[215] trotzdem hat er ein förmliches Recht zur Kürzung nur dann, wenn sich alle Teilhaber der Gemeinschaft vorher darüber bzw. über die Verteilung des Übererlöses geeinigt haben.[216]

Wenn das Gericht bei der Übererlös-Verteilung auf Grund übereinstimmender Erklärungen aller bisherigen Miteigentümer[217] mitwirkt, so geschieht dies

---

[205] LG Lüneburg ZIP 1981, 914; Schiffhauer ZIP 1982, 666.
[206] Schiffhauer ZIP 1982, 667.
[207] Vgl. **Muster** unten C 9.6.1.
[208] Schiffhauer ZIP 1982, 666.
[209] OLG Nürnberg Rpfleger 1972, 305; Schiffhauer ZIP 1982, 536; Hornung Rpfleger 1972, 305.
[210] Schiffhauer ZIP 1982, 536; Waldshöfer NJW 1973, 1107.
[211] Schiffhauer ZIP 1982, 536.
[212] Stöber Handbuch Rz. 749.
[213] Dazu oben C 9.2.5.
[214] Dazu oben C 9.2.4. und Taktischer Hinweis unten **TH** C 9.7.4.
[215] Vgl. deshalb Taktischen Hinweis unten **TH** C 9.7.5.
[216] Steiner/Teufel § 180 Rz. 190.
[217] BGH Rpfleger 1952, 415; LG Hamburg MDR 1963, 320.

nur durch weisungsgemäße Auszahlung an die so bestimmten Berechtigten (vgl. § 117), also keinesfalls durch Aufnahme in den Teilungsplan.[218] Wenn auch nur einer der bisherigen Miteigentümer widerspricht, übersehen wird oder sich trotz Aufforderung nicht eindeutig äußert, bleibt nur die Hinterlegung des Übererlöses für alle Miteigentümer in ungeteilter Gemeinschaft (vgl. § 117 Abs. 2 S. 3);[219] eine Verteilung durch das Gericht ist dann unwirksam.[220]

Bei einer zu Unrecht erfolgten Verteilung durch das Vollstreckungsgericht kann jeder dadurch Benachteiligte in entsprechender Anwendung der für die Forderungszwangsversteigerung geltenden Grundsätze Bereicherungsansprüche gegen die entsprechenden Begünstigten geltend machen,[221] während umgekehrt jemand, der zu Recht durch den Teilungsplan etwas zugeteilt erhält, ein Recht auf Auszahlung erwirbt, das nicht durch spätere Ereignisse beeinträchtigt werden kann.[222]

9.5.3. Verfahren bei Anteilspfändung

Der Anteil eines Miteigentümers oder Miterben kann ge- oder verpfändet sein.[223] Derartige (Pfändungs-)Pfandrechte setzen sich an dem Überschuß mit dem gleichen Rangverhältnis fort.[224] Die Pfandgläubiger können sich zwar aus dem Überschußanteil befriedigen, müssen dies aber außerhalb des Verfahrens tun.[225] Bei einer Einigung der bisherigen Miteigentümer/Teilhaber über die Verteilung des Erlösüberschusses muß der Pfandgläubiger aber zustimmen,[226] andernfalls muß (auch zugunsten des Pfandgläubigers)[227] hinterlegt und durch das Prozeßgericht entschieden werden.

Entstand erst ein Vertragspfandrecht an dem Miterbenanteil, so gebührt ihm auch bei der Erlösverteilung der Vorrang vor einem später entstandenen Pfändungspfandrecht.[228]

9.5.4. Hinterlegung

Können sich die bisherigen Miteigentümer/Teilhaber nicht über die Aufteilung des Erlösüberschusses oder wenigstens über den oder die Zahlungsempfänger einigen, oder fehlt auch nur die Äußerung eines Miteigentümers, so muß der Überschuß für alle Miteigentümer/Teilhaber im bisherigen Gemeinschaftsverhältnis zugeteilt und gemäß § 117 Abs. 2 S. 3 unverteilt für die Gemeinschaft hinterlegt werden.[229]

---

[218] Stöber § 180 Anm. 18.3b.
[219] OLG Köln MDR 1974, 240 – Zur Hinterlegung vgl. unten C 9.5.4.
[220] Stöber § 180 Anm. 18.3c.
[221] BGH Rpfleger 1952, 415; Pikart WM 1955, 506; Stöber § 180 Anm. 18.3 d; Steiner/Teufel § 180 Rz. 191.
[222] BGH ZIP 1991, 245.
[223] Dazu oben B 1.6.
[224] OLG Saarbrücken JBl Saar 1962, 138; Stöber § 180 Anm. 18.7.
[225] BayObLG Rpfleger 1960, 157; Stöber § 180 Anm. 18.7.
[226] BGH Rpfleger 1969, 290.
[227] BGH Rpfleger 1967, 171.
[228] BGH Rpfleger 1969, 290; Wellmann NJW 1969, 1903; Stöber § 180 Anm. 11.6; Steiner/Teufel § 180 Rz. 195 **gegen** RGZ 84, 395.
[229] OLG Köln MDR 1974, 240; OLG Hamm Rpfleger 1970, 215; Eickmann S. 84; Schiffhauer ZIP 1982, 666; Stöber § 180 Anm. 18.3c; Steiner/Teufel § 180 Rz. 191.

Aus dem hinterlegten Betrag sind zunächst (falls noch vorhanden) gemäß §§ 775, 756 BGB gemeinsame Verbindlichkeiten zu befriedigen. Danach steht die Forderung gegen die Hinterlegungsstelle auf Herausgabe des Erlöses jedem Teilhaber anteilig entsprechend seiner Beteiligungsquote an der Grundstücksgemeinschaft zu.[230] Jeder Teilhaber hat deshalb auch gegenüber jedem anderen Teilhaber einen Anspruch auf Einwilligung in diese Abwicklung (§ 13 Abs. 2 HinterlO); diesen Anspruch kann er ggf. vor dem Prozeßgericht durchfechten.[231] Wenn er es aber gleichzeitig ablehnt, seinerseits der Auszahlung an einen anderen Teilhaber zuzustimmen, so hat dieser an der von ihm verlangten Einwilligungserklärung ein Zurückbehaltungsrecht;[232] dies gilt nicht für die Behauptung, der Anspruchsteller schulde aus einem anderen Rechtsverhältnis ebenfalls eine Leistung.[233]

Ist der Anteil oder der Auseinandersetzungsanspruch eines Miteigentümers/Teilhabers verpfändet oder gepfändet[234] so wird bei der Hinterlegung außer den Miterben auch der Pfandgläubiger als Hinterlegungsbeteiligter benannt,[235] weil sein Pfandrecht z.B. am Erbteil der Erbengemeinschaft dem Miterben die Befugnis nimmt, ohne seine Zustimmung über die ungeteilte Erlösforderung zu verfügen, denn auch die Auszahlungsforderung gegen die Hinterlegungsstelle gehört zum Nachlaß.[236] Pfändung und Überweisung des Herausgabeanspruchs durch einen der bisherigen Miteigentümer können für den Nachweis der Empfangsberechtigung genügen.[237]

Neben dieser für die Teilungsversteigerung typischen Hinterlegung des Übererlöses für die bisherigen Miteigentümer/Teilhaber gibt es in allen Versteigerungsarten noch weitere Hinterlegungstatbestände:
- bei Widerspruch gegen den Teilungsplan gemäß § 115 in Höhe der umstrittenen Zuteilung (§ 124 Abs. 2);
- bei nicht möglicher Auszahlung (§ 117 Abs. 2 S. 3), z.B. wegen fehlender Empfangsberechtigung oder unbekanntem Aufenthalt;
- bei Ungewißheit über die Person des Berechtigten (vgl. § 372 BGB) z.B. wegen mehrerer konkurrierender Abtretungen;
- bei unbekanntem Berechtigten (§ 126 Abs. 2), z.B. wegen fehlendem Grundschuldbrief oder unbekannten Erben;
- bei aufschiebend bedingtem Anspruch (§ 120); bei auflösend bedingtem Anspruch wird dagegen gemäß § 119 an den Erstberechtigten gezahlt;
- bei Bildung eines Deckungskapitals gemäß § 92 Abs. 2, aus dem die Einzelleistungen einer Geldrente zu zahlen sind (§§ 121 Abs. 2, 120 Abs. 1);
- in der Forderungszwangsversteigerung wird auch bei Einstellung der Zwangsvollstreckung oder bei Sicherungsvollstreckung vor Rechtskraft oder vor Sicherheitsleistung nach §§ 119, 120 hinterlegt.

[230] BGH Rpfleger 1984, 284; Stöber § 180 Anm. 18.4; Steiner/Teufel § 180 Rz. 191.
[231] BGH Rpfleger 1987, 426; Eickmann S. 85; Schiffhauer ZIP 1982, 666; Stöber § 180 Anm. 18.3c.
[232] BGH Rpfleger 1984, 244; Stöber § 180 Anm. 18.4; Steiner/Teufel § 180 Rz. 191.
[233] Vgl. BGH NJW-RR 1990, 1202 und 133.
[234] Dazu oben B 1.6. und C 9.5.3.
[235] BGH Rpfleger 1967, 171; Stöber Rz. 755; Eickmann S. 84.
[236] BGH Rpfleger 1984, 284; 1967, 171.
[237] Vgl. OLG Frankfurt Rpfleger 1993, 360.

Aus verständlichen Gründen kann hinterlegtes Geld i. d. R. nur sehr niedrig verzinst werden. Gemäß § 8 HinterlO
– beträgt der Zinssatz 1‰ monatlich;
– beginnt die Verzinsung erst 3 Monate nach Ablauf des Einzahlungsmonats und endet schon mit Ablauf des Monats, der dem Tag der Auszahlungsverfügung vorhergeht;
– werden die Zinsen erst kalenderjährlich nachträglich bzw. bei Herausgabe des Geldes fällig;
– werden Beträge unter 100 EURO und Zinsen überhaupt nicht verzinst.

Das Vollstreckungsgericht sollte daher die Berechtigten gemäß § 139 ZPO auf diese Regelung hinweisen und auch bekanntgeben, daß die Hinterlegungsstelle (nur) auf Antrag eines Beteiligten gemäß § 10 Abs. 2 Nr. 3 HinterlO anordnen kann, daß das hinterlegte Geld zum Ankauf von Wertpapieren verwendet werden soll.[238]

9.6. Muster

9.6.1. Muster einer Terminbestimmung[239]

Amtsgericht – Vollstreckungsgericht –   Stuttgart, 31. 12. 2002
Bestimmung des Verteilungstermins
K 16/02

In dem Zwangsversteigerungsverfahren zum Zwecke der Aufhebung der Gemeinschaft an dem im Grundbuch von Botnang eingetragenen Grundstück der Markung Stuttgart
    GBH 3544   Abt. 1 Nr. 1 Mozartstraße 35
              Wohnhaus, Garage, Garten, zusammen 12 a 16m²
wird Termin zur Verteilung des Versteigerungserlöses bestimmt auf:

3. Februar 2003, 16.00 Uhr im Gerichtsgebäude hier, Zimmer 4

Es ist zweckmäßig, schon zwei Wochen vor dem Termin dem Gericht eine genaue Berechnung der Ansprüche an Kapital, Zinsen und Kosten der Kündigung und der dinglichen Rechtsverfolgung mit Angabe des beanspruchten Ranges schriftlich einzureichen. Auch empfiehlt es sich anzuzeigen, wenn ein aus dem Barerlös zu deckendes Recht auf Grund einer Vereinbarung mit dem Ersteher bestehenbleiben soll. Eine solche Vereinbarung ist nur dann wirksam, wenn die hierauf gerichteten Erklärungen des Berechtigten und des Erstehers entweder im Verteilungstermin abgegeben oder – bevor das Grundbuchamt um Berichtigung des Grundbuchs ersucht ist – durch eine öffentlich beglaubigte Urkunde nachgewiesen werden.

Die wiederkehrenden Leistungen (z. B. Zinsen, Tilgungsbeträge) sind bei den erlöschenden Rechten bis zum Tage vor dem Verteilungstermin und bei den bestehenbleibenden Rechten bis zum Tage vor der Zuschlagsverkündung zu berechnen.

Die zum Nachweis der Berechtigung erforderlichen Urkunden (Grundschuldbriefe, Vollmachten, Abtretungserklärungen usw.) sind **spätestens** im Termin vorzulegen.

---

[238] So auch Schiffhauer ZIP 1982, 666.
[239] Vgl. dazu das **Muster** bei Storz/Kiderlen ZV-Praxis, Aktenteil **AT** 24. – Besonderer Zusatz für die Teilungsversteigerung nach dem **Beispiel** bei Stöber, Handbuch Rz. 748.

Die Verteilung des Versteigerungserlöses beschränkt sich in der Teilungsversteigerung auf die Wegfertigung der Verfahrenskosten (§ 109 Abs. 1 ZVG) und
Verteilung des Überschusses auf die durch Zahlung zu deckenden Rechte Dritter,
die nach § 10 ZVG Anspruch auf Befriedigung aus dem Grundstück haben (§ 109
Abs. 2 ZVG). Der den bisherigen Grundstückseigentümern zufallende Erlösüberschuß bleibt unverteilt. Er darf nur an alle Teilhaber der Gemeinschaft oder nach
ihrer übereinstimmenden Erklärung ausbezahlt werden. Für die Abwicklung des
Erlösüberschusses ist daher erforderlich, daß sich die bisherigen Grundstückseigentümer rechtzeitig über die Auseinandersetzung ihrer Gemeinschaft oder die
Empfangnahme des Erlöses einigen und ihr Einvernehmen dem Vollstreckungsgericht spätestens im Verteilungstermin erklären. Alle Miteigentümer werden daher
als gemeinsame Berechtigte des Erlösüberschusses gebeten, ihre Einigung dem
Vollstreckungsgericht möglichst schon vor dem Verteilungstermin mitzuteilen oder
zur Abgabe der Erklärung über die Auseinandersetzung und Empfangnahme des
Erlösüberschusses zum Verteilungstermin zu erscheinen.

Amtsgericht Stuttgart
gez. Unterschrift des Rechtspflegers

9.6.2. Muster einer Anmeldung zum Verteilungstermin[240]

An das
Amtsgericht – Vollstreckungsgericht –   Irmgard Maier
Stuttgart   Mozartstraße 35
                                                Botnang, 16. 1. 2003
K 16/02
Anmeldung meiner Grundschuld zum Verteilungstermin

Sehr geehrte Damen und Herren,
in dem oben genannten Verfahren berechne ich meine Ansprüche aus der zu meinen Gunsten auf der Miteigentumshälfte der Erbengemeinschaft Daniel und Stefan Maier eingetragenen Grundschuld Abt III Nr 1 wie folgt:

Kosten für die Wahrnehmung von Versteigerungs- und Verteilungstermin	100,–
12% rückständige und laufende Zinsen vom 6. 3. 1999–2. 2. 2003	7499,–
Hauptsumme	16 000,–
Forderung insgesamt	23 599,–

Mit freundlichen Grüßen!
gez. Irmgard Maier

9.6.3. Muster einer Liegenbelassungsvereinbarung[241]

Vereinbarung

In dem Zwangsversteigerungsverfahren zum Zwecke der Aufhebung der Gemeinschaft Irmgard, Daniel und Stefan Maier K 16/02 hat das Amtsgericht Stuttgart mit Beschluß vom 6. 12. 2002 auf das Meistgebot der Eheleute Felix und
Traude Müller den Zuschlag erteilt.

---

[240] Vgl. dazu das **Muster** bei Storz/Kiderlen ZV-Praxis, Aktenteil **AT** 26.
[241] Vgl. dazu das **Muster** bei Storz/Kiderlen ZV-Praxis, Aktenteil **AT** 27.

Frau Irmgard Maier als Gläubigerin der nach den Versteigerungsbedingungen erlöschenden Grundschuld Abt. III Nr. 1 über EURO 16000,– und die Eheleute Felix und Traude Müller vereinbaren hiermit das Bestehenbleiben dieser Grundschuld auf der Miteigentumshälfte von Frau Traude Müller zu den bisherigen Bedingungen.

Die Vereinbarungserklärungen werden im Verteilungstermin am 3.2.2003 zu Protokoll des Vollstreckungsgerichtes abgegeben werden. Stuttgart, 16.1.2003.

gez. Felix und Traude Müller

                                                              gez. Irmgard Maier

9.6.4. Muster einer Auszahlungserklärung[242]

Zu Protokoll des Vollstreckungsgerichts im Verteilungstermin:

„Die bisherigen Miteigentümer des Grundstücks Mozartstraße 35 in Stuttgart, nämlich Frau Irmgard Maier zur ideellen Hälfte und die Erbengemeinschaft Daniel und Stefan Maier zur anderen Hälfte erklären übereinstimmend:
Wir setzen die Gemeinschaft an dem uns zustehenden Erlösüberschuß in Höhe von EURO 120000,– in der Weise teilweise auseinander, daß gebühren und deshalb auszuzahlen sind:

1) 44000,– an Frau Irmgard Maier,
2) 22000,– dem Miterben Daniel Maier,
3) 22000,– dem Miterben Stefan Maier.

Da wir uns über die Aufteilung des verbleibenden Erlösüberschusses in Höhe von 32000,– noch nicht einigen konnten, bestimmen wir als gemeinsamen Empfangsberechtigten für diesen Betrag Herrn Rechtsanwalt und Notar Xaver Tunichtgut. – V. u. g.".

9.7. Taktische Hinweise

TH 9.7.1: Die Versteigerung ist jetzt zwar abgeschlossen, sodaß weder der Zuschlag verhindert noch das Meistgebot aufgebessert, noch durch irgendeine taktische Maßnahme eine Zusatzleistung des Erstehers herbeigeführt werden kann. Trotzdem kann sich auch noch im Verteilungsverfahren eine Verbesserung für einzelne Beteiligte ergeben: Bei einer Liegenbelassungsvereinbarung gemäß § 91 Abs. 2[243] z.B. können die bisherigen Miteigentümer u.U. nach der herrschenden Meinung[244] noch in den Genuß einer zusätzlichen Befriedigungswirkung kommen (vgl. § 91 Abs. S. 2), und auch in der Teilungsversteigerung können auch jetzt noch Gläubiger der bisherigen Miteigentümer unter dem Gesichtspunkt freier Rückgewähransprüche durch Abtretungen oder Pfändungen neue Vollstreckungsmöglichkeiten aufspüren und nutzen.[245]

TH 9.7.2: Der mit einer verspäteten Anmeldung verbundene Rangverlust (vgl. §§ 110, 37 Nr. 4) ist in der Teilungsversteigerung meist nicht so nachteilig wie in der Forderungszwangsversteigerung, weil bei der Teilungsversteigerung oft auch für die bisherigen Miteigentümer noch ein Übererlös ver-

---

[242] Nach dem **Beispiel** von Stöber Handbuch Rz. 750.
[243] Dazu oben C 9.2.6.
[244] **Gegen** sie wendet sich insbesondere Muth Rpfleger 1990, 2.
[245] Vgl. dazu auch Storz/Kiderlen ZV-Praxis E 1.

bleibt. Ist z. B. ein Grundpfandgläubiger auf die rückständigen Zinsen aus seiner Grundschuld angewiesen, so können diese zwar nur bei rechtzeitiger Anmeldung vor dem Beginn der Bietstunde (vgl. § 66 Abs. 2) in Rangklasse 4 des § 10 Abs. 1 geltend gemacht werden,[246] aber bei Anmeldung noch zum Verteilungstermin werden sie immer noch gemäß § 110 rangmäßig vor Feststellung des Übererlöses für die bisherigen Miteigentümer berücksichtigt, sodaß sich auf jeden Fall die Nachholung einer Anmeldung zum Verteilungstermin empfiehlt.

TH 9.7.3: Der Verteilungstermin braucht von den bisherigen Miteigentümern oder von Gläubigern i. d. R. nicht wahrgenommen zu werden. Trotzdem ist die Teilnahme am Verteilungstermin den Gläubigern jedenfalls dann zu empfehlen, wenn die volle Befriedigung ihrer Forderung nicht ohnehin aufgrund des Versteigerungsergebnisses sichergestellt ist; insbesondere sollte der Verteilungstermin wahrgenommen werden, wenn ein Gläubiger auf Löschungsvormerkungen, den gesetzlichen Löschungsanspruch oder auf Rückgewähransprüche angewiesen ist, bzw. wenn Hoffnung besteht, daß ein vorrangiger Gläubiger einen Übererlös erzielt oder für die bisherigen Miteigentümer ein Übererlös verbleibt. Den bisherigen Miteigentümern ist dringend zu empfehlen, den Verteilungstermin immer wahrzunehmen, wenn für sie ein Übererlös verbleibt, weil dann im Verteilungstermin durch die Unterstützung des Gerichts die beste Möglichkeit für eine Einigung über die Aufteilung des Übererlöses unter den bisherigen Miteigentümern besteht.

TH 9.7.4: Wenn ein bisheriger Miteigentümer das Grundstück ersteigert hat, besteht häufig die falsche Vorstellung, er brauche „den auf ihn entfallenden Erlösanteil" im Verteilungstermin nicht zu zahlen. Diese Vorstellung ist falsch, weil ja der gesamte Übererlös allen bisherigen Miteigentümern gemeinsam zusteht und eine Aufteilung in bestimmte Erlösanteile für die einzelnen Miteigentümer nur mit ausdrücklicher Zustimmung aller Miteigentümer möglich ist. Die Vorstellung bzw. ein entsprechendes Verhalten durch den Ersteher-Miteigentümer ist auch gefährlich, weil er insoweit behandelt wird wie ein Ersteher, der seinen Verpflichtungen aus dem Meistgebot zum Teil nicht nachgekommen ist. Darauf wird heute in aller Regel in der Terminbestimmung ausdrücklich hingewiesen,[247] die sorgfältig gelesen und beherzigt werden sollte. Bei der in Teilungsversteigerungen häufig herrschenden Sprachlosigkeit unter den bisherigen Miteigentümern hilft häufig ein rechtzeitiges Besprechen mit dem Rechtspfleger sehr viel weiter.

TH 9.7.5 (nach Schiffhauer):[248] Da ein Miteigentümer, der das Grundstück ersteigert hat, das von ihm zu zahlende Bargebot nicht um den Betrag kürzen darf, der ihm seiner Ansicht nach aus dem Übererlös zusteht, kann er unbillig benachteiligt sein, wenn der oder die anderen Miteigentümer aus unsachlichen Gründen nicht einigungsbereit sind. „Hier kann dem Ersteher nur angeraten werden, den Betrag, der nach dem Teilungsplan den Erlösüberschuß darstellt, im Verteilungstermin nicht zu zahlen. Insoweit muß das Gericht gemäß § 128 zwar bei Berichtigung des Grundbuchs (§ 130) die Eintra-

---

[246] Dazu oben C 6.2.1.
[247] Vgl. das Muster oben C 9.6.1.
[248] Schiffhauer ZIP 1982, 667.

gung einer Sicherungshypothek veranlassen. Diese ist aber ab Verteilungstermin mit 4% jährlich zu verzinsen (falls im Versteigerungstermin nicht gemäß § 59 ein höherer Zinssatz vereinbart wurde), was für den Ersteher recht günstig ist. Als Gläubiger der Sicherungshypothek werden die früheren Miteigentümer unter Bezeichnung des Gemeinschaftsverhältnisses eingetragen, das für das frühere Eigentum am Grundstück maßgebend war. Gegenstand der Auseinandersetzung ist dann die Hypothek mit der ihr zugrundeliegenden Forderung. Praktische Erfahrungen zeigen, daß es in einem solchen Fall verblüffend schnell zu einer Auseinandersetzung über die Hypothek kommt."

TH 9.7.6: Die Bezifferung des Wertersatzes für erlöschende Rechte aus Abt II des Grundbuchs (vgl. §§ 92, 121) erfolgt erst im Verteilungstermin, wobei sich das Gericht oft nur auf die Anmeldung des Berechtigten stützen und die anderen Beteiligten auf die Widerspruchsmöglichkeit nach § 115 verweisen kann. Diese Regelung ist zwar verständlich, aber für nachrangige Gläubiger und auch die bisherigen Miteigentümer unbefriedigend, weil sie im Versteigerungstermin in keiner Weise berechnen können, welcher Erlös ihnen verbleibt. In der Forderungszwangsversteigerung kann dieses Problem u. U. durch einstweilige Einstellung des bestrangig betriebenen Verfahrens (durch Einstellungsbewilligung oder Ablösung) gelöst werden,[249] in der Teilungsversteigerung bleibt nur entweder die Vereinbarung des Bestehenbleibens dieses Rechtes als abweichende Versteigerungsbedingung gemäß § 59,[250] oder die (rechtzeitige) Vereinbarung eines bestimmten Ersatzbetrages für den Fall des Erlöschens mit dem Berechtigten.[251]

TH 9.7.7: Die Vorteile einer Liegenbelassungsvereinbarung gemäß § 91 Abs. 2 bestehen darin, daß man durch sie ohne zusätzliche Kosten, schnell und mit außerordentlich geringem Arbeitsaufwand Grundpfandrechte für die Finanzierung des Meistgebots oder u. U. auch als evtl. Reserve für spätere Beleihungen schaffen kann. Auch oder gerade dann, wenn der Gläubiger eines eingetragenen Grundpfandrechts selbst ersteigert, ist dieser Weg einer Liegenbelassungsvereinbarung „mit sich selbst" (als Gläubiger einerseits und Ersteher andererseits) möglich und empfehlenswert.

TH 9.7.8: Die Gefahren einer Liegenbelassungsvereinbarung dürfen andererseits auf keinen Fall übersehen werden. Die mit einer derartigen Vereinbarung gemäß § 91 Abs. 3 S. 2 verbundene Befriedigungswirkung kann nämlich eine unerwünschte Tragweite haben, weil die Befriedigungswirkung auch über das hinausgehen kann, was der Gläubiger ohne die Vereinbarung aus dem Versteigerungserlös erhalten hätte.[252] In kritischen Fällen empfiehlt es sich daher u. U., doch das Recht erlöschen und neu eintragen zu lassen bzw. das Liegenbelassen auf den Betrag zu beschränken, den der Gläubiger des Rechts aus dem Versteigerungserlös erhalten hätte.

TH 9.7.9: Die Teilungsversteigerung ist noch mehr als die Forderungszwangsversteigerung ein schwieriges Rechtsgebiet, in dem sich nur wenige

---

[249] Dazu Storz/Kiderlen ZV-Praxis B 6.3.1. und Taktischen Hinweis dort **TH** B 6.5.4.
[250] Siehe FN 249.
[251] Dazu Storz/Kiderlen ZV-Praxis Taktische Hinweise **TH** B 2.3.2.3.
[252] **Kritisch** dazu Storz/Kiderlen ZV-Praxis **TH** E 5.7.4.; Muth S. 247 ff. und Rpfleger 1990, 2.

Fachleute richtig auskennen. Sie ist darüber hinaus ein Verfahren, das meist von besonders heftigem Streit zwischen den bisherigen Miteigentümern begleitet wird und zwar bis in den Verteilungstermin hinein; gerade dort entbrennt sogar der Kampf am heftigsten, weil es jetzt um das Schicksal des Übererlöses geht. Abgesehen von der logisch zwingenden aber praktisch leider häufig nicht realisierbaren Erkenntnis, daß jeder unsachliche Streit eigentlich nur zu materiellen Nachteilen für alle Beteiligten führen kann, soll hier noch einmal eindringlich jedem halbwegs einigungsbereiten Miteigentümer empfohlen werden, rechtzeitig, aktiv und kooperativ wenigstens mit dem Rechtspfleger zusammenzuarbeiten. Gerade im Teilungsverfahren kann der Rechtspfleger, obwohl die Aufteilung des Übererlöses an die einzelnen Miteigentümer garnicht mehr zu seinen gesetzlichen Aufgaben gehört, aufgrund seiner Neutralität und Objektivität, aufgrund seiner Fachkenntnis und praktischen Erfahrungen, und mit seinen kostengünstigen und unbürokratischen Möglichkeiten, den Beteiligten eine außerordentlich große und wirksame Hilfestellung bieten, wenn diese nur überhaupt zu einer Einigung bereit und fähig sind. Die Beteiligten dürfen den Rechtspfleger aber auch nicht überfordern, schon nicht zeitlich, erst recht aber nicht dadurch, daß sie ihm gegenüber nicht kooperativ und aufrichtig sind.

TH 9.7.10: Wegen der freien Wahlmöglichkeit des Gläubigers eines Gesamtrechts gemäß § 1132 BGB sind nachrangige Gläubiger insbesondere dann dem Gesamtrechtsgläubiger weitgehend ausgeliefert, wenn sie selbst mit ihrer Belastung nur auf einzelne Anteile zugreifen können. In der Forderungszwangsversteigerung können sich die nachrangigen Gläubiger u.U. durch eine Ablösung[253] des Gesamtrechts schützen. Dieser Weg ist in der Teilungsversteigerung allerdings i.d.R. deshalb versperrt, weil es dort ja keine betreibenden Gläubiger gibt. Aber auch in der Teilungsversteigerung bleibt die Möglichkeit von Vereinbarungen offen. Deshalb empfiehlt es sich hier u.U. für einen nachrangigen Gläubiger, das vorgehende Gesamtrecht im Wege einer Einigung mit dessen Gläubiger zu übernehmen, und dann „dessen" Wahlrecht aus § 1132 BGB in der Weise auszuüben, wie es dem eigenen nachrangigen Recht am meisten zugute kommt.

TH 9.7.11: Es ist schon darauf hingewiesen worden (vgl. dazu oben C.8.4.19), daß eine gewisse Belastung des eigenen Miteigentums nicht nur auch dann eine Verschleuderung des Grundstücks erschwert, wenn man nicht die Möglichkeit zum Mitbieten hat, sondern auch die Erlöszuteilung vereinfachen kann, weil an den (u.U. befreundeten) Gläubiger der auf den belasteten Anteil entfallende Erlös auch ohne Zustimmung der anderen Miteigentümer zugeteilt wird. Es ist aber auch auf die mit dieser Vorgehensweise verbundenen Risiken/Nachteile hingewiesen worden, die dann unbedingt beachtet werden müssen!

TH 9.7.12: Wegen der häufigen Mißverständnisse kann nicht oft genug betont werden, daß der in einer Zwangsversteigerung zu „bezahlende Kaufpreis" sich zusammensetzt aus dem (an das Gericht zu bezahlenden) Meistgebot und dem (an die jeweilige Bank zu bezahlenden) Preis für die Löschung

---

253 Dazu Storz/Kiderlen ZV-Praxis B 7.

evtl. bestehenbleibender Grundschulden, jeweils zuzüglich Zinsen. Dieser Preis für die Grundschulden muß auch dann voll bezahlt werden, wenn die Grundschulden nicht mehr (voll) valutiert sind; der dann bei der Bank entstehende Übererlös muß den bisherigen Miteigentümern „zurückgewährt", also ausbezahlt werden. Das gilt auch dann, wenn einer dieser bisherigen Miteigentümer das Grundstück ersteigert. Auch er muß also die vollen Grundschulden bezahlen und nicht lediglich die (evtl. nicht mehr vorhandenen!) Schulden bezahlen! Im Zweifelsfall sollte man sich rechtzeitig vor dem Versteigerungstermin fachkundig informieren oder spätestens dort den Rechtspfleger fragen!

TH 9.7.13: Wer ein Grundstück ersteigert, das noch mit bestehenbleibenden Grundschulden belastet ist, sollte so schnell wie möglich diese Grundschulden bei der betreffenden Bank (Bausparkasse, Versicherung usw.) „ablösen", weil er (ohne Rücksicht auf die Frage, wie hoch diese Grundschulden noch valutiert sind) neben der Grundschuld − Hauptsache immer auch noch die i. d. R. sehr hohen dinglichen Zinsen gemäß § 56 S. 2 für die Zeit vom Zuschlag bis zur „Ablösung" bezahlen muß. Allerdings sollte man die Rechtskraft des Zuschlagsbeschlusses abwarten oder für den Fall einer erfolgreichen Zuschlagsanfechtung eine besondere Regelung mit der Bank vereinbaren. Besonders teuer wird es nämlich, wenn nach z. B. einem Jahr eine Zuschlagsbeschwerde zurückgewiesen wird und man dann z. B. 18% dingliche Zinsen für die Grundschuld − Hauptsumme von z. B. € 100 000 „hochbezahlen" muß!

TH 9.7.14: Gerade wegen der hohen dinglichen Zinsen, die ab Zuschlag für bestehengebliebene Grundschulden bezahlt werden müssen, empfiehlt sich der Versuch einer Einigung zwischen dem Ersteher und den bisherigen Miteigentümern über diese wirtschaftliche Abwicklung, an der beide Seiten ein wirtschaftliches Interesse haben. Das gilt auch, bzw. gerade dann, wenn einer der bisherigen Miteigentümer das Grundstück ersteigert hat und erleichtert dann meist auch eine Einigung über die Verteilung des beim Gericht entstandenen Übererlöses.

TH 9.7.15: Die Gläubiger(-Banken) von bestehenbeibenden Grundschulden sollten ihre Kunden, also die bisherigen Miteigentümer, über die verschiedenen Besonderheiten rechtzeitig vor dem Versteigerungstermin aufklären; allerdings kennen sich die „normalen" Kundenbetreuer in diesen Spezialfragen meist selbst nicht aus. Aber in jedem Fall wäre ein Hinweis richtig und wichtig, daß

− der Ersteher sich möglichst schnell nach dem Zuschlag um die „Ablösung" der bestehenbleibenden Grundschulden kümmern muß, und daß
− jeder Ersteher, auch ein ehemaliger Miteigentümer, den vollen Grundschuldbetrag und zusätzlich die hohen dinglichen Zinsen hieraus ab dem Zuschlag bis zur „Ablösung" bezahlen muß, und zwar auch dann, wenn die Grundschuld nicht mehr (voll) valutiert ist.

TH 9.7.16: Jeder Grundschuldgläubiger wird vom Gericht rechtzeitig vor dem Versteigerungstermin davon unterrichtet, daß das belastete Grundstück teilungsversteigert wird. Da in der Teilungsversteigerung die Grundschulden meist nicht mehr (voll) valutiert sind, sollte der Grundschuldgläubiger i. d. R.

– auf die Geltendmachung von dinglichen Zinsen verzichten, wenn er nicht an einer entsprechenden Erlösauszahlung interessiert ist; das muß aber ausdrücklich geschehen, weil das Gericht sonst die laufenden Zinsen (das sind i. d. R. Zinsen für 2–3 Jahre!) von Amts wegen berücksichtigen und ausbezahlen muß, und

– noch vor dem Versteigerungstermin formell gegenüber dem Grundbuchamt auf den Teil einer Grundschuld verzichten, der zur Sicherung evtl. noch bestehender Restdarlehen nicht mehr benötigt wird.

Das verschafft den Kunden, also den bisherigen Miteigentümern, Klarheit und außerdem die Möglichkeit, je nach eigener Interessenlage die durch den Verzicht entstandene Eigentümergrundschuld löschen oder im Grundbuch stehen zu lassen. Und die Bank hat sich durch diesen Verzicht von den praktischen und rechtlichen Schwierigkeiten befreit, die auch für sie aus der Falschbehandlung bestehengebliebener Grundschulden entstehen können.

TH 9.7.17: Derjenige ehemalige Miteigentümer, der das Grundstück nicht ersteigert hat, sollte schnellstmöglich nach dem Zuschlag alle Gläubiger eventuell bestehengebliebener und nicht mehr (voll) valutierter Grundschulden

– auffordern, über die Grundschuld nur noch gegen Bezahlung der vollen Grundschuldsumme nebst dinglichen Zinsen seit Zuschlag zu verfügen,

– darauf hinweisen, daß sie nicht mehr berechtigt sind, ohne ausdrückliche Zustimmung aller bisheriger Miteigentümer die Grundschuld zur Löschung zu bewilligen,

– unter angemessener Fristsetzung auffordern, die nicht mehr valutierten Grundschulden anteilig an die bisherigen Miteigentümer abzutreten und ggf. Teilgrundschuldbriefe zu bilden, wenn keine rechtzeitige „Vollablösung" vorher stattgefunden hat.

10. Nichtzahlung des Meistgebots

Literatur (Titel zum Teil sinnwahrend gekürzt!): *Drischler*, Der Gerichtsvollzieher in der Immobiliarvollstreckung, DGVZ 1955, 131; *Drischler*, Verfahrenskosten bei Nichtzahlung des Meistgebots, JVBl 1963, 169; *Eickmann*, Probleme der Vollstreckung von Zuschlagsbeschlüssen, DGVZ 1979, 177; *Fischer*, Forderungsübertragung und Sicherungshypothek in der Zwangsversteigerung, NJW 1956, 109; *Grasse*, Konkurs des Meistbietenden, Diss Tübingen 1939; *Helsper*, Keine Grundbuchberichtigung ohne Unbedenklichkeitsbescheinung, NJW 1973, 1485; *Heinz*, Tätigkeit des Gerichtsvollziehers bei Immobiliarbeschlagnahme, DGVZ 1955, 17; *Herzig*, Wer hat die Unbedenklichkeitsbescheinigung zu beschaffen? JurBüro 1968, 868; *Hornung*, Löschung der nach Zuschlag „unwirksam" eingetragenen Rechte, Rpfleger 1980, 249; *Meyer-Stolte*, Eintragungen zwischen Zuschlag und Eigentumsberichtigung, Rpfleger 1983, 240; *Noack*, Räumung auf Grund des Zuschlagsbeschlusses, ZMR 1970, 97; *Oertmann*, Auslegung und Kritik des § 118, AcP 135/1932), 191; *Schifhauer*, Wiederversteigerung ohne vorherige Grundbuchberichtigung? Rpfleger 1975, 12; *Schneider*, Kostenerstattung bei der Teilungsversteigerung, JurBüro 1966, 730; *Weber*, Grundbuchberichtigung ohne Unbedenklichkeitsbescheinigung, NJW 1973, 2015.

10.1. Übersicht

Schutz vor Nichtzahlung des Erstehers
– Verlangen nach Sicherheitsleistung (§§ 67 ff, 184)
– Gerichtliche Verwaltung nach dem Zuschlag (§ 94)
– Forderungsübertragung, Sicherungshypothek, Wiederversteigerung oder Zwangsverwaltung

Forderungsübertragung (§ 118)
– in Höhe des Erlösüberschusses
– sofort vollstreckbar
– keine Rangordnung
– u. U. Befriedigungswirkung für Altforderung
– keine Forderungsübertragung für bisherige Miteigentümer nötig

Sicherungshypothek (§ 128)
– nur auf dem Versteigerungsobjekt
– Rangfolge entsprechend Teilungsplan
– auch für bisherige Miteigentümer

Wiederversteigerung (§ 133)
– selbständiges neues Verfahren (Vollstreckungsversteigerung)
– Erleichterungen bei der Einleitung
– richtet sich gegen den Ersteher
– bisherige Miteigentümer können gemeinsam oder einzeln die Wiederversteigerung betreiben

10.2. Nichtzahlung im Verteilungstermin

Im Unterschied zu Kunstauktionen oder auch zur Versteigerung beweglicher Sachen gemäß § 817 Abs. 2 ZPO kann jemand in der Immobiliarzwangsversteigerung mitbieten, noch im Versteigerungstermin oder bald danach (vgl. § 87) den Zuschlag erhalten und damit das Eigentum am Grundstück und an den mitversteigerten Gegenständen erwerben, ohne auch nur einen Pfennig gezahlt zu haben. Erst in dem i.d.R. erst 6–8 Wochen nach dem Zuschlag liegenden Verteilungstermin muß der Barteil des Meistgebots bezahlt werden (§ 49).

Diese Regelung setzt nicht nur großes Vertrauen der Verfahrensbeteiligten in die ihnen oft völlig unbekannten Bieter und insbesondere in den späteren Ersteher voraus, sondern erfordert auch besondere gesetzliche Regelungen und ein aufmerksames und sachkundiges Beobachten und Agieren der Beteiligten für den Fall, daß der Ersteher seinen Zahlungsverpflichtungen aus dem Meistgebot im Verteilungstermin nicht nachkommt. Die bewußt eingeführte späte Zahlungspflicht des Erstehers soll auch kurzfristig entschlossenen Interessenten das Mitbieten und den Erstehern das Zusammenstellen einer geordneten Finanzierung ermöglichen. Von dieser Großzügigkeit verspricht sich das Gesetz einen positiven Einfluß auf das Versteigerungsergebnis, worauf es insbesondere in der Forderungszwangsversteigerung ankommt.

Diese gutgemeinte Regelung kann natürlich bewußt mißbraucht werden oder auch ohne Schädigungsabsicht z.B. wegen des Scheiterns gutgemeinter Finanzierungsvorstellungen zu erheblichen praktischen Schwierigkeiten für die Beteiligten führen.

Beispiel:[1] Forderungszwangsversteigerung. Grundstückswert 105 000,–. Gläubiger ist insbesondere eine Bank mit einer Forderung von 185 000,–, aber vorrangig betreibt die Kommune mit 2000,–.
Im Versteigerungstermin bietet A 190 000,–. Die Bank freut sich über das hohe Gebot und verlangt keine Sicherheitsleistung. Im Verteilungstermin zahlt A nicht. Die Kommune und die Bank betreiben daher die Wiederversteigerung gegen A.
Ein Dritter bleibt mit 180 000,– Meistbietender; aber A löst nach der Bietstunde vor dem Zuschlag die Kommune und die Verfahrenskosten gemäß § 75 ab, um die Zuschlagsversagung herbeizuführen.
AG und OLG verhindern dieses mißbräuchliche Ziel durch Zuschlagserteilung an den Dritten, – aber um den Preis schwerster Verfahrensfehler!

Zum Schutz für den Fall, daß der Ersteher seinen Zahlungsverpflichtungen im Verteilungstermin nicht nachkommt und vielleicht sogar zwischen Zuschlag und Verteilungstermin als formal rechtmäßiger und uneingeschränkter Eigentümer das Grundstück bzw. die mitversteigerten Gegenstände veräußert oder sonst entwertet, bietet das Gesetz insbesondere folgende Möglichkeiten an:
– es kann Sicherheitsleistung sofort nach Abgabe des Gebots verlangt werden (§§ 60–70, 184);[2]
– es kann eine gerichtliche Verwaltung des Grundstücks zwischen Zuschlag und Verteilungstermin beantragt werden (§ 94);[3]

---

[1] Nach OLG Köln EWiR 1989, 1247 und Rpfleger 1990, 176 jeweils mit Anm. Storz.
[2] Dazu oben B 7.
[3] Dazu oben C 8.3.2.

– es kann die Zwangsvollstreckung aus übertragenen Forderungen in das Vermögen des Erstehers und die Wiederversteigerung des Grundstücks aus neu einzutragenden Sicherungshypotheken betrieben werden (§§ 108, 118, 128, 133).[4]

Die gesetzliche Regelung ist aber nur dann ein wirksamer Schutz, wenn die Verfahrensbeteiligten schon im Versteigerungstermin und während der ganzen Zeit bis zum Verteilungstermin sehr aufmerksam die Entwicklung verfolgen und rechtzeitig von ihren gesetzlichen Möglichkeiten Gebrauch machen.

Fortsetzung des Beispiels:

> Es mag noch hingenommen werden, daß die Bank keine Sicherheitsleistung verlangt hat, obwohl es gefährlich ist, sich von hohen Geboten „blenden" zu lassen. Aber einmal durch die Nichtzahlung im Verteilungstermin gewarnt, hätte die Bank in der Wiederversteigerung durch Ablösung sicherstellen müssen und können, daß nicht durch eine Minimalzahlung „zur rechten Zeit" von 2000,– durch A ein Wunschergebnis verhindert wird.[5]

Wenn der Ersteher seinen Zahlungsverpflichtungen aus dem Meistgebot (vgl. § 49) im Verteilungstermin nicht nachkommt, also „das Bargebot nicht berichtigt", wird im Verteilungstermin zwar auch ein Teilungsplan aufgestellt[6] mit Vorbemerkungen, Teilungsmasse, Feststellung der bestehenbleibenden Rechte und Schuldenmasse, aber mangels einer effektiven in Geld vorhandenen Teilungsmasse kann kein Geld zugeteilt werden. Die Ausführung des Teilungsplans geschieht dann vielmehr wie folgt:

– Forderungsübertragung auf die Berechtigten gemäß § 118;
– Eintragung von Sicherungshypotheken i. H. d. übertragenen Forderungen gemäß § 128;
– Zwangsvollstreckung in das Grundstück, i. d. R. als Wiederversteigerung gemäß § 133.

Es ist nicht Aufgabe des Vollstreckungsgerichts, die Erfüllung der Zahlungsverpflichtungen des Erstehers bzw. von evtl. gemäß § 82 mithaftenden Dritten zu erzwingen.[7] Gläubiger des Zahlungsanspruchs ist auch nicht das Gericht, sondern sind auf Grund des Zuschlags die bisherigen Miteigentümer,[8] weil der Zahlungsanspruch gegen den Ersteher Kraft gesetzlicher Surrogation an die Stelle des Grundstücks getreten ist.

Die gemäß § 118 übertragene Forderung ist ebenso vollstreckbar (§ 132 Abs. 1) wie die zu ihrer Sicherung von Amts wegen einzutragende Sicherungshypothek, aus der in einem erleichterten Verfahren die Wiederversteigerung des Grundstücks gegen den Ersteher oder auch eine Zwangsverwaltung betrieben werden kann (§ 133).[9]

Kommt der Ersteher im Verteilungstermin wenigstens teilweise seinen Zahlungsverpflichtungen nach, wird der bezahlte Betrag entsprechend der aus

---

[4] Dazu unten C 10.3.–5.
[5] Storz, Anm. zu OLG Köln Rpfleger 1990, 176.
[6] Muth S. 515; Wolff/Hennings S. 192.
[7] Stöber Rz. 470.
[8] Muth S. 513; Stöber Handbuch Rz. 470.
[9] Vgl. Taktischen Hinweis unten **TH** C 10.7.2.

dem Teilungsplan ersichtlichen Rangfolge auf die einzelnen Berechtigten verteilt; soweit der bezahlte Betrag dazu nicht ausreicht, werden Forderungen übertragen.[10] Eine evtl. durch Bundesbank-/Verrechnungsschecks oder durch Überweisung auf ein Konto der Gerichtskasse geleistete Sicherheit wird gemäß § 107 Abs. 3 wie eine Teilzahlung behandelt.[11]

Wenn einer der bisherigen Miteigentümer den Zuschlag erhalten hat, muß auch er das bare Meistgebot in voller Höhe bezahlen und darf es nicht etwa um den „ihm zustehenden Erlösanteil", kürzen, weil die Aufteilung des der bisherigen Gemeinschaft zustehenden Erlösüberschusses ja nicht zu den gesetzlichen Aufgaben des Vollstreckungsgerichts gehört. Kürzt er trotzdem und zahlt nur einen geringeren Betrag, so wird er genauso behandelt wie ein Ersteher, der seinen Verpflichtungen aus dem Meistgebot nur unvollständig nachkommt, d. h. es werden Forderungen gemäß § 118 übertragen und Sicherungshypotheken gemäß § 128 eingetragen, aus denen in verschiedener Weise vollstreckt werden kann.[12] Nur bzw. erst dann, wenn sich alle bisherigen Miteigentümer auf eine konkrete Aufteilung des Erlösüberschusses geeinigt oder wenigstens den auf den Ersteher als bisherigen Miteigentümer entfallenden Erlösanteil konkret festgelegt haben, kann durch eine Befriedigungserklärung in dieser Höhe die formale Ein- und Auszahlung vermieden werden.[13]

10.3. Forderungsübertragung

Übertragen wird jedem nach dem Teilungsplan Berechtigten ein der Höhe nach bestimmter Betrag nebst Zinsen vom Verteilungstermin an,[14] wenn nicht im Versteigerungstermin gemäß § 59 eine höhere Verzinsung als abweichende Versteigerungsbedingung vereinbart worden ist. Der Übertragungsbetrag entspricht dem sich aus dem Teilungsplan ergebenden Erlösanteil. Dabei muß wegen der Sicherungshypothek (vgl. § 129) angegeben werden, welche Teilbeträge der übertragenen Forderung auf Kosten, Zinsen bzw. den Hauptanspruch zugeteilt werden.[15]

Streitig ist, ob die übertragene Forderung auch dann zu verzinsen ist, wenn der durch sie zu ersetzende Erlösanteil aus den rechnerischen Bargebotszinsen (§ 49 Abs. 2) entstanden ist. Entgegen der herrsch Ansicht[16] ist diese Frage

---

[10] Stöber § 118 Anm. 3.5.

[11] Wolff/Hennings S. 192; Steiner/Teufel § 107 Rz. 46/49; vgl. auch Stöber § 107 Anm. 4.

[12] Vgl. Taktischen Hinweis unten **TH** C 10.7.1.

[13] BGH Rpfleger 1988, 495. – Dazu auch oben C 9.2.4. und Taktische Hinweise **TH** C 9.7.4. und **TH** C 9.7.5.

[14] Seit verschiedenen Änderungen der BGB-Verzugsbestimmungen ist **streitig** geworden, ob nach wie vor der Regelsatz von 4% gemäß § 246 BGB (so: AG Viersen Rpfleger 2003, 256; Stöber § 118 Anm. 3.3; Streuer Rpfleger 2001, 401) oder der Verzugszinssatz von 5 Prozentpunkten über dem Basiszinssatz gemäß §§ 286, 288 I BGB gilt (so: LG Hannover Rpfleger 2005, 324; LG Cottbus Rpfleger 2003, 256; LG Augsburg Rpfleger 2002, 374; LGs Kempten und Berlin Rpfleger 2001, 192; LG Kassel Rpfleger 2001, 176; Storz/Kiderlen ZV-Praxis E 6.2.1).

[15] Stöber: Handbuch Rz. 471. – Vgl. auch das **Muster** unten C 10.6.

[16] LG Oldenburg Rpfleger 1986, 103 (zust Anm. Schiffhauer); Drischler RpflJB 1973, 328.

mit Stöber zu bejahen, weil auch die Bargebotszinsen des § 49 Abs. 2 zur einheitlichen und einheitlich zu behandelnden Teilungsmasse gehören.[17] Die übertragenen Forderungen stehen z. B. hinsichtlich evtl. aus ihnen betriebener Zwangsvollstreckungen in das Vermögen des Erstehers nicht in einem besonderen Rangverhältnis zueinander; wohl aber gibt es eine derartige Rangfolge für die für sie gemäß § 128 einzutragenden Sicherungshypotheken, und zwar entsprechend der im Teilungsplanfest gelegten Rangfolge der jeweiligen Erlösansprüche.

Die übertragenen Forderungen richten sich gegen den Ersteher; mitübertragen werden die evtl. gemäß § 82 gegebenen Ansprüche gegen mithaftende Meistbietende (vgl. § 81 Abs. 4) oder Bürgen (vgl. § 69 Abs. 3). Übertragen werden die Forderungen auf diejenigen Berechtigen, denen nach dem Teilungsplan ein Erlösanspruch zusteht. Bei gemeinschaftlicher Berechtigung ist das Gemeinschaftsverhältnis anzugeben.

Die übertragene Forderung ist vollstreckbar, wobei eine Ausfertigung des Zuschlagsbeschlusses als Vollstreckungstitel dient. Zuständig für die Klauselerteilung ist der Urkundsbeamte der Geschäftsstelle beim Vollstreckungsgericht.[18] Aus der übertragenen Forderung kann nach der Ausführung des Teilungsplans gegen den Ersteher vollstreckt werden, also u. U. noch vor Rechtskraft des Zuschlags. Vor diesem Risiko kann sich der Ersteher gemäß § 116 durch einen Antrag auf Aussetzung der Ausführung des Teilungsplans bis zur Rechtskraft des Zuschlags schützen. Es kann entsprechend den allgemeinen Vollstreckungsregeln der ZPO in das gesamte Vermögen des Erstehers und evtl. mithaltender Dritter vollstreckt werden.

Die Forderungsübertragung erfolgt durch Anordnung des Vollstreckungsgerichts (vgl. **Muster**).[19] Als eigenständiges Rechtsinstitut des Zwangsversteigerungsverfahrens sind auf sie weder die §§ 835 ff. ZPO noch ist § 412 BGB unmittelbar anwendbar.[20] Die Forderungsübertragung wird i. d. R. im Verteilungstermin angeordnet, protokolliert und verkündet; streitig ist, ob die Forderungen auch später außerhalb des Verteilungstermins übertragen werden können.[21]

Evtl. Pfändungen oder Verpfändungen der Erlösansprüche sind bei der Forderungsübertragung in der Weise berücksichtigt, daß die Beschränkung durch das Recht des Dritten bezeichnet wird.[22]

Bezüglich des Erlösüberschusses für die bisherigen Miteigentümer ist eine Forderungsübertragung nicht nötig, da diesen ja ohnehin seit dem Zuschlag die gesamte Forderung gegen den Ersteher zusteht.[23] Ihnen wird anläßlich der Forderungsübertragung an die anderen Berechtigten der Erlösüberschuß „zur Einziehung freigegeben" bzw. „zur freien Verfügung überwiesen".[24] Auch

---

[17] Stöber § 118 Anm. 3.3.
[18] Steiner/Eickmann § 132 Rz. 20; Stöber § 132 Anm. 3.5.
[19] Vgl. das **Muster** unten C 10.6.
[20] Wolff/Hennings S. 193; Steiner/Teufel § 118 Rz. 32; Stöber § 118 Anm. 3.6.
[21] Bejahend Steiner/Teufel § 118 Rz. 34; Muth S. 517; **verneinend:** Stöber § 118 Anm. 3.6.
[22] Muth S. 517; Stöber Rz. 474. – Vgl. auch das **Muster** unten C 10.6.
[23] Dazu oben C 10.2.
[24] Muth S. 517; Wolff/Hennings S. 194; Stöber Handbuch Rz. 474; Steiner/Teufel § 180 Rz. 193; etwas mißverständlich: Stöber § 180 Anm. 18.5.

in diesem Fall wird aber eine Sicherungshypothek gemäß § 128 zugunsten der bisherigen Miteigentümer eingetragen. Eine gleichwohl erfolgte Forderungsübertragung auf die bisherigen Miteigentümer dient lediglich der Klarstellung.

Gegen diese Forderung der bisherigen Miteigentümer kann der Ersteher mit Forderungen gegen die Gemeinschaft aufrechnen, und zwar bereits ab Zuschlagserteilung, da die auf dem Erlösüberschuß beruhende Forderung nicht der Beschlagnahme unterliegt.[25] Auch sonst kann der Ersteher gegen gemäß § 118 übertragene Forderungen aufrechnen, weil mit der Übertragung ein neues Rechtsverhältnis geschaffen wird.[26]

Wenn sich die bisherigen Miteigentümer/Teilhaber auf eine Aufteilung des Erlösüberschusses einigen und alle dies übereinstimmend gegenüber dem Vollstreckungsgericht erklären, kann ihre Forderung gegen den Ersteher auf die einzelnen Miteigentümer aufgeteilt und jeweils einzeln übertragen werden; Forderungen und Sicherungshypotheken haben dann untereinander den gleichen Rang.[27]

Die Forderungsübertragung wirkt gemäß § 118 Abs. 2 S. 1 wie die Befriedigung aus dem Grundstück.[28] Diese Befriedigungswirkung tritt nur dann gemäß § 118 Abs. 2 S. 2 nicht ein, wenn der Berechtigte innerhalb von 3 Monaten

– entweder den Verzicht auf die Rechte aus der Übertragung erklärt,
– oder die Wiederversteigerung gemäß § 133 beantragt.

Der Berechtigte kann also während der 3-Monats-Frist wählen zwischen seiner ursprünglichen Forderung samt Nebenrechten gegen die bisherigen Miteigentümer einerseits und der übertragenen Forderung gegen den Ersteher samt den Sicherungshypotheken auf dem Versteigerungsgrundstück andererseits.[29] Die Freiheit seiner Wahl ist lediglich durch das allgemeine Gebot von Treu und Glauben und unter dem Gesichtspunkt begrenzt, daß der Verzicht auf die Rechte aus der Übertragung u. U. als Aufgabe einer Sicherheit zu werten ist.[30]

Wenn der Berechtigte auf die Rechte aus der Forderungsübertragung verzichtet, gehen diese auf denjenigen Befriedigungsberechtigten über, dem sie zu übertragen gewesen wären, wenn im Verteilungstermin schon vor der Übertragung verzichtet worden wäre.[31] Der Verzicht wird wirksam, wenn die Erklärung des Berechtigten (bei evtl. Belastung mit Rechten Dritter ist deren Zustimmung erforderlich) innerhalb der 3-Monats-Frist beim Vollstreckungsgericht eingegangen ist.

Wenn der Berechtigte innerhalb der 3-Monats-Frist die Wiederversteigerung gemäß § 133 aus der gemäß § 128 eingetragenen Sicherungshypothek

---

25 BGH Rpfleger 1952, 415; Pikart WM 1955, 506; Stöber § 180 Anm. 18.8; Steiner/ Teufel § 180 Rz. 194.
26 BGH Rpfleger 1987, 381; 1963, 234; Muth S. 519; Wolff/Hennings S. 195; Steiner/ Teufel § 118 Rz. 43–45.
27 Drischler RpflJB 1966, 325; Stöber § 180 Anm. 18.5.
28 Vgl. Taktischen Hinweis unten **TH** C 10.7.2.
29 Muth S. 521; vgl. auch Taktische Hinweise unten **TH** C 10.7.3. und **TH** C 10.7.4.
30 BGH NJW 1983, 1423; 1967, 2203; Muth S. 522.
31 Steiner/Teufel § 118 Rz. 56; Stöber § 118 Anm. 4.6.

betreibt, behält er seine ursprüngliche Forderung samt aller Nebenrechte gegen die bisherigen Miteigentümer. Nur im Umfang einer Erlöszuteilung aus dieser Wiederversteigerung erlöschen dann die ursprüngliche Forderung gegen die bisherigen Miteigentümer und die übertragene Forderung gegen den Ersteher. – Die Befriedigungswirkung des § 118 Abs. 2 tritt allerdings dann doch ein, wenn die Wiederversteigerung durch Antragsrücknahme (§ 29) oder wegen verspätetem Fortsetzungsantrag (§ 31) aufgehoben werden sollte (§ 118 Abs. 2 S. 3).

10.4. Sicherungshypothek

Gemäß § 128 Abs. 1 S. 1 ordnet das Vollstreckungsgericht von Amts wegen für jede nach § 118 Abs. 1 übertragene Forderung die Eintragung einer Sicherungshypothek an; die Sicherungshypotheken erhalten diejenige Rangstelle, die auch der betreffende Erlösanspruch aus der (Teilungs-)Versteigerung hatte. Rang vor den nach den Versteigerungsbedingungen bestehenbleibenden Rechten erhalten daher z. B. die Sicherungshypotheken für die Verfahrenskosten (§ 109 Abs. 1) und für die Ansprüche aus den Rangklassen 1–3 des § 10 Abs. 1.

Die Sicherungshypotheken entstehen mit ihrer Eintragung und weisen gewisse Besonderheiten auf:
– sie dürfen nur auf dem Versteigerungsobjekt eingetragen werden; auf mehreren Objekten aber ggf. als Gesamtrecht;
– sie sichern nur die gemäß § 118 übertragenen Forderungen gegen den Ersteher;
– sie werden entgegen § 866 Abs. 3 auch für Beträge unter EURO 750,– eingetragen;
– steht die gemäß § 118 übertragene Forderung einer (Bruchteils- oder Gesamthands-)Gemeinschaft zu, steht auch die Sicherungshypothek der ungeteilten Gemeinschaft zu;[32]
– bei Belastung des Erlösanspruchs eines Miteigentümers mit dem Recht eines Dritten (z. B. Pfandrecht oder Nießbrauch) muß auch die Sicherungshypothek mit einer entsprechenden Belastung eingetragen werden (§ 128 Abs. 1 S. 2);
– bei Übertragung der Forderung (§ 118) unter einer Bedingung wird auch die Sicherungshypothek mit dieser Bedingung eingetragen;
– Zur Vollstreckung aus der Sicherungshypothek (Wiederversteigerung oder Zwangsverwaltung) bedarf es keiner weiteren Titulierung; die Vollstreckbarkeit ergibt sich aus § 132 Abs. 2 S. 1;
– Da die Sicherungshypotheken nur der vorübergehenden Absicherung der gemäß § 118 übertragenen Forderungen und der erleichterten Wiederversteigerung dienen, erlöschen sie bei der Wiederversteigerung (§ 128 Abs. 4) und seit der Neufassung des § 128 Abs. 4 im Jahr 2007 auch bei jeder erneuten Zwangsversteigerung dieses Grundstücks; die § 128 – Sicherungshypotheken sind dann immer durch Zahlung zu decken.

---

32 BGH WM 1966, 576; OLG Hamm Rpfleger 1970, 215.

Obwohl den bisherigen Miteigentümern bzgl. des für sie aus der Teilungsversteigerung verbleibenden Übererlöses keine Forderung gemäß § 118 übertragen wird (weil ihnen ohnehin aufgrund des Zuschlags die Forderung gegen den Ersteher zusteht),[33] erhalten auch sie für ihren Anspruch aus dem Erlösüberschuß eine Sicherungshypothek. Diese Sicherungshypothek steht ihnen zwar in ungeteilter Gemeinschaft zu (weil sich die frühere Gemeinschaft am Grundstück an der übertragenen Forderung und an der Sicherungshypothek fortsetzt).[34] Trotzdem kann jeder an der Gemeinschaft Beteiligte auch ohne Mitwirkung der anderen Beteiligten die Wiederversteigerung aus der Sicherungshypothek alleine betreiben.[35]

Bei einer evtl. Pfändung gegen einen Teilhaber der Gemeinschaft[36] ist bei der Eintragung der Sicherungshypothek zugunsten der bisherigen Miteigentümer auf diese Pfändung hinzuweisen.

Die Vollstreckung aus der Sicherungshypothek muß nicht unbedingt in der Form der Wiederversteigerung sondern kann auch als Zwangsverwaltung betrieben werden,[37] u. U. sogar beides gleichzeitig.[38]

Keine Sicherungshypothek kann dagegen der Meistbietende erhalten, der seine Rechte aus dem Meistgebot gemäß § 81 II, IV abgetreten hat; auch ihm werden zwar Forderungen gegen den Ersteher übertragen, wegen seiner Mithaftung gemäß § 81 Abs. 4 vereinigen sich aber Forderung und Schuld in seiner Person, sodaß ihm keine vollstreckbare Ausfertigung des Zuschlagsbeschlusses erteilt werden und er auch keine Wiederversteigerung beantragen kann.[39]

10.5. Wiederversteigerung

Auch die §§ 132, 133 gelten in der Teilungsversteigerung. Die sich an eine Teilungsversteigerung bei Nichtzahlung des Meistgebots durch den Ersteher anschließende Wiederversteigerung ist aber eine reine Forderungszwangsversteigerung zur Vollstreckung des vom Ersteher auf Grund des Zuschlags geschuldeten Meistgebots.[40] Das gilt auch dann, wenn einer der bisherigen Miteigentümer oder wenn eine (Bruchteils- oder Gesamthands-)Gemeinschaft den Zuschlag erhalten hat.

Die Wiederversteigerung kann auch von den bisherigen Miteigentümern aus der Sicherungshypothek betrieben werden, die zugunsten ihrer Gemeinschaft wegen des ihnen aufgrund des Zuschlags zustehenden Übererlösanspruchs ge-

---

[33] Dazu oben C 10.3.
[34] BGH NJW 2008, 1807; RGZ 136, 9; 119, 321; OLG Neustadt JR 1952, 212; Drischler RpflJB 1966, 325; Stöber § 180 Anm. 18.5.
[35] BGH NJW 2008, 1807; OLG Frankfurt NJW 1953, 1877; Drischler RpflJB 1962, 322; Dassler/Hintzen § 133 Rz. 8; Steiner/Teufel § 180 Rz. 197; Stöber § 180 Anm. 18.6 **gegen** Jäckel/Güthe § 180 Rz. 9.
[36] Dazu oben B 1.6.
[37] Wolff/Hennings S. 197; Stöber Handbuch Rz. 565; Steiner/Eickmann § 133 Rz. 3. – Vgl. auch Taktischen Hinweis unten **TH** C 10.7.4.
[38] Zur Zwangsverwaltung allein und zusammen mit der Zwangsversteigerung vgl. Storz/Kiderlen ZV-Praxis A 1.3. mit zahlreichen Taktischen Hinweisen **TH** A 1.3.3.1. –**TH** A 1.3.3.9.
[39] AG/LG Dortmund Rpfleger 1991, 168; vgl. auch **TH** C 10.7.5.
[40] Siehe FN 39.

gen den Ersteher gemäß § 128 eingetragen worden ist.[41] Antragsberechtigt ist dabei sowohl die Gemeinschaft als solche, als auch jeder einzelne Miteigentümer ohne Mitwirkungsbedürfnis der anderen Miteigentümer.[42] Bei Pfändung eines Miteigentums-Anteils[43] kann sowohl der Pfändungsgläubiger als auch der Miteigentümer die Wiederversteigerung beantragen, allerdings kann auch letzterer nur Leistung an den Pfändungsgläubiger verlangen.[44] Dagegen kann nach einer Abtretung der Rechte aus dem Meistgebot (vgl. § 81 II, IV) der mithaftende Meistbietende/Zedent wegen eigener, gegen den Ersteher übertragener Forderungen weder die Wiederversteigerung beantragen noch die Eintragung einer Sicherungshypothek erwirken,[45] weil dem Meistbietenden nach der Abtretung keine vollstreckbare Ausfertigung des Zuschlagsbeschlusses erteilt werden darf (Vereinigung von Forderung und Schuld).

Die Wiederversteigerung ist ein selbständiges neues Versteigerungsverfahren, für das allerdings einige Erleichterungen für den Beginn und einige Besonderheiten gelten:

– Antrag und Anordnung der Wiederversteigerung sind schon vor der Eintragung des Eigentümers möglich (§ 133 S. 1); dagegen ist die weitere Fortsetzung vorher nicht zulässig;[46]
– Vollstreckungstitel und -klausel brauchen nicht zugestellt zu werden (§ 133 S. 1);
– die für die Eintragung des Erstehers erforderliche Unbedenklichkeitsbescheinigung (vgl. § 22 GrErwStG) kann auch ohne Bezahlung der Grunderwerbsteuer von der Finanzverwaltung auf Antrag des Vollstreckungsgerichts erteilt werden;[47]
– ein Vollstreckungsschutzverfahren gemäß §§ 30a ff. § 765a ZPO innerhalb der Wiederversteigerung ist zwar zulässig (weshalb auch Belehrung gemäß § 30b erfolgt), aber in aller Regel kaum sachlich begründbar;[48]
– ein Beitritt (vgl. § 27) anderer Gläubiger zu dieser Wiederversteigerung ist möglich.[49]
– die nach § 128 eingetragenen Sicherungshypotheken sind grundsätzlich durch Zahlung zu decken und demgemäß im Bargebot zu berücksichtigen (§ 128 Abs. 4).

Hat der Ersteher zwischen Zuschlag und Wiederversteigerung das Grundstück weiterverkauft, und ist der Käufer bereits als Eigentümer eingetragen, so

[41] Steiner/Teufel § 180 Rz. 196.
[42] BGH NJW 2008, 1807; OLG Frankfurt NJW 1953, 1877; Drischler RpflJB 1962, 322; Steiner/Teufel § 180 Rz. 197; Stöber § 180 Anm. 18.6 gegen Jäckel/Güthe § 180 Rz. 9.
[43] Dazu oben B 1.6.
[44] BGH Rpfleger 1968, 318.
[45] AG/LG Dortmund Rpfleger 1991, 168 (Anm. Sievers); vgl. auch Helwich Rpfleger 1988, 467; Steiner/Teufel § 117 Rz. 39 und unten TH 10.7.5.
[46] Heute herrsch Ansicht: Schiffhauer Rpfleger 1975, 12; Drischler KTS 1976, 42; Steiner/Eickmann § 133 Rz. 11; Stöber § 133 Anm. 2.10 gegen LG Frankenthal Rpfleger 1975, 35.
[47] Dazu näher Storz/Kiderlen ZV-Praxis E 6.2.2; Muth JurBüro 1984, 1779; Stöber § 133 Anm. 2.11.
[48] Stöber § 133 Anm. 2.9.
[49] Stöber § 133 Anm. 2.8.

muß die Vollstreckungsklausel umgeschrieben und zugestellt werden.[50] Im übrigen gelten für diese Wiederversteigerung die gleichen Vorschriften wie für die Forderungszwangsversteigerung, z. B. angefangen damit, daß die Anordnung der Wiederversteigerung eine neue Beschlagnahme bewirkt[51] und auch ein neuer Versteigerungsvermerk im Grundbuch eingetragen werden muß:

„Die Wiederversteigerung des Grundstücks ist angeordnet."

Eine wichtige Besonderheit der Wiederversteigerung (und seit 2007 auch in jeder erneuten anderen Zwangsversteigerung dieses Grundstücks) besteht allerdings bei der Feststellung des geringsten Gebots insofern, als die gemäß § 128 als vorübergehende Sicherungsinstrumente eingetragenen Sicherungshypotheken in der Wiederversteigerung des Grundstücks nicht bestehenbleiben sondern erlöschen (§ 128 Abs. 4). Sie müssen aber durch die Gebote bar gedeckt werden, falls sie (nach den normalen Regeln) in das geringste Gebot fallen. Für die Frage, welche Sicherungshypotheken in das geringste (Bar-) Gebot fallen und welche nicht, ist also wie in der normalen Forderungszwangsversteigerung[52] maßgebend, aus welcher Sicherungshypothek bzw. aus welchem Anspruch (z. B. gemäß § 10 Abs. 1 Nr. 3) die Wiederversteigerung bestrangig betrieben wird, bzw. was evtl. abweichend gemäß § 59 vereinbart worden ist.

Von der hier besprochenen sog „echten Wiederversteigerung" ist die sog. „unechte Wiederversteigerung" zu unterscheiden, für die alle genannten Erleichterungen des § 133 und Besonderheiten nicht gelten. Von einer „unechten Wiederversteigerung" spricht man, wenn

– sich die erneute Vollstreckung gegen den Sonderrechtsnachfolger des Erstehers richtet;

– die Versteigerung von einem am Erstverfahren nicht beteiligten Gläubiger betrieben wird;

– die Versteigerung vom Gläubiger eines im Erstverfahren bestehengebliebenen Rechts betrieben wird.

10.6. Muster einer Forderungsübertragung:

Beschluß:[53]
„Der Teilungsplan wird dadurch ausgeführt, daß die Forderung gegen den Ersteher gemäß § 118 Abs. 1 ZVG auf die folgenden Berechtigten übertragen wird:

1. a) in Höhe eines Betrages von 800,– (in Worten …) nebst …% Zinsen seit dem 3. 2. 2003 (Tag des Verteilungstermins) auf das Land Baden-Württemberg, vertreten durch die Oberjustizkasse Stuttgart;
   b) in Höhe eines Betrages von 1000,– (in Worten …) nebst …% Zinsen seit dem 3. 2. 2003 auf die Hypothekenbank X in Botnang;
2. in Höhe eines Betrages von 600,– (in Worten …) nebst …% Zinsen seit dem 3. 2. 2003 auf die Stadt Stuttgart, vertreten durch die Stadtkasse;

---

[50] Wolff/Hennings S. 196; Stöber § 133 Anm. 2.3; **str. a. A.:** Steiner/Teufel § 133 Rz. 14: Zustellung unnötig.
[51] Steiner/Eickmann § 133 Rz. 10.
[52] Dazu Storz/Kiderlen ZV-Praxis B 6.
[53] Nach Stöber Handbuch Rz. 473/474.

3. in Höhe eines Betrages von 35 440,– (in Worten …) nebst …% Zinsen seit dem
   3.2.2003 auf die Hypothekenbank X in Botnang (für 880,– Kosten, 1600,– Zinsen und 32 960,– Hauptsache aus der Briefgrundschuld Abt. III Nr. 1);
4. in Höhe eines Betrages von 16 000,– (in Worten …) nebst …% Zinsen seit dem
   3.2.2003 auf die früheren Miteigentümer Irmgard, Daniel und Stefan Maier, denen dieser Betrag als Hauptsache der Eigentümergrundschuld Abt. III Nr. 2 zur freien Verfügung zugewiesen wird mit der Maßgabe, daß der Anspruch gepfändet und zur Einziehung überwiesen ist zugunsten des Felix Müller mit Beschluß des Amtsgerichts Leonberg vom 3.1.2003 Az. … wegen einer Forderung in Höhe von 22 222,– nebst …% Zinsen seit dem 3.1.2003."

10.7. Taktische Hinweise:

TH 10.7.1 (nach Schiffhauer):[54] Da ein Miteigentümer, der das Grundstück ersteigert hat, das von ihm zu zahlende Bargebot nicht um den Betrag kürzen darf, der ihm seiner Ansicht nach aus dem Übererlös zusteht, kann er unbillig benachteiligt sein, wenn der oder die anderen Miteigentümer aus unsachlichen Gründen nicht einigungsbereit sind. „Hier kann dem Ersteher nur angeraten werden, den Betrag, der nach dem Teilungsplan den Erlösüberschuß darstellt, im Verteilungstermin nicht zu zahlen. Insoweit muß das Gericht gemäß § 128 zwar bei Berichtigung des Grundbuchs (§ 130) die Eintragung einer Sicherungshypothek veranlassen. Diese ist aber ab Verteilungstermin mit 4% jährlich zu verzinsen (falls im Versteigerungstermin nicht gemäß § 59 ein höherer Zinssatz vereinbart wurde), was für den Ersteher recht günstig ist. Als Gläubiger der Sicherungshypothek werden die früheren Miteigentümer unter Bezeichnung des Gemeinschaftsverhältnisses eingetragen, das für das frühere Eigentum am Grundstück maßgebend war. Gegenstand der Auseinandersetzung ist dann die Hypothek mit der ihr zugrundeliegenden Forderung. Praktische Erfahrungen zeigen, daß es in einem solchen Fall verblüffend schnell zu einer Auseinandersetzung über die Hypothek kommt."

TH 10.7.2 (nach Muth):[55] Die Abwicklung bei Nichtbezahlung des baren Meistgebots bedarf besonderer Aufmerksamkeit. Die durch das Vollstreckungsgericht angeordnete Forderungsübertragung (§ 118) wirkt nämlich wie die Befriedigung aus dem Grundstück (§ 118 Abs. 2 S. 1). Allerdings kann der Berechtigte im Unterschied zu sonstigen Befriedigungsanordnungen den Eintritt der Befriedigung verhindern. Hierzu muß er vor dem Ablauf von 3 Monaten entweder auf die Rechte aus der Übertragung verzichten oder die Wiederversteigerung beantragen. Für welchen Weg sich der Berechtigte entscheidet, hängt von den konkreten Umständen des Einzelfalls ab. Da Verzicht und Versteigerung zu unterschiedlichen Auswirkungen auf die Rechtsverhältnisse zwischen dem Berechtigten und den bisherigen Miteigentümern bzw. dem Ersteher führen, bedarf die Entscheidung einer sorgfältigen Prüfung.

TH 10.7.3 (nach Muth):[56] Die Ausübung des Wahlrechts zwischen der ursprünglichen Forderung samt Nebenrechten und der Forderungsübertra-

---

[54] Schiffhauer ZIP 1982, 667.
[55] Muth S. 513/514.
[56] Muth S. 521.

gung nebst Sicherungshypothek bedarf sorgfältiger Prüfung. Hierbei ist zu berücksichtigen:

– ob die Forderung gegen die bisherigen Miteigentümer mit Nebenrechten wie etwa einer Bürgschaft gesichert ist, sodaß eine Inanspruchnahme des Bürgen den Forderungsausfall ganz oder zum Teil verhindert;

– ob es sich um ein Gesamtrecht handelt, das bei Eintritt der Befriedigung an anderen Grundstücken erlischt (vgl. § 1181 Abs. 2 BGB); es kann im Einzelfall sinnvoller sein, die Forderung an den anderen Grundstücken anstatt beim Ersteher zu realisieren.

TH 10.7.4:[57] Die Durchführung einer Wiederversteigerung bei Nichtzahlung durch den Ersteher ist meist, aber nicht immer, die sinnvollste Alternative. Gerade in einer Teilungsversteigerung sind die bisherigen Miteigentümer bonitätsmäßig oft besser als der Ersteher, sodaß bei einem (bezogen auf den Grundstückswert) relativ hohen Meistgebot oder gar bei noch realisierbaren anderweitigen Sicherheiten der Berechtigte u. U. besser auf die Rechte aus der Forderungsübertragung gemäß § 118 Abs. 2 S. 2 verzichtet; an je schlechterer Rangstelle die nach § 128 einzutragende Sicherungshypothek stehen würde, um so eher liegt ein Verzicht nahe.

Auch unter einem ganz anderen Gesichtspunkt kann es besser sein, nicht die Wiederversteigerung zu wählen; wenn nämlich der Ersteher zwar noch nicht zahlen, aber das Grundstück in tatsächlicher oder rechtlicher Hinsicht (z. B. wegen bestimmter Mietverhältnisse) besser verwertbar machen und damit den Wert steigern kann, oder wenn man dem Ersteher helfen will und ihm vertraut, sollte der Berechtigte ihm u. U. ein Darlehen geben dieses durch gemäß § 91 Abs. 2 liegenbelassene oder ggf. neu einzutragende Grundpfandrechte absichern und im erforderlichen Umfang eine Befriedigungserklärung abgeben.[58] Mittel- und langfristig kann das u. U. eine viel bessere Lösung sein!

TH 10.7.5 (nach Sievers[59]**):** Die Abtretung der Rechte aus dem Meistgebot gemäß § 81 Abs. 2 kann für den Zedenten durchaus gefährlich sein, weil er einerseits für die Verpflichtungen aus dem Meistgebot gemäß § 81 Abs. 4 weiterhaftet, aber andererseits wegen eigener, gegen den Ersteher/Zessionar übertragener Forderungen, weder eine Sicherungshypothek erhält noch die Wiederversteigerung betreiben kann. Deshalb ist ihm zu empfehlen, neben einer sorgfältigen Bonitätsprüfung zusätzliche Sicherungsmaßnahmen zu überlegen, z. B. Bürgschaften oder auch die Eintragung einer neuen oder eine Liegenbelassungsvereinbarung für eine sonst erlöschende Grundschuld.

---

[57] Vgl. auch Storz/Kiderlen ZV-Praxis, Taktischen Hinweis dort **TH E 6.3.6.**
[58] Dazu oben C 9.2.4.
[59] Anmerkung zu AG/LG Dortmund, Rpfleger 1991, 168.

11. Abschluß des Verfahrens

Literatur: *Drischler*, Gerichtsvollzieher in der Immobiliarvollstreckung, DGVZ 1955, 131; *Eickmann*, Probleme der Vollstreckung von Zuschlagsbeschlüssen über Miteigentums-Anteile, DGVZ 1979, 177; *Hornung*, Löschung der nach Zuschlag „unwirksam" eingetragenen Rechte, Rpfleger 1983, 240; *Kaiser*, Das Eigentümer-Besitzer-Verhältnis nach Zuschlagsaufhebung in der Zwangsversteigerung, NJW 2007, 2823; *Noack*, Räumung auf Grund des Zuschlagsbeschlusses, ZMR 1970, 97.

11.1. Abschließende Maßnahmen

Die Teilungsversteigerung wird materiell zwar mit der Rechtskraft des Zuschlags-Beschlusses und der Verteilung des Versteigerungserlöses (bzw. bei Nichtzahlung mit Forderungsübertragung und Ersuchen um Eintragung von Sicherungshypotheken) abgeschlossen. Das Vollstreckungsgericht muß zur formellen Beendigung des Verfahrens aber noch:[1]
- die Grundbuch-Berichtigung hinsichtlich Eigentumswechsel, Zwangsversteigerungsvermerk und erloschener Rechte veranlassen;
- die Briefe der erloschenen Rechte unbrauchbar machen bzw. mit Zahlungsvermerken versehen;
- auf evtl. Vollstreckungstiteln evtl. Zahlungen bzw. sonstige Deckungen vermerken;
- um Eintragung von Sicherungshypotheken gemäß § 128 ersuchen, wenn und soweit das Bargebot nicht berichtigt wurde.

Mit der Rechtskraft des Zuschlags ist der Ersteher Eigentümer geworden, der Zwangsversteigerungsvermerk ist gegenstandslos, und die nicht bestehengebliebenen Rechte sind erloschen. Das Grundbuch bedarf also der Berichtigung, die auf entsprechendes Ersuchen durch das Vollstreckungsgericht auch vom Grundbuchamt vorgenommen wird (§§ 130, 130 a). Das Grundbuch-Ersuchen ersetzt Eintragungsantrag und -bewilligung sowie evtl. notwendige Zustimmungserklärungen Dritter[2] und setzt folgendes voraus:[3]
- die Rechtskraft des Zuschlags-Beschlusses;
- die Ausführung des Teilungsplans;
- das Vorliegen der Unbedenklichkeitsbescheinigung;[4]
- das Ersuchen muß wegen § 29 Abs. 3 GBO im Original unterschrieben und gesiegelt sein.[5]

Da das Vollstreckungsgericht die Verantwortung für die Richtigkeit des Ersuchens trägt, darf das Grundbuchamt nach allgemeiner Ansicht nicht dessen sachliche Richtigkeit,[6] sondern nur die formellen Voraussetzungen überprüfen, also insbesondere, ob

---

[1] Dazu Storz/Kiderlen ZV-Praxis E 8.
[2] Vgl. Taktischen Hinweis unten **TH** C 11.2.1.
[3] Muth S. 709.
[4] Wolff/Hennings S. 198; Muth S. 709; Steiner/Eickmann § 130 Rz. 9; Stöber § 130 Anm. 2.1.
[5] Muth S. 709.
[6] OLG Hamm Rpfleger 1983, 481; Muth S. 510; Wolff/Hennings S. 197; Steiner/Eickmann § 130 Rz. 18; Stöber § 130 Anm. 5.1.

– das Ersuchen den Formvorschriften genügt;
– es inhaltlich das versteigerte Grundstück betrifft;
– das Vollstreckungsgericht mit den Berichtigungswünschen im Rahmen
seiner Zuständigkeit bleibt.
Das Grundbuchamt darf dem Ersuchen nur entweder vollständig entsprechen, oder es muß es ganz zurückweisen. Das Vollstreckungsgericht kann sich ggf. durch Rechtspfleger-Erinnerung gemäß § 11 RpflG wehren,[7] während die Verfahrensbeteiligten Vollstreckungs-Erinnerung gemäß § 766 ZPO einlegen können.[8] Gelöscht werden auch solche Rechte, die erst nach dem Zuschlag eingetragen worden sind.[9]

Der Ersteher kann gemäß § 130 auch schon vor seiner Eintragung als Eigentümer die Eintragung von Rechten bewilligen und beantragen; dieser Antrag darf aber nicht vor Erledigung des Ersuchens des Vollstreckungsgerichts erledigt werden.[10] Die Briefe zu erloschenen Rechten werden gemäß § 127 Abs. 1 vom Vollstreckungsgericht unbrauchbar gemacht und dann entweder bei den Versteigerungsakten belassen oder dem Grundbuchamt übersandt. Ist das Recht nur zum Teil erloschen, wird dies auf dem Brief vermerkt.

Entsprechendes gilt für die Behandlung von Vollstreckungstiteln, falls sich solche bei den Akten befinden, was bei Teilungsversteigerungen selten aber hinsichtlich vollstreckbarer Grundpfandrechte nicht ausgeschlossen ist. Evtl Teilzahlungen oder sonstige Deckungen (z. B. durch Hinterlegung oder Übertragung) werden gemäß § 127 Abs. 2 auf dem Titel vermerkt, diese werden anschließend an die Gläubiger zurückgegeben. Der Wortlaut der Vermerke ist gemäß § 127 Abs. 3 durch das Protokoll festzustellen.

Zu guter letzt schließt der Rechtspfleger die Akte – mit einem mehr oder weniger befriedigten Erfolgserlebnis[11] …

11.2. Taktische Hinweise:

TH 11.2.1 (nach Stöber):[12] „Zweckmäßig wird eine Abschrift des Ersuchens sofort dem Ersteher (formlos) zugeleitet, bei besonderen Schwierigkeiten auch sonstigen Betroffenen, z. B. den Gläubigern von Sicherungshypotheken, um ihnen Hinweise auf Unrichtigkeiten zu ermöglichen. Der Geschädigte, der dann nichts unternimmt, muß sich bei Fehlern dann Mitverschulden entgegenhalten lassen."

TH 11.2.2: Die Teilungsversteigerung ist noch mehr als die Forderungszwangsversteigerung ein schwieriges Rechtsgebiet, in dem sich nur wenige Fachleute richtig auskennen. Sie ist darüber hinaus ein Verfahren, das meist

---

[7] OLG Hamm Rpfleger 1960, 92; 1955, 46; Muth S. 710; Steiner/Eickmann § 130 Rz. 16.
[8] Muth S. 710; Steiner/Eickmann § 130 Rz. 18; Stöber § 130 Anm. 5.1.
[9] Meyer/Stolte Rpfleger 1983, 240; Hornung Rpfleger 1980, 249; Steiner/Eickmann § 130 Rz. 39; **str. a. A.:** Schiffhauer Rpfleger 1979, 353; Stöber § 130 Anm. 2.13 c.
[10] LG Darmstadt WM 1987, 636; Wolff/Hennings S. 198; Steiner/Eickmann § 130 Rz. 49; Stöber § 130 Anm. 6.1.
[11] Vgl. Taktische Hinweise unten **TH** C 11.2.2. und **TH** C 11.2.3.
[12] Stöber § 130 Anm. 2.6.

von besonders heftigem Streit zwischen den bisherigen Miteigentümern begleitet wird und zwar bis in den Verteilungstermin hinein; gerade dort entbrennt sogar der Kampf am heftigsten, weil es jetzt um das Schicksal des Übererlöses geht. Abgesehen von der logisch zwingenden aber praktisch leider häufig nicht realisierbaren Erkenntnis, daß jeder unsachliche Streit eigentlich nur zu materiellen Nachteilen für alle Beteiligten führen kann, soll hier noch einmal eindringlich jedem halbwegs einigungsbereiten Miteigentümer empfohlen werden, rechtzeitig, aktiv und kooperativ wenigstens mit dem Rechtspfleger zusammenzuarbeiten. Gerade im Teilungsverfahren kann der Rechtspfleger, obwohl die Aufteilung des Übererlöses an die einzelnen Miteigentümer garnicht mehr zu seinen gesetzlichen Aufgaben gehört, aufgrund seiner Neutralität und Objektivität, aufgrund seiner Fachkenntnis und praktischen Erfahrungen, und mit seinen kostengünstigen und unbürokratischen Möglichkeiten, den Beteiligten eine außerordentlich große und wirksame Hilfestellung bieten, wenn diese nur überhaupt zu einer Einigung bereit und fähig sind. Die Beteiligten dürfen den Rechtspfleger aber auch nicht überfordern, schon nicht zeitlich, erst recht aber nicht dadurch, daß sie ihm gegenüber nicht kooperativ und aufrichtig sind.

TH 11.2.3: Wenn die Teilungsversteigerung auch für die bisherigen Miteigentümer abgeschlossen ist und sie sich den Ablauf noch einmal vor Augen halten, dann erst werden sie richtig und vollständig beurteilen können, wie sehr ihnen der Rechtspfleger in diesem rechtlich doch recht schwierigen und oft genug zusätzlich durch die Spannungen zwischen den bisherigen Miteigentümern zusätzlich erschwerten Verfahren geholfen hat. Keine Frage, daß sich der Rechtspfleger über ein (wenn auch ganz kurzes) Dankschreiben freuen würde![13]

---

[13] Vgl. auch Storz/Kiderlen ZV-Praxis und die dortigen Taktischen Hinweise **TH** B 1.6.2.1.–**TH** B 1.6.2.4.

Sachregister

Die Zahlen beziehen sich auf Textnummern (wobei die Punkte weggelassen wurden); große Buchstaben A, B, C etc. betreffen die Hauptkapitel des Buches. **TH** = Taktische Hinweise.

Sachregister

Sachregister

Sachregister

Sachregister

Sachregister

Sachregister

Sachregister

Sachregister

Vom selben Autorenteam:

Storz/Kiderlen, Praxis des Zwangsversteigerungs- verfahrens

11. Auflage. 2008.
ISBN 978-3-406-57521-1
XXXI, 801 Seiten, € 65,–

Dieser Leitfaden

liefert allen am Zwangsversteigerungsverfahren Beteiligten das nötige rechtliche Wissen und bietet **zahlreiche taktische Hinweise**, zusammenfassende Übersichts-Seiten sowie einen **beispielhaften Aktenteil**.

Die 11. Auflage

berücksichtigt die wesentlichen Änderungen des Zwangsversteigerungsgesetzes durch das **2. Justizmodernisierungsgesetz** und das **WEG-Änderungsgesetz** sowie zahlreiche aktuelle Entscheidungen des BGH nebst Veröffentlichungen, verwertet praktische Erfahrungen und enthält **viele neue taktische Hinweise** und aktuelle Beispiele.

Geschrieben für

Rechtsanwälte, Rechtspfleger, Grundstückseigentümer, Schuldner, Gläubiger, Bieterinteressenten sowie Vertreter von Kreditinstituten und Fachbeamte bei Städten und Gemeinden.

Die Autoren

Dr. Karl-Alfred Storz hat als leitender Angestellter einer Großsparkasse und später als selbständiger Rechtsanwalt langjährige Erfahrungen auf den Gebieten Zwangsversteigerung und Zwangsverwaltung sammeln können. Der neue Mitautor Bernd Kiderlen ist einschlägig ausgewiesener Kollege von Dr. Storz.

Verlag C.H.Beck, 80791 München